Dagmar Zorn

Das Recht der elterlichen Sorge

De Gruyter Handbuch

Dagmar Zorn

Das Recht der elterlichen Sorge

Voraussetzungen, Inhalt und Schranken

3., neu bearbeitete Auflage

Von
Diplom-Rechtspflegerin *Dagmar Zorn*,
Lehrkraft an der Hochschule für Wirtschaft und
Recht Berlin, Fachbereich Rechtspflege

DE GRUYTER

ISBN 978-3-11-037121-5
e-ISBN (PDF) 978-3-11-036657-0
e-ISBN (EPUB) 978-3-11-038635-6

Library of Congress Cataloging-in-Publication Data
A CIP catalog record for this book has been applied for at the Library of Congress.

Bibliografische Information der Deutschen Nationalbibliothek
Die Deutsche Nationalbibliothek verzeichnet diese Publikation in der Deutschen Nationalbibliografie; detaillierte bibliografische Daten sind im Internet über http://dnb.d-nb.de abrufbar.

Einbandabbildung: Stockbyte/Stockbyte/thinkstock
Datenkonvertierung und Satz: jürgen ullrich typosatz, 86720 Nördlingen
Druck: CPI books GmbH, Leck
♾ Gedruckt auf säurefreiem Papier
Printed in Germany

www.degruyter.com

Vorwort zur 3. Auflage

Anlass der vollständigen Überarbeitung dieses Lehrbuchs unter grundsätzlicher Beibehaltung seiner Struktur war die Vielzahl der Änderungen des materiellen und des formellen Rechts. Die Neubearbeitung berücksichtigt ua das zwischenzeitliche Inkrafttreten des FGG-RG (Gesetz zur Reform des Verfahrens in Familiensachen und in den Angelegenheiten der freiwilligen Gerichtsbarkeit [FGG-Reformgesetz – FGG-RG]) v 17.12.2008 (BGBl I S 2586) nebst späteren Änderungen, das Gesetz zum Umfang der Personensorge bei einer Beschneidung des männlichen Kindes v 28.12.2012 (BGBl I S 2749), das Gesetz zur Reform der elterlichen Sorge nicht miteinander verheirateter Eltern v 16.4.2013 (BGBl I S 795), das Gesetz zur Stärkung des leiblichen, nicht rechtlichen Vaters v 13.7.2013 (BGBl I S 2176), das Gesetz zum Ausbau der Hilfen für Schwangere und zur Regelung der vertraulichen Geburt v 28.8.2013 (BGBl I S 3458) sowie verfassungsgerichtliche Vorgaben zB durch den Beschluss des BVerfG vom 17.12.2013 – 1 BvL 6/10 (BVerfGE 135, 48).

Neben der Einarbeitung der auf den geschilderten Gesetzen beruhenden Neuregelungen bezieht die Neuauflage des sich vornehmlich an den juristischen Leserkreis wendenden Buches das bis einschließlich Mitte November 2015, zum Teil bis einschließlich Dezember 2015 veröffentlichte Schrifttum und die Rechtsprechung in die Darstellung mit ein.

Großbeeren, im November 2015 Diplom-Rechtspflegerin Dagmar Zorn

Inhaltsverzeichnis

Abkürzungsverzeichnis

aA	anderer Ansicht
aaO	am angegebenen Ort
abl	ablehnend
Abs	Absatz
AcP	Archiv für civilistische Praxis (1818–1944; 1945 ff)
AdVermiG	G über die Vermittlung der Annahme als Kind und über das Verbot der Vermittlung von Ersatzmüttern (Adoptionsvermittlungsgesetz – AdVermiG) i d Neufassung v 22.12.2001 (BGBl 2002 I S 354)
aE	am Ende
aF	alte Fassung
AG	Amtsgericht
Alt	Alternative
amtl	amtlichen
Anm	Anmerkung
Art	Artikel
AuAS	Schnelldienst Ausländer- und Asylrecht, Zeitschrift
Aufl	Auflage
AufenthG	Gesetz über den Aufenthalt, die Erwerbstätigkeit und die Integration von Ausländern im Bundesgebiet (Aufenthaltsgesetz – AufenthG) verkündet als Artikel I des Gesetzes zur Steuerung und Begrenzung der Zuwanderung und zur Regelung des Aufenthalts und der Integration von Unionsbürgern und Ausländern (Zuwanderungsgesetz), BGBl 2004 I S 1950 id Fassung der Bekanntmachung v 25.2.2008 (BGBl I S 162)
BayObLG	Bayerisches Oberstes Landesgericht
BayObLGZ	Entscheidungen des Bayerischen Obersten Landesgerichts in Zivilsachen
BeistandG	Gesetz zur Abschaffung der gesetzlichen Amtspflegschaft und Neuordnung des Rechts der Beistandschaft (Beistandschaftsgesetz) v 4.12.1997 (BGBl I S 2846)
BeurkG	Beurkundungsgesetz v 28.8.1969 (BGBl I S 1513)
BGB	Bürgerliches Gesetzbuch idF d Bek v 2.1.2002 (BGBl I S 42)
BGBl	Bundesgesetzblatt
BGH	Bundesgerichtshof
BGHZ	Entscheidungen des Bundesgerichtshofes in Zivilsachen (1951 ff)
BKiSchG	Gesetz zur Stärkung eines aktiven Schutzes von Kindern und Jugendlichen (Bundeskinderschutzgesetz – BKiSchG) v 22.12.2011 (BGBl I S 2975)
BKR	Zeitschrift für Bank- und Kapitalmarktrecht
BLJ	Bucerius Law Journal, Zeitschrift
BMJV	Bundesministerium der Justiz und für Verbraucherschutz
BNotO	Bundesnotarordnung v 24.2.1961 (BGBl I S 97)
BR-Drucks	Drucksachen des Deutschen Bundesrats
BRJ	Bonner Rechtsjournal, Zeitschrift

BT-Drucks	Drucksachen des Deutschen Bundestags
BVerfG	Bundesverfassungsgericht
BVerfGE	Entscheidungen des BVerfG (1952 ff)
BWNotZ	Mitteilungen aus der Praxis, Zeitschrift für das Notariat in Baden-Württemberg (1955 ff)
bzw	beziehungsweise
CR	Computer und Recht, Zeitschrift
DAVorm	Der Amtsvormund, Rundbrief d Dt Instituts f Vormundschaftswesen (1951/52 ff, vorher: Rundbrief d Dt Inst f Jugendhilfe), Zeitschrift
dass	dasselbe
ders	derselbe
DEuFamR	Deutsches und Europäisches Familienrecht, Zeitschrift
dh	das heißt
dies	dieselbe/dieselben
DIV-Gutachten	Gutachten des Deutschen Instituts für Vormundschaftswesen
DIJuF-Rechtsgutachten	Rechtsgutachten des Deutschen Instituts für Jugendhilfe und Familienrecht
DNotZ	Deutsche Notar-Zeitschrift, Verkündungsblatt der Bundes(-Reichs-)notarkammer (1933–1944, 1950 ff; vorher: DNotV)
DRiZ	Deutsche Richterzeitung (1909–1935, 1950 ff)
Drucks	Drucksache
EGBGB	EG zum Bürgerlichen Gesetzbuch v 18.8.1896 (RGBl S 604)
EGFGB	Einführungsgesetz zum Familiengesetzbuch der DDR vom 20.12.1965 (GBl I 1966 Nr 1 S19)
EheG	Ehegesetz v 20.2.1946 = Kontrollratsgesetz Nr 16 (KRABl S 77, ber S 294)
EheschlRG	G zur Neuordnung des Eheschließungsrechts (Eheschließungsrechtsgesetz – EheschlRG) v 4.5.1998 (BGBl I S 833)
EinigungsV	Einigungsvertrag
EMRK	Europäische Konvention zum Schutz der Menschenrechte und Grundfreiheiten v 4.11.1950 (BGBl 1952 II S 685 ber S 953)
ESchG	Gesetz zum Schutz von Embryonen (Embryonenschutzgesetz – ESchG) v 13.12.1990 (BGBl I S 2746)
EuGHMR	Europäischer Gerichtshof für Menschenrechte
f, ff	folgend, fortfolgende
FamRB	Der Familienrechtsberater, Zeitschrift
FamFG	Gesetz zur Reform des Verfahrens in Familiensachen und in den Angelegenheiten der freiwilligen Gerichtsbarkeit (FamFG) v 17.12.2008 (BGBl I S 2586)
FamRZ	Ehe und Familie im privaten und öffentlichen Recht, Zeitschrift für das gesamte Familienrecht (1954 ff)
FF	Forum Familienrecht, Zeitschrift

FGB	Familiengesetzbuch der DDR v 20.12.1965 (GBl 1966 I S 1: Berlin (Ost): VOBl S 117)
FGG	G über die Angelegenheiten der freiwilligen Gerichtsbarkeit v 17.5.1898 (RGBl S 189)
FGG-RG	Gesetz zur Reform des Verfahrens in Familiensachen und in den Angelegenheiten der freiwilligen Gerichtsbarkeit (FGG-Reformgesetz – FGG-RG) v 17.12.2008 (BGBl I S 2586)
FGPrax	Praxis der Freiwilligen Gerichtsbarkeit (vereinigt mit OLGZ), Zeitschrift
Fn	Fußnote
FPR	Familie, Partnerschaft und Recht, Zeitschrift – bis 2013
FuR	Familie und Recht, Zeitschrift
GbR	Gesellschaft bürgerlichen Rechts
GBl	Gesetzblatt
GBO	Grundbuchordnung v 24.3.1897 (RGBl S 139) idF v 14.6.1995 (BGBl I S 778)
gem	gemäß
GewSchG	Gesetz zum zivilrechtlichen Schutz vor Gewalttaten und Nachstellungen (Gewaltschutzgesetz – GewSchG), Art 1 des Gesetzes v 11.12.2001, BGBl I S 3513)
GG	Grundgesetz für die Bundesrepublik Deutschland v 23.5.1949 (BGBl I S 1) idF v 27.10.1994 (BGBl I S 3146)
ggf	gegebenenfalls
GmbH	Gesellschaft mit beschränkter Haftung
GmbHG	Gesetz betreffend die Gesellschaften mit beschränkter Haftung v 20.4.1892 (RGBl S 477)
GVBl	Gesetz- und Verordnungsblatt
GVG	Gerichtsverfassungsgesetz v 27.1.1877 idF v 9.5.1975 (BGBl I S 1077)
HGB	Handelsgesetzbuch v 10.5.1897 (RGBl 219, BGBl III 3 Nr 300-15) idF v 28.10.1994 (BGBl I S 285)
hM	herrschende Meinung
Hrsg	Herausgeber
HS	Halbsatz
idF	in der Fassung
insbes	insbesondere
IPRax	Praxis des Internationalen Privat- und Verfahrensrechts (Zeitschrift)
iS(v)	im Sinne (von)
iVm	in Verbindung mit
JAmt	Das Jugendamt, Zeitschrift
jM	juris Die Monatszeitschrift
JR	Juristische Rundschau (1925–1935, 1947 ff), Zeitschrift
JURA	Juristische Ausbildung, Zeitschrift
JuS	Juristische Schulung, Zeitschrift für Studium und Ausbildung (1960 ff)
JZ	Juristenzeitung (1951 ff, Fortsetzung von DRZ und SJZ)

KG	Kammergericht, Kommanditgesellschaft
KGJ	Jahrbuch für Entscheidungen des Kammergerichts in Sachen der freiwilligen Gerichtsbarkeit, in Kosten-, Stempel- und Strafsachen (bis 1899; in Sachen der nichtstreitigen Gerichtsbarkeit) (1881–1922)
KH	Das Krankenhaus, Zeitschrift
KICK	Gesetz zur Weiterentwicklung der Kinder- und Jugendhilfe (Kinder- und Jugendhilfeweiterentwicklungsgesetz – KICK) v 8.9.2005 (BGBl I 2729)
Kind-Prax	Kindschaftsrechtliche Praxis (Zeitschrift) – bis 2004
KindRG	Gesetz zur Reform des Kindschaftsrechts (Kindschaftsrechtsreformgesetz – KindRG) v 16.12.1997 (BGBl I S 2942)
KindRVerbG	Gesetz zur weiteren Verbesserung von Kinderrechten (Kinderrechteverbesserungsgesetz – KindRVerbG) v 9.4.2002 (BGBl I 1239)
KKG	Gesetz zur Kooperation und Information im Kinderschutz (KKG) v 22.12.2011 (BGBl I S 2975)
KonsG	G über die Konsularbeamten, ihre Aufgaben und Befugnisse (Konsulargesetz) v 11.9.1974 (BGBl I S 2317)
krit	kritisch
KRK	UN-Übereinkommen über die Rechte des Kindes, Conventions on the Rights of Child v 20.11.1989, BGBl 1992, II S 121, 990
LG	Landgericht
LM	Nachschlagwerk des BGH (Loseblatt), Hrsg Lindenmaier, Möhring ua (1951 ff)
LMK	Kommentierte BGH-Rechtsprechung Lindenmaier-Möhring
LPartG	G zur Beendigung der Diskriminierung gleichgeschlechtlicher Gemeinschaften – Lebenspartnerschaften – v 16.2.2001 (BGBl I S 266)
LS	Leitsatz
m krit Anm	mit kritischer Anmerkung (von)
m zust Anm	mit zustimmender Anmerkung
maW	mit anderen Worten
MDR	Monatsschrift für Deutsches Recht (1947 ff)
MedR	Medizinrecht, Zeitschrift
MittRhNotK	Mitteilungen der Rheinischen Notarkammer (seit 1961; vorher: Niederschriften über die Notarkammersitzungen der Rheinischen Notarkammer)
mwN	mit weiteren Nachweisen
mzN	mit zahlreichen Nachweisen
NamÄndG	Gesetz über die Änderung von Familien- und Vornamen v 5.1.1938 (RGBl I S 9; BGBl III 4 Nr 401-1)
NEhelG	G über die Rechtsstellung der nichtehelichen Kinder v 19.8.1969 (BGBl I S 1243)
nF	neue Fassung

NJ	Neue Justiz (1947 ff), Zeitschrift
NJW	Neue Juristische Wochenschrift (1947/48 ff), Zeitschrift
NJW-RR	NJW-Rechtsprechungs-Report Zivilrecht (1986 ff), Zeitschrift
notar	Monatsschrift für die gesamte notarielle Praxis, Zeitschrift
NotBZ	Zeitschrift für die notarielle Beratungs- und Beurkundungspraxis
Nr	Nummer
NVwZ	Neue Zeitschrift für Verwaltungsrecht
NZFam	Neue Zeitschrift für Familienrecht – ab 2014
oä	oder ähnlich
og	oben genannt(e/r)
OHG	Offene Handelsgesellschaft
OLG(e)	Oberlandesgericht(e)
OLGR	OLG – Report (nach OLG getrennt)
OLGZ	Entscheidungen der Oberlandesgerichte in Zivilsachen einschließlich der Freiwilligen Gerichtsbarkeit, Hrsg Deisenhöfer, Jansen (s 1965)
PflR	PflegeRecht, Zeitschrift für Rechtsfragen in der stationären und ambulanten Pflege
PStG	Personenstandsgesetz v 19.2.2007 (BGBl I 122)
RdJB	Recht der Jugend und des Bildungswesens, Zeitschrift
RKEG	Gesetz über die religiöse Kindererziehung v 15.7.1921 (RGBl S 939)
RG	Reichsgericht
RGBl	Reichsgesetzblatt
RGZ	Entscheidungen des Reichsgerichts in Zivilsachen (1880–1945)
RKEG	G über die religiöse Kindererziehung v 15.7.1921 (RGBl 939, BGBl III 4 Nr 404-9)
Rn	Randnummer
RNotZ	Rheinische Notar-Zeitschrift
R & P	Recht und Psychiatrie, Zeitschrift
Rpfleger	Der deutsche Rechtspfleger (1948 ff; vorher: Deutsche Rechtspflege; davor Zeitschrift des Bundes deutscher Justizamtmänner)
RPflG	Rechtspflegergesetz v 5.11.1969 (BGBl I S 2065) idF d Bekanntmachung v 14.4.2013 (BGBl I 778, ber 2014 S 46)
RpflJb	Rechtspfleger-Jahrbuch (1936–43; 1953 ff)
RpflStud	Rechtspfleger-Studienhefte (1977 ff), Zeitschrift
S	Seite, Satz
s	siehe
SchKG	Gesetz zur Vermeidung und Bewältigung von Schwangerschaftskonflikten (Schwangerschaftskonfliktgesetz – SchKG) v 27.7.1992 (BGBl I S. 1398) idF des Gesetzes zum Ausbau der Hilfen für Schwangere und zur Regelung der vertraulichen Geburt v 28.8.2013 (BGBl I S 3458)

SFHÄndG	Schwangeren- und Familienhilfeänderungsgesetz (SFHÄndG) v 21.8.1995 (BGBl I S 1050)
SGB	Sozialgesetzbuch
SGB I	Sozialgesetzbuch Erstes Buch (I) Allgemeiner Teil v 11.12.1975 (BGBl I S 3015)
SGB V	Sozialgesetzbuch Fünftes Buch (V) Gesetzliche Krankenversicherung (Art 1 des Gesetzes v 20.12.1988, BGBl I S 2477)
SGB VIII	Sozialgesetzbuch Achtes Buch (VIII) Kinder- und Jugendhilfe idF d Bek v 8.12.1998 (BGBl I S 3546)
s.o.	siehe oben
sog	so genannt(e)
StAG	Staatsangehörigkeitsgesetz in der im BGBl III unter 102-1 veröffentlichten bereinigten Fassung
StAZ	Das Standesamt, Zeitschrift für Standesamtswesen, Personenstandsrecht, Ehe- und Kindschaftsrecht, Staatsangehörigkeitsrecht (1948/49 ff; vorher 1921–1944; Zeitschrift für Standesamtswesen, Das Standesamt, Der Standesbeamte)
StGB	Strafgesetzbuch idF d Bek v 13.11.1998 (BGBl I S 3322)
StPO	Strafprozeßordnung idF d Bek v 7.4.1987 (BGBl I S 1074, ber S 1319)
su	siehe unten
Thür	Thüringen
TV	Testamentsvollstrecker
ua	unter anderem, und andere
uä	und ähnliche
uU	unter Umständen
v	vom, von
VerschG	Verschollenheitsgesetz idF v 15.1.1951 (BGBl I S 63)
VersR	Versicherungsrecht (Jahr und Seite), Zeitschrift
Vorbem	Vorbemerkung
VwVfG	Verwaltungsverfahrensgesetz idF v 23.1.2003 (BGBl I S 102)
vgl	vergleiche
WEG	G über das Wohnungseigentum und das Dauerwohnrecht (Wohnungseigentumsgesetz) v 15.3.1951 (BGBl I S 175, ber S 209)
ZAR	ZAR – Zeitschrift für Ausländerrecht und Ausländerpolitik
zB	zum Beispiel
ZfIR	Zeitschrift für Immobilienrecht
ZfJ	Zentralblatt für Jugendrecht (seit 1984, vorher: Zentralblatt für Jugendrecht und Wohlfahrt) (1924/25 ff, bis 1936; 1950 ff)
ZErb	Zeitschrift für die Steuer- und Erbrechtspraxis
ZEV	Zeitschrift für Erbrecht und Vermögensnachfolge
ZGR	Zeitschrift für Unternehmens- und Gesellschaftsrecht
ZKJ	Zeitschrift für Kindschaftsrecht und Jugendhilfe

ZPO	Zivilprozessordnung v 30.1.1877 (RGBl S 83) idF d Bek v 5.12.2005 (BGBl I S 3202, ber 2006, S 431)
ZRP	Zeitschrift für Rechtspolitik
ZStW	Zeitschrift für die gesamte Strafrechtswissenschaft
ZWE	Zeitschrift für Wohnungseigentumsrecht

Literaturverzeichnis und Verzeichnis der abgekürzten zitierten Literatur

I. Kommentare

Arnold/Meyer-Stolte/Rellermeyer/Hintzen/Georg/*Bearbeiter*	Rechtspflegergesetz, 8. Aufl, 2015
Baumbach/Hueck/*Bearbeiter*	GmbH-Gesetz, 20. Aufl, München 2013
Beck'scher Online-Kommentar BGB zitiert BeckOK BGB/*Bearbeiter*	Edition 35 Stand 1.5.2015
Beck'scher Online-Großkommentar BGB zitiert BeckOGK/Bearbeiter	Edition 1 Stand Januar 2016
Erman/*Bearbeiter*	Handkommentar z BGB, Bd II 14. Aufl, Münster 2014
FamRefK zitiert Bearbeiter in FamRefK	Bäumel/Bienwald/Häußermann/Hoffmann/Maurer/Meyer-Stolte/Rogner/Sonnenfeld/Wax, Familienrechtsreformkommentar, Bielefeld 1998
Bork/Jacoby/Schwab zitiert Bork/Jacoby/Schwab/*Bearbeiter*	FamFG Kommentar, 2. Aufl. Bielefeld 2013
Erman BGB Kommentar zitiert Erman/*Bearbeiter*	Erman BGB Kommentar, 14. Aufl 2014
Göppinger/Wax/*Bearbeiter*	Unterhaltsrecht begründet von Günter Brühl, 9. Aufl, Bielefeld 2008
HK-BUR zitiert *Bearbeiter* in HK-BUR	Bauer/Klie/Rink, Heidelberger Kommentar zum Betreuungsrecht, 97. Aktualisierung, Stand Juni 2014
Hoppenz/*Bearbeiter*	Hoppenz (Hrsg) Familiensachen, 9. Aufl, Heidelberg 2009
Jansen zitiert *Bearbeiter* in Jansen, FGG	Jansen, FGG, Gesetz über die Angelegenheiten der freiwilligen Gerichtsbarkeit, Großkommentar, Band 2, 3. Aufl, Berlin 2005
Juris Praxis Kommentar zum BGB zitiert jurisPK BGB/*Bearbeiter*	Herberger/Martinek/Rüßmann u.a., jurisPK-BGB, 7. Aufl 2014 Stand 1.10.2014
Keidel	Keidel, FamFG, Familienverfahren Freiwillige Gerichtsbarkeit, Kommentar zum FamFG, 18. Aufl, München 2014
LM	Nachschlagewerk des BGH (Loseblatt), Hrsg. Lindenmaier, Möhring ua (1951ff)
Marschner/Volckart/Lesting	Freiheitsentziehung und Unterbringung, Kurzkommentar, 5. Aufl, 2010
MünchKomm BGB/*Bearbeiter*	Münchener Kommentar zum BGB, Bd 8, Familienrecht II, §§ 1589–1921, SGB VIII, 6. Aufl, 2013
MünchKomm FamFG/*Bearbeiter*	Münchener Kommentar zur ZPO, Bd FamFG, 2. Aufl 2013
Palandt/*Bearbeiter*	BGB, Kurz-Kommentar, 75. Aufl, 2016
Staudinger/*Bearbeiter*	Kommentar zum BGB, 12. Aufl, Viertes Buch Familienrecht, Neubearbeitungen 2011 (§§ 1589–1600d; 2015 (§§ 1626–

	1633, RKEG); 2009 (§§ 1638–1683); 2014 (§§ 1684–1717); 2014 (§§ 1773–1895)
Staudinger/*Bearbeiter*	Kommentar/EGBGB Art 219–245, Neubearbeitung 2003

II. Monografien, Lehrbücher und sonstige Literatur

Benkert, Daniel zitiert Benkert S ...	Die „bösen" Kinder. Zu Umfang und Inhalt der Personensorge aus Sicht der Eltern, 2004
Brückner, Sarah zitiert Brückner S ...	Das medizinische Selbstbestimmungsrecht Minderjähriger 2014
Damrau, Jürgen zitiert Damrau Rn ...	Der Minderjährige im Erbrecht, 2. Aufl, 2010
Festschrift für Coester-Waltjen zitiert *Bearbeiter* in FS für Coester-Waltjen S ...	Zwischenbilanz Festschrift für Coester-Waltjen, Bielefeld 2015
Fröschle, Tobias zitiert Fröschle Rn ...	Sorge und Umgang – Elternverantwortung in der Rechtspraxis – Bielefeld 2013
Gernhuber/Coester-Waltjen zitiert Gernhuber/Coester-Waltjen § ... Rn ...	Familienrecht, 6. Aufl, München 2010
Göbel, Andreas zitiert Göbel S ...	Vom elterlichen Züchtigungsrecht zum Gewaltverbot. Verfassungs-, straf- und familienrechtliche Untersuchung zum § 1631 Abs 2 BGB, 2005
Greßmann, Michael zitiert Greßmann Rn ...	Neues Kindschaftsrecht, 1998
Grün, Klaus-Jürgen zitiert Grün S ...	Vaterschaftsfeststellung und -anfechtung für die gerichtliche, anwaltliche und behördliche Praxis, 2. Aufl, 2010
Helms, Tobias/Kieninger, Jörg/Rittner, Christian zitiert Helms/Kieninger/Rittner Rn ...	Abstammungsrecht in der Praxis – Materielles Recht, Verfahrensrecht, Medizinische Abstammungsbegutachtung, Bielefeld 2010
Knittel, Bernhard zitiert Knittel Rn ...	Beurkundungen im Kindschaftsrecht, 7 Aufl, 2013
Coester-Waltjen, Dagmar/Lipp, Volker/Veit, Barbara (Hg) zitiert Bearbeiter in Coester-Waltjen/Lipp/Veit S ...	„Kinderwunschmedizin" – Reformbedarf im Abstammungsrecht? Göttinger Juristische Schriften – Band 17, Göttingen, 2015
Lack, Katrin zitiert Lack S	Möglichkeiten und Grenzen der Gesetzgebung zur Effektivität des Kinderschutzes, Bielefeld, 2012
Lange, Heinrich/Kuchinke, Kurt zitiert Lange/Kuchinke § ...	Lehrbuch des Erbrechts, 5. Aufl, München 2001
Oberloskamp, Helga (Hrsg) zitiert Oberloskamp/Bearbeiter § ...Rn ...	Vormundschaft, Pflegschaft und Beistandschaft für Minderjährige, 3. Aufl, 2010
Rauscher, Thomas zitiert Rauscher Rn ...	Familienrecht, 2. Aufl, 2008

Schumacher, Silvia/Janzen, Ulrike zitiert Schumacher/Janzen Rn ...	Gewaltschutz in der Familie, 2003
Schwab, Dieter zitiert Schwab Rn ...	Familienrecht, 23. Aufl, 2015
Sonnenfeld, Susanne zitiert Sonnenfeld Rn ...	Betreuungs- und Pflegschaftsrecht, 2. Aufl, Bielefeld 2001
Vogel, Harald zitiert Vogel S ...	Die familiengerichtliche Genehmigung der Unterbringung mit Freiheitsentziehung bei Kindern und Jugendlichen nach § 1631b BGB, Bielefeld 2014
Wanitzek, Ulrike zitiert Wanitzek S ...	Rechtliche Elternschaft bei medizinischer unterstützter Fortpflanzung, 2002
Weiß, Friderike zitiert Weiß S ...	Die Sorgeerklärungen gem § 1626a I Nr 1 BGB unter besonderer Berücksichtigung ihrer Rechtsnatur, 2005

III. Aufsätze

Adlerstein, Wolfgang/Wagenitz, Thomas, Das Verwandtschaftsrecht in den neuen Bundesländern, FamRZ 1990, 1169 ff

Altrogge, Alexandra, Nichtehelicher Vater und Sorgeerklärung, FPR 2008, 154 ff

Altrogge, Alexandra, Diskriminierung eines nichtehelichen Vaters mangels gesetzlicher Regelung zur gerichtlichen Prüfung eines gemeinsamen Sorgerechts? FamFR 2010, 73 ff

Amend-Traut, Anja/Bongartz, Josef, Der Schwangerschaftsabbruch bei Minderjährigen, FamRZ 2016, 5 ff

Andrae, Marianne, Zur Anerkennung von Statusurteilen, die von Gerichten der DDR erlassen wurden, NJ 2002, 15 ff

Andrea, Marianne, Andrea, Die gesetzliche Zuordnung nach ausländischem Recht bei lesbischer institutionalisierter Partnerschaft – Zugleich Besprechung der Entscheidung des Kammergerichts vom 2.12.2014, StAZ 2015, 163 ff

Antomo, Jennifer, Der Gesetzentwurf der Bundesregierung über den Umfang der Personensorge bei einer Beschneidung des männlichen Kindes, JURA 2013, 425 ff

Arendt-Rojahn, Veronika, Anfechtungsmöglichkeiten der „zuständigen Behörde" bei „Scheinvaterschaften", FPR 2007, 395 ff

Baltz, Jochem, Ächtung der Gewalt in der Erziehung – Gesetzgeberische Initiativen zur Reduzierung von Gewalt im (elterlichen) Erziehungsgeschehen –, ZfJ 2000, 210 ff

Battes, Robert, Probleme bei der Anwendung des Gesetzes über Eingetragene Lebenspartnerschaften, FuR 2002, 49 ff, 113 ff

Baumann, Peter, Erbausschlagung gegen Abfindung bei minderjährigen Ersatzerben, DNotZ 2012, 803 ff

Beck, Volker/Mayer, Stephan, Volles Adoptionsrecht für Homo-Paare!? Pro – Contra, DRiZ 2013, 128 f

Beermann, Christopher, Zivilrechtliche und öffentlich-rechtliche freiheitsentziehende Unterbringung Minderjähriger, FPR 2011, 535 ff

Beitzke, Günther, Nochmals zur Reform des elterlichen Sorgerechts, FamRZ 1979, 8 ff

Belling, Detlev, Die Entscheidungskompetenz für ärztliche Eingriffe bei Minderjährigen, FuR 1990, 68 ff

Belling, Detlev/Eberl, Christina, Der Schwangerschaftsabbruch bei Minderjährigen – Mit einem Ausblick auf das amerikanische Recht –, FuR 1995, 287 ff
Bengsohn, Jochen/Ostheimer, Albert, Die Grenzen elterlicher Stellvertretung Ausschluß und Entziehung der Vertretungsmacht, Rpfleger 1990, 189 ff
Bentert, Holger, Der Vater, aber nicht der Vater – Zur Neuregelung der Vaterschaftsanfechtung im Entwurf des Kindschaftsrechtsreformgesetzes, FamRZ 1996, 1386 ff
Berkl, Melanie, Das Gesetz zum Ausbau der Hilfen für Schwangere und zur Regelung der vertraulichen Geburt – unter besonderer Berücksichtigung der personenstandsrechtlichen Konsequenzen, StAZ 2014, 65 ff
Berzewski, Horst, Suchterkrankungen, FPR 2003, 312 ff
Bienwald, Werner, Die Einschränkung der Betreuung nach § 1908d BGB und deren Folgen für die elterliche Sorge und/oder das Umgangsrecht der Mutter eines nichtehelichen Kindes, FamRZ 1994, 484 ff
Boehmer, Gustav, Zum Problem der Teilmündigkeit Minderjähriger – Bemerkungen zu dem Urteil des IV. ZS des BGH v. 5.12.1958, MDR 1959, 383, MDR 1959, 705 ff
Böttcher, Roland/Spanl, Reinhold, Vormundschaftsgerichtliche Genehmigungen im Grundstücksverkehr, RpflJB 1990, 193 ff
Böttcher, Roland, Abschied von der „Gesamtbetrachtung" – Sieg des Abstraktionsprinzips! Immobilienschenkungen an Minderjährige, Rpfleger 2006, 293 ff
Bohnert, Cornelia, Zur Zulässigkeit privater Vaterschaftstests, FPR 2002, 383 ff
Bork, Reinhard, Sind §§ 55, 62 FGG verfassungskonform? FamRZ 2002, 65 ff
Bonefeld, Michael, Betreuer oder gesetzlicher Vertreter und Testamentsvollstrecker, ZErb 2007, 2 ff
Born, Winfried, Gemeinsames Sorgerecht: Ende der modernen Zeiten? Besprechung von BGH, Urteil v. 29.9.1999 – XII ZB 3/99, FamRZ 2000, 396 ff
Born, Winfried, Anonymer Anruf begründet keinen Anfangsverdacht für Vaterschaftsanfechtung, FPR 2008, 181
Borth, Helmut, Das Verfahren zum Entwurf eines Gesetzes zur Klärung der Abstammung unabhängig vom Anfechtungsverfahren gemäß § 1598a BGB-E und dessen Verhältnis zum Abstammungsverfahren nach dem FamFG, FPR 2007, 381 ff
Breithaupt, Marianne, Die Alleinsorge nach § 1626a II BGB und das Kindeswohl. Stellungnahme zu dem Aufsatz von Thomas Richter (FPR 2004, 484), FPR 2004, 488 ff
Britz, Gabriele, Das Grundrecht des Kindes auf staatliche Gewährleistung elterlicher Pflege und Erziehung – jüngere Rechtsprechung des Bundesverfassungsgerichts, JZ 2014, 1069 ff
Brötel, Achim, Kinderrechte – Staatenpflichten; Überlegungen zum Verhältnis von Völkerrecht und innerstaatlichem Recht in der aktuellen Reformdiskussion, ZfJ 1998, 447 ff
Brosius-Gersdorf, Frauke, Vaterschaftsfeststellung und Vaterschaftsanfechtung – Grundrechtliche Konfliktlagen in der Familie, FPR 2007, 398 ff
Brosius-Gersdorf, Frauke, Das Kuckucksei im Familiennest – Erforderlichkeit einer Neuregelung der Vaterschaftsuntersuchung, NJW 2007, 806 ff
Brückner, Christoph, Väterrechte vor dem Europäischen Gerichtshof für Menschenrechte, FPR 2005, 200 ff
Brüggemann, Dieter, Elterliche Vermögenssorge – Alte und neue Fragen, ZfJ 1980, 53 ff
Brüggemann, Dieter, Der sperrige Katalog §§ 1821, 1822 BGB: Anwendungskriterien – Grenzfälle, FamRZ 1990, 5 ff, 124 ff
Buchholz, Stephan, Insichgeschäft und Erbausschlagung – Überlegungen zu einem Problem des § 1643 II BGB, NJW 1993, 1161 ff

Bürger, Andreas, Die Beteiligung Minderjähriger an Gesellschaften mit beschränkter Haftung, RNotZ 2006, 156 ff
Büte, Dieter, Elterliche Sorge und Umgangsrecht Entwicklung der Rechtsprechung im Jahr 2007, FuR 2008, 53 ff
Büte, Dieter, Gesetz zur Reform der elterlichen Sorge nicht miteinander verheirateter Eltern, FuR 2013, 311 ff
Büttner, Helmut, Änderungen im Familienverfahrensrecht durch das Kindschaftsrechtsreformgesetz, FamRZ 1998, 585 ff
Clausius, Monika, Kinder, leibliche Eltern und Pflegekinder im Fokus der höchstrichterlichen Rechtsprechung, jM 2015, 147 ff
Coester, Michael, Zur sozialrechtlichen Handlungsfähigkeit des Minderjährigen, FamRZ 1985, 982 ff
Coester, Michael, Reform des Kindschaftsrechts, JZ 1992, 809 ff
Coester, Michael, Elternrecht des nichtehelichen Vaters und Adoption – Zur Entscheidung des Bundesverfassungsgerichts vom 7.3.1995 –, FamRZ 1995, 1245 ff
Coester, Michael, Neues Kindschaftsrecht in Deutschland, DEuFamR 1999, 3 ff
Coester, Michael, No risk, no fun – zum Überschuldungsschutz für junge Volljährige, § 1629a BGB, JURA 2002, 88 ff
Coester, Michael, Verfassungsrechtliche Vorgaben für die gesetzliche Ausgestaltung des Sorgerechts nicht miteinander verheirateter Eltern, FPR 2005, 60 ff
Coester, Michael, Nichteheliche Elternschaft und Sorgerecht, FamRZ 2007, 1137 ff
Coester, Michael, Inhalt und Funktionen des Begriffs der Kindeswohlgefährdung – Erfordernis einer Neudefinition? JAmt 2008, 1 ff
Coester, Michael, Sorgerechtliche Impulse aus Straßburg, NJW 2010, 482 ff
Coester-Waltjen, Dagmar, Befruchtungs- und Gentechnologie beim Menschen – rechtliche Probleme von morgen? FamRZ 1984, 230 ff
Coester-Waltjen, Dagmar, Zum Recht des Kindes auf Kenntnis der eigenen Abstammung – BVerfG vom 31.1.1989 – 1 BvL 17/87 –, JURA 1989, 520 ff
Coester-Waltjen, Dagmar, Künstliche Fortpflanzung und Zivilrecht, FamRZ 1992, 369 ff
Coester-Waltjen, Dagmar, Die elterliche Sorge – Inhaberschaft, JURA 2005, 97 ff
Coester-Waltjen, Dagmar, Reichweite und Grenzen der Patientenautonomie von Jungen und Alten – Ein Vergleich, MedR 2012, 553 ff
Coester-Waltjen, Dagmar, Statusrechtliche Folgen der Stärkung der Rechte der nichtehelichen Väter, FamRZ 2013, 1693 ff
Coester-Waltjen, Dagmar, Ausländische Leihmütter – Deutsche Wunscheltern – Zur Entscheidung des BGH vom 10.12.2014 – XII ZB 463/13, FF 2015, 186 ff
Coing, Helmut, Die gesetzliche Vertretungsmacht der Eltern bei der Ausschlagung einer Erbschaft, NJW 1985, 6 ff
Czeguhn, Ignacio/Dickmann, Roman, Der Minderjährige in der BGB-Gesellschaft, FamRZ 2004, 1534 ff
Czerner, Frank, Staatlich legalisierte Kindeswohlgefährdung durch Zulassung ritueller Beschneidung zugunsten elterlicher Glaubensfreiheit? (Teil 1 und Teil 2), ZKJ 2012, 374 ff, 433 ff
Damrau, Jürgen, Auswirkungen des Testamentsvollstreckeramtes auf elterliche Sorge, Vormundsamt und Betreuung, ZEV 1994, 1 ff
Damrau, Jürgen, Minderjährige Kinder aus geschiedenen Ehen als Erben – Entzug des Verwaltungsrechts für den geschiedenen Elternteil, ZEV 1998, 90 f

Damrau, Jürgen, Kein Erfordernis der gerichtlichen Genehmigung bei Schenkung von Gesellschaftsbeteiligungen an Kinder, ZEV 2000, 209 ff
Demharter, Johann, Zur Schlüssigkeit der Klage, mit der die Anerkennung der Vaterschaft angefochten wird, FamRZ 1985, 232 ff
Dethloff, Nina, Kindeswohl und Väterrechte. Die neue Rechtsprechung des Europäischen Gerichtshofs für Menschenrechte, BRJ 2010, 38 ff
Dethloff, Nina, Leihmütter, Wunscheltern und ihre Kinder, JZ 2014, 922 ff
Deutsch, Erwin, Das Persönlichkeitsrecht des Patienten, AcP 92 (1992), 161 ff
Dickerhof-Borello, Elisabeth, Die Sorgeerklärung eines geschäftsunfähigen Elternteils – eine Lücke im Kindschaftsrechtsreformgesetz? FuR 1998, 70 ff, 157 ff
Dickmeis, Franz, Strukturen des deutschen Kindschaftsrechts im Kontext zur europäischen Rechtsentwicklung, ZfJ 1998, 41 ff
Diederichsen, Uwe, Die Reform des Kindschafts- und Beistandschaftsrechts, NJW 1998, 1977 ff
Dodegge, Georg, Voraussetzungen für eine Betreuung des erkrankten Elternteils und die rechtliche Bedeutung der Betreuung für Sorge- und Umgangsverfahren, FPR 2005, 233 ff
Dorndörfer, Josef, Abänderungen gerichtlichen Entscheidungen im FGG-Verfahren im Hinblick auf die Entscheidung des BVerfG v. 18.1.2000, FamRZ 2001, 1117 ff
Duden, Konrad, Ausländische Leihmutterschaft – Elternschaft durch verfahrensrechtliche Anerkennung, StAZ 2014, 164 ff
Dümig, Michael, Nochmals: Rechtspflegerentscheidungen und der Schutzbereich des Art 19 Abs 4 S 1 GG, Rpfleger 2002, 556 ff
Dümig, Michael, Die Beteiligung Minderjähriger an einer rechtsfähigen Gesellschaft bürgerlichen Rechts aus familien- bzw. vormundschaftsgerichtlicher Sicht, FamRZ 2003, 1 ff
Eckebrecht, Marc, Schlüssigkeits- und Substantiierungsanforderungen bei der Vaterschaftsanfechtung, MDR 1999, 71 ff
Eckebrecht, Marc, Neuere Gesetze zur Stärkung der Vaterrechte, FPR 2005, 205 ff
Eckersberger, Peter, Auswirkungen des Kinderrechteverbesserungsgesetzes auf Vereinbarungen über eine heterologe Insemination, MittBayNot 2002, 261 ff
Ehinger, Uta, Die Regelung der elterlichen Sorge bei psychischer Erkrankung eines Elternteils oder beider Eltern im Überblick, FPR 2005, 253 ff
Ehinger, Uta, Bedeutung des Streits der Eltern über die Religionszugehörigkeit ihres Kindes im Sorgerechtsverfahren, FPR 2005, 367 f
Eidenmüller, Horst, Der Auskunftsanspruch des Kindes gegen seine Mutter auf Benennung des leiblichen Vaters – BVerfGE 96, 56, JuS 1998, 794 ff
Emmerich, Volker, Verfassungsrechtliche Fragen für Regelung der Vertretungsmacht der Eltern für Kinder, JuS 1986, 806 ff
Enders, Christoph, Das Recht auf Kenntnis der eigenen Abstammung, NJW 1989, 881 ff
Engel, Martin, Internationale Leihmutterschaft und Kindeswohl, ZEuP 2014, 538 ff
Engel, Martin, Leihmutterschaft: Verfahrensrechtliche Anerkennung ausländischer Abstammungsentscheidungen im Lichte des Art 8 EMRK, StAZ 2014, 353 ff
Engelfried, Ulrich, Kindeswohl – keine Spielwiese für Wahlkämpfer, Betrifft Justiz 2013, 2
Engler, Hartmut, Zur Auslegung des § 1643 Abs II BGB In welchen Fällen bedürfen die Eltern zur Ausschlagung einer Erbschaft für das Kind der Genehmigung des Vormundschaftsgerichtes? FamRZ 1972, 7 ff
Everts, Arne, Pflichtteilsklauseln in Überlassungsverträgen mit minderjährigen Erwerbern, Rpfleger 2005, 180 ff

Fateh-Moghadam, Bijan, Religiöse Rechtfertigung? Die Beschneidung von Knaben zwischen Strafrecht, Religionsfreiheit und elterlichem Sorgerecht, RW 2010, 115 ff

Fellenberg, Barbara, Entwurf eines Gesetzes zur Erleichterung familiengerichtlicher Maßnahmen bei Kindeswohlgefährdung, FPR 2008, 125 ff

Feller, Lutz, Teleologische Reduktion des § 181 letzter Halbsatz BGB bei nicht lediglich rechtlich vorteilhaften Erfüllungsgeschäften – Zugleich Anmerkungen zum Beschluß des OLG Oldenburg v. 1.10.1987 – 5 W 46/87 –, DNotZ 1989, 66 ff

Finger, Peter, Das neue Recht der elterlichen Sorge (SorgeRG), JA 1981, 641 ff

Finger, Peter, §§ 1626a ff, 1672 BGB – verfassungswidrig? FamRZ 2000, 1204 ff

Finger, Peter, Die elterliche Sorge des nichtehelichen Vaters – verfassungswidrige Reform? ZfJ 2000, 183 ff

Finger, Peter, Gemeinsame elterliche Sorge für nichteheliche Kinder, FuR 2003, 341 ff

Finke, Bettina, Elternwohl, JAmt 2008, 10 ff

Fomferek, André, Minderjährige „Superstars" – Die Probleme des § 1822 Nr 5 BGB, NJW 2004, 410 ff

Frank, Rainer, Die zwangsweise körperliche Untersuchung zur Feststellung der Abstammung, FamRZ 1995, 975 ff

Frank, Rainer, Grundzüge und Einzelprobleme des Abstammungsrechts, StAZ 2003, 129 ff

Frank, Rainer, Missbräuchliche Vaterschaftsanerkennungen zur Erlangung von Aufenthaltstiteln, StAZ 2006, 281 ff

Frank, Rainer, Neues zur elterlichen Sorge für nichteheliche Kinder, StAZ 2013, 269 ff

Frank, Rainer/Helms, Tobias, Der Anspruch des nichtehelichen Kindes gegen seine Mutter auf Nennung des leiblichen Vaters – Zugleich Besprechung der Entscheidung des BVerfG v 6.5.1997 – 1 BvR 409/90 –, FamRZ 1997, 1258 ff

Frank, Rainer/Helms, Tobias, Kritische Bemerkungen zum Regierungsentwurf eines Gesetzes zur Klärung der Vaterschaft unabhängig vom Anfechtungsverfahren, FamRZ 2007, 1277 ff

Frie, Birgit, Die Mitmutter kraft ausländischen Rechts, FamRZ 2015, 889 ff

Friedrichs, H.-J., Ausbildungs- und Berufskonflikte in der Eltern-Kind-Beziehung (§ 1631a BGB), ZfJ 1980, 313 ff

Fritsche, Ingo, Neue Entwicklungen im Abstammungsverfahren, NJ 2007, 294 ff

Führ, Thorsten/Menzel, Ralf, Grundstücksschenkung des gesetzlichen Vertreters an Minderjährige – zugleich Besprechung der Beschlüsse des BGH v. 25.11.2004 – V ZB 13/04 – und v. 3.2.2005 – V ZB 44/04, FamRZ 2005, 1729 f

Führ, Thorsten/Menzel, Ralf, Die Grundstücksschenkung an Minderjährige – Eine Problemdarstellung an Hand von Fällen, JA 2005, 859 ff

Gaaz, Berthold, Scheinvaterschaften Zum Entwurf eines Gesetzes zur Ergänzung des Rechts zur Anfechtung der Vaterschaft, StAZ 2007, 75 ff

Gaul, Hans Friedhelm, Die Neuregelung des Abstammungsrechts durch das Kindschaftsrechtsreformgesetz, FamRZ 1997, 1441 ff

Gaul, Hans Friedhelm, Ausgewählte Probleme des materiellen Rechts und des Verfahrensrechts im neuen Abstammungsrecht, FamRZ 2000, 1461 ff

Gerken, Ulrich, Zur vormundschaftsgerichtlichen Genehmigung bei Abtretung von GmbH-Anteilen. Zugleich zum BGH-Urteil vom 20.2.1989 (Rpfleger 1989, 281) zu § 1822 Nr 3, 10 BGB, Rpfleger 1989, 270 ff

Germann, Michael, Die Verfassungsmäßigkeit des Gesetzes über den Umfang der Personensorge bei einer Beschneidung des männlichen Kindes vom 20.12.2012, MedR 2013, 412 ff

Gernhuber, Joachim, Kindeswohl und Elternwille, FamRZ 1973, 229 ff

Giers, Michael, Behördenübergreifende Maßnahmen gegen Schulversäumnisse, JAmt 2005, 338 ff

Giesen, Dieter, Genetische Abstammung und Recht – Zugleich Besprechung des Urteils des BVerfG vom 31.1.1989 – 1 BvL 17/87 –, JZ 1989, 364 ff

Gießler, Hans, Erlöschen der Prozessführungsbefugnis und Übergang zum familienrechtlichen Ausgleichsanspruch, FamRZ 1994, 800 ff

Gimbernat Jonas, Antonio, Typisierung contra Einzelfallgerechtigkeit Anmerkung zum Urteil des Bundesverfassungsgerichts vom 29. Januar 2003, JAmt 2003, 332 ff

Gitter, Wolfgang/Schmitt, Jochem, Die geschenkte Eigentumswohnung – BGHZ 78, 29, JuS 1982, 253 ff

Gollwitzer, K./Rüth, U., § 1631b BGB – Die geschlossene Unterbringung Minderjähriger aus kinder- und jugendpsychiatrischer Sicht, FamRZ 1996, 1388 ff

Gosemärker, Alexandra, Sukzessivadoption durch eingetragene Lebenspartner, AnwBl BE 2013, 49 ff

Gottschalk, Yvonne, Verbleibensanordnung oder teilweiser Sorgerechtsentzug? ZKJ 2014, 234 ff

Gottwald, Peter, Vom Amtsgericht zum Gerichtsamt – Anmerkungen zum Beschluss des BVerfG vom 18.1.2001 – 1 BvR 321/96 –, FamRZ 2000, 1477 ff

Grömig, Ursula, Die Verordnung der Anti-Baby-Pille durch den Arzt, insbesondere an Minderjährige, NJW 1971, 233 ff

Groß, Ingrid, Zur Problematik der §§ 1626a und 1672 BGB, FPR 2002, 176 ff

Groß, Ingrid, Fristen und Anfangsverdacht im Abstammungsverfahrensrecht, FPR 2007, 392 ff

Grunewald, Ralph, Die besondere Bedeutung des Erziehungsgedankens im Jugendstrafverfahren, NJW 2003, 1995 ff

Habscheid, Edgar/Habscheid, Walther, Die statusrechtlichen Feststellungsklagen nach neuem Familienrecht, FamRZ 1999, 480 ff

Habscheid, Walther, Verfahren vor dem Rechtspfleger – Rechtliches Gehör und faires Verfahren, Rpfleger 2001, 209 ff

Häfele, Günter, Seelisch erkrankte Eltern und Kindeswohlgefährdung, FPR 2003, 307 ff

Hahn, Erik, Erlaubnispflichtige Zirkumzision? – § 1631d Abs 2 BGB und das HPG, MedR 2013, 215 ff

Hammer, Stephan, Die rechtliche Verbindlichkeit von Elternvereinbarungen, FamRZ 2005, 1209 ff

Hammermann, Eckart, Das Gesetz zur Klärung der Vaterschaft unabhängig vom Anfechtungsverfahren, FamRB 2008, 150 ff

Harrer, Herbert, Zivilrechtliche Einflußmöglichkeiten des künftigen Vaters auf die Durchführung des Schwangerschaftabbruchs, ZfJ 1989, 238 ff

Hauck, Ronny, Der Schutz von Minderjährigen bei Eingriffen in höchstpersönliche Rechte und Rechtsgüter, NJW 2012, 2398 ff

Haußleiter, Martin, Umzug des Minderjährigen bei gemeinsamer Sorge, NJW-Spezial 2004, 151 ff

Heger, Matthias/Schomburg, Gernhard, Das Gesetz zur Ächtung der Gewalt in der Erziehung und zur Änderung des Kindesunterhaltsrechts, Kind-Prax 2000, 171 ff

Heiderhoff, Bettina, Rechtliche Abstammung im Ausland geborener Leihmutterkinder, NJW 2014, 2673 ff

Heilmann, Stefan, Die Reform des Rechts der elterlichen Sorge nicht miteinander verheirateter Eltern – das Ende eines Irrwegs? NJW 2013, 1473 ff

Heilmann, Stefan, Schützt das Grundgesetz die Kinder nicht? Eine Betrachtung der bisherigen Kammerrechtsprechung des BVerfG im Jahr 2014, NJW 2014, 2904 ff
Heilmann, Stefan, Zu den Auswirkungen der aktuellen Rechtsprechung des Bundesverfassungsgerichts auf die Praxis des Kinderschutzes, FamRZ 2015, 92 ff
Heilmann, Stefan/Salgo, Ludwig, Sind Pflegekinder nicht (mehr) schutzbedürftig? FamRZ 2014, 1 ff
Helle, Jürgen, Freiheitsentziehung und Freiheitsbeschränkung bei der bürgerlich-rechtlichen Unterbringung Minderjähriger, ZfJ 1986, 40 ff
Helms, Tobias, Entwurf eines Gesetzes zur Klärung der Vaterschaft unabhängig vom Anfechtungsverfahren, StAZ 2008, 7 ff
Helms, Tobias, Das neue Verfahren zur Klärung der leiblichen Abstammung, FamRZ 2008, 1033 ff
Helms, Tobias, Die Stellung des potentiellen Vaters im Abstammungsrecht, FamRZ 2010, 1 ff
Helms, Tobias, Abstammungsrecht und Kindeswohl, StAZ 2014, 225 ff
Helms, Tobias, Die Einführung der sog. vertraulichen Geburt, FamRZ 2014, 609 ff
Helms, Tobias, Reproduktionsmedizin und Abstammungsrecht: Hat Deutschland die internationale Entwicklung verpasst? FF 2015, 234 ff
Hennemann, Heike, § 1629 II 2 und III BGB – Probleme der gesetzlichen Vertretung und der Prozessstandschaft beim Wechselmodell, FPR 2006, 295 ff
Henrich, Dieter, Leihmütterkinder: Wessen Kinder? IPRax 2015, 229 ff
Hepting, Reinhard, Das Eheschließungsrecht nach der Reform, FamRZ 1998, 713 ff
Hepting, Reinhard, „Babyklappe" und „anonyme Geburt", FamRZ 2001, 1573 ff
Hertwig, Stefan, Verfassungsrechtliche Determinanten des Minderjährigenschutzes – Zugleich eine Besprechung der Entscheidung des BVerfG vom 13.5.1986 – 1 BvR 1542/84 –, FamRZ 1986, 769 ff –, FamRZ 1987, 124 ff
Herzberg, Rolf Dietrich, Rechtliche Probleme der rituellen Beschneidung, JZ 2009, 322 ff
Herzberg, Rolf Dietrich, Steht dem biblischen Gebot der Beschneidung ein rechtliches Verbot entgegen? MedR 2013, 169 ff
Heukamp, Anne, Tod des Vaters während des Vaterschaftsanfechtungsverfahrens, FamRZ 2007, 606 ff
Heumann, Alexander, Eltern ohne Sorgerecht – Gedanken zu ‚Familie und Recht'. Zur rechtspolitischen Bedeutung des Urteils des BVerfG vom 29.1.2003 zum Sorgerecht für nichteheliche Kinder, FuR 2003, 293 ff
Hillenkamp, Thomas, Der praktische Fall – Strafrecht: Das Aufnahmeritual und seine Folgen, JuS 2001, 159 ff
Hochgräber, Gerhard, Zur Vollstreckung von in Prozeßstandschaft von einem Elternteil erwirkten Kindesunterhaltstiteln, FamRZ 1996, 272 f
Höfelmann, Elke, Das „Gesetz zur Umsetzung familienrechtlicher Entscheidungen des Bundesverfassungsgerichts", FamRZ 2004, 65 ff
Höfelmann, Elke, Das neue Gesetz zur Änderung der Vorschriften über die Anfechtung der Vaterschaft und das Umgangsrecht von Bezugspersonen des Kindes, FamRZ 2004, 745 ff
Höflinger, Astrid, Kollision zwischen persönlichem Umgangsrecht der Großeltern und Sorgerecht, ZfJ 2002, 131 ff
Hörnle, Tatjana/Hustler, Stefan, Wie weit reicht das Erziehungsrecht der Eltern? JZ 2013, 328 ff
Hoffmann, Birgit, Rechtliche Aspekte psychiatrischer bzw. psychologischer Behandlung Minderjähriger, R & P 2007, 173 ff

Hoffmann, Birgit, Freiheitsentziehende Unterbringung in Einrichtungen der Kinder- und Jugendhilfe, FamRZ 2013, 1346 ff
Hoffmann, Birgit, Das Gesetz zur Stärkung der Rechte des leiblichen, nicht rechtlichen Vaters, FamRZ 2013, 1077 ff
Holldorf, Cornelia, Sorgerecht nicht miteinander verheirateter Eltern. Wie revolutionär ist der Beschluss des BVerfG vom 21.7.2010? ZKJ 2011, 26 ff
Holldorf, Cornelia, Gemeinsame elterliche Sorge nicht miteinander verheirateter Eltern, ZKJ 2012, 475 ff
Holzhauer, Heinz, Verwandtschaftliche Elternstellung, verfassungsmäßiges Elternrecht und elterliche Sorge, FamRZ 1982, 109 ff
Holzhauer, Heinz, Schenkungen aus dem Vermögen Betreuter, FamRZ 2000, 1063 ff
Hoyer, Andreas, Im Strafrecht nichts Neues? – Zur strafrechtlichen Bedeutung des § 1631 II BGB –, FamRZ 2001, 521 ff
Huber, Peter/Scherer, Holger, Die Neuregelung zur Ächtung der Gewalt in der Erziehung, FamRZ 2001, 797 ff
Huber, Peter/Antomo, Jennifer, Die Neuregelung der elterlichen Sorge nicht miteinander verheirateter Eltern, FamRZ 2012, 1257 ff
Huber, Peter/Antomo, Jennifer, Zum Inkrafttreten der Neuregelung der elterlichen Sorge nicht miteinander verheirateter Eltern, FamRZ 2013, 665 ff
Huber, Peter/Möll, Lisa, Die elterliche Sorge nicht miteinander verheirateter Eltern, FamRZ 2011, 765 ff
Humphrey, Michael, Das Sorgerecht des nichtehelichen Vaters in rechtsvergleichender Kritik, FPR 2003, 578 ff
Ivo, Malte, Die Erbausschlagung für das minderjährige Kind, ZEV 2002, 309 ff
Ivo, Malte, Die Übertragung von Kommanditanteilen an minderjährige Kinder, ZEV 2005, 193 ff
Jaeger, Wolfgang, Prüfung des Kindeswohls bei Übertragung der Sorge auf den zuvor nach § 1626a II BGB nicht sorgeberechtigten Vater, FPR 2007, 101 ff
Jänicke, Harald/Braun, Stefan, Vertretungsausschluss bei rechtlich nachteiligen Verfügungen zu Gunsten Minderjähriger, NJW 2013, 2474 ff
Janzen, Ulrike, Das Kinderrechteverbesserungsgesetz – Weiterentwicklung des Kindschaftsrechts und Schutz der Kinder vor Gewalt, FamRZ 2002, 785 ff
Jauernig, Othmar, Noch einmal – die geschenkte Eigentumswohnung, BGHZ 78, 28, JuS 1982, 576 ff
Jentsch-Klieve, Felicitas, Für eine Entmoralisierung des Familienrechts. Zugleich Anmerkung zum Kammerurteil des EGMR in Sachen Zaunegger ./. Deutschland vom 3.12.2009 (Beschwerde-Nr. 22028/04), FPR 2010, 405 ff
Jerschke, Hans-Ulrich, Ist die Schenkung eines vermieteten Grundstücks rechtlich vorteilhaft? DNotZ 1982, 459 ff
Joussen, Jacob, Die erbrechtliche Anfechtung durch Minderjährige, ZEV 2003, 181 ff
Kaiser, Dagmar, Gemeinsame elterliche Sorge und Wechselmodell, FPR 2008, 143 ff
Kargl, Walter, Das Strafunrecht der elterlichen Züchtigung (§ 223 StGB), NJ 2003, 57 ff
Katzenmeier, Christian, Rechtsfragen der „Babyklappe" und der medizinisch assistierten „anonymen Geburt", FamRZ 2005, 1134 ff
Keim, Christoph, Grenzen der Anrechenbarkeit lebzeitiger Zuwendungen auf den Pflichtteil, MittBayNot 2008, 8 ff
Keim, Christoph, Vermächtnisse zugunsten Minderjähriger: Schwierigkeiten und Lösungsmöglichkeiten, ZEV 2011, 563 ff

Kellner, Dominik, Die Ächtung der Gewalt in der Erziehung nach neuem Recht, NJW 2001, 796 ff
Kemper, Roland, Pränatale Vaterschaftsanerkennung eines Dritten während bestehender Ehe der Mutter nach § 1599 II BGB? DAVorm 1999, 191 f
Kern, Bernd-Rüdiger, Fremdbestimmung bei der Einwilligung in ärztliche Eingriffe, NJW 1994, 753 ff
Kern, Bernd-Rüdiger, Einwilligung in die Heilbehandlung von Kindern durch minderjährige Eltern, MedR 2005, 628 ff
Keuter, Wolfgang, Vertretung Minderjähriger in Kindschaftssachen des FamFG, NJW 2010, 1851 ff
Keuter, Wolfgang, Erzwungene Gemeinsamkeit? Elterliche Sorge nicht miteinander verheirateter Eltern, ZRP 2012, 171 ff
Keuter, Wolfgang, Vertretung Minderjähriger im Vaterschaftsanfechtungsverfahren, FuR 2013, 249 ff
Kiefer, Wolfgang, Auswirkungen der Rücknahme eines Aufenthaltstitels auf die Staatsangehörigkeit Dritter. Zugleich Anmerkung zu BVerwG, Urteil v 5.9.2006 – 1 C 20/05 – und BVerfG, Beschl v 24.10.2006 – 2 BvR 696/04, ZAR 2007, 93 ff
Kindler, Heinz/Drechsel, Annegret, Partnerschaftsgewalt und Kindeswohl. Forschungsstand und Folgerungen für die Praxis, JAmt 2003, 217 ff
Kindler, Heinz/Salzgeber, Joseph/Fichtner, Jörg/Werner, Annegret, Familiäre Gewalt und Umgang, FamRZ 2004, 1241 ff
Kirchmeier, Karl-Heinz, Die abstammungsrechtlichen Übergangsvorschriften des Kindschaftsrechtsreformgesetzes, Kind-Prax 1998, 144 ff
Kirchmeier, Karl-Heinz, Zivilrechtliche Fragen der homologen und heterologen Insemination de lege lata et ferenda, FamRZ 1998, 1281 ff
Kirchmeier, Karl-Heinz, Einführung in das Vaterschaftsfeststellungsverfahren, FPR 2002, 370 ff
Kirsch, Matthias, Das Ruhen der elterlichen Sorge, Rpfleger 1988, 234 ff
Klinkhammer, Frank, Der Scheinvater und sein Kind – Das Urteil des BVerfG vom 13.2.2007 und seine gesetzlichen Folgen, FF 2007, 128 ff
Klinkhammer, Frank, Beschneidung männlicher Kinder und gesetzliche Vertretung durch die Eltern, FamRZ 2012, 1913 ff
Klosinski, Günther, Ist der Anspruch auf Abstammungsklärung und anschließender Vaterschaftsanfechtung dem Familienwohl förderlich? FPR 2007, 385 ff
Klühs, Hannes, Anfechtung letztwilliger Verfügungen durch Minderjährige, Zerb 2010, 316 ff
Klüsener, Bernd, Grundstücksschenkung durch die Eltern, Rpfleger 1981, 258 ff
Klüsener, Bernd, Vormundschaftsgerichtliche Genehmigungen im Liegenschaftsrecht, Rpfleger 1981, 461 ff
Klüsener, Bernd, Der Minderjährige im Unternehmensrecht, Rpfleger 1990, 321 ff
Klüsener, Bernd, Vormundschaftsgerichtliche Genehmigungen nach § 1822 BGB, Rpfleger 1993, 133 ff
Knittel, Bernhard, Die Beurkundung von Sorgeerklärungen nicht miteinander verheirateter Eltern, ZfJ 2000, 140 ff
Knittel, Bernhard, Kinderrechteverbesserungsgesetz verabschiedet Kindschaftsrechtsreformgesetz in wichtigen Teilen fortentwickelt, JAmt 2002, 50 ff
Knittel, Bernhard, Willensvorrang minderjähriger Mütter bei Zustimmung zur Vaterschaftsanerkennung durch den Amtsvormund? JAmt 2002, 330 ff
Knoche, Joachim P., Chancen einer erfolgreichen Vaterschaftsanfechtung nach den BGH-Entscheidungen zu heimlichen DNA-Tests, FuR 2005, 348 ff

Kölmel, Dominik, Der Minderjährige in der notariellen Praxis – Grundlagen, RNotZ 2010, 1ff
Kölmel, Dominik, Die familiengerichtliche Genehmigung in der notariellen Praxis nach der Reform durch das FamFG, NotBZ 2010, 2ff
Kölmel, Dominik, Die Vertretung des minderjährigen Kindes bei der Bekanntgabe des Genehmigungsbeschlusses, MittBayNot 2011, 190ff
Kölmel, Dominik, Die Erfüllung von Vermächtnissen zugunsten Minderjähriger, Zugleich Anmerkung zum Beschluss des OLG München v 22.8.2012 – 34 Wx 200/12, NotBZ 2012, 464, NotBZ 2013, 95ff
König, Ruth, Entwurf eines Gesetzes zur Klärung der Vaterschaft unabhängig vom Anfechtungsverfahren, ZKJ 2007, 340ff
Koritz, Nikola, Die grundsätzliche Bedeutung des Kinderausweises für die Entwicklung eines Kindes – Die Tücken des § 1687 BGB nF in der Praxis –, FPR 2000, 243
Kohte, Wolfhard, Die rechtfertigende Einwilligung, AcP 185 (1985), 105ff, 143ff
Kroppenberg, Inge, Unvereinbarkeit des Verbots der sukzessiven Stiefkindadoption durch eingetragene Lebenspartner mit dem Grundgesetz, NJW 2013, 2161ff
Küppers, Christoph, Zum Regreß des sogenannten Scheinvaters, NJW 1993, 2918f
Kunkel, Volker, Das Junge Konto – Minderjährigenschutz im Rahmen des Girovertrages, Rpfleger 1997, 1ff
Kurz, Gabriele, Die Problematik des § 1822 BGB, NJW 1992, 1798ff
Lamberz, Markus, Probleme bei der gerichtlichen Genehmigung nach §§ 1812, 1813 BGB, FamRZ 2012, 162ff
Lamberz, Markus, Schutz von Minderjährigen bei nachteiligen Verfügungen in Erfüllung einer Verbindlichkeit, ZEV 2014, 187ff
Lambrecht, Christine, Neuregelung der Sorge für nicht verheiratete Eltern, DRiZ 2010, 318
Lautner, Konrad, Gerichtliche Kontrolle der Beteiligung Minderjähriger an Grundstückverwaltungsgesellschaften – Zugleich Anmerkungen zum Beschluss des OLG Schleswig vom 21.6.2002 – 2 W 133/01 –, MittBayNot 2002, 256ff
Leeb, Christina-Maria/Weber, Martin, Der Behandlungsvertrag, §§ 630a ff BGB, RpflStud. 2014, 45ff
Leeb, Christina-Maria/Weber, Martin, Unterbringungsähnliche Maßnahmen bei Kindern und Jugendlichen, ZKJ 2014, 143ff
Leeb, Christina-Maria/Weber, Martin, Aktuelle Fragen der Ergänzungspflegschaft nach § 1901 Abs 1 Satz 1 BGB, Rpfleger 2015, 501ff
Lembke, Ulrike, Familienformen im Wandel – Das Sorgerecht für Väter nichtehelicher Kinder, Jura 2011, 937ff
Lenckner, Theodor, Die Einwilligung Minderjähriger und deren gesetzlicher Vertreter, ZStW 72 (1960), 446ff
Lessing, Volker, Der Richter für Kinderrechte, RpflStud 2008, 1ff
Lindner, Josef Franz, Gerichtliche Verwertbarkeit heimlicher DNA-Vaterschaftstests? NVwZ 2005, 774f
Limbach, Jutta, Zur Rolle des Bundesverfassungsgerichts bei der Entwicklung des Kindschaftsrechts, Kind-Prax 1999, 71ff
Lipp, Martin, Das elterliche Sorgerecht für das nichteheliche Kind nach dem Kindschaftsrechtsreformgesetz (KindRG), FamRZ 1998, 65ff
Lisken, Hans, Richtervorbehalt bei Freiheitsentziehung, NJW 1982, 1268f
Litzenburger, Wolfgang, Gestaltung von genehmigungspflichtigen Grundstückskaufverträgen nach Inkrafttreten des neuen FamFG, RNotZ 2009, 380ff

Löhnig, Martin, Zivilrecht – Schenkung an Minderjährige, JA 2002, 466 ff
Löhnig, Martin, Neue Partnerschaften der gemeinsam sorgeberechtigt gebliebenen Eltern – Welche Rechte haben die neuen Partner? FPR 2008, 157 ff
Löhnig, Martin, Das Gesetz zur Ergänzung des Rechts zur Anfechtung der Vaterschaft, FamRZ 2008, 1130 ff
Löhnig, Martin, Probleme des neuen Verfahrens in Abstammungssachen nach §§ 169 ff FamFG, FamRZ 2009, 1798 ff
Löhnig, Martin, Konsequenzen aus der Entscheidung des Europäischen Gerichtshofs für Menschenrechte zum Sorgerecht des nicht mit der Kindesmutter verheirateten Vaters, FamRZ 2010, 338 ff
Löhnig, Martin/Preisner, Mareike, Anfechtung der Vaterschaft durch den Samenspender, FamFR 2013, 340 ff
Lohse, Eva Julia, Privatrecht als Grundrechtskoordination – das Beispiel der elterlichen Sorge, JURA 2005, 815 ff
Lohse, Eva, Das Gesetz zur Reform der elterlichen Sorge nicht miteinander verheirateter Eltern, JAmt 2013, 298 ff
Lorenz, Aïda, Schulverweigerung, FPR 2007, 33 ff
Lorenz, Aïda, Warum schwänzen Kinder die Schule? FPR 2007, 482 ff
Lüderitz, Alexander, Elterliche Sorge als privates Recht, AcP 178 (1978), 263 ff
Lüblinghoff, Joachim, Fingerzeig aus Karlsruhe zur Qualität von Gerichtsgutachten, DRiZ 2015, 52 f
Maier-Reimer, Georg/Marx, Anja, Die Vertretung Minderjähriger beim Erwerb von Gesellschaftsbeteiligungen, NJW 2005, 3025 ff
Maierhöfer, Christian, Homosexualität, Ehe und Gleichheit – Ein Missverständnis im Dialog der Gerichte. Die Urteile des BVerfG und des EGMR vom 19. Februar 2013, EuGRZ 2013, 105 ff
Mandla, Christoph, Von Straßburg und der Wirklichkeit gedrängt – das BVerfG hat sich nach sieben Jahren ein bisschen korrigiert. Anmerkung zum Beschluss des BVerfG vom 21. Juli 2010 – 1 BvR 420/09, JR 2011, 185 ff
Maurer, Hans-Ulrich, Gestärkte Rechte des Vaters bei der Adoption, FPR 2005, 196 ff
Maurer, Hans-Ulrich, Zum Recht gleichgeschlechtlicher Partner auf Adoption, FamRZ 2013, 752 ff
Maywald, Jörg, Misshandlung, Vernachlässigung und sexueller Missbrauch, FPR 2003, 299 ff
Mensch, Sebastian, Bestellung eines Ergänzungspflegers für Minderjährige im Genehmigungsverfahren der Erbausschlagung, MittBayNot 2015, 277 ff
Merkel, Anja, Gesetzliche Neuregelung zur Vaterschaftsfeststellung, NJW-Spezial 2007, 468
Merkel, Kurt, Beschränkung des elterlichen Verwaltungsrechts über ererbtes Kindesvermögen, MDR 1964, 113 f
Meysen, Thomas, Familiengerichtliche Maßnahmen bei Gefährdung des Kindeswohls – Geändertes Recht ab Sommer 2008, JAmt 2008, 233 ff
Meysen, Thomas, Bundeskinderschutzgesetz: gesetzliche Programmatik im Baukastensystem, FamRZ 2012, 405 ff
Mittenzwei, Ingo, Die Rechtsstellung des Vaters zum ungeborenen Kind, AcP 187 (1987), 247 ff
Mohr, Jörg/Wallrabenstein, Astrid, Elterliche Sorge als ein Sorgenkind des Bundesverfassungsgerichts, JURA 2004, 194 ff
Moritz, Heinz Peter, Genehmigungspflicht nach § 1631b BGB bei Unterbringung des Kindes – Zugleich zu Helle, ZfJ 1986, 40 ff –, ZfJ 1986, 440 ff
Moritz, Heinz Peter, Bedeutung des Elternvotums für den Abbruch der Schwangerschaft Minderjähriger, ZfJ 1999, 92 ff

Motzer, Stefan, Geltendmachung und Verwendung von Schadensersatz wegen Gesundheitsschäden als Aspekt elterlicher Vermögenssorge, FamRZ 1996, 844 ff
Motzer, Stefan, Die neueste Entwicklung von Gesetzgebung und Rechtsprechung auf dem Gebiet von Sorgerecht und Umgangsrecht, FamRZ 2001, 1034 ff
Motzer, Stefan, Gesetzgebung und Rechtsprechung zur elterlichen Sorge und zum Umgangsrecht seit dem Jahr 2001, FamRZ 2003, 793 ff
Motzer, Stefan, Die Entwicklung des Rechts der elterlichen Sorge und des Umgangs seit 2002, FamRZ 2004, 1145 ff
Müller, Christian, Elterliches Sorgerecht des unverheirateten Vaters auch gegen den Willen der Kindesmutter? – Anmerkungen zur Entscheidung des Bundesverfassungsgerichts vom 29.1.2003 –, ZfJ 2004, 7 ff
Müller, Gerda, Die Neuregelung des Rechts der elterlichen Sorge, DRiZ 1979, 169 ff
Müller, Karen, Die Vertretungsproblematik in Genehmigungsverfahren anhand des Beispiels der Erbausschlagung eines verfahrensunfähigen Kindes, RpflStud 2010, 140 ff
Münder, Johannes, Die geschlossene Unterbringung in der Jugendhilfe, ZfJ 1984, 180 ff
Münder, Johannes, Verhältnis zwischen Hilfen nach dem SGB VIII und familiengerichtlichen Maßnahmen nach § 1666 BGB, FPR 2003, 280 ff
Muscheler, Karlheinz, Vaterschaft durch Anerkennung und Feststellung, FPR 2005, 177 ff
Muscheler, Karlheinz, Die Zukunft des heimlichen Vaterschaftstests, FPR 2007, 389 ff
Muscheler, Karlheinz, Die Klärung der Vaterschaft, FPR 2008, 257 ff
Muscheler, Karlheinz/Beisenherz, Thorn, Das neue Abstammungsrecht, JR 1999, 356 ff, 407 ff
Muscheler, Karlheinz/Bloch, Anke, Das Recht auf Kenntnis der genetischen Abstammung und der Anspruch des Kindes gegen die Mutter auf Nennung des leiblichen Vaters, FPR 2002, 339 ff
Mutschler, Dietrich, Interessenausgleich im Abstammungsrecht –Teilaspekte der Kindschaftsrechtsreform, FamRZ 1996, 1381 ff
Mutschler, Dietrich, Unerlaubte DNA-Gutachten als Einfallstor für die gerichtliche Vaterschaftsanfechtung – Bemerkungen zu Rittner/Rittner, NJW 2002, 1745 ff –, FamRZ 2003, 74 ff
Niemeyer, Gisela, Entspricht das Vetorecht der nichtehelichen Mutter den verfassungsrechtlichen Vorgaben bei der gesetzlichen Gestaltung des Sorgerechts des nichtehelichen Vaters? FuR 2001, 491 ff
Norpoth, Johannes, Der Obhutswechsel während des laufenden Unterhaltsprozesses – ein ungelöstes Problem? FamRZ 2007, 514 ff
Oberloskamp, Helga, Rechtlicher Schutz für Kinder bei häuslicher Gewalt, ZfJ 2004, 267 ff
Oelers, Stephan, Aktuelle Probleme der vormundschaftsgerichtlichen Genehmigung im Gesellschaftsrecht aus notarieller Hinsicht, MittRhNotK 1992, 69 ff
Ollmann, Rainer, Zum Geltungsbereich des § 42 SGBVIII (Inobhutnahme), FamRZ 2000, 261 ff
Ollmann, Rainer, Sorgeerklärung der nach § 1666 BGB im Sorgerecht beschränkten Mutter, JAmt 2001, 515 ff
Ollmann, Rainer, Meinungsverschiedenheit zwischen minderjähriger Mutter und Vormund, JAmt 2003, 572 ff
Ossenbühl, Fritz, Treuhänderische Wahrnehmung von Grundrechten der Kinder durch die Eltern, FamRZ 1977, 533 ff (= DÖV 1977, 381 ff)
Ostendorf, Heribert/Hinghaus, Matthias/Kasten, Alexandra, Kriminalprävention durch das Familiengericht, FamRZ 2005, 1514 ff

Otto, Harro, Rechtfertigung einer Körperverletzung durch das elterliche Züchtigungsrecht, JURA 2001, 670 f

Pawlowski, Hans-Martin, Anscheinsvollmachten der Erziehungsberechtigten? MDR 1989, 775 ff

Pawlowski, Hans-Martin, „Effektiver Rechtsschutz" versus „effektive Vormundschaft"? JZ 2000, 913 ff

Pawlowski, Hans-Martin, Willenserklärungen und Einwilligungen in personenbezogene Eingriffe, JZ 2003, 66 ff

Peschel-Gutzeit, Lore Maria, Es ist geschafft: Gewalt in der Erziehung ist verboten, FPR 2000, 231 f

Peschel-Gutzeit, Lore Maria, Das Kinderrechteverbesserungsgesetz – KindRVerbG – vom 9.4.2002, FPR 2002, 285 ff

Peschel-Gutzeit, Lore Maria, Das Recht auf gewaltfreie Erziehung. Was hat sich seit seiner Einführung im Jahre 2000 geändert? FPR 2012, 195 ff

Peschel-Gutzeit, Lore Maria, Das missverstandene PAS – Wie Sorgerechtsentzug und Geschwisterkoppelung das Wohl der Kinder gefährden, FPR 2003, 271 ff

Peschel-Gutzeit, Lore Maria, Die Sorgerechtsstellung des nicht mit der Mutter des Kindes verheirateten Vaters, NJW 2010, 2990 ff

Peschel-Gutzeit, Lore Maria, Der doppelte Vater – Kritische Überlegungen zum Gesetz zur Stärkung der Rechte des leiblichen, nicht rechtlichen Vaters, NJW 2013, 2465 ff

Peschel-Gutzeit, Lore Maria, Die neue Regelung zur Beschneidung des männlichen Kindes. Kritischer Überblick und erste Reaktionen der Rechtsprechung, NJW 2013, 3617 ff

Peschel-Gutzeit, Lore Maria, Die Bedeutung des Kindeswillens, NZFam 2014, 433 ff

Peter, Erich, Die Inobhutnahme unbegleiteter ausländischer Minderjähriger Grundlegende Erläuterung zur Neuregelung des § 42 Abs 1 S 1 Nr 3 SGB VIII, JAmt 2006, 60 ff

Pluskat, Sorika, Der entgeltliche Erwerb eines GmbH-Geschäftsanteils eines beschränkt geschäftsfähigen Minderjährigen, FamRZ 2004, 677 ff

Pöting, Annette, Die Erbauseinandersetzung in der notariellen Vertragsgestaltung – Teil 2, MittBayNot 2007, 376

Preuß, Nicola, Das für den Minderjährigen lediglich rechtlich vorteilhafte Geschäft, JuS 2006, 305 ff

Putzke, Holm, Körperverletzung mit Zustimmung des Geschädigten im Lichte der Strafbarkeit nach §§ 223 ff StGB – unter besonderer Berücksichtigung ärztlicher Heileingriffe, RpflStud. 2012, 65 ff

Putzke, Holm, Recht und Ritual – ein großes Urteil einer kleinen Strafkammer – Besprechung zu LG Köln, Urt. v. 7.5.2012 – 151 Ns 169/11 –, MedR 2012, 621 ff

Quambusch, Erwin/Schmidt, Hans Th., Sexappeal und schulische Erziehung – Erotisierende Kleidung als Rechtsproblem, ZfJ 2002, 365 ff

Quantius, Markus, Die Elternanfechtung durch das künstlich gezeugte Kind, FamRZ 1998, 1146 ff

Raack, Wolfgang, Schulschwänzen – ein familiengerichtliches Problemfeld, Kind-Prax 2005, 5 ff

Raack, Wolfgang, Rechtliche Maßnahmen und Entscheidungsspielräume des Familiengerichts bei Schulabsenz von Kindern und Jugendlichen, FPR 2007, 478 ff

Raack, Wolfgang/Raack Martin, Homeschooling – Sorgerechtseingriff wegen Schulverletzung aus religiösen Gründen, FF 2006, 295 ff

Rakete-Dombek, Ingeborg, Der Ausfall eines Sorgeberechtigten durch Tod, Krankheit, Abwesenheit oder Entzug der elterlichen Sorge, FPR 2005, 80 ff

Rastätter, Jürgen, Grundstücksschenkungen an Minderjährige, BWNotZ 2006, 1ff

Rauscher, Thomas, Vaterschaft auf Grund der Ehe mit der Mutter, FPR 2002, 352ff

Rauscher, Thomas, Vaterschaft auf Grund Anerkennung, FPR 2002, 359ff

Reich, Kerstin/Wulf, Rüdiger, Kindeswohlprognose Ein kriminologischer und viktimologischer Beitrag, ZKJ 2007, 266ff

Reich, Kerstin/Wulf, Rüdiger, Kriminologische und viktimologische Basisdaten zur Kindeswohlgefährdung, ZKJ 2007, 343ff

Reichelt, Andreas, Bedeutung der einstweiligen Verfügung gemäß § 1615o BGB im Licht der Entwicklung nicht-invasiver Verfahren zur Pränataldiagnostik, FamRZ 1994, 1303ff

Reichelt, Andreas/Schmidt, Angelika/Schmidtke, Jörg, Zulässigkeit und gerichtliche Verwertbarkeit privat veranlasster Abstammungsgutachten, FamRZ 1995, 777ff

Reichmann, Philipp/Ufer, Thomas, Die psychotherapeutische Behandlung von Kindern und Jugendlichen als Angelegenheit des „täglichen Lebens" im Sinne des § 1687 BGB? JR 2009, 485ff

Reimann, Wolfgang, Der Minderjährige in der Gesellschaft – Kautelarjuristische Überlegungen, DNotZ 1999, 179ff

Rein, Christian/Pfeiffer, Gero, Eltern-Kind-Geschäfte durch Banküberweisung – Ein Beitrag zur Dogmatik des § 181 BGB – Zugleich Anmerkung zu BGH, Urt. v. 15.6.2004 – XI ZR 220/03, BKR 2005, 142ff

Reiserer, Kerstin, Schwangerschaftsabbruch durch Minderjährige im vereinten Deutschland, FamRZ 1991, 1136ff

Reiß, Thomas, Verfassungsrecht und Vormundschaftsrecht. Auswirkungen des Beschlusses des BVerfG vom 18.1.2000, 1 BvR 321/96 für die Praxis der vormundschaftsgerichtlichen Genehmigung, MittBayNot 2000, 373ff

Reiß, Thomas, Kann der Immobilienerwerb Minderjähriger sofort im Grundbuch vollzogen werden? – zugleich Anmerkung zu BGH, Beschl v 25.11.2004, V ZB 13/04, RNotZ 2005, 224ff

Rellermeyer, Klaus, Die Eingetragene Lebenspartnerschaft Grundzüge des LPartG und Auswirkungen auf die Tätigkeit des Rechtspflegers, Rpfleger 2001, 381ff

Remus, Joana/Liebscher, Doris, Wohnst du noch bei oder sorgst du schon mit? – Das Recht des Samenspenders zur Anfechtung der Vaterschaft, NJW 2013, 2558ff

Reuter, Dieter, Die Grundrechtsmündigkeit – Problem oder Scheinproblem, FamRZ 1969, 622ff

Richter, Thomas, Die Alleinsorge der Mutter nach § 1626a II BGB und das Kindeswohl, FPR 2004, 484ff

Riegner, Klaus, Verfassungsrechtliche Anforderungen an die Trennung des Kindes von den Eltern wegen Kindeswohlgefährdung, NZFam 2014, 625ff

Rimkus, Karsten, Mehr Rechte für Väter: Auswirkungen der Entscheidung des EGMR zum Recht der elterlichen Sorge für nichteheliche Kinder, ZFE 2010, 204ff

Rittner, Christian/Rittner, Natascha, Unerlaubte DNA-Gutachten zur Feststellung der Abstammung – Eine rechtliche Grauzone, NJW 2002, 1745ff

Rixen, Stephan, Das Gesetz über den Umfang der Personensorge bei einer Beschneidung des männlichen Kindes, NJW 2013, 257ff

Röchling, Walter, Die Reform des SGB VIII durch das Gesetz zur Weiterentwicklung der Kinder- und Jugendhilfe (Kinder- und Jugendhilfeweiterentwicklungsgesetz – KICK), FamRZ 2006, 161ff

Röchling, Walter, Anmerkungen zum Abschlussbericht der Arbeitsgruppe „Familiengerichtliche Maßnahmen bei Gefährdung des Kindeswohls" vom 17.11.2006, FamRZ 2007, 431ff

Röchling, Walter, Neue Aspekte zu Kindesschutz und Kindeswohl? – Zum Entwurf eines „Gesetzes zur Erleichterung familiengerichtlicher Maßnahmen bei Gefährdung des Kindeswohls" –, FamRZ 2007, 1775 ff

Röchling, Walter, Das Gesetz zur Erleichterung familiengerichtlicher Maßnahmen bei Gefährdung des Kindeswohls, FamRZ 2008, 1495 ff

Röhl, Christoph, Vermächtniserfüllung zugunsten Minderjähriger durch den gesetzlichen Vertreter als (Mit-)Erben, MittBayNot 2012, 111 ff

Röhl, Christoph, Annahme und Erfüllung von Vermächtnissen zugunsten Minderjähriger, MittBayNot 2013, 189 ff

Röthel, Anne/Krackhardt, Oliver, Lediglich rechtlicher Vorteil und Grundstückserwerb, JURA 2006, 161 ff

Rogalla, Viktor, Elterliche Einwilligung in eine medizinisch nicht indizierte Beschneidung des selbst noch nicht einwilligungsfähigen männlichen Kindes gem § 1631d BGB, FamFR 2013, 483 ff

Rosenboom, Esther/Rotax, Horst-Heiner, Ein kleiner Meilenstein auf dem Weg zum besseren Kindesschutz, ZRP 2008, 1 ff

Rosenthal, Michael, Cutting Edge – oder: Alles zurück auf Null. Wer in der Schule kein Kopftuch tragen darf, kann wenigstens seinen Söhnen die Vorhaut abschneiden, AnwBl 2012, 964 f

Rotax, Horst-Heiner, Die Anforderungen an das Anfechtungsrecht nach der Entscheidung des BVerfG vom 13.2.2007 – 1 BvR 421/05, ZFE 2007, 124 ff

Rotax, Horst-Heiner, Elterliche Sorge und Tod, FPR 2008, 151 ff

Roth, Andreas, Das Kinderrechteverbesserungsgesetz, JZ 2002, 651 ff

Roth, Andreas, Der Ausschluss der Vaterschaftsanfechtung nach Einwilligung in die heterologe Insemination, DNotZ 2003, 805 ff

Roth, Wolfgang, Vaterschaftsanfechtung durch den biologischen Vater, NJW 2003, 3153 ff

Roxin, Claus, Die strafrechtliche Beurteilung der elterlichen Züchtigung, JuS 2004, 177 ff

von Sachsen Gessaphe, Karl August, Nachbesserungen im Familienrecht – eine unendliche Geschichte, NJW 2002, 1853 ff

Sagmeister, Holger, Die Erbausschlagung bei minderjährigen Nach- und Ersatzerben, ZEV 2012, 131 ff

Salgo, Ludwig, Zur Stellung des Vaters bei der Adoption seines nichtehelichen Kindes durch die Mutter und deren Ehemann, NJW 1995, 2129 ff

Salgo, Ludwig, Vom langsamen Sterben des elterlichen Züchtigungsrechts, RdJB 2001, 283 ff

Salgo, Ludwig, Einwilligung des Kindes und des Jugendlichen in die Unterbringung. Warum Eltern für eine mit Freiheitsentzug verbundene Unterbringung ihres minderjährigen Kindes stets einer familiengerichtlichen Genehmigung bedürfen und warum dieser Genehmigungsvorbehalt auch bei einer „Freiwilligkeitserklärung" des Minderjährigen nicht entfällt, FPR 2011, 546 ff

Salgo, Ludwig, Ergänzungspfleger oder Verfahrensbeistand – zum Stand der Diskussion, FPR 2011, 314 ff

Saliger, Frank, Gastbeitrag: Recht gegen Religion? Die deutsche Beschneidungsdebatte zwischen abstraktem Knabenschutz und konkretem Religionsrespekt, BLJ 2012, 90 f

Scherer, Inge, Schwangerschaftsabbruch bei Minderjährigen und elterliche Zustimmung, FamRZ 1997, 589 ff mit Entgegnung von Siedhoff, Eckhardt, FamRZ 1998, 8 ff sowie Stellungnahme von Scherer, FamRZ 1998, 11 ff

Scherner, Karl Otto, Generaleinwilligung und Vertretungsnotstand im Minderjährigenrecht, FamRZ 1976, 673 ff

Schilling, Roger, Rechtliche Probleme bei der gemeinsamen Sorge nach Trennung bzw. Scheidung, NJW 2007, 3233 ff
Schlachter, Monika, Minderjährigenschutz bei langfristigen Arbeitsverträgen im Berufssport, FamRZ 2006, 155 ff
Schmidt, Christopher, Anordnung von SBG VIII-Leistungen: Verpflichtung des Jugendamts durch das Familiengericht? FamRZ 2015, 1158 ff
Schmitt, Jochem, Der Begriff der lediglich rechtlich vorteilhaften Willenserklärung iS des § 107 BGB, NJW 2005, 1090 ff
Schneider, Marc, Neues Sorgerecht nicht miteinander verheirateter Eltern, MDR 2013, 309 ff
Schomburg, Gerhard, Die kindschaftsrechtlichen Regelungen des Lebenspartnerschaftsgesetzes, Kind-Prax 2001, 103 ff
Schomburg, Gerhard, Das Gesetz zur weiteren Verbesserung von Kinderrechten (Kinderrechteverbesserungsgesetz), Kind-Prax 2002, 75 ff
Schreiber, Steffen, Zur Vollmachtserteilung zum Abschluß von Grundstücksgeschäften mit Beteiligung Minderjähriger, NotBZ 2002, 128 ff
Schürmann, Heinrich, Stellung der Kinder im familiengerichtlichen Verfahren, FamFR 2009, 153 ff
Schütz, Carsten, So jedenfalls kann man das nicht machen. Denn wer Verfassungsrecht sät, darf kein Strafrecht ernten – Anmerkung zum Beschneidungsurteil des LG Köln vom 7. Mai 2012, Betrifft Justiz 2012, 390 ff
Schumacher, Ulrich, Rechtsstaatliche Defizite im neuen Unterbringungsrecht, FamRZ 1991, 280 ff
Schumann, Eva, Erfüllt das neue Kindschaftsrecht die verfassungsrechtlichen Anforderungen an die Ausgestaltung des nichtehelichen Vater-Kind-Verhältnisses? FamRZ 2000, 389 ff
Schumann, Eva, Sorgerecht nicht mit einander verheirateter Eltern, FuR 2002, 59 ff
Schumann, Eva, Elterliche Sorge nicht miteinander verheirateter Eltern auf dem Prüfstand, FF 2010, 222 ff
Schwab, Dieter, Das neue Betreuungsrecht, Bericht über die verabschiedete Fassung des Betreuungsgesetzes (BtG), FamRZ 1990, 681 ff
Schwab, Dieter, Elterliche Sorge bei Trennung und Scheidung der Eltern – Die Neuregelung des Kindschaftsrechtsreformgesetzes –, FamRZ 1998, 457 ff
Schwab, Dieter, Kindschaftsrecht und notarielle Vertragsgestaltung, DNotZ 1998, 437 ff
Schwab, Dieter, Eingetragene Lebenspartnerschaft – Ein Überblick –, FamRZ 2001, 385 ff
Schwab, Dieter, Abstammungserklärung – leicht gemacht. Oder: Neuer Dialog in der Familie, FamRZ 2008, 23 ff
Schwab, Dieter/Wagenitz, Thomas, Einführung in das neue Kindschaftsrecht, FamRZ 1997, 1377 ff
Schwedler, Anna, Die vertrauliche Geburt – Ein Meilenstein für Schwangere in Not? NZFam 2014, 193 ff
Schwenzer, Ingeborg, Ehelichkeitsvermutung und Ehelichkeitsanfechtung, FamRZ 1985, 1 ff
Schwerdtner, Eberhard, Mehr Rechte für das Kind – Fluch oder Segen für die elterliche Sorge? NJW 1999, 1525 ff
Schwonberg, Alexander, BGH untersagt heimliche Vaterschaftstests – und jetzt? JAmt 2005, 265 ff
Schwonberg, Alexander, Das Bundesverfassungsgericht zum heimlichen Vaterschaftstest und der Referentenentwurf zur Vaterschaftsklärung, ZfF 2007, 177 ff
Schwonberg, Alexander, Scheinvaterregress und Rechtsausübungssperre, FamRZ 2008, 449 ff

Seibert, Helga, Verfassung und Kindschaftsrecht – Neue Entwicklungen und offene Fragen –, FamRZ 1995, 1457ff
Seidl, Helmut, Anfechtung bei der homologen und heterologen Insemination, FPR 2002, 402ff
Servatius, Wolfgang, Die gerichtliche Genehmigung von Eltern-Kind-Geschäften, NJW 2006, 334ff
Siedhoff, Eckhardt, Konkurrenzprobleme zwischen § 1666 I S 1 BGB und § 1632 IV BGB, FamRZ 1995, 1254ff
Silagi, Michael, Die Wirkung der Vaterschaftsanfechtung des deutschen Ehemanns auf den Staatsangehörigkeitserwerb a patre, StAZ 2007, 133ff
Simon, Dietrich V., Das neue elterliche Sorgerecht, JuS 1979, 752ff
Simon, Dietrich V., Neue Entwicklungstendenzen im Kindschaftsrecht, ZfJ 1984, 14ff
Sittig, Christine/Störr, André, Das Ende einer Reform? Anm. zum Beschluß BGH vom 29.9.1999 XII ZB 3/99 (FuR 2000, 88 = FamRZ 1999, 1646), FuR 2000, 199ff
Sonnenfeld, Susanne, Tatsächliche Verhinderung und Ruhen der elterlichen Sorge, Rpfleger 1995, 441ff
Sonnenfeld, Susanne, Betreuungsanordnung auch für Minderjährige? RpflStud 1996, 10ff
Sonnenfeld, Susanne, Vertretungsrechtliche Betrachtung der Erbauseinandersetzung und der Grundstücksveräußerung durch die Erbengemeinschaft, bestehend aus minderjährigen Erben und deren gesetzlichen Vertretern, NotBZ 2001, 322ff
Sonnenfeld, Susanne, Die öffentliche Last als rechtlicher Vorteil im Sinne von § 107 BGB, NotBZ 2005, 154f
Sonnenfeld, Susanne, Das neue Recht zur Klärung der leiblichen Abstammung unabhängig vom Anfechtungsverfahren, Rpfleger 2010, 57ff
Sonnenfeld, Susanne, Die Vertretung des verfahrensunfähigen Kindes im Genehmigungsverfahren, ZKJ 2010, 271f
Sonnenfeld, Susanne, Das Zusammenspiel von „rechtlichem Vorteil" und „Erfüllung einer Verbindlichkeit" als Ausnahme vom Vertretungsausschluss, Rpfleger 2011, 475ff
Sonnenfeld, Susanne, Elterliche Sorge nicht miteinander verheirateter Eltern (Teil 1 und Teil 2), RpflStud 2011, 210ff; 2012 121ff
Sonnenfeld, Susanne/Zorn, Dagmar, Wirksamwerden gerichtlich genehmigungsbedürftiger Rechtsgeschäfte, Rpfleger 2004, 533ff
Spangenberg, Brigitte/Spangenberg, Ernst, Den nichtehelichen Müttern das letzte Wort? – Anmerkung zur Entscheidung des Bundesverfassungsgerichts vom 29.1.2003, ZfJ 2003, 332ff
Spickhoff, Andreas, Vaterschaft und konsentierte Fremdinsemination, AcP 197 (1997), 398ff
Spickhoff, Andreas, Die Entwicklung des Arztrechts 2005/2006, NJW 2006, 1630ff
Spickhoff, Andreas, Die Entwicklung des Arztrechts 2006/2007, NJW 2007, 1628ff
Spickhoff, Andreas, Die Entwicklung des Arztrechts 2007/2008, NJW 2008, 1636ff
Spickhoff, Andreas, Grund, Voraussetzungen und Grenzen des Sorgerechts bei Beschneidung männlicher Kinder, FamRZ 2013, 337ff
Stadler, Astrid, Erwerb einer Eigentumswohnung nicht lediglich rechtlich vorteilhaft, JA 2011, 466ff
Staudinger, Ansgar, Abschied von der Gesamtbetrachtungslehre? Anmerkung zu BGH, Beschluss vom 25.11.2004, NJW 2005, 415ff, JURA 2005, 547ff
Sternberg-Lieben, Detlev/Reichmann, Philipp, Die gesetzliche Regelung der Patientenverfügung und das medizinische Selbstbestimmungsrecht Minderjähriger, NJW 2012, 257ff
Stürner, Rolf, Der Schutz des ungeborenen Kindes im Zivilrecht, JURA 1987, 75ff

Stürner, Rolf, Die Unverfügbarkeit ungeborenen menschlichen Lebens und die menschliche Selbstbestimmung, JZ 1990, 709 ff

Sturm, Fritz/Sturm, Gudrun, Die gesetzliche Vertretung Minderjähriger nach dem neuen Kindschaftsrecht – national und international, StAZ 1998, 305 ff

Stutz, Michael, Der Minderjährige im Grundstücksverkehr, MittRhNotK 1993, 205 ff

Stylianidis, Annette, Private Vaterschaftsgutachten im Zivilprozess, JR 2007, 1 ff

Taupitz, Jochen, Forschung mit Kindern, JZ 2003, 109 ff

Tröndle, Herbert, Der Schutz des ungeborenen Lebens in unserer Zeit, ZRP 1989, 54 ff

Ultsch, Michael L., Schenkung des gesetzlichen Vertreters an Minderjährige – Gesamtbetrachtung oder konsequente Einhaltung des Trennungsprinzips, JURA 1998, 524 ff

Veit, Barbara, Verwandtschaftliche Elternstellung und elterliche Sorge bei Scheidungskindern, FamRZ 1999, 902 ff

Veit, Barbara, Kleines Sorgerecht für Stiefeltern (§ 1687b BGB), FPR 2004, 67 ff

Vogel, Harald, Ausgewählte Probleme aus dem Recht der elterlichen Sorge bei getrennt lebenden Eltern, FPR 2005, 65 ff

Vogel, Harald, Gesetz zur Erleichterung familiengerichtlicher Maßnahmen bei Gefährdung des Kindeswohls, FF 2008, 231 ff

Vogel, Harald, Die Ersetzung von Erklärungen des Inhabers der elterlichen Sorge, FPR 2008, 617 ff

Walter, Ute, Organentnahme nach dem Transplantationsgesetz: Befugnisse der Angehörigen, FamRZ 1998, 201 ff

Walter, Tonio, Der Gesetzentwurf zur Beschneidung – Kritik und strafrechtliche Alternative, JZ 2012, 1110 ff

Walther, Guy, Aufgaben und Rechtsstellung des Jugendamts in Verfahren der freiheitsentziehenden Unterbringung von Kindern und Jugendlichen nach dem FamFG, JAmt 2009, 480 ff

Wanitzek, Ulrike, Vaterschaftsanfechtung, FPR 2002, 390 ff

Wanitzek, Ulrike, Ergänzungen des Abstammungsrechts durch das Kinderrechteverbesserungsgesetz, FamRZ 2003, 730 ff

Wanitzek, Ulrike, Die Rechtsprechung zum Recht der elterlichen Sorge und des Umgangs, FamRZ 2008, 933 ff

Weber-Hornig, Monika/Kohaupt, Georg, Partnerschaftsgewalt in der Familie – Das Drama des Kindes und Folgerungen für die Hilfe, FPR 2003, 315 ff

Wellenhofer, Marina, Die prozessuale Verwertbarkeit privater Abstammungsgutachten, FamRZ 2005, 665 ff

Wellenhofer, Marina, Das neue Gesetz zur Klärung der Vaterschaft unabhängig vom Anfechtungsverfahren, NJW 2008, 1185 ff

Wellenhofer, Marina, Familienrecht: Vertretung des Kindes im Vaterschaftsanfechtungsverfahren, JuS 2012, 945 ff

Wellenhofer, Marina, Die Samenspende und ihre (späten) Rechtsfolgen, FamRZ 2013, 825 ff

Wesche, Otto, Außen- und Innengenehmigung bei der Geldverwaltung, Rpfleger 2010, 403 ff

Wieser, Eberhard, Zur Anfechtung der Vaterschaft nach neuem Recht, FamRZ 1998, 1004 ff

Wiesner, Reinhard, Schutzauftrag des Jugendamtes bei Kindeswohlgefährdung, FPR 2007, 6 ff

Wiesner, Reinhard, Kinderschutz aus Sicht der Jugendhilfe, ZKJ 2008, 143 ff

Wilhelm, Jan, Das Merkmal „lediglich rechtlich vorteilhaft" bei Verfügungen über Grundstücksrechte, NJW 2006, 2353 ff

Will, Annegret, Gewaltschutz in Paarbeziehungen mit gemeinsamen Kindern, FPR 2004, 233 ff

Will, Annegret, Wer ist Vater im Sinne des Gesetzes? FPR 2005, 172 ff

Wille, Jörn, Freiheitsentziehung bei Kindern und Jugendlichen nach § 1631b BGB in der familiengerichtlichen Praxis, DAVorm 2000, 449 ff
Wille, Jörn, § 1631b BGB in der amtsgerichtlichen Praxis, ZfJ 2002, 85 ff
Willutzki, Siegfried, Die Novellierung des deutschen Kindschaftsrechts – Entwicklung und Perspektiven –, Rpfleger 1997, 336 ff
Willutzki, Siegfried, Heimliche Vaterschaftstests – Anstoß für den Gesetzgeber, ZRP 2007, 180 ff
Willutzki, Siegfried, Kinderschutz aus Sicht des Familiengerichts. Zu den Reformplänen des Gesetzgebers, ZKJ 2008, 139 ff
Willutzki, Siegfried, Die Umgangspflegschaft, ZKJ 2009, 281 ff
Willutzki, Siegfried, Das Gesetz zur Reform der elterlichen Sorge nicht miteinander verheirateter Eltern. Das Ende einer – fast – unendlichen Geschichte, FPR 2013, 236 ff
Winkler, Karl, Erwerb von GmbH-Anteilen und vormundschaftsgerichtliche Genehmigung, ZGR 1990, 131 ff
Wölk, Florian, Der minderjährige Patient in der ärztlichen Behandlung – Bedingungen für die Wahrnehmung des Selbstbestimmungsrechts von Minderjährigen bei medizinischen Eingriffen, MedR 2001, 80 ff
Wojcik, Karl-Philipp, Abschied von der Gesamtbetrachtung bei Schenkung an Minderjährige? – Anmerkung zum Beschl. des BGH v. 25.11.2004 – V ZB 13/04, DNotz 2005, 549 –, DNotZ 2005, 655 ff
Wolf, Alfred, Biologische Abstammung und rechtliche Zuordnung – Eine Annäherung mit Hindernissen –, NJW 2005, 2417 ff
Wolf, Marc, Die Verfassungsmäßigkeit von § 1626a BGB, FPR 2002, 173 ff
Wüstenberg, Dirk, Genitalverstümmelung und elterliches Aufenthaltsbestimmungsrecht, FamRZ 2007, 692 ff
Yalcin, Ünal, Zur Strafbarkeit der Beschneidung. Ein Plädoyer für die elterliche Sorge, Betrifft Justiz 2012, 380 ff
Ziege, Hans-Joachim, Zur Auslegung des § 1369 BGB n.F., NJW 1957, 1579 und NJW 1958, 131 ff
Zimmermann, Michael J., Der Unterhaltsregress des Scheinvaters bei inzidenter Vaterschaftsfeststellung, FPR 2008, 327 ff
Zimmermann, Michael J., Die Feststellung der Vaterschaft unabhängig vom Anfechtungsverfahren, FuR 2008, 323 ff; 374 ff
Zimmermann, Michael J, Das Sorgerecht des Vaters für sein nichteheliches Kind, FamFR 2010, 413 ff
Zimmermann, Stefan, Das neue Kindschaftsrecht, DNotZ 1998, 404 ff
Zorn, Dagmar, Die Zuständigkeit des Familiengerichts für die Anordnung der Pflegschaft – zugleich Anmerkung zu OLG Stuttgart und OLG Zweibrücken –, FamRZ 2000, 719 ff
Zorn, Dagmar, Erfüllung einer Verbindlichkeit oder lediglich rechtlicher Vorteil. Für und wider die „Gesamtbetrachtung“, FamRZ 2011, 776 ff
Zorn, Dagmar, Die Vertretung des minderjährigen Kindes im Vaterschaftsanfechtungsverfahren, RpflStud 2012, 129 ff
Zuck, Rüdiger, Die Entscheidung des BVerfG zum heimlichen Vaterschaftstest, FPR 2007, 379 ff
Zypries, Brigitte/Cludius, Stefan, Missbräuchliche Vaterschaftsanerkennungen zur Erlangung von Aufenthaltstiteln, ZRP 2007, 1 ff

A. Elternschaft und Abstammung

I. Verwandtschaft

Elterliche Sorge können nur Eltern innehaben. Grundlegende Voraussetzung 1 der elterlichen Sorge ist folglich Elternschaft, die sich an der Verwandtschaft und damit – von der durch Annahme eines minderjährigen Kindes gem §§ 1741 ff, 1754 BGB begründeten Elternschaft abgesehen[1] – an der Abstammung orientiert, § 1589 BGB.

Die in § 1589 S 1 BGB definierte Verwandtschaft ist dadurch geprägt, dass die „eine (Person) von der anderen abstammt". Der Begriff der Abstammung ist dabei im Sinne genetischer Abstammung zu verstehen.

Nach der Regelung des § 1589 S 1 BGB sind Kinder also mit ihren Eltern und über diese mit ihren Großeltern usw verwandt, weil sie von ihnen (genetisch) abstammen.

An die **Verwandtschaft**, dh an die Abstammung sind vielfältige Folgen wie zB Unterhaltspflichten und -rechte (§§ 1601 ff BGB) und das gesetzliche Erbrecht (§§ 1924 ff BGB) geknüpft, sodass ihr über das hier angesprochene Thema hinaus zentrale Bedeutung zukommt.[2]

II. Rechtliche Elternschaft

1. Allgemeines

Mit der **Elternschaft** sind zudem weitere Folgen, Rechte und Pflichten (§§ 1616 ff 2 BGB) verbunden. Vor allem ist die Stellung der Eltern verfassungsrechtlich bedeutsam. Der Schutz des Art 6 Abs 2 S 1 GG erfasst auch die „nur" leiblichen Eltern, setzt also nicht rechtliche Elternschaft voraus, wohingegen das Innehaben elterlicher Sorge stets rechtliche Elternschaft voraussetzt. Die **Unterschiede** erklären sich daraus, dass Art 6 Abs 2 GG von dem „natürlichen Recht der Eltern" ausgeht, das nicht vom Staat verliehen wird, sondern von ihm als vorgegeben anzuerkennen ist. Dem Gesetzgeber fällt damit die Aufgabe zu, bei der rechtlichen Zuordnung des Kindes zu seinen Eltern in erster Linie an die genetische Elternschaft anzuknüpfen. Da aber nicht immer feststeht, wer Vater und

---

1 Die Adoption eines minderjährigen Kindes begründet losgelöst von der Abstammung ein umfassendes Verwandtschaftsverhältnis zu dem Annehmenden selbst und seinen Verwandten, Palandt/*Götz* § 1754 Rn 1 f.

2 Einen Überblick über die hauptsächlichen Wirkungen der Verwandtschaft gibt *Schwab* Rn 516 ff.

Mutter sind, ist es notwendig, für die Ausübung des Elternrechts im Sinne einfachgesetzlichen Rechts eindeutige familienrechtliche Regelungen zu schaffen. Dazu ist es erforderlich, die statusrechtliche Zuordnung an klare und leicht feststellbare Lebenssachverhalte zu knüpfen, bei denen die Wahrscheinlichkeit für die Kongruenz von genetischer und rechtlicher Abstammung spricht, ohne damit den Weg zur Feststellung der wahren Abstammung zu verstellen.

Ein rechtliches Eltern-Kind-Verhältnis wird schließlich auch durch Adoption eines minderjährigen Kindes begründet, ohne dass genetische Verwandtschaft dafür verlangt würde. Für die **Wahrnehmung der Elternverantwortung** hat das abstammungsrechtliche Moment damit lediglich Initialfunktion.[3]

Auf der Basis des in § 1589 BGB definierten Begriffs der Verwandtschaft regeln §§ 1591ff BGB folglich die nur grundsätzlich an der Abstammung orientierten Voraussetzungen der rechtlichen Elternschaft.[4]

3 Bei Inkrafttreten des BGB bestand noch kein erkennbares Interesse, die Mutterschaft (über § 1589 S 3 BGB hinaus) zu regeln. Die Vaterschaft war aber auch schon zu diesem Zeitpunkt regelungsbedürftig. Denn während für die Mutterschaft der nach wie vor geltende römische Rechtsgrundsatz „mater semper certa est" stand, war die (abstammungs-)rechtliche Zuordnung des Kindes zu einem bestimmten Mann aus naheliegenden Gründen bereits zu dieser Zeit nicht selbstverständlich.

Es bedurfte daher Vorschriften, die die Zuordnung eines Kindes zu einem Mann als dessen rechtlichem Vater regelten.

4 Bis zum 30.6.1998 unterschied das Gesetz ua hinsichtlich Abstammung und elterlicher Sorge strikt zwischen „ehelichen" und „nichtehelichen" Kindern.

Diese bis zum 30.6.1998 geltende abstammungsrechtliche Unterscheidung und andere darauf gegründete Differenzierungen zwischen nichtehelichen und ehelichen Kindern wurden mit Inkrafttreten des KindRG[5] am 1.7.1998 soweit wie möglich beseitigt. Der Gesetzgeber hat stattdessen Regelungen geschaffen, die die rechtliche Stellung von Kindern zu ihren Eltern, die nicht miteinander verheiratet sind, derjenigen, deren Eltern verheiratet sind, in weiten Teilen angleicht.

Der zu großen Teilen auf Vorgaben des BVerfG[6] beruhende, teilweise aber auch darüber hinausgehende Wille des Gesetzgebers, die außerhalb einer Ehe

---

3 *Holzhauer* FamRZ 1982, 109, 111.

4 *Gaul* FamRZ 1997, 1441.

5 Gesetz zur Reform des Kindschaftsrechts (Kindschaftsrechtsreformgesetz – KindRG) v 16.12.1997, BGBl I S 2942.

6 Vgl ua BVerfGE 79, 256 = FamRZ 1989, 255 = JZ 1989, 335 m Anm *Starck*; vgl auch die Besprechungsaufsätze von *Giesen* JZ 1989, 364ff; *Coester-Waltjen* JURA 1989, 520ff und *Enders* NJW

geborenen Kinder denen rechtlich gleichzustellen, die in der Ehe geboren wurden, drückt sich auch in der Wahl der Begriffe aus: Die Wörter „ehelich“ und „nichtehelich“ sind aus der gesetzlichen Terminologie weitgehend gestrichen.[7]

Die grundsätzliche Konzeption der statusrechtlichen Zuordnung eines Kindes zum Vater wurde indes beibehalten, denn die auf allgemeiner Lebenserfahrung beruhende Vermutung, dass ein in der Ehe geborenes Kind von dem Ehemann der Mutter abstammt, hat unverändert Gültigkeit, sodass es insoweit entgegen vereinzelter Erwägungen[8] zu Recht bei der Differenzierung zwischen den in der Ehe geborenen Kindern und Kindern unverheirateter Mütter blieb. Da bei der Vaterschaft für das Kind einer unverheirateten Mutter an eine Ehe nicht angeknüpft werden kann, war in Bezug auf die abstammungsrechtliche Zuordnung zu einem Mann als Vater eine unterschiedliche Sachbehandlung weiterhin unvermeidbar.

Gleichwohl zeichnete sich die Notwendigkeit, die abstammungsrechtlichen 5
Regelungen erneut zu überarbeiten, in den letzten Jahren immer mehr ab, denn nicht nur der weite Komplex der Fortpflanzungsmedizin wirft Fragen auf, die durch die geltenden Regelungen über die Mutterschaft und die Vaterschaft nicht überzeugend geklärt werden (dazu Rn 139ff).[9] Auch moderne Familienkonstellationen führen zu neuen Überlegungen wie etwa, ob die Abstammung eher an die biologische oder an die soziale Vaterschaft anzuknüpfen ist, ob das Recht des Kindes auf Kenntnis seiner Herkunft bei Samenspenden gesetzlich geregelt werden muss und ob es spezifische abstammungsrechtliche Regelungen für eine gleichgeschlechtliche Elternschaft geben sollte.

Im Frühjahr 2015 hat ein vom BMJV organisierter Arbeitskreis „Abstammungsrecht“ die Arbeit aufgenommen, der diesen Fragen nachgehen soll. Der Arbeitskreis soll innerhalb von zweieinhalb Jahren regelmäßig zusammentreten, um zu erörtern, ob im Abstammungsrecht Handlungsbedarf besteht und wie dieser ggf umgesetzt werden kann.

1989, 881ff; BVerfGE 84, 168 = FamRZ 1991, 913 m Anm *Bosch* FamRZ 1991, 1121ff; BVerfGE 85, 80 = FamRZ 1992, 157; BVerfGE 90, 263 = FamRZ 1994, 881; BVerfGE 92, 158 = FamRZ 1995, 789 m Anm *Buhr* FamRZ 1995, 1269ff; vgl hierzu auch die Besprechungsaufsätze von *Coester* FamRZ 1995, 1245ff und *Salgo* NJW 1995, 2129ff; zur Rolle des BVerfG bei der Entwicklung des Kindschaftsrechts vgl auch *Limbach* Kind-Prax 1999, 71ff.

7 Worauf *Coester* (FamRZ 2004, 87f) in einer Anm zur Entscheidung des BVerfG v 23.4.2003 (FamRZ 2003, 1447) zu Recht hinweist. Die sprachliche Differenzierung findet sich weiterhin ua in Art 6 Abs 5 GG sowie im NEhelG.

8 Vgl *Schwenzer* Verhandlungen des 59. Deutschen Juristentages, Bd I, S A 24f.

9 Zu den verfassungsrechtlichen Vorfragen der Elternstellung in der Kinderwunschmedizin siehe *Jestadt* in Coester-Waltjen/Lipp/Schumann/Veit S 23ff; zu den Problemfeldern insgesamt *Helms* FF 2015, 234ff; *ders* StAZ 2014, 225ff.

2. Mutterschaft

2.1 Biologische versus genetische Mutterschaft

6 Gab es mangels Bedürfnisses bis zum 30.6.1998 keine Vorschrift, die die Mutterschaft klärte bzw definierte, wurde durch das KindRG mit § 1591 BGB eine zivilrechtliche Regelung geschaffen.

Dort, wo auf natürlichem Wege der Kinderwunsch nicht erfüllbar ist, hat die moderne Reproduktionsmedizin mit künstlicher Hilfe zahlreiche Wege eröffnet, Abhilfe zu schaffen.[10] Als medizinisch ermöglicht wurde, dass eine Frau ein genetisch nicht von ihr abstammendes Kind für die genetische Mutter austrägt, oder einer Frau eine nicht von ihr stammende Eizelle implantiert wird, zeichnete sich das Problem der rechtlichen Zuordnung des Kindes auch hinsichtlich der Mutterschaft ab. Der Grundsatz „mater semper certa est“ hatte bisher stillschweigend die Identität der genetischen Mutter und der das Kind gebärenden Mutter vorausgesetzt,[11] was durch das medizinisch Machbare aber nicht mehr in allen Fällen zutreffen muss.

Der Gesetzgeber versuchte der Entwicklung zunächst durch verschiedene Regelungen zu begegnen: zum einen mit dem ESchG[12], das Ei- und Embryonenspende verbietet, zum anderen mit den um die §§ 13c bis 13d ergänzten Vorschriften im AdVermiG[13], die die Vermittlung von Ersatzmüttern sowie die Suche nach und das Anbieten von Ersatzmüttern und Bestelleltern durch öffentliche Erklärungen untersagt.[14]

Trotz dieser Verbote bestand aber Regelungsbedarf, da solche oder ähnliche Regelungen nur in wenigen anderen Staaten existieren. Es galt deshalb für die Fälle der entweder verbotswidrig im Inland oder ggf legal im Ausland vorgenommenen Eingriffe auch im Zivilrecht eine Regelung zu schaffen. Die statusrechtliche Beziehung des Kindes zu seiner Mutter sollte eindeutig geregelt werden, um eine **„gespaltene Mutterschaft“** im Interesse des Kindes zu verhindern.[15]

Ergebnis dieser Überlegung ist § 1591 BGB. Danach ist Mutter diejenige, die das Kind geboren hat, unabhängig von dem genetischen Ursprung des Kindes.

---

10 *Quantius* FamRZ 1998, 1145.

11 *Coester-Waltjen* FamRZ 1984, 230, 232.

12 Gesetz zum Schutz von Embryonen (Embryonenschutzgesetz – ESchG) v 13.12.1990 (BGBl I S 2746) in Kraft getreten am 1.1.1991, zuletzt geändert durch Art 1 PräimpG, BGBl I 2008 S 2228.

13 Gesetz über die Vermittlung der Annahme als Kind und über das Verbot der Vermittlung von Ersatzmüttern (AdVermiG) v 1.1.1977 in der ab 1.12.2002 geltenden Fassung der Bekanntmachung v 22.12.2001, BGBl I S 364, zuletzt geändert durch Art 8 KiföG, BGBl I 2008 S 2403.

14 Näher dazu *Coester-Waltjen* FamRZ 1992, 369 ff.

15 BT-Drucks 13/4899 S 82; krit zu diesem Argument ua *Helms* StAZ 2014, 225, 229.

Damit sind auch die Fälle der Ersatz- oder Leihmutterschaft[16] eindeutig geregelt, was jedoch zunehmend Probleme aufwirft (Rn 139ff). Der Gesetzgeber hat sich mit dieser Lösung für die Anknüpfung an die **biologische** und gegen die **genetische Abstammung** entschieden. Mitbestimmend für die Entscheidung zugunsten der biologischen Mutterschaft war der Umstand, dass nur die gebärende Frau zu dem Kind während der Schwangerschaft sowie während und unmittelbar nach der Geburt eine körperliche und psychosoziale Beziehung hat.[17] Die eindeutige Zuweisung des Kindes zur Geburtsmutter war aber auch wegen des äußeren Ereignisses der Geburt als evidentes Ereignis in Fortgeltung der „semper certa" Regel sinnvoll, weil eine Anknüpfung an die genetische Abstammung dazu geführt hätte, dass eine rechtliche Zuordnung zur Mutter mit allen sich aus dieser Stellung ergebenden Folgen wegen der notwendigen Klärung der genetischen Abstammung zunächst nicht möglich gewesen wäre.

Die Entscheidung des Gesetzgebers für die Geburtsmutterschaft bedeutet formal indes einen Bruch mit dem Grundsatz der auf genetischer Abstammung beruhenden Verwandtschaft, denn der historische Gesetzgeber war von der Identität von Geburtsmutter und genetischer Mutter ausgegangen, wie sich aus dem Zusammenwirken von § 1589 S 3 mit den Sätzen 1 und 2 BGB ergibt.[18]

Darüber hinaus folgt aus dieser eindeutigen statusrechtlichen Zuordnung zur Geburtsmutter, dass auch Kinder, die in die **Babyklappe** eingelegt wurden, rechtlich nicht mutterlos sind,[19] auch wenn diese Kinder gem § 1773 Abs 2 BGB einen Vormund erhalten, wenn ihr Familienstand nicht zu ermitteln ist. Deutlich macht das auch die Bestimmung des § 1674a BGB, wonach die Sorge der Mutter ruht, wenn das Kind im Wege der vertraulichen Geburt gem § 25 Abs 1 SchKG[20] geboren wurde.[21]

---

16 Zu den unterschiedlichen Begriffen siehe ua *Quantius* FamRZ 1998, 1145f.

17 BT-Drucks 13/4899 S 82.

18 *Gaul* FamRZ 2000, 1461, 1473.

19 Zutreffend *Katzenmeier* FamRZ 2005, 1134f; DIJuf-Rechtsgutachten JAmt 2008, 144; missverständlich insoweit *Hepting* FamRZ 2001, 1573f, der von einem „elternlosen" Kind spricht.

20 Gesetz zur Vermeidung und Bewältigung von Schwangerschaftskonflikten (Schwangerschaftskonfliktgesetz – SchKG) v 27.7.1992, BGBl I S 1398 idF des Gesetzes zum Ausbau der Hilfen für Schwangere und zur Regelung der vertraulichen Geburt v 28.8.2013, BGBl I S 3458.

21 Vgl Art 7 Nr 3 des Gesetzes zum Ausbau der Hilfen für Schwangere und zur Regelung der vertraulichen Geburt v 28.8.2013, BGBl I S 3458.

2.2 Unanfechtbarkeit der Mutterschaft

7 Anders als bei der Vaterschaft besteht nach dem Willen des Gesetzgebers nicht die Möglichkeit der **Anfechtung** und damit Beseitigung **der** (rechtlichen) **Mutterschaft.**[22]

Auch ist eine Klage auf **isolierte Feststellung** der genetischen Mutterschaft ausnahmslos unzulässig. Dh, eine Klage auf Feststellung, dass das Kind von einer anderen als von der Frau abstammt, die es geboren hat, ist nicht möglich. **§ 256 ZPO** ist mangels Rechtsverhältnisses entgegen der amtlichen Begründung[23] nicht anzuwenden,[24] denn die genetische Abstammung ist eine reine Tatsache und begründet für sich genommen (neben der rechtlichen Mutterschaft) eben kein Rechtsverhältnis. Ein solches kann auch nicht durch Feststellung iSv § 169 Nr 1 FamFG hergestellt werden, da der Gesetzgeber diese Möglichkeit aufgrund der unverrückbar feststehenden Mutterschaft der das Kind gebärenden Mutter ausgeschlossen hat, weil es sich bei der Mutterschaft nach § 1591 BGB nicht um eine **Scheinmutterschaft** handelt. Eine Feststellungsklage gem § 256 ZPO ist aber auch wegen der in einem solchen Zivilprozess geltenden Dispositionsmaxime mit den Möglichkeiten des Anerkenntnis- und Versäumnisurteils nicht geeignet, das gewünschte Verfahrensergebnis der Kenntnis der genetischen Abstammung zu sichern.

Allerdings stellt auch § 1307 BGB, der die Ehe zwischen Verwandten in gerader Linie verbietet, auf die genetische Verwandtschaft ab. Gleiches gilt für § 173 StGB, der den Beischlaf mit einem leiblichen Verwandten unter Strafe stellt. Die sich aus diesen Vorschriften ggf im Einzelfall ergebende tatsächliche Vorfrage der genetischen Mutterschaft kann das Gericht nur mithilfe entsprechender Sachverständigengutachten klären, weil das geltende Recht andere Möglichkeiten nicht zur Verfügung stellt. Das ändert aber nichts daran, dass eine Klage auf Feststellung der Mutterschaft nicht zulässig ist, vielmehr hätte sich die Klage ggf auf Feststellung oder Nichtfeststellung eines entsprechenden Ehehindernisses zu richten.

Die Bemühungen des Gesetzgebers im Hinblick auf das vom BVerfG[25] betonte Recht des Kindes auf Kenntnis der eigenen (genetischen) Abstammung durch

---

22 BT-Drucks 13/4899 S 82.

23 BT-Drucks 13/4899 S 83.

24 So auch *Wax* in FamRefK § 1591 Rn 6; *Gaul* FamRZ 2000, 1461, 1474; *Schwab/Wagenitz* FamRZ 1997, 1377 f; **aA** *Quantius* FamRZ 1998, 1145, 1150; *Greßmann* Rn 60; *Seidl* FPR 2002, 402 f, mit der Begründung, dass dem Recht des Kindes auf Kenntnis der Abstammung in Fällen der Ei- und Embryonenspende nur auf diesem Wege Rechnung getragen werden könnte.

25 BVerfGE 79, 256 = FamRZ 1989, 255 = JZ 1989, 335 m Anm *Starck*; vgl auch die Besprechungsaufsätze von *Giesen* JZ 1989, 364 ff, *Coester-Waltjen* JURA 1989, 520 ff und *Enders* NJW 1989, 881 ff.

Hinweis auf § 256 ZPO den Weg zur Feststellung der wahren Mutterschaft nicht zu verstellen,[26] sind daher gescheitert. Zwar eröffnet § 1598a BGB dem Kind die Möglichkeit der isolierten, dh statusrechtlich folgenlosen Klärung, ob die rechtliche Mutter auch die genetische ist (näher dazu Rn 124 ff). Im Übrigen besteht aber auch weiterhin keine Möglichkeit, die wahre Abstammung des Kindes von seiner Mutter zu klären.

Das steht in eklatantem Widerspruch zu dem seit Inkrafttreten des KindRG umfassenden Recht des Kindes, eine rechtliche *Vaterschaft* durch Anfechtung zu beseitigen, um so den Weg für die Feststellung der genetischen Vaterschaft, dh der Abstammung zu ebnen.

3. Vaterschaft

3.1 Allgemeines

Unter Geltung alten wie neuen Rechts orientiert(e) sich die statusrechtliche Zu- 8
ordnung des Kindes allein an bestimmten Tatbeständen. Die im Gesetz aufgeführten Zuordnungstatbestände schlossen und schließen sich weiterhin gegenseitig aus, sodass die rechtliche Vaterschaft nur bestehen kann entweder qua Ehe mit der Mutter, kraft Anerkennung oder aufgrund gerichtlicher Feststellung. Ein Nebeneinander ist ausgeschlossen, denn eine doppelte gesetzliche Vaterschaft gibt es nicht.[27]

3.2 Vaterschaft kraft Ehe mit der Mutter

3.2.1 Neues Recht

a) Allgemeines

Gem § 1592 Nr 1 BGB ist Vater des Kindes der Mann, der im **Zeitpunkt der Ge-** 9
burt mit der Mutter verheiratet ist. Mit dem Wegfall des Ehelichkeitsstatus kommt dieser Regelung jedoch seit dem 1.7.1998 nicht mehr die Funktion einer Ehelichkeitsvermutung, sondern die einer Vaterschaftsvermutung zu, die grundsätzlich nur durch Anfechtung beseitigt werden kann, §§ 1599 Abs 1, 1600 bis 1600c BGB, 169 Nr 4 FamFG.

Dass es sich trotz der apodiktischen Formulierung „Vater ... *ist*"[28] ebenso wie nach altem Recht nur um eine aufgrund Ehe mit der Kindesmutter vermutete Vaterschaft handelt, ergibt sich aus der Gesamtschau der die Vaterschaft

---

26 BT-Drucks 13/4899 S 83.

27 MünchKomm BGB/*Wellenhofer* § 1592 Rn 1; vgl auch OLG Zweibrücken FamRZ 2009, 1923.

28 Zu Recht krit zu der Formulierung *Bentert* FamRZ 1996, 1386 f.

betreffenden Vorschriften. Insbesondere aus § 1600c Abs 1 BGB ist ersichtlich, dass die **Vaterschaft aufgrund vermuteter Abstammung** qua Ehe mit der Kindesmutter besteht.

10 § 1593 S 1 BGB erklärt darüber hinaus, dass Vater derjenige ist, mit dem die Kindesmutter verheiratet war, wenn das **Kind innerhalb von 300 Tagen nach Auflösung der Ehe durch *Tod* geboren wurde**. Ist die Tragezeit länger als 300 Tage, gilt der verstorbene Ehemann der Mutter auch dann als Vater, wenn die längere Dauer der Schwangerschaft nachgewiesen ist, § 1593 S 2 BGB. Der Nachweis kann sowohl in einem Feststellungsverfahren nach § 169 Nr 1 FamFG als auch in einem Berichtigungsverfahren nach § 47 PStG geführt werden.[29]

Diese Regelung, die das nach Auflösung der Ehe geborene Kind abstammungsrechtlich ohne Weiteres dem verstorbenen Ehemann der Kindesmutter zurechnet, wenn dies innerhalb von 300 Tagen nach Auflösung geboren wird, gilt damit – anders als nach dem bis zum 30.6.1998 geltenden Recht – nicht, wenn die Ehe vor Geburt des Kindes durch **Scheidung oder Aufhebung** aufgelöst wurde.

Wird ein Kind nach Rechtskraft des Scheidungs- oder Aufhebungsbeschlusses geboren, wird es mithin – anders als nach altem Recht – *nicht* dem geschiedenen Ehegatten zugerechnet, auch wenn es innerhalb der genannten Frist von 300 Tagen geboren wurde. Diese Änderung ist die Konsequenz aus dem Umstand, dass der Kindschaftsrechtsreformgesetzgeber aufgrund der fortschreitenden gesellschaftlichen Akzeptanz von Kindern, deren Eltern nicht miteinander verheiratet sind, auf die statusrechtliche Zuordnung des Kindes zum geschiedenen Ehemann der Mutter zum Zwecke der rechtlichen und gesellschaftlichen Besserstellung des Kindes unter Vernachlässigung der tatsächlichen Vaterschaftswahrscheinlichkeit verzichten konnte.[30]

Jedoch ist die alte Regelung insoweit weiterhin bedeutsam, als Art 224 § 1 Abs 1 EGBGB bestimmt, dass sich die Vaterschaft eines vor dem Inkrafttreten des KindRG geborenen Kindes nach den bis zum 30.6.1998 geltenden Vorschriften richtet.

Ist das Kind also **vor** dem 1.7.1998, aber innerhalb von 302 Tagen nach Scheidung der Kindesmutter geboren, wird das Kind statusrechtlich weiterhin dem geschiedenen Ehemann der Kindesmutter zugerechnet. Diese Vaterschaft kann grundsätzlich nur durch Anfechtung beseitigt werden (zur Anwendung von § 1599 Abs 2 BGB nF auf diese Fälle vgl Rn 16).

11 Die Herabsetzung der im Gesetz geregelten Empfängniszeit von 302 auf 300 Tagen ist der Tatsache geschuldet, dass in den meisten europäischen Län-

29 Palandt/*Götz* § 1593 Rn 3.
30 *Muscheler/Beisenherz* JR 1999, 356 f.

dern die gesetzliche Empfängniszeit 300 Tage vor der Geburt beginnt. Der deutsche Gesetzgeber hat sich dem im Interesse der **Rechtsvereinheitlichung** angeschlossen.[31]

b) Vaterschaft gem § 1593 S 3 BGB

§ 1593 S 3 BGB bestimmt, dass das von einer Frau **innerhalb von 300 Tagen** 12
nach Auflösung der Ehe durch Tod des Ehemannes geborene Kind als Kind des neuen Ehemannes angesehen wird, wenn die Mutter zum Zeitpunkt der Geburt des Kindes bereits wieder verheiratet war. Damit wird die Konkurrenz zwischen der Vaterschaft des zweiten Ehemannes gem § 1592 Nr 1 BGB und der des verstorbenen Ehemannes nach § 1593 S 1 BGB zugunsten des mit der Mutter im Zeitpunkt der Geburt des Kindes verheirateten Mannes aufgelöst.

Wird diese Vaterschaft durch **Anfechtung** beseitigt, so ist der verstorbene Ehemann als Vater des Kindes anzusehen, wenn die Voraussetzungen der § 1593 S 1 und 2 BGB vorliegen (§ 1593 S 4 BGB), sodass das Kind durch die Anfechtung nicht „vaterlos" wird.

Diese **statusrechtliche Rückzuordnung** des Kindes zu dem verstorbenen Ehemann der Mutter scheidet aber aus, wenn der **leibliche Vater** die Vaterschaft des zweiten Ehemannes anficht (§ 1600 Abs 1 Nr 2 BGB), weil das Gericht in diesem Fall bei erfolgreicher Anfechtung nach § 182 Abs 1 FamFG die Vaterschaft des Anfechtenden festzustellen hat.[32]

§ 1593 S 3 BGB findet analoge Anwendung, wenn die Mutter im Zeitpunkt der Geburt mit verschiedenen Männern die Ehe geschlossen hat.[33] Das Kind wird in diesem Fall dem Ehemann der Mutter statusrechtlich zugeordnet, den die Mutter später geheiratet hat.

c) Beseitigung der Vaterschaft nach § 1599 Abs 2 BGB

Die kraft Ehe mit der Mutter bestehende Vaterschaft kann grundsätzlich nur 13
durch Anfechtung beseitigt werden, § 1599 Abs 1 BGB. Eine Ausnahme von diesem Grundsatz, der die Anfechtung der Vaterschaft mit dem Ziel der gerichtlichen Klärung der wahren Vaterschaft in einem offizialen Statusverfahren erfordert, macht **§ 1599 Abs 2 BGB**. Danach kann das nach Anhängigkeit eines Scheidungsantrages geborene Kind von einem Dritten spätestens bis zum Ablauf eines Jahres nach Rechtskraft der Scheidungsentscheidung anerkannt wer-

31 BT-Drucks 13/4899 S 84.
32 *Will* FPR 2005, 172, 174.
33 OLG Zweibrücken FamRZ 2009, 1923.

den. Stimmt neben der nach § 1595 Abs 1 BGB zustimmungspflichtigen Mutter auch deren (geschiedener) Ehemann, der gem § 1592 Nr 1 BGB rechtlicher Vater des Kindes ist, der Anerkennung durch den Dritten zu, so hat das zur Folge, dass die Vaterschaft ohne gerichtliche Mitwirkung und damit ohne jede Prüfung der wahren Vaterschaft von dem Ehemann der Mutter auf den Dritten übergeht. Durch diese **qualifizierte Anerkennung** des Dritten mit Zustimmung des gem § 1592 Nr 1 BGB rechtlichen Vaters des Kindes und der Mutter wird dem Ehemann in Durchbrechung des im Übrigen im gerichtlichen Statusverfahren geltenden Offizialprinzips die Vaterschaft gleichzeitig aberkannt.[34]

Die Regelung des § 1599 Abs 2 BGB, deren Sinn darin liegt, in solchen Fällen, in denen erfahrungsgemäß der (Noch-)Ehemann der Mutter häufig nicht der wahre Vater des Kindes ist, ein aufwändiges Anfechtungsverfahren mit der Notwendigkeit der Einholung eines teuren Sachverständigengutachtens zu vermeiden,[35] erfuhr bereits vor ihrem Inkrafttreten heftige Kritik, die sich insbesondere an der fehlenden Beteiligung des Kindes entzündete.[36]

Die praktischen Vorteile der Regelung überwogen aber nach Meinung des Gesetzgebers auch die weiter dagegen vorgetragenen Bedenken, dass der Personenstand des Kindes auf diese Weise ohne jede gerichtliche Kontrolle allein der Disposition der nach §§ 1599 Abs 2, 1595 Abs 1 BGB Beteiligten unterstellt wurde.[37]

Weil der Sinn der Regelung gerade darin liegt, dass eine vorherige Vaterschaftsanfechtung nicht durchgeführt werden muss, wird die Wirksamkeit der Anerkennungserklärung des Dritten entgegen § 1594 Abs 2 BGB nicht dadurch gehindert, dass das Kind (noch) Kind des Ehemannes der Mutter ist, § 1599 Abs 2 S 1 aE BGB.

Wirksam werden die Anerkennung und damit der **Statuswechsel** aber frühestens mit **Rechtskraft der dem Scheidungsantrag stattgebenden Entscheidung**, § 1599 Abs 2 S 3 BGB. Damit wird verhindert, dass das Kind zum Kind eines Dritten wird, obwohl die Ehe noch besteht.[38] Dieser Normzweck ist auch erfüllt, wenn das Kind nach Anhängigkeit des Scheidungsverfahrens geboren wurde, die Ehe aber nicht durch Rechtskraft der Scheidung, sondern durch Tod eines Ehegatten aufgelöst wurde, sodass Anerkennung und Statuswechsel in diesem Fall mit Tod des Ehegatten wirksam werden.[39]

---

34 *Veit* FamRZ 1999, 902, 906.

35 BT-Drucks 13/4899 S 53, krit zu dem Kosten-Nutzen-Argument sowie zu der Erwartung, gerichtliche Anfechtungsverfahren überflüssig zu machen *Gaul* FamRZ 2000, 1461, 1466.

36 *Gaul* FamRZ 2000, 1461, 1463 mwN.

37 BT-Drucks 13/4899 S 53; im Ergebnis so auch *Muscheler/Beisenherz* JR 1999, 356, 359.

38 BT-Drucks 13/4899 S 53.

39 Palandt/*Götz* § 1599 Rn 11.

Streitig ist, ob nur die Anerkennungserklärung des Dritten oder auch die erforderlichen Zustimmungen des als Vater vermuteten geschiedenen Ehemannes der Mutter und der Mutter innerhalb der Jahresfrist des § 1599 Abs 2 BGB abgegeben worden sein müssen. Während der BGH[40] davon ausgeht, dass die Zustimmungen auch noch nach Ablauf des Jahres mit der Folge des Statuswechsels abgegeben werden können, spricht einiges für die andere Auffassung, nach der alle erforderlichen Erklärungen innerhalb eines Jahres nach Rechtskraft der Scheidung vorliegen müssen, weil die Anerkennung gem § 1598 Abs 1 BGB erst mit Zustimmung aller Zustimmungspflichtigen wirksam wird.[41] Dieses Ergebnis überzeugt nicht zuletzt deshalb, weil der Gesetzgeber durch die Fristsetzung selbst einen unnötig langen Schwebezustand vermeiden wollte, dieser aber allein durch die Anerkennungserklärung des Dritten gerade nicht beendet wird.[42] 14

Auch eine **pränatale Vaterschaftsanerkennung durch einen Dritten** während bestehender Ehe ist möglich,[43] denn § 1599 Abs 2 BGB schließt nur die Anwendung von § 1594 Abs 2 BGB, nicht aber die des § 1594 Abs 4 BGB aus. 15

Die Möglichkeit des **scheidungsakzessorischen Statuswechsels** ohne Beteiligung des Gerichts gem § 1599 Abs 2 BGB stand den Beteiligten auch offen, wenn das Kind nach Anhängigkeit des Scheidungsverfahrens vor dem Inkrafttreten des KindRG geboren wurde, Art 224 § 1 Abs 2 EGBGB. Voraussetzung war, dass das Scheidungsverfahren am 1.7.1998 noch anhängig oder die Scheidung zum Zeitpunkt des Inkrafttretens des KindRG noch nicht länger als ein Jahr rechtskräftig war.[44] Obwohl § 1599 Abs 2 BGB seinem Wortlaut nach nur auf die Geburt vor Rechtskraft der Scheidung zugeschnitten ist, wurde damit eine zweckentsprechende Analogie zu § 1599 Abs 2 BGB für jene Fälle bejaht, in denen sich die Abstammung des vor dem 1.7.1998 geborenen Kindes vom Ehemann der Mutter nicht auf die Geburt in der Ehe, sondern auf die Geburt binnen 302 Tagen nach der Ehe stützt,[45] wenn der Eintritt der Rechtskraft der Scheidung am 1.7.1998 noch nicht länger als ein Jahr zurücklag. Begründet wurde dies damit, dass die zeitliche Beschränkung des § 1599 Abs 2 BGB darauf beruht, dass das neue Recht – anders als das bis zum 30.6.1998 geltende – ein nach der Scheidung geborenes Kind statusrechtlich nicht mehr dem geschiedenen Ehemann der Mutter zurechnet, 16

---

40 FamRZ 2013, 944; siehe auch OLG Köln FamRZ 2011, 651; OLG Oldenburg FamRZ 2011, 1076; OLG Brandenburg StAZ 2011, 333; OLG Zweibrücken FamRZ 2000, 546; MünchKomm BGB/*Wellenhofer* § 1599 Rn 64; Palandt/*Götz* § 1599 Rn 11.

41 OLG Stuttgart FamRZ 2004, 1054 mwN; Staudinger/*Rauscher* § 1599 Rn 92.

42 In diesem Sinne auch *Gaul* FamRZ 2000, 1461, 1466 und *Kirchmeier* Kind-Prax 1998, 144 hier insbes Fn 2.

43 So auch *Knittel* Rn 283; **aA** *Kemper* DAVorm 1999, 191f.

44 AG Bremen FamRZ 2000, 1031; DIV Gutachten DAVorm 1998, 902.

45 Staudinger/*Rauscher* Art 224 § 1 EGBGB Rn 30.

weil es wegen der der Scheidung vorangehenden Trennungszeit als wenig wahrscheinlich anzusehen ist, dass das Kind auch tatsächlich von diesem Mann abstammt. Schließlich ging der Gesetzgeber davon aus, dass es den Beteiligten kaum zu vermitteln sei, dass die Vaterschaft für ein unter Geltung des alten Rechts aber *nach Rechtskraft der Scheidung* geborenes Kind stets nur in einem Statusprozess beseitigt werden konnte, während der Statuswechsel für ein nach dem 30.6.1998 geborenes Kind ohne gerichtliche Mitwirkung unter den Voraussetzungen des § 1599 Abs 2 BGB selbst dann möglich ist, wenn das Kind *innerhalb* einer Ehe geboren wurde,[46] obwohl im ersteren Fall noch weniger für die Vaterschaft des geschiedenen Ehemannes der Mutter spricht.

Wegen des beschriebenen Normzwecks ist die Vorschrift des § 1599 Abs 2 BGB auf den Fall der **Aufhebung einer Scheinehe** analog anwendbar, wenn das Gericht positiv feststellt, dass beide Ehegatten nicht die Absicht hatten, eine eheliche Lebensgemeinschaft aufzunehmen.[47] In einem solchen Fall spricht noch mehr als bei dem während Anhängigkeit eines Scheidungsverfahrens geborenen Kind dafür, dass dieses nicht von dem Ehemann abstammt.

17 Die durch Anerkennung eines Dritten mit Zustimmung von Mutter und deren geschiedenen Ehemann nach §§ 1599 Abs 2, 1592 Nr 2 BGB auf den Dritten übergegangene rechtliche Vaterschaft kann durch Anfechtung beseitigt werden. Diskutiert wurde in diesem Zusammenhang die analoge Anwendung von § 1593 S 4 BGB mit dem Ergebnis, dass die rechtskräftige Beseitigung der nach § 1599 Abs 2 BGB entstandenen Vaterschaft des Dritten zur Vaterschaft des geschiedenen Ehemannes führte, das Kind also auch in diesem Fall nie ohne rechtlichen Vater bliebe.[48] Diese **Rückzuordnung des Kindes**, ohne das Erfordernis der gerichtlichen Feststellung der Vaterschaft des Ehemannes, lässt sich indes aus dem Gesetz nicht herleiten. Eine analoge Anwendung von § 1593 S 4 BGB scheitert am Fehlen einer ungeplanten Regelungslücke, denn der Gesetzgeber hat die Regelung des § 1593 S 4 BGB absichtlich auf den Sonderfall der Eheauflösung durch Tod des Ehemannes der Mutter beschränkt, weil in einem solchen Fall, anders als bei einer Scheidung, in aller Regel keine Anhaltspunkte für ein Zerwürfnis der Eltern vorliegen, die die Vaterschaft des früheren Ehemannes unwahrscheinlich erscheinen lassen.[49] Aus diesem Grund kann nach rechtskräftiger Anfechtung der Vaterschaft des Dritten die Vaterschaft des geschiedenen Ehemannes nur durch dessen Anerkennung oder gerichtliche Feststellung rechtlich konkretisiert werden.

---

46 BT-Drucks 13/4899 S 139.
47 AG Hagen FamRZ 2005, 1191.
48 *Veit* FamRZ 1999, 902, 905 ff.
49 BT-Drucks 13/4899 S 83.

3.2.2 Altes Recht im Überblick

Nach dem bis zum 30.6.1998 geltenden Recht wurde das vor oder während der Ehe empfangene Kind statusrechtlich grundsätzlich dem Ehemann der Mutter zugeordnet, §§ 1591, 1592 BGB aF. Bis zur Beseitigung der **Ehelichkeit** durch Anfechtung war das Kind gem § 1593 BGB aF *ehelich*. Im Gegensatz zur **Vaterschaft** für ein „nichteheliches" Kind war die **für ein „eheliches" Kind nicht explizit geregelt**. Die Abstammung vom Ehemann der Mutter war vielmehr nur implizite Folge der Ehelichkeit.[50] Die in Anwendung der im römischen Recht entstandenen Regel „pater est, quem nuptiae demonstrant" **an die Ehe mit der Mutter anknüpfende Vaterschaftsvermutung** gilt aufgrund der Beiwohnungsvermutung des § 1591 Abs 2 BGB aF gem Art 224 § 1 Abs 1 EGBGB für ein vor dem 1.7.1998 geborenes Kind fort, sodass es auch dann weiterhin Kind des Ehemannes der Mutter ist, wenn die Ehe der Kindesmutter im Zeitpunkt der Geburt des Kindes bereits aufgelöst war, **wenn es innerhalb von 302 Tagen nach Auflösung der Ehe geboren** wurde. Dabei ist es im Unterschied zum geltenden Recht unerheblich, ob die Ehe durch Tod, durch Scheidung oder Aufhebung aufgelöst oder durch Nichtigerklärung[51] beseitigt wurde, weil nach §§ 1591 Abs 1 S 1, 1592 BGB aF jedes nach der Eheschließung geborene, von der Frau vor oder während der Ehe empfangene Kind in den Genuss der Ehelichkeitsvermutung kam. 18

Auch das vor dem Beitritt in den **neuen Bundesländern** nach dem 31.3.1966 geborene Kind ist das Kind des Ehemannes der Mutter, und zwar auch dann, wenn es bis zum Ablauf von 302 Tagen nach Beendigung einer Ehe geboren wurde, §§ 54 Abs 5 S 1, 61 Abs 1 S 1, Abs 2 FGB/DDR[52].[53] Bis zum 31.3.1966 galt auch im Beitrittsgebiet insoweit das BGB, sodass sich hinsichtlich der Vaterschaft keine Abweichungen zum Recht der Bundesrepublik ergaben. 19

Wurde das Kind innerhalb der Frist von 302 Tagen nach Beendigung der Ehe, aber während einer unter Verstoß gegen das Verbot des § 8 Abs 1 EheG aF[54] oder unter Befreiung von der Wartefrist gem § 8 Abs 2 EheG aF bereits neu geschlossenen Ehe der Kindesmutter geboren, galt es als Kind des neuen Ehemannes (§ 1600 Abs 1 BGB aF), was insoweit der Regelung des § 54 Abs 5 S 2 20

50 Staudinger/*Rauscher* Art 224 § 1 EGBGB Rn 5.

51 Das geltende Recht sieht eine Nichtigerklärung der Ehe nicht mehr vor, näher dazu *Hepting* FamRZ 1998, 713, 725 ff.

52 Familiengesetzbuch der DDR v 20.12.1965 (GBl I 1966 Nr 1 S 1) in Kraft getreten am 1.4.1966.

53 Ausführlich zum Verwandtschaftsrecht in den neuen Bundesländern und zur Überleitung in das BGB: *Adlerstein/Wagenitz* FamRZ 1990, 1169.

54 Das EheG wurde aufgehoben mit Wirkung vom 1.7.1998 durch Art 14 des Gesetzes zur Neuordnung des Eheschließungsrechts (Eheschließungsrechtsgesetz – EheschlRG) v 4.5.1998, BGBl I S 833.

FGB/DDR entsprach. Wurde die Ehelichkeit durch Anfechtung beseitigt, galt der frühere Ehemann der Mutter mit Rechtskraft der Entscheidung als Vater des Kindes, § 1600 Abs 2 BGB aF. Eine im Ergebnis gleichlautende Regelung enthielt § 63 Abs 2 FGB/DDR, sodass mit Rechtskraft der Vaterschaftsanfechtungsentscheidung auch das im Beitrittsgebiet geborene Kind nicht ohne rechtlichen Vater war.

21 I. Übersichtsskizze: Vaterschaft kraft Ehe mit der Mutter nach neuem Recht

Kind während der Ehe geboren

↓

Vater = Ehemann der Mutter
(§§ 1591, 1592 BGB aF ≈ § 1592 Nr 1 BGB nF)

es sei denn

rechtskräftige Feststellung der Nichtvaterschaft des Ehemannes	**oder**	Kind nach Anhängigkeit des Scheidungsverfahrens geboren, Anerkennung durch Dritten mit Zustimmung des (geschiedenen) Ehemannes und der Mutter spätestens binnen Jahresfrist nach Rechtskraft der Scheidung (§ 1599 Abs 2, ggf iVm Art 224 § 1 Abs 2 EGBGB)
↓		↓
Kind „vaterlos“ (vgl. § 1593 BGB aF)		Vater mit Rechtskraft der Scheidung = der die Vaterschaft anerkannt habende Dritte (§ 1599 Abs 2 S 3 BGB)
		es sei denn
		rechtskräftige Feststellung der Nichtvaterschaft des Dritten
		↓
		Kind „vaterlos“

II. Übersichtsskizze: Vaterschaft kraft Ehe mit der Mutter im Vergleich altes ./. neues Recht 22

Kind **vor dem 1.7.1998 geboren** aber innerhalb von **302** Tagen **nach Auflösung der Ehe** (gleichgültig wodurch!)

↓

Vater = früherer Ehemann der Mutter, §§ 1591, 1592 BGB aF

Kind **nach dem 30.6.1998 geboren** aber innerhalb von **300** Tagen **nach Auflösung der Ehe durch Tod**

↓

Vater = verstorbener Ehemann der Mutter, § 1593 S 1 BGB nF

es sei denn

rechtskräftige Feststellung der Nichtvaterschaft dieses Mannes
Folge → Kind „vaterlos"

oder

Wiederheirat der Mutter vor Geburt des Kindes

↓

Vater = der Mann, der im Zeitpunkt der Geburt des Kindes mit der Mutter verheiratet war, § 1600 Abs 1 BGB aF ≈ § 1593 S 3 BGB nF

es sei denn

rechtskräftige Feststellung der Nichtvaterschaft dieses Mannes

↓

Vater = ehemaliger bzw verstorbener Ehemann der Mutter, § 1600 Abs 2 BGB aF ≈ § 1593 S 4 BGB nF

es sei denn

rechtskräftige Feststellung der Nichtvaterschaft auch dieses Mannes

↓

Kind „vaterlos"

3.3 Vaterschaft kraft Anerkennung

3.3.1 Neues Recht

a) Allgemeines

23 Gem § 1592 Nr 2 BGB wird die Vaterschaft durch Anerkennung konkretisiert. Auch die Vaterschaft nach § 1592 Nr 2 BGB knüpft an die genetische Abstammung gem § 1589 BGB an, sodass sie nicht erst durch Anerkennung entsteht bzw begründet, sondern letztlich nur rechtlich gefestigt wird.[55] Die Rechtswirkungen der Vaterschaft kraft Anerkennung können gem § 1594 Abs 1 BGB grundsätzlich aber erst von dem Zeitpunkt an geltend gemacht werden, zu dem die Anerkennung durch formgerechte Zustimmung aller Zustimmungspflichtigen wirksam wird.[56] Andererseits wirkt die Zuordnung des Kindes zu dem Anerkennenden als Vater von diesem Zeitpunkt an **auf den Zeitpunkt der Geburt des Kindes zurück**. Es handelt sich bei § 1594 Abs 1 BGB nicht um eine Rechtswirkungs-, sondern um eine **Rechtsausübungssperre**.[57]

Auch bei der Vaterschaft nach § 1592 Nr 2 BGB handelt es sich um eine Vaterschaftsvermutung, die durch Anfechtung beseitigt werden kann, §§ 1599 Abs 1, 1600 bis 1600c BGB.

24 Die Anerkennung ist grundsätzlich **schwebend unwirksam**,[58] solange die Vaterschaft eines anderen Mannes besteht, § 1594 Abs 2 BGB (zur Ausnahme des § 1599 Abs 2 BGB vgl Rn 13).

b) Anerkennungserklärung des Mannes

25 Das Vaterschaftsanerkenntnis ist eine **nicht empfangsbedürftige Willenserklärung**, die mit Abgabe wirksam wird. Das Rechtsgeschäft der Anerkennung bedarf zu seiner Wirksamkeit aber der Zustimmung der Mutter sowie uU auch der weiterer Personen. Unter dem Begriff der Anerkennung wollte der Gesetzgeber zwar nur noch die Vaterschaftsanerkennungserklärung des Mannes ver-

---

55 Zutreffend *Gaul* FamRZ 1997, 1441, 1449 mwN; differenzierter insoweit *Rauscher* FPR 2002, 352f, der von „rechtsbegründender" Wirkung der Zuordnung des Kindes zum Vater spricht, weil der Vater nicht als Vater *gilt*, sondern Vater ist. Dieser Argumentation ist indes hinzuzufügen, dass auch die Vaterschaft nach § 1592 Nr 1 und Nr 2 BGB nur die *Vermutung* der Vaterschaft aufgrund Abstammung hinter sich hat, sodass auch diese Vaterschaft trotz der apodiktischen Formulierung durch Anfechtung beseitigt werden kann, vgl hierzu auch *Bentert* FamRZ 1996, 1386f.

56 Palandt/*Götz* § 1594 Rn 5; zu den Ausnahmen vgl MünchKomm BGB/*Wellenhofer* § 1594 Rn 23ff.

57 In diesem Sinne auch Gernhuber/*Coester-Waltjen* § 52 Rn 12.

58 BT-Drucks 13/4899 S 84.

standen wissen,[59] ein Blick auf § 1592 Nr 2 BGB macht jedoch deutlich, dass der Gesetzgeber seinem eigenen Anspruch nicht durchgehend gerecht wurde. So geht § 1592 Nr 2 BGB von einer durch formgerechte Zustimmung aller Zustimmungspflichtigen wirksam gewordenen Anerkennung aus.

Bei der Anerkennungserklärung des Vaters und den erforderlichen Zustimmungen handelt es sich im Grundsatz um **höchstpersönliche** und damit **stellvertretungsfeindliche** Rechtsgeschäfte. Demzufolge sind darauf bezogene Vollmachten wirkungslos, § 1596 Abs 4 BGB. 26

Die Anerkennungserklärung kann auch von einem **beschränkt geschäftsfähigen Mann** nur persönlich abgegeben werden (§ 1596 Abs 1 S 1 BGB), es bedarf in diesem Fall aber der **Zustimmung seines gesetzlichen Vertreters**, § 1596 Abs 1 S 2 BGB. Ist der Mann **geschäftsunfähig**, kann sein gesetzlicher Vertreter die Vaterschaft mit Genehmigung des Familiengerichts, soweit der geschäftsunfähige Mann volljährig ist und unter Betreuung steht, mit Genehmigung des Betreuungsgerichts anerkennen, § 1596 Abs 1 S 3 BGB.

Steht der nicht geschäftsunfähige Mann unter **Betreuung**, kann er ebenfalls nur selbst anerkennen, Stellvertretung durch den Betreuer scheidet aus. Eine Zustimmung des Betreuers ist grundsätzlich nicht erforderlich. Zur Wirksamkeit seiner Anerkennung benötigt der Mann aber dann die Zustimmung seines Betreuers, wenn für den Aufgabenkreis „Vaterschaftsanerkennung" ein Einwilligungsvorbehalt angeordnet ist, §§ 1596 Abs 3, 1903 BGB.

c) Zustimmung der Kindesmutter

Die Anerkennung bedarf zu ihrer Wirksamkeit – anders als nach altem Recht – in jedem Fall der **Zustimmung der** (ggf erst werdenden) **Mutter** des Kindes, § 1595 Abs 1 BGB. Sie muss der Anerkennung **aus eigenem Recht**, nicht als Vertreterin des Kindes zustimmen.[60] 27

Für den Fall ihrer beschränkten Geschäftsfähigkeit oder ihrer Geschäftsunfähigkeit sowie für den Fall, dass die Kindesmutter unter Betreuung steht, gilt das zur Anerkennungserklärung des Mannes Ausgeführte in vollem Umfang entsprechend, § 1596 Abs 1 S 4, Abs 3 BGB. Die minderjährige Kindesmutter bedarf zur Wirksamkeit ihrer Zustimmung der Zustimmung ihres gesetzlichen Vertreters, §§ 1595 Abs 1, 1596 Abs 1 S 4 iVm S 1, 2 BGB. Fehlt es an der Zustimmung des gesetzlichen Vertreters der minderjährigen Kindesmutter, wird ihre Zustimmung und damit die Anerkennung auch nicht dadurch wirksam, dass die

---

59 BT-Drucks 13/4899 S 84.

60 *Schwab/Wagenitz* FamRZ 1997, 1377 f.

Kindesmutter volljährig wird. Vielmehr muss ihre Zustimmung erneut abgegeben bzw von ihr nachträglich genehmigt (§ 108 Abs 3 BGB) werden.[61]

In § 1596 Abs 1 Satz 4 wurde erst durch das am 12.4.2002 in Kraft getretene KindRVerbG[62] auf Satz 3 Bezug genommen. Bis dahin war eine Zustimmung für eine geschäftsunfähige Mutter nicht möglich,[63] sodass die rechtliche Vaterschaft nur durch gerichtliche Feststellung geklärt werden konnte.[64] Der Gesetzgeber hielt es aber für geboten, die Ungleichbehandlung von Müttern und Vätern durch die Erstreckung der Regelung des § 1596 Abs 1 S 3 BGB auf die Zustimmung der Kindesmutter zu beseitigen,[65] sodass der gesetzliche Vertreter einer geschäftsunfähigen Mutter der Anerkennung mit Genehmigung des Familien- bzw, wenn sie unter Betreuung steht, des Betreuungsgerichts zustimmen kann.[66]

28 Die Zustimmung der Kindesmutter ist zur Wirksamkeit der Anerkennung grundsätzlich **unverzichtbar**. Fehlt es an ihrer Zustimmung, etwa weil ihr Aufenthalt unbekannt ist, kann die Vaterschaft nur im **Feststellungsverfahren** geklärt werden.

Umstritten ist, ob dies auch dann erforderlich ist, wenn die **Kindesmutter verstorben** ist. Entgegen der amtlichen Begründung des KindRG[67] wird die Zustimmung der Kindesmutter für den Fall ihres Todes in der Literatur überwiegend für nicht erforderlich gehalten.[68] Es bedarf danach nur der Kindeszustimmung. Nach anderer Ansicht bleibt nach Tod der Kindesmutter nur die Feststellung der Vaterschaft im gerichtlichen Verfahren.[69] Das wird zum einen auf den Wortlaut von § 1595 Abs 2 BGB zurückgeführt, der „auch" die Zustimmung des Kindes verlangt, sodass diese nur *neben* die der Kindesmutter treten, diese aber nicht *ersetzen* könne. Zum anderen wird auf den Sinn und Zweck der Regelung verwiesen, nach dem die Zustimmung der Kindesmutter deshalb erforderlich ist, weil nur diese sichere Angaben darüber machen könne, ob außer dem Anerkennenden noch weitere Personen als Vater in Betracht kommen.

---

61 DIJuF-Rechtsgutachten JAmt 2002, 242.

62 Gesetz zur weiteren Verbesserung von Kinderrechten (Kinderrechteverbesserungsgesetz – KindRVerbG) v 9.4.2002, BGBl I S 1239.

63 *Janzen* FamRZ 2002, 785 f.

64 *Schomburg* Kind-Prax 2002, 75 f.

65 Krit hierzu *Wanitzek* FamRZ 2003, 730, 736.

66 BT-Drucks 14/8131 S 7.

67 BT-Drucks 13/4899 S 54.

68 Staudinger/*Rauscher* § 1595 Rn 15; MünchKomm BGB/*Wellenhofer* § 1595 Rn 8; Erman/*Hammermann* § 1595 Rn 8; jurisPK-BGB/*Nickel* § 1595 Rn 13; *Knittel* Rn 339 mwN; **aA** *Sonnenfeld* in Jansen, FGG, § 55b Rn 4.

69 LG Koblenz StAZ 2003, 303.

Dem wird zu Recht entgegengehalten, dass die Zustimmung dann entbehrlich sein muss, wenn sie objektiv nicht mehr erlangt werden kann. Weil die Rechtsstellung der Kindesmutter für den Fall ihres Todes durch die Anerkennung nicht tangiert ist, steht auch die amtliche Begründung einer solchen Auslegung nicht entgegen.[70]

Schließlich wird auch der Vormund, der das Kind nach dem Tod der Kindesmutter vertritt (vgl §§ 1596 Abs 2, 1773, 1774 BGB) seine Zustimmung nur erteilen, wenn die Vaterschaft des Anerkennungswilligen nach seiner Überzeugung zumindest wahrscheinlich ist.

d) Ausnahmsweise: Zustimmung des Kindes

Neben der Zustimmung der Kindesmutter ist die **Zustimmung des Kindes** nur 29
dann erforderlich, wenn der Kindesmutter die elterliche Sorge „insoweit nicht zusteht", § 1595 Abs 2 BGB. Die Zustimmung des Kindes in allen anderen Fällen hielt der Gesetzgeber für entbehrlich, weil das Kind nach Wegfall des Instituts der gesetzlichen Amtspflegschaft (§ 1706 BGB aF) durch das ebenfalls am 1.7.1998 in Kraft getretene BeistandG[71] regelmäßig durch die Mutter gesetzlich vertreten wird. Eine zweifache Zustimmung, dh eine solche in eigenem Namen und eine im Namen des Kindes wurde als sinnloser Formalismus abgelehnt.[72] Mit beachtlichen Argumenten wird die grundsätzlich fehlende Mitwirkung des Kindes bei Anerkennung der Vaterschaft jedoch für **verfassungsrechtlich bedenklich** gehalten,[73] weil die statusrechtliche Zuordnung des Kindes ohne dessen Beteiligung erfolgt, ohne dass gewährleistet ist, dass die Mutter dem Kind den richtigen Vater sichert.[74] Schließlich könnten dadurch auch die Formvorschriften der Adoption umgangen werden.

Der Begründung des Gesetzgebers für den grundsätzlichen Wegfall der 30
kindlichen Zustimmung ist zu entnehmen, dass die Zustimmung des Kindes in den Fällen erforderlich ist, in denen **die Mutter das Kind insoweit nicht vertreten könnte**. Das sind beispielsweise die Fälle, in denen der Mutter die Sorge entzogen wurde (§ 1666 BGB), das Kind bereits volljährig ist oder die Sorge der Mutter wegen Geschäftsunfähigkeit oder Minderjährigkeit ruht und sie die Sorge deshalb nicht ausüben und das Kind daher auch nicht vertreten kann,

---

70 In diesem Sinne auch DIJuF-Rechtsgutachten JAmt 2004, 298 f.

71 Gesetz zur Abschaffung der gesetzlichen Amtspflegschaft und Neuordnung des Rechts der Beistandschaft (Beistandschaftsgesetz) v 4.12.1997, BGBl I S 2846.

72 BT-Drucks 13/4899 S 84.

73 *Diederichsen* NJW 1998, 1977, 1979.

74 *Gaul* FamRZ 1997, 1441, 1449 ff.

§§ 1673, 1675 BGB. § 1595 Abs 2 BGB knüpft damit nicht nur an das Innehaben der elterlichen Sorge an, sondern setzt auch die **Ausübungsberechtigung** voraus, sodass das Ruhen der elterlichen Sorge zu dem Erfordernis der Kindeszustimmung führt.[75]

Da es sich bei der Zustimmung zur Vaterschaftsanerkennung um eine **Angelegenheit der Personensorge** handelt,[76] ist die Zustimmung des Kindes auch erforderlich, wenn der Kindesmutter etwa nur die Personensorge infolge Entziehung nicht zusteht. Das Fehlen der Vermögenssorge hingegen führt nicht zum Erfordernis der Kindeszustimmung.

31 Ob das **Kind selbst die Zustimmung geben** kann bzw muss (ggf mit Zustimmung seines gesetzlichen Vertreters), richtet sich nach § 1596 Abs 2 BGB. Für das geschäftsunfähige oder noch nicht 14 Jahre alte Kind hat sein gesetzlicher Vertreter zuzustimmen. Ist das Kind 14 aber noch nicht 18 Jahre alt, kann das Kind nur selbst zustimmen, es bedarf aber hierzu der Zustimmung seines gesetzlichen Vertreters.

32 Probleme entstehen, wenn der gesetzliche **Amtsvormund** des Kindes (§ 1791c BGB) trotz Drängens der minderjährigen Kindesmutter die **Zustimmung zur Vaterschaftsanerkennung verweigert**, weil Zweifel an der genetischen Vaterschaft des Anerkennungswilligen bestehen.[77]

Nach § 1626a Abs 3 BGB ist die Kindesmutter Inhaberin der elterlichen Sorge, dies gilt auch für die minderjährige unverheiratete Kindesmutter. Ihre Sorge ruht jedoch gem §§ 1673 Abs 2, 1 BGB, sodass sie nicht ausübungsberechtigt ist, § 1675 BGB. Sie kann (neben dem gesetzlichen Vertreter des Kindes) nur die tatsächliche Personensorge ausüben, zur Vertretung ist sie hingegen nicht berechtigt, § 1673 Abs 2 S 2 Hs 2 BGB. Im Rahmen der tatsächlichen Personensorge hat ihre Meinung Vorrang vor der des Vormunds, § 1673 Abs 2 S 3 BGB. Aus dem Umstand, dass die Zustimmung zur Vaterschaftsanerkennung sowohl die rechtliche als auch die tatsächliche Personensorge berührt und beides dem Vormund vollumfänglich zusteht,[78] wird zum Teil abgeleitet, dass der Vormund sich in Bezug auf die Zustimmung zur Vaterschaftsanerkennung dem Willen der Kindesmutter zu beugen hätte.[79] Kommt er dem nicht nach, bliebe nur der Weg, den

---

75 LG Halle FamRZ 2010 1170; **aA** Gernhuber/*Coester-Waltjen* § 52 Rn 51, mit Hinweis auf den Wortlaut der Norm, wonach allein fehlendes Sorgerecht zu dem Zustimmungserfordernis des § 1595 Abs 2 BGB führt.

76 *Knittel* JAmt 2002, 330 f.

77 Dieses Problem stellt sich freilich nicht, wenn man wie *Coester-Waltjen* (in Gernhuber/Coester-Waltjen § 52 Rn 51) die Zustimmung des Kindes nach § 1595 Abs 2 BGB nicht allein aufgrund Minderjährigkeit der Kindesmutter für erforderlich hält.

78 *Ollmann* JAmt 2003, 572 f.

79 DIJuF-Rechtsgutachten JAmt 2002, 241 m Anm *Kemper* JAmt 2002, 340.

Vormund zu entlassen (§ 1886 BGB), wenn er auf entsprechende Weisung des Gerichts (§ 1837 Abs 2 BGB), die Zustimmung zu erteilen, nicht reagiere. Im Gegensatz dazu steht die Auffassung, dass aus der Gesetzgebungsgeschichte sowie dem Sinn und Zweck der Regelungen über die Anerkennung gefolgert werden kann, dass die entsprechende Entscheidung des Amtsvormunds von dem sonst in persönlichen Angelegenheiten des Kindes geltenden **Willensvorrang der minderjährigen Mutter** auszunehmen ist.[80] Für die Auffassung, nach der der Willensvorrang der Kindesmutter sich nicht zwingend durchsetzen muss, spricht, dass spezialgesetzlichen Regelungen eine von den Vorgaben der Mutter losgelöste Entscheidungsbefugnis des Vormunds zu entnehmen ist, die sonst leerliefen. Dies ist bei dem Zustimmungserfordernis des §§ 1595 Abs 2, 1596 Abs 2 BGB der Fall, sodass der an der Vaterschaft begründet zweifelnde Vormund die Zustimmung auch gegen den Willen der Kindesmutter verweigern kann.[81]

e) Vorgeburtliche Anerkennung

Wie nach altem Recht kann die **Anerkennung bereits vorgeburtlich** erfolgen, 33
§ 1594 Abs 4 BGB. Auch die Zustimmungserklärungen der Zustimmungspflichtigen können bereits pränatal abgegeben werden, §§ 1595 Abs 3, 1594 Abs 4 BGB. Mutter im Sinne von § 1595 Abs 1 BGB ist auch die **werdende Mutter**, obwohl rechtliche Mutterschaft dem Wortlaut des § 1591 BGB nach die Geburt voraussetzt. Auch eine (vorgeburtliche) Anerkennung der Mutterschaft kommt nicht in Betracht, da eine solche nach deutschem Recht nur für Spezialfälle mit Auslandsbezug vorgesehen ist (§ 44 Abs 2 PStG). Das Ungeborene ist damit genau genommen mutterlos. Da nach dem Eintritt der Schwangerschaft aber regelmäßig feststeht, dass die werdende Mutter auch die Geburtsmutter sein wird, ergeben sich nach dem Sinn und Zweck des Gesetzes hieraus keine Probleme.[82] Ein Zustimmungserfordernis gem § 1595 Abs 2 BGB für das (ungeborene) Kind besteht nicht, wenn der Kindesmutter, wäre das Kind zum Zeitpunkt der Abgabe der Erklärungen bereits geboren, insoweit die elterliche Sorge zustünde, da die **elterliche Sorge** der Kindesmutter gem §§ 1912 Abs 2, 1626a Abs 3 BGB **vorwirkt**.

Es stellt sich damit nur die Frage, wer anstelle des ungeborenen Kindes zu- 34
stimmen kann, wenn die werdende Mutter das Kind nicht vertreten könnte, etwa weil sie selbst noch minderjährig ist.

---

80 *Knittel* JAmt 2002, 330, 332.

81 *Ollmann* JAmt 2003, 572, 576.

82 So im Ergebnis auch *Schwab* DNotZ 1998, 437, 450 zu der gleich lautenden Frage, wer bei beabsichtigter vorgeburtlicher Sorgeerklärung Mutter im Sinne des § 1626a Abs 1 Nr 1 BGB ist.

Beispiel:
Die schwangere, unverheiratete Bärbel Musterfrau ist 17 Jahre alt. Ihr 22-jähriger Freund Gustav Müller will die Vaterschaft für das in vier Monaten erwartete Kind sofort anerkennen. Beide wenden sich an das Jugendamt, um dort die Anerkennung und Zustimmung beurkunden zu lassen. Bärbels Eltern finden sich ebenfalls beim Jugendamt ein, um auch ihre Zustimmungen zu erklären.

Hier sind zwei verschiedene Lösungen denkbar: Zum einen kommt die Zustimmung durch das **Jugendamt als Beistand** in Betracht, §§ 1712ff BGB. Den Antrag auf Eintritt der Beistandschaft kann auch die minderjährige Kindesmutter stellen, § 1713 Abs 2 S 1 BGB. Der Beistand ist im Rahmen der ihm vom Gesetzgeber grundsätzlich übertragenen Aufgaben, wozu auch die Feststellung der Vaterschaft gehört (§ 1712 Abs 1 Nr 1 BGB), gesetzlicher Vertreter des ungeborenen Kindes (§§ 1716 S 2 Hs 1, 1915 Abs 1 S 1, 1793 Abs 1 S 1 BGB),[83] sodass er die Zustimmung für das Kind abgeben kann, § 1596 Abs 2 BGB.

Die Zustimmung könnte aber auch durch einen vom Familiengericht bestellten **Pfleger für die Leibesfrucht** abgegeben werden, § 1912 Abs 1 BGB. Ein Fürsorgebedürfnis für die Anordnung dieser Pflegschaft allein mit der Aufgabe, die Zustimmung zu erklären (oder zu verweigern), liegt allerdings nicht vor, wenn das Jugendamt bereits Beistand ist, was ggf durch Rückfrage bei der werdenden Mutter oder dem Jugendamt zu klären ist. Zum Teil wird die Auffassung vertreten, dass die Beistandschaft stets Vorrang hat, sodass die Anordnung einer Pflegschaft nach § 1912 BGB im Rahmen der vom Beistand wahrzunehmenden Aufgaben nach dieser Ansicht in jedem Fall ausscheidet.[84]

35 Da alle erforderlichen Zustimmungen der Zustimmungspflichtigen bereits vorgeburtlich abgegeben werden können (§§ 1595 Abs 3, 1594 Abs 4 BGB), ist fraglich, wer Vater des Kindes ist, wenn die Mutter **nach erfolgter Anerkennung, aber vor Geburt des Kindes einen anderen Mann heiratet**.

Beispiel:
Thomas Muster hat die Vaterschaft für das ungeborene Kind mit Zustimmung der werdenden, unverheirateten, volljährigen Mutter am 1.10.2015 formgerecht anerkannt. Am 15.12.2015 heiratet die werdende Mutter Gerhard Müller. Das Kind wird am 20.1.2016 geboren.

Diese an sich bestehende **Konkurrenz der Vaterschaften** wird allgemein zugunsten des Mannes gelöst, der mit der Mutter des Kindes zum Zeitpunkt der

83 Zur Zulässigkeit einer vorgeburtlichen Beistandschaft vgl OLG Schleswig NJW 2000, 1271 = MDR 2000, 397 m Anm *Born*.
84 Palandt/*Götz* § 1912 Rn 3.

Geburt verheiratet ist.[85] Gefolgert wird das aus der Regelung des § 1594 Abs 2 BGB, wonach die Anerkennung nicht wirksam ist, solange die Vaterschaft eines anderen Mannes besteht und dem Umstand, dass die Anerkennung erst mit Geburt des Kindes wirksam würde, zu einem Zeitpunkt also, zu dem die Mutter bereits verheiratet ist.[86] Diese Auffassung wird zudem auf § 1599 Abs 1 BGB gestützt, der klarstelle, dass die mit der Geburt des Kindes eintretende statusrechtliche Zuordnung des Kindes zum Ehemann der Mutter nur auf den darin vorgegebenen Wegen beseitigt werden könne.[87]

Bei **Mehrlingsgeburten** erstreckt sich die pränatale Anerkennung auf alle 36
Kinder.[88]

f) Anerkennung nach dem Tod des Kindes

Umstritten ist, ob die Anerkennung der Vaterschaft auch noch **nach dem Tod** 37
des Kindes erfolgen kann. Dagegen spricht, dass die elterliche Sorge der Kindesmutter mit dem Tod des Kindes beendet ist und die Anerkennung an der nicht erlangbaren Zustimmung des Kindes gem § 1595 Abs 2 BGB scheitert.[89] Weiter wird vorgebracht, dass das Kind nach seinem Tod keine Möglichkeit mehr hätte, eine falsche Anerkennung durch Anfechtung zu korrigieren.[90] Nach Auffassung des BayObLG[91] stehen der postmortalen Vaterschaftsanerkennung nach der Neuregelung des Zustimmungserfordernisses durch das KindRG aber weder formale noch inhaltliche Gründe entgegen, wenn das Kind nach der Geburt verstorben ist, denn das Zustimmungserfordernis bestehe nach der gebotenen **teleologischen Reduktion** des Regelungsgehalts von § 1595 Abs 2 BGB nur zu Lebzeiten des Kindes.

---

85 AG Lübeck StAZ 2002, 48; AG Bremen StAZ 2000, 267; Palandt/*Götz* § 1594 Rn 8; Staudinger/*Rauscher* § 1594 Rn 53; in diesem Sinne auch *Will* (FPR 2005, 172, 173), die davon ausgeht, dass die kraft Ehe bestehende Vaterschaft jede anderweitige „sperrt" und das Prioritätsprinzip nur im Verhältnis zwischen der durch Anerkennung und der durch gerichtliche Feststellung konkretisierten Vaterschaft gelten lässt.

86 So MünchKomm BGB/*Wellenhofer* § 1594 Rn 42.

87 Staudinger/*Rauscher* § 1594 Rn 53.

88 MünchKomm BGB/*Wellenhofer* § 1594 Rn 41; Staudinger/*Rauscher* § 1594 Rn 49; näher dazu auch *Knittel* Rn 265.

89 Staudinger/*Rauscher* § 1592 Rn 56.

90 *Sonnenfeld* in Jansen, FGG, § 55b Rn 3.

91 FamRZ 2001, 1543.

g) Weitere Voraussetzungen der statusrechtlichen Wirkung der Anerkennung

38 Für die Wirksamkeit der Anerkennung ist weder eine **häusliche Gemeinschaft** mit der Mutter und/oder dem Kind erforderlich, noch steht der Wirksamkeit der Anerkennung eine **bewusst wahrheitswidrige Behauptung** entgegen,[92] da es sich bei den im Gesetz genannten Erfordernissen um eine abschließende Aufzählung handelt, § 1598 Abs 1 BGB. Weitere als die vom Gesetz an die Wirksamkeit der Anerkennung gestellten Anforderungen müssen folglich nicht erfüllt sein.

39 Eine **Anfechtung** wegen Irrtums gem § 119 Abs 2 BGB kommt nicht in Betracht und zwar selbst dann nicht, wenn die Abstammung des Kindes von dem Anerkennenden als *Eigenschaft* des Kindes gewertet würde.[93] Denn eine Anfechtung der Anerkennung gem §§ 119ff BGB scheidet als lex generalis aus, da die durch Anerkennung verlautbarte Vaterschaft wie die kraft Ehe mit der Mutter vermutete gem § 1599 Abs 1 BGB angefochten werden kann.

So können auch die statusrechtlichen Folgen einer etwa bewusst wahrheitswidrigen Anerkennung beseitigt werden, denn auch der Regelung des § 1592 Nr 2 BGB liegt der Anspruch zugrunde, dass dem Kind abstammungsrechtlich der wahre Vater zugeordnet wird.[94]

40 Die Anerkennungserklärung und die zur Wirksamkeit der Anerkennung erforderlichen Zustimmungen sind **bedingungs- und befristungsfeindlich**, §§ 1594 Abs 3, 1595 Abs 3 BGB. Unschädlich sind jedoch **Rechtsbedingungen**. Das sind solche, die ohnehin Voraussetzung für die Status festigende Wirkung der Erklärung[95] sind, wie zB die rechtskräftige Beseitigung der Vaterschaft eines anderen Mannes (vgl § 1594 Abs 2 BGB).[96]

41 Die Anerkennungserklärung und die zur Wirksamkeit der Anerkennung erforderlichen Zustimmungen müssen **öffentlich beurkundet** werden, § 1597 Abs 1 BGB (vgl § 415 ZPO).

Die Beurkundung kann vorgenommen werden

- durch die Notarin/den Notar, § 20 Abs 1 BNotO, § 1 Abs 1 BeurkG;
- durch das Jugendamt, §§ 59 Abs 1 Nr 1 SGB VIII, 59 BeurkG, die Beurkundungsbefugnis des Jugendamtes erstreckt sich aber nicht auf eine Zustimmungserklärung des *volljährigen* Kindes;[97]

---

92 OLG Köln FamRZ 2002, 629.

93 *Rauscher* FPR 2002, 359, 363.

94 Vgl insoweit zum alten Recht: OLG München FamRZ 1985, 530.

95 Vgl *Gaul* FamRZ 1997, 1441, 1449.

96 KG FamRZ 1995, 631 = Rpfleger 1995, 157 (noch zur gleichlautenden Regelung des § 1600b Abs 1 BGB aF); Palandt/*Götz* § 1594 Rn 7.

97 *Knittel* Rn 351.

- durch den Standesbeamten, § 44 Abs 1 PStG, § 58 BeurkG;
- durch den Rechtspfleger des Amtsgerichts, § 62 Abs 1 Nr 1 BeurkG, § 3 Nr 1f RPflG;
- zur Niederschrift des Gerichts in der mündlichen Verhandlung eines laufenden Vaterschaftsverfahrens, § 180 FamFG; für Erklärungen, die nicht in einem Abstammungsverfahren abgegeben werden, besteht diese Möglichkeit nicht;[98]
- im Ausland durch die deutsche Konsulatsbeamtin/den deutschen Konsulatsbeamten, §§ 2, 10 KonsG.

Die vorher erklärten **Zustimmungen sind bis zur Anerkennung** frei **widerruflich**, § 183 BGB. 42

Die Anerkennungserklärung des Mannes kann erst und auch nur dann widerrufen werden, wenn sie **ein Jahr nach Beurkundung** noch nicht wirksam geworden ist, § 1597 Abs 3 S 1 BGB. Dieser Widerruf bedarf wie die Anerkennung der öffentlichen Beurkundung, § 1597 Abs 3 S 2 iVm Abs 1 BGB. Wird die Anerkennungserklärung nicht widerrufen, kann die Anerkennung auch noch nach Ablauf eines Jahres durch Abgabe der erforderlichen Zustimmungerklärung(en) wirksam werden. Sind sie erteilt, kommt ein Widerruf der Anerkennungserklärung nicht (mehr) in Betracht.[99]

Beglaubigte Abschriften der Anerkennung und aller für die Wirksamkeit der 43
Erklärungen erforderlichen Zustimmungen sind dem Vater, der Mutter und dem Kind sowie dem Standesbeamten zu übersenden (§ 1597 Abs 2 BGB), ohne dass der Übersendung konstitutive Wirkung zukommt.[100]

Anerkennung, Zustimmung und Widerruf sind nur **unwirksam**, wenn sie 44
den vom Gesetz in §§ 1594 bis 1597 BGB aufgeführten Erfordernissen nicht genügen, § 1598 Abs 1 BGB.

Aber auch ein Verstoß gegen diese Erfordernisse wird geheilt, wenn die Anerkennung in ein **deutsches Personenstandsregister** eingetragen wurde und seit dieser Eintragung **fünf Jahre** verstrichen sind, § 1598 Abs 2 BGB. Unwirksamkeitsmängel werden zum Schutz der Rechtssicherheit demnach durch Ablauf der **Fünfjahresfrist** geheilt, wenn nicht binnen dieser Ausschlussfrist die Unwirksamkeit der Anerkennung durch Feststellungsantrag (§ 169 Nr 1 FamFG) geltend gemacht wird. Die Heilung der Wirksamkeitsmängel durch Fristablauf führt aber nicht zum Ausschluss der Anfechtung.

---

98 BGH FamRZ 2013, 944 m Anm *Wellenhofer*.
99 OLG Brandenburg DAVorm 2000, 58.
100 **AA** wohl Palandt/*Götz* § 1594 Rn 5.

Die Heilung durch Fristablauf bezieht sich jedoch **nicht** auf die **Sperre des § 1594 Abs 2 BGB**, weil dies dem Prinzip widersprechen würde, wonach das Kind nur einen Vater haben kann.[101]

45 Mit der in § 1594 Abs 1 BGB anzutreffenden Formulierung hat der Gesetzgeber klargestellt, dass eine Vaterschaft, wie nach dem bis zum 30.6.1998 geltenden Recht, losgelöst von den dort aufgestellten Voraussetzungen nur angenommen werden darf, wenn schutzwürdige Interessen etwa für den einstweiligen Unterhalt (vgl § 247 FamFG) es erfordern.[102]

h) Zweckwidrige Vaterschaftsanerkennungen

46 Da auch eine bewusst wahrheitswidrige Vaterschaftsanerkennung ungeachtet des biologischen Abstammungsverhältnisses wirksam ist, wurden mögliche Maßnahmen zur Verhinderung von Vaterschaftsanerkennungen zu **Zwecken der Erlangung eines Aufenthaltstitels bzw der deutschen Staatsangehörigkeit** erörtert.

Das Problem tritt im Wesentlichen in drei unterschiedlichen Fallkonstellationen zu Tage:

1. Ein deutscher Mann erkennt die Vaterschaft für das noch nicht 23 Jahre alte Kind einer unverheirateten Ausländerin an, mit der Wirkung, dass das Kind gem § 4 Abs 1 StAG[103] die deutsche Staatsangehörigkeit erwirbt, sodass auch die ausländische Mutter nach §§ 27 Abs 1, 28 Abs 1 Nr 3 AufenthG[104] eine Aufenthaltserlaubnis erhält.

   Wenn der Mann, der die Vaterschaft anerkennt, Sozialhilfe bezieht, muss er aufgrund eigener Leistungsunfähigkeit auch nicht fürchten, für den Unterhalt des Kindes herangezogen zu werden.
2. Ein ausländischer Mann mit gesichertem Aufenthaltsstatus erkennt die Vaterschaft für das Kind einer unverheirateten Ausländerin an.

   Auch in diesem Fall kann es auf zwei Wegen zu einer aufenthaltsrechtlichen Vergünstigung für die Mutter kommen:

---

101 MünchKomm BGB/*Wellenhofer* § 1598 Rn 24.

102 Näher dazu MünchKomm BGB/*Wellenhofer* § 1594 Rn 24 f.

103 Staatsangehörigkeitsgesetz in der im BGBl III unter 102-1 veröffentlichten bereinigten Fassung, zuletzt geändert durch Art 5 des Gesetzes v 27.7.2015 (BGBl I S 1386).

104 Gesetz über den Aufenthalt, die Erwerbstätigkeit und die Integration von Ausländern im Bundesgebiet (Aufenthaltsgesetz – AufenthG) verkündet als Art I des Gesetzes zur Steuerung und Begrenzung der Zuwanderung und zur Regelung des Aufenthalts und der Integration von Unionsbürgern und Ausländern (Zuwanderungsgesetz), BGBl I 2004 S 1950, zuletzt geändert durch Art 1 des Gesetzes v 27.7.2015 (BGBl I S 1386).

a) Gemäß § 4 Abs 3 StAG erwirbt ein Kind ausländischer Eltern durch Geburt im Inland die deutsche Staatsangehörigkeit, wenn der die Vaterschaft anerkennende Mann seit acht Jahren rechtmäßig seinen gewöhnlichen Aufenthalt im Inland hat und freizügigkeitsberechtigter Unionsbürger oder gleichgestellter Staatsangehöriger eines EWR-Staates ist oder als Staatsangehöriger der Schweiz eine Aufenthaltserlaubnis aufgrund des Abkommens vom 21. Juni 1999 zwischen der Europäischen Gemeinschaft und ihren Mitgliedsstaaten einerseits und der Schweizerischen Eidgenossenschaft andererseits über die Freizügigkeit (BGBl 2001 II S 810) besitzt oder eine Aufenthaltserlaubnis-EU oder eine Niederlassungserlaubnis besitzt.
   Die Rechtsfolge für die Mutter ist dieselbe wie oben unter Punkt 1. geschildert. Auch in diesem Fall treffen den leistungsunfähigen Vater keine tatsächlich zu erfüllenden Unterhaltspflichten.
b) Möglich ist auch, dass die Mutter einen gesicherten Aufenthaltsstatus allein nach den ausländerrechtlichen Bestimmungen erhält, ohne dass es des Erwerbs der deutschen Staatsangehörigkeit bedarf. Dies ist zB dann der Fall, wenn ein asylberechtigter Mann das Kind einer ausreisepflichtigen Frau anerkennt. Während dem Kind in diesem Falle wegen des nach Art 6 GG gebotenen Schutzes von Ehe und Familie für die Herstellung und Wahrung der familiären Lebensgemeinschaft mit dem Vater eine Aufenthaltserlaubnis nach §§ 27 Abs 1, 32 AufenthG zu erteilen ist, kann die Mutter als sonstige Familienangehörige nach §§ 27 Abs 1, 36 AufenthG eine Aufenthaltserlaubnis erhalten.

3. Ein ausländischer Mann ohne gesicherten Aufenthaltsstatus erkennt die Vaterschaft für das Kind einer Deutschen oder das Kind einer Ausländerin mit verfestigtem Aufenthalt zugunsten aufenthaltsrechtlicher Vergünstigungen für sich selbst an. Der Mann erhält in diesem Fall eine Aufenthaltserlaubnis nach §§ 27 Abs 1, 28 Nr 3 AufenthG bzw kann eine Aufenthaltserlaubnis nach §§ 27 Abs 1, 36 AufenthG geltend machen.

In solchen Fällen kann der Verdacht aufkommen, dass die Vaterschaftsanerkennung allein das Ziel verfolgt, den **Aufenthaltsstatus der „Eltern" zu sichern**, ohne zugleich zumindest auch darauf gerichtet zu sein, eine soziale Vater-Kind-Beziehung herzustellen bzw genauer gesagt rechtlich abzusichern.[105]

Das bis zum 31.5.2008 geltende Recht stellte keine wirksamen Mechanismen zur Bewältigung des Problems bereit. Mit dem Wegfall der Amtspflegschaft liegt

105 Ausführlich hierzu *Gaaz* StAZ 2007, 75 ff.

es grundsätzlich allein in dem **Verantwortungsbereich von Mutter und Mann**, eine rechtliche Vaterschaft durch Anerkennung herbeizuführen.

Insbesondere die diskutierte Verweigerung der Beurkundung der entsprechenden Erklärungen durch die Urkundsperson wurde nicht als ausreichendes Mittel betrachtet, um eine wissentlich falsche Anerkennung zu verhindern, die nur das Ziel hat, der Mutter oder dem Mann ausländerrechtliche Vorteile zu verschaffen. Denn die Urkundsperson darf und muss die Urkundstätigkeit nur dann verweigern, wenn **erkennbar unerlaubte oder unredliche Zwecke** verfolgt werden, § 1 Abs 2, § 4 BeurkG. Für eine Ablehnung genügt hingegen weder der Verdacht noch die Gewissheit einer bewusst wahrheitswidrigen Anerkennung.[106]

Da eine wahrheitswidrige Erklärung auch nicht wegen Versuchs der **Personenstandsfälschung** nach § 169 Abs 2 StGB strafbar ist,[107] wurden andere Wege gesucht, um dem Problem der missbräuchlichen Vaterschaftsanerkennungen, dh solchen, die **einzig** zum Zwecke der Erlangung von Aufenthaltstiteln erfolgen, zu begegnen.[108]

47 Durch das am 1.6.2008 in Kraft getretene Gesetz zur Ergänzung des Rechts zur Anfechtung der Vaterschaft vom 13.3.2008[109] wurde der „zuständigen Behörde", die durch Landesrecht zu bestimmen ist (§ 1600 Abs 6 BGB), in den Fällen des § 1592 Nr 2 BGB ein Anfechtungsrecht eingeräumt (§ 1600 Abs 1 Nr 5 BGB), mit der die durch Anerkennung festgestellte Vaterschaft beseitigt werden können sollte.[110] Damit wurde zwar auch weiterhin eine solche Anerkennung nicht verhindert, die durch Anerkennung entstandene Vaterschaft sollte aber auf diese Weise beseitigt werden können.

Nach der Entscheidung des BVerfG vom 17.12.2013[111] genügte die Regelung aber verfassungsrechtlichen Vorgaben nicht, sodass sie für nichtig erklärt wurde.

Grund dafür war ua, dass mit Rechtskraft der der Anfechtung stattgebenden Entscheidung rückwirkend auf den Zeitpunkt der Geburt die Vaterschaft entfällt und das Kind dadurch die ggf durch die Vaterschaftsanerkennung erworbene deutsche Staatsangehörigkeit verliert,[112] und ein Aufenthaltstitel gem § 51 Abs 1

---

106 *Knittel* Rn 39 ff, 298.

107 Vgl hierzu auch *Frank* StAZ 2006, 281.

108 Vgl *Zypries/Cludius* ZRP 2007, 1 ff; *Arendt-Rojahn* FPR 2007, 395 ff; *Gaaz* StAZ 2007, 75 ff.

109 BGBl I 2008, 313.

110 Krit hierzu *Frank* StAZ 2006, 281 ff.

111 BVerfGE 135, 48 = FamRZ 2014, 449 m krit Anm *Helms*.

112 Vgl BVerfG FamRZ 2007, 21 = ZAR 2007, 150 m Anm *Pfersich*; vgl auch die Besprechungsaufsätze von *Silagi* StAZ 2007, 133 ff und *Kiefer* ZAR 2007, 93 ff.

Nr 3 AufenthG, § 48 VwVfG[113] zurückgenommen werden könnte. Das Gericht sah darin einen Verstoß gegen Art 16 Abs 1 GG, weil die Regelung der behördlichen Vaterschaftsanfechtung in ihrer konkreten Ausgestaltung in verfassungsrechtlich unzulässiger Weise den Verlust der deutschen Staatsangehörigkeit des Kindes herbeiführt.

3.3.2 Altes Recht im Überblick

Gem §§ 1600aff BGB aF konnte die Vaterschaft bereits vor dem 1.7.1998 durch **Anerkennung** festgestellt werden. 48

Erforderlich war neben der Anerkennungserklärung des Mannes die Zustimmung des Kindes, (§ 1600c BGB aF), das in den alten Bundesländern dabei regelmäßig durch das Jugendamt als Amtspfleger (§§ 1600d Abs 2, 1706, 1709 BGB aF) vertreten wurde. In den neuen Bundesländern galten §§ 1706 bis 1710 BGB aF auch nach dem Beitritt gem Art 230 Abs 1 EGBGB aF nicht, sodass es bei Geburt eines Kindes einer unverheirateten Kindesmutter nicht zum Eintritt der gesetzlichen Amtspflegschaft kam, wenn das Kind dort seinen Wohnsitz hatte.

Die Zustimmung des Kindes musste **innerhalb von 6 Monaten seit Beurkundung der Anerkennungserklärung** abgegeben werden, § 1600e Abs 3 BGB aF.

Der **Zustimmung der Kindesmutter** bedurfte es nicht. Diese war allenfalls als Vertreterin ihres Kindes, nicht aber aus eigenem Recht beteiligt.

War der Mann **beschränkt geschäftsfähig**, bedurfte es außerdem der Zustimmung seines gesetzlichen Vertreters; war er geschäftsunfähig, konnte sein gesetzlicher Vertreter die Vaterschaft mit Genehmigung des Vormundschaftsgerichts anerkennen, § 1600d Abs 1 BGB aF.

Anerkennungserklärung und Zustimmung konnten bereits **vorgeburtlich** abgegeben werden (§ 1600b Abs 2 BGB aF) und bedurften der öffentlichen Beurkundung, § 1600e BGB aF.

Vor dem Beitritt konnte der Vater eines Kindes im **Beitrittsgebiet** ebenfalls 49
durch Anerkennung festgestellt werden, §§ 54, 55 FGB/DDR.[114] Zur wirksamen Anerkennung bedurfte es der Zustimmung der Kindesmutter, § 55 Abs 1 FGB/DDR. War diese nicht voll geschäftsfähig, musste auch ihr gesetzlicher Vertreter der Anerkennung zustimmen. Stand das Kind unter Vormundschaft, war auch die Zustimmung des Vormundes erforderlich.

Die Anerkennung konnte erst **nach der Geburt des Kindes** erfolgen.

---

113 Verwaltungsverfahrensgesetz idF v 23.1.2003, BGBl I S 102.

114 Näher dazu *Adlerstein/Wagenitz* FamRZ 1990, 1169, 1171.

Die Anerkennungserklärung und die Zustimmungen bedurften der Beurkundung durch das Organ der Jugendhilfe oder das Staatliche Notariat, § 55 Abs 3 FGB/DDR. Ausnahmsweise war auch die Beurkundung durch den Leiter des Standesamts ausreichend, nämlich dann, wenn diese im Zusammenhang mit oder in Vorbereitung der Heirat der Eltern des Kindes erfolgte.

Eine zwischen dem 1.4.1966 und dem 3.10.1990 im Beitrittsgebiet durch Anerkennung festgestellte Vaterschaft wurde durch den Beitritt nicht berührt, Art 234 § 7 Abs 1 S 2 EGBGB. Gleiches gilt gem Art 234 § 7 Abs 4 EGBGB iVm § 8 EGFGB[115] für eine vor dem 1.4.1966 durch Anerkennung festgestellte Vaterschaft.[116]

50 Eine vor dem 1.7.1998 durch Anerkennung festgestellte Vaterschaft bleibt bestehen, Art 224 § 1 Abs 1 EGBGB.

---

51 **Checkliste: Vaterschaft durch Anerkennung**

1. Anerkennung **vor dem 1.7.1998** (vgl Art 224 § 1 Abs 1 EGBGB = wirkt fort)

- Alle erforderliche Erklärungen abgegeben? – alle Erklärungen auch vorgeburtlich möglich, § 1600b Abs 2 BGB aF –
  - Anerkennungserklärung des Mannes, bei dessen Geschäftsunfähigkeit seines gesetzlichen Vertreters ± vormundschaftsgerichtliche Genehmigung, § 1600d Abs 1 S 2 BGB aF
  - Zustimmung des Kindes, regelmäßig vertreten durch Amtspfleger, §§ 1600c, 1706 BGB aF; *vorgeburtlich* durch Pfleger nach § 1912 Abs 1 S 2 BGB aF
  - ggf Zustimmung des gesetzlichen Vertreters gem § 1600d Abs 1 S 1, Abs 2 BGB aF
  - ggf Zustimmung des Betreuers (nur wenn **Einwilligungsvorbehalt** für diesen Aufgabenkreis angeordnet war), § 1600d Abs 3 Hs 2 BGB aF iVm § 1903 BGB (anderweitige) Stellvertretung ausgeschlossen, § 1600d Abs 4 BGB aF
- Inhalt der Erklärungen?
  - bedingungs- und befristungsfeindlich, § 1600b Abs 1 BGB aF
- Zustimmung(en) fristgerecht?
  - 6 Monate nach Beurkundung der Anerkennungserklärung (§ 1600e Abs 3 BGB aF), Fristbeginn nicht vor Geburt des Kindes (bedeutsam bei vorgeburtlicher Anerkennung, § 1600b Abs 2 BGB aF)
- Form erfüllt?
  - Anerkennungserklärung und Zustimmungserklärung des Kindes:
öffentliche Beurkundung, § 1600e Abs 1 S 1 BGB aF
  - Zustimmungserklärung des gesetzlichen Vertreters zu einer solchen Erklärung:
öffentliche Beglaubigung, § 1600e Abs 1 S 2 BGB aF
- Zustimmungen zugegangen?
Erklärung gegenüber Anerkennendem oder Standesamt, § 1600c Abs 2 BGB aF

---

115 Einführungsgesetz zum Familiengesetzbuch der DDR v 20.12.1965, GBl I 1966 Nr 1 S 19.

116 Die Regelung des Art 234 § 7 Abs 4 EGBGB ist verfassungsgemäß, BVerfG FamRZ 1995, 411 = DAVorm 1996, 195 m Anm *Brüggemann*.

- keine andere Vaterschaft?
  Die Anerkennung ist **unwirksam, wenn** das Kind bereits einen Vater hat, sei es kraft Ehe (arg § 1600a BGB aF), sei es kraft Anerkennung oder rechtskräftiger gerichtlicher Feststellung, § 1600b Abs 3 BGB aF. Zunächst Beseitigung der bestehenden Vaterschaft durch Anfechtung erforderlich!
  Ausnahme: Art 224 § 1 Abs 2 EGBGB, 1599 Abs 2 BGB nF (dazu unten Nr 2)

Aber: Vaterschaft auch bei Verstoß gegen obige Voraussetzungen durch Fristablauf möglich, § 1600f Abs 2 BGB aF (Fünf Jahre seit Eintragung in deutsches Personenstandsbuch verstrichen?)

2. Anerkennung **nach dem 30.6.1998** 52
- Alle erforderliche Erklärungen abgegeben? – alle Erklärungen auch vorgeburtlich möglich, §§ 1594 Abs 4, 1595 Abs 3 BGB –
  - Anerkennungserklärung des Mannes, bei dessen Geschäftsunfähigkeit die seines gesetzlichen Vertreters ± familien- bzw. betreuungsgerichtliche Genehmigung, §§ 1594, 1596 Abs 1 S 3 BGB
  - Zustimmung der Mutter, bei deren Geschäftsunfähigkeit die ihres gesetzlichen Vertreters ± familien- bzw. betreuungsgerichtliche Genehmigung, §§ 1595 Abs 1, 1596 Abs 1 S 4, 3 BGB
  - ausnahmsweise(!) Zustimmung des Kindes, § 1595 Abs 2 BGB
    Zustimmung des Kindes bei unter 14-Jährigen oder Geschäftsunfähigkeit durch gesetzlichen Vertreter, § 1596 Abs 2 S 1 BGB; ist das Kind zwischen 14 Jahre und 18 Jahre alt: Zustimmung des Kindes ± Zustimmung des gesetzlichen Vertreters des Kindes, § 1596 Abs 2 S 2 BGB; *vorgeburtlich* durch Beistand (§§ 1712 ff BGB) oder Pfleger nach § 1912 Abs 1 BGB
  - ggf Zustimmung des gesetzlichen Vertreters von Mann oder Mutter gem § 1596 Abs 1 Sätze 1 bis 3 BGB
  - ggf Zustimmung des Betreuers (nur wenn **Einwilligungsvorbehalt** für diesen Aufgabenkreis angeordnet ist), § 1596 Abs 3 Hs 2 BGB iVm § 1903 BGB (anderweitige) Stellvertretung ausgeschlossen, § 1596 Abs 4 BGB
- Inhalt der Erklärungen?
  - bedingungs- und befristungsfeindlich, § 1594 Abs 3 BGB
- Anerkennungserklärung (wirksam) widerrufen?
  - Widerruf nach Ablauf eines Jahres nach Beurkundung der Erklärung, aber nur bis zur Wirksamkeit der Anerkennung durch erforderliche Zustimmung(en) möglich, § 1597 Abs 3 BGB
- Form erfüllt?
  - Anerkennungserklärung und (alle) Zustimmungen: öffentliche Beurkundung, § 1597 Abs 1 BGB
- keine andere Vaterschaft?
  Die Anerkennung ist schwebend unwirksam, solange das Kind einen Vater hat, sei es kraft Ehe, sei es kraft Anerkennung oder rechtskräftiger gerichtlicher Feststellung, § 1594 Abs 2 BGB. Eine solche bestehende Vaterschaft muss grundsätzlich zunächst durch rechtskräftige Anfechtungsentscheidung beseitigt werden.
  Ausnahme: § 1599 Abs 2 BGB
  Voraussetzungen:
  * Kind nach Anhängigkeit eines Scheidungsverfahrens geboren

* Anerkennung durch Dritten
* Zustimmung des (geschiedenen) Ehemannes der Mutter
* Zustimmung der Mutter
spätestens bis Ablauf eines Jahres nach Rechtskraft der Scheidung

Aber: Vaterschaft auch bei Verstoß gegen obige Voraussetzungen durch Fristablauf möglich, § 1598 Abs 2 BGB (fünf Jahre seit Eintragung in deutsches Personenstandsregister verstrichen?)

3.4 Vaterschaft kraft gerichtlicher Feststellung

3.4.1 Neues Recht

a) Allgemeines

53 Besteht keine Vaterschaft kraft Ehe mit der Mutter oder infolge Anerkennung, ist die Vaterschaft gerichtlich festzustellen, § 1600d Abs 1 BGB. Besteht eine **Vaterschaft** aufgrund der §§ 1592 Nr 1, 2 oder 1593 BGB, muss diese zunächst **durch Anfechtung beseitigt** werden.

Ziel des Vaterschaftsfeststellungsverfahrens ist die Ermittlung der wahren Vaterschaft aufgrund Abstammung, vgl § 169 Nr 1 FamFG.

Nach § 1592 Nr 3 BGB ist Vater des Kindes der Mann, dessen Vaterschaft nach § 1600d BGB oder § 182 Abs 1 FamFG gerichtlich festgestellt wurde. Diese durch das KindRG neu gefasste Vorschrift wurde durch Art 1 des Gesetzes vom 23.4.2004[117] mit Wirkung vom 30.4.2004 erweitert.

Soweit auf § 1600d BGB Bezug genommen wird, entspricht die Regelung im Grundsatz der bereits nach dem bis zum 30.6.1998 geltenden Recht möglichen gerichtlichen Vaterschaftsfeststellung (dazu Rn 68 ff). Der Vaterschaftsfeststellungsantrag ist – wie unter Geltung alten Rechts – weiterhin **nicht fristgebunden.**[118]

b) Antragsberechtigte

54 Die Feststellung erfolgt nicht von Amts wegen, sondern nur auf **Antrag** der in § 172 Abs 1 FamFG (als formell Beteiligte) abschließend aufgeführten Personen. Eine ausdrückliche Bestimmung der Antragsberechtigten enthält das Gesetz seit dem 1.9.2009 nicht mehr.[119]

---

117 Gesetz zur Änderung der Vorschriften über die Anfechtung der Vaterschaft und das Umgangsrecht von Bezugspersonen des Kindes, zur Registrierung von Vorsorgeverfügungen und zur Einführung von Vordrucken für die Vergütung von Berufsbetreuern v 23.4.2004, BGBl I S 598.

118 OLG Saarbrücken FamRZ 2006, 565 mwN.

119 Krit dazu *Löhnig* FamRZ 2009, 1798 f.

Das Feststellungsverfahren nach § 1600d BGB kann demnach betrieben werden von

- der **Mutter** des Kindes
- dem **Kind**
- dem **Mann**, der sich für den Vater des Kindes hält.

c) Antrag durch die Kindesmutter aus eigenem Recht und als Vertreterin des Kindes

Die Antragsberechtigung der **Kindesmutter aus eigenem Recht** korrespondiert mit dem Anliegen des Kindschaftsrechtsreformgesetzgebers, die Stellung der Mutter „sowohl bei der Anerkennung als auch bei der Anfechtung der Vaterschaft“ zu stärken,[120] ohne dass thematisiert wurde, dass eine gerichtliche Entscheidung auf Betreiben der Kindesmutter die Feststellung eines Drittverhältnisses bedeutet, weil nur das zwischen Kind und Vater bestehende Verwandtschaftsverhältnis in Rede steht.[121] 55

Die das Kind nach Wegfall der gesetzlichen Amtspflegschaft (§§ 1706 Nr 1, 1709 BGB) gem §§ 1626a Abs 3, 1629 Abs 1 S 3 BGB allein vertretende Kindesmutter kann folglich sowohl aus **eigenem Recht** als auch als **Vertreterin des Kindes** Feststellung begehren.

Ist die Kindesmutter nicht sorgeberechtigt, wirft das die Frage auf, ob **konkurrierende Feststellungsanträge** gegen verschiedene Putativväter durch den gesetzlichen Vertreter des Kindes und die Kindesmutter gestellt werden können. § 179 Abs 1 S 1 FamFG schließt das nicht aus, regelt aber, dass diese Verfahren verbunden werden können (nicht müssen). 56

Der Wegfall der gesetzlichen Amtspflegschaft infolge der Aufhebung der §§ 1706 bis 1710 BGB aF durch das BeistandG[122] wird für jene Fälle für problematisch gehalten, in denen die allein sorgeberechtigte Kindesmutter die Vaterschaftsfeststellung weder aus eigenem Recht noch als Vertreterin des Kindes betreibt, weil sie eigene Interessen schützen will und deshalb das Interesse des Kindes an der alsbaldigen Vaterschaftsfeststellung zurücksetzt.[123] 57

§ 1629 Abs 2 S 3 BGB schließt den Entzug der Vertretungsmacht für den Fall der Vaterschaftsfeststellung aus, sodass nur der **Sorgerechtsentzug nach § 1666 BGB** bleibt. Dieser wird aber nicht selten an der Eingriffsschwelle „Kindeswohl-

120 BT-Drucks 13/4899 S 54.

121 *Gaul* FamRZ 2000, 1461, 1472.

122 Gesetz zur Abschaffung der gesetzlichen Amtspflegschaft und Neuordnung des Rechts der Beistandschaft (Beistandschaftsgesetz) v 4.12.1997, BGBl I S 2846.

123 *Gaul* FamRZ 1997, 1441, 1452; *Mutschler* FamRZ 1996, 1381, 1384.

gefährdung" scheitern, weil das BVerfG[124] die Abwägung des Rechts des Kindes auf Benennung des Vaters gegen die durchaus beachtlichen Interessen der Mutter auf Achtung von Privat- und Intimsphäre als Abwehrgrundrecht aus Art 2 Abs 1 iVm Art 2 Abs 1 GG im Einzelfall gefordert hat.[125] Der Entzug der Sorge für die Vaterschaftsfeststellung wird folglich ebenfalls eine entsprechende Interessenabwägung im konkreten Fall voraussetzen. Dem ist hinzuzufügen, dass sich die Nichtbenennung tatsächlich selten als kindeswohlgefährdend auswirken wird. Im Übrigen stellt sich die Frage, welchen Wert ein unwissender Pfleger hätte, da auch ein Ergänzungspfleger keine Benennung verlangen kann, wenn schon einem volljährigen Kind kein Auskunftsanspruch zusteht.[126] Der Entschluss des Gesetzgebers, die Entscheidung in die Hände der Mutter zu legen, ist deshalb zu akzeptieren. Ein Teilentzug der elterlichen Sorge käme folglich allenfalls in Betracht, wenn das Interesse des Kindes an der Feststellung der Identität des Vaters höher zu bewerten wäre, als das Interesse der Mutter, ihn nicht zu benennen.[127] Aber auch dann stellt sich die Frage, welchen Sinn es hätte, nach einem entsprechenden Entzug den dann erforderlichen Ergänzungspfleger zu bestellen, wenn die Mutter nicht bereit ist, den Vater des Kindes zu benennen. Da das Grundrecht der Mutter auf **Schutz der Intimsphäre** zumindest in jedem Fall **Vorrang vor dem Auskunftsverlangen öffentlicher Stellen** hat, könnte etwa das Jugendamt als bestellter Amtspfleger für das Kind ohnehin nichts erreichen.[128]

58 Auch wenn die Kindesmutter den Feststellungsantrag aus eigenem Recht gestellt hat, ist das Kind selbst Verfahrensbeteiligter (§ 172 Abs 1 Nr 1 FamFG). Das gilt auch dann, wenn die Kindesmutter gesetzliche Vertreterin des Kindes (§§ 1626a Abs 3, 1629 Abs 1 S 3 BGB) ist.

Trotz der eigenen Verfahrensbeteiligung kann die Kindesmutter auch die Verfahrensrechte des selbst nicht verfahrensfähigen Kindes wahrnehmen, denn aus der Beteiligtenstellung allein lässt sich kein Vertretungsausschluss herleiten[129]

---

124 BVerfGE 96, 56 = FamRZ 1997, 869 = JZ 1997, 777 m Anm *Starck*; vgl auch die Besprechungsaufsätze von *Eidenmüller* JuS 1998, 789 ff und *Frank/Helms* FamRZ 1997, 1258 ff.

125 Einen Überblick über die seit Inkrafttreten des BGB zur Frage eines Auskunftsrechts des Kindes und einer damit korrespondierenden Auskunftsverpflichtung Dritter geführte Diskussion bieten *Muscheler/Bloch* FPR 2002, 339, 341 ff.

126 *Muscheler/Beisenherz* JR 1999, 356, 361.

127 AG Fürth FamRZ 2001, 1089.

128 *Muscheler/Bloch* FPR 2002, 339, 346 f; und (nochmals) *Muscheler* FPR 2005, 177, 179, der zutreffend resümiert, dass es gleichgültig ist, ob die Mutter ihre Pflicht gegenüber einem Pfleger oder gegenüber dem Kind nicht erfüllt.

129 BGHZ 191, 48 = FamRZ 2011, 1788 m Anm *Stößer* FamRZ 2011, 1859 und *Lack* FamFR 2011, 527; BGH FamRZ 2012, 436 = Rpfleger 2012, 255.

und eine Einschränkung der Vertretungsmacht der Kindesmutter wegen einer Interessenkollision hat der Gesetzgeber ausdrücklich ausgeschlossen (§ 1629 Abs 2 S 3 BGB). Wenn aber selbst eine Entziehung der Vertretungsmacht für die Entscheidung, ob ein Feststellungsverfahren betrieben wird, ungeachtet eines ggf tatsächlich feststellbaren Interessenwiderstreits ausscheidet, kommt die Bestellung eines Pflegers für die Wahrnehmung der Verfahrensrechte des Kindes im Vaterschaftsfeststellungsverfahren erst recht nicht in Betracht.

In Betracht kommt aber die Bestellung eines **Verfahrensbeistands nach § 174 FamFG.**

d) Feststellung der Vaterschaft gem § 182 Abs 1 FamFG

Die zum 30.4.2004 eingefügte Regelung des § 1592 Nr 3 BGB, nach der Vater des 59
Kindes (auch) derjenige ist, dessen Vaterschaft nach § 182 Abs 1 FamFG festgestellt wurde, geht auf die Entscheidung des BVerfG vom 9.4.2003[130] zurück. Darin wurde ua die Unvereinbarkeit von § 1600 BGB aF mit Art 6 Abs 2 GG insoweit festgestellt, als er den **leiblichen, nicht aber rechtlichen Vater** eines Kindes ausnahmslos von der Anfechtung der Vaterschaft auch dann ausschloss, wenn die rechtlichen Eltern mit dem Kind keine soziale Familie bilden, die es nach Art 6 Abs 1 GG zu schützen gilt. Dem Gesetzgeber wurde aufgegeben, eine Regelung zu schaffen, die es auch dem nur leiblichen Vater gestattet, in den Fällen die Vaterschaft eines anderen Mannes zu beseitigen, in denen zwischen rechtlichem Vater und Kind keine sozial-familiäre Beziehung besteht oder bestand, um es diesem zu ermöglichen, zur rechtlichen Vaterschaft zu gelangen.

Mit der Änderung des § 1600 Abs 1 BGB, mit welcher der Kreis der Anfechtungsberechtigten um den *nur leiblichen* Vater erweitert wurde, hat der Gesetzgeber die Regelung des § 182 Abs 1 FamFG verbunden, sodass das Kind auch bei erfolgreicher Anfechtung durch den „nur" leiblichen Vater nicht vaterlos wird. Danach hat das Gericht von Amts wegen in der Anfechtungsentscheidung, mit der die Vaterschaft des bisher als Vater vermuteten Mannes beseitigt wird, mit Wirkung für und gegen alle festzustellen, dass der Anfechtende der (rechtliche) Vater des Kindes ist.

Diese **Feststellungswirkung** fügt sich nach den Überlegungen des Gesetz- 60
gebers in die Systematik des materiellen Abstammungsrechts nach §§ 1591 ff BGB ein, da bereits die Anfechtung durch den Mann, der an Eides statt versichert, der Mutter des Kindes während der Empfängniszeit beigewohnt zu haben, nach § 1600 Abs 2 BGB den **Nachweis der leiblichen Vaterschaft** voraus-

---

130 FamRZ 2003, 816 m Anm *Huber* FamRZ 2003, 825 und *Rakete-Dombek* FPR 2003, 478.

setzt.[131] Durch die Regelung in § 1600 Abs 2 BGB ist die leibliche Vaterschaft **Prüfungsgegenstand** im Anfechtungsverfahren, über die nach § 177 Abs 2 FamFG als Tatbestandsvoraussetzung von Amts wegen Beweis zu erheben ist, auch wenn sich die Anfechtung hinsichtlich ihres Gegenstandes nur auf die Beseitigung des Verwandtschaftsverhältnisses von rechtlichem Vater und Kind erstreckt,[132] sodass es konsequent ist, die Vaterschaft des erfolgreich Anfechtenden mit Wirkung für und gegen alle festzustellen. Damit wird gleichzeitig der Gefahr entgegengewirkt, dass ein Dritter die Vaterschaft allein deshalb anficht, um Unfrieden zu stiften, ohne gleichzeitig fürchten zu müssen, rechtlich festgehalten zu werden.

e) Vaterschaftsvermutung gem § 1600d BGB

61 Der Kindschaftsrechtsreformgesetzgeber hat sich in § 1600d Abs 2 BGB für die Vermutung der **Vaterschaft desjenigen Mannes entschieden, der der Mutter während der Empfängniszeit beigewohnt hat**. Als Empfängniszeit wird in § 1600d Abs 3 BGB die Zeit vom 300. bis zum 181. Tag vor der Geburt des Kindes, jeweils mit Einschluss sowohl des 300. als auch des 181. Tages, definiert.

Mit der Regelung in Abs 2 ist der Gesetzgeber trotz heftiger Kritik von der bisherigen Systematik des § 1600o Abs 1 BGB aF insoweit abgewichen, als der Wortlaut der Norm nicht mehr von der **Vaterschaft durch Zeugung** des Kindes spricht. Dieses Versäumnis ändert in der Sache aber nichts, denn es gilt auch weiterhin, dass es im Vaterschaftsfeststellungsverfahren um die Klärung der wahren Vaterschaft geht, die aufgrund Abstammung besteht, § 1589 BGB. Der **unmittelbare positive Beweis der Vaterschaft durch Gutachten** ist deshalb weiterhin der Regelfall.[133] Ein Rückgriff auf die Vermutung der Vaterschaft aufgrund bewiesener Beiwohnung in der Empfängniszeit wird daher nur dann bedeutsam, wenn ein solches Gutachten nicht oder noch nicht eingeholt werden kann,[134] oder dieses allein nicht ausreicht, etwa wenn es sich bei den in Betracht kommenden Männern um eineiige Zwillinge handelt. Praktische Bedeutung hat die Vermutung nach § 1600d Abs 2 BGB deshalb hauptsächlich im Verfahren auf

---

131 BT-Drucks 15/2253 S 13.

132 BT-Drucks 15/2253 S 11.

133 Nach einer Entscheidung des AG Wedding (FamRZ 2005, 1192) bedarf es dann nicht der Erstellung eines Abstammungsgutachtens, wenn der Putativvater nach der glaubhaften Aussage der Kindesmutter die Beziehung gerade wegen der Schwangerschaft beendet und sich über 10 Jahre hinweg allen gerichtlichen Aufforderungen und Anordnungen betreffend die Blutabnahme widersetzt hat.

134 *Gaul* FamRZ 2000, 1461, 1471; *Grün* Rn 168.

Erlass einer einstweiligen Anordnung für Mutter und Kind auf Leistung von Unterhalt nach § 247 FamFG.

f) Antragsverfahren

Das Familiengericht entscheidet zu Lebzeiten von Mann und Kind auf Antrag 62
des Mannes, der Mutter oder des Kindes, §§ 169 Nr 1, 171 Abs 1 FamFG. Auch nach dem Tod des mutmaßlichen Vaters oder des Kindes ist die Vaterschaftsfeststellung auf Antrag möglich. Hinsichtlich der Antragsberechtigung ergeben sich keinerlei Besonderheiten, der Antrag kann daher bei Tod des mutmaßlichen Vaters von Mutter und Kind und bei Tod des Kindes von dem Mann, dessen Vaterschaft festgestellt werden soll, und der Mutter gestellt werden.

g) Untersuchungsgrundsatz

Im Verfahren gilt der **Untersuchungsgrundsatz** (§§ 26, 177 Abs 2 FamFG), so- 63
dass das Gericht die für die Entscheidung erheblichen Tatsachen von Amts wegen zu ermitteln hat und nicht auf die von den Beteiligten vorgetragenen Tatsachen beschränkt ist.

Nach § 178 FamFG haben Personen die zur Feststellung der Abstammung erforderlichen Untersuchungen, insbesondere zum Zwecke der Blutgruppenuntersuchung grundsätzlich zu dulden,[135] wenn davon nach den anerkannten Grundsätzen der Wissenschaft Aufklärung zu erwarten ist.

Ein das Bestehen einer Vaterschaft feststellender rechtskräftiger Beschluss 64
nach § 1600d BGB wirkt für und gegen alle (§ 184 Abs 1, 2 FamFG).

Die **Rechtswirkungen der Vaterschaft** können grundsätzlich erst vom 65
Zeitpunkt ihrer Feststellung an geltend gemacht werden, § 1600d Abs 4 BGB. Die rechtliche Zuordnung zu dem festgestellten Vater wirkt jedoch wie bei der Vaterschaft kraft Anerkennung auf den Zeitpunkt der Geburt des Kindes zurück, denn die rechtliche Verwandtschaft wird auch durch einen Vaterschaftsfeststellungsbeschluss „nur“ festgestellt, nicht also erst begründet. Es handelt sich daher auch bei § 1600d Abs 4 BGB lediglich um eine **Rechtsausübungssperre.**[136] Der BGH ließ in seiner Entscheidung vom 16.4.2008[137] im Rahmen eines Regressverfahrens, in dem der Mann, dessen Vaterschaft durch Anfechtung beseitigt war („Scheinvater“), die während seiner rechtlichen Vaterschaft geleisteten Un-

---

135 Näher hierzu *Frank* FamRZ 1995, 975 und *Wanitzek* FPR 2002, 390, 398 (Letztere auch zum Weigerungsrecht).

136 Näher dazu *Schwonberg* FamRZ 2008, 449 ff.

137 FamRZ 2008, 1424 m Anm *Wellenhofer* und *Zimmermann* FPR 2008, 327 ff.

terhaltsbeträge gegen den wahren Erzeuger der Kinder geltend machte, jedoch ausnahmsweise die Inzidentfeststellung der Vaterschaft zu. Die Notwendigkeit dazu ergab sich nach Auffassung des Senats daraus, dass dem Mann andernfalls der Rückgriff nicht möglich wäre, wenn die Mutter und der wahre Erzeuger die Feststellung der Vaterschaft gerade deshalb nicht betrieben, um den Regress zu verhindern. Ein ausnahmsloses Festhalten an § 1600d Abs 4 BGB führte in solchem Fall dazu, dass der Scheinvater faktisch der Willkür der Kindesmutter und des wahren Erzeugers ausgeliefert und somit rechtlos gestellt wäre.

66 Die durch **gerichtliche Entscheidung festgestellte Vaterschaft kann nicht angefochten** werden, arg § 1599 Abs 1 BGB. Vielmehr bleibt zur Beseitigung des „unrichtigen" Statusbeschlusses nur der Weg der Wiederaufnahme des Verfahrens nach § 185 FamFG.

h) Pränatale gerichtliche Vaterschaftsfeststellung?

67 Eine **pränatale gerichtliche Vaterschaftsfeststellung** sieht das Gesetz nicht vor. Auch spricht die Regelung des § 1600d Abs 2, 3 BGB dagegen, nach der die Vaterschaftsvermutung an die Beiwohnung des Mannes innerhalb der Empfängniszeit anknüpft und die rechnerische Ermittlung der Empfängniszeit die Geburt des Kindes voraussetzt.[138] Als weiteres Argument gegen eine vorgeburtliche Vaterschaftsfeststellung wird angeführt, dass sich vor Geburt des Kindes nicht beurteilen lässt, ob der Antrag nach §§ 1592 Nr 1, 1593 iVm § 1600d Abs 1 gesperrt wird.[139]

Die Rechtsfähigkeit und damit die für ein Vaterschaftsfeststellungsverfahren erforderliche Beteiligtenfähigkeit des ungeborenen Kindes wurde im Wege einer Rechtsanalogie indes bejaht,[140] sodass die werdende Mutter bereits vor der Geburt des Kindes sowohl aus eigenem Recht als auch in Vorwirkung der elterlichen Sorge gemäß §§ 1626a Abs 3 BGB, 1912 Abs 2 BGB im Namen des Kindes einen Antrag stellen und ein Beweissicherungsverfahren durchgeführt werden kann.[141]

3.4.2 Altes Recht im Überblick

68 Die Vaterschaft konnte schon vor dem 1.7.1998 gerichtlich festgestellt werden, wenn das Kind entweder bereits bei seiner Geburt oder infolge Anfechtung der

---

138 In diesem Sinne auch *Kirchmeier* FPR 2002, 370.
139 *Helms*/Kieninger/Rittner Rn 48 mwN.
140 OLG Schleswig NJW 2000, 1271 = MDR 2000, 397 m Anm *Born*.
141 Zur Entwicklung von Pränataldiagnostikverfahren vgl *Reichelt* FamRZ 1994, 1303 ff.

Ehelichkeit nicht ehelich und die Vaterschaft nicht bereits wirksam anerkannt oder gerichtlich rechtskräftig festgestellt war, §§ 1600a, 1600n BGB aF, § 641k ZPO aF. Als Vater war der Mann festzustellen, der das Kind gezeugt hatte (§ 1600o Abs 1 BGB aF), von dem es also abstammte, wobei die Zeugung durch den Mann und damit die Abstammung von dem Mann grundsätzlich vermutet wurde, welcher der Mutter in der Empfängniszeit beigewohnt hatte, § 1600o Abs 2 BGB aF. Die Empfängniszeit bestimmte § 1592 BGB aF; sie reichte von dem 181. bis zum 302. Tag vor dem Tag der Geburt des Kindes, mit Einschluss sowohl des 181. als auch des 302. Tages.

Die Feststellung erfolgte auf Klage des Mannes oder des Kindes. Klagte das **69**
Kind, das dabei regelmäßig durch den gesetzlichen Amtspfleger gem §§ 1706 Nr 1, 1709 BGB aF vertreten wurde, so richtete sich diese gegen den Mann. Erhob der Mann Klage, richtete sie sich gegen das Kind, § 1600n Abs 1 BGB aF. Zuständig war das Amtsgericht als Prozessgericht, § 23a GVG aF, §§ 640, 641 ZPO aF.

War der Mann verstorben, wurde die Vaterschaft auf Antrag des Kindes vom Vormundschaftsgericht festgestellt. War das Kind verstorben, war die Vaterschaft auf Antrag der Mutter vom Vormundschaftsgericht festzustellen, § 1600n Abs 2 BGB aF. Zu Lebzeiten des Kindes war die Mutter selbst jedoch nicht aus eigenem Recht klageberechtigt.

In dem Verfahren, in dem es um die Feststellung der wahren Vaterschaft ging, gab es nach der Rechtsprechung des BGH[142] zwei Wege zur Vaterschaftsfeststellung: zum einen den unmittelbaren, vollen Vaterschaftsbeweis nach § 1600o Abs 1 BGB aF, wonach der Mann als Vater festzustellen war, „der das Kind gezeugt hat“, zum anderen den mittelbaren Vaterschaftsbeweis mit Hilfe der Vermutung aufgrund bewiesener „Beiwohnung“, § 1600o Abs 2 BGB aF.

Die durch gerichtliche Entscheidung vor dem 1.7.1998 rechtskräftig festge- **70**
stellte Vaterschaft wirkt fort, Art 224 § 1 EGBGB.

Im **Beitrittsgebiet** war die Vaterschaft ebenfalls im gerichtlichen Verfahren **71**
zu klären, wenn sie nicht kraft Ehe bestand und auch noch nicht durch Anerkennung oder gerichtliche Entscheidung festgestellt war, §§ 56 Abs 1, 58 FGB/DDR.[143] Klageberechtigt waren hier bis zum Beitritt sowohl das Kind, vertreten durch seinen Vormund, als auch die Mutter, § 56 Abs 1 FGB/DDR. Der Mann, der sich der Vaterschaft berühmte, konnte bis zum 3.10.1990 eine Feststellungsklage nicht erheben.

War das Kind volljährig, konnte es selbst klagen. Die Klage durch das volljährige Kind konnte gem § 56 Abs 2 FGB/DDR nur binnen Jahresfrist vom Zeitpunkt der Kenntnis der für die Vaterschaft des Beklagten sprechenden Tatsa-

142 Vgl ua BGH FamRZ 1994, 506.

143 Näher dazu *Adlerstein/Wagenitz* FamRZ 1990, 1169, 1170.

chen erhoben werden. Mit dem Beitritt entfiel auch diese Regelung, sodass auch noch nach Ablauf der Frist des § 56 Abs 2 FGB/DDR Klage erhoben werden konnte.[144]

Mit dem Beitritt entfiel außerdem das mütterliche Klagerecht und es entstand das Klagerecht des Mannes.

Auch die im Beitrittsgebiet durch gerichtliche Entscheidung festgestellte Vaterschaft wurde weder durch den Beitritt noch durch das Inkrafttreten des KindRG am 1.7.1998 berührt, Art 234 §§ 1, 7 Abs 1, 4[145], Art 224 § 1 Abs 1 EGBGB.

72 Streitig ist, ob ein vor dem Beitritt gefälltes Statusurteil einer **Anerkennung analog § 328 ZPO** bedarf.[146] Nach richtiger Ansicht scheidet eine inzidente Prüfung, ob eine in der Zeit vom 1.4.1966 bis zum 2.10.1990 ergangene Entscheidung anzuerkennen ist, indes aus, weil Art 234 § 7 Abs 1 EGBGB – in Umsetzung des Art 18 EinigungsV – den Bestandsschutz für geklärte Abstammungsverhältnisse und somit die Fortgeltung von gerichtlichen Entscheidungen anordnet.[147] In den Erläuterungen zum Einigungsvertrag ist angegeben, dass Entscheidungen, die nach altem Recht rechtskräftig geworden sind, ebenso behandelt werden wie Entscheidungen nach der durch den Beitritt auf das Gebiet der DDR erstreckten ZPO,[148] sodass solche Entscheidungen auch nicht wie ausländische einer Anerkennungsprüfung gem § 328 ZPO unterworfen sein können.

3.5 Vaterschaft für vor dem 1.7.1998 geborene Kinder

73 Die Regelung des Art 224 § 1 Abs 1 EGBGB, nach der sich die Vaterschaft eines vor dem 1.7.1998 geborenen Kindes nach den bis dahin geltenden Vorschriften richtet, wirft die Frage auf, ob es insoweit nur auf das **Geburtsdatum des Kindes** ankommt, sodass sich die Vaterschaftszuordnung für jedes vor diesem Stichtag geborene Kind nach früherem Recht richtet[149] oder ob sich daraus nur ergibt, dass eine am 1.7.1998 bereits wirksam zustande gekommene Vaterschaftszuordnung bestehen bleibt.[150]

---

144 BGH FamRZ 1997, 876.

145 Zur Verfassungsmäßigkeit der Regelung des Art 234 § 7 Abs 4 EGBGB vgl BVerfG FamRZ 1995, 411 = DAVorm 1996, 195 m Anm *Brüggemann*.

146 Für eine inzidente Prüfung analog § 328 ZPO BGH FamRZ 1997, 490; OLG Naumburg FamRZ 2001, 1013.

147 *Andrae* NJ 2002, 15 ff.

148 EinigungsV mit amtl Erläuterung (BT-Drucks 11/7817), 4. Aufl 1992 S 533.

149 So *Kirchmeier* Kind-Prax 1998, 144, 145 und *Grün* Rn 405 ff mwN.

150 In diesem Sinne BayObLG FamRZ 2000, 699; Palandt/*Götz* Art 224 § 1 EGBGB Rn 3; Staudinger/*Rauscher* Art 224 § 1 EGBGB Rn 2.

Für erstere Auffassung wird die amtliche Begründung[151] angeführt, denn der Gesetzgeber wollte das alte Recht für den Fall des Fehlens von für die Vaterschaftsanerkennung erforderlichen Zustimmungen angewendet wissen. Daraus wird abgeleitet, dass für jedes vor dem 1.7.1998 geborene Kind ohne rechtlichen Vater weiterhin die bis dahin geltenden Vorschriften anwendbar sind, ua mit dem Ergebnis, dass stets die Zustimmung des Kindes erforderlich, die der Kindesmutter aus eigenem Recht hingegen entbehrlich ist.[152]

Aus den Gesetzesmaterialien lässt sich jedoch nur entnehmen, dass eine am 1.7.1998 noch nicht vollständig wirksame Vaterschaftsbegründung weiterhin altem Recht unterliegen sollte, was aber nicht bedeutet, dass eine Vaterschaft für jedes vor dem Stichtag geborene Kind nur nach den alten Vorschriften herbeigeführt werden kann. Von der Übergangsregelung erfasst werden neben jenen Fällen, in denen die Vaterschaft aufgrund alten Rechts bereits bestanden hat, vielmehr nur solche, in denen die rechtliche Zuordnung eines vor dem 1.7.1998 geborenen Kindes zum Vater zwar noch nicht vollständig wirksam, der Weg dahin aber etwa durch formgerechte Anerkennungserklärung des Mannes, bereits eingeschlagen war. Daraus ergibt sich zugleich, dass die Anerkennung für vor dem 1.7.1998 geborene Kinder nur noch nach geltendem Recht erfolgen kann, weil eine mangels Zustimmung des Kindes nicht vollwirksam gewordene Anerkennung wegen § 1600e Abs 3 BGB spätestens am 31.12.1998 wirkungslos geworden ist.[153]

---

151 BT-Drucks 13/4899 S 138.

152 *Grün* Rn 406.

153 Palandt/*Götz* Art 224 § 1 EGBGB Rn 3.

74 III. Übersichtsskizze: Vaterschaft gem § 1592 Nr 2 und Nr 3 BGB

Kind außerhalb der Ehe geboren oder Vaterschaft des Ehemannes durch gerichtliche Entscheidung beseitigt

↓

Kind „vaterlos"
es sei denn

(Vorgeburtliche) Anerkennung der Vaterschaft
- vor dem 1.7.1998 mit Zustimmung des Kindes, (regelmäßig) vertreten durch den Amtspfleger, innerhalb von 6 Monaten nach Anerkennung, §§ 1600a, 1600c, 1600e Abs 3, 1706 BGB aF
- nach dem 30.6.1998 mit Zustimmung der Mutter (§ 1595 Abs 1 BGB nF) + nur ausnahmsweise mit Zustimmung des Kindes, § 1595 Abs 2 BGB nF

↓

Vater = der Mann, der die Vaterschaft anerkannt hat, § 1600a BGB aF ≈ § 1592 Nr 2 BGB nF
es sei denn

rechtskräftige Feststellung der Nichtvaterschaft dieses Mannes

↓

Kind „vaterlos"

oder

Gerichtliche Feststellung der Vaterschaft §§ 1600a, 1600n BGB aF ≈ § 1600d BGB nF; § 169 Nr 1 FamFG

↓

Vater = der Mann, dessen Vaterschaft gerichtlich festgestellt wurde, § 1600a BGB aF ≈ § 1592 Nr 3 BGB

3.6 Anfechtung der Vaterschaft
3.6.1 Neues Recht
a) Allgemeines

75 An die Stelle der bis zum 30.6.1998 vorgesehenen Anfechtung der Ehelichkeit und der der Anerkennung (dazu Rn 115ff) hat der Gesetzgeber durch das KindRG einheitlich die **Anfechtung der Vaterschaft** gem §§ 1600ff BGB gesetzt. Dies gilt auch für vor dem 1.7.1998 geborene Kinder, Art 224 § 1 Abs 2 EGBGB.

Die Formulierung in Art 224 § 1 Abs 2 KindRG ist insoweit missglückt, als von der Anfechtung der auf Ehelichkeit und der auf Anerkennung beruhenden Vaterschaft die Rede ist, obwohl seit dem 1.7.1998 keine Ehelichkeit mehr besteht und sowohl die kraft Ehe als auch die kraft Anerkennung vermutete Vaterschaft einheitlich in eine Vaterschaft übergeleitet wurde, die eben auch nur als solche angefochten werden kann.[154]

Mit der Überleitung erledigte sich auch das nach altem Recht bestehende Problem der Anfechtung der auf Legitimation beruhenden Ehelichkeit, da seit dem Inkrafttreten des KindRG am 1.7.1998 nicht mehr zwischen der Anfechtung der auf Ehe und der auf Anerkennung beruhenden Vaterschaft differenziert wird.

Eine **Kindeswohlprüfung** findet im Anfechtungsverfahren nicht statt, sodass die Anfechtung auch nicht dadurch gehindert ist, dass sich zwischen dem Kind und dem Vater „eine tiefe persönliche Bindung entwickelt hat, die durch die Anfechtung abrupt zerstört zu werden droht“[155].

Der Anfechtung der durch Anerkennung konkretisierten Vaterschaft steht auch nicht entgegen, dass die Vaterschaft auf einem **bewusst falschen Anerkenntnis** beruht.[156]

Eine **vorgeburtliche Anfechtung** kommt nicht in Betracht.[157]

Bei der dem Antrag stattgebenden Entscheidung handelt es sich um einen 76
Beschluss, der **Gestaltungswirkung** entfaltet, da die Rechtslage gezielt verändert wird.[158]

b) Anfechtungsberechtigte

Anfechtungsberechtigt sind gem § 1600 Abs 1 BGB ausschließlich[159]

– der **Mann, dessen Vaterschaft** nach § 1592 Nr 1 und 2, § 1593 BGB **besteht** 77
(§ 1600 Abs 1 Nr 1 BGB).

Die Anfechtungsberechtigung besteht unabhängig davon, ob der Mann sorgeberechtigt ist. Dem Ehemann, dem das während der Ehe, aber nach Anhängigkeit eines Scheidungsantrages geborene Kind statusrechtlich zugerechnet wird,

---

154 Staudinger/*Rauscher* Art 224 § 1 EGBGB Rn 16.

155 *Schwab* Rn 566.

156 OLG Köln FamRZ 2002, 629.

157 OLG Rostock FamRZ 2007, 1675.

158 *Wieser* FamRZ 1998, 1004 f; *Habscheid/Habscheid* FamRZ 1999, 480, 482.

159 Zu den Möglichkeiten einer erbrechtlichen Feststellungsklage nach Tod des Vaters während des Vaterschaftsanfechtungsverfahrens, innerhalb derer inzident der Status des Kindes geklärt wird, vgl *Heukamp* FamRZ 2007, 606 ff.

steht das Recht zur Führung eines Anfechtungsverfahrens trotz der in § 1599 Abs 2 BGB geregelten Möglichkeit der außergerichtlichen freien Ab- und Anerkennung der Vaterschaft zu.[160]

Erkennt ein Dritter bei Vorliegen der Voraussetzungen des § 1599 Abs 2 BGB fristgerecht die Vaterschaft an und stimmt die Mutter zu, fehlt einer Anfechtung der Vaterschaft jedoch dann das Rechtsschutzinteresse, wenn die Ehe bei Einreichung des Anfechtungsantrags bereits rechtskräftig geschieden war, da mit der Zustimmung des geschiedenen Ehemannes dasselbe Ziel einfacher und kostengünstiger erreicht werden kann.[161]

78 – der **Mann, der an Eides statt** versichert, der Mutter des Kindes während der Empfängniszeit **beigewohnt** zu haben (§ 1600 Abs 1 Nr 2 BGB).

Voraussetzung für eine Anfechtung durch den „nur leiblichen", nicht aber rechtlichen Vater ist gem § 1600 Abs 2 BGB, dass zwischen dem Kind und seinem rechtlichen Vater **keine sozial-familiäre Beziehung** besteht[162] oder im Zeitpunkt des Todes des rechtlichen Vaters bestanden hat und dass der Anfechtende der leibliche oder genauer genetische Vater des Kindes ist. Diese *negative* Tatbestandsvoraussetzung[163] soll verhindern, dass eine non-liquet-Situation zulasten des rechtlichen Vaters geht.[164] Dass die Anfechtung nur möglich ist, wenn keine sozial-familiäre Beziehung zwischen dem Kind und seinem rechtlichen Vater besteht, verstößt weder gegen die Verfassung[165] noch gegen die Europäische Menschenrechtskonvention.[166]

In § 1600 Abs 4 BGB wird definiert, wann von dem Bestehen einer sozialfamiliären Beziehung zwischen Kind und rechtlichem Vater auszugehen und damit eine Anfechtung durch den leiblichen Vater ausgeschlossen ist. Eine solche Beziehung besteht, wenn der rechtliche Vater zum maßgeblichen Zeitpunkt für das Kind tatsächliche Verantwortung trägt oder getragen hat. Als **Orientierungshilfe** dient § 1600 Abs 4 S 2 BGB, nach dem die Übernahme tatsächlicher Verantwortung regelmäßig vorliegt, wenn **der Mann, dessen Vaterschaft an-**

---

160 Nach Auffassung des OLG Köln (FamRZ 2005, 743) ist die Rechtsverfolgung jedenfalls dann nicht mutwillig iSv § 114 ZPO, wenn das Vaterschaftsanerkenntnis eines Dritten noch nicht vorliegt und im Übrigen noch offen ist, wie lange das Scheidungsverfahren voraussichtlich noch andauern wird.

161 OLG Naumburg FamRZ 2008, 432.

162 Krit dazu ua *Coester-Waltjen* FamRZ 2013, 1693 ff und *Helms* FamRZ 2010, 1 ff.

163 BGHZ 170, 161 = FamRZ 2007, 538 m Anm *Luthin* = FamRB 2007, 135 (LS) m Anm *Motzer*.

164 *Höfelmann* FamRZ 2004, 745, 749.

165 Vgl BVerfG FamRZ 2014, 191 m krit Anm *Helms* (FamRZ 2014, 277); dass FamRZ 2009, 2257.

166 OLG Frankfurt/M FamRZ 2007, 1674.

gefochten wird, mit der Mutter des Kindes verheiratet ist[167] **oder mit dem Kind längere Zeit in häuslicher Gemeinschaft gelebt hat.**

Nach dem Normzweck kann es auf die Dauer der häuslichen Gemeinschaft nur ankommen, wenn nach Beendigung des Zusammenlebens in der Rückschau zu beurteilen ist, ob eine sozial-familiäre Beziehung durch tatsächliche Verantwortungsübernahme besteht.[168] In eine tatsächlich (noch) gelebte Elternverantwortung einzugreifen, nur weil diese sich ggf zB aufgrund der erst kurz zurückliegenden Geburt des Kindes noch nicht durch eine gewisse Dauer bewährt hat, wollte der Gesetzgeber gewiss nicht ermöglichen.

Von der Vorgabe einer Zeit für den unbestimmten Rechtsbegriff **„längere Zeit"** wurde absichtlich abgesehen und die Auslegung des Begriffs der Praxis im konkreten Fall überlassen.[169]

Besteht eine sozial-familiäre Beziehung zwischen dem Kind und seinem rechtlichen Vater, ist es unerheblich, ob die Eltern (noch) miteinander verheiratet sind oder (noch) zusammenwohnen.[170]

Mit der Schaffung des **Anfechtungsrechts des genetischen Vaters** hat der 79
Gesetzgeber der Vorgabe des BVerfG[171] entsprochen, das mit Beschluss vom 9.4.2003 ua die Verfassungswidrigkeit von § 1600 BGB aF im Hinblick auf Art 6 Abs 2 GG insoweit festgestellt hatte, als er den genetischen Vater eines Kindes ausnahmslos von der Anfechtung der Vaterschaft ausschloss. Ein Anfechtungsrecht für den leiblichen Vater, der nicht rechtlicher Vater ist, wurde bereits im Gesetzgebungsverfahren zum KindRG diskutiert. Der Gesetzgeber erkannte die eigenen Interessen des „Erzeugers" an der Anfechtung bereits damals durchaus, verwehrte ihm aber gleichwohl ein eigenes Anfechtungsrecht mit Hinweis darauf, dass es ihm zuzumuten sei zu respektieren, wenn die übrigen Anfechtungsberechtigten ihr Anfechtungsrecht nicht ausübten, denn dies spräche dafür, dass eine Anfechtung dem Wohl der „sozialen Familie" zuwiderlaufe.[172]

Diese in der Tat wenig überzeugenden Argumente hat das BVerfG in der genannten Entscheidung verworfen und in aller Deutlichkeit die Rechte des nur leiblichen, nicht aber rechtlichen Vaters im Zusammenhang mit dem durch Art 6 Abs 2 GG geschützten Elternrecht bestätigt. Dabei hat es festgestellt, dass Art 6 Abs 2 GG den leiblichen, aber rechtlich nicht anerkannten Vater in seinem Interesse schützt, die Rechtsstellung als Vater des Kindes einzunehmen und

---

167 Krit hierzu *Roth* NJW 2003, 3153 ff.
168 *Will* FPR 2005, 172, 176.
169 BT-Drucks 15/2253 S 11.
170 OLG Frankfurt/M FamRZ 2007, 1674.
171 FamRZ 2003, 816 m Anm *Huber* FamRZ 2003, 825 und *Rakete-Dombek* FPR 2003, 478.
172 BT-Drucks 13/4899 S 58 f.

also der **verfahrensrechtliche Zugang zum Elternrecht** aus Art 6 Abs 2 GG möglich sein müsse. Aus dem bloß biologischen Vater als einem „juristischen Niemand“[173] wurde damit eine Person mit eigenen Rechten in Bezug auf das Kind.[174] (Diesen Weg ist der Gesetzgeber mit der Schaffung eines möglichen Umgangs- und Auskunftsrechts des „nur“ leiblichen Vaters [vgl § 1686a BGB, § 167a FamFG[175]] im Übrigen inzwischen konsequent weiter-, aber noch nicht zu Ende gegangen.[176])

Jedoch gibt der grundrechtliche Schutz des Art 6 Abs 2 GG nach Auffassung des Senats dem leiblichen Vater kein Recht, in jedem Fall vorrangig vor dem rechtlichen Vater die Vaterschaft eingeräumt zu erhalten, wenn Letzterer seine elterliche Verantwortung im Sinne einer von Art 6 Abs 1 GG geschützten Elternschaft wahrnimmt. Es bestehe insoweit **kein automatisches Rangverhältnis zwischen der biologischen und der sozialen Elternschaft**,[177] vielmehr bedürfe es der Abwägung der Interessen der Beteiligten.[178]

Eine Anfechtung durch den genetischen Vater, dem das Gesetz bis zur Neufassung des § 1600 BGB grundsätzlich keine rechtlich relevante Stellung eingeräumt hatte,[179] ist damit auch weiterhin ausgeschlossen, wenn zum maßgeblichen Zeitpunkt zwischen dem rechtlichen Vater und dem Kind eine „sozial-familiäre Beziehung“ besteht oder im Zeitpunkt seines Todes bestanden hat.[180] Nach anderer Auffassung steht eine sozial-familiäre Beziehung des Kindes zum rechtlichen Vater dem Anfechtungsrecht des genetischen Vaters aber dann nicht entgegen, wenn das Kind zum genetischen Vater ebenfalls eine sozial-familiäre Beziehung unterhält und die neue Zuordnung das Kindeswohl nicht beeinträchtigt.[181] Die Frage, ob eine sozial-familiäre Beziehung zwischen Vater und Kind besteht, ist im Rahmen der **Begründetheit** des Anfechtungsantrages zu klären, weil es sich nicht um eine Frage der **Zulässigkeit** handelt.[182]

80 Bei der Umsetzung der Vorgaben des BVerfG hat sich der Gesetzgeber dafür entschieden, auch die weitere Anfechtungsvoraussetzung im materiellen Recht

---

173 *Schwenzer* FamRZ 1985, 1, 8.

174 *Roth* NJW 2003, 3153.

175 Eingefügt durch das Gesetz zur Stärkung der Rechte des leiblichen, nicht rechtlichen Vaters v 4.7.2013, BGBl I S 2176; dazu ua *Peschel-Gutzeit* NJW 2013, 2465 ff; *Hoffmann* FamRZ 2013, 1077 ff.

176 Vgl ua *Coester-Waltjen* FamRZ 2013, 1693 ff.

177 Krit zu diesem Ansatz *Roth* NJW 2003, 3153, 3155 f.

178 So nochmals deutlich BVerfG FamRZ 2008, 2257.

179 Ausnahme § 1747 Abs 1 S 2 BGB, näher dazu *Maurer* FPR 2005, 196, 198 f.

180 KG FamRZ 2015, 1119.

181 AG Herford FamRZ 2008, 1270.

182 OLG München StAZ 2012, 373.

zu regeln: Nur **der Mann, der an Eides statt versichert, der Mutter während der Empfängniszeit beigewohnt zu haben**, kann bei Vorliegen der weiteren negativen Anfechtungsvoraussetzung des Nichtbestehens einer sozial-familiären Beziehung zwischen rechtlichem Vater und Kind anfechten. **Prüfungsgegenstand** ist die leibliche dh genetische Vaterschaft, auch wenn sich die Anfechtung in Ausübung des Gestaltungsrechts hinsichtlich ihres Gegenstandes nur auf die Beseitigung des Verwandtschaftsverhältnisses von rechtlichem Vater und Kind erstreckt.[183] Der Untersuchungsgrundsatz nach § 177 Abs 2 FamFG veranlasst das Gericht, über die genetische Vaterschaft des Anfechtenden als Tatbestandsvoraussetzung Beweis zu erheben. Vor Einholung eines Sachverständigengutachtens bedarf es aber der Klärung des Nichtbestehens einer sozial-familiären Beziehung, weil die Abstammungsbegutachtung andernfalls eine intakte sozial-familiäre Beziehung beeinträchtigen oder sogar zerstören könnte.[184]

Mit der Anknüpfung an die Versicherung der „Beiwohnung" wird zugleich grundsätzlich die **Anfechtung durch einen samenspendenden Dritten** als biologischen Vater ausgeschlossen.[185] Nach Auffassung des BGH[186] schließt der Wortlaut von § 1600 Abs 1 Nr 2 BGB eine Erstreckung auf eine **Samenspende** aber nicht zwingend aus, sodass ein Anfechtungsrecht (bei Vorliegen der übrigen Voraussetzungen einer Anfechtung nach § 1600 Abs 1 Nr 2) für die Fälle bejaht wurde, in denen das Kind durch eine Samenspende gezeugt wurde, die nicht – wie bei konsentierter heterologer Insemination – aufgrund einer auf die ausschließliche Vaterschaft eines anderen Mannes gerichteten Abrede erfolgt ist. Zweifelhaft ist aber, ob, wie der BGH in dieser Entscheidung unter Hinweis auf die Gesetzesbegründung anklingen lässt, ein Verzicht des Samenspenders auf das Anfechtungsrecht überhaupt wirksam ist.[187]

– die **Mutter** (§ 1600 Abs 1 Nr 3 BGB) 81

Die Anfechtung durch die Kindesmutter **aus eigenem Recht** setzt nicht voraus, dass diese Inhaberin der elterlichen Sorge ist. Ebenfalls unerheblich ist, ob die Anfechtung durch die Mutter dem **Kindeswohl** dient.[188]

183 So auch *Höfelmann* FamRZ 2004, 745, 749 und *Will* FPR 2005, 173, 176; differenzierter Gernhuber/*Coester-Waltjen* § 52 Rn 110.

184 BVerfG FamRZ 2011, 1925; OLG Celle FamRZ 2012, 564.

185 *Höfelmann* FamRZ 2004, 745, 749.

186 FamRZ 2013, 1209 m Anm *Heiderhoff* = FamRB 2013, 244 m Anm *Siede* = FF 2013, 303 m Anm *Grziwotz*; vgl auch die Besprechung von *Löhnig/Preisner* FamFR 2013, 340 ff und den Aufsatz von *Remus/Liebscher* NJW 2013, 2558 ff.

187 So zu Recht *Löhnig/Preisner* FamFR 2013, 340 ff; *Remus/Liebscher* NJW 2013, 2558 ff.

188 OLG Celle FamRZ 2001, 700.

Vereinzelt wurde daran gezweifelt, dass der Grundsatz der Gleichberechtigung es zwingend gebot, der Mutter ein selbstständiges Anfechtungsrecht zu gewähren, weil die Mutter mit der Anfechtung nicht die Rechtsbeziehung zwischen sich und dem Kind, sondern eine solche zwischen dem Kind und seinem Vater in Frage stellt, sie also nur mittelbar tangiert ist.[189]

Da der Gesetzgeber indes die Stellung der Mutter nicht nur hinsichtlich der Anerkennung stärken wollte,[190] wurde ihr konsequent auch ein umfassendes Anfechtungsrecht eingeräumt.

82 Ficht die allein sorgeberechtigte Mutter die Vaterschaft aus eigenem Recht an, war streitig, ob sie ihr Kind im Anfechtungsverfahren vertreten kann, weil sowohl sie selbst als auch das Kind gem § 172 FamFG Verfahrensbeteiligte sind.[191] Der BGH[192] hob aber zu Recht hervor, dass sich aus der (eigenen) Beteiligtenstellung allein noch kein gesetzlicher Vertretungsausschluss ableiten lässt.

83 – das **Kind** (§ 1600 Abs 1 Nr 4 BGB)

Bei der Anfechtung durch das Kind wird nicht unterschieden, ob die Eltern des Kindes verheiratet sind (bzw waren) oder nicht.

84 – die durch das Gesetz zur Ergänzung des Rechts der Anfechtung der Vaterschaft vom 13.3.2008[193] mit Wirkung vom 1.6.2008 eingeführte Möglichkeit der Anfechtung durch die durch Landesrecht zu bestimmende **anfechtungsberechtigte Behörde** (§ 1600 Abs 1 Nr 5 BGB) wurde vom BVerfG[194] für nichtig erklärt und ist daher nicht mehr gegeben.

Durch diese Anfechtung sollte missbräuchlichen Vaterschaftsanerkennungen begegnet werden, also solchen, die allein zum Zwecke der Erlangung der deutschen Staatsangehörigkeit oder von Aufenthaltstiteln erfolgten (vgl Rn 46). Das BVerfG rügte in dem erwähnten Beschluss einen Verstoß gegen Art 16 Abs 1 GG, Art 6 Abs 2 S 1 und Art 2 Abs 1 iVm Art 6 Abs 2 S 1 GG mit der Begründung, dass nach § 1600 Abs 3 BGB die Behördenanfechtung „nur" voraussetzte, dass zwischen Kind und Anerkennendem nicht zu einem bestimmten Zeitpunkt eine sozial-familiäre Beziehung besteht oder bestanden hat und dass durch die Anerkennung rechtliche Voraussetzungen für die erlaubte Einreise oder den er-

189 *Frank* StAZ 2003, 129 f.

190 BT-Drucks 13/4899 S 54.

191 Näher dazu Helms/*Kieninger*/Rittner Rn 225, der unabhängig von der sonstigen vertretungsrechtlichen Konstellation von einem gesetzlichen Vertretungsausschluss ausging.

192 BGHZ 191, 48 = FamRZ 2011, 1788 m Anm *Stößer* FamRZ 2011, 1859 und *Lack* FamFR 2011, 527; *ders* FamRZ 2012, 436.

193 BGBl I 2008, 313.

194 BVerfGE 135, 48 = FamRZ 2014, 449 m krit Anm *Helms*.

laubten Aufenthalt geschaffen werden. Bei Vorliegen dieser Voraussetzungen und fehlender biologischer Vaterschaft wird nach dem Wortlaut der für nichtig erklärten Regelung dagegen unwiderlegbar vermutet, dass die Vaterschaftsanerkennung tatsächlich gerade auf die Erlangung aufenthaltsrechtlicher Vorteile zielte, also ohne dass Anhaltspunkte für eine spezifisch aufenthaltsrechtlich motivierte Vaterschaftsanerkennung auch nur vorgetragen werden müssten.

Die bis zum 30.6.1998 bestehende Möglichkeit der Anfechtung durch die **Eltern des sog Scheinvaters**[195] wurde abgeschafft, was der Gesetzgeber des KindRG damit begründete, dass die Klärung der Abstammungsverhältnisse auf den Kernbereich der verwandtschaftlichen Beziehungen beschränkt bleiben sollte.[196] Das Anfechtungsrecht der Eltern ist auch bezogen auf die Kinder entfallen, die vor dem 1.7.1998 geboren wurden.[197] Eine zum Zeitpunkt des Inkrafttretens des KindRG anhängig gewesene Anfechtungsklage der Eltern war in der Hauptsache erledigt, Art 15 § 2 Abs 2 KindRG. 85

c) Vertretung bei der Anfechtung

Wie bei der Vaterschaftsanerkennung handelt es sich auch bei dem Anfechtungsrecht um ein höchstpersönliches Recht, sodass gewillkürte **Stellvertretung** auch bei der Anfechtung durch die nach § 1600 Abs 1 Nr 1 bis 3 BGB Anfechtungsberechtigten ausgeschlossen ist, § 1600a Abs 1, 2 BGB. Auch die gesetzliche Vertretung scheidet bei Anfechtung durch den Mann (= rechtlichen Vater), den leiblichen Vater und die Mutter aus, wenn diese in der Geschäftsfähigkeit beschränkt sind. Der Zustimmung des gesetzlichen Vertreters bedürfen sie nicht, § 1600a Abs 2 S 2 BGB. 86

§ 9 Abs 1 Nr 4 FamFG führt dazu, dass die minderjährigen Eltern aufgrund der daraus resultierenden **Verfahrensfähigkeit** ihr Anfechtungsrecht auch selbstständig ausüben können. Ein geschäftsfähiger **Betreuter** kann nur selbst anfechten, § 1600a Abs 5 BGB.

Sind die Eltern hingegen **geschäftsunfähig**, kann nur ihr gesetzlicher Vertreter anfechten, § 1600a Abs 2 S 3 BGB.

Besonderheiten bestehen **bei der Anfechtung durch das Kind**. Ist das Kind minderjährig, kann nur sein gesetzlicher Vertreter anfechten, § 1600a Abs 3 87

---

195 Zu Recht wird gerügt, dass der rechtliche Vater zu Unrecht als *Scheinvater* bezeichnet wird, da es sich ungeachtet der genetischen Abstammung nicht nur dem Schein nach um den rechtlichen Vater handelt, *Küppers* NJW 1993, 2918.

196 BT-Drucks 13/4899 S 57.

197 BT-Drucks 13/4899 S 139.

BGB. Damit soll verhindert werden, dass das nicht voll geschäftsfähige Kind – etwa in pubertären Konfliktlagen – Unfrieden in die Familie trägt.[198]

88 Die Anfechtung durch den gesetzlichen Vertreter des Kindes setzt voraus, dass dieser das Kind **im Verfahren vertreten** kann. Gesetzliche Vertreter des Kindes sind regelmäßig die Eltern des Kindes, §§ 1626, 1629 BGB.

Mit der Mutter steht die Inhaberin der elterlichen Sorge stets fest. Ihr Sorgerecht ergibt sich aus § 1626 BGB ggf iVm § 1626a Abs 3 BGB, wenn sie zum Zeitpunkt der Geburt unverheiratet war, den Vater des Kindes nicht geheiratet und auch keine Sorgeerklärung abgegeben hat und keine gerichtliche Entscheidung nach § 1626a Abs 1 Nr 3 BGB (bzw aufgrund der verfassungsgerichtlichen Entscheidung vom 21.7.2010[199]) oder Art 224 § 2 Abs 3 EGBGB aF ergangen ist.

Als Inhaberin der elterlichen Sorge ist die Mutter regelmäßig auch zur Vertretung des Kindes berechtigt, § 1629 Abs 1 BGB. Dies war zwar nach Inkrafttreten des FGG-RG[200] am 1.9.2009 einige Zeit umstritten, weil die verfahrensrechtlichen Regelungen den Eltern und dem Kind eine Beteiligtenstellung einräumen. Daraus wurde zum Teil geschlossen, dass sie das Kind im Anfechtungsverfahren in keiner denkbaren Konstellation vertreten könnte, weil sowohl sie selbst als auch das Kind gem § 172 Abs 1 FamFG Verfahrensbeteiligte sind.[201] Der BGH[202] hob aber zu Recht hervor, dass sich aus der (eigenen) Beteiligtenstellung allein noch kein gesetzlicher Vertretungsausschluss ableiten lässt. In einer weiteren Entscheidung führte der BGH[203] schließlich auch aus, wann in einem Abstammungsverfahren von einem Vertretungsausschluss auszugehen und deshalb ein Ergänzungspfleger zu bestellen ist, der das Kind im Anfechtungsverfahren vertritt.

Unproblematisch ist die Vertretung des Kindes durch die Mutter, wenn sie allein sorgeberechtigt und mit dem Vater des Kindes nicht verheiratet ist.[204]

198 BT-Drucks 13/4899 S 87.

199 BVerfGE 127, 132 = FamRZ 2010, 1403 m Anm *Luthin*.

200 Gesetz zur Reform des Verfahrens in Familiensachen und in den Angelegenheiten der freiwilligen Gerichtsbarkeit (FGG-Reformgesetz – FGG-RG) v 17.12.2008, BGBl I S 2586.

201 Näher dazu Helms/*Kieninger*/Rittner Rn 225, der unabhängig von der sonstigen vertretungsrechtlichen Konstellation von einem gesetzlichen Vertretungsausschluss ausging.

202 BGH FamRZ 2011, 1788 m Anm *Stößer* FamRZ 2011, 1859; *Lack* FamFR 2011, 527; *Rauscher* JZ 2013, JR 2013, 213 f; BGH FamRZ 2012, 436.

203 BGHZ 193, 1 = FamRZ 2012, 859 m krit Anm *Stößer* = FamFR 2012, 263 m zust Anm *Kemper* = JR 2013, 213 m Anm *Rauscher*; vgl dazu auch *Zorn* RpflStud 2012, 129 ff; *Wellenhofer* JuS 2012, 945 ff und *Keuter* FuR 2013, 249 ff.

204 **AA** wohl *Weber*/*Leeb* Rpfleger 2015, 501, 507, die bei Anfechtung durch die Kindesmutter aus eigenem Recht von einer Interessenkollision ausgehen, weil es grundsätzlich dem Interesse des Kindes widerspreche, vaterlos zu werden. Ein gesetzlicher Vertretungsausschluss ließe sich daraus freilich aber nicht herleiten; vgl Rn 427, 471 ff, 478.

Ist aber auch der Vater Inhaber der elterlichen Sorge und somit vertretungsberechtigt, so ist er von der Vertretung des Kindes im Anfechtungsverfahren ausgeschlossen, § 181 BGB analog. Auch die Kindesmutter kann das Kind bei gemeinsamer Sorgeberechtigung nicht vertreten.[205] Das ergibt sich zum einen aus dem **Gesamtvertretungsgrundsatz** des § 1629 Abs 1 S 2 Hs 1, Abs 2 S 1 BGB. Daneben kann sich ein Vertretungsausschluss aus §§ 1629 Abs 2 S 1, 1795 Abs 1 Nr 3, 1 BGB ergeben. Das ist dann der Fall, wenn es sich bei dem Vater des Kindes um den Ehemann der Kindesmutter handelt.

Können die Eltern ihr Kind wegen eines solchen Vertretungsausschlusses **89**
im Anfechtungsverfahren nicht vertreten, ist für das Kind ein **Ergänzungspfleger** (§ 1909 Abs 1 S 1 BGB) zu bestellen.

An der **Entscheidung, ob die Vaterschaft angefochten werden** soll, sind die sorgeberechtigten Eltern hingegen nicht gehindert, da es sich dabei weder um einen Rechtsstreit noch um ein Rechtsgeschäft handelt. Diese im Innenverhältnis zu treffende Entscheidung ist als Teil der **Personensorge** vielmehr Vorfrage,[206] die von gemeinsam sorgeberechtigten Eltern auch gemeinsam beantwortet werden muss. Können sich die Eltern nicht einigen, kann das Familiengericht einem Elternteil auf Antrag das **Alleinentscheidungsrecht übertragen,** § 1628 BGB (dazu näher Rn 566ff). Gefährdet die einvernehmliche Elternentscheidung das Kindeswohl wegen Bestehens einer erheblichen Interessenkollision, kann den Eltern gem §§ 1629 Abs 2 S 3, 1796 BGB die **Vertretungsmacht entzogen** und ein Pfleger bestellt werden (näher Rn 471ff). Auch eine Entziehung der Vertretungsmacht nur eines Elternteils kommt unter den Voraussetzungen des § 1796 BGB in Betracht, wenn bei dem anderen Elternteil kein erheblicher Interessengegensatz vorliegt, mit der Folge, dass dem anderen die Entscheidung in analoger Anwendung von § 1680 Abs 3, 1 BGB insoweit allein zusteht.

Unterlässt die allein vertretungsberechtigte Kindesmutter die Anfechtung, kann ihr die Vertretungsmacht für das Anfechtungsverfahren ebenfalls nur bei Vorliegen der Voraussetzungen des § 1796 BGB vom Familiengericht (§ 1629 Abs 2 S 3 BGB) entzogen werden. Das Interesse des Kindes an der Kenntnis seiner genetischen Abstammung rechtfertigt eine Entziehung für sich genommen aber nicht; auch kann nicht allein aus der Weigerung der Kindesmutter auf die von § 1796 BGB verlangte konkrete Interessenkollision geschlossen werden.[207]

---

205 OLG Oldenburg FamRZ 2013, 1671 unter Hinweis auf *Zorn* RpflStud 2012, 129 ff.

206 BGH FamRZ 2009, 861 m Anm *Wellenhofer* FamRZ 2009, 968; *ders* FamRZ 1975, 162 (LSe und Anm); AG Westerstede FamRZ 1995, 689.

207 BayObLG FamRZ 1999, 737; OLG Celle AuAS 2006, 81.

d) Anfechtung bei konsentierter heterologer Befruchtung

90 Der Mutter und dem Mann, der aufgrund Ehe oder Anerkennung rechtlicher Vater des Kindes ist, ist die Anfechtung verwehrt, wenn das Kind durch **künstliche Befruchtung** mit deren **Einwilligung** mittels **Samenspende eines Dritten** gezeugt wurde, § 1600 Abs 5 BGB. Dem Kind soll mit dieser durch das KindRVerbG mit Wirkung zum 12.4.2002 eingefügten Regelung seine Verwandtschaftsposition gesichert werden, ohne dass damit über die Zulässigkeit der heterologen Insemination entschieden wurde.[208]

§ 1600 Abs 5 BGB gilt auch für die Anfechtungsfälle, über die im Zeitpunkt des Inkrafttretens der Neuregelung noch nicht rechtskräftig entschieden war,[209] denn der Gesetzgeber hat keine Übergangsregelung geschaffen. Der Zweck des Gesetzes, den durch heterologe Befruchtung gezeugten Kindern eine Rechtsstellung im Verhältnis zu dem als ihren Vater geltenden Mann zu verschaffen und zu erhalten, wie sie angenommene minderjährige Kinder haben,[210] erforderte eine unmittelbare Geltung der Regelung auf alle im Zeitpunkt des Inkrafttretens noch nicht rechtskräftig abgeschlossenen Anfechtungsverfahren.

91 Die Regelung wirft jedoch noch eine Reihe schwieriger Fragen auf. Unstreitig ist, dass der Anfechtungsausschluss nur bei medizinisch assistierter Zeugung, dh also dann nicht besteht, wenn das Kind zwar mit Einwilligung des Mannes aber auf natürlichem Wege durch einen Dritten gezeugt wurde.[211] Konsensfähig ist darüber hinaus auch die Auffassung, nach der es der mit § 1600 Abs 5 BGB verfolgte Schutzzweck gebietet, unter künstlicher Befruchtung iS der Norm nicht nur solche zu verstehen, die mit *ärztlicher* Hilfe nach standesrechtlich geordneten Techniken erfolgen, sondern alle Methoden, bei denen technische Mittel zur Hilfe genommen werden, sodass auch eine Selbstvornahme zu einem Anfechtungsausschluss nach § 1600 Abs 5 BGB führt.[212]

Unterschiedlich ist jedoch die rechtliche Einordnung der zugangsbedürftigen Einwilligung. Zum Teil wird dieser die Qualität eines auf einen unumkehrbaren Vorgang gerichteten **willensgetragenen Realakts** beigemessen,[213] sodass die Vorschriften über Willenserklärungen keine Anwendung finden. Nach anderer Auffassung ist die Einwilligung als Erklärung zu qualifizieren, auf die die Regeln für **rechtsgeschäftliche Willenserklärungen** (zumindest entsprechend)

---

208 *Wanitzek* FamRZ 2003, 730, 733.

209 BGH FamRZ 2005, 612; vgl dazu auch *Spickhoff* NJW 2006, 1630, 1638, der sich krit zu den vom BGH angeführten Gründen, nicht aber zu dem Ergebnis äußert.

210 BT-Drucks 14/2096 S 7.

211 Vgl BT-Drucks 14/8131 S 7 f; krit dazu Gernhuber/*Coester-Waltjen* § 52 Rn 108.

212 OLG Hamm FamRZ 2008, 630; MünchKomm BGB/*Wellenhofer* 1600 Rn 34.

213 *Wanitzek* FamRZ 2003, 730, 733.

anwendbar sind.[214] *Roth*[215] begründet dies damit, dass die Einwilligung nicht mit Blick auf den biologischen Vorgang, der mangels genetischer Abstammung nicht zur Vaterschaft führen könne, sondern allein mit dem Willen, eine rechtliche Zuordnung zu erreichen, erteilt würde. Demgegenüber betont *Spickhoff*[216] zu Recht, dass die Einwilligung jedenfalls keine auf ein Rechtsgeschäft gerichtete Erklärung ist. Das ergibt sich schon daraus, dass die Zeugung allein nicht die rechtliche Vaterschaft herbeiführt, sondern durch Ehe mit der Kindesmutter bzw Vaterschaftsanerkennung begründet[217] wird. Die Einwilligungserklärung vermag also ebenso wenig wie die Befruchtung selbst, die angestrebten Rechtswirkungen herbeizuführen.[218]

Wird die Einwilligung als grundsätzlich rechtsgeschäftlichen Kriterien unterliegende Willenserklärung eingeordnet, führt dies – unabhängig von den dafür vorgetragenen Begründungen – zu dem Ergebnis, dass eine Beseitigung der Einwilligung durch **Widerruf** grundsätzlich möglich ist. Ein Widerruf soll aber ausscheiden, wenn die Befruchtung bereits stattgefunden hat, weil die Einwilligung auf einen unumkehrbaren Vorgang gerichtet ist, der ab diesem Zeitpunkt auch nicht mehr rückgängig gemacht werden kann.[219] Die **Anfechtung** der Einwilligung wegen Erklärungs- oder Inhaltsirrtums gem § 119 Abs 1 BGB bzw wegen Täuschung oder Drohung wird insoweit konsequent ebenfalls für möglich gehalten, während die Anfechtung wegen Irrtums über die verkehrswesentliche Eigenschaft einer Person (§ 119 Abs 2 BGB) etwa bei Behinderung, nach allgemeinen Grundsätzen zu Recht für ausgeschlossen erklärt wird, weil es zum allgemeinen Lebensrisiko gehört, dass das Kind vielleicht nicht wie gewünscht gerät.[220]

Der Gesetzgeber hat die Einwilligung unter Hinweis auf den Schutzzweck 92
der Regelung an **keine Form** gebunden, um auszuschließen, dass die Eltern den Anfechtungsausschluss dadurch umgehen, dass eine Beurkundung der Zustimmungserklärung einfach unterbleibt.[221] Deshalb ist jede auch nur münd-

---

214 *Roth* JZ 2002, 651, 653 unter Hinweis auf BGHZ 146, 391 = FamRZ 2001, 541 = JZ 2001, 983 m Anm *Foerste* = JR 2002, 102 m Anm *Koch* = MDR 2001 m Anm *Born*; *ders* DNotZ 2003, 805, 809; *von Sachsen Gessaphe* NJW 2002, 1853 f; *Spickhoff* FamRZ 2003, 19 f.

215 DNotZ 2003, 804, 809.

216 FamRZ 2003, 19.

217 In diesem Fall kann ohne Einschränkung von der *Begründung* der Vaterschaft gesprochen werden, weil eine genetische Vaterschaft gerade nicht besteht; vgl Rn 23.

218 Zutreffend *Wanitzek* FamRZ 2003, 730, 734.

219 Ua *Janzen* FamRZ 2002, 785 f; *Schomburg* Kind-Prax 2002, 75, 77; *Roth* DNotZ 2003, 805, 814 jeweils mit Hinweis auf BGHZ 129, 297 = FamRZ 1995, 861.

220 *Roth* DNotZ 2003, 805, 815 f.

221 *Janzen* FamRZ 2002, 785 f.

liche Erklärung grundsätzlich wirksam. Für eine Formvorschrift hätten im Hinblick auf die in § 1600 Abs 5 BGB angeordnete Wirkung dieser Einwilligung allerdings nicht nur Nachweiszwecke, sondern mindestens in gleichem Maße notarielle Belehrung sichernde Gründe gesprochen.[222]

Diskutiert wird in diesem Zusammenhang auch die Zulässigkeit einer **präkonzeptionellen Anerkennung**, wobei diese zum Teil mit Hinweis auf die Bedingungsfeindlichkeit der Anerkennung (§ 1594 Abs 3 BGB) abgelehnt wird.[223] Weniger überzeugend ist jedoch das außerdem gegen eine solch frühzeitige Anerkennung vorgetragene Argument, dass die Anerkennung objektiv falsche Angaben erfordere, weil der Anerkennende gerade nicht der genetische Vater sei,[224] denn dies wäre nach der Zeugung des Kindes nicht anders.

Für die Zulässigkeit wird angeführt, dass die Bedingungsfeindlichkeit nicht entgegenstünde, weil Voraussetzung für das Entstehen der Vaterschaft das Entstehen des Kindes ist, sodass hier nur eine unschädliche Rechtsbedingung vorliege. Vor allem wird die Anerkennung vor Zeugung des Kindes aber wegen der schützenswerten Belange von Mutter und Kind für zulässig gehalten.[225]

93 Eine Anfechtung der Vaterschaft durch den rechtlichen Vater ist aber nicht ausgeschlossen, wenn das Kind in Wahrheit nicht aus der konsentierten künstlichen Befruchtung stammt.[226]

Auch das Anfechtungsrecht des Kindes wird durch § 1600 Abs 5 BGB nicht ausgeschlossen.[227]

Zur Anfechtungsberechtigung des Samenspenders vgl Rn 80.

e) Das Wohl des Vertretenen bei Anfechtung durch den gesetzlichen Vertreter eines Anfechtungsberechtigten

94 **Zulässigkeitsvoraussetzung** für die Anfechtung durch den gesetzlichen Vertreter des Kindes oder eines anderen geschäftsunfähigen Anfechtungsberechtigten ist, dass diese **dem Wohl des Vertretenen dient** (§ 1600a Abs 4 BGB), was

---

222 In diesem Sinne haben auch die Länder Sachsen-Anhalt und Hamburg in ihrem ursprünglichen Gesetzentwurf vom 16.6.1999 argumentiert, BR-Drucks 369/99 S 9; krit auch *Eckersberger* MittBayNot 2002, 261, 263.

223 *Wellenhofer* FamRZ 2013, 825, 830; *Eckersberger* MittBayNot 2002, 261 f; *Kirchmeier* FamRZ 1998, 1281, 1286; *Wanitzek* S 333; ablehnend auch *Muscheler* FPR 2005, 177.

224 *Kirchmeier* FamRZ 1998, 1281, 1286.

225 *Roth* DNotZ 2003, 805, 808; *Spickhoff* AcP 97 (1997), 399, 425 ff; zum Meinungsstand siehe auch *Knittel* Rn 261 f.

226 *Peschel-Gutzeit* FPR 2002, 285, 287.

227 *Janzen* FamRZ 2002, 785, 786; krit hierzu *Roth* JZ 2002, 651, 653 und *Wanitzek* FamRZ 2003, 730, 734.

im Anfechtungsverfahren vom Familiengericht inzidenter zu prüfen ist. Durch diese Prüfung, die eine Gesamtwürdigung unter sorgfältiger Abwägung der konkreten Vor- und Nachteile erfordert, die für den Vertretenen mit der Anfechtung verbunden sind,[228] soll sichergestellt werden, dass die Anfechtung dem Wohl des Vertretenen dient, weil durch die Anfechtung rechtliche Bande zerschnitten werden und der Vertretene nach Wegfall der Geschäftsunfähigkeit bzw das Kind nach Erreichen der Volljährigkeit an die Anfechtung gebunden bleibt.

Bei Anfechtung der Vaterschaft durch den gesetzlichen Vertreter eines durch künstliche Befruchtung mit dem Samen eines Dritten gezeugten Kindes wird die Anfechtung regelmäßig nicht kindeswohldienlich sein, weil das Kind den sozialen Vater verliert, Aussicht auf Ermittlung des Samenspenders und den Aufbau einer Vater-Kind-Beziehung aber kaum besteht.[229]

f) Anfechtungsfrist

Gem § 1600b Abs 1 S 1 BGB beträgt die **Anfechtungsfrist** für die in § 1600 Abs 1 95
Nr 1–4 aufgeführten Anfechtungsberechtigten **einheitlich 2 Jahre**, gleichgültig, ob die qua Ehe mit der Mutter oder die kraft Anerkennung vermutete Vaterschaft angefochten wird.[230] Durch diese im Anfechtungsverfahren zu beachtende Ausschlussfrist sollen die Anfechtungsberechtigten im Interesse der Rechtssicherheit und im Interesse des Kindes gezwungen werden, innerhalb einer angemessenen Frist zu entscheiden, ob sie von ihrem Anfechtungsrecht Gebrauch machen.[231]

Zur Wahrung der Anfechtungsfrist genügt gem § 1600b Abs 5 S 3 BGB unter den Voraussetzungen des § 204 Abs 1 Nr 14 BGB ein am letzten Tag der Frist bei Gericht eingereichtes Verfahrenskostengesuch.[232]

Gem § 1600b Abs 5 S 1 Hs 1 BGB wird die **kenntnisabhängige Frist durch Einleitung eines Verfahrens nach § 1598a Abs 2 BGB** (dazu näher Rn 124 ff) **gehemmt**. Aufgrund des Verweises auf § 204 Abs 2 BGB in § 1600b Abs 5 S 1 Hs 2 BGB endet die Hemmung sechs Monate nach der rechtskräftigen Entscheidung oder anderweitigen Beendigung des Verfahrens auf Ersetzung der Einwilligung in eine Abstammungsbegutachtung. Mit dieser Regelung soll sicherge-

228 Näher dazu *Wanitzek* FPR 2002, 390, 392 f.
229 So zutreffend *Knittel* JAmt 2002, 50, 52; *Schomburg* Kind-Prax 2002, 75, 77; *Wanitzek* FamRZ 2003, 730, 734.
230 Krit hierzu *Frank* StAZ 2003, 129, 133.
231 BGH FamRZ 2007, 36.
232 OLG Dresden FamRZ 2006, 55.

stellt werden, dass die Anfechtungsfrist als echte Überlegungsfrist erhalten bleibt, weil das Abstammungsgutachten erst nach erfolgreicher gerichtlicher Geltendmachung eingeholt werden kann.[233] Die Frist ist auch gehemmt, solange der Anfechtungsberechtigte widerrechtlich durch Drohung an der Anfechtung gehindert ist, § 1600b Abs 5 S 2 BGB. Im Übrigen finden auf den Fristablauf gem § 1600b Abs 5 S 3 BGB die für die Verjährung geltenden Vorschriften der §§ 206 und 210 BGB Anwendung, nach denen der Fristablauf bei höherer Gewalt und gegenüber nicht voll Geschäftsfähigen ohne gesetzlichen Vertreter gehemmt ist.

96 Die zweijährige Anfechtungsfrist gilt auch dann, wenn das Kind vor dem 1.7.1998 geboren wurde, Art 224 § 1 Abs 2 EGBGB. Letzteres kann dazu führen, dass das Anfechtungsrecht des die Vaterschaft anerkannt habenden Mannes wieder auflebt, sofern die bis zum 30.6.1998 für ihn geltende einjährige Anfechtungsfrist nach § 1600h Abs 1 BGB aF bereits abgelaufen war.[234] Eine unzulässige Rückwirkung wird hierin nicht gesehen, weil es allenfalls zu einer Verlängerung der Anfechtungsfrist und somit zu einer Verbesserung der Rechtsstellung des Anfechtungsberechtigten kommt, während dem Eingreifen der neuen Anfechtungsfristen für alte Sachverhalte ein in die Unanfechtbarkeit der Vaterschaft bestehendes Vertrauen insbesondere der anderen Anfechtungsbeteiligten nicht entgegen gehalten werden kann, weil auch das alte Recht eine absolute Frist, nach deren Ablauf die Anfechtung ausgeschlossen war, nicht kannte.[235]

97 Die Frist beginnt mit Kenntnis von den gegen die Vaterschaft des als Vater vermuteten Mannes sprechenden Umständen (§ 1600b Abs 1 S 2 BGB), frühestens jedoch mit Geburt des Kindes und nicht vor Wirksamwerden der Vaterschaftsanerkennung, § 1600b Abs 2 S 1 BGB. Aus dieser Regelung wird zugleich gefolgert, dass keine Rechtsgrundlage für die Anfechtung der Vaterschaft vor der Geburt des Kindes besteht.[236] Besteht die anfechtbare Vaterschaft des früheren Ehemannes der Mutter infolge der Beseitigung der Vaterschaft des zum Zeitpunkt der Geburt des Kindes mit der Mutter verheirateten Ehemannes nach § 1593 S 4 BGB, beginnt die Frist nicht vor Rechtskraft der die letztere Vaterschaft beseitigenden Entscheidung, § 1600b Abs 2 S 2 BGB.

98 Die 2-jährige **Anfechtungsfrist** (beginnend ab Kenntnis von gegen die Vaterschaft sprechenden Umständen) gilt auch für die Anfechtung durch den **biologischen Vater**. Frühester Fristbeginn war gem Art 229 § 10 EGBGB jedoch der 30.4.2004.

---

233 BT-Drucks 16/6561 S 14; vgl dazu auch *Wellenhofer* NJW 2008, 1185, 1188.

234 BGH FamRZ 1999, 778; OLG Köln FamRZ 1999, 800.

235 Staudinger/*Rauscher* Art 224 § 1 EGBGB Rn 20.

236 OLG Rostock FamRZ 2007, 1675.

Das Vorliegen einer sozial-familiären Beziehung zwischen dem rechtlichen Vater und dem Kind hindert den Lauf der Frist nicht, § 1600b Abs 1 S 2 Hs 2 BGB. Die Frist für den leiblichen Vater läuft also auch dann, wenn er zwar von Umständen Kenntnis hat, die gegen die Vaterschaft des rechtlichen Vaters sprechen, eine sozial-familiäre Beziehung zwischen diesem und dem Kind aber noch besteht, sodass eine Anfechtung durch ihn nicht betrieben werden kann. Im Ergebnis bedeutet dies, dass die Frist bei Eintritt der Voraussetzungen des § 1600 Abs 2 Alt 1 BGB bereits abgelaufen sein kann und damit eine Vaterschaftsanfechtung durch den leiblichen Vater endgültig ausscheidet. Mit dieser Regelung wollte der Gesetzgeber vor allem dem großen Bedürfnis nach baldiger Rechtssicherheit in Abstammungsfragen Rechnung tragen.[237] Im Hinblick auf die grundrechtliche Stellung des auch „nur" biologischen Vaters drängen sich freilich Zweifel auf, ob diese Regelung, die dem nicht rechtlichen Vater damit eine Anfechtung uU auch dann endgültig verwehrt, wenn die vom BVerfG in der maßgeblichen Entscheidung gegen eine solche Anfechtung vorgebrachten Gründe nicht (mehr) vorliegen, einer verfassungsrechtlichen Prüfung standhalten würde.[238] In diese Richtung zielen auch die Überlegungen des AG Herford[239], das auch im Interesse des Kindes von einer Hemmung der Anfechtungsfrist des § 1600b Abs 1 BGB ausgeht, für den Fall, dass der leibliche Vater mit dem Kind und dessen Mutter zwischenzeitlich zusammengelebt und auch nach Trennung weiterhin Umgang mit dem Kind gepflegt hatte.

Die Anfechtungsfrist von zwei Jahren ab Kenntnis von gegen die Vaterschaft sprechenden Umständen gilt auch in den Fällen, in denen die **Mutter** vor dem 1.7.1998 keine Anfechtungsklage erheben konnte, weil ihr Anfechtungsrecht erst zu diesem Zeitpunkt durch das KindRG eingeführt worden ist.[240]

„Vage Zweifel" des Anfechtungsberechtigten an der Vaterschaft reichen 99
nach allgemeiner Auffassung für den **Fristbeginn** nicht aus, da damit von gegen die Vaterschaft sprechenden Umständen nichts bekannt sei.[241] Vielmehr müsse der Anfechtungsberechtigte von Umständen Kenntnis haben, die bei **objektiver Betrachtung** geeignet sind, Zweifel an der Vaterschaft zu wecken und die Möglichkeit der Nichtvaterschaft als nicht ganz fernliegend erscheinen zu lassen.[242] Weil ein Vaterschaftsanfechtungsantrag nicht auf ein heimlich einge-

237 BT-Drucks 15/2253 S 15.

238 Krit insoweit auch *Eckebrecht* FPR 2005, 205, 209.

239 FamRZ 2008, 1270.

240 BGH FamRZ 2002, 880 m Anm *Veit* FamRZ 2002, 953 f.

241 OLG Köln FamRZ 2004, 1987; OLG Brandenburg FamRZ 2004, 480; AG Korbach FamRZ 2005, 290; **aA** OLG Hamburg FamRZ 1997, 1171; *Demharter* FamRZ 1985, 232.

242 BGH FamRZ 2008, 501 m abl Anm *Henrich*; vgl dazu auch *Born* FPR 2008, 181; BGH FamRZ 1998, 955 m abl Anm *Schlosser*; ebenfalls ablehnend *Knoche* FuR 2005, 348, 352; zweifelnd

holtes Vaterschaftsgutachten gestützt werden könne (dazu näher Rn 113), sei ein solches Gutachten auch nicht geeignet, die Anfechtungsfrist des § 1600b BGB in Gang zu setzen.[243]

Nach einer Entscheidung des BGH[244] beginnt die Anfechtungsfrist des § 1600b Abs 1 S 2 BGB bereits mit der Geburt des Kindes, wenn dem vermeintlichen Kindsvater schon während der Schwangerschaft der Mutter bekannt war, dass diese der Prostitution nachgeht. Die Verhütung durch Benutzung von Kondomen sei nicht so zuverlässig, dass der Antragsteller bei objektiver und verständiger Würdigung die Vaterschaft eines anderen Mannes trotz gewerbsmäßigen Mehrverkehrs der Kindesmutter für ganz fernliegend und praktisch ausgeschlossen habe halten dürfen, urteilte der Senat. Die Vaterschaftsanfechtung sei deshalb verfristet, auch wenn der rechtliche Vater erst vier Jahre später mittels eines DNA-Tests herausgefunden habe, dass er mit Sicherheit nicht der genetische Vater des Kindes ist.

100 Für die Anfechtung durch den gesetzlichen Vertreter des Kindes kommt es auf die **Kenntnis des gesetzlichen Vertreters** (§ 166 Abs 1 BGB), der befugt ist, das Kind im Anfechtungsverfahren zu vertreten.[245] Gleiches gilt für die Anfechtung durch den gesetzlichen Vertreter eines anderen (geschäftsunfähigen) Anfechtungsberechtigten.

g) Neue Anfechtungsfristen

101 Hat der gesetzliche Vertreter die Vaterschaft **nicht rechtzeitig angefochten**, so kann das **Kind** die Vaterschaft nach Eintritt der Volljährigkeit selbst anfechten, § 1600b Abs 3 BGB.

Hat der **gesetzliche Vertreter eines Geschäftsunfähigen** die Vaterschaft nicht rechtzeitig angefochten, so kann der Anfechtungsberechtigte die Vaterschaft nach Wegfall der Geschäftsunfähigkeit selbst anfechten, § 1600b Abs 4 BGB. Die Frist beginnt mit Kenntnis des Kindes bzw des nunmehr Geschäftsfähigen von den gegen die Vaterschaft sprechenden Umständen und beträgt – abweichend von § 206 BGB – 2 Jahre (§ 1600b Abs 3 S 2, Abs 4 S 2 BGB).[246]

---

auch *Mutschler* FamRZ 2003, 74, 76 und *Wellenhofer* FamRZ 2005, 665 f; OLG Frankfurt FamRZ 2008, 895.

243 BGHZ 166, 283 = FamRZ 2006, 686 m Anm *Wellenhofer*.

244 FamRZ 2006, 771 m Anm *Luthin*; dem folgend BGH FamRZ 2014, 463.

245 OLG Koblenz FamRZ 2015, 1122; OLG Dresden FamRZ 2006, 55; OLG Köln FamRZ 2001, 245; OLG Nürnberg NJW-RR 1987, 389; OLG Koblenz DAVorm 1983, 735.

246 Palandt/*Götz* § 1600b Rn 24.

Darüber hinaus gibt § 1600b Abs 6 BGB dem Kind die Möglichkeit, die Vaterschaft in den Fällen, in denen es Kenntnis von Umständen erlangt, auf Grund derer die **Folgen der Vaterschaft für das Kind unzumutbar** werden, auch dann noch anzufechten, wenn die Anfechtungsfrist des § 1600b Abs 1 S 1 BGB bereits abgelaufen war. Die 2-jährige Anfechtungsfrist beginnt nach § 1600b Abs 6 BGB erneut zu laufen, wenn das Kind von solchen Umständen Kenntnis erlangt. Der Gesetzgeber verzichtete auf eine kasuistische Aufzählung von Gründen, auf denen die Unzumutbarkeit beruhen kann, und verwies stattdessen auf die in § 1596 Abs 1 BGB aF geregelten Tatbestände.[247] Weil die Rechtssicherheit trotz der Beschränkung des auflebenden Anfechtungsrechts auf 2 Jahre ohnehin gefährdet ist, ist die Norm restriktiv zu handhaben.[248] In Anlehnung an § 1596 Abs 1 Nr 4 BGB aF kommen als Unzumutbarkeitsgründe etwa ein unsittlicher oder ehrloser Lebenswandel oder schwere Verfehlungen des Vaters gegen das Kind in Betracht. Ob darüber hinaus auch solche in der Person des rechtlichen Vaters liegende Umstände wie eine schwere Erb- oder Geisteskrankheit Unzumutbarkeit im Sinne der Norm begründet (vgl § 1596 Abs 1 Nr 5 BGB aF), ist streitig.[249] 102

h) Die Übergangsregelungen des Art 224 § 1 Abs 4 EGBGB

Dem **Kind**, dem unter Geltung des alten Rechts wegen Fehlens eines gesetzlichen Anfechtungsgrundes iSv § 1596 Abs 1 BGB aF die Anfechtung versagt war, wurde durch Art 224 § 1 Abs 4 S 1 EGBGB mit Wirkung vom 1.7.1998 ebenso (erstmals) ein Anfechtungsrecht eingeräumt, wie demjenigen volljährigen Kind, dem die Klärung der Abstammung nach bisherigem Recht wegen fehlender Kenntnis vom Anfechtungsgrund innerhalb der nach altem Recht für die Anfechtung durch das volljährige Kind vorgesehenen Anfechtungsfrist des § 1598 BGB aF verwehrt war. 103

Mit diesen Regelungen trug der Gesetzgeber jenen Entscheidungen des BVerfG[250] Rechnung, mit denen die Verfassungswidrigkeit von §§ 1596 Abs 1, 1598 Hs 2 BGB aF insoweit festgestellt wurde, als § 1596 Abs 1 BGB aF die Anfechtung nur bei Vorliegen bestimmter Anfechtungstatbestände erlaubte und

---

247 BT-Drucks 13/4899 S 88.

248 *Muscheler/Beisenherz* JR 1999, 407, 411.

249 Dafür MünchKomm BGB/*Wellenhofer* § 1600b Rn 40; dagegen Staudinger/*Rauscher* § 1600b Rn 90; zweifelnd auch *Grün* Rn 303.

250 BVerfGE 79, 256 = FamRZ 1989, 255 = JZ 1989, 335 m Anm *Starck;* vgl auch die Besprechungsaufsätze von *Giesen* JZ 1989, 364 ff; *Coester-Waltjen* JURA 1989, 520 ff und *Enders* NJW 1989, 881 ff und BVerfGE 90, 263 = FamRZ 1994, 881.

§ 1598 Hs 2 BGB aF eine kenntnisunabhängige Anfechtungsfrist für das volljährig gewordene Kind vorsah. Die Norm betraf folglich nur **Kinder**, denen die Anfechtung unter Geltung alten Rechts versagt war. Während die erste Alternative von Art 224 § 1 Abs 4 S 1 EGBGB gleichermaßen für minderjährige wie für volljährige Kinder gilt und hier nur die Fälle erfasst, in denen die Anfechtung der **Ehelichkeit** gem § 1596 Abs 1 BGB aF am Fehlen eines Anfechtungstatbestandes scheiterte,[251] betraf die zweite Variante der Norm nur volljährige Kinder. Nach dieser Variante wurde dem Kind eine neue Anfechtungsfrist nur eröffnet, wenn es vor Vollendung des zwanzigsten Lebensjahres keine Kenntnis von den die Nichtvaterschaft begründenden Umständen hatte.

Die Anfechtungsfrist gem Art 224 § 1 Abs 4 S 1 EGBGB begann in beiden Fällen mit Inkrafttreten des neuen Rechts am 1.7.1998 und endete mit Ablauf des 30.6.2000.

Die Rechtskraft eines entsprechenden, aufgrund Fehlens eines Anfechtungsgrundes oder Fristversäumnis ergangenen klageabweisenden Urteils stand einer erneuten Anfechtung nicht entgegen, Art 224 § 1 Abs 4 S 2 EGBGB.

Die Übergangsregelung des **Art 224 § 1 Abs 4 S 1 EGBGB gilt indes nicht**, wenn das Kind zum Zeitpunkt des Inkrafttretens des neuen Rechts noch keine Kenntnis von gegen die Vaterschaft sprechenden Umständen hatte. In diesen Fällen ist vielmehr § 1600b Abs 3 BGB unmittelbar anwendbar. Auch soweit dem Kind die Kenntnis seines gesetzlichen Vertreters zuzurechnen ist und die Anfechtung bereits nach altem Recht versäumt wurde, eröffnete die Norm keine erneute Anfechtungsfrist.[252]

Ebenfalls unanwendbar ist Art 224 § 1 Abs 4 S 1 EGBGB, wenn das Kind erst nach dem 1.7.1998 von Umständen Kenntnis erlangt hatte, die die bereits vor diesem Stichtag bestehende Vaterschaft iSv § 1600b Abs 6 BGB unzumutbar machen. In diesem Fall gilt § 1600b Abs 6 BGB unmittelbar.[253]

i) Verfahrensrechtliche Regelungen im Überblick

aa) Antragsberechtigung

104 Das **Familiengericht** entscheidet auf **Antrag** des rechtlichen Vaters oder der Mutter oder des Kindes. Das am 1.9.2009 in Kraft getretene FGG-RG[254] hat zu einer Änderung des Verfahrensrechts geführt, sodass es sich nicht mehr wie unter

---

251 *Kirchmeier* Kind-Prax 1998, 144, 147.

252 OLG Celle OLGR 1998, 289.

253 *Wax* in FamRefK Art 224 Rn 8.

254 Gesetz zur Reform des Verfahrens in Familiensachen und in den Angelegenheiten der freiwilligen Gerichtsbarkeit (FGG-Reformgesetz – FGG-RG) v 17.12.2008, BGBl I S 2586.

Geltung alten Rechts um ein Klageverfahren, sondern um ein Antragsverfahren handelt, für das die §§ 169ff FamFG gelten. Für die Anwendbarkeit des Verfahrensrechts kommt es deshalb anders als nach dem bis zum 31.8.2009 geltenden Recht nicht mehr darauf an, ob der als Vater geltende Mann oder das Kind noch am Leben sind (zu dem bis zum 31.8.2009 geltenden Verfahrensrecht vgl Vorauflage Rn 102ff).

Das Verfahren wird nur auf Antrag der nach § 1600 BGB zur Anfechtung Berechtigten durchgeführt, § 171 Abs 1 FamFG.

Der Antrag kann auch nach Tod des Kindes oder des als Vater geltenden Mannes von den übrigen nach § 1600 BGB Berechtigten gestellt werden. Anders als das alte Recht (vgl § 1600e Abs 2 BGB aF) enthält das geltende Recht keine besondere Bestimmung mehr, die eine Antragstellung auch nach Tod des Kindes oder des rechtlichen Vaters ausdrücklich regelt. Es besteht aber Einvernehmen, dass das neue Recht an dieser Möglichkeit nichts geändert hat. Im Übrigen lässt sich auch aus § 181 FamFG herleiten, dass eine Verfahrensdurchführung nach Tod eines Beteiligten weiterhin möglich ist.

Hinsichtlich der Antragsberechtigung bestehen auch bei Einleitung des Verfahrens nach Tod des Kindes oder des rechtlichen Vaters keine Besonderheiten, dh antragsberechtigt sind ausschließlich die in § 1600 BGB aufgeführten Personen.

Ist dies zur Wahrnehmung der Interessen des Kindes erforderlich, hat das Familiengericht dem Kind so früh wie möglich einen **Verfahrensbeistand** zu bestellen, §§ 174, 158 Abs 3 S 1 FamFG. Erforderlich ist die Bestellung in der Regel dann, wenn ein erheblicher Konflikt zwischen den Interessen des Kindes und denen seines gesetzlichen Vertreters besteht (§ 174 S 2 iVm § 158 Abs 2 Nr 1 FamFG).[255]

bb) Verfahrensbeteiligte

Nach § 172 Abs 1 FamFG sind das Kind, die Mutter und der (rechtliche) Vater an 105
dem Verfahren zu beteiligen. Ist dem Kind nach § 174 FamFG ein Verfahrensbeistand bestellt, ist dieser gem §§ 174 S 2, 158 Abs 3 S 2 FamFG ebenfalls Verfahrensbeteiligter.

Ficht der „nur" leibliche Vater gem § 1600 Abs 1 Nr 2 BGB an, ist er nach § 7 Abs 1 FamFG als Antragsteller am Verfahren zu beteiligen.

Bei Anfechtung der Vaterschaft durch den leiblichen Vater ist das **Jugendamt** auf Antrag am Verfahren zu beteiligen, §§ 172 Abs 2, 176 Abs 1 S 1 FamFG.

---

255 Näher dazu Bork/Jacoby/Schwab/*Zorn* § 158 Rn 8.

Gleiches gilt für den Fall, dass die Anfechtung durch den gesetzlichen Vertreter des minderjährigen Kindes (§ 1600 Abs 1 Nr 4 BGB) erfolgt.

Stirbt ein Beteiligter nach Einleitung des Verfahrens aber vor Rechtskraft der Endentscheidung, wird das Verfahren nur fortgesetzt, wenn ein Beteiligter dies innerhalb einer Frist von einem Monat gegenüber dem Gericht verlangt, § 181 FamFG. Anstelle des Verstorbenen ist in Anwendung von § 7 Abs 2 Nr 1 FamFG dessen nächster Angehöriger am Verfahren zu beteiligen.[256] Die Angehörigen treten aber nur und auch erst dann anstelle des Verstorbenen als Beteiligte in das Verfahren ein, wenn dies auf Antrag eines nach §§ 172, 7 Abs 1 FamFG dazu berechtigten Beteiligten fortgesetzt wird;[257] einen Antrag auf Fortsetzung können sie selbst nicht stellen.[258]

cc) Weitere verfahrensrechtliche Regelungen

106 Es handelt sich um eine **Abstammungssache** gem § 169 Nr. 4 FamFG, für die gem §§ 111 Nr 3 FamFG iVm §§ 23a Abs 1 S 1 Nr 1, 23b Abs 1 GVG das **Amtsgericht** als Familiengericht zuständig ist.

Örtlich zuständig in Abstammungssachen ist nach § 170 Abs 1 FamFG ausschließlich das Gericht, in dessen Bezirk das Kind seinen gewöhnlichen Aufenthalt hat. Ist danach kein deutsches Gericht zuständig, weil das Kind seinen gewöhnlichen Aufenthalt nicht im Inland hat, so kommt es auf den Aufenthalt der Mutter an. Hat auch diese keinen Aufenthalt in Deutschland, ist das Gericht zuständig, in dessen Bezirk der Vater seinen gewöhnlichen Aufenthalt hat, § 170 Abs 2 FamFG. Haben weder Kind noch Eltern ihren gewöhnlichen Aufenthalt, ist das AG Schöneberg in Berlin örtlich zuständig, § 170 Abs 3 FamFG.

Die **internationale Zuständigkeit** regelt § 100 FamFG – unbeschadet des Vorrangs internationaler Abkommen.

Funktionell ist der **Richter** zuständig; eine Übertragung von Abstammungssachen auf den Rechtspfleger enthält das RPflG nicht.

107 Vor der Beweisaufnahme über die Abstammung soll das Familiengericht die Angelegenheit in einem **Termin erörtern**. Zu diesem Termin sollen die **verfahrensfähigen Beteiligten** geladen werden, § 175 Abs 1 FamFG. Da das minderjährige Kind in diesem Verfahren nicht verfahrensfähig ist (§ 9 FamFG iVm § 1600a Abs 3 BGB), gehört es nicht zu den Personen, deren persönliches Erscheinen angeordnet werden soll.

---

256 Helms/*Kieninger*/Rittner Rn 255 mwN auch zur aA; Bork/Jacoby/Schwab/*Löhnig* § 181 Rn 1.

257 BGH FamRZ 2015, 1786.

258 BGH FamRZ 2015, 1787 m Anm *Stößer* FamRZ 2015, 1876.

Im Falle einer Anfechtung durch den leiblichen Vater (§ 1600 Abs 1 Nr 2 BGB) oder durch den gesetzlichen Vertreter des minderjährigen Kindes (§§ 1600 Abs 1 Nr 4, 1600a Abs 3 BGB) soll das Gericht das **Jugendamt anhören** (§ 176 Abs 1 S 1 FamFG). Die Norm soll sicherstellen, dass das Jugendamt als fachkundige Behörde seine möglicherweise bereits vorhandenen Kenntnisse und seine Bewertung zum Vorliegen oder Nichtvorliegen der sozial-familiären Beziehung zwischen dem Kind und seinem rechtlichen Vater in das Gerichtsverfahren einbringt. Ist ein Beteiligter minderjährig, kann das Familiengericht das Jugendamt ebenfalls anhören, § 176 Abs 1 S 2 FamFG.[259]

Alle Entscheidungen, zu denen das Jugendamt gehört werden soll, sind ihm bekannt zu machen (§ 176 Abs 2 FamFG); dies gilt unabhängig davon, ob das Jugendamt tatsächlich gehört wurde. Bekannt zu machen sind ihm auch die Entscheidungen, zu denen es nach § 176 Abs 1 S 2 FamFG gehört werden kann, sofern die Anhörung tatsächlich erfolgt ist.

Die (End-)Entscheidung ergeht durch **Beschluss** (§§ 116 Abs 1, 111 Nr 3, 38 ff 108
FamFG), der **mit Rechtskraft wirksam** wird, § 184 Abs 1 S 1 FamFG.

Der Beschluss ist zu begründen (§ 38 Abs 3 FamFG – Abs 4 ist gem § 38 Abs 5 Nr 2 FamFG in Abstammungssachen nicht anwendbar) und mit einer Rechtsbehelfsbelehrung zu versehen, § 39 FamFG. § 182 FamFG bestimmt zudem, dass die Beschlussformel die Feststellung der Vaterschaft des Anfechtenden enthalten muss, wenn das Gericht das Nichtbestehen der Vaterschaft infolge einer Anfechtung durch den leiblichen Vater (§ 1600 Abs 1 Nr 2 BGB) festgestellt hat. Aber auch wenn der Anfechtungsantrag keinen Erfolg hat, sodass er abgewiesen werden muss, weil die Vaterschaft des rechtlichen Vaters erwiesen ist, ist diese Vaterschaft in dem Beschluss positiv zu verlautbaren.

Schließlich muss über die Kosten entschieden werden, § 81 Abs 1 S 3 FamFG (vgl auch § 183 FamFG).

Gegen die **Endentscheidung** ist gem §§ 116 Abs 1, 111 Nr 3, 58 FamFG die **be-** 109
fristete Beschwerde gegeben, einzulegen durch Einreichung einer Beschwerdeschrift oder zur Niederschrift der Geschäftsstelle (§ 64 Abs 1 FamFG) binnen Monatsfrist (§ 63 Abs 1 FamFG) bei dem Amtsgericht, dessen Beschluss angefochten wird (§ 64 Abs 1 FamFG). Das Familiengericht, dessen Entscheidung angefochten wird, ist zur **Abhilfe nicht berechtigt** (§ 68 Abs 1 S 2 FamFG), sodass die Beschwerde sogleich dem Beschwerdegericht zuzuleiten ist. **Beschwerdegericht** ist gem § 119 Abs 1a GVG das Oberlandesgericht.

Für die **Beschwerdeberechtigung** ist neben § 59 FamFG auch § 184 Abs 3 FamFG zu beachten, der das Beschwerderecht auf diejenigen Personen erwei-

---

259 Näher dazu MünchKomm FamFG/*Coester-Waltjen/Hilbig-Lugani*, § 176 FamFG Rn 2 ff.

tert, die an dem Verfahren beteiligt waren oder zu beteiligen gewesen wären. Damit wird erreicht, dass die nach § 172 FamFG Beteiligten unabhängig davon, ob sie in ihren eigenen Rechten unmittelbar betroffen sind, beschwerdeberechtigt sind.

110 Auch im Anfechtungsverfahren gilt gem §§ 169 Nr 4, 177 Abs 2, 30 Abs 2 FamFG grundsätzlich die **Untersuchungsmaxime**. Diese wird hier jedoch mit § 177 Abs 1 FamFG **durchbrochen**, sodass das Gericht gegen den Widerstand des Anfechtenden Tatsachen, die von den Parteien nicht vorgebracht sind, nur insoweit berücksichtigen darf, als sie geeignet sind, der Anfechtung entgegengesetzt zu werden. Grund für diese Regelung ist, dass kein öffentliches Interesse daran besteht, den Status des Kindes zu *beseitigen*. Deshalb kann der Anfechtende über die Verwertung anfechtungs*begründender* Tatsachen ebenso disponieren wie über die Anfechtung selbst. Von Amts wegen stets zu berücksichtigen sind jedoch Tatsachen, die der Anfechtung entgegenwirken.

111 Im Anfechtungsverfahren wird gem § 1600c Abs 1 BGB vermutet, dass das Kind von dem Mann abstammt, dessen Vaterschaft nach §§ 1592 Nr 1 und 2, 1593 BGB besteht. Ist die Vaterschaftszuordnung durch Anerkennung bewirkt worden, gilt die Abstammungsvermutung des § 1600c Abs 1 BGB nicht, wenn das Anerkenntnis an einem Inhalts- oder Erklärungsirrtum nach § 119 Abs 1 BGB leidet oder die Anerkennungserklärung aufgrund einer Täuschung oder Drohung abgegeben wurde (§ 123 BGB) **und der *Mann* die Vaterschaft anficht**, § 1600c Abs 2 BGB.

112 Zur Übergangsregelung des Art 224 § 1 Abs 5 EGBGB vgl Voraufl Rn 107.

j) Begründungserfordernis bei dem Anfechtungsantrag

113 Die **bloße Behauptung**, nicht Vater des Kindes zu sein, reicht nach verbreiteter Auffassung nicht aus, ein Vaterschaftsanfechtungsverfahren einzuleiten, in dem die Abstammung dann regelmäßig durch ein gerichtliches Gutachten geklärt wird. Vielmehr müsse der Antragsteller konkrete Umstände vortragen, die bei objektiver Betrachtung geeignet sind, Zweifel an der Vaterschaft zu wecken und die Abstammung des Kindes von einem anderen Mann als nicht ganz fernliegend erscheinen zu lassen.[260] Die Gegenansicht ließ in erster Linie mit Hinweis auf den im Verfahren geltenden Untersuchungsgrundsatz die bloße Be-

260 BGH FamRZ 1998, 955 = JZ 1999, 41 m abl Anm *Schlosser*, die vom BGH in der Entscheidung angeführte Begründung ebenfalls ablehnend *Knoche* FuR 2005, 348, 351; BGH FamRZ 2003, 155; BGHZ 162, 1 = FamRZ 2005, 340; ders FamRZ 2005, 342 = Kind-Prax 2005, 104 m Anm *Koritz*; vgl auch *Lindner* NVwZ 2005, 774 f; OLG Koblenz FamRZ 2007, 1675; BGH FamRZ 2008, 501 m abl Anm *Henrich;* vgl dazu auch *Born* FPR 2008, 181.

hauptung genügen, der Antragsteller sei nicht der Vater, und lehnte das Verlangen nach Darlegung eines **Anfangsverdachts** ab.[261]

Für die erste Auffassung spricht, dass es dem Antragsteller obliegt, Umstände substantiiert vorzutragen, aus denen sich die gesetzlichen Voraussetzungen der begehrten Rechtsfolge ergeben, während der mit einem solchen schlüssigen Antrag häufig fehlerhaft verquickte Begriff der Schlüssigkeit des Antrags nur die Bewertung und Rechtfertigung des Vortrages nach Maßgabe des materiellen Rechts beinhaltet.[262] Für die Schlüssigkeit des Antrags würde es folglich ausreichen, wenn der Antragsteller „ins Blaue hinein" behauptet, nicht Vater des Kindes zu sein, womit er es in der Hand hätte, rein willkürlich die Einbeziehung der Kindesmutter und des betreffenden Kindes in eine sachverständige Abstammungsbegutachtung zu veranlassen. Um einen Missbrauch des Instituts des Anfechtungsverfahrens zu verhindern, sollen deshalb konkrete, bei objektiver Betrachtung gegen die Vaterschaft sprechende Umstände vorzutragen sein. Solchen Anhaltspunkten sei dann im Verfahren von Amts wegen nachzugehen.

Die Diskussion über die Zulässigkeit und Verwertbarkeit privat bzw **heimlich eingeholter DNA-Vaterschaftsnachweise** im Vaterschaftsanfechtungsverfahren[263] machte indes die aus dieser Auffassung resultierenden Probleme deutlich (dazu ausführlich Voraufl Rn 108).

Nachdem sich auch das BVerfG mit Urteil vom 13.2.2007[264] gegen die Verwertung heimlich eingeholter Abstammungsgutachten ausgesprochen hatte und der Gesetzgeber der Aufforderung des Senats gefolgt ist und mit Wirkung vom 1.4.2008 ein rechtsförmiges Verfahren bereitgestellt hat, mit dem es zu-

---

261 Ua *Demharter* FamRZ 1985, 232, 235; *Mutschler* DAVorm 1996, 377 ff in einer Anm zur Entscheidung des OLG Hamm FamRZ 1996, 894; OLG München FamRZ 1987, 969; OLG Hamburg FamRZ 1997, 1171; dass OLGR 1997, 230; *Wellenhofer* FamRZ 2005, 665 ff; *Wolf* NJW 2005, 2417 ff; *Knoche* FuR 2005, 248 ff.

262 Näher dazu *Eckebrecht* MDR 1999, 71 f und *Knoche* FuR 2005, 348, 352 f.

263 Vgl *Rittner/Rittner* NJW 2002, 1745 ff; *Bohnert* FPR 2002, 383 ff; vgl auch OLG Jena FamRZ 2003, 944 sowie AG Korbach FamRZ 2005, 290, das eine Verwertung des Gutachtenergebnisses wegen zwischenzeitlich eingeräumtem Mehrverkehr für zulässig hielt; zur grundsätzlichen Zulässigkeit und gerichtlichen Verwertbarkeit privat veranlasster Abstammungsgutachten siehe auch *Reichelt/Schmidt/Schmidtke* FamRZ 1995, 777 ff.

264 BVerfGE 117, 202 = FamRZ 2007, 441 m Anm *Balthasar*; vgl auch die Besprechungsaufsätze von *Frank/Helms* FamRZ 2007, 1277 ff; *Fritsche* NJ 2007, 294 ff; *Brosius-Gersdorf* FPR 2007, 398 ff; *dies* NJW 2007, 806 ff; *Zuck* FPR 2007, 379 ff; *Borth* FPR 2007, 381 ff; *Klosinski* FPR 2007, 385 ff; *Schwab* FamRZ 2008, 23 ff; *Rotax* ZFE 2007, 124 ff; *Schwonberg* ZfF 2007, 177 ff; *Muscheler* FPR 2007, 389 ff; *Groß* FPR 2007, 392 ff; *Merkel* NJW-Spezial 2007, 468; *Klinkhammer* FF 2007, 128 ff; *Fröhlich* FF 2007, 134 f; *Willutzki* ZRP 2007, 180 ff; *Helms* StAZ 2008, 7 ff; *ders* FamRZ 2008, 1033 ff; *Zimmermann* FuR 2008, 323 ff.

mindest dem rechtlichen Vater, dem Kind und der Mutter möglich ist, die Abstammung unabhängig von einem die rechtliche Vaterschaft ggf beseitigenden Ergebnis zu klären (vgl Rn 124ff), hat sich die Situation entspannt.

114 Der Verwertung **im gerichtlichen Verfahren eingeholter Gutachten** steht aber nichts entgegen, weil diese nicht heimlich eingeholt wurden, und zwar selbst dann nicht, wenn der zugrunde liegende Beweisbeschluss auf einer fehlerhaften Anwendung des materiellen oder des Verfahrensrechts beruht und der Beschluss auf der Grundlage eines heimlich eingeholten DNA-Gutachtens erlassen wurde, das das Gericht als ausreichende Begründung für die Klageerhebung akzeptierte. Eine **Fernwirkung** im Hinblick auf die Verwertbarkeit eines in einem rechtsförmigen Verfahren nicht widerrechtlich, sondern gerichtlich eingeholten Gutachtens wurde verneint.[265]

3.6.2 Altes Recht im Überblick

115 Auch unter Geltung des bis zum 30.6.1998 anwendbaren Rechts war die kraft Ehe oder aufgrund Anerkennung vermutete Vaterschaft anfechtbar. Es wurde jedoch zwischen der **Anfechtung der Ehelichkeit** (§§ 1593ff BGB aF) und der **Anfechtung der Vaterschaftsanerkennung** (§§ 1600g ff BGB aF) differenziert.

116 Berechtigt, die **Ehelichkeit** anzufechten, waren

- der Mann, der kraft Ehe mit der Mutter als Vater des Kindes galt (§ 1594 BGB aF),
- die Eltern dieses Mannes nach seinem Tode, wenn dieser verstorben war, ohne dass er bis zu seinem Tode Kenntnis von der Geburt des Kindes erlangt hatte (§ 1595a Abs 1 BGB aF) oder wenn dieser innerhalb von zwei Jahren seit der Geburt des Kindes verstorben war, ohne die Ehelichkeit angefochten zu haben, es sei denn, der Mann wollte die Vaterschaft nicht anfechten (§ 1595a Abs 2 BGB aF),
- das Kind, § 1596 BGB aF.

Die erstmals durch das Familienrechtsänderungsgesetz vom 11.8.1961[266] geschaffene Möglichkeit der Anfechtung der Ehelichkeit durch das Kind war aber nur unter den in § 1596 BGB aF enumerativ aufgezählten Voraussetzungen zulässig. Im Mittelpunkt dieser Norm stand die Prämisse, dass es dem Kind nur dann gestattet sein sollte, die Ehelichkeit anzufechten, wenn die Ehe der Mutter mit dem Vater infolge des Todes des Mannes oder Scheidung, Aufhebung oder Nichtigerklärung der Ehe (§§ 16, 23

---

265 BGHZ 166, 283 = FamRZ 2006, 686 m Anm *Wellenhofer*; dazu auch *Spickhoff* NJW 2006, 1630, 1638; **aA** *Stylianidis* JR 2007, 1, 4f; OLG Celle FamRZ 2006, 54.
266 BGBl I S 1221.

EheG[267]) nicht mehr bestand bzw gescheitert war (§ 1596 Abs 1 Nr 1 bis 3 BGB aF). Darüber hinaus ließ das Gesetz die Ehelichkeitsanfechtung durch das Kind nur zu, wenn die Anfechtung wegen ehrlosen oder unsittlichen Lebenswandels oder wegen einer schweren Verfehlung des Mannes gegen das Kind (§ 1596 Abs 1 Nr 4 BGB aF) oder wegen einer schweren Erbkrankheit des Mannes sittlich gerechtfertigt war, § 1596 Abs 1 Nr 5 BGB aF.

Ein eigenes **Ehelichkeitsanfechtungsrecht hatte die Mutter** des Kindes nicht. 117
Ein Anfechtungsrecht gewährte das Gesetz der Mutter des Kindes nur hinsichtlich der **Anfechtung der Vaterschaftsanerkennung**, weil sie insoweit an der Konkretisierung der Vaterschaft nicht mitwirken konnte, ihre Rechte aber durch die Anerkennung berührt wurden, da der Mann, der die Vaterschaft anerkannt hatte, ein Verkehrsrecht erlangen konnte (§ 1711 BGB aF) und eine Ehelicherklärung (§§ 1723 ff BGB aF[268]) möglich wurde.

Für das minderjährige Kind konnte dessen **gesetzlicher Vertreter mit Genehmigung des Vormundschaftsgerichts** die Ehelichkeit anfechten, § 1597 Abs 1 BGB aF. Die gerichtliche Genehmigung sollte nur erteilt werden, wenn die Mutter des Kindes einwilligte, § 1597 Abs 3 BGB aF. 118

Hatte der gesetzliche Vertreter des Kindes die Ehelichkeit nicht rechtzeitig angefochten, konnte das volljährige Kind die Ehelichkeit in den Fällen des § 1596 Abs 1 Nr 1 bis 3 BGB aF binnen zwei Jahren ab Volljährigkeit selbst anfechten. Diese Zweijahresfrist begann **unabhängig von der Kenntnis des Kindes** von gegen die Vaterschaft des (ggf geschiedenen) Ehemannes sprechenden Umständen mit Eintritt der Volljährigkeit. Damit war eine Anfechtung durch das Kind nach Ablauf der Ausschlussfrist nur noch aus den in § 1596 Abs 1 Nr 4 und 5 BGB aF genannten Gründen zulässig.

Die Anfechtung war für alle Anfechtungsberechtigten **fristgebunden**. 119

Mit der Möglichkeit, die **Vaterschaftsanerkennung** anzufechten, trug das Gesetz dem Anspruch Rechnung, dass die Vaterschaftsanerkennung nur vom richtigen Mann stammen soll.[269] 120

Berechtigt, die **Vaterschaftsanerkennung** anzufechten, waren gem § 1600g Abs 1 BGB aF
- der Mann, der die Vaterschaft anerkannt hatte,
- die Mutter,

267 Das EheG wurde aufgehoben mit Wirkung vom 1.7.1998 durch Art 14 des Gesetzes zur Neuordnung des Eheschließungsrechts (Eheschließungsrechtsgesetz – EheschlRG) v 4.5.1998, BGBl I S 833.

268 Ersatzlos gestrichen mit Wirkung zum 1.7.1998 durch Art 1 Nr 48 KindRG.

269 OLG München FamRZ 1985, 530.

- das Kind sowie
- die Eltern des Mannes nach seinem Tode, wenn dieser innerhalb eines Jahres seit dem Wirksamwerden der Anerkennung verstorben war, ohne die Anerkennung angefochten zu haben, es sei denn, der Mann wollte die Anerkennung nicht anfechten, § 1600g Abs 2 BGB aF.

Für das noch minderjährige Kind konnte nur der gesetzliche Vertreter anfechten, der dazu auch der vormundschaftsgerichtlichen Genehmigung bedurfte, § 1600k Abs 1 S 2 BGB aF.

121 Die Anfechtung war für alle Anfechtungsberechtigten **fristgebunden**, §§ 1600h, 1600i BGB aF, wobei die Fristen nicht einheitlich geregelt waren.

122 Auch im **Beitrittsgebiet** konnte die kraft Ehe mit der Mutter bestehende und die durch Anerkennung festgestellte Vaterschaft innerhalb vom Gesetz vorgegebener Fristen angefochten werden, §§ 61ff FGB/DDR, §§ 59ff FGB/DDR.

Zur Anfechtung der aufgrund Ehe mit der Mutter vermuteten Vaterschaft waren berechtigt

- der Mann, dessen Vaterschaft kraft Ehe mit der Mutter bestand,
- die Mutter des Kindes sowie
- der Staatsanwalt, § 61 FGB/DDR.

Berechtigt, die durch Anerkennung festgestellte Vaterschaft anzufechten, waren

- der Vater, dessen Vaterschaft durch Anerkennung festgestellt war,
- die Mutter des Kindes und
- das Kind, vertreten durch den Vormund mit Zustimmung des Organs der Jugendhilfe, § 59 FGB/DDR.

Die **Anfechtungsfrist** begann ab Kenntnis von den gegen die Vaterschaft sprechenden Umständen, frühestens jedoch mit Geburt des Kindes und war für alle Anfechtungsberechtigten in § 62 FGB/DDR einheitlich auf ein Jahr bestimmt.

Der Staatsanwalt konnte ferner die Aufhebung eines Urteils beantragen, mit dem die Vaterschaft gerichtlich festgestellt worden war, wenn nach Rechtskraft des Urteils Tatsachen bekannt wurden, die gegen die festgestellte Vaterschaft sprachen, § 60 FGB/DDR.

Checkliste: Anfechtung der Vaterschaft 123

Wer (Anfechtungsberechtigte)?
- Mann, dessen Vaterschaft kraft Ehe oder Anerkennung besteht („*Scheinvater*")
- Kindesmutter
- Kind
- uU der Mann, der an Eides statt versichert, der Mutter während der Empfängniszeit beigewohnt zu haben (*genetischer Vater*)

Anfechtungsausschluss?
- Durch Mutter und/oder „Scheinvater" bei konsentierter heterologer Befruchtung, § 1600 Abs 5 BGB
- Durch „genetischen Vater" bei sozial-familiärer Beziehung zwischen Kind und „Scheinvater", § 1600 Abs 2 BGB

Wie
- Antrag (für Verfahren, die nach dem 31.8.2009 eingeleitet wurden[270]), §§ 169 Nr 4, 171 Abs 1 FamFG

Wann (Frist)?
- binnen 2 Jahren ab Kenntnis von gegen die Vaterschaft sprechenden Umständen, § 1600b Abs 1 BGB
- *Frühester* Fristbeginn:
  * Geburt des Kindes
  * ggf Wirksamkeit der Anerkennung
  * im Falle des § 1593 S 4 BGB: Rechtskraft der Anfechtungsentscheidung, § 1600b Abs 2 BGB
  * bei Anfechtung durch den „genetischen Vater": auch 30.4.2004, Art 229 § 10 EGBGB

  Maßgeblich ggf Kenntnis des gesetzlichen Vertreters des Anfechtungsberechtigten, § 166 Abs 1 BGB

Vertretung?
- Anfechtung durch Mann und Mutter
  Höchstpersönlich, § 1600a Abs 1, 2 S 1, 2, 5 BGB
  - verfahrensfähig trotz beschränkter Geschäftsfähigkeit, § 9 Abs 1 Nr 4 FamFG, § 1600a Abs 2 S 1 und 2 BGB

  bei Geschäftsunfähigkeit: gesetzlicher Vertreter, § 1600a Abs 2 S 3 BGB
- Anfechtung durch Kind
  Bis zur Volljährigkeit und bei Geschäftsunfähigkeit stets durch gesetzlichen Vertreter, § 1600a Abs 3 BGB
  Zulässigkeitsvoraussetzung bei Anfechtung durch gesetzlichen Vertreter: Anfechtung muss dem Wohl des Vertretenen dienen, § 1600a Abs 4 BGB

---

270 Zur Rechtslage hinsichtlich Verfahren, die vor dem 1.9.2009 anhängig gemacht wurden vgl Voraufl Rn 119.

Anwendbares Verfahrensrecht?
- FamFG

Zuständigkeit?
- Sachlich = AG als Familiengericht, §§ 23a Abs 1 S 1 Nr 1, 23b Abs 1 GVG, 111 Nr 3, 169 Nr 4 FamFG
- Örtlich = in erster Linie gewöhnlicher Aufenthalt des Kindes, § 170 FamFG
- Funktionell = Richter (keine Übertragung von Abstammungssachen auf den Rechtspfleger durch RPflG)

Entscheidungsform?
- Beschluss

Rechtsmittel?
- Befristete Beschwerde, §§ 58 ff FamFG, einzulegen binnen Monatsfrist beim AG

Rechtsmittelgericht?
Oberlandesgericht, § 119 Abs 1 Nr 1a GVG

3.7 Klärung der Abstammung unabhängig vom Anfechtungsverfahren

3.7.1 Allgemeines

124 Durch das am 1.4.2008 in Kraft getretene Gesetz zur Klärung der Vaterschaft unabhängig vom Anfechtungsverfahren vom 26.3.2008[271] wurde dem rechtlichen Vater, der Mutter und dem Kind das Recht eingeräumt, zur **Klärung der leiblichen Abstammung** des Kindes von den jeweils anderen beiden Personen zu verlangen, dass diese in eine **genetische Abstammungsuntersuchung einwilligen und die Entnahme einer für die Untersuchung geeigneten genetischen Probe dulden** (§ 1598a Abs 1 BGB).

Diese Regelung hat ihren Ursprung in der Entscheidung des BVerfG vom 13.2.2007[272], in der der Gesetzgeber aufgefordert wurde, zur Verwirklichung des auf Art 2 Abs 1 iVm Art 1 Abs 1 GG gestützten Rechts des rechtlichen Vaters auf Kenntnis der Abstammung des Kindes von ihm, ein geeignetes Verfahren allein zur Feststellung der Vaterschaft bereitzustellen. Das BVerfG folgte in der besag-

---

271 BGBl I S 441.

272 BVerfGE 117, 202 = FamRZ 2007, 441 m Anm *Balthasar* vgl auch die Besprechungsaufsätze von *Frank/Helms* FamRZ 2007, 1277 ff; *Fritsche* NJ 2007, 294 ff; *Brosius-Gersdorf* FPR 2007, 398 ff; *dies* NJW 2007, 806 ff; *Zuck* FPR 2007, 379 ff; *Borth* FPR 2007, 381 ff; *Klosinski* FPR 2007, 385 ff; *Schwab* FamRZ 2008, 23 ff; *Rotax* ZFE 2007, 124 ff; *Schwonberg* ZfF 2007, 177 ff; *Muscheler* FPR 2007, 389 ff; *Groß* FPR 2007, 392 ff; *Merkel* NJW-Spezial 2007, 468; *Klinkhammer* FF 2007, 128 ff; *Fröhlich* FF 2007, 134 f; *Willutzki* ZRP 2007, 180 ff; *Helms* StAZ 2008, 7 ff; *ders* FamRZ 2008, 1033 ff; *Zimmermann* FuR 2008, 323 ff.

ten Entscheidung der (ua) vom BGH[273] vertretenen Auffassung, nach der die Verwertung heimlich eingeholter genetischer Abstammungsgutachten wegen Verletzung des von Art 2 Abs 1 iVm Art 1 Abs 1 GG geschützten Rechts des betroffenen Kindes auf informationelle Selbstbestimmung im Vaterschaftsanfechtungsverfahren nicht in Betracht kommt (dazu näher Voraufl Rn 108). Das BVerfG stellte aber auch fest, dass das Grundgesetz nicht nur dem Kind ein Recht auf Kenntnis der eigenen Abstammung, sondern auch dem Mann das Recht auf Kenntnis einräumt, ob das Kind von ihm abstammt. Auch wenn dieses Recht sich im Anfechtungsverfahren allein nicht durchsetzen kann, weil der in ständiger Rechtsprechung vom BGH geforderte „Anfangsverdacht" nicht durch rechtswidrig erlangte Informationen in Form eines heimlich eingeholten DNA-Gutachtens dargelegt werden kann, kann die an der Vaterschaft zweifelnde, nach § 1598a Abs 1 BGB klärungsberechtigte Person sich rechtmäßig die zur „schlüssigen" Begründung des Anfechtungsantrags notwendigen Informationen verschaffen, ohne dass daran zugleich statusrechtliche Folgen geknüpft sind. Es mag dahinstehen, ob es tatsächlich auch in den Fällen, in denen die Vaterschaft des rechtlichen Vaters durch das eingeholte Gutachten praktisch ausgeschlossen wird, bei der bloßen Klärung der genetischen Verwandtschaft zwischen rechtlichem Vater und Kind bleibt oder ob nicht eher die anschließende Anfechtung der Vaterschaft die Regel sein wird. Jedenfalls dürfte allein von dem Verlangen, in eine Abstammungsbegutachtung einzuwilligen, der Familienfriede nicht weniger gefährdet sein, als von einem Vaterschaftsanfechtungsantrag,[274] auch wenn Ersteres keinen Einfluss auf die statusrechtliche Zuordnung des Kindes hat.

3.7.2 Die Grundzüge des Verfahrens zur isolierten Klärung der Abstammung gem § 1598a BGB

a) Klärungsanspruch, Klärungsberechtigte und -verpflichtete

Gem § 1598a Abs 1 S 1 BGB können 125

a) der (rechtliche) Vater von dem Kind und der (rechtlichen) Mutter,
b) die (rechtliche) Mutter von dem (rechtlichen) Vater und dem Kind und
c) das Kind von dem (rechtlichen) Vater und der (rechtlichen) Mutter

die Einwilligung in die Untersuchung und die Duldung der Entnahme einer für die Untersuchung geeigneten genetischen Probe verlangen.

273 FamRZ 2005, 340 und FamRZ 2005, 342.

274 So auch *Muscheler* FPR 2007, 389 f; *ders* FPR 2008, 257.

Zu den sowohl **Klärungsberechtigten als auch Klärungsverpflichteten** gehört auch die Mutter.[275] Sowohl die mütterliche Berechtigung als auch die Verpflichtung der Mutter sind auf Kritik gestoßen. Dem mütterlichen Klärungs*anspruch* wurde entgegengehalten, dass es zweifelhaft sei, ob aus ihrem Recht auf Persönlichkeitsentfaltung ein Recht auf Kenntnis der Abstammung des Kindes von seinem rechtlichen Vater hergeleitet werden könne.[276] Gegen ihre Pflicht, in eine Abstammungsuntersuchung einzuwilligen und eine Probeentnahme zu dulden, wurde vorgebracht, dass in den meisten Fällen bereits die Untersuchung der genetischen Proben von Vater und Kind eine nahezu sichere Feststellung der Abstammung des Kindes von seinem rechtlichen Vater bzw ihren nahezu sicheren Ausschluss erlaubt,[277] sodass unverständlich sei, warum der Gesetzgeber sich für eine uneingeschränkte Verpflichtung der Mutter entschieden hat.

Nicht einbezogen in den Kreis der **Klärungsberechtigten** und **-verpflichteten** ist der „nur" genetische Vater, der nicht rechtlicher Vater ist.[278] Ihm wurde trotz seines möglichen Interesses an der Gewissheit über die Vaterschaft kein Klärungsrecht eingeräumt, weil er das Vaterschaftsfeststellungsverfahren betreiben kann, wenn das Kind keinen rechtlichen Vater hat. Hat das Kind dagegen einen rechtlichen Vater, kann der Mann, der die (genetische) Vaterschaft für sich in Anspruch nimmt, die rechtliche Vaterschaft gem § 1600 Abs 1 Nr 2 BGB anfechten, mit der Folge, dass seine Vaterschaft bei erfolgreicher Anfechtung zwingend in der Entscheidung festzuhalten ist (vgl § 182 Abs 2 FamFG, dazu näher Rn 59). Es soll ihm hingegen zum Schutz der Familie verwehrt bleiben, allein mit seinem Klärungsinteresse Zweifel in eine funktionierende Familie hineinzutragen und so die soziale Familie durch ein isoliertes Klärungsbegehren zu zerstören.[279]

Auch die „nur" genetische Mutter, die nicht Mutter im Rechtssinne ist (§ 1591 BGB), gehört nicht zu dem Kreis derer, die einen Klärungsanspruch haben oder gegen die sich der Anspruch richtet.

Dadurch, dass weder der „nur" genetische Vater noch die „nur" genetische Mutter zu den (berechtigten und) verpflichteten Personen gehören, bleibt das Recht auf „Klärung der Abstammung" trotz des vielversprechenden Titels des

---

275 So auch *Sonnenfeld* Rpfleger 2010, 57 f mwN.

276 *Muscheler* FPR 2008, 257 f.

277 *Wellenhofer* NJW 2008, 1185, 1187 und *Muscheler* FPR 2008, 257 f.

278 BVerfG FamRZ 2008, 2257; OLG Nürnberg FamRZ 2014, 401; *Sonnenfeld* Rpfleger 2010, 57 f mwN; krit insoweit *Wellenhofer* NJW 2008, 1185 ff die daraus zu Recht ableitet, dass die Einholung heimlicher Gutachten daher auch weiterhin im Raum steht; ebenfalls krit *Helms* FamRZ 2010, 1, 7 f; *Muscheler* FPR 2008, 257 f.

279 Krit zu diesen Argumenten ua MünchKomm BGB/*Wellenhofer* § 1598a Rn 10.

Gesetzes von vornherein auf die Klärung der leiblichen Abstammung des Kindes von seinen rechtlichen Eltern beschränkt. Andererseits gestattet das neue Recht auch die Klärung der Abstammung des Kindes von seiner rechtlichen Mutter, auch wenn dies ausweislich der Gesetzesmaterialien nicht das Ziel der Regelung war (näher Rn 129).

Der Anspruch auf Einwilligung und Duldung der Entnahme einer für die Untersuchung geeigneten genetischen Probe ist **unbefristet** und an **keine besonderen Voraussetzungen** gebunden.[280] Auf ihn findet materiell-rechtlich lediglich die allgemeine Schranke missbräuchlicher Rechtsausübung Anwendung.[281] Auch unterliegt der Klärungsanspruch nicht der Verjährung (§ 194 Abs 2 Alt 2 BGB). Damit wurde dem Umstand Rechnung getragen, dass der Anspruch auf Einwilligung in eine Abstammungsuntersuchung der Vorbereitung der Anfechtung der Vaterschaft dienen kann, die als Gestaltungsrecht ebenfalls nicht der Verjährung unterliegt.

Neben dem Anspruch auf eine **vorherige Zustimmung** ist der Anspruch auf **Duldung der Entnahme einer für die Untersuchung geeigneten genetischen Probe** gerichtet. Nach den Grundsätzen der Bundesärztekammer für die Erstattung von Abstammungsgutachten aus dem Jahr 2002[282] soll in der Regel eine Blutprobe als Untersuchungsmaterial dienen, da nur diese eine optimale Analysemöglichkeit bietet. In begründeten Ausnahmefällen kann ein Mundschleimhautabstrich verwendet werden. Gem § 1598a Abs 1 S 2 BGB muss die Probe nach den anerkannten Grundsätzen der Wissenschaft entnommen werden. Die Personen, denen die genetische Probe entnommen werden soll, müssen sich folglich gegenüber dem die Probeentnahme durchführenden Arzt oder Labor durch gültige amtliche Ausweise mit Lichtbild bzw Kinder ggf durch Geburtsurkunde **legitimieren**, was auch zu **dokumentieren** ist. Seit dem Inkrafttreten des Gendiagnostikgesetzes (1.2.2010)[283] ist zudem die Vorgabe des § 17 GenDG zu beachten.[284] Das bedeutet ua, dass eine Abstammungsbegutachtung nur nach vorheriger Aufklärung und Zustimmung des Betroffenen bzw seines gesetzlichen Vertreters stattfinden darf, wobei Letztere gerichtlich ersetzbar ist.

---

280 OLG Koblenz FamRZ 2014, 406 mwN.

281 OLG München FamRZ 2011, 1878 m krit Anm *Rauscher* FamFR 2011, 359; während *Wellenhofer* (NJW 2008, 1185, 1187) davon ausgeht, dass die Wahrnehmung nur selten gegen Treu und Glauben verstoßen wird, hält *Helms* (FamRZ 2008, 1033 ff) es für durchaus denkbar, dass der Anspruchsberechtigte den Anspruch aus § 1598a BGB dazu missbraucht, Familienmitglieder zu schikanieren oder fixe Ideen zu verfolgen.

282 Siehe FamRZ 2002, 1159 ff.

283 Gesetz über genetische Untersuchungen bei Menschen (Gendiagnostikgesetz – GenDG) v 31.7.2009, BGBl I S 2529.

284 Näher dazu Helms/Kieninger/*Rittner* Rn 313.

126 Wird die Einwilligung erteilt und die Probeentnahme geduldet, hat auch ein die Vaterschaft praktisch ausschließendes Ergebnis für sich **genommen keinen Einfluss auf die rechtliche Vaterschaft**. Allerdings kann ein wissenschaftlichen Grundsätzen entsprechendes, mit Einverständnis der anderen Beteiligten eingeholtes Gutachten gem § 177 Abs 2 S 2 FamFG mit Zustimmung der Beteiligten in einem späteren Vaterschaftsanfechtungsverfahren verwendet werden. Es kommt bei außergerichtlicher Einigung über die Begutachtung also nur dann zu einer gerichtlichen Befassung mit der Angelegenheit, wenn (anschließend) ein Vaterschaftsanfechtungsverfahren auf der Grundlage des eingeholten Gutachtens betrieben wird.

Willigen die Personen, gegen die sich der Klärungsanspruch richtet, hingegen nicht ein, hat das Familiengericht gem § 1598a Abs 2 BGB auf **Antrag des Klärungsberechtigten** eine nicht erteilte **Einwilligung zu ersetzen und die Duldung einer Probeentnahme anzuordnen.**

Auch die Ersetzung und die Anordnung der Duldung sind nach dem Willen des Gesetzgebers weder fristgebunden noch von einer besonderen Voraussetzung abhängig. Der Antrag muss daher auch nicht begründet werden.

Da die Antragsgegner den in § 1598a Abs 1 BGB normierten Klärungspflichten nur dann nachkommen müssen, wenn die Entnahme der Probe nach den anerkannten Grundsätzen der Wissenschaft gesichert ist, muss der Antragsteller im gerichtlichen Verfahren allerdings darlegen, durch welche Einrichtung die Probeentnahme erfolgen soll und dass diese den Anforderungen gerecht wird.[285] Um vollstreckungsfähig zu sein (vgl dazu Rn 132), muss der gerichtliche Beschluss hinsichtlich der Art der zu entnehmenden genetischen Probe schließlich auch bestimmt genug sein.[286]

127 **Dem Kind ist im gerichtlichen Klärungsverfahren stets ein Ergänzungspfleger** zu bestellen, wenn es unter elterlicher Sorge steht, weil das Kind im Klärungsverfahren nicht von seinen Eltern vertreten werden kann, § 1629 Abs 2a BGB. Einigen sich die Eltern außergerichtlich, bedarf es dagegen keiner Pflegerbestellung.[287] Eine Entziehung der Vertretungsmacht nach §§ 1629 Abs 2 S 3 iVm 1796 BGB wegen erheblicher Interessenkollision (näher dazu Rn 471 ff),[288] etwa wenn die allein sorgeberechtigte Mutter die Aufdeckung der genetischen Vaterschaft aus persönlichen Gründen verhindern will,[289] dürfte nur selten in Betracht kommen, weil der klärungsberechtigte Elternteil aus eigenem Recht

285 So zu Recht *Borth* FPR 2007, 381, 383.

286 *Hammermann* FamRB 2008, 150, 152; *Muscheler* FPR 2008, 257, 260 f.

287 Vgl auch OLG Koblenz FamRZ 2014, 406.

288 So BT-Drucks 16/6561 S 15; *König* ZKJ 2007, 340 f.

289 Vgl *Rauscher* Rn 1058.

einen Antrag nach § 1598a Abs 2 BGB stellen und die Ersetzung der Einwilligung des im Verfahren von einem Ergänzungspfleger vertretenen Kindes und des sich weigernden Elternteils damit erreichen kann. Denn dieser Elternteil wird die Zustimmung nicht nur als Vertreter seines Kindes, sondern auch aus eigenem Recht verweigern, sodass durch die Entziehung der Vertretungsmacht mit anschließender Pflegerbestellung für das Kind allein nichts gewonnen wäre. Aber auch, wenn der Pfleger allein im Interesse des Kindes bestellt würde, weil beide Elternteile die Klärung der Abstammung verhindern wollen, könnte er außergerichtlich nichts erreichen und müsste daher einen Antrag gem § 1598a Abs 2 BGB stellen (vgl auch Rn 479).

Der Pflicht zur Mitwirkung entspricht das ausdrücklich in § 1598a Abs 4 S 1 BGB normierte Recht auf Information über das Ergebnis der Begutachtung. Die Personen, die in eine genetische Abstammungsuntersuchung eingewilligt und die Probe geduldet haben, können demnach von dem Klärungsberechtigten **Einsicht in das Gutachten oder eine Aushändigung einer Abschrift** verlangen. Über Streitigkeiten aus § 1598a Abs 4 S 1 BGB entscheidet das Familiengericht (§ 1598a Abs 4 S 2 BGB). 128

Da § 1598a BGB die Klärung der Abstammung zum Ziel hat, ohne dass daran statusrechtliche Folgen geknüpft sind, kann in diesem Verfahren trotz der systematischen Stellung der Vorschrift und dem Titel des Gesetzes („... Klärung der *Vaterschaft* ...“), nicht nur der Anspruch auf Klärung der genetischen Vaterschaft des rechtlichen Vaters tituliert und durchgesetzt werden, sondern auch der auf Klärung der genetischen **Abstammung des Kindes von seiner rechtlichen Mutter** (§ 1591 BGB).[290] 129

b) Aussetzung des gerichtlichen Klärungsverfahrens

Das Gericht hat das **Klärungsverfahren auszusetzen**, wenn und solange die Klärung der leiblichen Abstammung eine erhebliche Beeinträchtigung des Wohls des minderjährigen Kindes zur Folge haben würde, die auch unter Berücksichtigung der Belange des Klärungsberechtigten für das Kind unzumutbar wäre, § 1598a Abs 3 BGB. Mit dieser Aussetzung wird die Klärung nicht endgültig ausgeschlossen. Verhindert werden soll durch diese Aussetzungsmöglichkeit nur, dass der Anspruch des Klärungsberechtigten **zur Unzeit** tituliert und durchgesetzt werden kann. Gedacht ist hier an solche Fälle, in denen das Abstammungsgutachten aufgrund **außergewöhnlicher Umstände** atypische, be- 130

290 So auch *Schwab* FamRZ 2008, 23f; *Borth* FPR 2007, 381f; *Wellenhofer* NJW 2008, 1185, 1189; *dies* in MünchKomm § 1598a Rn 14; *Helms* FamRZ 2008, 1033; zweifelnd *Muscheler* FPR 2008, 257, 259.

sonders schwere Folgen für das Kind auslöst.[291] In Betracht kommen dafür insbesondere psychische und physische Gründe in der Person des Kindes, die dazu führen können, dass das Ergebnis des Gutachtens das Kind außergewöhnlich belastet (zB Suizidgefahr oder Gefahr der gravierenden Verschlechterung einer bereits bestehenden schweren Krankheit).[292]

Die Aussetzung wird daher nur ausnahmsweise in Betracht kommen und die Dauer hängt stets vom Einzelfall ab. Ggf ist dazu ein Gutachten einzuholen.[293]

Das Gericht kann die Aussetzung entweder von vornherein befristen oder von Amts wegen in regelmäßigen Zeitabständen überprüfen, ob der Aussetzungsgrund noch besteht und andernfalls das Verfahren wieder aufnehmen. Auch kann der Klärungsberechtigte anregen, dass das Verfahren wieder aufgenommen wird und das Gericht auf diese Weise zu einer Überprüfung veranlassen, wenn er der Meinung ist, dass der Aussetzungsgrund entfallen sei.

c) Durchführung der Abstammungsuntersuchung

131 Die **Abstammungsuntersuchung** wird auch dann nicht vom Gericht, sondern von **dem Klärungsberechtigten in Auftrag gegeben**, wenn das Gericht die Einwilligung ersetzt und die Duldung der Probeentnahme angeordnet hat. Die Wahl der Untersuchungsmethode und des Anbieters ist ihm freigestellt. Allgemeine Qualitätsanforderungen für die Untersuchung der genetischen Probe hat der Gesetzgeber trotz heftiger Kritik[294] nicht in das Gesetz aufgenommen, um die Attraktivität des Klärungsverfahrens nicht durch erhöhte Anforderungen vor allem kostenrechtlicher Art zu mindern.[295] Die Schaffung entsprechender Qualitätsstandards sollte vielmehr einem zunächst nur geplanten Gendiagnostikgesetz vorbehalten bleiben, das schließlich auch im Juni 2009 verabschiedet wurde und am 1.2.2010 in Kraft getreten ist.[296]

Gem § 177 Abs 2 S 2 FamFG kann das Gericht mit Einverständnis der Beteiligten auch das mit Zustimmung der Beteiligten privat eingeholte Gutachten als Beweis verwenden. Allerdings kommt die Verwendung des Gutachtens in einem späteren Anfechtungsverfahren nur dann in Betracht, wenn das Gericht keine

---

291 Siehe auch OLG Koblenz FamRZ 2014, 406; OLG Karlsruhe FamRZ 2012, 1248.

292 BT-Drucks 16/6561 S 13.

293 MünchKomm BGB/*Wellenhofer* § 1598a Rn 17.

294 Vgl etwa die Stellungnahme des Bundesrates zum Gesetzentwurf, BT-Drucks 16/6561 S 19.

295 BT-Drucks 16/6649 (= Gegenäußerung der Bundesregierung zur Stellungnahme des Bundesrates).

296 Gesetz über genetische Untersuchungen bei Menschen (Gendiagnostikgesetz – GenDG), BGBl I S 2529; dazu näher Helms/Kieninger/*Rittner* Rn 313.

Zweifel an der Richtigkeit und Vollständigkeit der im Gutachten getroffenen Feststellungen hat, sodass auch das privat eingeholte Abstammungsgutachten den gleichen Qualitätsanforderungen genügen muss, wie ein vom Gericht in Auftrag gegebenes.

d) Vollstreckung und Ausschluss der Vollstreckung

Anders als bei der nach § 1598a Abs 2 BGB angeordneten Duldung einer nach 132
anerkannten Grundsätzen der Wissenschaft durchzuführenden Probeentnahme, bedarf es hinsichtlich der Ersetzung der Einwilligung keiner Vollstreckungsmaßnahme, da die familiengerichtliche Entscheidung, mit der die Ersetzung der Einwilligung ausgesprochen wurde, mit Rechtskraft unmittelbar rechtsgestaltende Wirkung entfaltet.[297] Im Übrigen ist der durch rechtskräftigen Beschluss titulierte Anspruch auf Duldung einer solchermaßen durchzuführenden Probeentnahme auf Antrag des Berechtigten gem §§ 86 Abs 1 Nr 1, 95 Abs 1 Nr 3, Nr 4 FamFG iVm §§ 880 ff ZPO volltreckbar. Die Verpflichtung zum Erscheinen bei dem ausgewählten Institut kann folglich gem § 95 Abs 1 Nr 3 FamFG iVm § 888 ZPO mit **Zwangsmitteln** durchgesetzt werden, während die Duldung der Probeentnahme gem § 95 Abs 1 Nr 4 FamFG iVm § 890 ZPO durch Verhängung von **Ordnungsmitteln** vollstreckt werden kann.[298] Bei wiederholter unberechtigter Verweigerung der Untersuchung kann auch unmittelbarer Zwang, insbesondere die **zwangsweise Vorführung zur Untersuchung** aufgrund einer **besonderen Verfügung des Familiengerichts**, das die Entscheidung erlassen hat, angeordnet werden, § 96a Abs 2 FamFG.

Die **Vollstreckung** der Duldung einer **Probenentnahme** ist jedoch dann **ausgeschlossen**, wenn die Art der Probeentnahme der Person nicht zugemutet werden kann, die die Probeentnahme zu dulden hat, § 96a Abs 1 FamFG. Davon ist dann auszugehen, wenn durch die Art der Probeentnahme gesundheitliche Schäden für diese Person zu befürchten sind.[299] Da das Gesetz seit dem Inkrafttreten des FamFG am 1.9.2009 kein besonderes Verfahren mehr vorsieht, in dem über die Rechtmäßigkeit einer Verweigerung zu entscheiden ist, sind die Gründe für eine Verweigerung durch **sofortige Beschwerde** gem § 87 Abs 4 FamFG iVm §§ 567–572 ZPO geltend zu machen. Die sofortige Beschwerde kann eingelegt werden gegen die Verhängung von Zwangs- und/oder Ordnungsmitteln (§ 95 Abs 1 Nr 3, 4 FamFG iVm §§ 888, 890, 891 ZPO) oder die Anordnung unmit-

297 *Borth* FPR 2007, 381, 385; *Helms* FamRZ 2008, 1033, 1035.
298 So auch *Sonnenfeld* Rpfleger 2010, 57, 61 mwN.
299 BT-Drucks 16/6561 S 16.

telbaren Zwangs gem § 96a Abs 2 FamFG.[300] Die Frist für die sofortige Beschwerde beträgt gem § 569 Abs 1 S 1 ZPO **zwei Wochen.**

e) Verfahrensrechtliche Regelungen im Überblick

133 Das Verfahren nach § 1598a Abs 2 BGB ist **Abstammungssache** nach § 169 Nr 2 FamFG. Gleiches gilt hinsichtlich einer Entscheidung des Familiengerichts nach § 1598a Abs 4 S 2 BGB, wonach das Familiengericht über Streitigkeiten über eine von dem Klärungsverpflichteten verlangte Einsicht oder Aushändigung einer Abschrift des nach Einwilligung und Duldung der Untersuchung erstellten Abstammungsgutachtens zu entscheiden hat. Auch insoweit handelt es sich um eine Abstammungssache (§ 169 Nr 3 FamFG), auf die das Recht der freiwilligen Gerichtsbarkeit Anwendung findet.

134 Vor einer Entscheidung über die Ersetzung der Einwilligung und die Anordnung der Duldung der Probeentnahme soll das Familiengericht **beide Elternteile** und ein **Kind**, das das 14. Lebensjahr vollendet hat, persönlich, dh **mündlich anhören**, § 175 Abs 2 S 1 FamFG. Ein Kind, das jünger ist, kann das Familiengericht persönlich anhören, § 175 Abs 2 S 2 FamFG.[301] Gem § 176 Abs 1 S 2 FamFG kann das Gericht auch das **Jugendamt** vor einer Entscheidung nach § 1598a Abs 3 BGB hören, wenn ein Beteiligter minderjährig ist.[302]

135 Entscheidungen nach § 1598a Abs 2 BGB werden erst **mit Rechtskraft wirksam**, § 184 Abs 1 S 1 FamFG.

136 Gegen **Endentscheidungen** nach § 1598a Abs 2 und Abs 4 BGB ist gem §§ 116 Abs 1, 111 Nr 3, 169 Nr 2, 58 FamFG die **befristete Beschwerde** gegeben, einzulegen durch Einreichung einer Beschwerdeschrift oder zur Niederschrift der Geschäftsstelle (§ 64 Abs 1 FamFG) binnen **Monatsfrist** (§ 63 Abs 1 FamFG) bei dem Amtsgericht, dessen Beschluss angefochten wird (§ 64 Abs 1 FamFG). Über die Beschwerde entscheidet das Oberlandesgericht (§ 119 Abs 1 Nr 1a GVG); ein Abhilferecht des Familiengerichts besteht nicht, § 68 Abs 1 S 2 FamFG. Gegen die Aussetzung des Verfahrens ist dagegen analog § 21 Abs 2 FamFG iVm §§ 567 ff ZPO die ***sofortige* Beschwerde** gegeben,[303] weil es sich nicht um eine Endent-

---

300 Keidel/*Giers* § 96a Rn 4.

301 Krit hierzu *Zimmermann* FuR 2008, 374, 380.

302 Bork/Jacoby/Schwab/*Löhnig* § 176 Rn 5; näher dazu MünchKomm FamFG/*Coester-Waltjen/Hilbig-Lugani*, § 176 Rn 2, 5; **aA** Keidel/*Engelhardt* (§ 176 Rn 4), der die Anhörungsmöglichkeit des § 176 Abs 1 S 2 FamFG nur auf Vaterschaftsanfechtungsverfahren bezieht.

303 Palandt/*Brudermüller* § 1598a Rn 11; unklar Staudinger/*Rauscher* § 1598a Rn 42, der die „Beschwerde" für gegeben hält, in Bezug auf die Anwendbarkeit von § 21 Abs 2 FamFG aber zweifelt; **aA** MünchKomm BGB/*Wellenhofer* § 1598a Rn 18 und jurisPK-BGB/*Nickel* § 1598a Rn 23, die die befristete Beschwerde gem § 58 FamFG für gegeben halten.

scheidung handelt. Diese unterscheidet sich von der ***befristeten* Beschwerde** gem § 58 FamFG ua dadurch, dass die Frist zur Einlegung der sofortigen Beschwerde „nur" **zwei Wochen** beträgt. Gleiches gilt hinsichtlich einer Entscheidung, mit der die Vollstreckung der Duldung einer Probe ausgeschlossen oder die Ausschließung der Vollstreckung abgelehnt wurde.[304]

Wird die gem § 1598a Abs 3 BGB begehrte Aussetzung des Verfahrens abgelehnt, kann diese Entscheidung nur mit der Endentscheidung mit befristeter Beschwerde (§§ 58 ff FamFG) angegriffen werden.[305]

Hinsichtlich der Beschwerdeberechtigung gegen **Endentscheidungen** ist über § 59 FamFG hinaus auch § 184 Abs 3 FamFG zu beachten, der das Beschwerderecht auf diejenigen Personen erweitert, die an dem Verfahren beteiligt waren oder zu beteiligen gewesen wären.

Sachlich und örtlich ist in erster Linie das Amtsgericht (§§ 23a Abs 1 S 1 137
Nr 1, 23b Abs 1 GVG iVm §§ 111 Nr 3, 169 Nr 2 FamFG) zuständig, in dessen Bezirk das Kind seinen gewöhnlichen Aufenthalt hat, § 170 Abs 1 FamFG. **Funktionell** ist seit Inkrafttreten des FGG-RG, mit dem die Einordnung als Abstammungssache und die Anpassung des RPflG erfolgte, der Richter zuständig, da das RPflG in Bezug auf Abstammungssachen keine Rechtspflegerzuständigkeit enthält (zur Rechtspflegerzuständigkeit nach dem bis zum 31.8.2009 geltenden Recht vgl Voraufl Rn 119o).

f) Die Übergangsregelung des Art 229 § 17 EGBGB

Gem Art 229 § 17 EGBGB ist im Falle der **rechtskräftigen Abweisung** einer Kla- 138
ge auf Anfechtung der Vaterschaft **wegen Fristablaufs** eine Restitutionsklage nach § 641i ZPO[306] auch dann nicht statthaft, wenn ein nach § 1598a BGB eingeholtes Abstammungsgutachten die Abstammung widerlegt. Damit wurde klargestellt, dass eine Restitution nach § 641i ZPO nicht stattfand, wenn sich die rechtskräftige Abweisung der Vaterschaftsanfechtungsklage darauf stützte, dass die Anfechtungsfrist bereits abgelaufen war. Eine Restitutionsklage sollte im Interesse der Rechtssicherheit und -klarheit vielmehr auf Fälle der **sachlichen Unrichtigkeit** beschränkt bleiben, dh also auf solche, in denen die frühere Entscheidung **aus Beweisgründen rechtskräftig abgewiesen** wurde, weil die Vermutung des § 1600c BGB nicht widerlegt werden konnte oder ein nach wissenschaftlichen Grundsätzen unzureichendes Abstammungsgutachten

---

304 *Borth* FPR 2007, 381, 385.

305 MünchKomm BGB/*Wellenhofer* § 1598a Rn 18.

306 Die Vorschrift wurde mit Wirkung vom 1.9.2009 aufgehoben durch Art 29 Nr 15 FGG-RG.

vorlag.[307] Diese Grundsätze bleiben bestehen, beziehen sich aber nach Änderung der verfahrensrechtlichen Behandlung, nach der eine Vaterschaftsanfechtung nicht mehr im Klagewege, sondern durch Antrag im Verfahren der freiwilligen Gerichtsbarkeit erfolgt, auf § 185 FamFG, der einen **Restitutionsantrag** gegen einen rechtskräftigen Beschluss ebenfalls nur aufgrund sachlicher Unrichtigkeit für statthaft erklärt.

4. Rechtliche Elternschaft für im Ausland geborene Leihmütterkinder

139 Insbesondere in Bezug auf im Ausland stattfindende **Leihmutterschaften** stellte sich in letzter Zeit häufiger die Frage, wem das Kind rechtlich zuzuordnen ist. Denn Paare, denen dieser Weg im Inland verwehrt ist (siehe Rn 6), weichen vermehrt ins Ausland aus, um dort erlaubte medizinische Fortpflanzungsmethoden zu nutzen und Leihmutterschaftsverträge zu schließen.[308] Probleme können sich daraus ergeben, dass die **Wunscheltern**, dh die Personen, die im Ausland eine Leihmutter beauftragt haben, mit dem Kind nach Deutschland einreisen (wollen)[309] und hier die Anerkennung ihrer rechtlichen Elternstellung begehren.

140 Es ist klar, dass abstammungsrechtliche Unsicherheiten den Kindern schaden, zB wenn hierdurch ihre Einreise verhindert wird und die Staatsangehörigkeit unklar ist. Inzwischen besteht deshalb Einvernehmen, dass im Kindesinteresse die abstammungsrechtliche Zuordnung und damit die elterliche Sorge im Inland geregelt werden muss, selbst wenn die Art der Geburt der im Ausland geborenen Kinder von Leihmüttern abgelehnt wird, weil das in Deutschland geltende Verbot der Leihmutterschaft nicht zulasten der Kinder gehen darf.[310] Auch der EuGHMR[311] hat in zwei Entscheidungen ausdrücklich darauf hingewiesen, dass die Interessen des Kindes Vorrang haben und dass bei der Begründung des Elternstatus das Recht des Kindes auf Achtung seines Privatlebens nach Art 8 Abs 1 MRK zu berücksichtigen ist.

141 Zutage treten die Probleme ua, wenn die Nachbeurkundung der Geburt des Kindes (§ 36 Abs 1 S 1 Hs 1 PStG) in Deutschland abgelehnt wird, weil die

---

307 BT-Drucks 16/6561 S 17.

308 *Heiderhoff* NJW 2014, 2673; *Helms* FamRZ 2015, 245 = „blühenden Leihmutterschaftstourismus“ (in einer Anm zur Entscheidung des BGH); näher dazu auch *Dethloff* JZ 2014, 922 ff.

309 Siehe dazu die von *Helms* (FF 2015, 234, 236 f) eindrucksvoll geschilderte Konstellation.

310 *Heiderhoff* NJW 2014, 2673.

311 Urteile vom 26.6.2014 – Beschwerden Nr 65192/11 (Menneson) und Nr 65941/11 (Labassie) – Zusammenfassung FamRZ 2014, 1525 m Anm *Frank*; siehe auch den Besprechungsaufsatz von *Engel* StAZ 2014, 535 ff.

Wunscheltern nach deutschem Recht nicht rechtliche Eltern sind, das Kind aber nach ausländischem Recht den Wunscheltern statusrechtlich zugeordnet ist.

Zu unterscheiden sind insoweit zwei Konstellationen:

Zum einen können die Wunscheltern die rechtliche Elternstellung durch eine **gerichtliche Entscheidung im Geburtsstaat** des Kindes erhalten haben.[312] In diesem Fall stellt sich in Deutschland lediglich die Frage der Anerkennung der ausländischen Entscheidung nach §§ 108 ff FamFG, die nur zu versagen ist, wenn die Entscheidung mit wesentlichen Grundsätzen des deutschen Rechts offensichtlich unvereinbar, insbesondere wenn die Anerkennung mit den Grundrechten unvereinbar ist (**ordre-public-Verstoß**), § 109 Abs 1 Nr 4 FamFG.

Zum anderen könnte das Kind den Wunscheltern im Geburtsstaat kraft Gesetzes oder aufgrund einer einfachen verwaltungsgerichtlichen Eintragung zugeordnet sein. Dann liegt keine der Anerkennung gem §§ 108 ff FamFG zugängliche Entscheidung vor und die Elternschaft ist nach kollisionsrechtlichen Regeln (Art 19 EGBGB) zu bestimmen.[313] Ist danach ausländisches Recht maßgeblich, kommt es aber ebenfalls darauf an, ob die ausländische Bestimmung im Ergebnis gegen den deutschen ordre public verstößt (Art 6 EGBGB).

Mit der Anerkennung einer ausländischen Entscheidung hatte sich der 142
BGH[314] zu befassen.

Der BGH-Entscheidung lag folgender Sachverhalt zugrunde. Zwei deutsche eingetragene Lebenspartner hatten eine unverheiratete US-amerikanische Leihmutter beauftragt. Die Eizelle stammte von einer anderen Frau, die Samenzelle von einem der „Wunschväter". Der genetische Vater des Kindes hatte die Vaterschaft anerkannt. Die gemeinsame Elternschaft beider Wunschväter war von einem kalifornischen Gericht festgestellt worden.

In seiner sorgsam begründeten Entscheidung stellte der BGH fest, dass jedenfalls dann kein Verstoß gegen den deutschen ordre public vorliegt, wenn wie in dem zu entscheidenden Fall ein **Wunschelternteil** mit dem Kind – im Unterschied zur Leihmutter – **genetisch verwandt** ist.

Die Vaterschaft des Lebenspartners, der die Vaterschaft anerkannt hatte, wäre auch bei Anwendung deutschen Rechts unproblematisch (§ 1592 Nr 2 BGB), was aber nicht dazu führt, dass es für eine Anerkennung der ausländi-

---

312 Näher *Duden* StAZ 2014, 164 f.

313 Vgl hierzu BVerfG NJW-RR 2013, 1 und die von *Helms* (FF 2015, 234, 236 f) behandelten Grundsätze; einen Überblick über das deutsche Internationale Abstammungsrecht und über den Reformbedarf gibt *Siehr* (in FS Coester-Waltjen S 769 ff).

314 FamRZ 2015, 240 m Anm *Helms* = Rpfleger 2015, 268; weitere Anm *Heiderhoff* NJW 2015, 485; *Schwonberg* FamRB 2015, 56; *Zwißler* NZFam 2015, 112; *Hilbig-Lugani* LMK 2015, 367522; *Coester-Waltjen* FF 2015, 186 ff und *Henrich* IPRax 2015, 229 ff.

schen Entscheidung an einem Rechtschutzbedürfnis fehlt, weil die Vaterschaft auch nach deutschem Recht festgestellt werden könnte.[315] Ausführlicher zu befassen hatte sich der BGH deshalb mit dem „Co-Vater“[316].

Letztlich wurde die Sichtweise des EuGHMR berücksichtigt und unter Abwägung verfassungsrechtlicher Vorgaben entscheidend auf die Rechte des Kindes aus Art 2 Abs 1 iVm Art 6 Abs 2 GG abgestellt, welche auch das Recht des Kindes auf rechtliche Zuordnung zu beiden (Wunsch-)Eltern gewährleisten. Zum Kindeswohl gehört auch die verlässliche rechtliche Zuordnung zu den Eltern als den Personen, die für sein Wohl und Wehe kontinuierlich Verantwortung übernehmen.[317] Insbesondere, wenn die Leihmutter – die aus deutscher Sicht gem § 1591 BGB die Mutter des Kindes ist – eine Elternstellung zu dem Kind weder tatsächlich einnehmen will noch nach der ausländischen Entscheidung, deren Anerkennung im Raum steht, einnimmt, läge eine rechtliche Zuordnung des Kindes zu beiden Wunscheltern damit auch aus verfassungsrechtlichen Gründen näher.

Zu begrüßen ist, dass der Senat unter Hinweis auf das Urteil des BVerfG[318] vom 19.2.2013 unmissverständlich festgestellt hat, dass es für die Anerkennung keinen Unterschied macht, ob die ausländische Entscheidung gleich- oder verschiedengeschlechtlichen Personen die Elternstellung zuweist, da die Verhältnisse einer eingetragenen Lebenspartnerschaft das Aufwachsen von Kindern ebenso fördern können wie die einer Ehe.

Die Entscheidung lässt sich zwar nicht auf alle Leihmutterschaftskonstellationen übertragen, sie enthält gleichwohl einige grundsätzliche Wertungen, die in die richtige Richtung weisen. Daneben wird deutlich, dass (weiterhin) gesetzgeberischer Bedarf besteht, für alle von Leihmüttern geborene Kinder insgesamt rechtlich überzeugende Regelungen zu schaffen.[319] Offen ist insbesondere die Beurteilung der vom BGH explizit ausgeklammerten Leihmutterschaftsfälle mit genetisch nicht verwandten Wunscheltern und einer genetisch verwandten Leihmutter.[320]

143 Schließlich lassen auch Entscheidungen zu der Frage, ob ein Kind auch kraft Gesetzes, dh nicht nur durch Adoption durch eingetragene Lebenspartner

---

315 OLG Düsseldorf FamRZ 2015, 1638.

316 *Heiderhoff* (in Anm zur BGH Entscheidung) NJW 2015, 485.

317 BVerfG FamRZ 2013, 521; zu dem Aspekt des Kindeswohls bei internationaler Leihmutterschaft siehe *Engel* ZEuP 2014, 538 ff.

318 FamRZ 2013, 521; vgl dazu auch die Besprechungsaufsätze von *Maurer* FamRZ 2013, 752 ff; *Beck/Mayer* DRiZ 2013, 128 f; *Gosemärker* AnwBl BE 2013, 49 ff; *Engelfried* Betrifft Justiz 2013, 2; *Maierhöfer* EuGRZ 2013, 105 ff; *Kroppenberg* NJW 2013, 2161 ff.

319 So auch das Fazit ua von *Helms* FF 2015, 234, 239.

320 *Hilbig-Lugani* LMK 2015, 367522.

(dazu Rn 144, 146), zwei gleichgeschlechtliche Elternteile haben kann,[321] wenn das Kind diesen gleichgeschlechtlichen Partnern nach Art 19 EGBGB zuzuordnen ist, weil das ausländische Recht diese Personen als Eltern des Kindes qualifiziert, über die angesprochene Leihmutterschaftskonstellation hinaus erkennen, dass dem Kindeswohl auch bei der Beurteilung, ob die ausländische Bestimmung gegen den deutschen ordre public verstößt (Art 6 EGBGB), entscheidendes Gewicht zukommt.

5. Statuswechsel durch Adoption

Durch Adoption eines **minderjährigen Kindes** wird das **Eltern-Kind-Verhältnis** grundsätzlich beendet, § 1755 Abs 1 BGB. Adoptiert der Ehegatte oder eingetragene Lebenspartner eines Elternteils das minderjährige Kind (Stiefkindadoption), bleibt das Verwandtschaftsverhältnis und damit das Eltern-Kind-Verhältnis zu dem Elternteil jedoch bestehen, dessen Ehegatte oder Lebenspartner das Kind adoptiert. Das Erlöschen des Verwandtschaftsverhältnisses tritt in diesem Fall nur im Verhältnis zu dem anderen Elternteil und dessen Verwandten ein, § 1755 Abs 2 BGB ggf iVm § 9 Abs 7 LPartG. 144

Mit dem Ausspruch der Adoption (§ 1752 BGB) wird das minderjährige Kind darüber hinaus ex lege gem § 1754 Abs 1, 2 BGB den Adoptiveltern rechtlich zugeordnet. Durch dieses Zusammenwirken von Integration des Kindes in die Adoptivfamilie einerseits und weitgehendem Herauslösen aus den bisherigen Verwandtschaftsverhältnissen findet folglich ein **Elternwechsel** statt, der bei einer Stiefkindadoption jedoch nur den anderen Elternteil erfasst.

Das zu einem Minderjährigen begründete Annahmeverhältnis kann auf **Antrag** in den ersten drei Jahren wegen bestimmter Begründungsmängel **aufgehoben** werden, §§ 1759 bis 1762 BGB. Eine **Aufhebung von Amts wegen** kann nur erfolgen, wenn dies aus schwerwiegenden Gründen zum Wohl des minderjährigen Kindes erforderlich ist, § 1763 BGB. Mit der Aufhebung erlischt das Verwandtschaftsverhältnis und damit das Eltern-Kind-Verhältnis zu den Annehmenden (§ 1764 Abs 2 BGB), und das Verwandtschaftsverhältnis zu den leiblichen Eltern lebt wieder auf, § 1764 Abs 3 BGB. Die Wiederherstellung der vor der Annahme bestehenden rechtlichen Situation wird jedoch hinsichtlich der elterlichen Sorge eingeschränkt (vgl § 1764 Abs 3 aE, 4 BGB). Besteht das Annahmeverhältnis zu einem Ehepaar und erfolgt die Aufhebung nur im Verhältnis zu einem Ehegatten, so erlischt das Eltern-Kind-Verhältnis nur zu diesem 145

321 KG FamRZ 2015, 943; dazu *Frie* FamRZ 2015, 889 ff und *Andrae* StAZ 2015, 143 ff.

Ehegatten und es kommt nicht zu einer Wiederherstellung des Verwandtschaftsverhältnisses zu den leiblichen Eltern, § 1764 Abs 5 BGB.

Das durch **Adoption begründete Eltern-Kind-Verhältnis** kann dagegen nicht wie das leibliche durch **Adoption** beendet werden. Eine **Zweitadoption** setzt vielmehr die Aufhebung des früheren Adoptionsverhältnisses voraus. Damit ist das zu einem Minderjährigen begründete Annahmeverhältnis nach Ablauf der Dreijahresfrist und Volljährigkeit des angenommenen Kindes nicht mehr zu beenden.[322]

146 Nachdem das BVerfG mit Urteil vom 9.2.2013[323] mit Gesetzeskraft entschieden hatte, dass das Verbot der Sukzessivadoption für gleichgeschlechtliche Paare gegen Art 2 Abs 1 GG iVm Art 6 Abs 2 S 1 GG sowie gegen Art 3 Abs 1 GG verstieß, insbesondere weil das Verbot der Sukzessivadoption durch eingetragene Lebenspartner die betroffenen Kinder in ihrem Recht auf Gleichbehandlung verletzte, wurde das LPartG geändert. Mit Wirkung vom 27.6.2014 wurde in § 9 Abs 7 LPartG ein Verweis auf § 1742 BGB eingefügt,[324] sodass nunmehr auch die Annahme des bereits von einem Lebenspartner als Kind angenommenen Kindes durch den anderen Lebenspartner gesetzlich geregelt ist. Kritik hat die Neuregelung gleichwohl verdient, weil eine gemeinschaftliche Annahme eines (fremden) Kindes durch beide Lebenspartner mangels Verweis auf § 1741 BGB weiterhin nicht möglich ist. Eine überzeugende Begründung für diese Lösung, die dazu führt, dass zwei Adoptionsverfahren durchlaufen werden müssen, gibt es nicht.

---

322 *Holzhauer* FamRZ 1982, 109 ff.

323 BGBl I 2013, 428 = FamRZ 2013, 521; vgl dazu auch die Besprechungsaufsätze von *Maurer* FamRZ 2013, 752 ff; *Beck/Mayer* DRiZ 2013, 128 f; *Gosemärker* AnwBl BE 2013, 49 ff; *Engelfried* Betrifft Justiz 2013, 2; *Maierhöfer* EuGRZ 2013, 105 ff; *Kroppenberg* NJW 2013, 2161 ff.

324 Art 2 des Gesetzes zur Umsetzung der Entscheidung des BVerfG zur Sukzessivadoption durch Lebenspartner v 20.6.2014, BGBl I S 786.

B. Elternschaft und elterliche Sorge

I. Inhaber elterlicher Sorge gem § 1626 Abs 1 S 1 BGB

In § 1626 Abs 1 S 1 BGB findet sich die Legaldefinition der elterlichen Sorge. Danach haben die ***Eltern*** die Pflicht und das Recht, für das **minderjährige Kind** zu sorgen. Diese Regelung lässt zunächst vermuten, dass allen Eltern die elterliche Sorge ausnahmslos und stets gemeinsam zusteht. Dem ist aber nicht so: Das Innehaben der elterlichen Sorge setzt zunächst zwingend *rechtliche* Elternschaft voraus.[325] Diese allein genügt aber nicht. Denn von den Rechten und Pflichten zwischen Eltern und Kindern sind nur einige unmittelbar und einheitlich an die rechtliche Elternschaft geknüpft. Dazu gehört etwa die gegenseitige Beistandspflicht gem § 1618a BGB und das Umgangs- sowie das Auskunftsrecht, §§ 1684, 1686 BGB, nicht aber die elterliche Sorge. Dies zeigt ein Blick auf § 1626a BGB, nach dem der Vater eines außerhalb der Ehe geborenen Kindes durch die Anerkennung oder gerichtliche Feststellung der Vaterschaft allein nicht Inhaber des elterlichen Sorgerechts ist.[326] 147

Das Sorgerecht steht den ***Eltern*** nur dann **kraft Gesetzes gemeinsam** zu, wenn sie **im Zeitpunkt der Geburt des Kindes miteinander verheiratet** waren (= **originäre gemeinsame Sorge**).[327]

Sind die Eltern des Kindes bei dessen Geburt hingegen nicht miteinander verheiratet, bedarf es entweder der Abgabe von Sorgeerklärungen, der der Geburt des Kindes nachfolgenden Heirat der Kindeseltern oder einer gerichtlichen Entscheidung, um aus der **originären Alleinsorge der Kindesmutter** gem § 1626a Abs 3 BGB die gemeinsame elterliche Sorge entstehen zu lassen, § 1626a Abs 1 BGB.

Aber auch dann ist nicht gewährleistet, dass es bei der gemeinsamen Sorge 148
bleibt, die Eltern also bis zur Beendigung der elterlichen Sorge zB durch Volljährigkeit des Kindes beide Sorgerechtsinhaber sind, denn familiengerichtliche Entscheidungen oder tatsächliche Ereignisse können zu einer Änderung der Sorgerechtsverhältnisse führen.[328] Zu denken ist hierbei zB an eine Übertragung der Sorge gem § 1671 BGB auf einen Elternteil. Das alleinige Sorgerecht eines Elternteils entsteht gem §§ 1680 Abs 1, 1677 und 1680 Abs 3 BGB aber auch, wenn der andere Elternteil stirbt, für tot erklärt oder ihm die Sorge entzogen

---

325 In diesem Sinne auch *Coester-Waltjen* JURA 2005, 97.

326 So wies *Diederichsen* zu Recht darauf hin, dass der Gesetzestext eher verdeckt, als dass er klarstellt, wie die elterliche Sorge rechtlich zustande kommt, NJW 1998, 1977, 1983.

327 Zum Verhältnis von Elternrecht und elterlicher Sorge ausführlich *Weiß* S 77 ff.

328 Eine vorgeburtliche Sorgerechtsregelung scheidet aus, AG Lüdenscheid FamRZ 2005, 51.

wird. Das in § 1626 BGB legal definierte Sorgerecht kann also trotz gemeinsamer rechtlicher Elternschaft nur einem Elternteil allein zustehen, auch wenn § 1626 Abs 1 S 1 BGB von den *Eltern* spricht und damit die gemeinsame Elternsorge im Blick hat.

149 IV. Übersichtsskizze: Gemeinsame Sorge der Eltern

Eltern zum Zeitpunkt der Geburt des Kindes miteinander verheiratet

↓

gemeinsame elterliche Sorge kraft Gesetzes (arg § 1626 BGB)

Eltern zum Zeitpunkt der Geburt des Kindes nicht miteinander verheiratet

↓

alleinige Sorge der Mutter, § 1626a Abs 3 BGB
es sei denn

- Abgabe von Sorgeerklärungen (auch vorgeburtlich) § 1626a Abs 1 Nr 1 BGB
- der Geburt des Kindes nachfolgende Heirat der Kindeseltern, § 1626a Abs 1 Nr 2 BGB
- familiengerichtliche Entscheidung, § 1626a Abs 1 Nr 3 BGB

150 Die Möglichkeiten der Begründung der gemeinsamen Sorge zum Zeitpunkt der Geburt nicht miteinander verheirateter Eltern erschließen sich am ehesten, wenn von der im Gesetz gewählten Systematik abgewichen und zunächst das originäre Alleinsorgerecht der Kindesmutter dargestellt wird.

II. Originäre Alleinsorge der Kindesmutter gem § 1626a Abs 3 BGB

1. Allgemeines

151 Wurden keine Sorgeerklärungen von den Eltern des außerhalb der Ehe geborenen Kindes abgegeben, diese auch nicht unter Geltung des bis zum 18.5.2013 anwendbaren Rechts ersetzt und auch keine gerichtliche Sorgeentscheidung gem § 1626a Abs 1 Nr 3 BGB[329] getroffen und haben die Eltern einander auch nicht geheiratet, steht der Mutter die ihrem Inhalt nach in § 1626 Abs 1 BGB definierte elterliche Sorge gem § 1626a Abs 3 BGB allein zu. Dies gilt unabhängig davon, ob das Kind durch Anerkennung oder gerichtliche Feststellung einen

329 Und auch keine aufgrund der Entscheidung des BVerfG vom 21.7.2010 – BGBl I 2010, 1173 = BVerfGE 127, 132 = FamRZ 2010, 1403 m Anm *Luthin*.

rechtlichen Vater hat oder nicht. § 1626a Abs 3 BGB nF (= § 1626a Abs 2 BGB aF) ist insoweit an die Stelle des mit Wirkung vom 1.7.1998 aufgehobenen § 1705 BGB aF getreten.

Dieses **originäre Alleinsorgerecht** der unverheirateten Kindesmutter wurde im Gesetzgebungsverfahren zur Kindschaftsrechtsreform intensiv diskutiert und stand nach Schaffung der Regelung des § 1626a Abs 3 BGB mehrfach auf dem **verfassungsrechtlichen Prüfstand**. 152

Je mehr sich die Anerkennung der Grundrechtsposition des nicht mit der Mutter verheirateten Kindesvaters durchsetzte, desto lauter wurden die Stimmen, die sich gegen die sorgerechtliche Zuordnung des Kindes zu seiner Mutter aussprachen, ohne dass dem Vater die Möglichkeit eingeräumt war, zumindest aus Kindeswohlgründen auch gegen den Willen der Mutter zur Sorge zu gelangen.[330] Auch völkerrechtliche[331] Bedenken wurden erhoben gegen die ausdrückliche Zuschreibung einer besseren Sorgerechtsposition der Mutter ohne Rücksicht auf die faktischen Familienbande zwischen Vater und Kind, weil hierin ein Verstoß gegen Art 8 Abs 1 EMRK[332] gesehen wurde, der jedermann, also auch dem Kind und seinem Vater einen Anspruch auf Achtung seines Familienlebens einräumt.[333] Daneben wurden Verstöße gegen das Diskriminierungsverbot des Art 14 EMRK und gegen den Grundsatz der gemeinsamen Verantwortung beider Eltern für die Pflege und Erziehung ihres Kindes aus Art 18 Abs 1 KRK[334] gerügt,[335] denn das Bürgerliche Gesetzbuch setzte für das Entstehen der **gemeinsamen Sorge der nicht miteinander verheirateten Eltern** bis zum Inkrafttreten des Gesetzes zur Umsetzung familienrechtlicher Entscheidungen des BVerfG vom 13.12.2003[336] am 31.12.2003 ohne Ausnahme die Mitwirkung der Mutter voraus. Aber auch die durch dieses Gesetz geschaffene und inzwischen wieder auf-

---

330 So zB *Coester* JZ 1992, 809, 812 ff; *ders* FamRZ 1995, 1245, 1247 ff; *ders* DEuFamR 1999, 3, 7 ff; *ders* FamRZ 2007, 1137 ff; vgl auch *Diederichsen* NJW 1998 1977, 1983; *Lipp* FamRZ 1998, 65, 72; *Willutzki* Rpfleger 1997, 336 f; *Finger* ZfJ 2000, 183, 188; *ders* FamRZ 2000, 1204, 1206 ff; *ders* ZfJ 2000, 183 ff; *Schumann* FamRZ 2000, 389, 394 f.

331 Zum Begriff des Völkerrechts und seiner innerstaatlichen Geltungskraft vgl *Brötel* ZfJ 1998, 447.

332 Europäische Konvention zum Schutze der Menschenrechte und Grundfreiheiten v 4.11.1950, BGBl 1952 II S 685 mit Berichtigung S 953.

333 Dazu näher ua *Dickmeis* ZfJ 1998, 41, 53; einen Überblick über die Rechtsprechung des Europäischen Gerichtshofs für Menschenrechte im Bereich der Väterrechte bietet *Brückner* FPR 2005, 200 ff.

334 UN-Übereinkommen über die Rechte des Kindes, Conventions on the Rights of Child v 20.11.1989, BGBl 1992 II S 121, 990, der deutsche Vertragstext ist abgedruckt ua in FamRZ 1992, 253 ff.

335 *Brötel* ZfJ 1998, 447 f mwN; *Richter* FPR 2004, 484 f.

336 BGBl I S 2547.

gehobene[337] Regelung ermöglichte eine gerichtliche Ersetzung der Sorgeerklärung eines Elternteils nur für die Fälle, in denen sich die Eltern des Kindes vor dem 1.7.1998 getrennt hatten. Neufälle wurden davon nicht erfasst, sodass hier zunächst weiterhin die Mitwirkung der Kindesmutter stets Voraussetzung eines gemeinsamen Sorgerechts war.

Eine Übertragung der *alleinigen* Sorge auf den Vater des Kindes kam selbst bei Kindeswohldienlichkeit nach dem inzwischen ebenfalls aufgehobenen § 1672 Abs 1 S 1 BGB grundsätzlich nur mit mütterlicher Zustimmung in Betracht. Nur die Einwilligung der Mutter in die Annahme ihres Kindes ließ das Zustimmungserfordernis entfallen, § 1751 Abs 1 S 6 BGB aF.[338] Hierdurch wurde aber das **Prinzip des absolut wirkenden passiven mütterlichen Vetorechts** nicht infrage gestellt, denn es handelte sich insoweit nur um eine **Vorwirkung des durch Adoption bevorstehenden Elternwechsels.**

2. Die Motive des Gesetzgebers für die Schaffung des originären Alleinsorgerechts der Mutter

153 Die Schaffung eines originären *Mit*sorgerechts des nicht mit der Kindesmutter verheirateten Vaters gegen den Willen der Kindesmutter lehnte der Gesetzgeber bis 2013 mit Hinweis auf die in diesem Fall **fehlende Kooperationsbereitschaft** der Eltern ab, da zu erwarten sei, dass eine erzwungene Gemeinsamkeit der Sorge für Kinder, deren Eltern nicht miteinander verheiratet sind, dazu führen würde, dass diese Eltern in einer Vielzahl von Fällen ihre Streitigkeiten auf dem Rücken der Kinder austrügen und damit das Kindeswohl beeinträchtigten.[339] So verzichtete der Gesetzgeber auf Empfehlung des Rechtsausschusses,[340] trotz der erkannten Gefahr, dass die Kindesmutter das Herbeiführen der gemeinsamen elterlichen Sorge ohne weitere Begründung verweigert, auf das Erzwingen von Gemeinsamkeit und setzte stattdessen auf die Bereitschaft der Eltern, zum Wohle ihres Kindes zu kooperieren.[341] Auch eine Möglichkeit, durch

---

337 Art 224 § 2 Abs 3–5 EGBGB aF, aufgehoben mit Wirkung zum 19.5.2013 durch Art 4 des Gesetzes zur Reform der elterlichen Sorge nicht miteinander verheirateter Eltern v 16.4.2013 (BGBl I 2013 S 795). Zum alten Recht vgl Voraufl Rn 167 ff.

338 Vgl dazu BGH FamRZ 2007, 1969 m Anm *Zenz* FamRZ 2007, 2060 = FamRB 2008, 38 (LS) m Anm *Motzer*.

339 BT-Drucks 13/4899 S 59.

340 BT-Drucks 13/8511 S 66.

341 Krit dazu *Richter* FPR 2004, 484 f, der zu Recht darauf hinweist, dass nicht die fehlende Kooperationsbereitschaft der *Eltern*, sondern die der Mutter das Problem darstellt.

gerichtliche Entscheidung später die *gemeinsame* Sorge zu begründen, wurde aus diesem Grunde zunächst nicht eröffnet.

Das originäre Alleinsorgerecht der Kindesmutter, ohne dass dem Vater die Möglichkeit eingeräumt war, durch gerichtliche Entscheidung bei Kindeswohldienlichkeit zur *alleinigen* Sorge zu gelangen, wurde mit der engen Bindung des Kindes zu seiner Mutter begründet. Auch sollte der Mutter die Angst vor einem Sorgewechsel erspart werden, um jede Belastung des Mutter-Kind-Verhältnisses aufgrund Unsicherheit und vorprogrammierter Instabilität im Kindesinteresse zu verhindern. Schließlich wollte der Gesetzgeber auch vermeiden, dass die Kindesmutter von der Feststellung der Vaterschaft bei befürchtetem Sorgewechsel absehen könnte.[342]

Die Begründung des Gesetzgebers wurde zu Recht insoweit als verfassungs- 154
rechtlich bedenklich eingestuft, als die Kooperationsbereitschaft auch bei Trennung der Eltern, unabhängig davon, ob diese miteinander verheiratet sind oder waren, beeinträchtigt sein kann.[343] Daraus allein Unterschiede herzuleiten, ließ sich schwerlich mit dem Verbot vereinbaren, das außerhalb der Ehe geborene Kind hier durch Vorenthaltung eines sorgeberechtigten Elternteils schlechter zu stellen als das während der Ehe geborene, Art 6 Abs 5 GG.[344]

Auch der Versuch, aus der biologischen Verbindung des Kindes zu seiner Mutter eine *naturgegebene Hauptverantwortung* herzuleiten,[345] die – so könnte daraus gefolgert werden – mit einem *natur*gegebenen Hauptrecht korrespondieren müsste (was aber soweit erkennbar bisher nicht ernsthaft behauptet wurde), überzeugte nicht, denn Art 6 Abs 2 GG differenziert nicht zwischen der Mutter und dem Vater des Kindes, sondern weist den „Eltern" das natürliche Recht der Pflege und Erziehung ihrer Kinder zu. Art 3 Abs 2 GG konnte eine solche **dauerhafte Ungleichbehandlung** ebenfalls nicht rechtfertigen, weil das Elternrecht seine Wurzeln nicht in *naturgegebener* Verschiedengeschlechtlichkeit hat, sondern in erster Linie im Interesse des Kindes besteht, damit die Eltern ihrem Pflichtrecht nachkommen können.[346]

Die **primäre** sorgerechtliche Zuweisung des Kindes zu der nicht mit dem Kindesvater verheirateten Mutter lässt sich damit allein unter Berücksichtigung

342 BT-Drucks 13/4899 S 60, 100.

343 *Wolf* FPR 2002, 173, 175.

344 Vgl AG Korbach FamRZ 2000, 629, 630; *Gimbernat Jonas* JAmt 2003, 332, 334, 335.

345 So aber BGH FamRZ 2001, 907, 909 m Anm *Luthin* = LM H 8/2001 § 1626a BGB Nr 1 m Anm *Coester* = MDR 2001, 871 m Anm *Finger* = BGHReport 2001, 497 m Anm *Oelkers* = FuR 2001, 357; vgl auch die Besprechungsaufsätze von *Schumann* FuR 2002, 59 ff; *Niemeyer* FuR 2001, 491 ff und *Wolf* FPR 2002, 173 ff, Letzterer m Entgegnung von *Groß* FPR 2002, 176 ff; krit zu dieser Einordnung auch Staudinger/*Coester* § 1626a Rn 10.

346 BVerfGE 24, 119, 144; näher dazu ua *Seibert* FamRZ 1995, 1457, 1459 f.

der durch Schwangerschaft und Geburt entstandenen engen Bindung zwischen ihr und dem Kind im Interesse des Kindes sachlich rechtfertigen. Denn aus der unterschiedslosen Einbeziehung der Eltern in den Schutzbereich des Art 6 Abs 2 S 1 GG folgt nicht, dass allen Eltern ohne Rücksicht auf die tatsächlichen individuellen Verhältnisse die gleichen Rechte in Bezug auf ihr Kind eingeräumt werden müssen.[347] Das Kind hat in der Frau, die es geboren hat, in jedem Fall eine Mutter. Dass es im Zeitpunkt seiner Geburt auch schon einen rechtlichen Vater hat, ist hingegen nicht selbstverständlich. So wurde die Entscheidung des Gesetzgebers, der nicht verheirateten Kindesmutter die elterliche Sorge zunächst allein zuzuweisen, schließlich von vielen akzeptiert, weil dem Kind auf diese Weise in aller Regel sogleich mit seiner Geburt eine sorgeberechtigte Person zur Seite steht, die im Notfall auch Entscheidungen etwa im Bereich der Gesundheitssorge sofort treffen kann.

3. Die Entscheidungen des BVerfG zu § 1626a Abs 2 BGB aF (= § 1626a Abs 3 BGB nF)

155 Die mit Spannung erwartete,[348] ua auf Vorlage des AG Korbach[349] zur Verfassungsmäßigkeit von § 1626a Abs 2 BGB aF ergangene Entscheidung des BVerfG vom 29.1.2003[350] hatte bezüglich der ganz überwiegend akzeptierten Entscheidung des Gesetzgebers, der Mutter das Sorgerecht zunächst allein zuzuweisen, keine neuen Erkenntnisse gebracht.

Die Auffassung des Senats, nach der der Ausschluss einer gerichtlichen Einzelfallprüfung der Alleinsorge der Mutter nicht als verfassungswidrig gewertet wurde, wurde aber zu Recht kritisiert (ausführlich dazu Voraufl Rn 130 ff) und schließlich auch vom EGMR durch Urteil vom 3.12.2009 als Verstoß gegen Art 8, 14 EMRK gerügt,[351] weil die Ungleichbehandlung von Vätern außerehelich gebo-

---

347 BVerfGE 92, 158 = FamRZ 1995, 789 m Anm *Buhr* FamRZ 1995, 1269 ff; vgl dazu auch die Besprechungsaufsätze von *Coester* FamRZ 1995, 1245 ff und *Salgo* NJW 1995, 2129 ff.

348 Vgl zB *Wolf* FPR 2002, 173, 176.

349 FamRZ 2000, 629.

350 BVerfGE 107, 150 = FamRZ 2003, 285 = Rpfleger 2003, 179 m Anm *Henrich* FamRZ 2003, 359; siehe dazu auch die Beiträge von *Gimbernat Jonas* JAmt 2003, 332 ff; *Heumann* FuR 2003, 293 ff; *Spangenberg/Spangenberg* ZfJ 2003, 332 ff; *Finger* FuR 2003, 341 f; *Humphrey* FPR 2003, 578 ff; *Müller* ZfJ 2004, 7 ff; *Motzer* FamRZ 2003, 793 ff; *Mohr/Wallrabenstein* JURA 2004, 194 ff; *Höfelmann* FamRZ 2004, 65 ff; *Richter* FPR 2004, 484 ff; *Breithaupt* FPR 2004, 488 f; *Coester* FPR 2005, 60 ff sowie *Eckebrecht* FPR 2005, 205 ff.

351 EGMR FamRZ 2010, 103 m Anm *Henrich* und *Scherpe* sowie *Hammer* FamRZ 2010, 623; vgl dazu auch die (Besprechungs-)Aufsätze von *Löhnig* FamRZ 2010, 338 ff; *Dethloff* BRJ 2010, 38 ff;

rener Kinder im Vergleich zu Müttern und geschiedenen Vätern nicht durch das Kindeswohl gerechtfertigt war.

Das BVerfG folgte schließlich den gegen die Verfassungsmäßigkeit von § 1626a Abs 1 BGB geäußerten Bedenken und stellte durch Entscheidung vom 21.7.2010[352] ua fest, dass § 1626a Abs 1 Nr 1 BGB mit Art 6 Abs 2 GG unvereinbar war. Der Gesetzgeber wurde aufgefordert, eine verfassungskonforme Regelung zu schaffen und gleichzeitig mit Gesetzeskraft angeordnet, dass § 1626a BGB mit der Maßgabe anzuwenden war, dass das Familiengericht den Eltern auf Antrag eines Elternteils die elterliche Sorge oder einen Teil der elterlichen Sorge gemeinsam zu übertragen hatte, soweit zu erwarten war, dass dies dem Kindeswohl entspricht. Inzwischen ist der Gesetzgeber der Aufforderung nachgekommen und hat ua § 1626a BGB insoweit geändert, als das Familiengericht den Eltern auf Antrag eines Elternteils die gesamte elterliche Sorge oder Teile derselben gemeinsam überträgt, wenn dies dem Kindeswohl nicht widerspricht, §§ 1626a Abs 1 Nr 3, Abs 2 BGB (näher dazu Rn 198 ff). 156

III. Begründung der gemeinsamen elterlichen Sorge gem § 1626a Abs 1 BGB

1. Allgemeines

Die **rechtliche Vaterschaft** ist **Voraussetzung** für die Erlangung **der elterlichen Sorge** des Vaters des außerhalb der Ehe geborenen Kindes, begründet sie für sich genommen jedoch nicht. Es bedarf vielmehr **entweder** der **Mitwirkung der Kindesmutter**, indem sie erklärt, die Sorge gemeinsam mit dem Kindesvater übernehmen zu wollen (§ 1626a Abs 1 Nr 1 BGB) oder indem sie ihn heiratet (§ 1626a Abs 1 Nr 2 BGB) **oder** einer familiengerichtlichen Entscheidung (§ 1626 Abs 1 Nr 3 BGB). 157

Adoptiveltern können die gemeinsame Sorge nicht durch Sorgeerklärungen oder Heirat begründen. Nicht verheiratete Erwachsene können nur einzeln adoptieren (§ 1741 Abs 2 S 1 BGB). Eine Stiefkindadoption ist nur bei Heirat oder Begründung einer eingetragenen Lebenspartnerschaft möglich, § 1741 Abs 2 S 3 158

Lambrecht DRiZ 2010, 318; *Zimmermann* FamFR 2010, 413 ff; *Jentsch-Klieve* FPR 2010, 405 ff; *Coester* NJW 2010, 482 ff; *Schumann* FF 2010, 222 ff; *Rimkus* ZFE 2010, 204 ff; *Altrogge* FamFR 2010, 73 ff und *Lembke* Jura 2011, 937 ff.

352 BGBl I 2010, 1173 = BVerfGE 127, 132 = FamRZ 2010, 1403 m Anm *Luthin*; vgl auch die Besprechungsaufsätze von *Huber/Möll* FamRZ 2011, 765 ff; *Mandla* JR 2011, 185 ff; *Peschel-Gutzeit* NJW 2010, 2990 ff; *Zimmermann* FamFR 2010, 413 ff; *Lambrecht* DRiZ 2010, 318 und *Holldorf* ZKJ 2011, 26 ff.

BGB, § 9 Abs 7 LPartG. Der Erwerb der gemeinsamen Sorge erfolgt in diesem Fall ebenso wie bei Annahme eines Kindes durch Eheleute ex lege, § 1754 Abs 3 BGB.

159 Um zu erreichen, dass die Begründung der gemeinsamen Sorge nicht aus Unkenntnis unterbleibt, wurde das **Jugendamt** auf Empfehlung des Rechtsausschusses des Bundestages[353] verpflichtet, im Rahmen der Beratung und Unterstützung bei der Vaterschaftsfeststellung und der Geltendmachung von Unterhaltsansprüchen auf diese Möglichkeit hinzuweisen, § 52a Abs 1 Nr 5 SGB VIII. Kritisiert wurde, dass dem Jugendamt durch diese Regelung nur die entsprechende **Aufklärung der Mutter** auferlegt war,[354] während eine Verpflichtung zur Belehrung des Vaters nicht bestand. Der daraus uU resultierende Wissensvorsprung der Mutter ließ sich nach richtiger Auffassung nicht damit rechtfertigen, dass es regelmäßig die Mutter war, die über die Teilhabe des Vaters an der elterlichen Sorge entschied. Der Gesetzgeber hat zwischenzeitlich mehrfach nachgebessert und durch Neufassung des § 18 Abs 2 SGB VIII beiden Eltern einen Anspruch auf Beratung über die Abgabe von Sorgeerklärungen und über die Möglichkeit der gerichtlichen Übertragung der gemeinsamen Sorge eingeräumt. Der entscheidende Unterschied besteht allerdings (weiterhin) darin, dass das Jugendamt der Mutter von Amts wegen die Beratung über die Erlangung der gemeinsamen Sorge anzubieten hat, während der Kindesvater tätig werden und seinen Beratungsanspruch geltend machen muss, was voraussetzt, dass er bereits zumindest grobe Kenntnisse über die Möglichkeit der Begründung der gemeinsamen Sorge hat.

2. Gemeinsame Sorge durch Sorgeerklärungen, § 1626a Abs 1 Nr 1 BGB

2.1 Inhalt, Rechtsnatur und Form der Erklärungen

160 Wollen die Eltern des außerhalb einer zwischen ihnen bestehenden Ehe geborenen Kindes die gemeinsame elterliche Sorge begründen, können sie erklären, dass sie die Sorge gemeinsam übernehmen wollen (Sorgeerklärungen), § 1626a Abs 1 Nr 1 BGB.

Rechtliche Elternschaft zum Zeitpunkt der Abgabe der Erklärung ist grundsätzlich Voraussetzung für wirksame Sorgeerklärungen,[355] nur genetische Elternschaft genügt also nicht.[356] Eine Ausnahme besteht bei Abgabe einer Sorgeerklärung durch den Dritten im Rahmen eines scheidungsakzessorischen Statuswechsels nach § 1599 Abs 2 BGB (vgl Rn 178). Diese Sorgeerklärung ist **schwe-**

---

353 BT-Drucks 13/8511 S 66.

354 *Weiß* S 201.

355 Vgl OLG Stuttgart FamRZ 2008, 539.

356 *Schwab* DNotZ 1998, 437, 450.

bend unwirksam.[357] Gleiches gilt für den Fall, dass die Vaterschaft des Mannes, der die Sorgeerklärung abgegeben hat, später durch rechtskräftige Anfechtung der Vaterschaft des anderen Mannes, den die Schwangere nach Anerkennung der Vaterschaft und Abgabe von Sorgeerklärungen geheiratet hat (zum Vorrang der Vaterschaft nach § 1592 Nr 1 BGB vgl Rn 35), wirksam wird.[358]

Das Gesetz verlangt von den Eltern lediglich die Erklärung, dass sie die elterliche Sorge künftig gemeinsam innehaben wollen. Es ist weder erforderlich, dass die Eltern zusammenleben, noch, dass sie ledig sind. Eine **Ehe oder Lebenspartnerschaft** eines Elternteils **mit einem Dritten** schadet also ebenso wenig wie ein dauerhaftes **Getrenntleben** der Eltern. 161

Letzteres hat lediglich Einfluss auf die Struktur des Sorgerechts, da die- oder derjenige, bei dem sich das Kind mit Einwilligung des anderen Elternteils gewöhnlich aufhält, in Angelegenheiten des täglichen Lebens die alleinige Entscheidungsbefugnis hat, § 1687 Abs 1 S 2 BGB.

Umgekehrt berührt auch das kleine Sorgerecht des Stiefelternteils gem § 1687b BGB oder § 9 LPartG die Alleinsorge der Mutter nicht, sodass sie weiterhin zur Abgabe einer Sorgeerklärung berechtigt ist.[359]

Eine gerichtliche **Kindeswohlprüfung** findet nicht statt.[360]

Die Sorgeerklärungen haben **keinen Empfänger.** Sie müssen von den Eltern nicht gemeinsam abgegeben oder einander erklärt werden. Die Gemeinsamkeit der Erklärungen bezieht sich lediglich darauf, dass sie **inhaltlich gleichlautend** sein müssen. Da die Sorgeerklärungen der Eltern nicht empfangsbedürftig sind und auch nicht zeitgleich abgegeben werden müssen, besteht die Möglichkeit, dass den Eltern der zeitliche Beginn der gemeinsamen Sorge nicht (rechtzeitig) bekannt ist. Die Gefahr, die sich daraus ergibt, wurde indes zu Recht als wohl eher theoretisch und deshalb gering eingestuft.[361] 162

Zum Ausdruck kommen muss der Wille zur gemeinsamen Sorge für ein bestimmtes Kind oder auch mehrere **bestimmte,** in diesem Fall **namentlich bezeichnete Kinder.** 163

Eine pauschale Bezeichnung wie „alle unsere Kinder" genügt aus Gründen der Rechtsklarheit nicht.[362] Die Sorgeerklärungen müssen sich aber nicht auf alle Geschwisterkinder erstrecken.[363]

---

357 Staudinger/*Coester* § 1626a Rn 40, § 1626b Rn 11.
358 Staudinger/*Coester* § 1626b Rn 11.
359 Staudinger/*Coester* § 1626a Rn 67.
360 Vgl BT-Drucks 13/4899 S 59.
361 Vgl *Greßmann* Rn 189 Fn 246.
362 Staudinger/*Coester* § 1626a Rn 57.
363 Palandt/*Götz* § 1626a Rn 5.

Die Erklärungen sind **bedingungsfeindlich** und können nicht unter einer **Zeitbestimmung** abgegeben werden, § 1626b Abs 1 BGB. ***Rechts*bedingungen** stehen der Wirksamkeit der Sorgeerklärungen aber nicht entgegen (vgl dazu auch Rn 160 und 178).[364]

164 Streitig ist, ob die Sorgeerklärung auf einzelne **Teile der elterlichen Sorge** etwa nur auf die Vermögens- oder nur auf die Personensorge beschränkt und damit die gemeinsame Sorge nur bezogen auf Teilbereiche der Sorge herbeigeführt werden kann, während es im Übrigen bei dem Alleinsorgerecht der Kindesmutter bleibt.[365] Dies wird von der hM ua mit dem Hinweis auf das Zusammenwirken von § 1626a Abs 1 Nr 1 mit § 1626 Abs 1 BGB verneint, in der die elterliche Sorge als umfassende Sorge definiert ist,[366] während nach anderer Auffassung kein überzeugender Grund gegen solche auf Teilbereiche beschränkte Sorgeerklärungen spricht.[367] Im Ergebnis ist nämlich auch nach der ablehnenden Ansicht die Teilung der Sorge in einzelne Bereiche, wenn auch nur auf Umwegen über eine gerichtliche Entscheidung gem § 1671 BGB, erreichbar. Danach können auch nur Teile der elterlichen Sorge dem Vater bei Konsens allein übertragen werden (§ 1671 Abs 2 Nr 1 BGB), während für den der Mutter verbliebenen Teil der Sorge dann doch durch Abgabe von Sorgeerklärungen zur partiellen gemeinsamen Sorge gelangt werden kann.[368] Denn gem § 1626b Abs 3 BGB ist eine Sorgeerklärung nur unwirksam, „*soweit*" eine gerichtliche Entscheidung gem §§ 1626a Abs 1 Nr 3 oder 1671 BGB getroffen wurde (näher dazu Rn 176).

Im Übrigen könnte auf der Grundlage einer Übertragungsentscheidung gem § 1671 Abs 2 BGB die gemeinsame Sorge in dem zuvor dem Kindesvater übertragenen Teilbereich auch durch weitere gerichtliche Entscheidung gem § 1696 Abs 1 S 1 BGB begründet werden. Eine andere Möglichkeit, zur gemeinsamen partiellen Sorge zu gelangen, besteht darin, zunächst durch Sorgeerklärungen umfassende gemeinsame Sorge herbeizuführen, und anschließend gem § 1671 Abs 1 Nr 1 BGB eine Teilrückübertragung auf die Kindesmutter zu erwirken.

---

364 Staudinger/*Coester* § 1626b Rn 11, 12.

365 Dagegen ua *Schwab* Rn 640; Palandt/*Götz* § 1626a Rn 16; *Sturm/Sturm* StAZ 1998, 305, 307; krit Staudinger/*Coester* § 1626a Rn 59 f; vgl auch BGH FamRZ 2008, 251 m insoweit krit Anm *Luthin* und Anm *Kemper* FamRZ 2008, 777 m insoweit krit Anm *Dastmaltchi* = FamRB 2008, 73 (LS) m Anm *Finger*; **aA** OLG Nürnberg FamRZ 2014, 854 (für den Fall eines gerichtlich gebilligten Vergleichs, mit der Begründung, dass der gerichtliche Genehmigungsbeschluss dem Erfordernis einer Regelung durch gerichtliche Entscheidung genüge – wobei das Gericht verkennt, dass § 156 Abs 2 FamG auf Regelungen der elterlichen Sorge nicht anwendbar ist).

366 MünchKomm BGB/*Huber* § 1626a Rn 6.

367 *Zimmermann* DNotZ 1998, 404, 419.

368 So ua *Lipp* FamRZ 1998, 65, 73.

Letztlich bergen alle aufgezeigten Alternativen für die Kindesmutter das Risiko, dass der Kindesvater seine Meinung zwischenzeitlich ändert. Nach anderer Auffassung ist deshalb die Beschränkung der gemeinsamen Sorge auf Teilbereiche durch entsprechende Sorgeerklärungen zulässig, weil für das dargestellte aufwändige, die Kindesmutter eher demotivierende Prozedere bei Konsens der Eltern kein überzeugender Grund gesehen wird.[369]

Da es aber auch den Eltern eines in der Ehe geborenen Kindes nicht möglich ist, ohne gerichtliche Mitwirkung eine Teilung der elterlichen Sorgekompetenz herbeizuführen, ist der ablehnenden Auffassung zu folgen, weil nicht einzusehen ist, warum dies den Eltern des außerhalb der Ehe geborenen Kindes möglich sein sollte.

Die in § 1626 Abs 1 BGB umfassend definierte Sorge kann deshalb nicht durch entsprechende Sorgeerklärungen auf Teilbereiche der Sorge beschränkt werden.[370] Gestützt wird dies seit Inkrafttreten des Gesetzes zur Reform der elterlichen Sorge nicht miteinander verheirateter Eltern vom 16.4.2013[371] auch durch § 1626a Abs 1 Nr 3 BGB, denn diese Vorschrift sieht die Begründung der gemeinsamen Sorge in Teilbereichen ausdrücklich vor, während § 1626a Abs 1 Nr 1 BGB weiterhin nur die Begründung der gemeinsamen Sorge durch Sorgeerklärungen regelt – ohne Teile der elterlichen Sorge davon auszunehmen.

Der Gesetzgeber hat in der Begründung zum Gesetzentwurf ausdrücklich 165
darauf hingewiesen, dass eine **inhaltliche Ausgestaltung** der gemeinsamen Sorge nicht Bestandteil der Sorgeerklärung sein kann. Erklärungen über die künftige Wahrnehmung der elterlichen Sorge können demnach nicht **Gegenstand der Erklärung** sein.[372] Dies entspricht der Situation verheirateter Eltern, deren Sorge im Außenverhältnis, soweit sie ihnen zusteht, ebenfalls umfassend, dh nicht durch Vereinbarungen beschränkbar ist. Das schließt jedoch nicht aus, in die Urkunde, in der Sorgeerklärungen – **unbedingt und unbefristet** (vgl § 1626b Abs 1 BGB), dh ohne nach außen wirkende Absprachen erklärt – enthalten sind, Vereinbarungen über die Wahrnehmung der gemeinsamen Sorge im Innenverhältnis aufzunehmen. Etwaige Mängel solcher Vereinbarungen berühren die Wirksamkeit der davon rechtlich unabhängigen Sorgeerklärungen

---

369 *Zimmermann* DNotZ 1998, 404, 419.

370 *Schwab* DNotZ 1998, 437, 450; *Weiß* S 182f; vgl auch BGH FamRZ 2008, 251 m insoweit krit Anm *Luthin* und Anm *Kemper* FamRZ 2008, 777 = Rpfleger 2008, 131 = FPR 2008, 51 m insoweit krit Anm *Dastmaltchi* = FuR 2008, 83 = FamRB 2008, 73 (LS) m Anm *Finger*.

371 BGBl I S 795.

372 BT-Drucks 13/4899 S 93.

nicht, während die Wirksamkeit der Sorgeerklärungen umgekehrt Voraussetzung jedweder Wahrnehmungsabsprache ist.[373]

166 Über die **Rechtsnatur der Sorgeerklärung** besteht keine Einigkeit: So wird sie nach einer Ansicht als den kraft Elternschaft bereits bestehenden personensorgerechtlichen Status konkretisierende Willenserklärung beschrieben,[374] nach anderer Auffassung handelt es sich um eine rechtsgestaltende Willenserklärung,[375] während ihr nach einer dritten Meinung als die sorgerechtliche Kompetenz des Vaters komplettierende Erklärung „statusaktivierende" Wirkung zukommt, deren Qualifikation ihre Verwurzelung im Elternrecht des Art 6 Abs 2 S 1 GG habe.[376] Schließlich wird sie als personenstandsausgestaltende Erklärung definiert, nach der die Funktion der Sorgeerklärung darin bestünde, den verfassungsrechtlich geschützten Personenstand des Eltern-Kind-Verhältnisses durch die Begründung der gemeinsamen Sorge auszugestalten.[377]

Einigkeit besteht aber im Ergebnis insoweit, als zumindest die von dem nicht mit der Mutter des Kindes verheirateten Vater abgegebene Sorgeerklärung nicht als Akt elterlicher Sorge qualifiziert werden kann, weil es ihm als bisher nicht Sorgeberechtigten sonst gar nicht möglich wäre, eine wirksame Sorgeerklärung abzugeben.

Ferner kann die Sorgeerklärung nicht allein nach rechtsgeschäftlichen Kriterien bemessen werden, weil sie keine rechtsgeschäftliche Willenserklärung,[378] sondern nur rechtsgeschäftsähnliche Willenserklärung ist, mit der von den Eltern die der eigentlichen Sorgewahrnehmung vorgelagerte Entscheidung zur gemeinsamen Wahrnehmung der elterlichen Verantwortung zum Ausdruck gebracht wird.

167 Bei den Sorgeerklärungen handelt es sich um **höchstpersönliche Erklärungen**, sodass jede Stellvertretung, dh auch die gesetzliche, ausscheidet, § 1626c Abs 1 BGB (zur Abgabe von Sorgeerklärungen durch geschäftsunfähige Eltern vgl Rn 180).

168 Die Abgabe durch einen **beschränkt geschäftsfähigen Elternteil** bedarf der Zustimmung seines gesetzlichen Vertreters, die jedoch auf Antrag des be-

---

373 Aussagen darüber, welchen Grad von Verbindlichkeit die Gerichte solchen Verträgen über die künftige Wahrnehmung der elterlichen Sorge zuerkennen (näher dazu *Schwab* DNotZ 1998, 437, 443, 444, 455 sowie ausführlich *Hammer* FamRZ 2005, 1209 ff), lassen sich nach wie vor nicht treffen.

374 *Lipp* FamRZ 1998, 65, 70.

375 MünchKomm BGB/*Huber* § 1626a Rn 12.

376 Staudinger/*Coester* § 1626a Rn 32.

377 *Weiß* S 229.

378 AA *Weiß* S 242; *Fröschle* Rn 173.

schränkt Geschäftsfähigen durch das Familiengericht zu ersetzen ist, wenn dies dem Wohl dieses Elternteils nicht widerspricht, § 1626c Abs 2 BGB.

Diese Regelung hat der Gesetzgeber mit Blick auf die Parallelwirkung zu § 1303 BGB geschaffen.[379] Gem § 1303 Abs 2 BGB besteht die Möglichkeit der Befreiung vom Erfordernis der Ehemündigkeit durch das Familiengericht. Auch diese kann gegen den Widerspruch des gesetzlichen Vertreters oder sonstigen Inhabers der Personensorge des minderjährigen Verlobten erteilt werden (§ 1303 Abs 3 BGB), was bedeutet, dass dessen Einwilligung in die Heirat nicht erforderlich ist (vgl § 1303 Abs 4 BGB). Das führt dazu, dass die Eltern die gemeinsame Sorge für das gemeinsame Kind auch gegen den Willen des gesetzlichen Vertreters oder Personensorgeberechtigten eines Elternteils durch Heirat begründen können.

Die Ersetzungsentscheidung nach § 1626c Abs 2 BGB hat sich zumindest bei dem Vater vornehmlich an dessen persönlichen Eigenschaften im Hinblick auf seine Reife und Fähigkeit, die elterliche Verantwortung wahrzunehmen,[380] zu orientieren. Denn der bisher ohne Abgabe von Sorgeerklärungen nicht sorgeberechtigte minderjährige Vater kann die tatsächliche Personensorge nach Ersetzung der Zustimmung seines gesetzlichen Vertreters ausüben, während die übrige Sorge bis zu seiner Volljährigkeit ruht, §§ 1673 Abs 2, 1675 BGB. Handelt es sich bei dem minderjährigen Elternteil dagegen um die bereits sorgeberechtigte Kindesmutter, ändert sich an ihrer Sorgerechtsposition durch die Sorgeerklärung insoweit etwas, als ihre Meinung aufgrund der Teilhabe des volljährigen Vaters an der Sorge im Rahmen der tatsächlichen Personensorge keinen Vorrang mehr hat, § 1673 Abs 2 S 2 Hs 2 BGB. Eine zum Zeitpunkt der Sorgeerklärungen bestehende Vormundschaft für das Kind endet wegen der Alleinausübungsbefugnis des volljährigen mitsorgeberechtigten Vaters (§ 1678 Abs 1 BGB) kraft Gesetzes (§ 1882 BGB), sodass gesetzlicher Vertreter des Kindes allein der Vater ist (§ 1629 Abs 1 S 3 BGB). In die Ersetzungsentscheidung sollte deshalb auch die Fähigkeit der minderjährigen Kindesmutter einfließen, die Tragweite der Sorgeerklärung auch insoweit zu ermessen.

Gem § 1626d Abs 1 BGB bedürfen die Erklärungen und ggf erforderliche Zu- 169
stimmungen der **öffentlichen Beurkundung**.

Die Beurkundung kann vorgenommen werden entweder
- durch einen Notar, § 20 Abs 1 BNotO oder
- durch das Jugendamt, § 59 Abs 1 Nr 8 SGB VIII oder

379 BT-Drucks 13/4899 S 95.
380 *Weiß* S 165.

- durch das Gericht im Verfahren zur Übertragung der gemeinsamen Sorge nach § 1626a Abs 1 Nr 3, Abs 2 BGB (§ 155a Abs 5 S 1 FamFG).[381]

Eine Beurkundungszuständigkeit des **Standesbeamten** hat der Gesetzgeber wegen der Bedeutung der Erklärungen nicht geschaffen. Zwar steht die Vaterschaftsanerkennung in ihrer Wichtigkeit nicht hinter der Sorgeerklärung zurück, im Gegensatz zu dieser Erklärung sind die Folgen der Abgabe von Sorgeerklärungen dem Laien aber nicht in gleichem Maße geläufig, sodass der Gesetzgeber die entsprechende Belehrung in besonders geeigneten, weil mit der Materie vertrauten Händen wissen wollte.[382]

170 Die beurkundende Stelle teilt die Erklärungen dem für den Geburtsort zuständigen Jugendamt mit, §§ 1626d Abs 2 BGB, 87c Abs 6 S 2 SGB VIII. Diese **Mitteilung** soll dem Jugendamt die Kenntnis verschaffen, die Voraussetzung für die Erteilung einer schriftlichen **Bescheinigung über das Nichtvorliegen einer Eintragung im Sorgeregister** an die Mutter nach § 58a SGB VIII ist. Außer dem Namen und dem Geburtsort des Kindes ist auch das Geburtsdatum des Kindes mitzuteilen. Die Angabe des Geburtsdatums soll die eindeutige Identifizierung des Kindes bei häufigen Namen und im Falle der Namensänderung ermöglichen.[383]

171 Nach § 58a Abs 2 SGB VIII hat das Jugendamt der Mutter auf Antrag eine Bescheinigung über das Nichtvorliegen von Eintragungen im Sorgeregister auszustellen, mit dem sie bei Bedarf die Nichtabgabe von Sorgeerklärungen sowie das Fehlen einer gerichtlichen Entscheidung über die gemeinsame Sorge und damit ihr **Alleinsorgerecht nachweisen** kann.

Problematisch ist, dass die Bescheinigung nur die zum Zeitpunkt der Ausstellung bestehende Rechtslage abbildet, die sich aber jederzeit ändern kann, da Sorgeerklärungen an keine Frist gebunden sind und auch eine gerichtliche Entscheidung gem § 1626 Abs 1 Nr 3 BGB bis zur Volljährigkeit jederzeit getroffen werden kann. Zum Nachweis der mütterlichen Alleinsorge- und damit Alleinvertretungsberechtigung geeignet ist deshalb nur eine aktuelle Bescheinigung. Und selbst diese garantiert die darin wiedergegebene Rechtslage letztlich nicht, da es sich nur um eine Bescheinigung handelt, welche die dem ausstellenden Jugendamt zu diesem Zeitpunkt bekannten Tatsachen widerspiegelt.

---

381 Näher *Hammer* FamRZ 2015, 1977 in abl Anm zu AG Ludwigslust (FamRZ 2015, 1976); Bork/Jacoby/Schwab/*Zorn* § 155a Rn 14.

382 BT-Drucks 13/4899 S 95; krit hierzu *Weiß* S 171 mwN.

383 BT-Drucks 15/1552 S 11.

Hat die Mutter zu dem Zeitpunkt, in dem ein solcher Nachweis benötigt wird, ihren Aufenthalt nicht mehr in dem Bereich des Geburtsjugendamtes, so hat das für diesen Aufenthalt zuständige Jugendamt nach entsprechender Anfrage beim Geburtsjugendamt die Auskunft zu erteilen, §§ 87c Abs 6 S 1, Abs 1, 58a SGB VIII.

2.2 Zeitpunkt der Abgabe der Erklärungen

Einen **Zeitpunkt** für die Abgabe von Sorgeerklärungen sieht das Gesetz nicht 172
vor. Die Erklärungen können von der Zeugung des Kindes (zur pränatalen Sorgeerklärung Rn 174) bis zum Ende der elterlichen Sorge durch Volljährigkeit des Kindes, dh auch noch Jahre nach der Geburt des Kindes abgegeben werden. Auch Eltern, deren Kinder vor Inkrafttreten des § 1626a BGB am 1.7.1998 geboren wurden, können auf diesem Wege zur gemeinsamen elterlichen Sorge gelangen.

Ein **Widerruf** einer abgegebenen Sorgeerklärung ist bis zum Wirksamwer- 173
den der anderen Sorgeerklärung möglich.[384] Hängt das Wirksamwerden einer Sorgeerklärung von der Zustimmung des gesetzlichen Vertreters des minderjährigen Elternteils ab (vgl § 1626c Abs 2 BGB), kann die Sorgeerklärung bis zur Erteilung der Zustimmung widerrufen werden. Der Widerruf hat den **formellen Voraussetzungen** der Sorgeerklärung zu entsprechen,[385] weil es sich bei dem Widerruf ebenso wie bei der Sorgeerklärung selbst um eine Erklärung handelt, die wegen ihrer bedeutsamen Folgen eine Belehrung des Widerrufenden verlangt.[386]

Ist die gemeinsame Sorge jedoch ggf mit Zustimmung des gesetzlichen Vertreters bereits entstanden, scheidet ein Widerruf aus.

2.3 Vorgeburtliche Sorgeerklärungen durch die künftigen Eltern

Wurde die Vaterschaft vor der Geburt des Kindes anerkannt, können die Sorgeer- 174
klärungen durch die *künftigen* Eltern auch schon **vor der Geburt des Kindes** aber erst nach dessen Zeugung[387] abgegeben werden, § 1626b Abs 2 BGB. Bei pränataler Vaterschaftsanerkennung und vorgeburtlichen Sorgeerklärungen steht das Kind bereits mit seiner Geburt unter der gemeinsamen Sorge seiner Eltern.

---

384 *Knittel* ZfJ 2000, 140; **aA** dh gegen jeglichen Widerruf von Sorgeerklärungen *Rauscher* Rn 974.

385 MünchKomm BGB/*Huber* § 1626a Rn 13 mwN.

386 *Weiß* S 255.

387 *Schwab* DNotZ 1998, 437, 450.

175 Bei **Mehrlingsgeburten** erstrecken sich die pränatalen Sorgeerklärungen auf alle Kinder,[388] ohne dass diese Möglichkeit ausdrücklich erwähnt oder auch nur bedacht worden sein müsste.

2.4 Sorgeerklärungen nach Sorgerechtsentscheidungen gem §§ 1626 Abs 1 Nr 3, 1671 oder nach Sorgerechtsentzug gem § 1666 BGB

176 Wurde die gemeinsame Sorge ganz oder in Teilbereichen durch gerichtliche Entscheidung gem § 1626a Abs 1 Nr 3 BGB begründet, haben die Eltern in diesem Bereich nicht mehr die Möglichkeit, durch (zusätzliche) Sorgeerklärungen zur gemeinsamen Sorge zu gelangen. Gleiches gilt, wenn einem Elternteil die Sorge gem § 1671 Abs 1 BGB allein übertragen wurde, sowie in dem Fall, in dem die Sorge dem Vater gem § 1671 Abs 2 BGB allein übertragen wurde, § 1626b Abs 3 BGB. Eine **Änderung der durch gerichtliche Entscheidung herbeigeführten Sorgerechtslage** kann vielmehr **nur durch eine weitere gerichtliche Entscheidung gem § 1696 BGB** erfolgen. Aber auch nach einer solchen abändernden Entscheidung gem § 1696 BGB können die Eltern nicht mehr durch Sorgeerklärungen zur gemeinsamen Sorge gelangen.

Mit der Regelung des § 1626b Abs 3 BGB soll ein dem **Kindeswohl abträgliches „Hin und Her" in der elterlichen Sorge** vermieden werden.[389]

§ 1626b Abs 3 BGB schließt aber die Abgabe von Sorgeerklärungen nur für die **Teile der mütterlichen Sorge** aus, auf die sich die gerichtliche Entscheidung erstreckt, da Unwirksamkeit gem § 1626b Abs 3 BGB nur gegeben ist, „*soweit*" über die elterliche Sorge eine gerichtliche Entscheidung getroffen wurde. Zu Recht werden die bei bestimmter Konstellation eintretenden Ergebnisse gerügt: Wurden dem Kindesvater Teile der Sorge gem § 1671 Abs 2 BGB allein übertragen, bedarf die Begründung der gemeinsamen Sorge in diesem Bereich einer abändernden Entscheidung gem § 1696 Abs 1 S 1 BGB mit der hiernach zwingenden Kindeswohlprüfung, während sich der Mitsorgeerwerb durch den Kindesvater mittels Sorgeerklärungen ohne staatliche Kontrolle vollzieht.[390]

177 Auch der **Entzug der mütterlichen Sorge** gem § 1666 BGB führt dazu, dass die Mutter keine Sorgeerklärung abgeben kann.[391] *Ollmann*[392] wies darauf hin, dass in diesem Zusammenhang der bisher vorwiegend als praktisch bedeu-

388 *Weiß* S 155.
389 BT-Drucks 13/4899 S 94.
390 Staudinger/*Coester* § 1626a Rn 64.
391 Zweifelnd insoweit *Schulz* JAmt 2001, 411 in einer Anmerkung zu den DIJuF-Rechtsgutachten JAmt 2001, 231 und 233.
392 JAmt 2001, 515 ff.

tungslos eingestufte Streit um die Frage, ob die elterliche Sorge ihrer Substanz nach überhaupt entziehbar ist, unversehens Relevanz erlangen könnte. Denn wer der Substanztheorie folgend, die Sorge wegen der grundrechtlich geschützten Elternstellung (Art 6 Abs 2 GG) nur der Ausübung nach für entziehbar hält, kommt nicht umhin, eine Parallele zur weitgehend fehlenden Ausübungsberechtigung der minderjährigen Kindesmutter zu ziehen. Diese kann, obwohl ihre Sorge aufgrund Minderjährigkeit ruht (§§ 1673 Abs 2, 1675 BGB), gleichwohl eine Sorgeerklärung abgeben, in deren Folge dem Kindesvater die Sorge zuwächst. Es genügt demnach, dass sie Inhaberin der Sorge ist, während ihre Ausübungsberechtigung nicht Voraussetzung für das Entstehen der gemeinsamen Sorge durch Sorgeerklärungen ist. Die amtliche Begründung thematisiert diese Frage nicht. Vielmehr geht der Gesetzgeber ohne Weiteres davon aus, dass der Entzug der mütterlichen Sorge, gleichsam als ein über die in § 1626b Abs 3 BGB speziell genannten Hinderungsgründe hinausgehendes Unvermögen, die Mutter darin hindert, die Sorge mit dem Vater infolge einer ausdrücklich darauf gerichteten Willenserklärung zu teilen.[393] Die Frage, ob den Eltern allein aufgrund ihrer Elternstellung die Sorge ihrer Substanz nach stets zusteht (Art 6 Abs 2 GG), stellt sich aber bereits bei der väterlichen Inhaberschaft. Werden Heirat oder gerichtliche Entscheidung oder die Abgabe von Willenserklärungen verlangt, um den Vater zur elterlichen Sorge gelangen zu lassen, kann der Streit nicht auf die Frage nach der Intensität eines Sorgerechtseingriffs verlagert werden. In der Konsequenz bedeutet dies, dass der Mutter die Sorge auch ihrer Substanz nach entzogen werden kann, wenn auch dem Vater die Sorge nicht allein kraft Vaterschaft zuerkannt wird, was ersichtlich nicht der Fall ist. Denn die elterliche Sorge weist zwar einen deutlichen Bezug zum verfassungsmäßigen Elternrecht auf, ist damit aber nicht identisch.[394]

Die Begründung der gemeinsamen Sorge durch Sorgeerklärungen scheidet aber nur *soweit* und damit auch nur *solange* aus, wie sie der Mutter infolge des Entzuges fehlt. § 1680 Abs 3 iVm Abs 2 BGB enthält für diesen Fall eine Sonderregelung, nach der dem Kindesvater *insoweit* die Sorge vom Familiengericht zu übertragen ist, wenn dies dem Kindeswohl nicht widerspricht, während die gemeinsame Sorge für den der Mutter nicht entzogenen Teil durch Sorgeerklärungen begründet werden kann. Wurde der Eingriff nach § 1666 BGB gem § 1696 Abs 2 BGB wieder **aufgehoben**, kann die gemeinsame Sorge auch für diesen Teilbereich durch Abgabe von Sorgeerklärungen begründet werden.[395] Der Begründung von gemeinsamer Sorge durch Sorgeerklärungen steht aber dann

393 BT-Drucks 13/4899 S 94.

394 Zum Verhältnis von Elternrecht und elterlicher Sorge ausführlich *Weiß* S 177 ff.

395 Staudinger/*Coester* § 1626a Rn 45.

auch ein Eingriff in das mütterliche Sorgerecht gem § 1666 BGB nicht entgegen, wenn ihr ausnahmsweise **ausdrücklich nur die Ausübungsberechtigung entzogen** wurde.

2.5 Sorgeerklärungen bei qualifizierter Anerkennung gem § 1599 Abs 2 BGB

178 Voraussetzung einer wirksamen Sorgeerklärung ist Elternschaft. Es muss sich bei den Erklärenden folglich um die (rechtliche) Mutter und den (rechtlichen) Vater des Kindes handeln (vgl Rn 160). In den Fällen der qualifizierten Anerkennung gem § 1599 Abs 2 BGB führt erst die **Rechtskraft des Scheidungsbeschlusses den zuordnungsrechtlichen Wechsel der Vaterschaft** von dem nunmehr geschiedenen Ehemann der Mutter auf den die Vaterschaft anerkannt habenden Mann herbei. Die Abgabe von Sorgeerklärungen gem § 1626a Abs 1 Nr 1 BGB ist jedoch bereits **vor Rechtskraft der Scheidung** möglich. Wirksamkeit entfalten diese aber erst mit Rechtskraft.[396]

179 Probleme ergeben sich, wenn der Mutter in der Scheidungsentscheidung die elterliche Sorge gem § 1671 Abs 1 BGB allein übertragen wurde. Eine solche, vor der Rechtskraft der Ehescheidung und damit vor Wirksamwerden der Vaterschaftsanerkennung getroffene **Sorgerechtsentscheidung** steht nach vereinzelt vertretener Auffassung der Wirksamkeit der Sorgeerklärungen gem § 1626b Abs 3 BGB entgegen,[397] woraus gefolgert wird, dass die gemeinsame Sorge der Eltern in diesem Fall nur durch **Abänderung** der ergangenen Sorgerechtsentscheidung (§ 1696 Abs 1 BGB) begründet werden könnte.

Diese Auffassung ist jedoch abzulehnen, weil der geschiedene Ehegatte der Mutter mit Rechtskraft der Scheidung ex tunc nicht mehr rechtlicher Vater des Kindes ist. Die Entscheidung erweist sich deshalb im Nachhinein bezogen auf die Vaterstellung als falsch. Es wurde tatsächlich keine Entscheidung darüber getroffen, welcher *Eltern*teil die elterliche Sorge (ganz oder teilweise) allein erhält.

Da eine Sorgerechtsentscheidung gem § 1671 BGB auch nicht zwingend das Ergebnis einer umfassenden Kindeswohlprüfung sein muss, weil ein Konsens der Eltern nach § 1671 Abs 1 Nr 1 BGB eine solche bis zur Grenze des § 1671 Abs 4 BGB entbehrlich macht, überzeugt der Hinweis auf das Kindeswohl zur Begründung dieser Auffassung ebenfalls nicht. Aber selbst für den Fall, dass eine Kindeswohlprüfung gem § 1671 Abs 1 Nr 2 BGB erforderlich war, kann sie sich nur auf die an dem Verfahren beteiligten Personen bezogen haben. Der Mann, der erst durch Rechtskraft der Scheidung zum rechtlichen Vater des Kindes wurde,

---

396 BGHZ 158, 74 = FamRZ 2004, 802 = BGHReport 2004, 812 m Anm *Motzer*.

397 So die Überlegung im DIJuf-Rechtsgutachten JAmt 2003, 78, 79.

war am Verfahren nicht beteiligt, konnte also auch nicht in die Kindeswohlprüfung einbezogen werden. Schließlich kann auch die Intention des Gesetzgebers, ein „Hin und Her“ in der elterlichen Sorge zu verhindern, nicht dazu führen, dem durch Rechtskraft der Scheidung zum rechtlichen Vater gewordenen Dritten die Anerkennung seiner Sorgerechtsposition zu versagen. Der Überlegung, ihn auf den wegen der verhältnismäßig hohen Voraussetzungen einer abändernden Entscheidung gem § 1696 Abs 1 BGB uU mühevollen Weg der gerichtlichen Kindeswohlprüfung zu verweisen, steht im Übrigen entgegen, dass die Wirkung von Sorgeerklärungen nach der bewussten Entscheidung des Gesetzgebers keiner Kontrolle durch das Gericht unterliegt. Auch Praktikabilitätsgründe vermögen die Anwendung von § 1626b Abs 3 BGB auf diese Konstellation nicht zu rechtfertigen, weil nicht unterstellt werden kann, dass die Sorge wegen fehlenden Konsenses der Eltern bei zwischen Abgabe der Sorgeerklärung und Rechtskraft der Scheidung eingetretenem Sinneswandel der Kindesmutter in jedem Fall der Kindesmutter übertragen würde.[398]

2.6 Sorgeerklärungen durch Geschäftsunfähige?

Während in § 1626c Abs 2 BGB geregelt ist, dass die Wirksamkeit der Sorgeerklä- 180
rung eines beschränkt geschäftsfähigen Elternteils von der (ersetzbaren) Zustimmung des gesetzlichen Vertreters dieses Elternteils abhängt, ist dem Gesetz nicht eindeutig zu entnehmen, ob etwa die **geschäftsunfähige Mutter** eine Sorgeerklärung abgeben kann, um damit den Vater des Kindes zur (Mit-)Sorge und gleichzeitig gem § 1678 Abs 1 Alt 2 BGB zur alleinigen Ausübungsberechtigung gelangen zu lassen, ohne dass sie selbst die Sorge verliert. Das Problem kann keineswegs mit dem Hinweis darauf abgetan werden, dass die Sorge der geschäftsunfähigen Mutter gem § 1673 Abs 1 BGB ruht und sie deshalb ohnehin auch bei gemeinsamer Sorge gem § 1675 BGB nicht berechtigt ist, diese auszuüben. Denn sie ist, auch wenn ihre Sorge ruht, Inhaberin der elterlichen Sorge, sodass der Wegfall des Ruhensgrundes allein ohne Weiteres zur (Wieder-)Ausübungsberechtigung führen würde, während sie sie durch eine Übertragung auf den Kindesvater gem § 1678 Abs 2 BGB verlieren würde, sodass bei Genesung eine gerichtliche Änderungsentscheidung gem § 1696 BGB erforderlich wäre, um sie zur Ausübungsberechtigung gelangen zu lassen. Darüber hinaus erfordert eine solche Übertragung ua, anders als das Entstehen der gemeinsamen Sorge durch Abgabe von Sorgeerklärungen, eine (negative) **Kindeswohlprüfung**. Damit wird klar, dass das Erlangen der elterlichen Sorge für den Kin-

398 So aber DIJuF-Rechtsgutachten JAmt 2003, 78 f.

desvater eines außerhalb der Ehe geborenen Kindes bei Geschäftsunfähigkeit der Kindesmutter von besonderen Voraussetzungen abhängt, die auch Auswirkungen auf die Belange der Kindesmutter haben. Dass der Kindesvater die Möglichkeit hat, unter weniger hohen Voraussetzungen Vormund seines eigenen Kindes zu werden, ist kein taugliches Argument, die fehlende Berücksichtigung der verfassungsrechtlich geschützten Elternposition zu rechtfertigen, weil die Stellung eines Vormunds hinter der eines Elternteils zurückbleibt, was sich nicht zuletzt in der umfassenderen staatlichen Überwachungspflicht niederschlägt. Ein insbesondere im Kindesinteresse liegender Ausgleich könnte hier allenfalls in der Möglichkeit der Begründung der gemeinsamen Sorge durch familiengerichtliche Entscheidung gem § 1626a Abs 1 Nr 3 BGB gesehen werden, weil es gem § 155a Abs 3 FamFG uU zu einem vereinfachten Verfahren kommen könnte, in dem ohne Anhörung des Jugendamtes und ohne persönliche Anhörung der Eltern entschieden werden kann.[399]

Es stellt sich freilich auch umgekehrt die Frage, ob der **geschäftsunfähige Vater** durch Abgabe von Sorgeerklärungen zur gemeinsamen Sorge gelangen könnte, um somit erstmals (Mit-)Inhaber der elterlichen Sorge zu werden. Die Bedeutung des Problems wird hier vielleicht sogar noch deutlicher, weil es dem Kindesvater, abgesehen von einer Heirat mit der Kindesmutter, die aber ebenfalls gem § 1304 BGB (Ehe-)Geschäftsfähigkeit[400] verlangt, trotz elterlichen Konsenses andernfalls verwehrt wäre, neben der Mutter zur Sorge zu gelangen. Schließlich wäre die Übertragung der gemeinsamen Sorge gem § 1626a Abs 1 Nr 3 BGB in diesem Fall sehr viel weniger wahrscheinlich, weil der geschäftsunfähige Vater keinen Antrag stellen wird und eine Antragstellung durch die Kindesmutter faktisch eher die Frage provozieren wird, ob die Übertragung (auf den geschäftsunfähigen Kindesvater) dem Kindeswohl entspricht.

Dass der Vater die Sorge wegen §§ 1673 Abs 1, 1675 BGB nicht ausüben kann, spricht nicht dagegen, dass er überhaupt Inhaber der elterlichen Sorge wird.

Obwohl die Sorgeerklärung ihrem Charakter nach rechtsgeschäftsähnliche Willenserklärung ist, finden auf sie aufgrund der Besonderheit ihrer Funktion die allgemeinen Regelungen der §§ 104 ff BGB jedenfalls keine direkte Anwendung. Namentlich die auf die Fähigkeit Rechtsgeschäfte abzuschließen ausgerichteten Vorschriften des allgemeinen Teils des BGB sind nicht geeignet, Anhaltspunkte für die Beurteilung der Fähigkeit, wirksame Sorgeerklärungen abgeben zu können, zu liefern.

---

399 Dazu näher Bork/Jacoby/Schwab/*Zorn* § 155a Rn 6 ff.

400 Zur besonderen „Ehegeschäftsfähigkeit" vgl ua BVerfG FamRZ 2003, 359.

Wegen der vom Gesetzgeber bei Schaffung des § 1626c Abs 2 BGB betonten Nähe zu der Fähigkeit, eine Ehe einzugehen, durch die ebenfalls die gemeinsame Sorge begründet wird, wird in Anlehnung an die zur besonderen Ehefähigkeit entwickelten Grundsätze eine **besondere genuine Sorgerechtsgeschäftsfähigkeit** zur Wirksamkeitsvoraussetzung erhoben.[401]

Diesem Ansatz wird entgegengehalten, dass mit der Eheschließung eine besondere rechtliche Bindung eingegangen wird, deren Begründung insoweit echte Geschäftsfähigkeit verlangt, während das Erlangen der elterlichen Sorge allein nicht zu einer solchen Pflichtenbindung führt, wenn es an der Ausübungsberechtigung fehlt. Darüber hinaus ließe es sich auch nicht mit dem Anspruch des Gesetzgebers vereinbaren, die Begründung der väterlichen Mitsorge unabhängig vom Bestehen einer Ehe weitgehend der elterlichen Verantwortung zu überlassen, wenn nur von nicht miteinander verheirateten Eltern das tatsächliche Verständnis der Bedeutung der Elternverantwortung und die Fähigkeit zur Ermessung ihrer Folgen als sorgerechtsspezifische Einsichtsfähigkeit zur Voraussetzung des Innehabens der elterlichen Sorge gemacht wird, während verheirateten Eltern die gemeinsame Sorge auch bei Geschäftsunfähigkeit ohne Weiteres zusteht.[402] Nach dieser Auffassung steht Geschäftsunfähigkeit der Abgabe einer wirksamen Sorgeerklärung nicht entgegen.

Dagegen wird zu Recht eingewandt, dass das Gesetz eine **planwidrige Lücke** enthält, weil die Wirksamkeit der Sorgeerklärung eines beschränkt geschäftsfähigen Elternteils von der Zustimmung seines gesetzlichen Vertreters abhängig ist, und der noch schutzbedürftigere Geschäftsunfähige rechtlich nicht mehr vermag, als ein beschränkt Geschäftsfähiger. Aus dem Fehlen einer besonderen Schutzvorschrift wird deshalb zum Teil in analoger Anwendung von § 105 Abs 1 BGB auf die Nichtigkeit einer von einem Geschäftsunfähigen abgegebenen Sorgeerklärung geschlossen.[403]

Das führt aber dazu, dass den Eltern das Innehaben der gemeinsamen Sorge verwehrt wird, ohne dass etwa Kindeswohlgründe dies rechtfertigen könnten, weil das Kind durch §§ 1673, 1675 BGB ausreichend geschützt ist. Auch setzt es die Interessen behinderter Eltern hinter die nicht behinderter unangemessen zurück.[404] Trotz der sich ggf aus § 105 Abs 1 BGB ergebenden Probleme spricht deshalb mehr dafür, die bestehende Lücke durch **analoge Anwendung von § 1626c Abs 2 BGB** zu schließen.[405] So ist es dem geschäftsunfähigen Elternteil

---

401 *Lipp* FamRZ 1998, 65, 71.

402 *Dickerhof-Borello* FuR 1998, 157, 163.

403 MünchKomm BGB/*Huber* § 1626e Rn 7 ff, 18.

404 AA *Weiß* S 252.

405 So im Ergebnis auch Staudinger/*Coester* § 1626c Rn 20.

möglich, durch höchstpersönliche Erklärung mit Zustimmung seines gesetzlichen Vertreters zur gemeinsamen Sorge zu gelangen. Bezogen auf volljährige, geschäftsunfähige Eltern kann gesetzlicher Vertreter allerdings nur ein Betreuer sein, sodass sich die Frage stellt, ob und wenn ja, welcher Aufgabenkreis den Betreuer berechtigen könnte, einer vom Geschäftsunfähigen abgegebenen Sorgeerklärung zuzustimmen. Soll dem Geschäftsunfähigen der Weg zur Erlangung der Sorge offenstehen, muss der Betreuer ausnahmsweise (vgl Rn 181) auch die Möglichkeit erhalten, daran mitzuwirken. Sein Aufgabenkreis muss sich daher in diesem Fall auch (expliziert) auf die Entscheidung über die Zustimmung zur Sorgeerklärung einschließlich der Zustimmung selbst beziehen können.

2.7 Sorgeerklärung durch einen unter Betreuung stehenden Elternteil

181 Ist der unter **Betreuung** stehende Elternteil geschäftsunfähig, gilt das oben Ausgeführte. Ist er dagegen geschäftsfähig, bedarf er zur Abgabe von Sorgeerklärungen nicht der Zustimmung seines Betreuers.

Es könnte sich indes die Frage stellen, ob der unter **Einwilligungsvorbehalt** stehende betreute Elternteil der Zustimmung seines Betreuers bedarf. Dies wird zu Recht verneint, wofür sich verschiedene Gründe anführen lassen: Zum einen ergibt sich aus der amtlichen Begründung, dass die Zustimmung des gesetzlichen Vertreters des minderjährigen Elternteils gem § 1626c Abs 2 BGB aus der Vergleichbarkeit mit § 1303 Abs 3, 4 BGB hergeleitet wurde, wonach den Eltern des minderjährigen Verlobten gegen die Eingehung der Ehe ein (allerdings überwindbares) Widerspruchsrecht zusteht (näher dazu Rn 545), mit dem sie ggf das Entstehen der gemeinsamen Sorge durch Heirat ebenfalls verhindern können. Gem § 1903 Abs 2 BGB kann sich ein Einwilligungsvorbehalt aber nicht auf die auf Eingehung einer Ehe gerichtete Willenserklärung erstrecken, sodass sich die Aufgabe des Betreuers nicht auf die Eheschließung und damit auch nicht auf die in Bezug auf das Entstehen der gemeinsamen Sorge vergleichbare, ebenfalls höchstpersönliche Sorgeerklärung beziehen kann (vgl aber Rn 180). Kann der unter Einwilligungsvorbehalt stehende Elternteil ohne Mitwirkung seines Betreuers aber heiraten und damit die gemeinsame Sorge gem § 1626a Abs 1 Nr 2 BGB herbeiführen, kann auch die Begründung der gemeinsamen Sorge durch Abgabe von Sorgeerklärungen nicht der Mitwirkung des Betreuers unterstellt werden.[406] Anders als bei der ebenfalls höchstpersönlichen Vaterschaftsanerkennungs- bzw Zustimmungserklärung (vgl § 1596 Abs 3 aEBGB) hat der Gesetzgeber hier auch keine Sonderregelung geschaffen. Eine analoge An-

---

406 So im Ergebnis auch *Weiß* S 253.

wendung der Norm kommt mangels ungeplanter Regelungslücke nicht in Betracht.

Zum anderen erfasst die Betreuung nur die Angelegenheiten des Betreuten. Dazu aber gehört nicht dessen Sorgekompetenz;[407] auf diese hat die Betreuungseinrichtung als solche auch keine Auswirkungen.[408] Schließlich kann sich der Einwilligungsvorbehalt auch deshalb nicht auf die Fähigkeit zur Abgabe von Sorgeerklärungen erstrecken, weil ein solcher stets akzessorisch zum Aufgabenkreis des Betreuers ist, die Betreuung aber die Sorgekompetenz weder beinhalten noch beeinträchtigen kann.[409]

2.8 Materielle Wirksamkeit

Sind die dargelegten Voraussetzungen erfüllt, ist die gemeinsame Sorge entstan- 182
den. § 1626e BGB bestimmt ausdrücklich, dass nur ein Verstoß gegen die in §§ 1626b bis 1626d BGB geregelten Voraussetzungen zur Unwirksamkeit der Sorgeerklärungen führt. Ein Rückgriff auf die allgemeinen Vorschriften über Willenserklärungen (§§ 104 ff BGB) scheidet deshalb aus. Aus Gründen der Rechtssicherheit sind insbesondere **Willensmängel** für die Wirksamkeit der Erklärungen bedeutungslos.[410] Daher kommt auch eine **Anfechtung** (§§ 119 ff BGB) nicht in Betracht.[411]

Das durch Abgabe von Sorgeerklärungen beider Eltern (soweit erforderlich 183
mit Zustimmung des gesetzlichen Vertreters eines beschränkt geschäftsfähigen oder geschäftsunfähigen Elternteils oder deren Ersetzung gem bzw analog § 1626c Abs 2 BGB) **bindend gewordene gemeinsame Sorgerecht** kann nur durch gerichtliche Entscheidung geändert werden. Die gemeinsame Sorge kann mithin nicht durch **Widerruf** oder Verzichtserklärung wieder aufgegeben werden.

---

407 Vgl ua BayObLG BtPrax 2004, 239.

408 *Bienwald* FamRZ 1994, 484; § 22a Abs 2 S 1 FamFG berechtigt und verpflichtet das Betreuungsgericht uU aber, das Familiengericht über Tatsachen zu informieren, die familiengerichtliche Maßnahmen angezeigt erscheinen lassen, ausführlich dazu (noch zu dem inhaltsgleichen § 69k FGG) *Dodegge* FPR 2005, 233 f.

409 Staudinger/*Coester* § 1626c Rn 21; **aA** *Fröschle* Rn 191.

410 BT-Drucks 13/4899 S 95; vgl auch OLG Düsseldorf FamRZ 2008, 1552, wonach auch § 139 BGB keine Anwendung findet.

411 *Weiß* S 244 mwN.

2.9 Rechtsfolgen der Sorgeerklärungen

184 Mit wirksamer Abgabe der zweiten Sorgeerklärung tritt die **gemeinsame elterliche Sorge** kraft Gesetzes ein; eine Rückwirkung gibt es nicht.[412] Eine **pränatale Sorgeerklärung** wirkt aufschiebend bedingt auf den Zeitpunkt der Lebendgeburt des Kindes.[413] Das vom Vater erworbene Mitsorgerecht ist als eigenständiges Recht nicht von dem der Mutter abhängig. Wird der Mutter beispielsweise nach Abgabe wirksamer Sorgeerklärungen die Sorge entzogen, wird das väterliche Sorgerecht davon nicht berührt, § 1680 Abs 3, 1 BGB. Das gemeinsame Sorgerecht ist grundsätzlich umfassend. Es entsteht durch Sorgeerklärungen (anders als durch Heirat!) aber nur soweit, wie der Mutter die Sorge zum Zeitpunkt der Abgabe der Sorgeerklärung zustand. In diesem Umfang unterliegen sowohl das mütterliche als auch das väterliche Sorgerecht wie bei verheirateten Eltern der **Ausübungsbindung** des § 1627 BGB. Leben die Eltern **dauerhaft getrennt**, liegt die Alleinentscheidungszuständigkeit in Angelegenheiten des täglichen Lebens (Alltags- oder Tagessorge) bei demjenigen Elternteil, bei dem sich das Kind rechtmäßig gewöhnlich aufhält, § 1687 Abs 1 S 2 BGB. In Angelegenheiten, die für das Kind von erheblicher Bedeutung sind, ist dagegen gegenseitiges Einvernehmen erforderlich, § 1687 Abs 1 S 1 BGB. Kann ein solches nicht erzielt werden, kommt uU eine Übertragung der Entscheidungsbefugnis auf einen Elternteil durch das Familiengericht in Betracht, § 1628 BGB.

185 Ist die **Mutter** des Kindes zum Zeitpunkt der Abgabe wirksamer Sorgeerklärungen **minderjährig**, endet eine zu diesem Zeitpunkt bereits bestehende (Amts-)Vormundschaft kraft Gesetzes (§ 1882 BGB), wenn der Kindesvater volljährig und nicht geschäftsunfähig ist. Der nunmehr mitsorgeberechtigte Vater übt gem § 1678 Abs 1 Alt 2 BGB die Sorge weitgehend allein aus, solange die Sorge der Kindesmutter wegen deren Minderjährigkeit ruht, §§ 1673 Abs 2, 1675 BGB. Bestand noch keine Vormundschaft, weil die Sorgeerklärungen vorgeburtlich abgegeben wurden, tritt die gesetzliche Amtsvormundschaft bei der Geburt des Kindes nicht ein, weil das Kind aufgrund der väterlichen Ausübungs- einschließlich umfassender Vertretungsberechtigung (§ 1629 Abs 1 S 3 Alt 1 BGB) keines Vormundes bedarf (vgl §§ 1791c, 1773 BGB).

Die minderjährige Kindesmutter ist (weiterhin) nur zur Ausübung der tatsächlichen Personensorge berechtigt, § 1673 Abs 2 S 2 BGB. Eine Änderung der mütterlichen Sorgerechtssituation tritt durch die der Geburt nachfolgenden Sorgeerklärungen insoweit ein, als die mütterliche Entscheidung im Rahmen dieser **tatsächlichen Personensorge** keinen Vorrang mehr hat, weil sie diese nicht mehr neben einem Vormund (oder Pfleger), sondern neben dem Kindesva-

412 *Altrogge* FPR 2008, 154 f.
413 KG FamRZ 2011, 1516.

ter ausübt, vgl § 1673 Abs 2 S 3 BGB. Bei Meinungsverschiedenheiten müssen die gemeinsam sorgeberechtigten Eltern vielmehr versuchen, sich zu einigen, § 1673 Abs 2 S 3 aE iVm § 1627 S 2 BGB.

Sind **beide Elternteile minderjährig** ändert sich an der Sorgerechtssitua- 186
tion der Kindesmutter bis zur Volljährigkeit eines Elternteils wenig, weil der Kindesvater die Sorge zwar erwirbt, diese wegen seiner Minderjährigkeit aber ebenfalls nur im Rahmen der tatsächlichen Personensorge auszuüben berechtigt ist. Es gilt insoweit das zur Ausübungsberechtigung der minderjährigen Kindesmutter Ausgeführte. Gesetzlicher Vertreter des Kindes ist der Vormund (§ 1793 Abs 1 S 1 BGB). Die Voraussetzungen der Vormundschaft gem § 1773 Abs 1 Alt 2 BGB liegen vor, weil beide Elternteile nicht zur Vertretung des Kindes berechtigt sind. Eine bereits bestehende Vormundschaft endet folglich auch nicht kraft Gesetzes (vgl § 1882 BGB). War das Kind zum Zeitpunkt der Abgabe der Sorgeerklärungen noch nicht geboren, tritt mit Geburt des Kindes regelmäßig kraft Gesetzes Amtsvormundschaft ein, §§ 1773, 1791c BGB.

Ist nur der **Kindesvater**, nicht aber die Kindesmutter **beschränkt geschäftsfähig**, wird er zwar Mitinhaber der Sorge, zur Ausübung berechtigt ist er aber bis zum Eintritt der Volljährigkeit nur in Bezug auf die tatsächliche Personensorge. Bezogen auf diesen Teilbereich sind die gemeinsam sorgeberechtigten Eltern zur einvernehmlichen Sorgeausübung verpflichtet, § 1673 Abs 2 S 3 aE iVm § 1627 BGB. Im Übrigen übt die Kindesmutter die Sorge bis zur Volljährigkeit des Kindesvaters gem § 1678 Abs 1 Alt 2 BGB allein aus.

Sind die Eltern **geschäftsunfähig**, gilt das Ausgeführte weitgehend entsprechend.

Abweichend davon ist aber der Geschäftsunfähige auch im Rahmen der tatsächlichen Personensorge nicht zur Ausübung berechtigt, weil § 1673 Abs 2 BGB nicht anwendbar ist. Die Frage eines Entscheidungsvorrangs nach § 1673 Abs 2 BGB und das Problem der Einigung stellen sich folglich nicht.

Die Eltern können binnen drei Monaten nach Begründung der gemeinsa- 187
men Sorge durch Abgabe wirksamer Sorgeerklärungen den **Namen des Kindes** neu bestimmen, § 1617b Abs 1 S 1 BGB.

Lebte die Mutter zum Zeitpunkt der Abgabe wirksamer Sorgeerklärungen 188
mit ihrem Ehemann, der nicht Vater des Kindes ist oder mit ihrer eingetragenen Lebenspartnerin zusammen, so stand diesem Stiefelternteil gem § 1687b BGB bzw § 9 LPartG im Einvernehmen mit der Mutter ein Mitentscheidungsrecht in Angelegenheiten des täglichen Lebens des Kindes zu („kleines Sorgerecht“[414]). Da nur der *allein sorgeberechtigte* Elternteil dieses Recht vermittelt, **endet** mit

414 Von *Coester-Waltjen* auch als „Tagessorge“ bezeichnet (JURA 2005, 97).

dem Verlust des mütterlichen Alleinsorgerechts auch das **kleine Sorgerecht des Stiefelternteils.**[415]

189 **Checkliste: Gemeinsame Sorge durch Sorgeerklärungen**

Erklärungen durch wen?

- Mutter, §§ 1626c Abs 1, 1591 BGB
- Vater, §§ 1626c Abs 1, 1592 Nr 2, 3 BGB
  Sind diese beschränkt geschäftsfähig:
  Zustimmung des gesetzlichen Vertreters (§ 1626c Abs 2 BGB); uU ersetzbar durch Familiengericht auf Antrag des minderjährigen Elternteils
  Sind diese geschäftsunfähig:
  Zustimmung des gesetzlichen Vertreters, § 1626c Abs 2 BGB analog (streitig!)
  Beachte: Einrichtung einer Betreuung selbst mit angeordnetem Einwilligungsvorbehalt ohne Einfluss auf die Fähigkeit zur Abgabe von Sorgeerklärungen durch die Eltern.

Wann?

- Jederzeit ab Zeugung des Kindes bis zur Volljährigkeit desselben, vgl § 1626b Abs 2 BGB

Ausschluss?

- nach vorangegangener Entscheidung gem §§ 1626a Abs 1 Nr 3oder 1671 BGB, **soweit** die **Entscheidung** reicht, selbst wenn diese Entscheidung gem § 1696 BGB bereits abgeändert wurde, § 1626b Abs 3 BGB
- während der Dauer eines Entzuges der mütterlichen Sorge gem § 1666 BGB, **soweit** der Mutter die Sorge fehlt

Inhalt?

- Erklärung, die Sorge für das Kind gemeinsam übernehmen zu wollen, § 1626a Abs 1 Nr 1 BGB
- Frei von Bedingungen und/oder Befristungen, § 1626b Abs 1 BGB

Form?

- öffentliche Beurkundung, § 1626d Abs 1 BGB

190 Zur Ersetzung der Sorgeerklärung eines Elternteils gem Art 224 § 2 Abs 3 bis 5 EGBGB[416] aF vgl Voraufl Rn 168ff.

---

415 Staudinger/*Coester* § 1626a Rn 67.

416 Aufgehoben mit Wirkung v 18.5.2013 durch Art 4 des Gesetzes zur Reform der elterlichen Sorge nicht miteinander verheirateter Eltern v 16.4.2013, BGBl I S 795.

3. Gemeinsame Sorge durch Heirat der Kindeseltern, § 1626a Abs 1 Nr 2 BGB

3.1 Allgemeines

Gem § 1626a Abs 1 Nr 2 BGB entsteht durch die der Geburt des gemeinsamen Kindes nachfolgende **Heirat der Kindeseltern** deren gemeinsame elterliche Sorge. Einer gesonderten, auf die Entstehung der gemeinsamen Sorge gerichteten Willenserklärung bedarf es dafür nicht. 191

Voraussetzung für den unmittelbaren Erwerb der gemeinsamen Sorge ist allein die zum Zeitpunkt der Eheschließung feststehende **rechtliche Elternschaft.**

Eine **spätere Vaterschaftsfeststellung** wirkt hinsichtlich der statusrechtlichen Zuordnung des Kindes auf den Zeitpunkt seiner Geburt[417] und damit hinsichtlich der Entstehung des gemeinsamen Sorgerechts auf den der Eheschließung zurück. Gleiches gilt für den Fall, dass eine **Vaterschaftsanerkennung** der Heirat nachfolgt.[418]

Im Zeitpunkt der Vaterschaftsfeststellung oder -anerkenmnung bereits vollzogene Sorgerechtsentscheidungen der bis dahin allein sorgeberechtigten Mutter bleiben davon aber unberührt, sodass die Mitwirkung des Vaters nur für noch nicht abgeschlossene Rechtshandlungen und Entscheidungen erforderlich ist.[419]

3.2 Die Rechtsfolgen der Heirat im Einzelnen

3.2.1 Allgemeines

Die Regelung ist an die Stelle des durch das KindRG mit Wirkung zum 1.7.1998 aufgehobenen § 1719 BGB aF getreten. Die Eheschließung vermittelt den Eltern die Sorge ex lege so, wie wenn sie zur Zeit der Geburt des Kindes miteinander verheiratet gewesen wären. Das vom Vater durch Heirat mit der Kindesmutter erworbene Sorgerecht ist als eigenständiges Recht nicht von dem der Mutter abhängig. Eine **Änderung** der gemeinsamen Sorge ist nur durch gerichtliche Entscheidung gem § 1671 Abs 1 BGB möglich. 192

Der durch Heirat der Eltern eintretende Sorgerechtserwerb überlagert als vorrangiger Erwerbsgrund die ggf durch bereits abgegebene Sorgeerklärungen eingetretene gemeinsame Sorge, freilich ohne an deren Inhalt oder deren Bestandskraft etwas zu ändern. Dass die Sorgeerklärungen durch die Heirat nicht hinfällig, sondern nur überlagert werden, ist etwa in den Fällen einer nichtigen

417 Staudinger/*Coester* § 1626a Rn 16.
418 OLG Celle MDR 2014, 1105.
419 Staudinger/*Coester* § 1626a Rn 16.

Ehe bedeutsam, zB wenn eine im Ausland erfolgte Eheschließung in Deutschland nicht anerkannt wird.

193 Wie bei Begründung der gemeinsamen Sorge durch Sorgeerklärungen können die Eltern den **Namen des Kindes** innerhalb von drei Monaten neu bestimmen, § 1617b Abs 1 BGB.

194 Durch die Heirat endet die nach § 1626a Abs 3 BGB bis dahin bestehende mütterliche Alleinsorge, und an deren Stelle tritt die gemeinsame Sorge der Eltern.

Die gemeinsame Sorge der Eltern tritt durch die Heirat auch dann ein, wenn bereits **eine gerichtliche Entscheidung nach den §§ 1626a Abs 1 Nr 3, 1671 BGB** (oder dem mit Wirkung vom 19.5.2013 aufgehobenen § 1672 BGB) zur Alleinsorge eines Elternteils geführt hat oder eine solche Entscheidung gem § 1696 Abs 1 BGB bereits abgeändert wurde, da der Sorgerechtserwerb durch Heirat nicht den für die Abgabe von Sorgeerklärungen geltenden Beschränkungen des § 1626b Abs 3 BGB unterliegt.[420]

Waren die Eltern des Kindes also beispielsweise schon einmal miteinander verheiratet und wurde die Sorge einem Elternteil anlässlich ihrer Scheidung gem § 1671 Abs 1 BGB allein übertragen, können sie die gemeinsame Sorge durch erneute Heirat begründen, ohne dass es dazu einer abändernden Entscheidung gem § 1696 BGB und der damit einhergehenden Kindeswohlprüfung bedürfte.[421]

Auch wenn dem Kindesvater die alleinige Sorge gem § 1671 Abs 2 BGB übertragen wurde, entsteht durch Heirat kraft Gesetzes gemeinsame Sorge.[422]

Eine spätere Änderung dieser durch Heirat entstandenen gemeinsamen Sorge ist auch in diesem Fall nur nach § 1671 Abs 1 BGB, nicht nach § 1696 BGB möglich.

3.2.2 Auswirkungen eines mütterlichen Sorgerechtsentzugs auf das durch Heirat entstehende väterliche Sorgerecht

195 Bestritten wird, dass dem Kindesvater die gemeinsame Sorge durch die Heirat auch dann (umfassend) zuwächst, wenn sie der Mutter infolge eines Sorgerechtsentzugs gem § 1666 BGB nicht (vollumfänglich) zusteht. Nach Ansicht des OLG Nürnberg[423] entsteht die (Mit-)Sorge des Vaters nur in dem Umfang, in dem

---

420 MünchKomm BGB/*Huber* § 1626a Rn 23.

421 MünchKomm BGB/*Huber* § 1626a Rn 24.

422 *Coester-Waltjen* JURA 2005, 97 f; Staudinger/*Coester* § 1626a Rn 19.

423 FamRZ 2000, 1035; dem folgend ua MünchKomm BGB/*Huber* § 1626a Rn 22; *Oelkers* FuR 2000, 106; Staudinger/*Coester* § 1626a Rn 26; vgl auch BGH FamRZ 2005, 1469 m Anm *Luthin*.

sie der Mutter selbst bei der Heirat zusteht. Danach kann der Vater, soweit der Mutter die Sorge nicht zusteht, nur durch Übertragung gem § 1680 Abs 3, 2 BGB zur Sorge gelangen, mit der Folge, dass eine Kindeswohlprüfung erforderlich ist. Dies wird auf den Wortlaut des § 1626a Abs 1 BGB gestützt, nach dem durch die Heirat (nur) eine *gemeinsame* Sorge entsteht, eine solche aber nicht begründet werden kann, soweit der Mutter die Sorge nicht zusteht. Eine *Erstreckung* der mütterlichen Sorge auf den Vater setze mithin voraus, dass der Mutter die Sorge auch zusteht. Im Ergebnis hieße das, dass der väterliche Sorgeerwerb insoweit scheitern würde, als die Mutter aufgrund ihrer Disqualifikation nicht daran teilhaben kann.

Diese Begründung überzeugt jedoch nicht: Der Sorgeerwerb erfolgt ex lege durch Heirat, also anders als bei Abgabe von Sorgeerklärungen nicht durch darauf gerichtete Willenserklärungen. Ein Eingriff in das elterliche Sorgerecht eines Elternteils führt bei den zum Zeitpunkt der Geburt des Kindes miteinander verheirateten Eltern nicht automatisch zur Disqualifikation des anderen Elternteils. Dass dies bei erst später heiratenden Eltern anders sein sollte, erschließt sich auch bei näherer Betrachtung nicht. Denn die väterliche Sorge leitet sich nicht aus einer darauf gerichteten ausdrücklichen Willenserklärung ab, sondern entsteht durch Heirat mit der Mutter, selbst wenn diese Folge nicht bedacht wurde oder vielleicht sogar ungewollt ist. Die Sorge des Vaters ist keineswegs von der der Mutter abhängig, vielmehr wurzelt sie in dem eigenständigen Elternrecht des Vaters gem Art 6 Abs 2 S 1 GG, in das zum Schutze des Kindes nur bei einer Kindeswohlgefährdung eingegriffen werden darf (Art 6 Abs 2 S 2, 3 GG, § 1666 BGB). Art 6 Abs 2 S 1 GG ist kein gemeinsames Grundrecht der Eltern, sondern steht jedem Elternteil als Individualrecht gegenüber dem Staat zu.[424] Auch aus der Besonderheit, dass die Sorge den Eltern zum Zwecke einer gradlinigen Betreuung mit grundsätzlich notwendiger wechselseitiger Gemeinschaftsbindung zur gemeinsamen Ausübung übertragen wurde (vgl § 1627 BGB), kann nicht auf eine auch in ihrem Umfang nur den Eltern gemeinschaftlich zustehende Sorge geschlossen werden.[425] Im Übrigen verdrängt die Ehe als verfassungsrechtlich privilegierter Status als solche unabhängig von dem Zeitpunkt ihres Eingehens die vorgesehenen Kontrollmechanismen für nicht miteinander verheiratete Eltern.[426] Es steht auch nicht zu befürchten, dass bei dieser Lesart

---

424 *Lohse* JURA 2005, 815, 817.

425 Vgl hierzu auch Gernhuber/*Coester-Waltjen* § 57 Rn 3.

426 Unterschiede zur Sorgeerlangung durch Sorgeerklärung betont auch DIJuF-Rechtsgutachten JAmt 2001, 412f.

das Kindeswohl gefährdet wäre,[427] denn das Gericht hat wie bei von vornherein verheirateten Eltern das Recht und auch die Pflicht, bei einer entsprechenden Gefahrenlage gem § 1666 BGB auch gegen den anderen Elternteil einzuschreiten.

Schließlich lässt sich der allein wortlautorientierten Auslegung der Norm auch die Historie entgegenhalten: § 1626a Abs 1 Nr 2 BGB ist an die Stelle der mit Wirkung vom 1.7.1998 abgeschafften **Legitimation durch nachfolgende Ehe** (§ 1719 BGB aF) getreten. Unter Geltung dieser Vorschrift bestand aber kein Zweifel daran, dass das väterliche Sorgerecht durch Heirat mit der Mutter auch dann umfassend entstand, wenn der Mutter Teile der Sorge oder sogar die gesamte Sorge nicht zustand.[428] Die Beschränkung der mütterlichen Sorge konnte allenfalls Anlass geben, nunmehr auch dem Vater das Sorgerecht zu entziehen.[429] Da der Gesetzgeber mit der Gesetzesänderung (ua) die Rechtsstellung unverheirateter Eltern stärken wollte, lässt sich die aus § 1626a Abs 1 BGB herausgelesene generelle Schlechterstellung auch aus diesem Grund nicht rechtfertigen. Auch nach geltendem Recht kann daher ein Eingriff in das durch Heirat umfassend entstehende väterliche Sorgerecht ebenfalls nur in Betracht kommen, wenn und soweit eine solche Maßnahme nach § 1666 BGB aufgrund einer Kindeswohlgefährdung erforderlich ist.

Der BGH[430] hat aber weitere Argumente für die Auffassung ins Feld geführt, nach der eine Übertragung erforderlich sein soll, die ebenfalls einer näheren Untersuchung bedürfen. Dazu ist zunächst festzuhalten, dass sich der Sachverhalt in dem dem BGH zur Entscheidung vorgelegten Fall von dem des OLG Nürnberg[431] darin unterschied, dass das Kind erst unter Geltung neuen Rechts geboren wurde. Die Entziehung der mütterlichen Sorge durch Endentscheidung erfolgte zu einem Zeitpunkt, in dem die Vaterschaft bereits anerkannt war. In der Bestellung des Vormunds (aufgrund der Entziehung des Sorgerechts) sah der Senat inzidenter die Ablehnung der Übertragung der Sorge nach § 1680 Abs 3 iVm Abs 2 BGB. Diese in die Vormundsbestellung hineininterpretierte Sorgerechtsentscheidung bedürfe ggf gem § 1696 BGB einer Abänderung. Das Entstehen der väterlichen Sorge allein durch spätere Heirat sei aufgrund der Entscheidung ausgeschlossen, ohne dass es auf die Frage ankäme, ob sich die

---

427 So aber Staudinger/*Coester* § 1626a Rn 28 f, der das damit begründet, dass durch die infolge des (Teil-)Entzuges angeordnete Vormundschaft oder Pflegschaft ein *Sorgerechtswechsel* einträte, dem nach der Gesetzessystematik aus Kindesschutzgründen aber stets eine Kindeswohlprüfung vorzuschalten sei.

428 Vgl etwa Palandt/*Diederichsen*, 51. Aufl, § 1719 Rn 4.

429 BayObLG DAVorm 1984, 1047.

430 FamRZ 2005, 1469 m Anm *Luthin*.

431 FamRZ 2000, 1035.

väterliche von der mütterlichen Sorge ableite. Diesen Überlegungen kann freilich bereits von ihrem Ansatz her nur dann gefolgt werden, wenn zum Zeitpunkt der Anordnung der Vormundschaft die Grundvoraussetzung einer Übertragung der Sorge auf den Kindesvater überhaupt bestand, mithin also dann nicht, wenn entweder (wie in dem vom OLG Nürnberg entschiedenen Fall) das Gesetz die Möglichkeit einer solchen Entscheidung noch nicht vorsah oder der rechtliche Vater zum Zeitpunkt des Sorgeentzugs noch nicht feststand, womit ua auch der Fall erfasst wäre, in dem der Mann die Vaterschaft für das außerhalb der Ehe geborene Kind erst nach der Heirat mit der Mutter anerkennt. Allgemeingültigkeit kann die Entscheidung des BGH, nach der in der Vormundsbestellung die ablehnende Entscheidung liegt, schon aus diesem Grunde nicht beanspruchen. Aus der Entscheidung des BGH geht nicht hervor, ob das Entstehen der väterlichen Sorge durch Heirat tatsächlich nur für einen Teil der infrage kommenden Möglichkeiten bei (Teil-)Entzug der mütterlichen Sorge von einer weiteren gerichtlichen Entscheidung abhängig sein soll. Darauf kommt es aber nicht an, weil die Entscheidung auch aus anderen Gründen nicht zu überzeugen vermag: Selbst wenn vor Vormundsbestellung implizit oder später vor einer die Übertragung explizit ablehnenden Entscheidung insoweit geprüft wurde, ob eine Übertragung dem Wohl des Kindes nicht widerspricht, spricht das nicht gegen das Entstehen der gemeinsamen Sorge durch Heirat. Denn für eine unterschiedliche Behandlung des mit der Mutter im Zeitpunkt der Geburt bereits verheirateten Vaters und des Vaters, der die Mutter erst später heiratet, gibt es keinen überzeugenden Grund. Die Ablehnung einer Übertragung, weil es dem Kindeswohl widerspricht, ist nicht identisch mit einer Entziehung der Sorge aufgrund einer Kindeswohl*gefährdung*. Nur diese gestattet aber gem § 1666 BGB einen Eingriff in das verfassungsrechtlich geschützte Elternrecht des mit der Mutter bereits anfänglich verheirateten Vaters. Die Wirkungen einer die Sorgeübertragung ablehnenden Entscheidung mit denen einer Entziehung gleichzusetzen, liefe auf eine verfassungswidrige Herabsetzung der Eingriffsschranke hinaus.

Soweit die Ablehnung der Übertragung nicht wegen Kindeswohlgefährdung erfolgte, liegt schließlich auch rechtsdogmatisch keine nach § 1696 BGB der Abänderung bedürfende Entscheidung vor.

Festzuhalten ist folglich, dass eine im Zeitpunkt der Heirat bestehende Vormundschaft ipso iure endet (§ 1882 BGB), weil dem Vater die Sorge infolge der Heirat allein zusteht (analog §§ 1626a Abs 1 Nr 2, 1680 Abs 3, 1 BGB).[432] Wurden der Mutter nur Teile der Sorge entzogen, ist eine bei Heirat bestehende Ergän-

---

432 **AA** ua Staudinger/*Coester* § 1626a Rn 26 ff.

zungspflegschaft wegen Wegfalls des Grundes gem § 1919 BGB aufzuheben, da der Kindesvater die Sorge vollumfänglich erworben hat, sodass die Voraussetzungen der Pflegschaft entfallen sind.

3.2.3 Weitere Auswirkungen der Heirat bei Ausfall eines Elternteils

196 War der Kindesmutter die Sorge zum Zeitpunkt der Heirat (teilweise) gem § 1666 BGB entzogen, ändert sich an dem Fehlen ihrer Sorgekompetenz durch die Heirat nichts. Ein Wiedererwerb der Sorge bedarf vielmehr einer (erneuten) gerichtlichen Entscheidung gem § 1696 Abs 2 BGB. Bis dahin ist der mit der Kindesmutter nunmehr verheiratete Vater allein sorgeberechtigt. Die Heirat der Mutter und das Hinzutreten des Vaters als Sorgeberechtigtem kann aber Anlass für eine Überprüfung der gerichtlichen Entscheidung sein, § 1696 Abs 2 BGB.

197 **Ruhte** das **mütterliche Sorgerecht** aufgrund Minderjährigkeit der Kindesmutter (§ 1673 Abs 2 BGB), ändert die Heirat an der weitgehenden Nichtausübungsberechtigung der Kindesmutter (§ 1675 BGB) ebenfalls nichts. Der mit der minderjährigen Kindesmutter verheiratete Vater übt gem § 1678 Abs 1 Alt 2 BGB die Sorge bis zur Volljährigkeit der Mutter überwiegend allein aus. Die im Zeitpunkt der Heirat bestehende (Amts-)Vormundschaft (§§ 1773 Abs 1 Alt 2, 1791c BGB) endet durch die Heirat ipso iure, § 1882 BGB. Im Bereich der tatsächlichen Personensorge (deren Ausübung auch der minderjährigen Mutter obliegt, § 1673 Abs 2 S 2 BGB), bedarf es bei Meinungsverschiedenheiten der elterlichen Einigung (§§ 1673 Abs 2 S 3, 1627 S 2 BGB).

Der Vater übt die Sorge gem § 1678 Abs 1 Alt 2 BGB auch dann allein aus, wenn die mütterliche Sorge wegen Geschäftsunfähigkeit oder infolge der Feststellung einer längerfristigen Verhinderung gem § 1674 Abs 1 BGB ruht. Eine zum Zeitpunkt der Eheschließung bereits bestehende Vormundschaft endet aufgrund des Hinzutretens eines sorgeberechtigten Elternteils kraft Gesetzes, § 1882 BGB.

Einer Einigung der Eltern bedarf es in diesen Fällen aber nicht, weil § 1673 Abs 2 BGB nur den Fall des Ruhens aufgrund Minderjährigkeit eines Elternteils erfasst. Das väterliche Alleinausübungsrecht ist in diesen Fällen also umfassend.

Ist der **Kindesvater minderjährig**, gilt das Ausgeführte spiegelbildlich: Seine durch Heirat mit der Kindesmutter begründete Sorge ruht. Bis zur Volljährigkeit kann er neben der Mutter nur die tatsächliche Personensorge gleichberechtigt ausüben.

4. Gemeinsame Sorge durch gerichtliche Entscheidung, § 1626a Abs 1 Nr 3 BGB

4.1 Allgemeines

Nachdem sich seit längerer Zeit die Stimmen mehrten, die das ausnahmslose Vetorecht der Mutter gegen die Beteiligung des Vaters an der elterlichen Sorge rügten (vgl Rn 155f) und auch der EuGHMR[433] in dem Ausschluss einer gerichtlichen Einzelfallprüfung der Alleinsorge der Mutter gemäß § 1626a Abs 2 BGB aF (= § 1626a Abs 3 BGB nF) einen Verstoß gegen Art 14 EMRK iVm Art 8 EMRK gesehen hatte, folgte das BVerfG schließlich den gegen die Verfassungsmäßigkeit von § 1626a Abs 1 Nr 1 BGB geäußerten Bedenken und entschied am 21.7.2010[434] (ua), dass § 1626a Abs 1 Nr 1 BGB mit dem Elternrecht des Vaters aus Art 6 Abs 2 GG unvereinbar war. Bis zu der am 19.5.2013 in Kraft getretenen gesetzlichen Neuregelung war § 1626a BGB nach dieser Entscheidung mit der Maßgabe anzuwenden, dass das Familiengericht den Eltern auf Antrag eines Elternteils die elterliche Sorge oder einen Teil der elterlichen Sorge gemeinsam zu übertragen hatte, soweit zu erwarten war, dass dies dem *Kindeswohl entspricht*. 198

Der Aufforderung zur Schaffung einer gesetzlichen Regelung, die die Übertragung der gemeinsamen Sorge durch gerichtliche Entscheidung ermöglicht, ist der Gesetzgeber durch die Neufassung von § 1626a BGB nachgekommen. Durch Art 1 des Gesetzes zur Reform der elterlichen Sorge nicht miteinander verheirateter Eltern vom 16.4.2013[435] wurde dem Absatz 1 eine Nr 3 angefügt, wonach das Familiengericht den Eltern die Sorge auf **Antrag** eines Elternteils **ganz oder zum Teil gemeinsam** überträgt. Ferner wurde Absatz 2 von § 1626a BGB neu gefasst und die früher in Abs 2 enthaltene Regelung in einen neuen Absatz 3 inhaltsgleich übernommen.

---

433 FamRZ 2010, 103 m Anm *Henrich* und *Scherpe* sowie *Hammer* FamRZ 2010, 623; vgl dazu auch die (Besprechungs-)Aufsätze von *Löhnig* FamRZ 2010, 338ff; *Dethloff* BRJ 2010, 38ff; *Lambrecht* DRiZ 2010, 318; *Zimmermann* FamFR 2010, 413ff; *Jentsch-Klieve* FPR 2010, 405ff; *Coester* NJW 2010, 482ff; *Schumann* FF 2010, 222ff; *Rimkus* ZFE 2010, 204ff; *Altrogge* FamFR 2010, 73ff und *Lembke* Jura 2011, 937ff.

434 BGBl I S 1173 = BVerfGE 127, 132 = FamRZ 2010, 1403 m Anm *Luthin*; vgl auch die Besprechungsaufsätze von *Huber/Möll* FamRZ 2011, 765ff; *Mandla* JR 2011, 185ff; *Peschel-Gutzeit* NJW 2010, 2990ff; *Zimmermann* FamFR 2010, 413ff; *Lambrecht* DRiZ 2010, 318; *Holldorf* ZKJ 2011, 26ff.

435 BGBl I S 795; dazu *Heilmann* NJW 2013, 1473f; *Büte* FuR 2013, 311ff; *Frank* StAZ 2013, 269ff; *Willutzki* FPR 2013, 236ff; *Schneider* MDR 2013, 309ff; *Huber/Antomo* FamRZ 2012, 1257; *dies* FamRZ 2013, 665ff; *Holldorf* ZKJ 2012, 457ff; *Fink* ZKJ 2011, 154ff; *Sonnenfeld* RpflStud 2012, 121ff; *Lohse* JAmt 2013, 298ff.

Ein noch vor dem 19.5.2013 bei Gericht eingegangener Antrag auf Übertragung der gemeinsamen Sorge ist gem Art 229 § 28 EGBGB als Antrag nach § 1626a Abs 2 (nF) BGB zu behandeln.[436]

199 Der gesetzlichen Neuregelung ging eine intensive Diskussion über die Frage voraus, unter welchen Voraussetzungen dem nicht mit der Kindesmutter verheirateten Vater – auch gegen den Willen eines Elternteils – die Mitsorge zustehen sollte. Vorgeschlagen waren verschiedene Modelle, von einer kleinen Lösung angefangen, nach der die vom BVerfG eingeführte Übergangsregelung zu einer endgültigen Lösung werden sollte, über eine Widerspruchslösung, nach der, stark verkürzt dargestellt, die gemeinsame elterliche Sorge entstehen sollte, wenn die Mutter nicht binnen einer bestimmten Frist widerspricht, bis hin zur großen Lösung, nach der die elterliche Sorge kraft Gesetzes beiden Eltern gemeinsam zustehen sollte.[437]

Der Gesetzgeber hat sich schließlich für eine Lösung entschieden, nach der eine **gerichtliche Entscheidung** erforderlich ist. Die gemeinsame Sorge nicht verheirateter Eltern entsteht also nach wie vor nicht kraft Gesetzes, sondern setzt entweder einen „Konsens" voraus, der sich in der Heirat oder der Abgabe von Sorgeerklärungen zeigt oder – wenn die Eltern einander weder heiraten noch Sorgeerklärungen abgegeben wollen – eine gerichtliche Entscheidung.

4.2 Tatbestandsvoraussetzungen und Regelungen des § 1626a Abs 1 Nr 3, Abs 2 im Einzelnen

4.2.1 Antragsberechtigung und Kindeswohl

200 **Antragsberechtigt** ist nicht nur der Vater, sondern auch die Mutter des Kindes, was zB dann in Betracht kommt, wenn der Vater vordergründig nicht bereit ist, die gemeinsame elterliche Sorge und damit die gemeinsame elterliche Verantwortung durch Abgabe von Sorgeerklärungen zu begründen.[438] Das Antragsrecht setzt **rechtliche Elternschaft** voraus. Es muss sich also um den rechtlichen Vater und die rechtliche Mutter handeln.

Auch wenn die Vaterschaft schon vorgeburtlich anerkannt ist, kann der Antrag erst **nach der Geburt des Kindes** gestellt werden (arg § 155a Abs 1 S 2 FamFG).[439]

---

436 OLG Brandenburg FamRZ 2014, 1122 (LS).

437 Ausführlich dazu *Sonnenfeld* RpflStud 2011, 201 ff.

438 BT-Drucks 17/11048 S 6; krit hierzu *Keuter* ZRP 2012, 171 ff; *Frank* StAZ 2013, 269, 275; Palandt/*Götz* § 1626a Rn 9.

439 Bork/Jacoby/Schwab/*Zorn* § 155a Rn 3.

Nicht erforderlich ist, dass der antragstellende Elternteil zuvor eine Sorgeerklärung abgegeben hat.[440]

Da der Antrag auf Herstellung der gemeinsamen elterlichen Sorge zu richten ist, ist er unzulässig, soweit der Mutter die Sorge infolge eines **Entzuges** nicht zusteht.[441] Im Umfang der fehlenden Sorge kommt eine Übertragung der Sorge auf den Vater nur nach § 1680 Abs 3, 2 BGB in Betracht. 201

Das **Ruhen** der elterlichen Sorge (§§ 1673, 1674 BGB) steht der Begründung der gemeinsamen Sorge durch gerichtliche Entscheidung nach § 1626a Abs 1 Nr 3 BGB dagegen nicht entgegen. Folge der Übertragung ist in diesem Fall lediglich, dass der andere Elternteil allein ausübungsberechtigt ist (§ 1678 Abs 1 BGB).

Ruht die elterliche Sorge jedoch infolge der **Einwilligung in die Annahme** als Kind (§ 1751 Abs 1 S 1 Hs 1 BGB), wird der Antrag auf Übertragung der gemeinsamen Sorge gem § 1671 Abs 3 BGB als Antrag auf Übertragung der alleinigen elterlichen Sorge behandelt.

4.2.2 Negative Kindeswohlprüfung

Der neu gefasste Absatz 2 des §1626a BGB regelt die Voraussetzungen für eine 202
Übertragung nach § 1626a Abs 1 Nr 3 BGB. Danach überträgt das Familiengericht auf Antrag eines Elternteils den Eltern die Sorge **ganz oder Teile davon gemeinsam**, wenn die Übertragung dem **Kindeswohl nicht widerspricht**. Der Gesetzgeber ist damit unter den vom BVerfG aufgestellten Voraussetzungen geblieben, nach denen eine Übertragung eröffnet war, wenn dies dem Kindeswohl entspricht, sodass für eine Übertragung nach § 1626a Abs 1 Nr. 3 keine *positive* Kindeswohlprüfung erforderlich ist.

Die Übertragung der gemeinsamen elterlichen Sorge erfordert folglich eine *negative* Kindeswohlprüfung. Danach hat das Gericht für die Übertragungsentscheidung zu prüfen, ob die gemeinsame Sorge sich voraussichtlich negativ auf das Kindeswohl auswirken würde.[442] Vorliegen muss ein **Mindestmaß an elterlicher Übereinstimmung und Kooperationsbereitschaft.**[443] Besteht dieses nicht in Bezug auf alle Bereiche der elterlichen Sorge, scheidet ggf eine umfassende gemeinsame Sorge zwar aus, die gerichtliche Übertragung kann sich aber

---

440 BT-Drucks 17/11048 S 16.

441 *Fröschle* Rn 201.

442 BT-Drucks 17/11048 S 17.

443 OLG Stuttgart FamRZ 2015, 674; Palandt/*Götz* § 1626a Rn 11 ua unter Hinweis auf verfassungsgerichtliche Entscheidungen.

auf die Teilbereiche der elterlichen Sorge erstrecken, in denen eben dieses Mindestmaß an Übereinstimmung besteht.

4.2.3 Die Vermutung des § 1626a Abs 2 S 2 BGB

203 Abs 2 S 2 BGB stellt die gesetzliche **Vermutung** auf, dass die gemeinsame elterliche Sorge dem Kindeswohl **nicht widerspricht**, wenn der andere Elternteil keine Gründe vorträgt, die der Übertragung der gemeinsamen Sorge entgegen stehen können und solche Gründe auch sonst nicht ersichtlich sind. Zusammen mit der besonderen verfahrensrechtlichen Bestimmung des § 155a Abs 3 FamFG (dazu Rn 206) stand diese Regelung von Anfang an, dh bereits im Gesetzgebungsverfahren in der Kritik.[444] Die Vermutungsregel wirft Fragen auf, die je nach Blickwinkel auch unterschiedlich beantwortet werden. Aus der Gesetzesbegründung[445] wird auf ein gesetzliches Leitbild „gemeinsame elterliche Sorge" (dazu auch Rn 218) geschlossen[446] und vereinzelt auch auf ein Regel-Ausnahme-Verhältnis zwischen der gemeinsamen und der alleinigen Elternsorge.[447] Diese undifferenzierte Betrachtung wirkt sich auch verfahrensrechtlich aus: Von der Prämisse ausgehend, dass der Gesetzgeber meinte, dass die Kindeswohl*dienlichkeit* vermutet wird, werden die Abstufungen in den Anforderungen, die zur Erlangung der Sorgeberechtigung gefordert werden, verwischt und im Ergebnis festgehalten, dass es dem Antragsgegner nicht nur obliege, Anhaltspunkte, die gegen die gemeinsame Sorge sprechen, vorzutragen. Vielmehr müsse er auch eine darauf beruhende ungünstige Prognose darlegen.[448]

Diese Auslegung geht aber über die gesetzlichen Anforderungen hinaus, die vom Antragsgegner verlangen, Gründe, die gegen die gemeinsame Sorge sprechen, vorzubringen, damit das Gericht eine negative Kindeswohlprüfung vornimmt. Ein schriftliches Verfahren iSv § 155a Abs 3 FamFG scheidet nämlich bereits dann aus, wenn Gründe vorgetragen **oder auf andere Weise bekannt** werden, die der gemeinsamen Sorge entgegen stehen können (Rn 206). Dem Antragsgegner eine solche Feststellungslast aufzubürden, lehnt das OLG Karlsruhe[449] deshalb auch zu Recht ab. Das vereinfachte Verfahren kommt nach dessen Auffassung nämlich nicht in Betracht, wenn – jedenfalls im Ansatz – Grün-

---

444 Näher dazu Bork/Jacoby/Schwab/*Zorn* § 155a Rn 7.

445 BT-Drucks 17/11048 S 12.

446 Staudinger/*Coester* § 1626a Rn 78 mwN.

447 OLG Nürnberg FamRZ 2014, 571; **aA** OLG Stuttgart FamRZ 2015, 674; ebenfalls zu Recht ablehnend Staudinger/*Coester* § 1626a Rn 79.

448 OLG Brandenburg FamRZ 2015, 760.

449 FamRZ 2014, 1797.

de vorgetragen werden, die in Bezug zum gemeinsamen Kind, zum Eltern-Kind-Verhältnis und/oder konkret zum Verhältnis der beteiligten Eltern und somit im Zusammenhang mit der Einrichtung des Sorgerechts stehen können. Ob diese genannten Gründe die gesetzliche Vermutung des § 1626a Abs 2 S 2 BGB erschüttern können, muss der materiell-rechtlichen Prüfung vorbehalten bleiben. In der Literatur wird deshalb zutreffend darauf hingewiesen, dass auch das propagierte „Leitbild“ gemeinsamer Sorge die gerichtlichen Ermittlungen nicht verkürzt, sondern dieses nur in der gesetzlichen Übertragungsschwelle des § 1626a Abs 2 S 1 BGB seinen Ausdruck findet.[450]

4.3 Verfahrensrechtliche Regelungen im Überblick

Es handelt sich um eine **Kindschaftssache** (§ 151 Nr 1 FamFG), die Familiensa- 204
che ist (§ 111 Nr 2 FamFG). **Sachlich** und **örtlich** ist in erster Linie das Amtsgericht zuständig, in dessen Bezirk das Kind seinen gewöhnlichen Aufenthalt hat (§§ 23a Abs 1 S 1 Nr 1, 23b Abs 1 GVG, § 152 Abs 2 FamFG). Die **funktionelle Zuständigkeit** liegt gem §§ 3 Nr 2a, 14 Abs 1 Nr 3 RPflG beim Richter.

Für das Verfahren gelten die **besonderen verfahrensrechtlichen Be-** 205
stimmungen des § 155a FamFG, die zum Teil Abweichungen von den allgemeinen, für Kindschaftssachen geltenden Regelungen enthalten.

§ 155a Abs 1 FamFG gibt zB den **Antragsinhalt** näher vor. In dem Antrag sind das Geburtsdatum und der Geburtsort des Kindes anzugeben. Zweck dieser Angaben ist zum einen, das Gericht in die Lage zu versetzen, die in § 155a Abs 2 S 2 FamFG bestimmte Mindestfrist zu berechnen, denn nach § 155a Abs 2 S 2 FamFG hat das Gericht dem anderen Elternteil den **Antrag** auf Übertragung der gemeinsamen Sorge **förmlich zuzustellen** und ihm eine **Frist zur Stellungnahme** zu setzen. Ist Antragsgegner die Mutter, endet die Frist frühestens **6 Wochen nach der Geburt des Kindes.**

Zum anderen soll die Angabe des Geburtsortes die **Benachrichtigung** des für die Führung des **Sorgeregisters** zuständigen Jugendamts ermöglichen, für den Fall, dass es zu einer Übertragungsentscheidung oder zur Abgabe von Sorgeerklärungen kommt.

Gem § 155a Abs 3 FamFG soll das Gericht im **schriftlichen Verfahren** ohne 206
Anhörung des Jugendamts und ohne persönliche Anhörung der Eltern entscheiden, wenn dem Gericht weder durch den Vortrag der Beteiligten noch auf sonstige Weise Gründe bekannt werden, die der gemeinsamen elterlichen Sorge entgegenstehen.[451]

---

450 Staudinger/*Coester* § 1626a Rn 86 mwN.

451 Ausführlich dazu Bork/Jacoby/Schwab/*Zorn* § 155a Rn 6 ff.

In einem solchermaßen „vereinfachten" Verfahren ist aber das **Kind** gem § 159 FamFG **zu hören** und ihm ist ggf auch ein Verfahrensbeistand (§ 158 FamFG) zu bestellen.

207 Scheidet eine vereinfachte Verfahrensdurchführung gem § 155a Abs 3 FamFG aus, finden die auch in sonstigen Kindschaftssachen geltenden Vorschriften umfassend Anwendung. Es gilt mithin der **Amtsermittlungsgrundsatz** (§ 26 FamFG), **Kind** (§ 159 FamFG), **Eltern** (§ 160 FamFG) und **Jugendamt** (§ 162 FamFG) sind zu **hören** und ggf auch ein **Verfahrensbeistand** zu bestellen (§ 158 FamFG).

Das Gericht hat zeitnah einen **Erörterungstermin** anzuberaumen (§§ 155a Abs 4, 155 Abs 2 FamFG). Die Frist zur Anberaumung dieses Termins beginnt aber abweichend von § 155 Abs 2 FamFG nicht mit dem Beginn des Verfahrens; der Erörterungstermin soll stattdessen spätestens 1 Monat nach Bekanntgabe der gegen die gemeinsame Sorge sprechenden Gründe, jedoch nicht vor Ablauf der der Mutter nach § 155a Abs 2 S 1 FamFG gewährten Stellungnahmefrist stattfinden. Zu dem Termin soll das **persönliche Erscheinen** der verfahrensfähigen Beteiligten (Eltern und der ggf bestellte Verfahrensbeistand) angeordnet werden.[452]

In dem Erörterungstermin können **Sorgeerklärungen** (und ggf erforderliche Zustimmungen) formgerecht zur Niederschrift des Gerichts abgegeben werden, § 155a Abs 5 S 1 FamFG. In diesem Fall erübrigt sich eine gerichtliche Entscheidung.

208 Die Entscheidung ergeht durch **Beschluss** (§§ 111 Nr 2, 151 Nr 1, 116, 38 FamFG), gegen den gem § 58 FamFG die **befristete Beschwerde** gegeben ist, welche binnen Monatsfrist (§ 63 Abs 1 FamFG) bei dem Gericht eingelegt werden muss, dessen Entscheidung angefochten wird (§ 64 Abs 1 FamFG).

Über die Beschwerde entscheidet das **Beschwerdegericht** (Oberlandesgericht, § 119 Abs 1 Nr 1a GVG), ein Abhilferecht des Familiengerichts besteht nicht (§ 68 Abs 1 S 2 FamFG).

4.4 Mitteilungspflichten bei Übertragung der gemeinsamen Sorge oder Abgabe von Sorgeerklärungen im Erörterungstermin

209 Gem § 155a Abs 3 S 2 FamFG hat das Gericht dem das **Sorgeregister** führenden Jugendamt (= „Geburtsjugendamt" des Kindes, § 87c Abs 6 S 2 SGB VIII) die im schriftlichen Verfahren ergehende Sorgerechtsentscheidung mitzuteilen, um das Jugendamt in die Lage zu versetzen, der Mutter auf Antrag eine Bescheinigung darüber zu erteilen, dass keine Eintragungen im Sorgeregister vorliegen,

452 Zum persönlichen Erscheinen des Kindes vgl Bork/Jacoby/Schwab/*Zorn* § 155 Rn 14.

§ 58a Abs 2 SGB VIII (vgl auch Rn 170f). Ergeht die Entscheidung nicht in einem **schriftlichen Verfahren** nach § 155a Abs 3 FamFG, obliegt die Pflicht zur Benachrichtigung des Geburtsjugendamts dem Jugendamt, das im Verfahren zu hören und dem die Entscheidung nach § 162 Abs 3 S 1 FamFG bekannt zu geben ist.[453]

Entsteht die gemeinsame Sorge dadurch, dass im Termin **Sorgeerklärungen** zur Niederschrift des Gerichts abgegeben werden, ist das Gericht gem § 155a Abs 5 S 2 FamFG iVm § 1626d Abs 2 BGB verpflichtet, das Geburtsjugendamt zu benachrichtigen.

4.5 Abänderung einer Sorgerechtsentscheidung gem § 1626a Abs 1 Nr 3 BGB

Ist eine **Sorgerechtsübertragung** nach § 1626a Abs 1 Nr 3 erfolgt, kann diese 210 nur nach §§ 1696 Abs 1 S 2, 1671 Abs 1 BGB geändert werden.[454] Die **Abänderung einer Sorgerechtsübertragung**, die (noch) auf der Grundlage der verfassungsgerichtlichen Entscheidung vom 21.7.2010[455] ergangen ist, richtet sich dagegen nach § 1696 Abs 1 S 1 BGB.[456] Dh in ersterem Fall genügt es, wenn die in § 1671 Abs 1 BGB genannten Voraussetzungen vorliegen, während eine Änderung nach § 1696 Abs 1 S 1 BGB triftige, das Wohl des Kindes nachhaltig berührende Gründe voraussetzt. Grund dieser unterschiedlichen Behandlung ist der unterschiedliche Entscheidungsmaßstab der Übertragungsentscheidungen. Während eine Übertragung auf der Grundlage der verfassungsgerichtlichen Entscheidung nur erfolgen durfte, wenn dies dem Kindeswohl entsprach, muss für eine Übertragung nach § 1626a Abs 1 Nr 3 BGB eine weniger hohe Hürde genommen werden: Hierfür genügt es, dass die Übertragung dem Kindeswohl *nicht widerspricht*, damit die erstmalige Entscheidung über die alleinige Sorge denselben Maßstäben unterliegt, wie bei verheirateten Eltern, denen die gemeinsame Sorge ex lege zusteht.[457]

Umstritten ist, ob nach einer Entscheidung, mit der ein auf der Grundlage 211 der Entscheidung des BVerfG vom 21.7.2010 gestellter **Antrag** auf eine Sorgeübertragung **abgewiesen** wurde, ein **erneuter Antrag** anhand des § 1626a Abs 2 BGB zu beurteilen ist,[458] oder ob der strenge Änderungsmaßstab des § 1696 Abs 1 S 1

---

453 Bork/Jacoby/Schwab/*Zorn* § 155 Rn 10.
454 Entgegen der vom AG Schleswig getroffenen Entscheidung (FamRZ 2014, 1374), das sich an dem Entscheidungsmaßstab des § 1696 Abs 1 S 1 BGB orientiert hat.
455 BGBl I S 1173 = BVerfGE 127, 132 = FamRZ 2010, 1403 m Anm *Luthin*.
456 OLG Frankfurt FamRZ 2014, 317; **aA** Staudinger/*Coester* § 1626a Rn 142.
457 BT-Drucks 17/11048 S 22.
458 So Erman/*Döll* § 1696 Rn 4; Staudinger/*Coester* § 1626a Rn 143; ähnlich BeckOK-BGB/*Veit* § 1696 Rn 3.2.

BGB gilt.[459] Nach Auffassung des OLG Brandenburg[460] kommt es darauf aber nicht an, weil die durch Änderung des § 1626a BGB eingetretene Rechtslage bei gegenüber den früheren Verhältnissen jetzt deutlich abweichenden Gegebenheiten eine Abänderung auch nach § 1696 Abs 1 S 1 BGB zulässt.

IV. Elterliche Sorge kraft Adoption

212 Die Annahme eines Minderjährigen als Kind begründet losgelöst von der Abstammung ein umfassendes **Verwandtschaftsverhältnis zu dem Annehmenden** selbst und dessen Verwandten. Das Kind erlangt die volle Stellung eines Kindes des/der Annehmenden bzw bei Annahme durch ein Ehepaar die eines gemeinschaftlichen Kindes der Annehmenden, § 1754 Abs 1, 2 BGB. Den Adoptiveltern steht die elterliche Sorge kraft Gesetzes zu; § 1754 Abs 3 BGB hat insoweit nur deklaratorische Wirkung.

V. Alleinige elterliche Sorge durch tatsächliche und/oder rechtliche Änderungen der Sorgerechtsverhältnisse

1. Alleinsorge kraft Gesetzes bei Ausfall eines Elternteils

213 Verschiedene Ereignisse können dazu führen, dass sich die Sorgerechtsverhältnisse, die zum Zeitpunkt der Geburt des Kindes bestehen (§ 1626 BGB) oder durch der Geburt des Kindes nachfolgende Heirat der Eltern, durch Sorgeerklärungen oder eine gerichtliche Entscheidung herbeigeführt wurden (§ 1626a Abs 1 BGB), ändern und zur Alleinsorge eines Elternteils (= **Einelternsorge**) führen.

So entsteht kraft Gesetzes die **alleinige elterliche Sorge eines Elternteils** durch **Tod** des anderen bis dahin mitsorgeberechtigten Elternteils (§ 1680 Abs 1 BGB). Dies gilt gem § 1681 Abs 1 BGB entsprechend für den Fall, dass die Sorge eines Elternteils durch **Todeserklärung oder Feststellung der Todeszeit** gem § 1677 BGB iVm §§ 1ff, 23, 39, 44 VerschG endet (vgl dazu auch die Skizze Rn 229).

Nicht gesetzlich geregelt ist der **rechtliche Wegfall** des bislang (mit-)sorgeberechtigten Kindesvaters durch rechtskräftige Feststellung seiner Nichtvater-

---

459 So OLG Frankfurt FamRZ 2014, 1120; BeckOGK/*Mehrle* § 1696 Rn 79 f (für den Fall, dass sich die Umstände, die zum Zeitpunkt der Entscheidung vorlagen, nicht geändert haben).
460 FamRZ 2015, 1203.

schaft. Mit Rechtskraft dieser Entscheidung verliert der Vater nicht nur seine Vaterstellung, sondern ohne Weiteres auch sein Sorgerecht, weil das Innehaben elterlicher Sorge statusrechtliche Elternschaft voraussetzt. Die sorgerechtliche Konsequenz ergibt sich daher bei bis dahin bestehender gemeinschaftlicher Sorge aus § 1680 Abs 1 BGB analog.[461] Die Mutter ist alleinige Inhaberin der elterlichen Sorge.

Alleinige elterliche Sorge eines Elternteils entsteht außerdem gem § 1680 Abs 3, 1 BGB kraft Gesetzes, wenn und soweit dem anderen bislang mitsorgeberechtigten Elternteil die **elterliche Sorge nach § 1666 BGB entzogen** wird (vgl Rn 389). 214

§ 1680 Abs 3, 1 BGB gilt **analog**, wenn der bislang nie sorgeberechtigte Kindesvater die bisher nach § 1626a Abs 3 BGB allein sorgeberechtigte Mutter des Kindes *heiratet* (vgl § 1626a Abs 1 Nr 2 BGB), der Mutter aber zum Zeitpunkt der Heirat die Sorge ganz oder teilweise entzogen war (dazu ausführlich Rn 195).[462] Dem Kindesvater fällt mithin durch die *Heirat* die elterliche Sorge ex lege in dem Umfang allein zu, in dem sie der Mutter des Kindes infolge des Entzuges nicht mehr zusteht.

Dagegen gelangt der nie sorgeberechtigt gewesene Kindesvater durch *Sorgeerklärungen* bei Disqualifikation der Mutter infolge (Teil-)Entzugs nicht kraft Gesetzes zur Alleinsorge, *soweit* sie der Mutter fehlt. Dazu bedarf es vielmehr einer gerichtlichen Entscheidung gem § 1680 Abs 3, 2 S 2 BGB (siehe Rn 177). Auch eine Übertragung der gemeinsamen Sorge nach § 1626a Abs 1 Nr 3 BGB scheidet aus, wenn der Mutter die Sorge fehlt (siehe Rn 201). Die gem § 1680 Abs 3, 1 BGB kraft Gesetzes entstandene Einelternsorge endet ohne Weiteres mit der Entscheidung, durch die der Sorgerechtsentzug aufgehoben wird (§ 1696 Abs 2 BGB) und zwar mit Bekanntgabe an den Elternteil, dem die Sorge entzogen war, § 40 Abs 1 FamFG.

2. Alleinsorge durch gerichtliche Entscheidung

2.1 Alleinsorge kraft Richterspruchs gem § 1671 Abs 1 BGB

Zur Alleinsorge eines Elternteils kann es auch durch gerichtliche Entscheidung gem § 1671 Abs 1 BGB kommen. 215

Leben die gemeinsam sorgeberechtigten Eltern nicht nur vorübergehend getrennt, so kann jeder Elternteil **beantragen**, dass ihm das Familiengericht die elterliche Sorge oder einen Teil derselben für das gemeinschaftliche

---

461 Staudinger/*Coester* § 1680 Rn 3.
462 **AA** Staudinger/*Coester* § 1680 Rn 17.

Kind allein überträgt, § 1671 Abs 1 S 1 BGB. Unerheblich ist, wodurch die gemeinsame elterliche Sorge begründet wurde, ob sie also kraft Ehe besteht oder durch Sorgeerklärungen entstanden ist oder auf einer gerichtlichen Entscheidung (§ 1626a Abs 1 Nr 3 BGB oder § 1696 BGB) beruht.

Eine vorgeburtliche **Sorgerechtsregelung** scheidet aus,[463] da die elterliche Sorge erst mit Geburt des Kindes beginnt.

Die **dauerhaft getrennt lebenden Eltern** können jeweils die Übertragung der Sorge nach § 1671 Abs 1 BGB auch verlangen, wenn die gemeinsame Sorge nur in einem Teilbereich besteht, für den die Alleinsorge begehrt wird.[464]

„Trennung" im Sinne von § 1671 BGB setzt nicht voraus, dass die Eltern überhaupt jemals zusammengelebt haben.[465]

Der Regelung des § 1671 Abs 1 BGB ist im Umkehrschluss zum einen zu entnehmen, dass die Trennung der Eltern oder auch die Auflösung einer ggf früher bestehenden Ehe durch Scheidung oder Aufhebung auf das Innehaben der Sorge keinen Einfluss hat. Zum anderen bieten weder die Auflösung der Ehe noch die Trennung der Eltern für sich genommen einen Grund, in das grundrechtlich geschützte Elternrecht von Amts wegen einzugreifen. Eine Sorgerechtsregelung außerhalb des Anwendungsbereichs des § 1666 BGB verlangt daher einen **Antrag eines (mitsorgeberechtigten) Elternteils**. In der (Teil-)Übertragung der alleinigen elterlichen Sorge auf einen Elternteil liegt nämlich stets – auch wenn dies in der Entscheidung nicht ausdrücklich ausgesprochen wird, um einen ggf bestehenden Elternkonflikt nicht unnötig zu verschärfen[466] – der Entzug der Sorge des anderen Elternteils, soweit die Übertragung reicht. In diesem Umfang entfällt die Ausübungsbindung der §§ 1627 bis 1629 BGB des insoweit allein sorgeberechtigten Elternteils.

216 Gem **§ 1671 Abs 1 S 2 Nr 1** BGB ist dem Antrag stattzugeben, soweit der andere Elternteil, der die Sorge insoweit verliert, zustimmt, es sei denn, dass das mindestens 14 Jahre alte Kind widerspricht. Das Familiengericht ist folglich grundsätzlich an die **elterliche Übereinstimmung** gebunden, sodass es bei Vorliegen der Voraussetzungen des § 1671 Abs 1 S 2 Nr 1 BGB nicht zu einer Kontrolle kommt, ob die Elternentscheidung mit dem Kindeswohl vereinbar ist.[467] Die Grenze bildet hier lediglich eine Kindeswohlgefährdung, bei deren Vorliegen gem §§ 1671 Abs 4, 1666 BGB ausnahmsweise eine von dem Elternvorschlag abweichende Regelung zu treffen ist.

---

463 AG Lüdenscheid FamRZ 2005, 51.
464 *Schwab* FamRZ 1998, 457, 461.
465 *Diederichsen* NJW 1998, 1977, 1985.
466 BT-Drucks 13/4899 S 99.
467 Staudinger/*Coester* § 1671 Rn 65 mwN.

Bei streitigen Anträgen *oder* einem Widerspruch des Kindes, das das 14. Lebensjahr vollendet hat, ist das Gericht hingegen nicht an den Antrag gebunden, und zwar weder im Hinblick auf die Übertragung an sich noch in Bezug auf den Umfang der begehrten Übertragung. Nach **§ 1671 Abs 1 S 2 Nr 2** BGB ist einem elterlichen Übertragungsantrag nämlich nur stattzugeben, wenn zu erwarten ist, dass die (Teil-)Aufhebung der gemeinsamen Sorge *und* die Übertragung auf den Antragsteller **dem Wohl des Kindes am besten entspricht**. Es bedarf daher einer ***doppelten*** **(positiven) Kindeswohlprüfung**: Zum einen ist zu klären, ob die Aufhebung der gemeinsamen Sorge, und zum anderen, ob die Übertragung der Sorge gerade auf den Antragsteller dem Kindeswohl am besten entspricht.[468] 217

Dabei hat sich das Gericht nach Maßgabe des **Verhältnismäßigkeitsgrundsatzes** gegenüber dem Antrag mit Teilentscheidungen (= milderes Mittel) zu begnügen, wo immer dies dem Kindeswohl Genüge tut.[469]

Für die Übertragungsentscheidung bei streitigen Anträgen spielte bis zur insoweit „klarstellenden“ Entscheidung des BGH vom 29.9.1999[470] neben vielen anderen einzelfallabhängigen Aspekten der Streit um die Frage eine wesentliche Rolle, ob die gemeinsame elterliche Sorge den Regelfall bildet, sodass die Alleinsorge eine begründungsbedürftige Ausnahme ist,[471] oder ob zwischen gemeinsamer und alleiniger Elternsorge kein (gesetzliches) Regel-Ausnahme-Verhältnis besteht.[472] 218

Das Problem hat(te) durchaus nicht nur akademische Bedeutung, denn die Anforderungen an die Begründung der Alleinsorge durch Übertragung auf einen Elternteil nach § 1671 Abs 1 S 2 Nr 2 BGB wurden unterschiedlich beurteilt, je nachdem, welcher Meinung das Gericht folgte.

Nach dem sich der BGH in besagter Entscheidung der Auffassung angeschlossen hat, nach der kein Regel-Ausnahme-Verhältnis besteht und dem auch das BVerfG[473] gefolgt ist, schien der Streit zumindest theoretisch beendet zu sein. Das Gesetz stellt in § 1671 BGB weder die Vermutung auf, dass die gemein-

468 *Schilling* NJW 2007, 3233, 3237.
469 BVerfG FamRZ 2004, 1015.
470 FamRZ 1999, 1646 m Anm *Bode* FamRZ 2000, 478 = FF 1999, 184 m Anm *Oelkers* FF 2000, 26 = MDR 2000, 31 m Anm *Oelkers* = Rpfleger 2000, 111 = DEuFamR 2000, 51 m Anm *Coester*; vgl auch die Besprechungsaufsätze von *Born* FamRZ 2000, 396 ff und *Sittig/Störr* FuR 2000, 199 ff.
471 So ua *Schwab* FamRZ 1998, 457, 462.
472 So BT-Drucks 13/4899 S 63.
473 FamRZ 2004, 354; vgl auch BVerfG FamRZ 2007, 1876; BGH FamRZ 2008, 592 m Anm *Luthin* = Rpfleger 2008, 300 = FamRB 2008, 140 m Anm *Motzer* = FF 2008, 197 m Anm *Finke* = FPR 2008, 323 (LS) m Anm *Born*.

same Sorge nach Trennung der Eltern im Zweifel die für das Kind beste Form der Wahrnehmung elterlicher Verantwortung ist, noch ist mit der Regelung des § 1671 Abs 1 BGB eine derartige Priorität zugunsten der gemeinsamen Sorge verbunden, dass die Alleinsorge eines Elternteils nur in Ausnahmefällen als ultima ratio in Betracht kommen soll.[474] An dieser Beurteilung änderte auch die Entscheidung des BVerfG vom 1.3.2004[475] grundsätzlich nichts. In dieser Entscheidung wurde dem gemeinsamen elterlichen Sorgerecht unter elternrechtlichen Aspekten zwar eine Vorrangrolle zugewiesen, sodass der mit der Anordnung der alleinigen Elternsorge eines Elternteils nach § 1671 Abs 1 S 2 Nr 2 BGB verbundene Entzug der Sorge des anderen Elternteils stets der Legitimation aus den Kindesinteressen bedarf. Das Alleinsorgerecht darf aber im Rahmen von § 1671 Abs 1 BGB begründet werden, wenn die Kindesinteressen den Eingriff in das Elternrecht rechtfertigen, auch wenn für diesen Eingriff nicht die Schwelle der sonst erforderlichen Kindeswohlgefährdung maßgeblich ist (vgl § 1666 BGB), weil das Elternrecht im **Verhältnis der Eltern zueinander** geringeren Schutz als gegenüber dem Staat oder Dritten genießt. Das bedeutet im Ergebnis, dass für die Entscheidung über den Übertragungsantrag nach § 1671 Abs 1 S 2 Nr 2 BGB einzelfallabhängig allein das Interesse des betroffenen Kindes ausschlaggebend ist.[476]

Wie die Entscheidung des OLG Nürnberg[477] deutlich macht, ist die Diskussion über ein **gesetzliches Leitbild** der gemeinsamen elterlichen Sorge nach Neufassung von § 1626a Abs 2 BGB durch Art 1 des Gesetzes zur Reform der elterlichen Sorge nicht miteinander verheirateter Eltern vom 16.4.2013[478] aber neu in Gang gekommen (Rn 203), was auch Auswirkungen auf Entscheidungen gem § 1671 Abs 1 BGB haben könnte.[479]

219 Da die gemeinsame Wahrnehmung der Elternverantwortung im Interesse des Kindes ein Mindestmaß an Übereinstimmung zwischen den Eltern voraussetzt, kommt der **objektiven Kooperations*fähigkeit*** und der **subjektiven Kooperations*bereitschaft*** der Eltern für die Entscheidung besondere Bedeutung zu.[480] Die Ausübung der gemeinsamen elterlichen Sorge erfordert hingegen

---

474 *Vogel* FPR 2005, 65, 69.

475 FamRZ 2004, 1015.

476 Vgl auch die Aufzählung von *Schilling* zu im konkreten Einzelfall beachtlichen Kriterien (NJW 2007, 3233, 3238 f) sowie *Büte* FuR 2008, 53, 58, 59 und *Wanitzek* FamRZ 2008, 933 ff.

477 FamRZ 2014, 571; siehe auch OLG Brandenburg FamRZ 2015, 760.

478 BGBl I S 795.

479 Dazu auch OLG Stuttgart FamRZ 2015, 674 mwN.

480 Vgl BVerfG FamRZ 2004, 354; BGH FamRZ 2008, 592 m Anm *Luthin* = FamRB 2008, 140 m Anm *Motzer* = FF 2008, 197 m Anm *Finke* = FPR 2008, 323 (LS) m Anm *Born*; OLG Stuttgart FamRZ 2014, 1715; OLG Brandenburg FamRZ 2014, 1653; KG FamRZ 2007, 754.

nicht das Fortbestehen einer tragfähigen sozialen Beziehung zwischen den Eltern,[481] denn gerade das Fehlen einer solchen kann der Grund für die Nichtaufnahme des Zusammenlebens oder die Trennung der Eltern sein, die aber eben nicht mit der Ablehnung gemeinsamer Wahrnehmung der Elternverantwortung einhergehen muss.[482] Im Hinblick auf die Kooperation der Eltern ist schließlich auch zu berücksichtigen, dass die Trennung der Eltern gem § 1687 Abs 1 S 2 BGB in Angelegenheiten des täglichen Lebens bereits zu einem alleinigen Ausübungsrecht desjenigen Elternteils führt, bei dem sich das Kind rechtmäßig aufhält, wodurch der Konfliktstoff von vornherein ausgedünnt ist.[483] Kooperation ist daher nur in den Angelegenheiten erforderlich, deren Regelung für das Kind von erheblicher Bedeutung ist. Solche Angelegenheiten kommen aber in aller Regel weniger häufig vor, womit das Konfliktpotential weiter gemindert ist. Allerdings kann die Übertragung nicht deshalb abgelehnt werden, weil zum Zeitpunkt der Entscheidung solche Angelegenheiten nicht absehbar sind,[484] da sich die Situation jederzeit ändern kann.

Das Verlangen nach Bereitschaft der Eltern, im Interesse des Kindes in entscheidenden Fragen aufeinander zuzugehen, bedeutet aber nicht, dass fehlende Kooperation für die Übertragung der Sorge auf einen Elternteil stets genügt.[485] Vielmehr müssen die *Auswirkungen von Konflikten der Eltern auf das Kindeswohl* einzelfallbezogen gewürdigt werden.[486] So lehnte es der BGH[487] beispielsweise ab, einem Streit der Eltern über die religiöse Erziehung generell ausschlaggebende Bedeutung für eine Sorgerechtsentscheidung nach § 1671 Abs 1 S 2 Nr 2 BGB beizumessen, und zwar auch deshalb, weil der Umstand, dass die Eltern tief zerstritten seien allein noch nichts über deren (Un-)Fähigkeit aussage, in Angelegenheiten des Kindes zu gemeinsamen kindeswohlverträglichen Lösungen zu gelangen. Nach Auffassung des OLG Brandenburg[488] rechtfertigt deshalb eine scheinbar heillose Zerstrittenheit der Eltern die Aufhebung der gemeinsamen Sorge nur dann, wenn der Elternstreit sich zum einen ungünstig auf das Kindeswohl auswirkt und wenn zum anderen allein durch die Übertragung der Alleinsorge Abhilfe zu erwarten ist.

---

481 So aber BVerfG FamRZ 2004, 354; dass FamRZ 2004, 1015.

482 *Motzer* FamRZ 2004, 1145, 1155.

483 *Coester* FPR 2005, 60, 62.

484 So aber OLG Brandenburg FamRZ 2003, 1952.

485 *Vogel* FPR 2005, 65, 66 mwN auch zur gegenteiligen Auffassung.

486 OLG Hamm FamRZ 2006, 1058; Staudinger/*Coester* § 1671 Rn 124.

487 BGH FamRZ 2005, 1167 m Anm *Luthin* und *Weychardt* FamRZ 2005, 1534 sowie Besprechungsaufsatz *Ehinger* FPR 2005, 367 f.

488 FamRZ 2014, 1380.

Über das Kindeswohl hinaus ist jeweils zu prüfen, ob im Hinblick auf festgestellte konkrete Streitfragen nicht weniger einschneidende Maßnahmen als der Entzug des Sorgerechts zulasten des anderen Elternteils in Betracht kommen, wie etwa eine Übertragung der Alleinentscheidungsbefugnis nach § 1628 BGB oder eine Entscheidung gem § 7 RKEG.[489] Von wesentlicher Bedeutung für die Entscheidung ist ferner die **elterliche Erziehungseignung und -fähigkeit.**[490] Gemeint ist die Fähigkeit der Eltern, das Kind ausreichend körperlich, geistig und seelisch zu fördern und ihm Kontinuität, Stabilität und Sicherheit zu bieten.[491] Damit wird ua an die einen Eingriff in die elterliche Sorge nach § 1666 BGB rechtfertigenden Gründe angeknüpft, ohne dass die Schwelle der Kindeswohlgefährdung für die Übertragungsentscheidung nach § 1671 Abs 1 S 2 Nr 2 BGB erreicht sein muss. Erziehungsfähigkeit in diesem Sinne meint nämlich nicht nur die Fähigkeit des einzelnen Elternteils zur Ausübung der elterlichen Sorge, sondern auch die **Fähigkeit zur gemeinsamen Ausübung**. Deshalb sind auch **Gewalttätigkeiten zwischen den Eltern** als starkes Indiz für Kooperationsunfähigkeit zu werten, die die Erziehungsfähigkeit wesentlich beeinträchtigen.[492]

Auch das Verlangen nach **Kontinuität**[493] geht über die Eingriffsvoraussetzungen nach § 1666 BGB hinaus: So spielt bei fehlendem Elternkonsens zB auch die Geschwisterbindung eine Rolle für eine Übertragungsentscheidung nach § 1671 Abs 1 S 2 Nr 2 BGB, weil insoweit ein mit der elterlichen Trennung möglicherweise einhergehender **weiterer Beziehungsverlust** ausschlaggebend sein kann.[494] Unerheblich ist insoweit, wie die Kontinuität zustande gekommen, dh, ob sie ggf ertrotzt ist.[495] Neben der Kontinuität ist im Einzelfall ggf auch der **Förderungsgrundsatz** zu berücksichtigen.[496]

---

489 BGH FamRZ 2005, 1167 m Anm *Luthin* und *Weychardt* FamRZ 2005, 1534 sowie Besprechungsaufsatz *Ehinger* FPR 2005, 367 f; allerdings scheidet bei einem Streit über die religiöse Kindererziehung eine Entscheidung nach § 1628 BGB aus, weil § 7 RKEG gegenüber dieser Vorschrift die speziellere Regelung ist.

490 Vgl OLG Celle FamRZ 2014, 1856; LG Frankfurt JAmt 2005, 366; *Wanitzek* FamRZ 2008, 933, 935 mwN.

491 *Vogel* FPR 2005, 65.

492 BT-Drucks 13/4899 S 99; näher hierzu *Will* FPR 2004, 233 f.

493 KG FamRZ 2014, 1790.

494 Vgl AG Fürstenfeldbruck FamRZ 2002, 1117; OLG Brandenburg FamRZ 2003, 1953; OLG Dresden FamRZ 2003, 1489; vgl dazu auch *Wanitzek* FamRZ 2008, 933, 935 f mwN.

495 OLG Brandenburg FamRZ 2014, 1861 (LS).

496 OLG Brandenburg FamRZ 2014, 1124.

Maßgeblich für die Entscheidung ist zudem die **Bindungstoleranz**, dh die Bereitschaft und Fähigkeit, den Kontakt des Kindes zum anderen Elternteil zu unterstützen.[497]

Darüber hinaus kann auch dem **Willen des Kindes** entscheidungserhebliches Gewicht zukommen.[498]

Eine größere räumliche Entfernung zwischen den Eltern steht der Beibehaltung der gemeinsamen elterlichen Sorge hingegen nicht entgegen.[499]

2.2 Alleinsorge kraft Richterspruchs gem § 1671 Abs 2 BGB

Zu einer Änderung der Sorgerechtsverhältnisse kann es auch durch gerichtliche Entscheidung gem § 1671 Abs 2 BGB kommen. 220

Gem **§ 1671 Abs 2 S 1 BGB** kann der **Kindesvater** beantragen, dass das Familiengericht ihm die elterliche Sorge oder einen Teil derselben allein überträgt.

Eine Übertragung der Sorge nach § 1671 Abs 2 S 1 BGB auf den nicht mit der Kindesmutter verheirateten Kindesvater setzt voraus, dass die **Sorge der Mutter gem § 1626a Abs 3 BGB** ex lege also nicht durch gerichtliche Entscheidung allein zusteht (originäre Alleinsorge). Darüber hinaus müssen die Eltern im Zeitpunkt der Entscheidung **nicht nur vorübergehend getrennt leben**; auch hier kommt es nicht darauf an, ob sie überhaupt jemals zusammengelebt haben (vgl Rn 215).

Eine antragsgemäße Entscheidung führt zu einem **Sorgerechtswechsel**. Da das Gesetz von der (Teil-)Übertragung der **alleinigen elterlichen Sorge** spricht, verliert die Mutter die Sorge im Umfang der Übertragung, während der Kindesvater insoweit (erstmals) Inhaber der Sorge wird. Es kommt in diesem Fall demnach zu einem **Austausch der Sorgeberechtigten**. Den Antrag kann nur der nicht sorgeberechtigte Kindesvater stellen, nicht die Kindesmutter.[500]

Nach § 1671 Abs 2 S 2 Nr 1 BGB ist dem Antrag zu entsprechen, wenn und soweit die **Kindesmutter der Übertragung zustimmt**, es sei denn, dass die Übertragung der Sorge auf den Kindesvater dem Kindeswohl widerspricht oder das mindestens 14 Jahre alte Kind widerspricht. Im Gegensatz zur Übertragung der Alleinsorge gem § 1671 Abs 1 S 2 Nr 1 BGB auf einen bisher schon sorgeberechtigten Elternteil, ist das Familiengericht also nicht allein an die elterliche Übereinstimmung gebunden. Es muss vielmehr trotz elterlichem Konsens zu einer Kontrolle kommen, ob die Elternentscheidung mit dem Kindeswohl ver-

---

497 *Wanitzek* FamRZ 2008, 933, 936 mwN.

498 Vgl BVerfG FamRZ 2007, 1797; siehe auch *Wanitzek* FamRZ 2008, 933, 936.

499 OLG Brandenburg FamRZ 2003, 1952.

500 Palandt/*Götz* § 1671 Rn 43.

einbar ist. Grund dafür ist, dass der Vater durch die Entscheidung erstmals Inhaber der elterlichen Sorge wird, sodass der Gesetzgeber eine ***negative* Kindeswohlprüfung** für erforderlich hielt.[501]

Die **Zustimmung der Mutter** kann auch noch innerhalb des Verfahrens erklärt werden,[502] eine Ersetzung der mütterlichen Zustimmung scheidet aus.[503]

Der mütterlichen Zustimmung bedarf es nach § 1671 Abs 3 S 2, 1 BGB aber dann nicht, wenn deren Sorge infolge der Einwilligung in die Adoption ihres Kindes gem § 1751 Abs 1 S 1 BGB ruht.

221 Stimmt die Kindesmutter der Übertragung der Sorge auf den Vater nicht zu oder widerspricht das mindestens 14 Jahre alte Kind der Übertragung, ist das Gericht hingegen in keiner Weise an den Antrag gebunden, dh weder im Hinblick auf die Übertragung an sich noch in Bezug auf den Umfang der begehrten Übertragung. Nach **§ 1671 Abs 2 S 2 Nr 2** BGB ist dem väterlichen Übertragungsantrag nämlich nur stattzugeben, wenn eine gemeinsame Sorge nicht in Betracht kommt *und* zu erwarten ist, dass die Übertragung auf den Kindesvater dem Wohl des Kindes am besten entspricht. Es bedarf daher auch in diesem Fall einer doppelten Kindeswohlprüfung: Zum einen ist zu klären, ob die gemeinsame Sorge durch Entscheidung gem § 1626a Abs 1 Nr 3 BGB zu begründen ist, und für den Fall, dass dies zB aufgrund fehlender Kooperationsfähigkeit oder -bereitschaft (siehe Rn 219) verneint wird, ob die Übertragung der Sorge auf den Vater dem Kindeswohl am besten entspricht. Dh in diesem Fall ist eine ***positive* Kindeswohlprüfung** erforderlich.

2.3 Verfahrensrechtliche Regelungen im Überblick

222 Die Entscheidung obliegt dem **Familiengericht** (§ 1671 Abs 1, 2 BGB), und hier dem Richter (§ 14 Abs 1 Nr 3 RPflG). **Sachlich** und **örtlich** zuständig ist in erster Linie das Amtsgericht, in dessen Bezirk das Kind seinen gewöhnlichen Aufenthalt hat (§§ 23a Abs 1 S 1 Nr 1, 23b Abs 1 GVG, 111 Nr. 2, 151 Nr 1, 152 Abs 2 FamFG); etwas anderes gilt während der Dauer der Anhängigkeit einer Ehesache, wenn die Entscheidung ein gemeinsames Kind der Eheleute betrifft: Ist eine Scheidungssache anhängig, ist nach § 152 Abs 1 FamFG das Gericht der Ehesache zuständig.

223 Vor der Entscheidung sind sowohl die Eltern (§ 160 FamFG) als auch das Kind selbst nach Maßgabe des § 159 FamFG[504] persönlich, dh **mündlich anzu-**

---

501 BT-Drucks 17/11048 S 19.

502 AG Tempelhof-Kreuzberg FamRZ 2002, 568.

503 AG Pankow-Weißensee FamRZ 2000, 1241.

504 Dazu ausführlich Bork/Jacoby/Schwab/*Zorn* § 159 Rn 7 ff.

hören. Anzuhören sind ferner das Jugendamt (§ 162 Abs 1 FamFG) sowie ggf Pflege- und Bezugspersonen iSv § 161 FamFG. Darüber hinaus hat das Gericht gem § 156 FamFG **auf ein Einvernehmen der am Verfahren Beteiligten hinzuwirken.**

Soweit dies zur Wahrnehmung der Kindesinteressen erforderlich ist, ist dem Kind gem § 158 FamFG ein **Verfahrensbeistand** zu bestellen.[505]

Die Entscheidung ergeht durch Beschluss, §§ 116 Abs 1, 111 Nr 2, 151 Nr 1, 38f FamFG. Die Endentscheidung ist durch befristete Beschwerde gem §§ 58ff FamFG anfechtbar; **Rechtsmittelgericht** ist das Oberlandesgericht, § 119 Abs 1 Nr 1a GVG.

2.4 Änderung der nach § 1671 BGB entstandenen Alleinsorge

Eine auf der Grundlage des § 1671 Abs 1 BGB ergangene Entscheidung, die zur Alleinsorge eines Elternteils geführt hat, kann gem § 1696 Abs 1 S 1 BGB aus **triftigen, das Wohl des Kindes nachhaltig berührenden Gründen** geändert und auf diesem Wege auch wieder die gemeinsame Sorge begründet werden, wobei der elterliche Konsens, welcher in § 1671 Abs 1 S 2 Nr 1 und Abs 2 S 2 Nr 1 BGB explizit gefordert ist, auch im Rahmen einer Änderungsentscheidung nach § 1696 Abs 1 BGB beachtlich ist,[506] sodass die Einigung der Eltern zur Wiederherstellung der gemeinsamen Sorge daher auch einen triftigen, das Kindeswohl nachhaltig berührenden Grund iSv § 1696 Abs 1 BGB darstellen kann.[507] 224

Soweit eine Übertragung nach § 1671 Abs 2 BGB stattgefunden hat, kommt eine Abänderung der gerichtlichen Entscheidung ebenfalls nach Maßgabe des § 1696 Abs 1 S 1 BGB in Betracht. Es bedarf also auch in diesem Fall einer weiteren gerichtlichen Entscheidung, die triftige, das Wohl des Kindes nachhaltig berührende Gründe voraussetzt. Das Gericht kann auf diesem Wege die **Alleinsorge der Kindesmutter** wieder herstellen. Auch die Begründung der **gemeinsamen Sorge** in Abänderung der nach § 1671 Abs 2 BGB ergangenen Entscheidung kann nach § 1696 Abs 1 BGB erfolgen. 225

Unberührt bleibt außerdem auch bei vorangegangener Entscheidung nach § 1671 BGB die Begründung der gemeinsamen Sorge durch Heirat (vgl Rn 194).

Die Begründung der gemeinsamen Sorge durch Sorgeerklärungen scheidet hingegen aus, § 1626b Abs 3 BGB.

---

505 Ausführlich dazu Bork/Jacoby/Schwab/*Zorn* § 158 Rn 5ff.
506 Vgl ua Palandt/*Götz* § 1696 Rn 11.
507 OLG Dresden FamRZ 2002, 632.

3. Folgen des Ausfalls eines allein sorgeberechtigten Elternteils

226 **Fällt der** durch Entscheidung gem § 1671 BGB oder kraft Gesetzes gem § 1626a Abs 3 BGB **allein sorgeberechtigte Elternteil** wegen Ruhens der elterlichen Sorge, Entziehung des Sorgerechts oder durch Tod, Todeserklärung oder Feststellung der Todeszeit **aus**, hat das Familiengericht von Amts wegen zu prüfen, ob dem anderen, (insoweit) nicht (mehr) sorgeberechtigten Elternteil die Sorge (zurück) zu übertragen ist.

Für den Fall des **Todes** des infolge einer Entscheidung nach § 1671 BGB oder kraft Gesetzes gem § 1626a Abs 3 BGB allein sorgeberechtigten Elternteils ist dies speziell in § 1680 Abs 2 BGB geregelt. Das gilt gleichermaßen für den Fall, dass der allein sorgeberechtigte Elternteil für tot erklärt oder seine Todeszeit nach den Vorschriften des VerschG festgestellt wurde, §§ 1677, 1681 Abs 1 BGB.

Wurde dem nach Entscheidung gem § 1671 BGB oder kraft Gesetzes gem § 1626a Abs 3 alleinsorgeberechtigten Elternteil die Sorge (ganz) oder teilweise **entzogen, hat** das Familiengericht dem anderen Elternteil die Sorge in dem Umfang der Entziehung (zurück) zu übertragen, wenn dies dem **Kindeswohl nicht widerspricht** (§ 1680 Abs 3, 2 BGB).

Schließlich hat die Übertragung der Sorge auf den anderen Elternteil zu erfolgen, **wenn die Sorge eines allein sorgeberechtigten Elternteils ruht**, keine Aussicht besteht, dass der Grund des Ruhens wegfällt und die Übertragung dem Kindeswohl nicht widerspricht, § 1678 Abs 2 BGB.

227 Die **Übertragung hat Vorrang** vor der Anordnung der Vormundschaft,[508] sodass das Familiengericht zwingend zu prüfen hat, ob sie erfolgen muss. Dem Gericht steht kein Ermessen zu, anstelle der Übertragung Vormundschaft anzuordnen, denn die Vormundschaft ersetzt die elterliche Sorge nur, ohne sie zu verdrängen.

Unterbleibt die Übertragung, ist Vormundschaft anzuordnen, sofern dem ausgefallenen Elternteil (zB durch Tod) die gesamte Sorge fehlt, § 1773 Abs 1 Alt 1 BGB. Wurden ihm nur Teile der Sorge entzogen oder ruht seine Sorge nur partiell, scheidet die Anordnung der Vormundschaft aus; stattdessen ist Ergänzungspflegschaft (§ 1909 Abs 1 S 1 BGB) anzuordnen.

228 Die erwähnten Übertragungsentscheidungen obliegen dem **Familiengericht** (§ 1680 Abs 2 BGB ggf iVm § 1680 Abs 3 BGB, § 1681 Abs 1 BGB bzw § 1678 Abs 2 BGB).

---

508 OLG Dresden Rpfleger 2012, 534; OLG Bamberg FamRZ 2011, 1072.

Sachlich und örtlich ist in erster Linie das Amtsgericht zuständig, in dessen Bezirk das Kind seinen gewöhnlichen Aufenthalt hat, §§ 23a Abs 1 S 1 Nr 1, 23b Abs 1 GVG, 111 Nr 2, 151 Nr 1, 152 Abs 2 FamFG.

Funktionell zuständig ist gem § 14 Abs 1 Nr 3 RPflG der Richter.

Auch in diesen Verfahren sind gem § 160 FamFG die **Eltern**, nach Maßgabe des § 159 FamFG das **Kind** sowie nach § 161 FamFG etwaige **Pflege- und/oder Bezugspersonen** zu **hören**. Bei Vorliegen der Voraussetzungen ist dem Kind ein **Verfahrensbeistand** (§ 158 FamFG) zu bestellen, § 158 FamFG. Außerdem besteht die Pflicht, das **Jugendamt anzuhören** (§ 162 Abs 1 FamFG).

Anfechtbar ist die Entscheidung mit der **befristeten Beschwerde** nach §§ 58 ff FamFG, die binnen eines Monats beim dem Gericht einzulegen ist, dessen Entscheidung angefochten wird. Beschwerdegericht ist gem § 119 Abs 1 Nr 1a GVG das Oberlandesgericht.

V. Übersichtsskizze: Folgen des Todes, der Todeserklärung oder Feststellung der Todeszeit eines sorgeberechtigten Elternteils 229

Verstorbener Elternteil war **nicht** allein sorgeberechtigt	Verstorbener Elternteil war allein sorgeberechtigt gem § 1671 oder § 1626a Abs 3 BGB
Der andere Elternteil ist kraft Gesetzes allein sorgeberechtigt, § 1680 Abs 1 BGB ggf iVm § 1681 BGB	§ 1680 Abs 2 BGB (ggf iVm § 1681 Abs 1 BGB): (Rück-)Übertragung der Sorge auf den anderen Elternteil, wenn dies dem Kindeswohl nicht widerspricht (= *negative* Kindeswohlprüfung), andernfalls Vormundschaft (§ 1773 Abs 1 Alt 1 BGB)

Zu den Übergangsregelungen bei Ehelicherklärung gem §§ 1723 ff BGB aF vgl Voraufl Rn 201, 202. 230

VI. Hindernisse bei der Ausübung der elterlichen Sorge

1. Allgemeines

Die Ausübung setzt regelmäßig das Innehaben der elterlichen Sorge voraus, ist aber mit ihm nicht deckungsgleich. 231

Die Ausübung können die Eltern in gewissen Grenzen (vgl Rn 277) Dritten überlassen, die nicht Inhaber der elterlichen Sorge sind. Ausübungsbefugnisse verleiht das Gesetz einem bestimmten Personenkreis unter bestimmten Voraussetzungen aber auch ohne (ausdrückliche) Mitwirkung der sorgeberechtigten Eltern, vgl §§ 1687a, 1687b BGB, § 9 LPartG (näher dazu Rn 586 ff).

Umgekehrt kann die Sorge den Eltern zwar zustehen, aber ruhen, wenn sie minderjährig oder geschäftsunfähig sind, sodass sie die Sorge nicht ausüben können, §§ 1673, 1675 BGB. Auch die mütterliche Sorge für ein nach § 25 SchKG[509] vertraulich geborenes Kind ruht gem § 1674a S 1 BGB kraft Gesetzes mit der Folge, dass die Mutter nicht ausübungsberechtigt ist (§ 1675 BGB).

Gleiches gilt, wenn die Eltern in die Annahme ihres Kindes eingewilligt haben, § 1751 Abs 1 S 1 BGB. Auch die Feststellung der längerfristigen Verhinderung an der Ausübung der Sorge gem § 1674 Abs 1 BGB durch das Familiengericht führt zu einem Ausübungshindernis, nicht aber zu einem Verlust der elterlichen Sorge. Schließlich können auch faktische Gegebenheiten und gerichtliche Entscheidungen zu einem Ausübungshindernis führen, ohne die Substanz der elterlichen Sorge an sich zu berühren.

2. Tatsächliche Verhinderung und Ruhen der elterlichen Sorge

2.1 Tatsächliche Verhinderung

232 Ist ein gemeinsam sorgeberechtigter Elternteil aus rein **tatsächlichen Gründen verhindert**, die elterliche Sorge auszuüben, übt sie der andere **kraft Gesetzes** allein aus, § 1678 Abs 1 Alt 1 BGB, ohne dass es auf die Dauer der Verhinderung des Elternteils ankommt. Erfasst sind also auch Verhinderungen von kürzerer Dauer.[510]

233 Eine tatsächliche Verhinderung kann auf einer **räumlichen Abwesenheit** des Elternteils beruhen, die aber nur dann als mit einem Alleinausübungsrecht des anderen Elternteils einhergehende tatsächliche Verhinderung iSv § 1678 Abs 1 BGB zu qualifizieren ist, wenn der abwesende Elternteil auch unter Ausnutzung moderner Kommunikationsmittel die elterliche Sorge nicht ausüben kann. Es kommt also nicht nur auf die rein tatsächliche Verhinderung an, sondern auch auf die **Unfähigkeit, die elterliche Sorge auszuüben**. Daher kann auch die Inhaftierung eines Elternteils dessen tatsächliche Verhinderung bedeuten, wenn der inhaftierte Elternteil von dort aus keine Möglichkeit hat, die Sorge auszuüben.

---

509 Gesetz zur Vermeidung und Bewältigung von Schwangerschaftskonflikten (Schwangerschaftskonfliktgesetz – SchKG) v 27.7.1992, BGBl I S 1398 idF des Gesetzes zum Ausbau der Hilfen für Schwangere und zur Regelung der vertraulichen Geburt v 28.8.2013, BGBl I S 3458.

510 AG Holzminden FamRZ 2002, 560.

Um einen Missbrauch des alleinigen Ausübungsrechts, das gem § 1629 Abs 1 S 3 Alt 1 BGB mit einem Alleinvertretungsrecht verbunden ist, zu verhindern, ist als ungeschriebenes Tatbestandsmerkmal des § 1678 Abs 1 Alt 1 BGB ein Fürsorgebedürfnis erforderlich.[511] Andernfalls könnte der Elternteil, der die Auffassung des anderen Elternteils in einer gemeinsam zu entscheidenden Angelegenheit nicht teilt, die tatsächliche Verhinderung des anderen ausnutzen, um seine Entscheidung rechtlich durchzusetzen.

Das **Alleinausübungsrecht** setzt bezogen auf die Angelegenheit, in der das 234
Fürsorgebedürfnis besteht, **gemeinsame Sorgeberechtigung** voraus. Unerheblich ist, worauf diese beruht. Zur Entstehung des alleinigen Ausübungsrechts bedarf es keiner gerichtlichen Entscheidung. Übt ein Elternteil die elterliche Sorge bei ansonsten bestehender gemeinsamer Sorge allein aus, entfällt die grundsätzliche Pflicht zur einvernehmlichen Wahrnehmung der Sorge (vgl § 1627 BGB). Gem § 1629 Abs 1 S 3 Alt 1 BGB vertritt der allein ausübungsberechtigte Elternteil das Kind auch allein. **Fällt die tatsächliche Verhinderung weg**, endet auch das alleinige Ausübungsrecht ohne Weiteres.

Ist auch der andere mitsorgeberechtigte Elternteil tatsächlich verhindert, 235
wurde ihm die Sorge entzogen oder ist der tatsächlich verhinderte Elternteil aus anderen Gründen allein sorgeberechtigt (zB gem § 1626a Abs 3 BGB) oder auch „nur“ allein ausübungsberechtigt (zB weil die Sorge des anderen Elternteils gem § 1673 Abs 1 BGB wegen Geschäftsunfähigkeit ruht), greift § 1678 Abs 1 BGB hingegen nicht.

Im Umfang des Fürsorgebedürfnisses kommt die Anordnung einer **Ergänzungspflegschaft** nach § 1909 Abs 1 S 1 BGB in Betracht, weil die Voraussetzungen dieser Pflegschaft auch bei bloß tatsächlicher Verhinderung der Eltern erfüllt sind. In **Eilfällen** kann das Familiengericht eine notwendige Entscheidung gem § 1693 BGB auch selbst treffen.

Die Anordnung einer Vormundschaft scheidet hingegen aus, weil die tatsächliche Verhinderung der Eltern allein nicht deren Voraussetzungen herbeiführt, vgl § 1773 BGB. Das Kind steht weiterhin unter elterlicher Sorge, da die tatsächliche Ausübungsverhinderung nicht zu einem Rechtsverlust führt, und die Eltern sind auch berechtigt, wenn auch tatsächlich nicht in der Lage, die Sorge auszuüben (kein Fall des § 1675 BGB!).

Entfällt die Ausübungsverhinderung, ist die Ergänzungspflegschaft von Amts wegen aufzuheben, § 1919 BGB. Mit Bekanntgabe der Aufhebungsentscheidung an den nicht mehr tatsächlich verhinderten Elternteil ist dieser wie-

---

511 *Sonnenfeld* Rpfleger 1995, 441 f.

der ausübungsberechtigt, § 40 Abs 1 FamFG. Bis dahin entfaltet die Pflegschaft die Wirkung des § 1630 Abs 1 BGB.

2.2 Feststellen der längerfristigen tatsächlichen Verhinderung nach § 1674 BGB

236 Ist ein Elternteil auf längere Zeit an der Ausübung der elterlichen Sorge tatsächlich verhindert, kann das Familiengericht dies nach **§ 1674 Abs 1** BGB feststellen. Entgegen den immer wieder anzutreffenden Formulierungen (einschließlich der des BGH[512]) ist nicht das Ruhen, sondern die **längerfristige tatsächliche Verhinderung festzustellen.**[513]

Mit dieser Feststellung verliert der bisher nur tatsächlich verhinderte Elternteil zwar nicht sein Sorgerecht,[514] aber seine Ausübungsbefugnis. Aus der tatsächlichen Verhinderung wird eine rechtliche, weil **Rechtsfolge der Feststellung** der tatsächlichen Ausübungsverhinderung das **Ruhen** der Sorge ist (§ 1674 Abs 1 BGB), die gem § 1675 BGB die Nichtausübungsberechtigung bewirkt.

237 **Voraussetzung einer Feststellung** nach § 1674 Abs 1 BGB ist eine längerfristige tatsächliche Ausübungsverhinderung, wobei das Tatbestandsmerkmal „längere Zeit" rechtliche Eingriffe bei nur kurzfristiger Verhinderung ausschließen soll. Es kommt nur auf die künftige längerfristige Verhinderung an; die in der Vergangenheit andauernde Verhinderung kann allerdings im Einzelfall Indiz für deren Fortdauer sein.

238 Die tatsächliche Verhinderung kann auch hier in einer **räumlichen Abwesenheit** (Auslandsaufenthalt, Inhaftierung, Auswanderung) liegen, wenn es an der Steuerungsfähigkeit etwa durch Ausnutzung moderner Kommunikationsmöglichkeiten fehlt. Von deren Fehlen kann nicht ohne Weiteres ausgegangen werden bei Strafhaft,[515] anders bei längerer Inhaftierung oder kürzerer Inhaftierung mit zusätzlichen Gründen, die eine verantwortliche Sorgeausübung verhindern.

Eine bloße **physische Abwesenheit** genügt also nicht, wenn der Elternteil – sei es durch den anderen Elternteil, sei es durch sonstige Hilfskräfte bei

---

512 BGH FamRZ 2005, 29 = Rpfleger 2005, 83.

513 Worauf bereits *Sonnenfeld* Rpfleger 1995, 441, 443, zutreffend, wenn auch offensichtlich leider vergeblich hingewiesen hat.

514 Missverständlich daher ua *Ehinger* FPR 2005, 253 f, die davon spricht, dass der andere Elternteil nunmehr allein s*orge*berechtigt sei, richtig aber ist, dass er nur allein ausübungsberechtigt ist.

515 OLG Frankfurt FamRZ 2007, 753.

der Ausübung der elterlichen Sorge – seine Kinder gut versorgt weiß und auf der Grundlage moderner Kommunikationsmittel oder Reisemöglichkeiten auch aus der Ferne Einfluss auf die Ausübung der elterlichen Sorge nehmen kann. Bei längerfristiger Abwesenheit ist daher ein tatsächliches Ausübungshindernis iS der Norm nur anzunehmen, wenn dem Elternteil nicht die Möglichkeit verblieben ist, entweder im Wege der Aufsicht oder durch jederzeitige Übernahme der Personen- und Vermögenssorge zur eigenverantwortlichen Ausübung der Sorge zurückzukehren.[516]

Neben der durch Abwesenheit verursachten Ausübungsverhinderung ist 239
auch die auf **geistigen oder psychischen Kompetenzmängeln** unterhalb der Schwelle der Geschäftsunfähigkeit beruhende faktische Verhinderung als Grund für eine Feststellung nach § 1674 Abs 1 BGB anerkannt.[517] Kann von Geschäftsunfähigkeit (§ 104 Nr 2 BGB) nicht sicher ausgegangen werden, bestehen aber Zweifel an der Geschäftsfähigkeit, kommt ebenfalls die Feststellung der tatsächlichen Verhinderung zwecks Schaffung von Rechtssicherheit in Betracht. Problematisch ist hier aber das Verhältnis zu §§ 1666, 1666a BGB, nach denen einem Eingriff in die elterliche Sorge die Ausschöpfung aller Hilfsmöglichkeiten vorgeht, die den behinderten Eltern bei bloßer Anwendung von § 1674 Abs 1 BGB jedoch vorenthalten würden. Bei dieser Art der „Verhinderung" kann daher eine Feststellung nach § 1674 Abs 1 BGB nur eine Zwischenlösung bis zur Klärung der nach §§ 1666, 1666a BGB notwendigen, aber auch ausreichenden Maßnahmen sein.[518]

Obwohl die Sorge des **geschäftsunfähigen Elternteils** bereits kraft Geset- 240
zes ruht (§ 1673 Abs 1 BGB), wird zuweilen das Bedürfnis für eine Feststellung nach § 1674 Abs 1 BGB auch bei Geschäftsunfähigkeit bejaht, um im Einzelfall bestehende Rechtsunsicherheiten zu beseitigen.[519] Eine solche „Feststellung" kann aber – anders als sonstige Entscheidungen nach § 1674 Abs 1 BGB – nur deklaratorische Wirkung entfalten, weil diese Feststellung das Ruhen eben nicht erst herbeiführt.[520] Für eine solche Feststellung spricht indes, dass dem anderen Elternteil der Nachweis seiner Alleinausübungs- und damit Alleinvertretungsberechtigung erheblich erleichtert wird, weil er damit der Notwendig-

516 BGH FamRZ 2005, 29 = Rpfleger 2005, 83; vgl auch OLG Nürnberg FamRZ 2006, 878 (LS), nach dem auch ein einjähriger Auslandsaufenthalt eines Soldaten nicht zu einer tatsächlichen Verhinderung iSv § 1674 Abs 1 BGB führt, wenn dieser die Möglichkeit zur Kommunikation hat.

517 Staudinger/*Coester* § 1674 Rn 16.

518 Staudinger/*Coester* § 1674 Rn 16.

519 KG FamRZ 2015, 2079 m Anm *Zorn*; *Kirsch* Rpfleger 1988, 234 f.

520 Zutreffend *Sonnenfeld* Rpfleger 1995, 441, 442; vgl auch OLG Rostock OLGR 2008, 106.

keit enthoben ist, die Geschäftsunfähigkeit des mitsorgeberechtigten Elternteils nachzuweisen.[521]

241 Die Feststellung der längerfristigen Ausübungsverhinderung kann sich auch nur auf abgegrenzte Teilbereiche der elterlichen Sorge zB die Vermögens- oder die Personensorge beschränken, wenn der Elternteil die Sorge nur in einem Teilbereich langfristig tatsächlich nicht ausüben kann.[522] Die Feststellung längerfristiger Verhinderung in einem Teilbereich der Sorge führt zu einem auf diesen Bereich beschränkten, **partiellen Ruhen** der elterlichen Sorge.

242 Schwierigkeiten bereitet die **Abgrenzung zu § 1666 BGB**, da die tatsächliche Verhinderung im Einzelfall auch zu einer Kindeswohlgefährdung führen kann und weder § 1674 Abs 1 BGB noch § 1666 BGB ein Verschulden der Eltern verlangt.

Für die Frage, aufgrund welcher Vorschrift zu entscheiden ist, dürfte zum einen maßgeblich sein, dass ein Sorgerechtsentzug nach § 1666 BGB – anders als die Feststellung der tatsächlichen Verhinderung – stets eine Kindeswohlgefährdung voraussetzt, die im konkreten Fall auch „festgestellt" sein muss. Zum anderen ist zu beachten, dass die Feststellung nach § 1674 Abs 1 BGB die elterliche Sorge in ihrer Substanz stets unangetastet lässt, sodass darin, gemessen am **Verhältnismäßigkeitsgrundsatz,** auch ein milderer Eingriff liegt.[523] Deshalb kann auch eine längerfristige Inhaftierung selbst bei Kindeswohlgefährdung eine Feststellung nach § 1674 Abs 1 BGB als gegenüber § 1666 BGB minder schweren Eingriff in das Elternrecht nach dem Grundsatz der Verhältnismäßigkeit rechtfertigen.[524]

Sind die Eltern hingegen nicht nur verhindert, sondern **unfähig oder unwillig, die elterliche Sorge auszuüben und ist das Kindeswohl (ggf dadurch) gefährdet**, ist § 1666 BGB anzuwenden, es sei denn, die Eltern erkennen ihre Unfähigkeit und ergreifen selbst die zur Abwendung der Gefahr erforderlichen Maßnahmen oder die Feststellung der Verhinderung nach § 1674 Abs 1 BGB genügt zur Abwendung der Gefahr, ohne dass den Eltern dadurch Hilfsmöglichkeiten vorenthalten würden (vgl Rn 239). In Bezug auf die zweite Ausnahme ist zudem zu bedenken, dass der bloße Wegfall der tatsächlichen Verhinderung (etwa das Ende der Strafhaft) – anders als bei einem Entzug der Sorge nach § 1666 BGB – zwingend die Feststellung nach sich zu ziehen hat, dass der Grund des Ruhens nicht mehr besteht, § 1674 Abs 2 BGB.

---

521 Vgl auch *Rakete-Dombek* FPR 2005, 80 und *Ehinger* FPR 2005, 253 f.

522 BGH FamRZ 2005, 29 = Rpfleger 2005, 83.

523 Vgl auch *Rotax* FPR 2008, 151, 153.

524 OLG Dresden FamRZ 2003, 1038.

Diese Überlegungen zeigen, dass sich eine sinnvolle allgemeingültige Abgrenzung für den Fall der Unfähigkeit zwischen den beiden Normen nicht finden lässt.[525] Sind die Eltern aber **unwillig** und **entziehen sich ihren Pflichten**, findet zweifelsfrei § 1666 BGB Anwendung.

Die **Feststellung hat konstitutive Wirkung** – und zwar selbst dann, wenn die Feststellung tatsächlich unrichtig ist[526] –, die abhängig von den im Übrigen bestehenden Sorgerechtsverhältnissen eintritt. Gem § 40 Abs 1 FamFG tritt diese Wirkung ein mit Bekanntgabe an den verhinderten Elternteil und – bei gemeinsamer Sorge – an den anderen mitsorgeberechtigten Elternteil.[527] 243

Betrifft die Feststellung nur einen Elternteil bei ansonsten gemeinsamer Sorge, übt der andere Elternteil die Sorge gem § 1678 Abs 1 Alt 2 BGB kraft Gesetzes, ggf bezogen auf den Teilbereich, in dem die Sorge partiell ruht, allein aus. 244

Ist der Elternteil, dessen längerfristige Verhinderung festgestellt wurde, aufgrund einer Entscheidung nach § 1671 BGB oder kraft Gesetzes nach § 1626a Abs 3 BGB allein sorgeberechtigt, geht die Ausübungsberechtigung hingegen nicht ex lege auf den anderen Elternteil über. Vielmehr bedarf es dafür einer konstitutiven gerichtlichen Entscheidung. Nach § 1678 Abs 2 BGB **hat** die Übertragung auf den nicht sorgeberechtigten Elternteil zu erfolgen, wenn (kumulativ!) 245

- die Sorge des allein sorgeberechtigten Elternteils ruht **und**
- keine Aussicht besteht, dass der Grund des Ruhens wegfällt **und**
- die Übertragung dem Kindeswohl nicht widerspricht.

Die verlangte, **voraussichtlich dauerhafte Verhinderung** soll dem Kind mehrfache Sorgerechtswechsel ersparen und damit Erziehungskontinuität sichern.

Neben der im Hinblick auf die voraussichtliche Dauer der Verhinderung über die Voraussetzungen der Feststellung nach § 1674 Abs 1 BGB hinausgehenden prognostischen Anforderungen, ist eine **negative Kindeswohlprüfung** erforderlich.

Die Sorgerechtsübertragung hat, wenn ihre Voraussetzungen gegeben sind, **Vorrang vor der Anordnung von Vormundschaft oder Pflegschaft**, weil diese Institute die elterliche Sorge nur ersetzen, ohne sie zu verdrängen.[528]

Kommt die Übertragung der Sorge auf den anderen Elternteil nicht in Betracht, zB weil das Kindeswohl dem entgegensteht, ist, soweit die gesamte elter- 246

525 So Staudinger/*Coester* § 1674 Rn 6.
526 OLG Rostock FamRZ 2015, 1145; BayObLG FamRZ 1988, 867.
527 Palandt/*Götz* § 1674 Rn 2.
528 So im Ergebnis auch *Rotax* FPR 2008, 151, 153.

liche Sorge des verhinderten Elternteils ruht, Vormundschaft anzuordnen, § 1773 Abs 1 Alt 2 BGB. Bei partiellem Ruhen hat hingegen die Anordnung einer Ergänzungspflegschaft zu erfolgen, § 1909 Abs 1 S 1 BGB.

247 Fällt der Grund des Ruhens (möglicherweise wider Erwarten) weg, hat das Gericht gem § 1674 Abs 2 BGB von Amts wegen festzustellen, dass der **Grund des Ruhens nicht mehr besteht.** Es besteht insoweit **kein Ermessen,** die Feststellung ist zwingend. Das schließt freilich nicht aus, dass ein Sorgerechtsverfahren gem § 1666 BGB eingeleitet wird, wenn die Voraussetzungen dafür gegeben sind.[529] So ist zB nach einer Entscheidung des OLG Dresden[530] bei einer aufgrund längerer Strafhaft erfolgten Feststellung der längerfristigen Verhinderung gem § 1674 Abs 1 BGB im Zusammenhang mit dem Haftende zu prüfen, ob dann die Voraussetzungen für anschließende Maßnahmen nach § 1666 BGB gegeben sind.

248 **Wirksam wird der Feststellungsbeschluss** gem § 40 Abs 1 FamFG mit Bekanntgabe an den betroffenen Elternteil, also an den, der nicht mehr tatsächlich verhindert ist.

Hinsichtlich der **Folgen** der Feststellung gem § 1674 Abs 2 BGB ist zu unterscheiden:

- Übte der andere Elternteil die Sorge gem § 1678 Abs 1 BGB während des Ruhens kraft Gesetzes allein aus, tritt die gemeinsame Ausübungsberechtigung ohne Weiteres wieder ein.
- War Vormundschaft angeordnet, endet diese gem § 1882 BGB kraft Gesetzes.
- Eine Pflegschaft ist hingegen aufzuheben, § 1919 BGB; bis dahin entfaltet sie die Wirkung des § 1630 Abs 1 BGB.
- War die Sorge dem anderen Elternteil übertragen, so führte die Sorgerechtsübertragung zu einem **Sorgerechtswechsel,** der ebenfalls nicht kraft Gesetzes endet. Es bleibt vielmehr dabei, allerdings mit der Möglichkeit der Abänderung nach § 1696 Abs 1 BGB, die von Amts wegen zu prüfen ist. Die Sorgerechtsübertragung hat daher ungeachtet des Feststellungsbeschlusses nach § 1674 Abs 2 BGB **sorgerechtshindernde Wirkung.**

249 Wegen dieses mit der Feststellung verbundenen **Eingriffs in die Ausübungsberechtigung** sollte das Gericht unter Abwägung aller Umstände stets prüfen, ob diese nicht entbehrlich ist. So genügt bei gemeinsamer Elternsorge gem § 1678 Abs 1 Alt 1 BGB bereits die tatsächliche Verhinderung eines sorgeberechtigten Elternteils, um den anderen zur Alleinausübungsbefugnis gelangen zu lassen. Da der alleinausübungsberechtigte Elternteil vor der Schwierigkeit ste-

529 Vgl OLG Naumburg FamRZ 2002, 258.
530 FamRZ 2003, 1038.

hen könnte, sein Alleinausübungsrecht dh also die tatsächliche Verhinderung des anderen Elternteils nachweisen zu müssen, kann aber das Bedürfnis für eine Feststellung nach § 1674 Abs 1 BGB auch bei gemeinsamer Sorge nicht von vornherein verneint werden.

Ist der verhinderte Elternteil allein sorgeberechtigt, könnte dem Fürsorgebedürfnis durch „bloße“ Pflegschaftseinrichtung entsprochen werden, ohne dass es dafür einer Feststellung nach § 1674 Abs 1 BGB bedarf.

Die Feststellung der Verhinderung gem § 1674 Abs 1 BGB obliegt ebenso wie 250 die Feststellung, dass der Grund des Ruhens nicht mehr besteht (§ 1674 Abs 2 BGB), dem **Familiengericht**. Dieses hat auch die Entscheidung über die Änderung einer vorangegangenen Sorgerechtsentscheidung (§ 1696 BGB) und die über die Übertragung der Sorge auf den anderen Elternteil nach § 1678 Abs 2 BGB zu treffen.

Im Verfahren herrscht der Amtsermittlungsgrundsatz (§ 26 FamFG) und die in Kindschaftssachen geltenden verfahrensrechtlichen (§§ 151 ff FamFG) sind anzuwenden, wozu auch die Anhörungen gem §§ 159 ff FamFG gehören.[531]

Sachlich und **örtlich** ist in erster Linie das Amtsgericht am gewöhnlichen Aufenthaltsort des Kindes zuständig (§§ 23a Abs 1 S 1 Nr 1, 23b Abs 1 GVG, 111 Nr 2, 151 Nr 1, 152 Abs 2 FamFG. Funktionell zuständig für die Feststellungen nach **§ 1674** BGB ist der **Rechtspfleger** gem § 3 Nr 2a RPflG. Zu beachten ist jedoch, dass der Richter die Feststellung gem § 1674 Abs 1 BGB dann treffen soll (§ 6 RPflG), wenn sich eine Entscheidung gem § 1678 Abs 2 BGB oder gem § 1696 BGB anschließt, weil für solche Entscheidungen gem § 14 Abs 1 Nr 3 RPflG ein Richtervorbehalt (vgl Rn 252) und ein enger Zusammenhang mit diesen zu treffenden Entscheidungen besteht. Gleiches gilt, wenn dem Richter die Anordnung der Vormundschaft oder Pflegschaft nach § 14 Abs 1 Nr 10 RPflG obliegt, weil es sich bei dem Minderjährigen um einen ausländischen Staatsangehörigen handelt.[532]

Gegen die Entscheidung ist gem § 11 Abs 1 RPflG, §§ 58 ff FamFG die befriste- 251 te Beschwerde ohne **Abhilferecht** (vgl § 68 Abs 1 S 2 FamFG) gegeben, die binnen eines Monats bei dem Gericht eingelegt werden muss, dessen Entscheidung angefochten wird (§ 64 Abs 1 FamFG). Beschwerdegericht ist das Oberlandesgericht, § 119 Abs 1 Nr 1a GVG.

Die Verfahren nach **§ 1678 Abs 2** BGB sind dem Richter vorbehalten, § 14 252 Abs 1 Nr 3 RPflG.

Wird die **Anordnung einer Vormundschaft oder Pflegschaft** erforderlich, ist grundsätzlich der Rechtspfleger funktionell zuständig, § 3 Nr 2a RPflG iVm

531 OLG Frankfurt NZFam 2015, 169 m Anm *Pätzold*.
532 *Rotax* FPR 2008, 151, 153.

§§ 111 Nr 2, 151 Nr 4, 5 FamFG. Allerdings obliegt die **Anordnung** der Vormundschaft oder Pflegschaft ausnahmslos dem **Richter**, wenn es sich bei dem Minderjährigen um einen ausländischen Staatsangehörigen handelt, § 14 Abs 1 Nr 10 RPflG.[533]

2.3 Das Ruhen der elterlichen Sorge kraft Gesetzes

2.3.1 Allgemeines

253 Die **elterliche Sorge ruht kraft Gesetzes**, dh ohne dass es dazu einer gerichtlichen Mitwirkung bedarf, wenn die Eltern

- in die Annahme ihres Kindes eingewilligt haben, § 1751 Abs 1 S 1 BGB oder
- geschäftsunfähig (§ 1673 Abs 1 BGB) oder
- beschränkt geschäftsfähig (§ 1673 Abs 2 BGB) sind.

Die elterliche Sorge der Mutter ruht gem § 1674a S 1 BGB zudem, wenn sie ihr Kind im Wege der vertraulichen Geburt nach § 25 SchKG[534] geboren hat.

In diesen Fällen liegt eine rechtliche Verhinderung vor, die die Eltern hindert, die elterliche Sorge auszuüben, § 1675 BGB.

Näher betrachtet werden sollen hier das Ruhen der Sorge nach § 1674a BGB und nach § 1673 BGB.

2.3.2 Das Ruhen der mütterlichen Sorge nach § 1674a BGB

a) Die Grundzüge der vertraulichen Geburt des Kindes

254 Mit Wirkung vom 1.5.2014 wurde die Möglichkeit geschaffen, dass Mütter ihre Kinder unter einem **Pseudonym** im Wege der **vertraulichen Geburt** zur Welt bringen (§§ 25 ff SchKG).[535]

Erreichen wollte der Gesetzgeber mit den neuen Regelungen schwangere Frauen, die Angst vor einer Entbindung haben, weil sie die Schwangerschaft und Mutterschaft gegenüber ihrem sozialen Umfeld verbergen möchten und sich deshalb in einer außergewöhnlichen Notlage befinden. Im Gesetzgebungsverfahren wurde die Entscheidung des EuGHMR vom 25.9.2012[536] berücksichtigt, wonach eine *anonyme* Geburt einen Verstoß gegen Art 8 EMRK bedeutet, weil

---

533 BGH FamRZ 2003, 868 = Rpfleger 2003, 423.

534 Gesetz zur Vermeidung und Bewältigung von Schwangerschaftskonflikten (Schwangerschaftskonfliktgesetz – SchKG) v 27. 7. 1992 (BGBl I S 1398) idF des Gesetzes zum Ausbau der Hilfen für Schwangere und zur Regelung der vertraulichen Geburt v 28.8.2013, BGBl I S 3458.

535 Näher dazu *Helms* FamRZ 2014, 609 ff; *Schwedler* NZFam 2014, 193 ff.

536 FamRZ 2012, 1935 m Anm *Henrich*.

das Recht des Kindes auf Kenntnis seiner Abstammung dadurch verletzt würde, dass es unmöglich wäre, jemals Informationen über seine leiblichen Eltern zu erhalten. Der Gesetzgeber entschied sich deshalb anstelle einer *anonymen* für eine *vertrauliche* Geburt. Ziel der eingeführten Bestimmungen ist es, sowohl Kindstötungen zu verhindern, als auch ungeborenes Leben zu schützen und gleichzeitig die medizinische Versorgung von Mutter und Kind zu gewährleisten, ohne das Recht des Kindes auf Kenntnis der Abstammung auszuschließen. Eine vertrauliche Geburt setzt voraus, dass die Schwangere an einem Beratungsgespräch[537] nach § 2 Abs 4 SchKG teilgenommen hat.

Gem §§ 25 Abs 1, 26 Abs 1 Nr 1 SchKG ist die vertrauliche Geburt eine Ent- 255
bindung, bei der Frau ihre Identität nicht offenlegt, und stattdessen ein Pseudonym wählt. Ihre wahre Identität wird von der Beratungsstelle in einem **Herkunftsnachweis** vermerkt, § 25 Abs 3 SchKG. Dieser Herkunftsnachweis wird nach der Geburt des Kindes an das Bundesamt für Familie und zivilrechtliche Aufgaben übersandt und dort verwahrt, § 27 Abs 1 SchKG.

Mit Vollendung des 16. Lebensjahrs hat das Kind das Recht, diesen Herkunftsnachweis einzusehen, § 31 Abs 1 SchKG. Die Mutter kann der **Einsichtnahme des Kindes** widersprechen, indem sie Belange, die dem Einsichtsrecht entgegenstehen, ab der Vollendung des 15. Lebensjahres des Kindes bei der Beratungsstelle erklärt, §§ 31 Abs 2, 32 SchKG. In diesem Fall bleibt dem Kind nur die Möglichkeit, sein Einsichtsrecht gerichtlich geltend zu machen. Einsicht kann dem Kind dann nur gewährt werden, wenn eine positive rechtskräftige Entscheidung vorliegt (§ 31 Abs 4 SchKG). Weist das Familiengericht den Antrag des Kindes zurück, kann das Kind aber nach Ablauf von 3 Jahren ab Rechtskraft der familiengerichtlichen Entscheidung erneut einen Antrag beim Familiengericht stellen (§ 31 Abs 5 SchKG).

b) Das Ruhen der mütterlichen Sorge und dessen Folgen

Wenn das Kind **vertraulich**, dh unter einem Pseudonym geboren wird, ruht die 256
Sorge der Mutter ab der Geburt des Kindes (§ 1674a S 1 BGB[538]), mit der Folge, dass sie nicht berechtigt ist, die elterliche Sorge auszuüben, § 1675 BGB. Die **elterliche Sorge des Vaters** bleibt unberührt.[539] Der Gesetzgeber meinte, dass die Frau die vertrauliche Geburt nur in Anspruch nimmt, wenn und solange sie

---

537 Näher zum Inhalt und zum Ablauf des Beratungsgespräches *Berkl* StAZ 2014, 65, 67 f.

538 Die Vorschrift wurde mit Wirkung vom 1.5.2014 eingefügt durch Art 6 Nr 1 des Gesetzes zum Ausbau der Hilfen für Schwangere und zur Regelung der vertraulichen Geburt v 28.8.2013, BGBl I S 3458.

539 BT-Drucks 17/1284 S 9, 16.

davon ausgeht, dass ihre Schwangerschaft anderen Personen nicht bekannt ist.[540] Um der Schwangeren zu verdeutlichen, dass auch der Vater Rechte hat, die durch die vertrauliche Geburt verletzt werden, wenn er keine Kenntnis von der Schwangerschaft hat, ist sie in dem Beratungsgespräche gem § 25 Abs 2 Nr 3 SchKG nicht nur über die Rechte des Kindes, sondern auch über die Rechte des Vaters zu informieren.[541] Hat der Vater Kenntnis von der vertraulichen Geburt, kann er die Identität der Eltern dem Standesamt mitteilen und seine Rechte geltend machen.[542]

Durch § 1674a S 1 BGB soll ein Nebeneinander von Vormundschaft und elterlicher Sorge der Mutter zuverlässig ausgeschlossen werden.[543]

Gem § 168a Abs 1 FamFG hat das Standesamt, dem die Geburt eines Kindes im Wege der vertraulichen Geburt angezeigt wird, das **Familiengericht zu informieren.**

257 Das Familiengericht hat sodann zu prüfen, ob Vormundschaft anzuordnen ist. Das Ruhen der mütterlichen Sorge erlaubt freilich nur dann die Anordnung der Vormundschaft, wenn die Voraussetzungen des § 1773 BGB vorliegen.

Ist die **Mutter** im Zeitpunkt der Geburt **verheiratet**, übt der Vater des Kindes (§ 1591 Nr 1 BGB) grundsätzlich die elterliche Sorge gem § 1678 Abs 1 Alt 2 BGB allein aus und die Voraussetzungen der Vormundschaft liegen nicht vor.[544] Ist der Ehemann der Mutter über die vertrauliche Geburt des Kindes aber nicht informiert, ist er niemandem bekannt und kann seine Rechte auch nicht ausüben. Deshalb ist auch in diesem Fall Vormundschaft anzuordnen. Ist die **Mutter** zum Zeitpunkt der Geburt **nicht verheiratet**, wird es in aller Regel keinen rechtlichen Vater geben. Eine vorgeburtliche Vaterschaftsanerkennung ist zwar möglich (Rn 33ff), verheimlicht die Mutter die Schwangerschaft aber und bringt das Kind im Wege der vertraulichen Geburt zur Welt, wird es auch keine Vaterschaftsanerkennung geben.

Theoretisch ist es aber denkbar, dass die Vaterschaft nach der Geburt des Kindes auf Betreiben des Mannes, der von der vertraulichen Geburt erfahren hat und sich für den Vater des Kindes hält, gerichtlich festgestellt wird.

Nach Feststellung der Vaterschaft hätte das Familiengericht zu prüfen, ob dem Vater die Sorge gem § 1678 Abs 2 BGB zu übertragen ist.

---

540 BT-Drucks 17/1284 S 16.

541 *Berkl* (StAZ 2014, 65, 72) hebt zu Recht hervor, dass die Regelungen insgesamt mit dem Recht des Kindes auf Kenntnis der eigenen Abstammung väterlicherseits und den Elternrechten des Vaters nicht zu vereinbaren sind.

542 BT-Drucks 17/1284 S 16.

543 BT-Drucks 17/1284 S 16.

544 BeckOK BGB/*Veit* § 1674a Rn 6.

Ist die Mutter alleinsorgeberechtigt (§ 1626a Abs 3 BGB), weil es entweder keinen Vater iSv § 1592 BGB gibt oder weil dieser nicht sorgeberechtigt ist, ergibt sich die Notwendigkeit zur **Anordnung der Vormundschaft aus § 1773 Abs 1 Alt 2 BGB.**

Ist die Mutter aber nicht alleinsorgeberechtigt, steht das Kind unter elterlicher Sorge und die Sorge des Vaters ruht auch nicht, sodass die Voraussetzungen des § 1773 Abs 1 BGB nicht vorliegen. Ist der Vater aber nicht ermittelbar (was der Regelfall sein dürfte), ist der Familienstand des Kindes unbekannt, sodass sich das Bedürfnis zur **Anordnung der Vormundschaft aus § 1773 Abs 2 BGB** ergibt.

Im Ergebnis ist das letztlich aber eine akademische Frage, denn da die Identität der Mutter nicht bekannt ist, kann auch nicht ermittelt werden, ob sie verheiratet ist oder ob es einen Vater kraft Anerkennung gibt.

Zu diskutieren bliebe allenfalls, ob mit der Geburt des Kindes kraft Gesetzes **Amtsvormundschaft** gem § 1791c BGB eintritt oder ob die Vormundschaft angeordnet werden muss. Die gesetzliche Amtsvormundschaft tritt aber nur ein, wenn das Kind außerhalb der Ehe geboren wurde, was aber nicht bekannt ist. Die Vormundschaft muss deshalb nach § 1774 BGB durch familiengerichtlichen Beschluss (§§ 116 Abs 1, 111 Nr 2, 151 Nr 4, 38 f FamFG) angeordnet werden.

c) Wiederaufleben der mütterlichen Sorge

Die elterliche Sorge der Mutter lebt wieder auf, wenn das Familiengericht feststellt, dass die Mutter ihm gegenüber die für den Geburtseintrag erforderlichen Angaben (§ 21 Abs 1 Nr 4 PStG) gemacht hat, § 1674a S 2 BGB. Notwendig ist daher, dass die Mutter gem § 21 Abs 1 Nr 4 PStG ihren **Vor- und Familiennamen** bekannt gibt. Die Angaben müssen von der **Mutter** selbst **gegenüber dem Familiengericht** gemacht werden, dh, es genügt nicht, wenn ein Dritter, etwa der Vater die Angaben macht[545] oder wenn die Mutter sich gegenüber der Beratungsstelle oder dem Standesamt erklärt.[546] 258

Eine **Frist**, binnen derer die Angaben gegenüber dem Familiengericht gemacht werden müssen, damit eine Feststellung nach § 1674a S 2 BGB erfolgen kann, sieht das Gesetz nicht vor. Die Rückgabe des Kindes kann aber nur bis zum rechtskräftigen Abschluss eines Adoptionsverfahrens erfolgen,[547] weil mit der Annahme des Kindes durch Dritte die Verwandtschaftsbeziehungen zu den leiblichen Eltern und damit auch zur Mutter erlöschen, § 1755 Abs 1 BGB. Der 259

545 BeckOK BGB/*Veit* § 1674a Rn 12.
546 BeckOK BGB/*Veit* § 1674a Rn 13.
547 BT-Drucks 17/12814 S 10.

Gesetzgeber ging davon aus, dass sich daraus keine Probleme ergeben, weil einem gerichtlichen Adoptionsverfahren eine Adoptionspflege (vgl § 1744 BGB) von ca. einem Jahr vorausgeht und der Rücknahmewunsch der Mutter nach den Ergebnissen einer Studie überwiegend zeitnah zur Geburt erfolgt.[548] Aus dem Erlöschen der Verwandtschaftsbeziehungen durch Adoption folgt schließlich auch, dass eine Feststellung gem § 1674a S 2 nach rechtskräftigem Abschluss eines Adoptionsverfahrens nicht (mehr) erfolgen kann.

260 Wenn die Kindesmutter die Angaben gegenüber dem Familiengericht gemacht hat, steht dem Gericht **kein Ermessen** zu. Es muss die Feststellung treffen; bestehen **Anhaltspunkte für eine Kindeswohlgefährdung**, ist nach **§ 1666 BGB** zu verfahren. Allein aus der Tatsache, dass die Mutter das Kind vertraulich geboren hat, kann jedoch nicht auf eine Kindeswohlgefährdung geschlossen werden.[549]

261 Mit Wirksamwerden der Feststellung durch Bekanntgabe des Beschlusses an die Mutter (§ 40 Abs 1 FamFG) **lebt** die **mütterliche Sorge wieder auf**. Die Vormundschaft endet gem § 1882 BGB kraft Gesetzes; eine möglicherweise angeordnete Pflegschaft ist aufzuheben, § 1919 BGB.

Die Kindesmutter kann das **Kind herausverlangen**, § 1632 Abs 1 BGB. Jedoch kann von Amts wegen oder auf Antrag der Pflegeperson vom Familiengericht angeordnet werden, dass das Kind bei der Pflegeperson bleibt, wenn und solange das Kindeswohl durch die Wegnahme gefährdet wäre, § 1632 Abs 4 BGB.

262 Im Verfahren herrscht der **Amtsermittlungsgrundsatz** (§ 26 FamFG), dh, das Gericht hat von Amts wegen die entscheidungserheblichen Tatsachen zu ermitteln.

Soweit das Familiengericht Zweifel hegt, kann der Nachweis, dass es sich bei der Frau, die ihre Personenstandsdaten dem Familiengericht bekannt gibt, um die Mutter des Kindes handelt (§ 1591 BGB), durch ein Zeugnis der Beratungsstelle und der an der Entbindung Beteiligten geführt werden.

Die Mutter soll gem § 160 Abs 1 S 1 FamFG persönlich (= mündlich) gehört werden. Nach Maßgabe des § 159 FamFG hat auch die persönliche Anhörung des Kindes erfolgen. Ferner sind auch der Vormund und die Pflegeeltern zu hören,[550] bei denen das Kind seit längerer Zeit lebt (§ 161 Abs 2 FamFG). Das Jugendamt ist nach § 162 Abs 1 S 1 FamFG ebenfalls anzuhören.

Die Feststellung erfolgt durch Beschluss (§§ 116 Abs 1, 111 Nr 2, 151 Nr 1, 38 f FamFG), der mit Zugang bei der Kindesmutter (§ 40 Abs 1 FamFG) wirksam wird.

---

548 BT-Drucks 17/12814 S 10.

549 Zutreffend BeckOGK/*Schwedler* § 1674a Rn 46; **aA** *Helms* FamRZ 2014, 609, 613.

550 BT-Drucks 17/12814 S 16.

Sachlich und **örtlich** ist das Amtsgericht zuständig, in dessen Bezirk das Kind seinen gewöhnlichen Aufenthalt hat, §§ 23a Abs 1 S 1 Nr 1, 23b Abs 1 GVG, 111 Nr 2, 151 Nr 1, 152 Abs 2 FamFG. Funktionell zuständig für die Feststellung nach § 1674a S 2 BGB ist der **Rechtspfleger** gem § 3 Nr 2a RPflG. Zu beachten ist jedoch, dass gem § 5 Abs 1 Nr 2 RPflG **Richtervorlage** zu erfolgen hat, wenn sich während des Feststellungsverfahrens Anhaltspunkte für eine Kindeswohlgefährdung ergeben, weil der Richter in diesem Fall zu prüfen hat, ob Maßnahmen nach §§ 1666, 1666a BGB erforderlich sind (§ 14 Abs 1 Nr 2 RPflG).[551] 263

Gegen die Entscheidung ist gem § 11 Abs 1 RPflG, §§ 58 ff FamFG die **befristete Beschwerde** ohne Abhilferecht (vgl § 68 Abs 1 S 2 FamFG) gegeben, die binnen eines Monats bei dem Gericht eingelegt werden muss, dessen Entscheidung angefochten wird (§ 64 Abs 1 FamFG). Beschwerdegericht ist das Oberlandesgericht, § 119 Abs 1 Nr 1a GVG. 264

2.3.3 Das Ruhen der elterlichen Sorge nach § 1673 BGB

§ 1673 Abs 1 BGB setzt **natürliche Geschäftsunfähigkeit** (§ 104 Nr 2 BGB) voraus, **beschränkte Geschäftsfähigkeit** gem § 1673 Abs 2 BGB ist nur bei **Minderjährigkeit** gegeben, vgl § 106 BGB. 265

Geschäftsunfähigkeit liegt vor bei einer **nicht nur vorübergehenden Störung der Geistestätigkeit, die die freie Willensbildung ausschließt**, § 104 Nr 2 BGB. 266

Da die **Einrichtung einer Betreuung** weder Geschäftsunfähigkeit voraussetzt, noch Einfluss auf die Geschäftsfähigkeit des betreuten Elternteils hat, kann aus ihr auch nicht auf Geschäftsunfähigkeit geschlossen werden.

Auch führt sie nicht zu beschränkter Geschäftsfähigkeit, und zwar selbst dann nicht, wenn ein umfassender Einwilligungsvorbehalt angeordnet ist.

Ob und welche Maßnahmen zum Schutz des Kindes zu ergreifen sind, richtet sich allein nach den für Minderjährige geltenden Vorschriften.[552] Das Gericht, bei dem die Betreuung anhängig ist, darf freilich das Familiengericht darüber informieren, wenn in Bezug auf das Kind des Betroffenen Handlungsbedarf erkennbar wird (vgl § 22a Abs 2 FamFG).[553]

Kurzfristige Bewusstseinsstörungen führen nicht zur Geschäftsunfähigkeit und daher auch nicht zu einem Ruhen der elterlichen Sorge gem § 1673 Abs 1 BGB.

---

551 *Helms* FamRZ 2014, 609, 613.

552 Vgl ua *Bienwald* (FamRZ 2003, 1693) in einer Anm zu OLG Rostock FamRZ 2003, 1691.

553 Näher dazu *Dodegge* FPR 2005, 233 f (noch zum insoweit inhaltsgleichen § 69k FGG).

Praktische Schwierigkeiten ergeben sich bei **in Schüben auftretender Geschäftsunfähigkeit**, weil das Sorgerecht nur während der Dauer dieser Periode ruht. Wird dann jeweils mangels mitsorgeberechtigten Elternteils Vormundschaft angeordnet, endet diese gem § 1882 BGB jeweils mit Eintritt der Geschäftsfähigkeit. Betrifft die periodische Geschäftsunfähigkeit nur einen Bereich der elterlichen Sorge (partielle Geschäftsunfähigkeit), sodass nur Ergänzungspflegschaft angeordnet werden konnte, ist diese jeweils mit dem Ende der Periode wieder aufzuheben, § 1919 BGB.

267 Gem § 1673 Abs 2 iVm 1 BGB ruht die elterliche Sorge auch wegen **beschränkter Geschäftsfähigkeit**. Der minderjährige Elternteil kann die Sorge daher gem § 1675 BGB nicht ausüben.

Eine Ausnahme davon besteht gem § 1673 Abs 2 S 2 BGB aber im Bereich der **tatsächlichen Personensorge**. Diese kann der Minderjährige neben dem gesetzlichen Vertreter ausüben. **Meinungsverschiedenheiten** regelt § 1673 Abs 2 S 3 BGB. Können sich der Minderjährige und der gesetzliche Vertreter in einer Angelegenheit der tatsächlichen Personensorge nicht einigen, hat die **Meinung des Minderjährigen Vorrang**, wenn der gesetzliche Vertreter ein Vormund oder Pfleger ist. Ist gesetzlicher Vertreter dagegen der andere Elternteil, sind die Eltern verpflichtet, sich in einer solchen Angelegenheit zu einigen (§ 1627 S 2 BGB). Gelingt dies nicht, können sie in einer Angelegenheit von für das Kind erheblicher Bedeutung nach § 1628 BGB das Familiengericht anrufen (dazu Rn 566 ff).

268 Aus dem geschilderten Vorrang der Meinung des Minderjährigen in Angelegenheiten der tatsächlichen Personensorge vor der Meinung eines Vormunds können sich Probleme ergeben, wenn es zur Durchsetzung dieses Vorrangs Vertretungshandlungen bedarf.

Beispielhaft wird hier ua die Einwilligung eines minderjährigen Elternteils in die Heilbehandlung seines Kindes genannt.[554] Unbestritten gehört die Fürsorge für die Gesundheit als Teil der in § 1631 Abs 1 BGB genannten Pflege zur tatsächlichen Personensorge, sodass sie von dem minderjährigen Elternteil neben dem gesetzlichen Vertreter ausgeübt werden kann.

Allerdings ist die Einwilligung in eine ärztliche Behandlung ein Vertretungsakt, zu dem der Minderjährige nach § 1673 Abs 2 S 2 Hs 2 BGB nicht berechtigt ist. Zu den sich aus diesem Auseinanderfallen von rechtlichem Können und Dürfen ergebenden Problemen wurden verschiedene Auffassungen entwickelt, wobei – soweit erkennbar – einheitlich davon ausgegangen wird, dass die der Vertretungshandlung vorgelagerte Entscheidung des Minderjährigen durchsetzbar ist, weil dessen Entscheidungsrecht sonst leer liefe. Allein die Wege, auf

---

554 *Kern* MedR 2005, 628 ff.

denen dies geschieht, sind unterschiedlich: Während *Kern*[555] eine **teleologische Reduktion** von § 1673 Abs 2 S 2 BGB dahingehend für möglich hält, dass der Satzteil „zur Vertretung ist er nicht berechtigt" auf diese Fälle, in denen die Entscheidung des minderjährigen Elternteils auch nicht gegen das Kindeswohl verstößt, nicht anwendbar ist, geht *Coester*[556] davon aus, dass der minderjährige Elternteil die bestimmungsgemäße Vertreterhandlung erzwingen könne.

Das Problem der **Durchsetzbarkeit** stellt sich freilich auch bei einer die tatsächliche Personensorge betreffenden Übertragung der Entscheidungsbefugnis nach § 1628 BGB auf den minderjährigen Elternteil, der die tatsächliche Sorge neben dem anderen Elternteil wahrnimmt, vgl § 1673 Abs 2 S 3 aE BGB (dazu Rn 572).

Ruht die Sorge eines gemeinsam sorgeberechtigten Elternteils (partiell), übt 269
sie der andere kraft Gesetzes gem § 1678 Abs 1 Alt 2 BGB in diesem Umfang allein aus. Ist der Elternteil, dessen Sorge (partiell) ruht, allein sorgeberechtigt, gilt das zur Übertragung der Sorge auf den nicht (mehr) sorgeberechtigten Elternteil bei Ruhen der Sorge kraft Feststellung gem § 1674 Abs 1 BGB Ausgeführte (Rn 245 f) entsprechend.

Auch in diesem Fall richtet sich die Folge bei unterbleibender Übertragung der Sorge auf den anderen Elternteil danach, ob das Ruhen die gesamte Sorge des allein sorgeberechtigten Elternteils erfasst oder nur auf einen Teil beschränkt ist: im ersteren Fall ist Vormundschaft anzuordnen, im letzteren Ergänzungspflegschaft.

Fällt die Geschäftsunfähigkeit weg oder wird der beschränkt geschäftsfähi- 270
ge Elternteil volljährig, **endet das Ruhen ohne Weiteres.**

Die Ausübungsberechtigung tritt ohne Weiteres ein, ob sie sich aber (sogleich) durchsetzt, hängt davon ab, wie die fehlende Ausübungskompetenz bis dahin ausgeglichen wurde. Übte der andere Elternteil die Sorge gem § 1678 Abs 1 Alt 2 BGB allein aus, führt der Wegfall des Ruhensgrundes ohne Weiteres (wieder) zur umfassenden Mitausübungsberechtigung des bislang oder nur zwischenzeitlich nicht ausübungsberechtigten Elternteils.

Wurde die Sorge hingegen dem anderen Elternteil nach § 1678 Abs 2 BGB übertragen, führte dies, wie bei einem Ruhen infolge einer Feststellung nach § 1674 Abs 1 BGB, zu einem **Sorgerechtswechsel**. Dabei bleibt es bis zu einer Änderung dieser Entscheidung.

Die Übertragung hat also auch in diesem Fall **sorgerechtshindernde Wirkung**.

Unterblieb die Übertragung und wurde stattdessen ein Vormund bestellt, endet die Vormundschaft kraft Gesetzes gem § 1882 BGB, die Erlangung der vol-

555 MedR 2005, 628, 630.
556 Staudinger/*Coester* § 1673 Rn 27.

len Ausübungsberechtigung (zB durch Eintritt der Volljährigkeit) kommt in diesem Fall also sofort zum Tragen. War wegen partiellen Ruhens „nur“ Pflegschaft angeordnet, ist diese dagegen erst durch konstitutive Entscheidung aufzuheben, § 1919 BGB. Bis dahin entfaltet sie die Wirkung des § 1630 Abs 1 BGB.

271 Die Entscheidung über die Übertragung der Sorge gem § 1678 Abs 2 BGB obliegt wie oben dargelegt (Rn 252) auch in diesem Fall dem **Richter** des Familiengerichts (§ 14 Abs 1 Nr 3 RPflG).

Unterbleibt die Übertragung jedoch, hat das Familiengericht Vormundschaft oder, für den Fall, dass das Ruhen nur einen Teil der Sorge betrifft, Pflegschaft anzuordnen. Für die Anordnung der Vormundschaft (§ 1774 BGB), die Auswahl des Vormunds (§ 1779 BGB) sowie dessen Bestellung (§ 1789 BGB) ist mangels Richtervorbehalts der **Rechtspfleger** funktionell zuständig (§ 3 Nr 2a RPflG, §§ 111 Nr 2, 151 Nr 4 FamFG).

Die Zuständigkeit des Rechtspflegers erstreckt sich entgegen der Auffassung des OLG Dresden[557] auch auf die Ermittlung der Geschäftsunfähigkeit.

272 VI. Übersichtsskizze: Folgen tatsächlicher und rechtlicher Verhinderung

Grund der Verhinderung	Folgen der Verhinderung	
	Elternteil ist **nicht** allein sorgeberechtigt	Elternteil ist allein sorgeberechtigt gem § 1671 oder § 1626a Abs 3 BGB
tatsächliche Verhinderung	der andere übt kraft Gesetzes allein aus, § 1678 Abs 1 Alt 1 BGB	§ 1678 BGB ist nicht anwendbar, es bleibt nur Ergänzungspflegschaft gem § 1909 Abs 1 S 1 BGB
Feststellung gem § 1674 Abs 1 BGB durch Beschluss bei längerfristiger Verhinderung (= rechtliche Verhinderung)	der andere übt kraft Gesetzes allein aus, § 1678 Abs 1 Alt 2 BGB	§ 1678 Abs 2 BGB, andernfalls Vormundschaft gem § 1773 BGB, bei auf einzelne Bereiche beschränkter Feststellung Ergänzungspflegschaft gem § 1909 Abs 1 S 1 BGB
Ruhen gem § 1673 BGB oder § 1674a BGB **kraft Gesetzes** (= rechtliche Verhinderung)	der andere übt kraft Gesetzes allein aus, § 1678 Abs 1 Alt 2 BGB	§ 1678 Abs 2 BGB, andernfalls Vormundschaft gem § 1773 BGB, bei partiellem Ruhen (gem § 1673 Abs 1 BGB) Ergänzungspflegschaft gem § 1909 Abs 1 S 1 BGB

557 Rpfleger 2012, 534.

273

VII. Übersichtsskizze: Folgen des Wegfalls der Verhinderung

Tatsächliche Verhinderung		§ 1674 Abs 1 BGB/§ 1674a S 1 BGB			§ 1673 BGB		
der andere übt allein aus, § 1678 Abs 1 Alt 1 BGB	Ergänzungspflegschaft gemäß § 1909 BGB	der andere übt allein aus, § 1678 Abs 1 Alt 2 BGB	der andere allein, § 1678 Abs 2 BGB = sorgerechtshindernde Wirkung	Vormundschaft gem § 1773 BGB oder Ergänzungspflegschaft gem § 1909 BGB	der andere übt allein aus, § 1678 Abs 1 Alt 2 BGB	der andere allein, § 1678 Abs 2 BGB = sorgerechtshindernde Wirkung	Vormundschaft gem § 1773 BGB oder Ergänzungspflegschaft gem § 1909 BGB
↓	↓	§ 1674 Abs 2 BGB/§ 1674a S 2 BGB			↓	↓	↓
beide üben Sorgerecht ohne Weiteres wieder gemeinsam aus	Aufhebung gemäß § 1919 BGB	beide üben Sorgerecht wieder gemeinsam aus	es bleibt bei der Entscheidung des FamG, diese kann aber geändert werden, § 1696 BGB	Beendigung der Vormundschaft kraft Gesetzes, § 1882 BGB; Pflegschaft muss aufgehoben werden, § 1919 BGB	beide üben Sorgerecht ohne Weiteres wieder gemeinsam aus	es bleibt bei der Entscheidung des FamG, diese kann aber geändert werden, § 1696 BGB	Beendigung der Vormundschaft kraft Gesetzes, § 1882 BGB; Pflegschaft muss aufgehoben werden, § 1919 BGB

C. Inhalt und Schranken der elterlichen Sorge

I. Elternrecht als Grundrecht

Art 6 Abs 2 S 1 GG hebt den Vorrang der Eltern bei der Erziehung und Pflege der Kinder hervor und garantiert ihn verfassungsrechtlich. Aus dem Wort „zuvörderst" ist aber erkennbar, dass auch der Staat die Funktion eines Erziehungsträgers mit entsprechenden Pflichten hat, wenngleich diese gegenüber dem Elternrecht grundsätzlich nachrangig ist. Nur im Bereich der Schulerziehung besteht ein eigener staatlicher Erziehungsanspruch, der den elterlichen Erziehungsvorrang einschränkt, Art 7 GG. Allerdings wird das in diesem Bereich bestehende staatliche Bestimmungsrecht wieder durch das Elternrecht begrenzt.[558] 274

Art 6 Abs 2 S 2 GG legt dem Staat die Verpflichtung auf, über die Pflege und Erziehung durch die Eltern zu wachen. Den Eltern ist aber gem Art 6 Abs 2 S 1 GG ein **Abwehrrecht gegen Eingriffe der öffentlichen Gewalt** gegeben, soweit diese nicht durch das Wächteramt gedeckt sind.

Aus dem Zusammenwirken von Art 6 Abs 2 S 1 mit S 2 GG folgt, dass das Elternrecht **ein dem Interesse des minderjährigen Kindes dienendes, als pflichtgebundenes, absolutes Recht ausgestaltetes Schutzverhältnis** ist. 275

Im Vordergrund steht die elterliche Verantwortung und damit die Pflichtbindung,[559] die das Elternrecht von allen anderen Grundrechten unterscheidet.[560] Ihre Rechtfertigung findet die elterliche Sorge nicht in einem **Machtanspruch der Eltern**, sondern in dem Bedürfnis des Kindes nach Schutz und Hilfe dabei, sich zu einer eigenverantwortlichen Persönlichkeit innerhalb der sozialen Gemeinschaft zu entwickeln.[561]

Die Erziehung des Kindes ist damit primär in die Verantwortung seiner Eltern gelegt, sodass diese grundsätzlich frei von staatlichen Einflüssen und Eingriffen nach eigenen Vorstellungen darüber entscheiden, wie sie die Pflege und Erziehung ihres Kindes gestalten und ihrer elterlichen Verantwortung gerecht werden wollen. Oberste Richtschnur hierbei muss jedoch das Kindeswohl bilden,[562] wobei den Eltern von Verfassungs wegen aber der Primat hinsichtlich der Interpretation dessen überlassen ist, was dem Kindeswohl entspricht. Es gehört daher auch nicht zur Ausübung des staatlichen Wächteramtes, gegen

---

558 BVerfGE 34, 165, 182ff = FamRZ 1973, 81 (LS); zum Bildungs- und Erziehungsauftrag der Schulen vgl *Quambusch/Schmidt* ZfJ 2002, 365ff.

559 BVerfG FamRZ 1993, 1420.

560 BVerfGE 24, 119 = FamRZ 1968, 578.

561 BVerfGE 24, 119 = FamRZ 1968, 578.

562 BVerfGE 60, 79 = FamRZ 1982, 567; BVerfG FamRZ 2008, 492 m Anm *Luthin*.

den Willen der Eltern für eine den Fähigkeiten des Kindes bestmögliche Förderung zu sorgen.[563]

II. Rechtsnatur der elterlichen Sorge

276 Den Eltern ist ihre Rechtsmacht zum Zwecke der Pflichterfüllung verliehen, sodass die Pflicht auch den Inhalt des elterlichen Sorgerechts bestimmt.[564] Das schließt zwar die legitime Wahrnehmung eigener Elterninteressen nicht aus,[565] jede elterliche Befugnis korrespondiert aber in erster Linie mit der Pflicht, sie zum Wohl des Kindes auszuüben. **Befugnisse**, die das Kindeswohl gefährden oder vereiteln können, sind im Elternrecht nicht enthalten.[566]

Die **Pflichtbindung** betrifft indes nur das **Innenverhältnis** zwischen den Eltern und dem Kind und eröffnet, wenn die Eltern ihr nicht gerecht werden, ein Eingreifen des Staates, welcher gemäß Art 6 Abs 2 S 2 GG über die Betätigung der den Eltern obliegenden Pflichten zu wachen hat. Die absolute Geltung des elterlichen Sorgerechts im Verhältnis zu Dritten wird dadurch nicht in Frage gestellt. In diesem Sinne handelt es sich bei der elterlichen Sorge um ein Recht mit wechselseitig verpflichtender Innenwirkung im Verhältnis zwischen Sorgerechtsinhaber und Kind, jedoch absoluter Außenwirkung im Verhältnis zu Dritten zum Schutz des durch die Sorgerechtsbeziehung geprägten Lebensbereichs.[567] Das Recht der elterlichen Sorge ist damit **absolutes Recht** iSv § 823 Abs 1 BGB, das gegen jeden Dritten wirkt.

277 Das elterliche Sorgerecht ist als **höchstpersönliches Recht unvererblich**, grundsätzlich **unverzichtbar**[568] und auch **nicht übertragbar**.

Eine Ausnahme von der Unverzichtbarkeit besteht bei der Einwilligung in die Adoption (§ 1748 BGB), da mit dem Ausspruch der Annahme auch das Eltern-Kind-Verhältnis und damit das elterliche Sorgerecht der leiblichen Eltern endet. Eine weitere Ausnahme besteht bei gemeinsamem Elternvorschlag zur

---

563 BVerfGE 72, 122 = FamRZ 1986, 871; LG Hamburg FamRZ 2001, 1088.

564 **AA** ua *Lüderitz* AcP 178 (1978) 263, 267 und *Benkert* S 34 ff, die davon ausgehen, dass es sich bei dem Elternrecht zunächst um ein eigennütziges Recht handelt.

565 Gernhuber/*Coester-Waltjen* § 57 Rn 27; vgl aber auch *Benkert* S 34 ff, 55, der davon ausgeht, dass es sich bei dem Elternrecht zumindest partiell um ein durch und durch eigennütziges Recht" handelt; siehe auch den Beitrag von *Finke* in JAmt 2008, 10 ff zum „*Eltern*wohl".

566 *Lack* S 54; Staudinger/*Peschel-Gutzeit* § 1626 Rn 8; in diesem Sinne zumindest im Ergebnis auch *Benkert* (S 55), dem zufolge sich die Eltern in begründeten Einzelfällen bis zur Missbrauchsgrenze des § 1666 Abs 1 BGB über das Wohl des Kindes hinwegsetzen können.

567 BGHZ 111, 168 = FamRZ 1990, 966 mwN.

568 Ua KG FamRZ 1955, 295.

Übertragung der Sorge auf einen Elternteil (§ 1671 BGB) und bei Übertragung von Angelegenheiten der elterlichen Sorge auf Pflegeeltern (§ 1630 Abs 3 BGB), in all diesen Fällen bedarf es einer gerichtlichen Mitwirkung.

Die Unübertragbarkeit der elterlichen Sorge schließt aber die **Überlassung der Ausübung** an Dritte nicht aus. Zu denken ist hier etwa an ein Internat, die Schule oder auch an Verwandte, denen die Ausübung der elterlichen Sorge durch die Eltern überlassen werden kann. Nichtig sind jedoch Abreden, die den **Widerruf** der Überlassung zur Ausübung ausschließen.

Entzogen werden darf die elterliche Sorge nur in Ausübung des staatlichen Wächteramtes. Einfachgesetzliche Grundlage für einen derartigen Eingriff in den Elternprimat ist § 1666 BGB. Gegen eine Trennung des Kindes von seinen Eltern schützt Art 6 Abs 3 GG zusätzlich und besonders.

III. Beginn und Ende der elterlichen Sorge

Die elterliche Sorge beginnt mit der **Vollendung der Geburt des Kindes**. Soweit es um die **Wahrung künftiger Rechte** des ungeborenen Kindes geht, wirkt das elterliche Sorgerecht jedoch vor (vgl § 1912 Abs 2 BGB). Im Übrigen tragen die künftigen Eltern die Verantwortung für das werdende Leben auch schon vor der Geburt des Kindes.[569] Besonderheiten bestehen bei der Entscheidung über einen **Schwangerschaftsabbruch**. Soweit es sich nicht um einen strafbaren Abbruch der Schwangerschaft handelt, steht die Entscheidungsbefugnis allein der schwangeren Frau zu. Denn der Strafgesetzgeber hat dieser aufgrund ihrer besonderen Verbindung mit dem werdenden Leben einen gewissen Entscheidungsspielraum zugebilligt, der zivilrechtlich zu akzeptieren ist.[570] Einem strafbaren Schwangerschaftsabbruch kann dagegen mit Maßnahmen gem § 1666 BGB begegnet werden,[571] da der Nasciturus im Grundsatz verfassungsrechtlichen und damit im Ergebnis auch zivilrechtlichen Schutz genießt. 278

569 BVerfGE 39, 1 = FamRZ 1975, 262; BVerfGE 88, 203 = FamRZ 1993, 899; zu dem Problem, ob zum Schutz des ungeborenen Kindes auch vorgeburtliche Eingriffe in die erst mit Geburt des Kindes beginnende elterliche Sorge gem § 1666 BGB zulässig sind vgl *Coester* in FS Coester-Waltjen S 29, 32 ff und DIJuF-Rechtsgutachten JAmt 2008, 248 ff mwN.

570 In diesem Sinne auch Gernhuber/*Coester-Waltjen* § 57 Rn 10; Staudinger/*Coester* § 1666 Rn 31 ff; Staudinger/*Peschel-Gutzeit* § 1626 Rn 36; **aA** *Mittenzwei* AcP 87 (1987), 247, 267; krit auch *Tröndle* ZRP 1989, 54, 58 ff sowie *Stürner* JURA 1987, 75 ff und *ders* JZ 1990, 709, 716 f.

571 *Coester-Waltjen* NJW 1985, 2175, 2177; *Harrer* ZfJ 1989, 238, 241 (der von einer analogen Anwendung des § 1666 BGB ausgeht); *Stürner* JZ 1990, 709, 723; Staudinger/*Coester* § 1666 Rn 34.

Allerdings kommen weder Unterlassungsklagen gegen die Mutter noch die Übertragung der „Entscheidung“ oder Vertretung auf den Vater gem §§ 1628 oder 1629 Abs 2 S 3, 1796 BGB in Betracht.[572]

Auch beginnt die Prüfungskompetenz des Familiengerichts erst dort, wo konkrete Umstände den Verdacht begründen, dass die Voraussetzungen strafrechtlicher Abtreibungsfreiheit zu Unrecht behauptet werden.[573]

279 Die Sorge beider Elternteile **endet spätestens mit Volljährigkeit des Kindes** (§ 2 BGB) bzw mit **dessen Tod**, § 1698b BGB. Die **Sorge eines Elternteils** endet jedoch auch vor Volljährigkeit oder Tod des Kindes durch Tod oder Todeserklärung des jeweiligen Elternteils. Eine Beendigung zu Lebzeiten von Eltern und Kind kann ferner durch einen gerichtlichen Eingriff in die Sorge (§ 1666 BGB) eintreten (näher dazu Rn 363ff).

Endet die Sorge durch den Tod des Kindes, kann den Eltern das Recht und die Pflicht der Totenfürsorge erhalten bleiben (§ 1698b BGB), bis diese von der allgemeinen Totenfürsorge abgelöst wird.[574] Die Entscheidung über Bestattungsart, Bestattungsort sowie die Gestaltung der Grabstätte obliegt damit ggf den Eltern des verstorbenen Kindes in Nachwirkung der elterlichen Sorge.[575]

IV. Inhalt der elterlichen Sorge

1. Allgemeines

280 § 1626 Abs 1 S 1 BGB enthält die **Definition der elterlichen Sorge**. Der Kindschaftsrechtsreformgesetzgeber hat die in der früheren Fassung der Vorschrift enthaltene Reihenfolge der Begriffe gegeneinander ausgetauscht: Aus „Recht und Pflicht“ ist, einerseits der Wirklichkeit entsprechend „Pflicht und Recht“ geworden, weil mit der elterlichen Sorge wesentlich mehr Pflichten als Rechte verbunden sind. Andererseits sollte nach der amtlichen Begründung[576] auf diese Weise der Tendenz entgegengewirkt werden, den Begriff der „elterlichen Sorge“ auf ein „Sorge*recht*“ zu verkürzen. Um die Gemeinsamkeit der Sorge zu verdeutlichen, änderte der Gesetzgeber darüber hinaus den Begriff „der Vater und die Mutter“ in die Bezeichnung „Eltern“.

---

572 Zutreffend Staudinger/*Coester* § 1666 Rn 36.
573 Staudinger/*Coester* § 1666 Rn 27.
574 Dazu Lange/*Kuchinke* § 5 III 5g.
575 Vgl AG Biedenkopf FamRZ 1999, 736.
576 BT-Drucks 13/4899 S 83.

Die elterliche Sorge umfasst gem § 1626 Abs 1 S 2 BGB sowohl die **Personensorge** (§§ 1631 ff BGB) als auch die **Vermögenssorge** (§§ 1638 ff). In beiden Teilbereichen obliegt den Eltern jeweils sowohl die tatsächliche Sorge als auch die gesetzliche Vertretung, § 1629 BGB.

Personensorge	Vermögenssorge
gesetzliche Vertretung	gesetzliche Vertretung

Das **grundsätzlich umfassende Sorgerecht** lässt sich darüber hinaus in weitere **Einzelbestandteile** zerlegen. Praktisch bedeutsam wird das etwa bei auf Teilbereiche der Sorge beschränkten gerichtlichen Maßnahmen nach § 1666 BGB. *Soweit* den Eltern die Sorge nicht entzogen ist, ist ihre Sorgekompetenz nicht berührt.

Eine **Definition von Personen- und Vermögenssorge enthält § 1626 BGB** 281
nicht.

Auch gelingt eine klare **Abgrenzung der Bereiche** nicht durchweg; zum Teil berühren, zum Teil überschneiden sie sich. Das elterliche Handeln lässt sich häufig eben nicht nur dem einen oder dem anderen Bereich zuordnen.

Auf die Unterscheidung kommt es aber nur an, wenn entweder das Gesetz zwischen beiden unterscheidet (vgl zB §§ 1633 BGB, 1666 Abs 4 und 1673 Abs 2 BGB), oder aber Bestandteile der Sorge durch gerichtliche Entscheidung einem Elternteil allein übertragen wurden, § 1671 BGB.

2. Personensorge

Die **Personensorge** legt den Eltern die Pflicht auf und verleiht ihnen damit kor- 282
respondierend das Recht, für die Erhaltung und Förderung der geistigen, seeli-

schen und sozialen Entwicklung des Kindes zu sorgen und es zu einer **eigenverantwortlichen und gemeinschaftsfähigen Persönlichkeit** zu erziehen. Zur Erreichung dieses **Erziehungsziels** sind den Eltern umfassende Befugnisse gegeben.

283 Die Personensorge umfasst gem § 1631 Abs 1 BGB *insbesondere*

- die Pflege,
- die Erziehung,
- die Beaufsichtigung und
- die Bestimmung des Aufenthalts des Kindes.

Wie aus der vom Gesetzgeber gewählten Formulierung ersichtlich ist („insbesondere"), handelt es sich **nicht um eine abschließende Aufzählung** der Personensorgepflichten bzw -befugnisse. Soweit diese nicht ohne Weiteres den in § 1631 Abs 1 BGB aufgeführten Pflichten bzw Befugnissen zuzuordnen sind, gehören zur Personensorge neben diesen wesentlichen Elementen weitere Bereiche.

Der Personensorge zuzuordnen sind ua

- Bestimmung des Geburtsnamens des Kindes (§§ 1617 Abs 1 S 1, 1617a Abs 2, 1617b, 1617c BGB) einschließlich der Einbenennung gem § 1618 BGB[577], die Bestimmung des Vornamens und seiner Schreibweise[578] (§ 1616 BGB, §§ 18, 22 PStG) sowie Namensänderungen nach dem NamÄndG[579];
- Geburtsanzeige (§§ 18, 19 PStG);
- Entscheidung über das Stellen eines Vaterschaftsanfechtungsantrags (§ 1600a Abs 3 BGB);
- Vaterschaftsanerkenntnis für den geschäftsunfähigen minderjährigen Kindesvater bzw die Zustimmung zum Vaterschaftsanerkenntnis für die geschäftsunfähige Kindesmutter, §§ 1594 bzw 1595 Abs 1, 1596 Abs 1 S 3, 4 BGB;
- Zustimmung zur Vaterschaftsanerkennung durch den minderjährigen Kindesvater und Zustimmung zur Zustimmung zur Anerkennung durch die minderjährige Kindesmutter, §§ 1594, 1595 Abs 1, 1596 Abs 1 S 2, 4 BGB;
- Einwilligung in das Verlöbnis des minderjährigen Kindes;[580]
- Widerspruch gegen Befreiung vom Erfordernis der Volljährigkeit durch das Familiengericht bei beabsichtigter Eheschließung des Kindes, § 1303 Abs 3 BGB. Widerspruchsbefugt ist danach sowohl der gesetzliche Vertreter als

577 OLG Bamberg NJW-RR 2000, 600.
578 BGH FamRZ 1979, 466; OVG Brandenburg FamRZ 2005, 1119.
579 Gesetz über die Änderung von Familien- und Vornamen v 5.1.1938, RGBl I S 9; BGBl III 4 Nr 401-1 – zuletzt geändert durch Art 54 FGG-RG v 17.12.2008 (BGBI S 2586).
580 LG Saarbrücken FamRZ 1970, 319.

auch der Inhaber der tatsächlichen Personensorge. Dies könnte etwa bedeutsam sein, wenn den Eltern die Vertretung in persönlichen Angelegenheiten gem § 1666 BGB entzogen, die (tatsächliche) Personensorge im Übrigen aber belassen wurde;

- Bestimmung des Wohnsitzes (§§ 8, 11 BGB);
- Verlangen der Herausgabe des Kindes von Dritten nach § 1632 Abs 1 BGB;
- Beaufsichtigung des Kindes, Überwachung seines Umgangs, § 1632 Abs 2 BGB;
- Schutz vor sexuellem Missbrauch[581] und sexueller Belästigung, Schutz ungestörter sexueller Entwicklung;
- Freizeitgestaltung und Erholung;
- Geltendmachung von Unterhaltsansprüchen.[582] Entscheidend für die Einordnung als Personensorgeangelegenheit ist, dass der Zweck der Geltendmachung die Deckung des persönlichen Bedarfs ist;
- Mitwirkung im schulischen Bereich;[583]
- Einbeziehung von Kindern in Forschungsvorhaben;[584]
- Entscheidung über die Verweigerung oder Duldung einer Blutgruppenuntersuchung;[585]
- Beteiligung der Eltern in einem Jugendstrafverfahren;[586]
- Wahl des Berufs, der Ausbildungsart, der Ausbildungsstation, die Begründung des Ausbildungsverhältnisses. Als Teil der Erziehung gehört dies mit Einschluss der Rechtsstreitigkeiten aus dem Berufsausbildungsverhältnis in der Regel zur Personensorge.[587] Erfordert die Berufsausbildung jedoch Zuschüsse aus dem Kindesvermögen fällt die Angelegenheit zugleich in den Bereich der Vermögenssorge;
- Erwerb und Verlust der deutschen Staatsangehörigkeit sowie Option für diese, §§ 3, 5, 19, 25 StAG[588];

---

581 BGH FamRZ 1984, 883, 884.

582 BGH NJW 1953, 1546; ausführlich hierzu *Brüggemann* ZfJ 1980, 53, 57.

583 OVG Münster FamRZ 2002, 232.

584 Ausführlich zur Forschung mit Kindern und der trotz Einwilligungsfähigkeit des Minderjährigen zusätzlich verlangten Einwilligung seines gesetzlichen Vertreters *Taupitz* JZ 2003, 109, 112, 113; in Bezug auf medizinische Experimente gegen elterliche Stellvertretung *Kern* NJW 1994, 753, 756.

585 OLG Thüringen FamRZ 2007, 1676; OLG Naumburg DAVorm 2000, 495.

586 BVerfG FamRZ 2003, 296; vgl hierzu auch den Besprechungsaufsatz von *Grunewald* NJW 2003, 1995ff.

587 RGZ 129, 18.

588 Staatsangehörigkeitsgesetz in der im BGBl III unter 102-1 veröffentlichten bereinigten Fassung, zuletzt geändert durch Art 5 des Gesetzes v 27.7.2015 (BGBl I S 1386.

- Einwilligung in ein Glaubwürdigkeitsgutachten des Kindes nach §§ 52, 81c Abs 3 StPO;[589]
- Bestimmung des Religionsbekenntnisses und der religiösen Erziehung, §§ 1, 3 RKEG[590]. Ist das **Kind 12 Jahre oder älter**, darf es nicht zu einem Bekenntniswechsel gezwungen werden, § 5 S 2 RKEG. **Ab 14 Jahre entscheidet das Kind über sein religiöses Bekenntnis selbstständig, § 5 S 1 RKEG;**[591]
- Sorge um die Gesundheit, Pflege im Krankheitsfall, Sorge für ärztliche Versorgung und Impfungen[592]; Abschluss von Behandlungsverträgen; bei **fehlender Einsichtsfähigkeit** des Minderjährigen: Einwilligung in ärztliche Eingriffe einschließlich der in einen Schwangerschaftsabbruch; uU Mitwirkung bei der Verordnung und dem Bezug empfängnisverhütender Mittel; Einwilligung in eine nicht medizinisch indizierte, nach den Regeln der ärztlichen Kunst durchgeführten Beschneidung eines männlichen Kindes, § 1631d BGB;
- Einwilligung in den Abbruch lebenserhaltender Maßnahmen nach Unfall des Kindes.[593]

284 **Nicht Inhalt** der elterlichen Sorge ist die Entscheidung über die **Sterilisation**, vgl § 1631c BGB.

Nach dem Transplantationsgesetz[594] ist die Einwilligung in eine **Lebendspende** grundsätzlich höchstpersönlich. Aus diesem Grund ist Stellvertretung unzulässig, sodass den Eltern grundsätzlich auch nicht die Entscheidung über eine **Organspende** obliegt.[595] Etwas anderes gilt für die **Entnahme von Knochenmark.**[596] Dazu ist stets die Einwilligung des gesetzlichen Vertreters erforderlich. Der Minderjährige hat aber ein Vetorecht. Ist der Minderjährige einwilligungsfähig, ist auch seine Einwilligung erforderlich.

Sollen Organe und Gewebe **zum Zwecke der Rückübertragung** entnommen werden, wird auf die Einwilligung des einsichts- und urteilsfähigen Min-

---

589 BGH NJW 1995, 1501.

590 Gesetz über die religiöse Kindererziehung v 15.7.1921 in der im BGBl III, 404-9, veröffentlichten bereinigten Fassung, zuletzt geändert durch Art 63 FGG-RG (BGBl I S 2586).

591 Das RKEG gilt auch für nicht bekenntnismäßige Weltanschauungen, § 6 RKEG.

592 Vgl auch BGH FamRZ 2000, 809.

593 OLG Hamm FamRZ 2007, 2098 = NJW 2007, 2704 m krit Anm *Balloff* = PflR 2007, 594 m Anm *Roßbruch* = FamRB 2007, 329 (LS) m Anm *Giers*; OLG Brandenburg FamRZ 2000, 1033; *Rauscher* Rn 1025; vgl aber auch BVerfG FamRZ 2007, 2046 m Anm *Spickhoff*.

594 In der Fassung der Bek v 4.9.2007 BGBl I S 2206, zuletzt geändert durch Art 5 d G v 15.7.2013 (BGBl I S 2423).

595 *Walter* FamRZ 1998, 201, 204.

596 Näher dazu *Coester-Waltjen* MedR 2012, 553, 557.

derjährigen abgestellt; eine Einwilligung des gesetzlichen Vertreters ist nur dann erforderlich, wenn dem Minderjährigen die Einsichts- und Urteilsfähigkeit fehlt.

3. Vermögenssorge

Die **Vermögenssorge** umfasst alle tatsächlichen und rechtlichen Maßnahmen, die darauf gerichtet sind, das **Vermögen des Kindes zu erhalten, zu verwalten und zu vermehren**, gleichgültig, ob die Eltern im eigenen Namen oder im Namen des Kindes handeln. Zur Vermögens*erhaltung* gehört ua die Vermeidung von Schulden. Zur Vermögenssorge gehört ferner das Recht der Eltern, die zum Kindesvermögen gehörenden Sachen in Besitz zu nehmen. Die Eltern sind unmittelbare Besitzer der zum Vermögen des Kindes gehörenden Sachen und mitteln dem Kind kraft ihrer Vermögenssorge den Besitz.[597] Ihnen obliegt in Ausübung der Vermögenssorge auch die Durchsetzung entsprechender Herausgabeansprüche des Kindes gegen Dritte. 285

Den Eltern steht außerdem im Rahmen der Vermögenssorge das Recht zur Geltendmachung und Verwendung von Schadensersatz wegen Gesundheitsschäden des Kindes zu.[598]

Die Eltern sind grundsätzlich zur **unentgeltlichen Verwaltung** des Kindesvermögens verpflichtet. Der BGH[599] ließ offen, ob dies auch für die Leitung eines Erwerbsgeschäfts gilt, das das Kind von Todes wegen erworben hat. Hierzu verwies er generell auf die Grenze der Zumutbarkeit. 286

Die elterliche Vermögenssorge erstreckt sich ihrem **Umfang nach grundsätzlich auf alle Vermögenswerte bzw Mittel des Kindes**, soweit sie nicht entweder 287

- dem Kind zur freien Verfügung überlassen wurden (§ 110 BGB) oder
- die Eltern von der Verwaltung des zugewendeten Vermögens vom Erblasser oder zu Lebzeiten vom Zuwendenden ausgeschlossen worden sind, § 1638 BGB (näher dazu Rn 409ff).

Das der elterlichen Sorge unterliegende Vermögen umfasst damit ua 288

- Grundbesitz;
- Wertpapiere;
- Kontoguthaben;

---

597 BGH FamRZ 1989, 945; *Rauscher* Rn 1027.

598 Näher dazu *Motzer* FamRZ 1996, 844ff.

599 BGHZ 58, 14 = NJW 1972, 574.

- Renten etc[600] und Einkünfte daraus. Während die Geltendmachung des Unterhaltsanspruchs zur Personensorge gehört, ist die Anlage einer ausgezahlten Abfindungssumme Objekt elterlicher Vermögenssorge;[601]
- Einkünfte des Kindes aus Erwerbstätigkeit, gleichgültig, ob aus Ausbildung, abhängiger Tätigkeit oder gestattetem selbstständigen Betrieb eines Erwerbsgeschäfts. Die **Ermächtigungen gem §§ 112, 113 BGB** haben nicht ohne Weiteres die Erlaubnis zur freien Verfügung und Verwendung der daraus erzielten Einkünfte zum Inhalt.[602]

289 **Nicht** der elterlichen Vermögensverwaltung unterliegen dagegen
- Arbeitseinkünfte des Kindes und das, was das Kind mit selbstständiger Tätigkeit aufgrund **Ermächtigung gem §§ 112, 113 BGB** erwirbt, *soweit* die Verfügung über die Einnahmen aus Arbeit oder aus gestattetem Gewerbebetrieb zu den in den Beruf oder das Geschäft gehörenden Rechtsgeschäften zählt. Zur Verfügung über Geschäftseinnahmen aus selbständigem Gewerbebetrieb ist der Minderjährige unbeschränkt berechtigt, soweit er dies **zu Geschäftszwecken** tut;[603]
- Guthaben aus Lohnkonten, *soweit* die Eltern der Kontoeröffnung und der Verfügung darüber zugestimmt haben;[604]
- die dem Kind zur freien Verfügung überlassenen Mittel, § 110 BGB.

4. Gesetzliche Vertretung

4.1 Allgemeines

290 Als **Akte der gesetzlichen Vertretung** werden zunächst solche verstanden, die **Außenwirkung im Rechtskreis des Kindes** erzielen. Die Vertretung im engeren Sinne umfasst aber nur das Handeln im Namen und mit Wirkung für das Kind, also nicht solche Erklärungen, die die Eltern als Inhaber der elterlichen Sorge aber im eigenen Namen abgeben, wie etwa jene nach §§ 107, 112, 113 BGB. Da sich aber auch diese Erklärungen ausschließlich aus der elterlichen Sorge erklären und das selbst handelnde Kind für nicht **lediglich rechtlich vorteil-**

600 OLG Hamm FamRZ 1974, 31.
601 *Brüggemann* ZfJ 1980, 53, 57.
602 Zur möglichen Verbindung einer Generaleinwilligung gem § 107 BGB mit der Ermächtigung vgl *Scherner* FamRZ 1976, 673 ff.
603 Staudinger/*Peschel-Gutzeit* § 1626 Rn 66.
604 Palandt/*Götz* § 1626 Rn 19, 20.

hafte Rechtsgeschäfte[605] der Zustimmung *seines gesetzlichen Vertreters* bedarf (§ 107 BGB), können die Eltern eine wirksame Zustimmungserklärung auch im eigenen Namen freilich nur dann abgeben, wenn sie das Kind bei Abschluss des Rechtsgeschäfts selbst hätten vertreten können. **Vertretungsausschlüsse** nach §§ 181 oder/und 1795 BGB (ausführlich dazu Rn 424 ff) sind daher auch insoweit beachtlich.

Stellvertretung verbietet sich aber **in höchstpersönlichen Angelegenheiten**. Bei höchstpersönlichen Rechtsakten sind auch Erklärungen der Eltern aus eigenem Recht ausgeschlossen. Ausgeschlossen ist damit Stellvertretung zB bei Eheschließung (§§ 1303 Abs 2, 1311 BGB) und Testamentserrichtung (vgl §§ 2229 Abs 1, 2, 2064 BGB). 291

Im **Innenverhältnis** sind die Eltern bei allen Rechtshandlungen dem **Kindeswohl** verpflichtet, im **Außenverhältnis** kann es jedoch für die Wirksamkeit der Handlungen hierauf nicht ankommen. Die Vertretungsmacht der Eltern ist nach außen folglich **unbegrenzt**, *soweit* sie nicht durch gesetzliche Vorschriften, gerichtliche Akte oder eigene Handlungsfähigkeit des Kindes eingeschränkt ist. 292

4.2 Vertretung in persönlichen Angelegenheiten

Die **Abgrenzung von tatsächlicher Personensorge und Vertretung** in persönlichen Angelegenheiten ist schwierig. Häufig wird vor allem bei der Personensorge sowohl der tatsächliche als auch der vertretungsrechtliche Bereich berührt. Auch hier lassen sich die Bestandteile also nicht von vornherein voneinander trennen. So ist beispielsweise die Sorge um die Gesundheit der tatsächlichen Personensorge zuzuordnen, bei einer damit ggf verbundenen Einwilligung in einen ärztlichen Eingriff ist aber auch der vertretungsrechtliche Bereich tangiert. 293

Auf die Unterscheidung kommt es aber nur insoweit an, als die tatsächliche Personensorge und die Vertretung in Angelegenheiten der Personensorge auseinanderfallen, wie das etwa bei **Ruhen der elterlichen Sorge wegen Minderjährigkeit** der Fall ist (§ 1673 Abs 2 BGB). Aus § 1673 Abs 2 S 2 iVm § 1675 BGB ergibt sich, dass von dem beschränkt geschäftsfähigen Elternteil die Personensorge mit Ausnahme der gesetzlichen Vertretung ausgeübt werden kann, was im Umkehrschluss bedeutet, dass ihm die tatsächliche Personensorge neben dem gesetzlichen Vertreter des Kindes obliegt. Der Minderjährige kann danach

605 Grammatikalisch müsste es heißen „rechtlich lediglich vorteilhaft", in Anlehnung an den Gesetzestext wird aber die dort gebrauchte Formulierung verwendet.

etwa selbstständig die **Herausgabe des Kindes** von Dritten fordern, § 1632 Abs 1 BGB, da dies Teil der tatsächlichen Personensorge ist.

Praktisch bedeutsam ist die Differenzierung auch bei **verheirateten Kindern**, da deren Eltern die tatsächliche Personensorge gem § 1633 BGB infolge der Heirat ihres Kindes nicht mehr zusteht.

294 Der Vertretung in persönlichen Angelegenheiten werden ua zugerechnet

- behördliche Anmeldungen (Standesamt, Schule, Meldebehörden etc);
- die Bestimmung des Wohnsitzes (§§ 8, 11 BGB);
- Einwilligung in die ärztliche Behandlung und Abschluss des Behandlungsvertrages. Während die Einwilligung in die Behandlung eine persönliche Angelegenheit betrifft, für deren Erledigung die Eltern zuständig sind, solange und soweit dem Kind die für die jeweils in Rede stehende Maßnahme erforderliche Einsichtsfähigkeit fehlt, ist der Abschluss des Behandlungsvertrages eine vermögensrechtliche Erklärung, wenn eigenes Vermögen des Kindes betroffen ist;
- Mitwirkung bei der Einbenennung gem § 1618 S 3 BGB;
- Einwilligung in den Abbruch lebenserhaltender Maßnahmen;[606]
- Antrag auf Todeserklärung des Kindes, § 16 Abs 2 VerschG;
- Zustimmung zum Vaterschaftsanerkenntnis sowie Zustimmung zur Zustimmung zum Vaterschaftsanerkenntnis, §§ 1594, 1595 Abs 1, 1596 Abs 1 BGB;
- Widerspruch gegen die Befreiung vom Erfordernis der Volljährigkeit für die Eheschließung des minderjährigen Kindes, § 1303 Abs 3, 2 BGB;[607]
- Ausbildungs- und Berufswahl;
- Vertretung des Kindes in Prozessen, die persönliche Angelegenheiten betreffen;
- Abwehr von Straftaten gegen das Kind durch Strafantragstellung, Erhebung von Privatklagen und Einleitung eines Klageerzwingungsverfahrens (vgl §§ 172ff StPO) sowie Mitwirkung im Strafprozess gem § 67 Abs 2 JGG,[608] Wahl des Verteidigers und Einlegung von Rechtsmitteln im Strafprozess, § 67 Abs 2, 5 JGG.

  Die Strafantragstellung ist Ausfluss der Personensorge, soweit es um die Verletzung immaterieller Rechtsgüter des Kindes wie zB Beleidigung (§§ 185ff

---

606 OLG Hamm FamRZ 2007, 2098 = NJW 2007, 2704 m krit Anm *Balloff* = PflR 2007, 594 m Anm *Roßbruch* = FamRB 2007, 329 (LS) m Anm *Giers*; OLG Brandenburg FamRZ 2000, 1033; *Rauscher* Rn 1025; vgl aber auch BVerfG FamRZ 2007, 2046 m Anm *Spickhoff*.

607 BGHZ 21, 340 = FamRZ 1956, 371; BayObLG FamRZ 1983, 66 = Rpfleger 1983, 24 (beide noch zum Einwilligungserfordernis des § 3 Abs 1 EheG, aufgehoben durch Eheschließungsrechtsgesetz v 4.5.1998, BGBl I S 833).

608 Vgl hierzu auch BVerfG FamRZ 2003, 296, sowie den Besprechungsaufsatz von *Grunewald* NJW 2003, 1995ff.

StGB) oder Körperverletzung (§§ 223ff StGB) geht. Wurden dagegen Vermögensrechte des Kindes angegriffen wie etwa bei Diebstahl oder Sachbeschädigung (§§ 242ff, 303 StGB), so ist die Befugnis zur Strafantragstellung Teil der Vermögenssorge;
- Zeugnis- und Eidesverweigerungen im Prozess. Im Strafprozess gehören Verweigerungsrechte gem §§ 52, 63 StPO zu den persönlichen Angelegenheiten, da § 52 StPO ein Zeugnisverweigerungsrecht nur aus persönlichen Gründen gewährt. Im Zivilprozess gehören solche Rechte des Kindes in den Fällen der §§ 383 Abs 1 bis 3, 384 Nr 2, Nr 1 ZPO ebenfalls zu den persönlichen Angelegenheiten. Nur soweit es um einen vermögensrechtlichen Schaden des Kindes geht (§ 384 Nr 1 ZPO), ist die Entscheidung über die Verweigerung Ausfluss der Vermögenssorge und daher von dem Vermögenssorgeinhaber zu treffen, soweit das Kind selbst zur Wahrnehmung dieses prozessualen Weigerungsrechts noch nicht imstande ist.

4.3 Vertretung im Bereich der Vermögenssorge

Die **Vermögenssorge** berechtigt die Eltern, soweit sie reicht, auch zur Vertretung des Kindes;[609] dies gilt insbesondere für Rechtsstreitigkeiten. 295

Die Unterscheidung von tatsächlicher Vermögenssorge und Vertretung in Vermögensangelegenheiten ist weniger bedeutsam als bei der Personensorge. Auch erfordert die Wahrnehmung der tatsächlichen Vermögenssorge wegen ihres rechtsgeschäftlichen Charakters fast immer auch elterliche Vertretungshandlungen.[610]

Die elterliche Vermögenssorge umfasst auch die Befugnis, das Kind zu verpflichten.

Bei gewissen Fallkonstellationen sind die Eltern jedoch von der Vertretung des Kindes kraft Gesetzes ausgeschlossen (dazu Rn 424ff).

Für bestimmte Geschäfte benötigen die Eltern eine **gerichtliche Genehmigung** (näher dazu Rn 485ff). Handelt es sich um eine **Außengenehmigung**, schränkt das Genehmigungserfordernis die Vertretungsmacht der Eltern ein.

5. Konfliktlösung

Fallen Entscheidungen sowohl in den Bereich der Personensorge als auch in 296
den der Vermögenssorge, kann **Streit über zu treffende Entscheidungen** ent-

---

609 Vgl dazu auch RGZ 144, 246.

610 Dazu KG KGJ 47, 39f; Sonderfall RGZ 144, 246.

stehen, wenn Personen- und Vermögenssorgeinhaber nicht identisch sind. § 1630 Abs 2 BGB sieht für den Fall, dass die Personensorge oder die Vermögenssorge einem **Pfleger** zusteht und sich die Eltern mit dem Pfleger in einer Angelegenheit, die beide Bereiche betrifft, nicht einigen können, die **Entscheidung durch das Familiengericht** vor.

Bei einem Streit zwischen Eltern, denen unterschiedliche Sorgerechtsbereiche zustehen, entscheidet das Gericht in analoger Anwendung dieser Norm, wenn eine Angelegenheit sowohl den der Mutter als auch den dem Vater zustehenden Bereich betrifft.[611]

Abweichend hiervon fehlt dem Familiengericht bei einem Streit zwischen den Eltern eine vergleichbare Entscheidungskompetenz, wenn beiden Elternteilen die Sorge in dem streitbefangenen Bereich gemeinsam zusteht. Gem **§ 1628 BGB** kann das Familiengericht in einem solchen Fall einem Elternteil auf entsprechenden **Antrag** vielmehr die alleinige Entscheidungsbefugnis übertragen, vorausgesetzt es handelt sich um eine Angelegenheit, deren Regelung **für das Kind von erheblicher Bedeutung** ist (vgl dazu Rn 566ff). Das BVerfG hat in seiner Entscheidung vom 4.12.2002[612] ausdrücklich darauf hingewiesen, dass § 1628 BGB dem Gericht nicht erlaubt, eine eigene Streitentscheidung zu treffen.

6. Elterliches Benennungsrecht gem §§ 1776 ff BGB

297 Gem § 1776 Abs 1 BGB haben die Eltern die Möglichkeit, einen Vormund für ihr Kind zu benennen. Das Benennungsrecht ist Ausfluss der elterlichen Sorge.[613] Gemäß § 1777 Abs 1 BGB ist maßgeblicher Zeitpunkt dafür, dass die von den Eltern vorgenommene Benennung Wirksamkeit entfalten kann, der **Todeszeitpunkt des benennenden Elternteils**: Zu dieser Zeit muss ihm die **Sorge grundsätzlich vollumfänglich** zugestanden haben. Es wird mithin grundsätzlich in den Fällen nicht gewährt, in denen die elterliche Sorge anders als durch den Tod verloren geht. Auf den Zeitpunkt der Benennung kommt es hingegen nicht an. Daneben muss der benennende Elternteil zum Zeitpunkt seines Todes **auch ausübungsberechtigt** gewesen sein.[614] Abweichend davon gibt § 1777 Abs 2 BGB dem künftigen Vater des noch nicht geborenen Kindes ein Benennungsrecht, für den Fall, dass er im Zeitpunkt der Geburt des Kindes sorgeberechtigt gewesen wäre. Damit wird auch eine von dem künftigen Vater vorge-

---

611 RGZ 129, 18.
612 FamRZ 2003, 511.
613 BayObLG FamRZ 1992, 1346 = Rpfleger 1993, 17.
614 BayObLG FamRZ 1992, 1346 = Rpfleger 1993, 17.

burtlich vorgenommene Benennung anerkannt, wenn er die Sorge für das Kind gehabt hätte, wäre es zum Zeitpunkt seines Todes bereits geboren gewesen.

Weitere Voraussetzung einer wirksamen Benennung ist das Einhalten der **Testamentsform**, § 1777 Abs 3 BGB. Auch gemeinschaftliches Testament und **Erbvertrag** genügen diesem Erfordernis (§ 2299 Abs 1 BGB). 298

Haben die Eltern verschiedene Personen benannt, so gilt die Benennung des zuletzt verstorbenen Elternteils, § 1776 Abs 2 BGB.

Selbstverständlich entfaltet die Benennung für den Fall des eigenen Versterbens nur bzw erst dann Wirksamkeit, wenn die in § 1773 BGB abschließend aufgeführten Voraussetzungen der Vormundschaft tatsächlich vorliegen, also dann nicht, wenn der andere Elternteil lebt und entweder nunmehr kraft Gesetzes allein sorgeberechtigt (§ 1680 Abs 1 BGB) oder ihm die Sorge zurück- oder erstmals zu übertragen ist (§ 1680 Abs 2 BGB). 299

Liegen die Voraussetzungen des § 1773 BGB nach Tod des benennenden Elternteils hingegen vor, hat die durch die Eltern wirksam benannte Person einerseits ein **Recht auf Bestellung** und darf ohne ihre Zustimmung nur bei Vorliegen von Übergehungstatbeständen gem § 1778 Abs 1 BGB übergangen werden. Andererseits trifft den Benannten, anders als eine vom Familiengericht ausgewählte Person, **keine Übernahmepflicht**, arg § 1785 BGB.

Die **Eltern können** die von ihnen wirksam benannte Person auch von einigen den Vormund andernfalls treffenden **Verpflichtungen entbinden**. Möglich sind Vater und Mutter (§§ 1852, 1855 BGB) die Befreiung von der Pflicht zur Einholung von Genehmigungen nach § 1810 BGB und (im Außenverhältnis bedeutsam) § 1812 BGB und die Befreiung von der Pflicht zur versperrten Anlegung gem § 1809 BGB, § 1852 Abs 2 BGB. Ferner können die Eltern den Benannten von der Verpflichtung entbinden, Inhaber- und Orderpapiere zu hinterlegen und den in § 1816 BGB bezeichneten Vermerk in das Bundesschuldbuch oder das Schuldbuch eines Landes eintragen zu lassen, §§ 1853, 1855 BGB. Daneben kann der benannte Vormund von den Eltern von der Verpflichtung zur jährlichen Rechnungslegung (§§ 1854 Abs 1, 1840 Abs 2, 3, 1855 BGB) befreit werden. Einen **weitergehenden Dispens** von den den Vormund treffenden Verpflichtungen **sieht das Gesetz nicht vor.** 300

Das Benennungsrecht und das Recht auf Befreiung von den genannten Verpflichtungen ist Ausdruck des besonderen Vertrauens in die Fähigkeit der Eltern, aufgrund der Verbundenheit mit ihrem Kind besonders verlässliche und dem Kind zugeneigte Personen für ihr Kind selbst aussuchen zu können, weil die Eltern in aller Regel viel besser wissen werden, in wessen Händen ihr Kind am besten aufgehoben ist, als das sonst zur Auswahl des Vormunds berufene Gericht (vgl § 1779 BGB). Der Gesetzgeber hat aber auch bedacht, dass sich herausstellen könnte, dass das von den Eltern in die ausgewählte Person gesetzte 301

Vertrauen nicht gerechtfertigt ist. Widerspricht die Bestellung der benannten dh von den Eltern ausgewählten Person dem Wohl des Kindes, kann das Gericht diese Person auch ohne deren Einverständnis übergehen (§ 1778 Abs 1 Nr 4 BGB). Ferner gibt das Gesetz dem Gericht die Möglichkeit, auch nur die von den Eltern angeordneten **Befreiungen ganz oder teilweise aufzuheben**, vgl § 1857 BGB.

302 Die Eltern können gleichsam als Gegenstück zur Benennung eines Vormunds bestimmte Personen oder ganze Personenklassen wie etwa alle Verwandten als Vormund **ausschließen**, § 1782 BGB. Nicht möglich ist hingegen der Ausschluss des Jugendamtes als Vormund, § 1791b Abs 1 S 2 BGB.

V. Grundsätze und Schranken der elterlichen Sorge

1. Allgemeines

1.1 Das Kind als Grundrechtsträger

303 Auch das **Kind ist Inhaber eigener Grundrechte**. Wie jeder andere Mensch ist es Wesen mit eigener Menschenwürde (Art 1 Abs 1 GG) und dem Recht auf freie Entfaltung seiner Persönlichkeit (Art 2 Abs 1 GG),[615] sowie auf Leben, körperliche Unversehrtheit und Freiheit der Person, Art 2 Abs 2 GG. Ebenso ist es Träger des auf Artt 2 Abs 1, 1 Abs 2 GG beruhenden allgemeinen Persönlichkeitsrechts. Den Eltern obliegt es, die Beachtung dieser Grundrechte des Kindes zu sichern, soweit das Kind selbst (noch) nicht **grundrechtsmündig**, dh zur selbstständigen Wahrnehmung dieser Rechte noch nicht fähig ist.[616] Elterngrundrecht und Kindesgrundrecht als staatsgerichtete Abwehrrechte[617] stehen einander aber nicht im Sinne von Recht und Gegenrecht gegenüber, sodass sich aus ihnen auch keine Kollision ergeben kann.[618] Die **Grundrechtsträgerschaft** allein begrenzt deshalb das **elterliche Erziehungsrecht** auch nicht direkt. Das Elternrecht enthält vielmehr als den Eltern im Interesse des Kindes anvertraute, dem Wohl des Kindes dienende, treuhänderische Freiheit[619] von vornherein die strikte Verpflichtung der Eltern zur Wahrung und Förderung der Kindesinteressen. Der

---

615 BVerfGE 24, 119 = FamRZ 1968, 578.

616 Zur äußerst kontrovers diskutierten Grundrechtsmündigkeit des minderjährigen Kindes ausführlich Staudinger/*Peschel-Gutzeit* § 1626 Rn 12 ff und *Benkert* S 86 ff.

617 Näher zu dem Streit über die Drittwirkung der Kindesgrundrechte *Benkert* S 93 f.

618 In diesem Sinne ua *Coester* FPR 2005, 60; differenzierter *Lohse* JURA 2005, 815, 819 f mwN.

619 Vgl *Ossenbühl* FamRZ 1977, 533.

notwendige Interessenausgleich durch inhaltliche Zuordnung von Eltern- und Kindesrechten findet vornehmlich **auf privatrechtlicher Ebene** statt.[620] Damit bestimmt im Wesentlichen das einfache Recht den Inhalt und die Schranken elterlicher Sorge. Mittelbar ziehen die Grundrechte des Kindes dem Elternrecht indes einerseits dadurch Schranken, dass der Gesetzgeber bei Ausgestaltung des Eltern-Kind-Verhältnisses auch der kindlichen Grundrechtsträgerschaft Rechnung zu tragen hat,[621] andererseits sind alle einfachrechtlichen Vorschriften im Lichte der grundrechtlichen Werteordnung zu interpretieren.

1.2 Elterliche Sorge und Entwicklung des Kindes

Das **Elternrecht** ist auch **zeitlich begrenzt**. Es endet im besten Falle mit der 304
Volljährigkeit des Kindes.

Da es als **pflichtgebundenes Recht** dem Wohle des Kindes dient, muss es seinem Wesen und Zweck nach aber bereits **vorher zurücktreten**, wenn das Kind ein Alter erreicht hat, in dem es eine genügende Reife zur selbstständigen Beurteilung der Lebensverhältnisse und zum eigenverantwortlichen Auftreten im Rechtsverkehr erlangt hat. Als ein Recht, das um des Kindes willen und dessen Persönlichkeitsentwicklung besteht, liegt es in seiner Struktur begründet, dass es dem Maße, in dem das Kind in die Mündigkeit hineinwächst, überflüssig und gegenstandslos wird. Dem entspricht es, dass mit abnehmender Pflege- und Erziehungsbedürftigkeit des Kindes die im Elternrecht wurzelnden Rechtsbefugnisse zurückgedrängt werden, bis sie schließlich mit der Volljährigkeit des Kindes erlöschen.[622]

Da sich die Entscheidungsfähigkeit des Jugendlichen für die verschiedenen Lebens- und Handlungsbereiche in der Regel unterschiedlich entwickelt, ist jeweils eine **Abwägung zwischen Erziehungsbedürftigkeit und Selbstbestimmungsfähigkeit des Jugendlichen** erforderlich. Für die Ausübung höchstpersönlicher Rechte hat dabei der Grundsatz zu gelten, dass der zwar noch Unmündige aber schon Urteilsfähige die ihm um seiner Persönlichkeit willen zustehenden Rechte eigenständig ausüben können soll.[623]

---

620 *Benkert* S 101.
621 Das ist spätestens seit der Entscheidung des BVerfG v 13.5.1986 (BVerfGE 72, 155 = FamRZ 1986, 769 m Anm *Fehnemann* JZ 1986, 1055 und *Emmerich* JuS 1986, 806 sowie den Besprechungsaufsatz von *Hertwig* FamRZ 1987, 124 ff), die allerdings erst mehr als 10 Jahre später(!) zur Schaffung von § 1629a BGB geführt hat, nicht mehr diskutabel.
622 BVerfGE 59, 360 = FamRZ 1982, 570 = JZ 1982, 325 m Anm *Starck*; BVerfGE 72, 122 = FamRZ 1986, 871.
623 BVerfGE 59, 360 = FamRZ 1982, 570 = JZ 1982, 325 m Anm *Starck*.

Aus diesem **allmählichen Zurückweichen der elterlichen Sorgekompetenz** ergeben sich schließlich ebenfalls Grenzen, die auch im Außenverhältnis bedeutsam sind.

2. Die Grundsätze und Schranken im Einzelnen

2.1 Das in § 1626 Abs 2 BGB zum Ausdruck kommende verfassungsrechtliche Erziehungsziel

305 Das einfache Recht enthält (ua) in § 1626 Abs 2 BGB ein **gesetzliches Leitbild** für das Eltern-Kind-Verhältnis.

Danach haben die Eltern bei der Erziehung des Kindes dessen wachsende Fähigkeit und das wachsende Bedürfnis zu selbstständigem verantwortungsbewusstem Handeln zu berücksichtigen sowie mit dem Kind entsprechend seinem Entwicklungsstand Fragen der elterlichen Sorge zu besprechen und Einvernehmen anzustreben. Dadurch soll das Kind schrittweise an die ab Volljährigkeit gegebene vollständige Selbstverantwortung herangeführt werden, die nicht automatisch eintritt, sondern, wie so vieles andere eben auch, gelernt und geübt sein will. Eine vernünftige Erziehung muss also darauf gerichtet sein, das Kind durch Vermittlung der dafür nötigen Eigenschaften auf die Selbstständigkeit und Selbstverantwortung vorzubereiten. Dies kann nicht besser und auch nicht familienbezogener geschehen als im Dialog mit den Eltern.[624]

Im Innenverhältnis zwischen Eltern und Kind entspricht das gesetzliche Leitbild dem einer **partnerschaftlichen Erziehung,**[625] ohne dass den Eltern auf diese Weise die Letztverantwortung genommen wäre.[626] Das Kind soll vielmehr als Person ernst genommen und an der Suche nach der richtigen Entscheidung beteiligt bzw eine Bestimmung über den Kopf des Kindes hinweg verhindert werden. Die Norm verbietet damit einen rein **auf Gehorsam ausgerichteten autoritären Erziehungsstil.**[627]

Auch wird mit dem (ua) in § 1626 Abs 2 BGB konkretisierten verfassungsrechtlichen Erziehungsziel, das darin besteht, das Kind zu einem selbstbestimmungs- und gemeinschaftsfähigen Staatsbürger zu erziehen, nicht in das grundrechtlich garantierte Ermessen der Eltern eingegriffen.

Zum Teil wird die Auffassung vertreten, in § 1626 Abs 2 BGB komme lediglich ein *formelles* Erziehungsziel zum Ausdruck, während die Bestimmung des

---

624 *Müller* DRiZ 1979, 169, 171.
625 OLG Karlsruhe FamRZ 1989, 1322.
626 OLG Köln FamRZ 2001, 1087.
627 *Finger* JA 1981, 641, 643; Palandt/*Götz* § 1626 Rn 23.

materiellen Erziehungsziels den Eltern vorbehalten sei.[628] Richtig ist, dass den Eltern über das in Artt 1, 2 GG entworfene Menschenbild hinausgehende inhaltliche Erziehungsziele im Gesetz nicht vorgegeben werden dürfen. Das aber geschieht in § 1626 Abs 2 BGB auch nicht, denn die Norm verfolgt die Erziehung des Kindes zu einer eigenverantwortlichen Persönlichkeit, die mit diesem Menschenbild gerade übereinstimmt.[629] Da § 1626 Abs 2 BGB den Eltern die Methoden zur Erreichung dieses **verfassungsrechtlich gebotenen Erziehungsziels** nicht vorschreibt, liegt auch insoweit kein Eingriff in den verfassungsrechtlich geschützten Elternprimat vor.

Die Pflicht zur Berücksichtigung der wachsenden Fähigkeiten und wach- 306
senden Bedürfnisse des Kindes zu selbstständigem eigenverantwortungsbewusstem Handeln (§ 1626 Abs 2 S 1 BGB) und zur Beteiligung des Kindes (§ 1626 Abs 2 S 2 BGB) besteht nicht nur in Angelegenheiten der persönlichen Lebensführung, sondern in allen Angelegenheiten, zu deren Beurteilung das Kind bereits in der Lage ist.[630]

Dem gegen die *Praktikabilität* vorgebrachten Einwand, dass den Eltern mit 307
§ 1626 Abs 2 BGB ein Verhalten abverlangt werde, das diese uU bildungsmäßig nicht leisten könnten,[631] wurde zu Recht entgegengehalten, dass in allen Familien – auf welche Art auch immer – kommuniziert wird.[632] § 1626 Abs 2 BGB hat nicht die Verbesserung der Art der Kommunikation im Blick. Allenfalls eine Veränderung der Kommunikation soll erreicht werden, und zwar in dem das Kind entsprechend seinem Entwicklungsstand in eine Aussprache, Verständigung und Entscheidungsfindung unter grundsätzlicher Achtung seiner Persönlichkeit einbezogen wird.

Voraussetzung einer solchen Beteiligung des Kindes ist, dass es seinem Entwicklungsstand nach dazu fähig ist. Verweigert das Kind seine Mitwirkung, obwohl es seinem Reife- und Entwicklungsstand nach dazu durchaus in der Lage wäre, oder kommt sonst kein Einvernehmen zustande, so entscheiden die Eltern allein.[633] Hieraus folgt gleichzeitig, dass die Eltern ihre Verantwortung ungeachtet der Beteiligung des Kindes in jedem Fall wahrnehmen müssen und sich den Wünschen des Kindes nicht etwa aus Bequemlichkeit beugen dürfen, wenn diese zu seinem Schaden sind.

---

628 Ua *Gernhuber* FamRZ 1973, 229, 233; *Lüderitz* AcP 178 (1987), 263, 272, 275; *Beitzke* FamRZ 1979, 8, 10; *Simon* JuS 1979, 752 f; *ders* ZfJ 1984, 14 f; *Benkert* S 67.

629 So auch im Ergebnis Staudinger/*Peschel-Gutzeit* § 1626 Rn 115.

630 In diesem Sinne auch Staudinger/*Peschel-Gutzeit* § 1626 Rn 112, 116 f; vgl auch BT-Drucks 7/2060 S 16.

631 *Simon* ZfJ 1984, 14 f; in diese Richtung argumentierend auch *Benkert* S 157 in Fn 312.

632 Staudinger/*Peschel-Gutzeit* § 1626 Rn 121.

633 BT-Drucks 7/2060 S 17; BT-Drucks 8/2788 S 45.

308 Die an dem verfassungsrechtlichen Erziehungsziel orientierte Norm des § 1626 Abs 2 BGB ist **nicht mit unmittelbaren Sanktionen** bewehrt (lex imperfecta). Einem **Verstoß** kann aber mit Maßnahmen nach § 1666 BGB begegnet werden, wenn die Gefährdungsgrenze des § 1666 BGB überschritten ist. Davon wird etwa in den Fällen ausgegangen, in denen dem Jugendlichen durch elterliches Verhalten eine eigenständige Entfaltung seiner Persönlichkeit und Sozialkompetenz weitgehend unmöglich gemacht wird.[634]

2.2 Die Einwilligungskompetenz des Minderjährigen bei ärztlicher Behandlung und ärztlichen Eingriffen

309 Die Einwilligung in einen ärztlichen Eingriff ist ihrem Wesen nach **Rechtsschutzverzicht,**[635] weil durch sie ein höchstpersönliches, verzichtbares Rechtsgut nämlich die **körperliche Integrität** preisgegeben wird. Straf- und zivilrechtlich betrachtet hat sie, stark vereinfacht ausgedrückt, die Funktion eines Rechtfertigungsgrundes, mit der die vom Arzt begangene Körperverletzung (§ 223 StGB) gerechtfertigt und damit straffrei gestellt sowie der Handlung zugleich das Merkmal der Widerrechtlichkeit im Sinne der §§ 823 ff BGB genommen wird. Die rechtfertigende Einwilligung des Patienten nach umfassender Aufklärung (§§ 630e, 630d Abs 2 BGB) ist damit grundsätzlich Voraussetzung dafür, dass Strafbarkeit und zivilrechtliche Haftung iSv § 280 BGB des Arztes ausgeschlossen ist. Nur wenn es nicht möglich ist, die Einwilligung rechtzeitig zu erlangen, obwohl die Operation zwingend erforderlich und unaufschiebbar ist, ist der Eingriff in die körperliche Unversehrtheit des Patienten auch ohne die sonst erforderliche (ausdrückliche) Einwilligung in diesem Sinne gerechtfertigt (§ 630d Abs 1 S 4 BGB), weil von einer mutmaßlichen Einwilligung[636] ausgegangen wird, also davon, dass der Einwilligungsberechtigte eingewilligt hätte, wenn er dazu in der Lage gewesen wäre.[637]

310 Heftig umstritten ist die **Einwilligungskompetenz des Minderjährigen** in Bezug auf ärztliche Behandlungen bzw Eingriffe.[638]

In diesem Zusammenhang gehen die Auffassungen nicht nur hinsichtlich der grundsätzlichen Einwilligungszuständigkeit des Minderjährigen und, so-

---

634 Ausführlich dazu Staudinger/*Coester* § 1666 Rn 152 mwN.

635 *Lenckner* ZStW 72 (1960), 446, 453.

636 Dazu ua *Leeb/Weber* RpflStud 2014, 45, 47 mwN.

637 Palandt/*Sprau* § 823 Rn 152; *Kern* NJW 1994, 753, 755.

638 Einen hervorragenden Überblick über den Streitstand und die für und wider ein Alleinentscheidungsrecht des Minderjährigen vorgebrachten Argumente bietet *Götz* in FS Coester-Waltjen S 89 ff.

weit diese bejaht wird, hinsichtlich einer Altersgrenze, ab der frühestens von der für eine beachtliche Einwilligung erforderlichen Reife ausgegangen werden könnte bzw ob überhaupt eine solche allein am Alter des Kindes orientierte Grenze gezogen werden kann, auseinander. Streitig ist auch, ob eine an der Einsichtsfähigkeit des Kindes gemessene beachtliche Einwilligung das elterliche Sorgerecht insoweit verdrängt[639] oder ob **neben der Einwilligung des Kindes auch die der Eltern erforderlich** ist (**Co-Konsens**).[640]

Der Streit ist nicht neu und die rechtlichen, nicht weniger aber praktischen Probleme, die aus den unterschiedlichen Auffassungen resultieren, sind vielfältig. 311

Nachdem der BGH[641] in einer viel diskutierten Grundsatzentscheidung aus dem Jahre 1958 erklärte, dass es sich bei der Einwilligung in einen Eingriff in die körperliche Integrität nicht um eine rechtsgeschäftliche Willenserklärung handelt, sondern um die **Gestattung der oder Ermächtigung zur Vornahme tatsächlicher Handlungen**, die in den Rechtskreis des Gestattenden eingreift, sodass die Vorschriften der §§ 107ff BGB nicht anwendbar sind, drehte sich die Frage um die vom BGH für möglich erachtete Eigenzuständigkeit des Minderjährigen. Eine analoge Anwendung der angeführten Vorschriften hielt der Senat nämlich nicht für geboten, soweit der mit diesen verfolgte Zweck, namentlich der Schutz des Minderjährigen, dies nicht verlange.[642] Die Analogie wurde deshalb für die Fälle abgelehnt, in denen der Minderjährige nach seiner geistigen und sittlichen Reife die Bedeutung und Tragweite des Eingriffs und seiner Gestattung zu ermessen vermag. Damit wurde der Entscheidung des RG[643], nach denen ein ärztlicher Eingriff grundsätzlich die Zustimmung des gesetzlichen Vertreters bedingt und die persönliche Einwilligung des Minderjährigen auch dann nicht genügt, wenn dieser eine gewisse Verstandesreife erlangt hat, zwar eine Absage erteilt, der Senat ließ aber in der entschiedenen Sache die Frage letztlich offen, ob *neben* der aufgrund der entsprechenden Einsichtsfähigkeit beachtlichen Einwilligung des Kindes die seines gesetzlichen Vertreters erforderlich ist. Denn der BGH betonte, dass das elterliche Personensorgerecht einer (alleinigen) Entscheidung des Minderjährigen „*jedenfalls dann nicht*" entgegenstünde, wenn wie in dem entschiedenen Fall die Einholung der elterlichen Zu-

639 *Sternberg-Lieben/Reichmann* NJW 2012, 257, 259; *Reichmann/Ufer* JR 2009, 485f; vgl auch *Rixen* NJW 2013, 257, 259 für den Fall der Beschneidung einsichtsfähiger männlicher Kinder.

640 Statt vieler *Hauck* NJW 2012, 2398, 2400 mwN.

641 BGHZ 29, 33 = FamRZ 1959, 200 m Anm *Bosch* = LM 3 zu § 107 BGB m Anm *Hauß*, vgl auch den Besprechungsaufsatz von *Boehmer* MDR 1959, 705ff.

642 Krit nicht nur zu diesem Argument des BGH ua *Kohte* AcP 185 (1985), 105, 112ff.

643 RG JW 1911, 748.

stimmung undurchführbar sei *und* der Minderjährige unmittelbar vor der Vollendung des 21. Lebensjahres stünde. Diese beiden Voraussetzungen wurden vom BGH[644] in einer späteren Entscheidung nochmals hervorgehoben.

312 Aus dieser Entscheidung lassen sich ungeachtet der daran geübten Kritik bis heute verschiedene Schlüsse ziehen:

– Ist der Minderjährige (noch) nicht in der Lage, die Bedeutung und Tragweite eines ärztlichen Eingriffs (nach umfassender Aufklärung durch den Arzt, § 630d BGB) zu ermessen, das Für und Wider abzuwägen und danach zu entscheiden, verfügt er also nicht über diese **Einsichtsfähigkeit**, sind die personensorgeberechtigten Eltern entscheidungsbefugt (vgl § 630d Abs 1 S 2 BGB).

  Das Sorgerecht gibt den Eltern mithin grundsätzlich das Recht, in eine ärztliche Maßnahme des Kindes einzuwilligen. Weil die Eltern dem Kindeswohl verpflichtet sind, umfasst dieses Recht aber einerseits, und insoweit besteht Einvernehmen, grundsätzlich nur die Befugnis, in **indizierte Eingriffe** einzuwilligen.[645] Andererseits sind sie dazu auch verpflichtet, mit der Folge, dass das Familiengericht den Verstoß gegen die Einwilligungspflicht gem § 1666 BGB korrigieren kann.

– Ist der Minderjährige einsichtsfähig, kann er zumindest *mit*entscheiden, wobei diese Folgerung die Frage nach der Konkurrenz von elterlichem Bestimmungs- und kindlichem Mitentscheidungsrecht aufwirft, die durchaus unterschiedlich beurteilt wird, je nachdem, ob
  - von einer alleinigen Entscheidungskompetenz ausgegangen wird, die insoweit konsequent das elterliche Sorgerecht verdrängt oder
  - ob neben der kindlichen Einwilligung die der Eltern verlangt wird, wobei dem Elternprimat von den Vertretern dieser Auffassung bis zur Grenze der Kindeswohlgefährdung der Vorrang eingeräumt wird.

313 Keine eindeutigen Schlüsse lassen sich hinsichtlich einer generellen **Altersgrenze** ziehen, von der ab von der Einsichtsfähigkeit regelmäßig erst ausgegangen werden könnte. Der im Jahr 1958 ergangenen Entscheidung des BGH lässt sich zunächst nur entnehmen, dass das zu diesem Zeitpunkt noch geltende Volljährigkeitsalter von 21 Jahren[646] fast erreicht sein sollte.

---

644 BGH FamRZ 1972, 89.

645 *Kern* NJW 1994, 753, 756; in § 1631d BGB wird indessen *klargestellt*, dass die Eltern uU auch in nicht medizinisch indizierte Maßnahmen einwilligen können.

646 Das Volljährigkeitsalter wurde in den alten Bundesländern erst mit Wirkung vom 1.1.1975 auf 18 Jahre herabgesetzt.

Warum erst dann von einer entsprechenden geistigen Entwicklung und Reife ausgegangen werden können sollte, blieb indes offen.

Die weitere Entscheidung des BGH[647], in der es um die Einwilligung einer zu diesem Zeitpunkt (erst) 16-Jährigen ging, hob hervor, dass jedenfalls der Minderjährige unter 18 Jahren auch außerhalb des rechtsgeschäftlichen Bereichs bei wichtigen Angelegenheiten der Unterstützung durch die Eltern oder den gesetzlichen Vertreter bedarf, weil von der Überlegenheit der Einsichts- und Urteilsfähigkeit dieser Personen auszugehen sei. Eine Anknüpfung an einen **entwicklungsabhängigen Reifegrad** des Minderjährigen findet sich in dieser Entscheidung nicht, vielmehr wurde allein auf das kurze Zeit später Gesetz gewordene Volljährigkeitsalter abgestellt. Daneben wurde betont, dass die Entscheidung des gesetzlichen Vertreters allenfalls dann entbehrlich sein könnte, wenn der Einholung der elterlichen Einwilligung schwerwiegende Gründe entgegenstünden.

Auf der Grundlage dieser Entscheidung wird die Wirksamkeit einer von ei- 314
nem unter 18-Jährigen erteilten Heilbehandlungseinwilligung vereinzelt gänzlich ausgeschlossen.[648] Von anderen wird den genannten Entscheidungen entnommen, dass neben einer uU nach dem Reifegrad möglicherweise beachtlichen Einwilligung des Minderjährigen grundsätzlich die des gesetzlichen Vertreters erforderlich sei,[649] wobei das Zusammenwirken von Eltern und Kind mit der Vergleichbarkeit mit anderen Modellen höchstpersönlicher Erklärungen (zB § 1596 BGB) erklärt wird.[650] Nach einer weiteren BGH-Entscheidung kann einem einsichtsfähigen minderjährigen Patienten bei einem nur relativ indizierten Eingriff mit der Möglichkeit erheblicher Folgen für die künftige Lebensgestaltung indes (nur?) ein Vetorecht gegen die elterliche Fremdbestimmung zugebilligt werden.[651]

Rechtsdogmatisch ist die Begründung für eine **ausnahmsweise Entbehrlichkeit elterlicher Mitwirkung** aber nicht überzeugend,[652] weil die Verhinderung der Eltern auch sonst nicht dazu führt, dass der Minderjährige allein han-

---

647 BGH FamRZ 1972, 89.
648 ZB OLG Hamm NJW 1998, 3424 = JR 1999, 333 m Anm *Schlund*.
649 In diesem Sinne ua BayObLG FamRZ 1987, 87.
650 *Rauscher* Rn 1025.
651 FamRZ 2007, 130 = BGHReport 2007, 59 m insoweit abl Anm *Rehborn* = KH 2007, 873 m Anm *Hauser* = LMK 2007, 75 (LS) m insoweit abl Anm *Kern*; vgl dazu auch *Spickhoff* NJW 2007, 1628, 1632; *ders* NJW 2008, 1636, 1640 f.
652 Worauf bereits *Bosch* (FamRZ 1959, 20 in Anm zu BGHZ 29, 33 = FamRZ 1959, 200 = LM 3 zu § 107 BGB m Anm *Hauß*; vgl auch den Besprechungsaufsatz von *Boehmer* MDR 1959, 705 ff) hinwies.

deln kann.[653] Es drängt sich der Verdacht auf, dass hier eine einerseits den Minderjährigen beruhigende[654], andererseits den elterlichen Primat nicht tangierende Lösung gesucht wurde, die einer näheren Betrachtung jedoch nicht standhält. Sind die Eltern verhindert, hätte das in Eilfällen gem § 1693 BGB zu familiengerichtlichen Maßnahmen, in weniger eiligen Fällen zur Bestellung eines Ergänzungspflegers (§ 1909 BGB) zu führen.[655] Abgesehen von einer möglicherweise vorliegenden Gefahr im Verzug, bei der keine Zeit mit der Einholung einer gerichtlichen Entscheidung versäumt werden darf, kann daher eine neben einer beachtlichen Einwilligung des Kindes verlangte Mitwirkung des gesetzlichen Vertreters auch nicht ausnahmsweise entbehrlich sein, weil das Gesetz gerade für diesen Fall Regeln zur Verfügung stellt, nach denen (wie sonst auch) zu verfahren ist.

Die Notwendigkeit, gerichtlich einzugreifen, besteht aber dann nicht, wenn man eine nach den genannten Voraussetzungen beachtliche Einwilligung des Minderjährigen für genügend hält. Das aber würde heißen, dass in keinem Fall daneben die Mitwirkung des gesetzlichen Vertreters verlangt werden kann. Anders gewendet bedeutet das, dass das elterliche Sorgerecht bezogen auf den in Rede stehenden Eingriff insoweit eingeschränkt ist, als der Minderjährige selbst rechtswirksam einwilligen kann.

Letzterer Auffassung ist der Vorzug zu geben. Zum einen, weil eine **Doppelzuständigkeit** nur konsequent bejaht oder verneint werden kann und zum anderen, weil nur mit der alleinigen Einwilligungskompetenz des Minderjährigen seinem individuellen Reifegrad Rechnung getragen und dem gesetzlichen Leitbild der auf die wachsende Selbstständigkeit des Minderjährigen Rücksicht nehmenden Erziehung entsprochen wird.[656] Soweit sich die gegenteilige Ansicht auf den Elternprimat stützt, überzeugt dies nicht. In einer „vorzeitigen Grundrechtsmündigkeit", dh der Fähigkeit, die eigenen Grundrechte wie das hier angesprochene Recht auf körperliche Integrität bereits vor Vollendung des 18. Lebensjahres selbstständig auszuüben, sieht diese Ansicht eine Aufweichung der elterlichen Sorge.[657] Diesen Bedenken wurde zu Recht entgegengehal-

---

653 Krit auch *Wölk* MedR 2001, 80 f.

654 *Pawlowski* (JZ 2003, 66, 71) hält die Einwilligung eines einsichtsfähigen Minderjährigen aus „persönlichkeitsrechtlichen Gründen", die der Eltern dagegen daneben – mit Ausnahme der Fälle, in denen Gefahr im Verzug ist – stets für erforderlich.

655 Näher dazu *Zorn* FamRZ 2000, 719 ff.

656 Im Ergebnis ebenso *Brückner* S 91 ff; Gernhuber/*Coester-Waltjen* § 57 Rn 79; *Kern* NJW 1994, 753, 755; *Wölk* MedR 2001, 80, 84 m umfassender Auseinandersetzung mit den unterschiedlichen Argumenten.

657 So zB *Bosch* FamRZ 1959, 202 in einer Anm zu BGHZ 29, 33 = FamRZ 1959, 200 = LM 3 zu § 107 BGB m Anm *Hauß*; vgl auch den Besprechungsaufsatz von *Boehmer* MDR 1959, 705 ff;

ten[658] – und die Gesetzgebung hat seither keineswegs Gegenteiliges erkennen lassen –, dass das BVerfG am 17.2.1982[659] entschieden hat, dass im Einzelfall zwischen Erziehungsbedürftigkeit und Selbstbestimmungsfähigkeit des Minderjährigen abzuwägen ist. Für eine ausnahmslose Annahme der Elternzuständigkeit für die Entscheidung über das immaterielle und fundamentale Rechtsgut des Kindes ist danach kein Raum, ohne dass es letztlich auf die vereinzelt als verfehlt bezeichnete Vorstellung einer besonderen Grundrechtsmündigkeit von Jugendlichen ankäme.[660] Vielmehr ist danach zu fragen, ob **der Minderjährige die individuelle Fähigkeit zur Selbstbestimmung im konkreten Einzelfall** hat,[661] was freilich ebenso wenig generalisierend angenommen oder im Interesse der Rechtssicherheit erst ab bzw von einem bestimmten Alter an überhaupt erst vermutet werden kann.

Wesentlichen Einfluss auf die die **elterliche Fremdbestimmung verdrän- 315
gende Selbstbestimmung** im konkreten Fall hat neben der Verstandesreife und Urteilsfähigkeit des Minderjährigen auch die Dringlichkeit[662] und die Bedeutung des Eingriffs, vor allem seine Gefährlichkeit. Geringfügige Eingriffe wie etwa Blutentnahmen zum Zwecke der Blutgruppenuntersuchung[663] oder die Behandlung von Erkältungskrankheiten unterliegen daher eher der Selbstbestimmung des (insoweit bereits einsichtsfähigen) Minderjährigen, als schwerwiegende oder gefährliche.[664]

Der weiterhin einer alleinigen Entscheidungskompetenz entgegengehaltene 316
Einwand, dass eine einzelfallabhängige Prüfung der Einsichtsfähigkeit den **Anforderungen der Rechtssicherheit** nicht genüge,[665] ist ebenfalls nicht geeignet, ein anderes Ergebnis zu rechtfertigen.

Hierbei wird nicht übersehen, dass damit dem behandelnden Arzt die Pflicht aufgebürdet ist, die Einsichtsfähigkeit im Einzelfall aufgrund entsprechender **Aufklärung des Minderjährigen** zu beurteilen. Abgesehen davon, dass sich dieses Problem nicht nur im Zusammenhang mit Minderjährigen,

---

Scherer FamRZ 1997, 589, 592; *dies* FamRZ 1998, 11 ff (in einer Anm zu dem Aufsatz von *Siedhoff* FamRZ 1998, 8 ff); *Benkert* S 377 ff mzN.

658 *Kohte* AcP 185 (1985), 105, 147; *Kern* NJW 1994, 753, 755; in diesem Sinne ua auch *Reuter* FamRZ 1969, 622, 625; *Boehmer* MDR 1959, 705, 707; *Belling* FuR 1990, 68 f.

659 BVerfGE 60, 79 = FamRZ 1982, 567.

660 Vgl *Coester* FamRZ 1985, 982 f.

661 So auch *Sternberg-Lieben/Reichmann* NJW 2012, 257, 259.

662 AA *Brückner* S 78 f.

663 Vgl OLG Karlsruhe FamRZ 1998, 563; OLG München FamRZ 1997, 1170; OLG Naumburg DAVorm 2000, 495.

664 Staudinger/*Peschel-Gutzeit* § 1626 Rn 93.

665 In diesem Sinne ua *Scherer* FamRZ 1998, 11 f.

sondern stets stellt, ua im Zusammenhang mit anderen, möglicherweise im weitesten Sinne „altersbedingt" nicht mehr einsichtsfähigen Menschen, stehen die maßgeblich die §§ 104ff BGB prägenden Gründe der Verkehrssicherheit einer rechtfertigenden Einwilligung Minderjähriger im Bereich höchstpersönlicher Rechtsgüter schon deshalb nicht entgegen, weil eine **ärztliche Untersuchung bzw ein ärztlicher Eingriff in jedem Fall eine Individualisierung verlangt** (vgl §§ 630de, 630d BGB), sodass der generalisierende Verkehrsschutz der §§ 104ff BGB hier nicht erforderlich ist.[666] Im Übrigen wird die Einwilligung des einsichtsfähigen Minderjährigen aus persönlichkeitsrechtlichen Gründen zum Teil auch von denen verlangt, die aus Gründen der Rechtssicherheit in jedem Fall die Einwilligung des gesetzlichen Vertreters für erforderlich halten, sodass der Arzt der Beurteilung der Einsichtsfähigkeit des Patienten auch nach dieser Auffassung nicht vollkommen enthoben ist. Ein tragfähiges Argument für die angenommene Doppelzuständigkeit liegt also auch nicht in dem angeführten Verkehrsschutz.

Dass die Beweislast für die Einsichtsfähigkeit bei demjenigen liegt, der sich auf die Beachtlichkeit einer vom Minderjährigen abgegebenen Erklärung beruft,[667] ändert an dem Problem mithin nichts. Das **Bedürfnis des Arztes nach Rechtssicherheit** allein vermag deshalb die alleinige Einwilligungskompetenz ebenfalls nicht auszuschließen.

Diese Erwägungen lassen auch eine **starre Altersgrenze**, wie sie zum Teil ebenfalls vorwiegend mit Blick auf das Verkehrsinteresse angenommen wird, nicht zu.[668]

317 Der oder die Minderjährige kann damit selbst einwilligen, wenn er oder sie bezogen auf die jeweils anstehende Entscheidung über die notwendige Einsichtsfähigkeit verfügt. Dies gilt auch für die Verordnung **empfängnisverhütender Mittel**. Kann das Kind nach ordnungsgemäßer Aufklärung die mit der Einnahme bzw Anwendung solcher Mittel verbundenen Risiken erfassen, kann es folglich auch darüber allein entscheiden.[669] Nach einer Auffassung sind die Eltern von der Verordnung nur dann zu unterrichten, wenn es dem Minderjährigen an der Einsichtsfähigkeit fehlt.[670] Nach anderer Ansicht besteht wie in je-

---

666 Zutreffend *Lenckner* ZStW 72 (1960), 446, 455, 457; *Kohte* AcP 185 (1985), 105, 146.

667 Vgl *Kohte* AcP 185 (1985), 105, 125.

668 So auch *Wölk* MedR 2001, 80, 84.

669 So auch *Rehborn* (BGHReport 2007, 63) in einer Anm zu einer BGH-Entscheidung (FamRZ 2007, 130 = KH 2007, 873 m Anm *Hauser* = LMK 2007, 75 [LS] m insoweit abl Anm *Kern*); zu den Möglichkeiten des gesetzlichen Vertreters, eine Empfängnisverhütung gegen den Willen einer nicht einsichtsfähigen Minderjährigen durchzusetzen vgl DIJuF-Rechtsgutachten JAmt 2006, 302ff.

670 *Grömig* NJW 1971, 233f; so wohl auch *Rauscher* Rn 1026.

dem anderen Fall auch ein **Informationsrecht**, um den Eltern die Möglichkeit zu erhalten, auf das Kind ggf beratend und unterstützend einwirken zu können.[671] Letzteres ist wegen des möglicherweise bestehenden **Geheimhaltungsinteresses** zwar nicht unproblematisch, es lässt sich aber nicht von der Hand weisen, dass die Eltern die ihnen anvertraute Aufgabe nur umfassend wahrnehmen können, wenn ihnen auch in diesem die **Privat- und Intimsphäre des Kindes** betreffenden Bereich ein Informationsrecht zusteht.

Mit der für möglich gehaltenen alleinigen Einwilligungskompetenz des 318
Minderjährigen allein ist es aber nicht getan. Von der Fähigkeit, in die Behandlung einzuwilligen, ist nämlich die zum Abschluss des **Behandlungsvertrages** erforderliche zu unterscheiden. Während Erstere ungeachtet der hinsichtlich der Einzelheiten bestehenden Meinungsdifferenzen an der Einsichtsfähigkeit gemessen wird, unterliegt die Fähigkeit, einen Behandlungsvertrag abschließen zu können, unstreitig allein **rechtsgeschäftlichen Kriterien**. Wenn die Eltern nicht bereit sind, den Behandlungsvertrag abzuschließen bzw dem zum Zwecke der Behandlung vom Minderjährigen (schwebend wirksam) abgeschlossenen Arzt- oder Krankenhausvertrag zuzustimmen, sind dem Kind insoweit die „Hände gebunden". Damit verliert die dem Kind in Bezug auf die erforderliche Einwilligung gewährte Freiheit erheblich an Wert, weil sie nur im Zusammenhang mit einem Rechtsgeschäft ausgeübt werden kann.[672] Die daraus resultierende Härte wird durch die **in § 36 Abs 1 S 1 SGB I geregelte Sozialrechtsmündigkeit** gemildert.[673] Danach kann der mindestens 15 Jahre alte Minderjährige Anträge auf Sozialleistungen stellen und solche entgegennehmen. Der Minderjährige kann sich daher selbstständig einen Krankenschein bzw eine Versichertenkarte holen. Allerdings können die Eltern nach § 36 Abs 2 S 1 SGB I das Antragsrecht ihres Kindes durch schriftliche Erklärung gegenüber dem Sozialleistungsträger sperren.

2.3 Beschneidung männlicher Kinder

In § 1631d BGB[674] ist geregelt[675], dass die Personensorge der Eltern grundsätzlich 319
auch das Recht umfasst, unter bestimmten in § 1631d BGB genannten Voraus-

---

671 *Belling* FuR 1990, 68, 76 f.

672 Gernhuber/*Coester-Waltjen* § 57 Rn 80.

673 Ausführlich dazu *Coester* FamRZ 1985, 982 ff.

674 Eingefügt durch das Gesetz über den Umfang der Personensorge bei einer Beschneidung des männlichen Kindes v 28.12.2012 (BGBl I S 2749).

675 Vom Gesetzgeber als „Klarstellung" bezeichnet, BT-Drucks 17/1125 S 16; auch *Hörnle/Huster* (JZ 2013, 328, 339) gehen davon aus, dass es einer ausdrücklichen gesetzlichen Rege-

setzungen in eine nicht medizinisch indizierte **Beschneidung ihres** nicht einsichts- und urteilsfähigen **Sohnes** einzuwilligen. Beschneidung iSd Vorschrift meint die **Zirkumzision** der Penisvorhaut (Präputium).

In eine **Beschneidung ihrer Tochter** können die Eltern dagegen weiterhin nicht wirksam einwilligen.[676]

Aus der gesetzlichen Regelung wird gefolgert, dass die Einwilligung der (personensorgeberechtigten) Eltern allein nicht genügt, wenn der Junge selbst bereits **einwilligungsfähig** ist, dh, in der Lage, Wesen, Bedeutung und Tragweite des mit der Beschneidung verbundenen Eingriffs in ihre körperliche Unversehrtheit zu erfassen.[677] In diesem Fall wird die Einwilligung des Kindes zumindest neben der elterlichen Einwilligung gefordert.[678] Nach zutreffender Auffassung genügt indes die Einwilligung des einsichts- und urteilsfähigen Kindes, einer Einwilligung des Personensorgeberechtigten bedarf es dann nicht.[679]

320 Anlass für die Schaffung der neuen Vorschrift war die Entscheidung der 1. Kleinen Strafkammer des LG Köln vom 7.5.2012.[680] Das Gericht war der Auffassung, dass die elterliche Einwilligung in eine nicht medizinisch indizierte Beschneidung eines Jungen nicht wirksam war. Zur Begründung wurde angeführt, dass die Religionsausübungsfreiheit der Eltern durch das Grundrecht des Kindes auf körperliche Unversehrtheit und Selbstbestimmung begrenzt sei und in dem zu entscheidenden Fall dahinter zurückzustehen hätte.[681]

Die Diskussion um die Strafbarkeit einer nicht medizinisch indizierten Zirkumzision war zu diesem Zeitpunkt schon länger im Gange.[682]

321 Auf medizinisch indizierte Beschneidungen (zB bei einer Phimose) ist § 1631d BGB nicht anwendbar. **Medizinisch indizierte Maßnahmen** sind von dem elterlichen Sorgerecht ohne Weiteres umfasst. Die Vorschrift regelt vielmehr, dass den Eltern grundsätzlich die Befugnis zur Einwilligung auch in eine nicht medizinisch indizierte Zirkumzision ihres Sohnes unabhängig von ihren

---

lung nicht bedurft hätte, weil die Einwilligung in die Beschneidung vom Personensorgerecht der Eltern gedeckt sei.

676 Krit zu der undifferenzierten Ungleichbehandlung von Jungen und Mädchen ua *Walter* JZ 2012, 1110 ff; im Grundsatz der Differenzierung zustimmend Staudinger/*Salgo* § 1631d Rn 8.

677 Staudinger/*Salgo* § 1631d Rn 32.

678 Staudinger/*Salgo* § 1631d Rn 32.

679 BeckOGK BGB/*Kerscher* § 1631d Rn 16.1.

680 FamRZ 2012, 1421 m krit Anm *Spickhoff*; vgl auch die Besprechungsaufsätze von *Rosenthal* AnwBl 2012, 964 f; *Putzke* MedR 2012, 621 ff; *Yalcin* Betrifft Justiz 2012, 380 ff; *Schütz* Betrifft Justiz 2012, 390 ff; *Saliger* BLJ 2012, 90 f; *Rixen* NJW 2013, 257 ff; *Klinkhammer* FamRZ 2012, 1916 ff; siehe auch *Peschel-Gutzeit* NJW 2013, 3617 ff.

681 In diesem Sinne ua auch *Czerner* ZKJ 2012, 374 ff, 433 ff.

682 Vgl dazu *Putzke* RpflStud 2012, 65, 70 (Fn 64).

Motiven zusteht, wenn das Kind selbst insoweit noch nicht einsichtsfähig ist.[683] Für die Wirksamkeit der Einwilligung kommt es mithin nicht darauf an, ob die Eltern in die Zirkumzision aus religiös-rituellen bzw kulturellen oder hygienischen Gründen einwilligen.[684]

Mit dem Begriff „Einwilligung" (vgl §183 BGB) und der Formulierung 322
„... durchgeführt werden *soll*" ist klargestellt, dass die **Zustimmung *vor* dem Eingriff** erteilt sein muss.[685]

Eine weitere im Gesetz explizit genannte Voraussetzung für eine wirksame 323
Einwilligung des Personensorgeberechtigten ist, dass die Beschneidung **nach den Regeln der ärztlichen Kunst**[686] vorgenommen wird. Dazu gehört auch eine wirksame Schmerzbetäubung bei und eine Schmerzlinderung nach dem Eingriff. Nicht in § 1631d BGB ausdrücklich geregelte Voraussetzung der Einwilligung ist eine **umfassende Aufklärung** der Eltern (und des Kindes). Sie ist gleichwohl Wirksamkeitsvoraussetzung der Einwilligung, vgl §§ 630e, 630d BGB.[687]

Nach § 1631d Abs 2 BGB darf die Zirkumzision in den ersten sechs Monaten 324
nach der Geburt des Kindes durch eine von einer **Religionsgesellschaft dazu vorgesehenen Person** durchgeführt werden, wenn diese dafür besonders ausgebildet ist und für die Durchführung der Beschneidung eine dem Arzt vergleichbare Befähigung hat.[688] Auch im Falle von § 1631d Abs 2 BGB sind aber die medizinisch anästhesiologischen Fachstandards zu beachten. Die Gründe, die den Gesetzgeber bei der Schaffung dieser **Mohel-Klausel** geleitet haben, sind nicht nur deshalb mindestens zweifelhaft, denn es sollte den speziell von Religionsgesellschaften dafür vorgesehenen Personen ermöglicht werden, ihre Tätigkeiten weiterhin auszuüben.[689] Kindeswohlorientierte Überlegungen waren insoweit jedenfalls nicht das leitende Motiv für die Regelung des § 1631d Abs 2 BGB.[690] Zu Recht wurde darauf hingewiesen, dass eine den Regeln der ärztlichen

---

683 Krit dazu *Peschel-Gutzeit* NJW 2013, 3617 f; mit dem Argument, dass es sich regelmäßig um einen relativ geringfügigen Eingriff handelt *Fateh-Moghadam* RW 2010, 115, 138; verfassungsrechtliche Argumente wägen auch *Germann* (MedR 2013, 412 ff) und *Salgo* (in Staudinger § 1631d Rn 12 ff) ab, die die Regelungen insgesamt für verfassungsgemäß erachten; vgl aber auch *Herzberg* JZ 2009, 332 ff, *ders* MedR 2013, 169 ff, der die Beschneidung von Knaben zu Recht als ebenso wenig wie die Beschneidung von Mädchen als von der Religionsfreiheit gedeckt ansieht.

684 Vgl hierzu BT-Drucks 17/11295 S 16.

685 BT-Drucks 17/11295 S 17; Staudinger/*Salgo* § 1631d Rn 30.

686 Ausführlich dazu *Rixen* NJW 2013, 257, 260.

687 BT-Drucks 17/11295 S 17 f.

688 Näher dazu *Spickhoff* FamRZ 2013, 337, 342 f; *Walter* JZ 2012, 1110, 1114 und *Hahn* MedR 2013, 215 ff.

689 BT-Drucks 17/11295 S 18 f.

690 Krit auch *Antomo* JURA 2013, 425.

Kunst entsprechende wirksame Schmerzbetäubung nur durch eine Anästhesie gewährleistet werden kann, die aber nur durch einen Arzt verabreicht werden darf.[691] Das Einhalten der Regeln der ärztlichen Kunst ist damit in diesem Fall also nur möglich, wenn außer dem die Beschneidung durchführenden Mohel ein Arzt beteiligt ist oder wenn der Mohel selbst ausgebildeter, approbierter Mediziner ist.[692]

325 Nach § 1631d Abs 1 S 2 BGB sind der elterlichen Vertretung aber auch bei Vorliegen der Voraussetzungen des § 1631d Abs 1 S 1 BGB durch das **Kindeswohl** Grenzen gesetzt, denn eine Einwilligung in die Beschneidung ist nicht wirksam, wenn durch die Beschneidung auch unter Berücksichtigung ihres Zwecks das Kindeswohl gefährdet wäre. Diese Bestimmung wirft Fragen auf, die je nach Blickwinkel unterschiedlich beantwortet werden. Zunächst ist festzuhalten, dass die elterliche Sorge **im Außenverhältnis grundsätzlich** nicht durch eine Kindeswohlgefährdung begrenzt ist. Im Falle einer nicht medizinisch indizierten Zirkumzision ist dies anders. Offen bleibt, wann eine Kindeswohlgefährdung im Sinne von § 1631d Abs 1 S 2 vorliegt.[693] Der Gesetzgeber dachte insoweit an eine Beschneidung aus rein ästhetischen Gründen oder mit dem Ziel, die Masturbation zu erschweren.[694] *Rixen*[695] geht davon aus, dass in erster Linie eine gesundheitliche Gefährdung des Kindes gemeint sei. *Peschel-Gutzeit*[696] beklagt die ungenau gewählte Formulierung und *Spickhoff*[697] hebt zu Recht hervor, dass der Interpretationsspielraum für eine mehr oder weniger großzügige Linie der sorgerechtlichen Legitimation der Beschneidung groß ist. Die Auslegungsbedürftigkeit der Norm zeigt auch die Entscheidung des OLG Hamm.[698] Der Senat befasste sich erstmals mit den Voraussetzungen einer wirksamen Einwilligung und hob unter Rückgriff auf die Gesetzesbegründung[699] ua die Verpflichtung der Eltern hervor, die **Entscheidung mit dem Kind zu besprechen** und sich mit einem ernsthaft und unmissverständlich zum Ausdruck gebrachten Willen des Kindes auch unterhalb der Schwelle von Einsichts- und Urteilsfähigkeit auseinanderzusetzen, §§ 1626 Abs 2 S 2, 1631 Abs 2 BGB. Daraus kann geschlossen werden, dass sich ein der Beschneidung entgegenstehender **Wille des Kindes**

---

691 *Spickhoff* FamRZ 2013, 337, 342; *Walter* JZ 2012, 1110, 1114.
692 Ähnlich Staudinger/*Salgo* § 1631d Rn 49.
693 Insoweit krit auch Staudinger/*Salgo* § 1631d Rn 39 ff.
694 BT-Drucks 17/11295 S 18.
695 NJW 2013, 257, 260.
696 NJW 2013, 3617, 3619.
697 FamRZ 2013, 337, 341 f.
698 FamRZ 2013, 1818 = JAmt 2013, 596 m Anm *Hoffmann*; vgl dazu den Besprechungsaufsatz von *Rogalla* FamFR 2013, 483 f.
699 BT-Drucks 17/11295 S 18.

letztlich auch dann durchsetzen muss, wenn das Kind noch nicht einwilligungsfähig ist.[700]

2.4 Schwangerschaftsabbruch bei Minderjährigen

2.4.1 Allgemeines

Bedeutsam ist die Zuordnung der Einwilligungskompetenz auch im Hinblick auf 326
einen **Schwangerschaftsabbruch bei Minderjährigen**. Es sind hier zwei unterschiedliche Konfliktsituationen denkbar:

Einerseits kann die Minderjährige die Schwangerschaft abbrechen lassen wollen, die Eltern können hingegen verlangen, dass sie das Kind bekommt.

Andererseits kann es auch so sein, dass die Minderjährige das Kind bekommen will, die Eltern aber entscheiden, dass die Schwangerschaft abgebrochen werden soll.

In beiden Fällen stellt sich gleichermaßen die Frage, wem die **Entscheidungskompetenz** zusteht, ob also etwa die ablehnende Haltung der Minderjährigen oder deren Einwilligung maßgeblich ist. Darüber hinaus ist neben der Einwilligung in den ärztlichen Eingriff auch der Abschluss eines sich an rechtsgeschäftlichen Kriterien orientierenden Behandlungsvertrages erforderlich.

Dies bedeutet, dass allein mit der Zuordnung der Einwilligungszuständigkeit an die Minderjährige dann nichts bewegt wäre, wenn diese den Abbruch wünscht, der Behandlungsvertrag aber von ihr allein nicht abgeschlossen werden könnte.

2.4.2 Die im Strafrecht zum Ausdruck kommende Grundwertung

Da sich das Problem des Behandlungsvertragsschlusses aber auch bei einem 327
derartigen Eingriff nur stellt, wenn auch die Einwilligung gegeben wird, ist die zunächst zu klärende Frage die der Einwilligungskompetenz. In diesem Zusammenhang kommt der **im Strafrecht zum Ausdruck kommenden verfassungsrechtlichen Grundwertung besondere Bedeutung** zu. Die strafrechtliche Relevanz eines Schwangerschaftsabbruchs ist §§ 218 ff StGB zu entnehmen.

Das BVerfG hat in zwei Entscheidungen[701] die Vorgaben für die heutige Fassung der §§ 218 ff StGB geliefert. Ausgangspunkt war in beiden Entscheidungen die aus den Artt 1 Abs 1, 2 Abs 2 GG entnommene **Menschenwürde und das**

---

700 *Peschel-Gutzeit* NZFam 2014, 433, 435 f; im Ergebnis ebenso Staudinger/*Salgo* § 1631d Rn 35, 43.

701 BVerfGE 39, 1 = FamRZ 1975, 262; BVerfGE 88, 203 = FamRZ 1993, 899.

Lebensrecht des nasciturus, wonach bereits das sich im Mutterleib entwickelnde Leben als selbstständiges Rechtsgut staatlichen Schutz genießt.[702]

Dieses **Lebensrecht des Ungeborenen hat darüber hinaus grundsätzlich Vorrang** vor dem ebenfalls verfassungsrechtlich verbürgten Schutz des aus Art 2 Abs 1 GG iVm Art 1 Abs 1 GG resultierenden Rechts der Schwangeren auf freie Entfaltung der Persönlichkeit, das auch die Selbstverantwortung umfasst, sich gegen die Elternschaft und die daraus folgenden Pflichten zu entscheiden. Aus diesem Vorrang wurde ein grundsätzliches Verbot des Schwangerschaftsabbruchs abgeleitet. Gleichwohl wurde vom BVerfG in der Entscheidung vom 28.5.1993[703] der gesetzgeberische Gestaltungsspielraum zur Schaffung eines Konzepts für den Schutz des ungeborenen Lebens bei Schwangerschaftskonflikten betont. Die Entscheidung wurde durch das SFHÄndG[704] umgesetzt, das in der Frühphase der Schwangerschaft bei Konflikten den Schwerpunkt auf die Beratung der Schwangeren legt, um sie für das Austragen der Schwangerschaft zu gewinnen und dabei mit Blick auf die Erfolgschancen einer solchen Beratung auf indikationsbestimmte Strafandrohung verzichtet. Durch Art 8 des SFHÄndG wurden zudem die einschlägigen Vorschriften des StGB geändert. Während § 218 StGB (weiterhin) bestimmt, dass ein Schwangerschaftsabbruch grundsätzlich strafbar ist, ist dessen Tatbestand gem § 218a Abs 1 StGB nicht verwirklicht, wenn der Abbruch innerhalb der ersten zwölf Schwangerschaftswochen von einem Arzt auf Verlangen der Schwangeren vorgenommen wird, dem die Schwangere durch eine Bescheinigung gem § 219 Abs 2 S 2 StGB iVm §§ 5, 6 SchKG[705] nachgewiesen hat, dass sie sich mindestens 3 Tage vor dem Eingriff hat beraten lassen.

In diesem Fall ist der Abbruch demnach zwar **rechtswidrig, gleichwohl aber straffrei**, während ein nach § 218a Abs 2 und 3 StGB auf Betreiben der Schwangeren vorgenommener Schwangerschaftsabbruch straffrei, weil nicht rechtswidrig ist. § 218a Abs 2 StGB erfasst die Fälle, in denen der Abbruch unter Berücksichtigung der gegenwärtigen und zukünftigen Lebensverhältnisse der

---

702 Zur Charakterisierung des Lebensrechts des ungeborenen Lebens als elementarer Wert der Rechtsordnung mit Verfassungsrang näher zB *Stürner* JZ 1990, 709, 718 ff.

703 BVerfGE 88, 203 = FamRZ 1993, 899.

704 Schwangeren- und Familienhilfeänderungsgesetz (SFHÄndG) v 21.8.1995 (BGBl I S 1050); dieses Gesetz enthält ua in Art 1 das SchKG und in Art 5 das am 1.1.1996 in Kraft getretene und mit Wirkung vom 15.12.2010 aufgehobene SchHG (Gesetz zur Hilfe für Frauen bei Schwangerschaftsabbrüchen in besonderen Fällen – aufgehoben durch Art 37 des Gesetzes über die weitere Bereinigung von Bundesrecht v 8.12.2010, BGBl I S 1864).

705 Gesetz zur Vermeidung und Bewältigung von Schwangerschaftskonflikten (Schwangerschaftskonfliktgesetz – SchKG); zuletzt geändert durch Art 7 des Gesetzes zum Ausbau der Hilfen für Schwangere und zur Regelung der vertraulichen Geburt v 28.8.2013 (BGBl I S 3458).

Schwangeren nach ärztlicher Erkenntnis angezeigt ist, um eine Gefahr für das Leben oder eine schwerwiegende Beeinträchtigung des körperlichen oder seelischen Gesundheitszustands der Schwangeren abzuwenden. Abs 3 der Vorschrift deckt schließlich die Fälle der kriminologischen Indikation (§§ 176 bis 179 StGB zB Schwangerschaft durch Vergewaltigung) ab.

2.4.3 Spezielle Einwilligungsfähigkeit

In Schrifttum und Rechtsprechung ist lebhaft umstritten, ob eine einwilligungs- 328
fähige **Minderjährige selbst in den straffreien Eingriff einwilligen** kann, oder ob die **Einwilligungszuständigkeit bei den Eltern** (bzw ggf bei Vormund oder Pfleger mit entsprechendem Personensorgewirkungskreis) liegt. Daneben wird auch bezogen auf den Schwangerschaftsabbruch eine **Doppelzuständigkeit** diskutiert.[706]

Die Einwilligung in den Schwangerschaftsabbruch verlangt **neben der Fä-** 329
higkeit zur medizinischen Selbstbestimmung, also der für jeden anderen ärztlichen Eingriff stets erforderlichen Einsichts- und Steuerungsfähigkeit (dazu Rn 310 ff), wegen der erwähnten kollidierenden Schutzgüter auch die **Fähigkeit zur Rechtsgüterabwägung.**[707] Die Schwangere muss folglich nicht nur fähig sein, das Für und Wider des Eingriffs in erster Linie ich-bezogen nach entsprechender Aufklärung zu verstehen und gegeneinander abzuwägen und nach der gewonnenen Einsicht zu handeln, sondern es wird ein darüber hinausgehender Reifegrad verlangt, der sie in die Lage versetzt, auch die auf dem Spiel stehenden Rechtsgüter zu erfassen und das eigene Recht auf freie Entfaltung der Persönlichkeit gegen das Lebensrecht des Ungeborenen abzuwägen.

Auch die **Pflichtberatung des § 219 StGB** iVm §§ 5, 6 SchKG, die der Minderjährigen stets selbst zuteilwerden muss,[708] dient dem Schutz des ungeborenen Kindes und hat sich deshalb von dem Bemühen leiten zu lassen, die Schwangere zur Fortsetzung der Schwangerschaft zu ermutigen. Sie stellt zwar selbstverständlich nicht sicher, dass die Minderjährige tatsächlich eine im vorgenannten Sinne verantwortliche und gewissenhafte Entscheidung trifft, ist aber geeignet, der bereits entsprechend reifen Minderjährigen zu verdeutlichen, dass die Entscheidung über den Schwangerschaftsabbruch nicht nur die Abwägung der eigenen Interessen, sondern in nicht geringerem Maße die fremder

---

706 Statt vieler *Reiserer* FamRZ 1991, 1136, 1140.

707 *Belling* FuR 1990, 68, 73; *Belling/Eberl* FuR 1995, 287, 293.

708 Näher dazu und zu der Frage, ob eine Hinzuziehung der Eltern zu der Beratung auch ohne Zustimmung der schwangeren Minderjährigen erfolgen darf *Moritz* ZfJ 1999, 92, 97.

Rechtsgüter verlangt, und sie dadurch in die Lage zu versetzen, die vom BVerfG grundsätzlich jeder Frau zuerkannte Letztverantwortung zu erfassen.

Ebenso selbstverständlich kann einer Minderjährigen nicht etwa allein deshalb die **Fähigkeit zur Rechtsgüterabwägung** abgesprochen werden, weil sie minderjährig ist und sich gegen das Kind entscheidet, denn auch insoweit kommt es allein auf den **individuellen Reifegrad** der Schwangeren an.[709] Ob damit im „Regelfall" bei Minderjährigen von fehlender spezieller Einwilligungsfähigkeit auszugehen ist,[710] scheint daher höchst fraglich.

2.4.4 Zuordnung der Ablehnungs- und Einwilligungskompetenz

330 Einvernehmen besteht insoweit, als die **Minderjährige nicht gegen ihren Willen von dem gesetzlichen Vertreter zu dem Eingriff gezwungen werden kann.**[711]

Gegen die Eltern, die dies gleichwohl durchzusetzen versuchten, wären Maßnahmen gem § 1666 BGB bis hin zum Entzug der elterlichen Sorge zu erwägen.[712] Es muss, da nicht nur die elterliche Sorge für das eigene Kind tangiert, sondern auch das Lebensrecht des nasciturus zu beachten ist, regelmäßig von einer Doppelzuständigkeit für die Einwilligung ausgegangen werden, wenn die Minderjährige den Abbruch ablehnt. Entschließt sich die Minderjährige, das Kind auszutragen, haben die Eltern diese Entscheidung also unabhängig von deren Reifegrad grundsätzlich zu respektieren. Etwas anderes kann nur gelten, wenn Leben oder Gesundheit des eigenen Kindes durch die Fortsetzung der Schwangerschaft akut gefährdet ist.[713]

331 Anders ist die Rechtslage hingegen zu beurteilen, wenn die Minderjährige den Eingriff vornehmen lassen will, die Eltern diesen aber ablehnen. Dass die Minderjährige allein in den Eingriff unter Verdrängung des gesetzlichen Vertre-

---

709 In diesem Sinne auch Staudinger/*Peschel-Gutzeit* § 1626 Rn 101.

710 In diesem Sinne aber ua *Belling* FuR 1990, 68, 74; AG Celle FamRZ 1987, 738 = MedR 1988, 41 m Anm *Mittenzwei* und Anm *Vennemann* FamRZ 1987, 1068 sowie *Geiger* FamRZ 1987, 1177.

711 Vgl etwa *Reiserer* FamRZ 1991, 1136, 1140, *Belling* FuR 1990, 68, 75; *Belling/Eberl* FuR 1995, 287, 290; *Scherer* FamRZ 1997, 589 f; *Mittenzwei* MedR 1988, 43 f (in einer Anm zur Entscheidung des AG Celle [FamRZ 1987, 738]).

712 Vgl AG Dorsten DAVorm 1978, 131; *Scherer* FamRZ 1997, 589 f; *Siedhoff* FamRZ 1998, 8, 10 f (Entgegnung zu Scherer); zu Recht differenzierend *Benkert* (S 404 f), der allein das Drängen der Eltern zu einem Abbruch für einen Eingriff in die elterliche Sorge gem § 1666 BGB nicht genügen lässt.

713 So auch Staudinger/*Coester* § 1666 Rn 109.

ters einwilligen kann, wird zum Teil vehement bestritten.[714] Zur Begründung wird vor allem auf das elterliche Sorgerecht verwiesen, das in diesem Fall auch nicht mit dem Lebensrecht des Ungeborenen kollidiere. Bis zur Grenze einer Kindeswohlgefährdung gemäß § 1666 BGB obläge den Eltern danach folglich stets die abschließende Entscheidung.[715]

Nach anderer Ansicht genügt die Einwilligung der Minderjährigen, wenn sie die für diese Entscheidung erforderliche spezielle Einwilligungsfähigkeit hat.[716] Ein Eingriff des Gerichts in Form einer Ersetzung der elterlichen Einwilligung (§ 1666 Abs 3 Nr 5 BGB) kommt nach dieser Auffassung daher nur dann in Betracht, wenn die Minderjährige nicht einsichtsfähig ist,[717] und hat sich dann uU (vgl Rn 332f) auch auf den Abschluss des Behandlungsvertrages zu erstrecken. Ist die Minderjährige nicht urteilsfähig, ist darüber hinaus bei voraussehbaren, im Rahmen der Behandlung möglicherweise weiter anfallenden Entscheidungen die Teilentziehung der Sorge und die Bestellung eines Ergänzungspflegers zu erwägen, der insoweit für die gesamte Behandlung einschließlich der ggf im Rahmen einer stationären Behandlung erforderlichen Aufenthaltsbestimmung an die Stelle der Eltern tritt (vgl auch § 1630 Abs 1 BGB).

Der Auffassung, nach der die einsichtsfähige Minderjährige die Einwilligung nur selbst und ohne Mitwirkung ihres gesetzlichen Vertreters geben kann, ist zuzustimmen, denn die **Abwägung höchstpersönlicher Rechtsgüter** gegen solche Dritter kann dem gesetzlichen Vertreter gerade im Hinblick auf die **lebenslangen Folgen**, die sich aus dieser Entscheidung ergeben, nur dann zugeordnet werden, wenn der Minderjährigen die Fähigkeit dazu fehlt. Könnten die

---

714 So zB vom OLG Hamm NJW 1998, 3424 = JR 1999, 333 m abl Anm *Schlund*; AG Neunkirchen FamRZ 1988, 876 (allerdings ohne Begründung für das in der Entscheidung angenommene Zustimmungserfordernis des gesetzlichen Vertreters bei bejahter Einsichtsfähigkeit der Minderjährigen); DIV-Gutachten ZfJ 1990, 388 (das ebenfalls ohne jede Begründung von der Zuständigkeit des gesetzlichen Vertreters ausgeht, ohne die Einwilligungsfähigkeit der schwangeren Minderjährigen überhaupt zu thematisieren); *Scherer* FamRZ 1997, 589, 592 m Entgegnung *Siedhoff* FamRZ 1998, 8 und anschl Stellungnahme *Scherer* FamRZ 1998, 11; *Benkert* S 401 f.

715 OLG Hamburg FamRZ 2014, 1213 = NZFam 2014, 948 m zust Anm *Holzwarth*; OLG Naumburg FamRZ 2004, 1806; AG Neunkirchen FamRZ 1988, 876; **aA** *Scherer* (FamRZ 1997, 589, 595), die der Meinung ist, dass die Verweigerung der elterlichen Einwilligung auch bei straffreiem Schwangerschaftsabbruch niemals kindeswohlgefährdend sein könne.

716 *Peschel-Gutzeit* NZFam 2014, 433, 436; *Rauscher* Rn 1026; *Schwerdtner* NJW 1999, 1525, 1526; *Schlund* JR 1999, 334; *Belling/Eberl* FuR 1995, 287, 292; LG München I FamRZ 1979, 850; AG Schlüchtern FamRZ 1998, 968; *Moritz* ZfJ 1999, 92, 96; Staudinger/*Peschel-Gutzeit* § 1626 Rn 98 ff und wohl auch *Deutsch* AcP 92 (1992), 161, 175; sowie Staudinger/*Coester* § 1666 Rn 107, der bei schon urteilsfähigen Minderjährigen regelmäßig Maßnahmen nach § 1666 BGB (nur) für den Abschluss des Behandlungsvertrages für geboten hält.

717 LG München I FamRZ 1979, 850; *Moritz* ZfJ 1999, 92, 98.

Eltern die in jedem Fall über die Beendigung der elterlichen Sorge hinaus wirkende Entscheidung anstelle der einsichtsfähigen Minderjährigen treffen, könnten sie sie zur Aufopferung eigener Lebenswerte zwingen, obwohl sich die Minderjährige selbst nach Abwägung der berührten Rechtsgüter dagegen entschieden hat. Schließlich wies *Schlund*[718] zutreffend darauf hin, dass auch das BVerfG in der Entscheidung vom 28.5.1993[719] offenbar davon ausging, dass der Minderjährigen grundsätzlich selbst die Letztverantwortung zusteht, denn es befürchtete, dass „die Eltern einer minderjährigen Schwangeren ... sie in *ihrer* Entscheidung für oder gegen das Kind beeinflussen ..." könnten.

2.4.5 Abschluss des Arzt- oder Krankenhausvertrages

332 Auch soweit diese Auffassung geteilt wird, bleibt die Frage nach der Durchsetzbarkeit der Entscheidung der Minderjährigen durch Abschluss des Arzt- oder Krankenhausvertrages. Die **Wirksamkeit des Vertrages ist nach rechtsgeschäftlichen Kriterien zu beurteilen.** Damit bedarf der Vertragsschluss grundsätzlich der Mitwirkung des gesetzlichen Vertreters, §§ 107 ff, 1626, 1629, 1793 Abs 1 S 1, 1915 Abs 1 S 1 BGB.[720]

Diskutiert wird in diesem Zusammenhang die **rechtliche Vorteilhaftigkeit** des Behandlungsvertrages, weil damit die Notwendigkeit der Mitwirkung des gesetzlichen Vertreters entfiele (vgl § 107 BGB).[721]

Die gesetzlich Krankenversicherte hat bei nicht rechtswidrigem Schwangerschaftsabbruch gem § 24b SGB V einen Anspruch auf Übernahme der Kosten des Abbruchs durch die Krankenkasse. Dies gilt auch, wenn sie privat versichert ist.

In diesem Fall wird der Abschluss des Behandlungsvertrages für lediglich rechtlich vorteilhaft gehalten, weil die Minderjährige keinerlei Einstandspflicht trifft.

Unabhängig von einem Versicherungsverhältnis trägt die Krankenkasse in jedem Fall die Kosten für die Beratung nach § 219 Abs 2 S 2 StGB iVm §§ 5, 6 SchKG. Das führt dazu, dass auch die Inanspruchnahme der Beratung als solche nicht von dem Einverständnis des gesetzlichen Vertreters abhängt.

Daneben gewährt § 19 Abs 1 SchKG den Frauen ebenfalls ohne Rücksicht auf ein (bestehendes) Versicherungsverhältnis auch bei zwar rechtswidrigem, gem § 218a Abs 1 StGB aber straffreiem Schwangerschaftsabbruch (= Beratungs-

---

718 JR 1999, 334, 336.
719 BVerfGE 88, 203, 297 = FamRZ 1993, 899, 918.
720 LG München I FamRZ 1979, 850 (ergangen vor Inkrafttreten des SchKG).
721 Vgl insbes *Moritz* ZfJ 1999, 92, 94 ff; *Benkert* S 387, 388.

modell) einen Anspruch auf Zahlung der Kosten des Abbruchs, wenn der Schwangeren die Aufbringung der dafür erforderlichen Mittel nicht zuzumuten ist. Davon ist auszugehen, wenn ihre verfügbaren persönlichen Einkünfte den in § 19 Abs 2 SchKG genannten Betrag nicht übersteigen und sie nicht über kurzfristig verwertbares Vermögen verfügt oder der Einsatz dieses Vermögens für sie eine unbillige Härte bedeuten würde.

Diese als **Sozialleistung** einzustufende Kostentragungspflicht erfordert gem § 21 SchKG einen Antrag, der gem § 36 Abs 1 SGB I von der Minderjährigen ab einem Alter von 15 Jahren selbstständig gestellt werden kann (vgl dazu bereits Rn 318), es sei denn, der gesetzliche Vertreter hat das selbstständige Antragsrecht der Minderjährigen gem § 36 Abs 2 S 1 SGB I durch schriftliche Erklärung gegenüber dem Leistungsträger eingeschränkt.

Ist Letzteres nicht der Fall, ist damit bei Erfüllung der genannten Voraussetzungen auch bei Berufung auf das Beratungsmodell von einem lediglich rechtlich vorteilhaften Rechtsgeschäft auszugehen,[722] da die Minderjährige für die aus dem ärztlichen Behandlungsvertrag resultierenden Pflichten nicht in Anspruch genommen werden kann. Das Problem der fehlenden Mitwirkung bei Abschluss des Behandlungsvertrages durch die einsichtsfähige Minderjährige wird dadurch erheblich entschärft und dürfte sich – abgesehen von den Fällen, in denen das selbstständige Antragsrecht ausnahmsweise gesperrt ist – allenfalls dann stellen, wenn die Minderjährige vermögend ist oder über höhere Einkünfte als die in § 19 Abs 2 SchKG genannten verfügt.

Hervorzuheben ist, dass die Zuständigkeitszuordnung ohnehin nur für den Fall problematisch ist, dass der Abbruch nicht strafbar ist, denn eine tragfähige zivilrechtliche Grundlage dürfte bei einem auf ein strafbares Tun gerichteten Vertrag gem § 138 Abs 1 BGB von vornherein ausscheiden,[723] sodass sich aus einem solchen nichtigen Vertrag auch keinerlei Ansprüche gegen die Minderjährige ergeben könnten.

Wird diese Beurteilung abgelehnt oder hat der gesetzliche Vertreter das 333
selbstständige Antragsrecht der Minderjährigen gem § 36 Abs 2 S 1 SGB I gesperrt, so ist die **Ersetzung der verweigerten elterlichen Zustimmung zum Behandlungsvertrag gem § 1666 Abs 3 Nr 5 BGB** durch das Familiengericht in Betracht zu ziehen. Dies wäre bei *indiziertem* Schwangerschaftsabbruch aufgrund erheblicher Gefahr für Gesundheit oder Leben der Schwangeren (vgl § 218a Abs 2 StGB) wegen Kindeswohlgefährdung regelmäßig zu bejahen.[724] Dies

---

722 Zweifelnd Oberloskamp/*Burschel* § 8 Rn 78 (Fn 188); abl *Amend-Traut*/*Bongartz* FamRZ 2016, 5, 10 f.

723 In diesem Sinne ua *Moritz* ZfJ 1999, 92, 99.

724 Staudinger/*Coester* § 1666 Rn 112 mwN.

gilt gleichermaßen für die einwilligungsfähige wie für die insoweit nicht urteilsfähige Minderjährige.

Bei von der einwilligungsfähigen Minderjährigen innerhalb des Beratungsmodells (§ 218 Abs 1 StGB) verlangtem Schwangerschaftsabbruch sind ebenfalls regelmäßig Maßnahmen nach § 1666 BGB zu ergreifen.

Ist die Minderjährige hingegen nicht einsichtsfähig, bewegt sich der gesetzliche Vertreter mit seiner Entscheidung, keinen Behandlungsvertrag abzuschließen, innerhalb ihm zustehender Kompetenzen, die mit der verfassungsrechtlichen Wertung des Vorrangs des Lebensrechts des nasciturus auch im Einklang stehen. In diesem Fall kommen daher Maßnahmen nach § 1666 BGB allenfalls dann in Betracht, wenn der gesetzliche Vertreter dem Kind trotz seiner Handlungsverweigerung die mögliche seelische, materielle und organisatorische Unterstützung bei der Bewältigung der mit der Schwangerschaft und künftigen Geburt des Kindes einhergehenden Probleme vorenthält.[725]

2.5 Verbot der Sterilisation

334 Nach § 1631c BGB können weder die Eltern noch das minderjährige Kind selbst in eine **Sterilisation** einwilligen. In Satz 3 der Vorschrift wird klargestellt, dass auch ein Pfleger eine solche Einwilligung nicht (an Stelle der Eltern) geben könnte: Die Anordnung einer Pflegschaft gem § 1909 BGB zu diesem Zweck wird ausgeschlossen. S 1 begrenzt nach dem Willen des Gesetzgebers die elterliche Sorge, weil sich Erforderlichkeit und Auswirkungen einer Sterilisation bei Minderjährigen schwer beurteilen lassen.[726] Durch den zusätzlichen Ausschluss der Einwilligung des Kindes und das Verbot der Pflegerbestellung mit diesem Wirkungskreis wird unabhängig von der um die Einwilligungsfähigkeit des Kindes in sonstigen Fällen geführten Diskussion (vgl Rn 310 ff) insgesamt erreicht, dass Minderjährige nicht sterilisiert werden dürfen.

2.6 Rücksichtnahme auf die Eignung und Neigungen des Kindes bei der Berufswahl

335 § 1631a S 1 BGB legt den Eltern die Pflicht auf, in **Angelegenheiten der Ausbildung und des Berufs** insbesondere auf die Eignung und Neigung ihres Kindes Rücksicht zu nehmen. S 2 fordert sie in Zweifelsfällen zur **Einholung eines externen Rats** auf. Die Vorschrift stellt damit einen **Hauptanwendungsfall von § 1626 Abs 2 BGB** dar.

---

725 So auch Staudinger/*Coester* § 1666 Rn 112.

726 BT-Drucks 11/4528 S 76, 107.

Der Gesetzgeber knüpfte an die Einführung der Vorschrift die Erwartung, dass die Eltern auf diese Weise davon abgehalten würden, ihr Kind aus falschem Prestigedenken oder für unerfüllte eigene Berufswünsche in eine Ausbildung oder einen Beruf zu drängen, für den es nicht geeignet ist.[727] Neben der befürchteten Überforderung soll aber auch eine Unterforderung des Kindes vermieden werden.[728] Schließlich können geschlechtsspezifische Benachteiligungen von Mädchen, insbesondere in ausländischen Familien, etwa durch Versagung von Schul- oder Berufsausbildung eine Rolle spielen.

Ausbildung iSv § 1631a BGB betrifft die Entwicklung der Fähigkeiten des 336
Kindes vor und außerhalb des Berufs, umfasst also beispielsweise auch Sprach-, Schul-, Musik- und Sportausbildung.

Als **objektive Belege für die Eignung des Kindes** können Schulzeugnisse, Auskünfte von Lehrern, Ausbildern oder anderen Erziehern dienen.

Für die uU lebenslang wirkende Entscheidung bedeutsam sind neben der Eignung aber auch die **Neigungen des Kindes**, dh seine **subjektiven Wünsche und Zielvorstellungen**, soweit diese von verständiger und schutzwürdiger Art sind und eine gewisse Beständigkeit haben.[729] Die Neigungen des Kindes sind aber auch nur insoweit beachtlich, als sie mit seiner Eignung nicht im Widerspruch stehen.[730]

Die Formulierung in § 1631a S 1 BGB („insbesondere") schließt aber die Berücksichtigung weiterer Kriterien bei der für die Lebensgestaltung des Kindes möglicherweise besonders bedeutsamen Entscheidung nicht aus. Im Hinblick auf die grundsätzliche Pflicht der Eltern, auch den Ausbildungsbedarf des Kindes zu decken (§ 1610 Abs 2 BGB), können also auch die **Grenzen der elterlichen Leistungsfähigkeit** die Entscheidung beeinflussen.

Zweifel im Sinne von § 1631a S 2 BGB bestehen, wenn Eltern und Kind Be- 337
gabung, Gesundheit usw des Kindes unterschiedlich einschätzen. In diesem Fall sollen sie Lehrer oder andere geeignete Personen wie etwa einen Verwandten oder einen Berufsberater um Rat bitten. Bei unterschiedlicher Einschätzung gesundheitlicher Berufsvoraussetzungen kommt auch das Einholen einer ärztlichen Stellungnahme in Betracht.

Nachdem § 1631a BGB infolge der Aufhebung des Absatzes 2 durch Art 1 338
Nr 18 KindRG seit dem 1.7.1998 **keine eigenen Sanktionsregeln** mehr enthält, kann einem **Verstoß** nur noch nach Maßgabe des § 1666 BGB begegnet werden. Da der Gesetzgeber mit der Gesetzesänderung aber **keine Erhöhung der Ein-**

727 BT-Drucks 8/2788 S 37.
728 Vgl dazu die Beispiele von *Friedrichs* ZfJ 1980, 313.
729 BT-Drucks 8/2788 S 49.
730 BT-Drucks 8/2788 S 49; BayObLG FamRZ 1982, 634, 636; näher dazu *Rauscher* Rn 1024.

griffsvoraussetzungen verbinden wollte,[731] ist das Ergreifen von Maßnahmen nicht nur aufgrund einer gegenwärtigen oder zumindest bevorstehenden Kindeswohlgefährdung nach § 1666 BGB zulässig. Vielmehr sind Gegenmaßnahmen weiterhin wie unter Geltung von § 1631a Abs 2 BGB aF bereits dann möglich, wenn durch die elterliche Fehleinschätzung bzw deren fehlende Rücksichtnahme bei prognostischer Betrachtung eine nachhaltige und schwere Beeinträchtigung der (beruflichen) Zukunft des Kindes zu besorgen ist.

2.7 Genehmigungserfordernis bei freiheitsentziehender Unterbringung

2.7.1 Elterliche Kompetenz und gerichtliches Genehmigungserfordernis

339 Die elterliche Sorge beinhaltet das Recht der Eltern, das Kind zu erziehen. Zum Zwecke der Wahrnehmung dieses Erziehungsrechts stehen den Eltern grundsätzlich alle erforderlichen Kompetenzen zu. Dazu gehört auch die Befugnis zur Bestimmung des kindlichen Aufenthalts, § 1631 Abs 1 BGB. Das **Aufenthaltsbestimmungsrecht** erlaubt es den Eltern auch, die Art und Weise der Unterbringung des Kindes zu bestimmen, womit ihnen grundsätzlich auch die Entscheidung über eine **freiheitsentziehende Unterbringung** zusteht.

Eine mit Freiheitsentziehung verbundene Unterbringung des Kindes durch die entscheidungsbefugten Eltern bedarf aber nach § 1631b S 1 BGB der **gerichtlichen Genehmigung**.[732] Insoweit grenzt die Vorschrift das Aufenthaltsbestimmungsrecht der Eltern ein. Der Gesetzgeber wollte die Entscheidung von besonders einschneidender Tragweite der gerichtlichen Mitwirkung unterstellen, um zu verhindern, dass Eltern ein Kind in eine geschlossene Einrichtung verbringen, auch wenn bei sinnvoller Wahrnehmung des Erziehungsrechts eine Problemlösung auf weniger schwerwiegende Weise erreicht werden kann.[733] Die bei Inkrafttreten der Regelung am 1.1.1980 von der Rechtsprechung zu dem Begriff Freiheitsentziehung im Zusammenhang mit § 1800 Abs 2 BGB aF bereits entwickelte Auslegung wollte er herangezogen wissen.[734] Danach liegt eine **Freiheitsentziehung** vor, wenn zB Heiminsassen auf einem bestimmten beschränkten Raum festgehalten werden, ihr Aufenthalt ständig überwacht und die Aufnahme eines Kontakts mit Personen außerhalb des Raums durch Sicherungs-

---

731 Vgl BT-Drucks 13/4899 S 115, wo davon ausgegangen wird, dass die Eingriffsschwelle des § 1666 BGB gleich hoch wie die nach § 1631a Abs 2 BGB aF ist; krit dazu auch *Rogner* in FamRefK § 1631a Rn 2; zu den Eingriffsvoraussetzungen des § 1631a Abs 2 BGB aF bei Verstoß gegen die Rücksichtnahmepflicht vgl OLG Karlsruhe FamRZ 1974, 661.

732 Zur Anwendung von Zwang bei Zuführung zur Unterbringung siehe DIJuF-Rechtsgutachten JAmt 2008, 256 ff.

733 BT-Drucks 8/2788 S 38.

734 BT-Drucks 8/2788 S 51.

maßnahmen verhindert wird. Dies ist in der Regel nur bei einer Unterbringung in einem **geschlossenen Heim** oder einer **geschlossenen Anstalt** bzw einer geschlossenen Abteilung eines solchen Heims oder einer solchen Anstalt gegeben,[735] uU aber auch bei einer **halboffenen Einrichtung.**[736]

Nach § 1631b S 2 BGB ist die Unterbringung zulässig, wenn sie zum **Wohl des Kindes**, *insbesondere* **zur Abwehr einer erheblichen Selbst- oder Fremdgefährdung** erforderlich ist und der Gefahr nicht auf andere Weise, auch nicht durch andere öffentliche Hilfen, begegnet werden kann. Mit dieser durch das Gesetz zur Erleichterung familiengerichtlicher Maßnahmen bei Gefährdung des Kindeswohls[737] eingefügten Formulierung wurden die Voraussetzungen einer geschlossenen Unterbringung von Kindern und Jugendlichen konkretisiert und klargestellt, dass die Unterbringung **aus Gründen des Kindeswohls erforderlich und verhältnismäßig** sein muss,[738] wobei auch der Vorrang öffentlicher Hilfen zu beachten ist. Mit dem Maßstab der Erforderlichkeit wird dem Umstand Rechnung getragen, dass das Familiengericht im Verfahren nach § 1631b BGB eine Entscheidung der sorgeberechtigten Eltern überprüft, denen im Rahmen ihres grundrechtlich geschützten Interpretationsprimats ein Spielraum bei der Ausübung des Aufenthaltsbestimmungsrechts zufällt (vgl Rn 339). Da die Entscheidung zugleich dem Freiheitsrecht des Minderjährigen gerecht werden muss, kommt die Erteilung der Genehmigung aber nur in Betracht, wenn eine **freiheitsentziehende Unterbringung als letztes Mittel** aus Kindeswohlgründen etwa zur Abwehr einer erheblichen Eigen- oder Fremdgefährdung geboten ist und auch dann nur für die kürzest angemessene Zeit.[739] § 1631b BGB lässt – anders als § 1906 BGB bei zivilrechtlicher Unterbringung von Betreuten[740] – dem Wortlaut nach eine zivilrechtliche Unterbringung des Kindes auch bei Fremdgefährdung zu. Im Fall der **Fremdgefährdung** kann die Unterbringung geboten sein, wenn das Kind sich sonst dem Risiko von Notwehrmaßnahmen, Ersatzansprüchen und Prozessen aussetzt.[741] Mit der Fremdgefährdung muss also im Ergebnis auch bei Minderjährigen eine Eigengefährdung einhergehen; eine geschlossene Unterbringung allein zum Zwecke der Sanktionierung kindlichen 340

735 OLG Düsseldorf NJW 1963, 397.

736 AG Kamen FamRZ 1983, 299 m krit Anm *Damrau* FamRZ 1983, 1060 f; *Münder* ZfJ 1984, 180 f.

737 BGBl I 2008 S 1188.

738 BT-Drucks 16/6815 S 13 f.

739 BGH FamRZ 2013, 115 m Anm *Stößer*; *ders* FamRZ 2012, 1556 m Anm *Salgo*.

740 § 1906 BGB setzt stets Eigengefährdung voraus; die freiheitsentziehende Unterbringung eines Volljährigen wegen Fremdgefährdung ist deshalb nur aufgrund öffentlich rechtlichen Unterbringungsrechts (Landesgesetze zur Unterbringung psychisch Kranker) möglich.

741 BT-Drucks 16/6815 S 14.

Fehlverhaltens ist unzulässig. Eine Unterbringung kann aber zum **Wohl des Kindes** bei einer **schwerwiegenden Fehlentwicklung** gerechtfertigt sein.[742] MaW: Liegt in der Fremdgefährdung nicht gleichzeitig eine erhebliche Eigengefährdung, kommt eine gerichtliche Genehmigung nach § 1631b BGB zur Gefahrenabwehr nicht in Betracht.[743]

Die **Verhältnismäßigkeit** ist sowohl bei Fremdgefährdung als auch bei Eigengefährdung dann zu verneinen, wenn die Unterbringung nicht geeignet ist, eine Heilung oder Besserung der Krankheit oder Auffälligkeit des Kindes zu erreichen.[744]

341 Nicht von der Vorschrift erfasst ist eine Unterbringung, die (nur) mit **Freiheits*beschränkungen*** verbunden ist, die bei dem Alter des Kindes *üblich* sind.[745] Daher unterliegt die Unterbringung in einem gewöhnlichen Erziehungsinternat keinem Genehmigungsvorbehalt, auch wenn „dessen Ordnung gewisse Ausgangsbeschränkungen vorsieht“[746].

Eine Differenzierung zwischen einer genehmigungs*freien* Freiheits*beschränkung* und einer genehmigungs*bedürftigen* Freiheits*entziehung* lässt sich indes nicht (allein) aus dem Alter des Kindes herleiten.[747] Die zur Abgrenzung einer Freiheitsbeschränkung von der einer -entziehung zu Art 104 GG aufgestellten Grundsätze, nach denen es maßgeblich auf den Zweck und die Dauer der Einschränkung der Bewegungsfreiheit[748] ankommt, können für die hier anstehende Problematik zwar nicht unmittelbar herangezogen werden, weil Art 104 GG nicht direkt anwendbar ist. Da § 1631b BGB aber die Konstellation des Art 104 GG in das einfachgesetzliche Recht „insofern übernimmt, als er sich nicht gegen staatliches Handeln wendet, sondern das Freiheitsrecht des Minderjährigen gegen ein bestimmtes elterliches Handeln bewahren will“[749], ist auch für die nach § 1631b BGB notwendige Differenzierung auf die **Qualität und Quantität der gegen den natürlichen Willen des Kindes vorgenommenen Maßnahme** abzustellen.

---

742 OLG Naumburg NJOZ 2013, 531.

743 *Meysen* JAmt 2008, 233, 235.

744 *Wille* DAVorm 2000, 449 f; *ders* ZfJ 2002, 85, 87.

745 BT-Drucks 8/2788 S 51; krit zu der Einschränkung der Genehmigungspflicht auf solche dem biologischen Alter des Kindes nach unüblichen Freiheitsentziehungen *Dodegge* FamRZ 1993, 1348, 1349.

746 *Schwab* Rn 660.

747 *Moritz* ZfJ 1986, 440, 441; **aA** *Helle* ZfJ 1986, 40, 44 f; *Damrau* FamRZ 1983, 1060 (in einer Anm zur Entscheidung des AG Kamen FamRZ 1983, 299).

748 BGHZ 82, 261, 266 = Rpfleger 1982, 147; **aA** *Lisken* NJW 1982, 1268.

749 *Moritz* ZfJ 1986, 440, 442.

Nachdem der BGH[750] in einem Betreuungsverfahren entschieden hat, dass es sich bei der Zuführung zu einer ambulanten Behandlung nicht um eine Freiheitsentziehung (iSv § 1906 BGB) handelt, weil weder der Zweck noch die Dauer des Eingriffs auf Freiheitsentziehung gerichtet sind, dürfte auch die **zwangsweise Zuführung eines Jugendlichen** zB zu einer sozialpädagogischen Maßnahme als lediglich freiheitsbeschränkend, nicht dem Anwendungsbereich des § 1631b BGB zuzurechnen sein.[751] 342

Umstritten ist, ob die Genehmigungsbedürftigkeit auch dann besteht, wenn der **Minderjährige selbst mit der Unterbringung einverstanden** ist.[752] Nach einer Auffassung liegt ein Freiheitsentzug bereits begrifflich nicht vor, wenn der betroffene Minderjährige selbst in die Unterbringung einwilligt, vorausgesetzt, er vermag die volle Bedeutung und Tragweite der Maßnahme, der er zustimmt, abzuschätzen und deren Folgen zu begreifen. Hat er diese Fähigkeit, ist seine Einwilligung nach dieser Auffassung beachtlich und das Genehmigungserfordernis entfällt.[753] Nach anderer Ansicht ist die Genehmigung stets erforderlich; ein Abstellen auf die „natürliche Einsichtsfähigkeit" wird strikt abgelehnt.[754] Diese andere Ansicht wird mit dem Gebot des Art 104 Abs 2 GG begründet, wonach der Richter über eine Freiheitsentziehung zu entscheiden hat, was gerade im Rahmen des § 1631b BGB durch das besondere Schutzbedürfnis von Kindern und Jugendlichen gestützt würde. Weiter wird ausgeführt, dass wenn schon der Wille des gesetzlichen Vertreters, der an Stelle des Kindes handelt, keine hinreichende Grundlage für eine Freiheitsentziehung bilde, der Wille des Kindes, das sich regelmäßig in einer Ausnahmesituation befindet, erst recht keine ausreichende Grundlage für solche schwerwiegenden Eingriffe in die persönliche Freiheit sein könne.[755] Schließlich werden vor allem Praktikabilitätsgründe dafür angeführt, dass auch das Einverständnis des Kindes das Genehmigungserfordernis nicht entfallen lässt.[756] 343

---

750 BGHZ 145, 297 = FamRZ 2001, 149.

751 In diesem Sinne auch *Hoffmann* in HK-BUR § 1631b Rn 4a; *Hoffmann* R & P 2007, 173, 175, 177 f; vgl insoweit das Beispiel von *Wille* DAVorm 2000, 449 f (Fn 4), der eine solche Zuführung als Freiheits*entziehung* qualifizierte.

752 Näher dazu *Hoffmann* FamRZ 2013, 1346 f.

753 In diesem Sinne *Marschner*/Volckart/Lesting § 1631b Rn 7; *Hoffmann* in HK-BUR § 1631b Rn 5 ff; *Ostendorf/Hinghaus/Kasten* FamRZ 2005, 1514, 1518 f.

754 *Schwab* FamRZ 1990, 681, 687; so auch MünchKomm BGB/*Wagenitz* § 1800 Rn 28; *Beermann* FPR 2011, 535 f; *Salgo* FPR 2011, 546.

755 *Schumacher* FamRZ 1991, 280 f.

756 *Gollwitzer/Rüth* FamRZ 1996, 1388 ff; krit dazu *Ostendorf/Hinghaus/Kasten* FamRZ 2005, 1514, 1518 f.

344 Es fragt sich, ob die Genehmigung auch für **freiheitsentziehende Maßnahmen sonstiger Art** erforderlich ist. Dem Wortlaut von § 1906 Abs 4 BGB nach gilt eine Genehmigungspflicht für **unterbringungsähnliche Maßnahmen**[757] für Betreuer also für gesetzliche Vertreter *Volljähriger*. Eine analoge Anwendung der Norm wurde abgelehnt, da der Betreuungsrechtsgesetzgeber die Erstreckung der Regelung auf Minderjährige ausdrücklich ausgeschlossen hat.[758] *Schwab*[759] äußerte gleichwohl die Erwartung, dass die Norm, die Freiheitsentziehung durch mechanische Vorrichtungen, Medikamente oder auf andere Art in § 1906 Abs 4 BGB unter einen Genehmigungsvorbehalt stellt, auf die Handhabung von § 1631b BGB ausstrahlt, weil die Situationen im Einzelfall durchaus vergleichbar sein können und das minderjährige Kind insoweit nicht weniger schutzbedürftig ist.[760] Diese Erwartung hat sich aber nicht erfüllt. Der Gesetzgeber hat vielmehr auch anlässlich der Neufassung von § 1631b BGB keine entsprechende Regelung geschaffen und auch nicht schaffen wollen. Nach hM liegt daher bei unterbringungsähnlichen Maßnahmen der genannten Art kein Genehmigungserfordernis vor.[761] Dass unterbringungsähnliche Maßnahmen durch die Eltern keiner gerichtlichen Genehmigung bedürfen, wird zudem daraus geschlossen, dass der Gesetzgeber in dem durch das FGG-RG[762] zum 1.9.2009 neu geschaffenen § 167 FamFG ausdrücklich nur auf § 312 Nr 1 FamFG verweist.[763] § 312 Nr 2 FamFG ist folglich nicht entsprechend anwendbar, nur diese Regelung befasst sich aber (verfahrensrechtlich) mit unterbringungsähnlichen Maßnahmen nach § 1906 Abs 4 BGB.

345 Gemäß § 1631b S 3 BGB ist die Unterbringung ohne die Genehmigung nur zulässig, wenn mit dem durch deren Einholung eintretenden Aufschub Gefahr verbunden ist. Die Genehmigung ist in diesem Fall **unverzüglich nachzuholen**.

---

757 BT-Drucks 11/4528 S 82.

758 BT-Drucks 11/4528 S 82 f.

759 FamRZ 1990, 681, 687.

760 Vgl *Dodegge* (FamRZ 1993, 1348 f) in einer Anm zur Entscheidung des LG Essen FamRZ 1993, 1347; für eine Genehmigungspflicht auch MünchKomm BGB/*Huber* § 1631b Rn 8.

761 BGH FamRZ 2013, 1646 m Anm *Salgo* FamRZ 2013, 1719; krit hierzu *Moll-Vogel* FamRB 2013, 219 f; siehe dazu auch den Aufsatz von *Leeb/Weber* ZKJ 2014, 143, die aufgrund der Begründung des BGH aber ein Genehmigungserfordernis für das Handeln durch Vormund und Pfleger bejahen; OLG Frankfurt FamRZ 2013, 1225; *Fröschle* Rn 410; vgl auch die zahlreichen weiteren Nachweise bei *Vogel* S 133.

762 Gesetz zur Reform des Verfahrens in Familiensachen und in den Angelegenheiten der freiwilligen Gerichtsbarkeit (FGG-Reformgesetz – FGG-RG) v 17.12.2008 (BGBl I S 2586).

763 *Walther* JAmt 2009, 480 f.

Die **Auswahl der Einrichtung**, in der das Kind untergebracht wird, obliegt den Eltern, nicht dem Familiengericht.[764] 346

Eine Unterbringungsgenehmigung nach § 1631b BGB kann im Übrigen nur erteilt werden, wenn die aufenthaltsbestimmungsberechtigten Eltern diese haben wollen, nicht aber wenn die (aufenthaltsbestimmungsberechtigten) Eltern mit der Unterbringung nicht einverstanden sind. Weigern sich die insoweit sorgeberechtigten Eltern, eine notwendige Unterbringung ihres Kindes zu veranlassen und die dafür erforderliche Genehmigung nach § 1631b BGB beim Familiengericht zu erbitten, so muss ihnen einstweilen das Aufenthaltsbestimmungsrecht gem § 1666 BGB entzogen und ein Ergänzungspfleger bestellt werden, der die Unterbringung veranlasst und den Genehmigungsantrag stellt.[765] Die Entziehung darf aber nur erfolgen, wenn die Kindeswohlgefährdung dadurch abgewendet werden kann. Sie scheidet deshalb aus, wenn der Ergänzungspfleger keine geeignete Maßnahmen zur Verbesserung der Situation des Kindes einleiten oder wenigstens zur Beendigung des kindeswohlgefährdenden Zustands ergreifen kann.[766]

2.7.2 Verfahrensrechtliche Regelungen im Überblick

Zuständig für die Entscheidung über die Genehmigung ist gem § 1631b S 1 BGB 347
das **Familiengericht** am Amtsgericht (§§ 23a Abs 1 S 1 Nr 1, 23b Abs 1 GVG, 111 Nr 2, 151 Nr 6 FamFG).

Die **örtliche Zuständigkeit** ergibt sich aufgrund des in § 167 Abs 1 FamFG enthaltenen Verweises auf § 312 Nr 1 FamFG aus § 313 Abs 1 FamFG.[767] In erster Linie ist danach das Familiengericht zuständig, in dessen Bezirk das Kind seinen gewöhnlichen Aufenthalt hat, § 313 Abs 1 Nr 2 FamFG.

Funktionell ist der Richter zuständig. § 4 Abs 2 Nr 2 RPflG lässt aufgrund Art 104 Abs 2 S 1 GG keine Übertragung der Aufgaben auf den Rechtspfleger zu. § 3 Nr 2a RPflG erfasst die Unterbringung des Minderjährigen betreffende Anordnungen daher von vornherein nicht.

---

764 OLG Koblenz FamRZ 2015, 2069; OLG Brandenburg FamRZ 2004, 815 m Anm *Affeldt* FamRZ 2004, 1798 = Rpfleger 2004, 43; BayObLG FamRZ 1992, 105, 106; LG Bielefeld FamRZ 1990, 664.

765 BVerfG FamRZ 2007, 1627 = RuP 2007, 189 m Anm *Hoffmann* = FamRB 2007, 296 (LS) m Anm *Völker*; anders als vom OLG Frankfurt (FamRZ 2015, 2070) entschieden, handelt es sich gleichwohl nicht um ein Verfahren, das nur auf Antrag des gesetzlichen Vertreters eingeleitet werden könnte.

766 BVerfG FamRZ 2014, 1177.

767 Näher dazu Bork/Jacoby/Schwab/*Zorn* § 167 Rn 9 f.

348 Zu **beteiligen** sind

- das Kind selbst, §§ 167 Abs 1 S 1, 312, 315 Abs 1 Nr 1 FamFG,
- der aufenthaltsbestimmungsberechtigte gesetzliche Vertreter des Kindes, §§ 167 Abs 1 S 1, 312, 315 Abs 1 Nr 2 FamFG ,
- der Verfahrensbeistand, §§ 158 Abs 3, 317, 315 Abs 2, 167 Abs 1 S 2 FamFG,
- nach § 315 Abs 3 FamFG ist das Jugendamt als zuständige Behörde auf seinen **Antrag** als Beteiligter hinzuziehen.

349 Gem § 167 Abs 3 FamFG ist das **Kind** ohne Rücksicht auf seine Geschäftsfähigkeit ab der Vollendung des 14. Lebensjahres **verfahrensfähig.**[768]

350 Statt eines Verfahrenspflegers (vgl § 317 FamFG) ist stets ein **Verfahrensbeistand** zu bestellen (§ 167 Abs 1 S 2 FamFG), wenn nach den für Unterbringungssachen geltenden Vorschriften ein Verfahrenspfleger zu bestellen wäre.

351 Die **Anhörungspflichten** ergeben sich im Wesentlichen aus §§ 159 ff FamFG.[769] § 319 FamFG, der über die Verweisung in § 167 Abs 1 S 1 FamFG auf § 312 FamFG anwendbar ist, ergänzt die sich aus § 159 FamFG ergebende Anhörungspflicht insoweit, als auch noch nicht 14 Jahre alte Kinder in jedem Fall **persönlich angehört** werden müssen, es sei denn, die Anhörung kann aus den Gründen des § 34 Abs 2 FamFG unterbleiben. Die Art der Anhörung bestimmter Personen wird darüber hinaus in § 167 Abs 4 FamFG – ggf abweichend von den allgemeinen Anhörungsbestimmungen (§§ 160 ff FamFG) – bestimmt. Nach dieser Norm sind die Elternteile, denen die Personensorge zusteht, der gesetzliche Vertreter in persönlichen Angelegenheiten sowie ggf vorhandene Pflegeeltern persönlich, dh mündlich anzuhören. Anzuhören ist gem § 162 Abs 1 S 1 FamFG auch das Jugendamt.

§ 319 Abs 1 FamFG verpflichtet das Familiengericht dazu, sich von dem Kind einen unmittelbaren **persönlichen Eindruck** zu verschaffen, was, soweit dies erforderlich ist, in der gewöhnlichen Umgebung zu geschehen hat.

352 Nach § 321 FamFG hat das Gericht ein **Gutachten** über die Notwendigkeit der Unterbringung einzuholen. Die **Qualifikation des Sachverständigen** ist in § 167 Abs 6 FamFG gesondert geregelt. Gem § 167 Abs 6 S 1 FamFG soll der Sachverständige Arzt für Kinder- und Jugendpsychiatrie und -psychotherapie sein. Das Gutachten kann aber auch durch einen in Fragen der Heimerziehung ausgewiesenen Psychotherapeuten, Psychologen, Pädagogen oder Sozialpädagogen erstattet werden (§ 167 Abs 6 S 2 FamFG).

353 Die Entscheidung ergeht durch **Beschluss** (§§ 116 Abs 1, 111 Nr 2, 151 Nr 6, 38 ff FamFG); § 323 FamFG schreibt den Inhalt der Beschlussformel (§ 38 Abs 2

---

768 Bork/Jacoby/Schwab/*Zorn* § 167 Rn 18 ff.
769 BT-Drucks 16/6308 S 274.

Nr 3 FamFG) vor. Anzugeben sind demnach auch die nähere Bezeichnung der Unterbringungsmaßnahme sowie der Zeitpunkt, zu dem diese Maßnahme endet. Die Genehmigungsentscheidung muss darüber hinaus klarstellen, ob die Unterbringung in einem psychiatrischen Krankenhaus oder einer Einrichtung der Jugendhilfe genehmigt wird.[770]

Wirksam wird die Genehmigungsentscheidung grundsätzlich erst mit 354
Rechtskraft (vgl § 324 Abs 1 FamFG);[771] dies gilt gleichermaßen für die Erteilung wie für die Versagung der Genehmigung.

Rechtskraft und mit ihr die Wirksamkeit tritt mit fruchtlosem Ablauf der für die **Beschwerde** in Kindschaftssachen (§§ 58, 63 FamFG) geltenden Frist für alle Beschwerdeberechtigten ein. Ein Beschwerderecht steht unbeschadet des § 59 FamFG den in § 335 FamFG bezeichneten Personen und Stellen zu. Die Beschwerdefrist beträgt **einen Monat** (§ 63 Abs 1 FamFG) bzw, wenn sich die Beschwerde gegen eine einstweilige Anordnung richtet, **zwei Wochen** (§ 63 Abs 2 Nr 1 FamFG). Aufgrund der Verweisung auf die für die Unterbringung Volljähriger geltenden Vorschriften ist auch eine **einstweilige Anordnung** abweichend von § 57 S 1 FamFG anfechtbar.[772]

2.8 Das Recht des Kindes auf gewaltfreie Erziehung

Die seit dem 8.11.2000 geltende durch das Gesetz zur Ächtung der Gewalt in der 355
Erziehung und des Kindesunterhalts vom 2.11.2000[773] geschaffene Fassung des § 1631 Abs 2 S 1 BGB statuiert das **Recht des Kindes auf gewaltfreie Erziehung**, wobei Satz 2 der Norm dieses Recht durch das Verbot konkretisiert, bei der Ausübung der Personensorge körperliche Bestrafungen, seelische Verletzungen und andere entwürdigende Maßnahmen einzusetzen.

Der Gesetzgeber räumte dem Kind ein Recht auf gewaltfreie Erziehung ein, 356
um zu verdeutlichen, dass das **Kind als Person mit eigener Würde und als Träger von Rechten und Pflichten die Achtung seiner Persönlichkeit auch von den Eltern verlangen kann.** Ein schlichtes Gebot der gewaltfreien Erziehung war seiner Meinung nach nicht ausreichend, weil dieses von den Eltern relativ leicht als zwar staatlich gebotener, bei *ihrem* Kind aber nicht durchführbarer „Erziehungsstil" abgetan werden könnte.[774]

---

770 BVerfG FamRZ 2007, 1627.
771 Näher dazu Bork/Jacoby/Schwab/*Zorn* § 167 Rn 35 ff – auch zur Möglichkeit der Anordnung der sofortigen Wirksamkeit.
772 OLG Naumburg NJOZ 2013, 531; Bork/Jacoby/Schwab/*Zorn* § 167 Rn 35 mwN in Fn 30.
773 BGBl I S 1479.
774 BT-Drucks 14/1247 S 5.

Für in Deutschland lebende Familien aus fremden Kulturkreisen gelten keine Ausnahmen.[775]

357 Obwohl die Regelung in erster Linie auf eine **Bewusstseinsänderung** zielt, geht sie über ein unverbindliches Leitbild hinaus und schränkt das grundrechtlich verbürgte Elternrecht durch **Verbot bestimmter Erziehungsmittel** ein.[776]

So brauchte es denn auch viele Anläufe, um von dem 1900 ausdrücklich nur dem Vater zugestandenen Züchtigungsrecht – aus dem nach Entfallen der positiven Ermächtigung zu Zuchtmitteln durch das am 1.7.1958 in Kraft getretene Gleichberechtigungsgesetz in Praxis und Theorie gleichsam gewohnheitsrechtlich ein „elterliches" Züchtigungsrecht entnommen wurde, das nun beiden Elternteilen als strafrechtlicher Rechtfertigungsgrund diente – zu dem nun bestehenden Recht des Kindes auf gewaltfreie Erziehung zu gelangen.[777] Alle Schritte in diese Richtung waren beinahe zwangsläufig von heftiger Kritik begleitet, weil hierin ein Verstoß gegen den grundrechtlich garantierten Elternprimat gesehen wurde und wohl weiterhin gesehen wird.[778]

358 Von dem Verbot werden erfasst:

- **jegliche Art körperlicher Bestrafung**, worunter sowohl der immer wieder bemühte „Klaps"[779] als auch schwere Schläge und andere körperliche Misshandlungen zu verstehen sind.[780] In der amtlichen Begründung[781] wird ausdrücklich darauf hingewiesen, dass eben nicht nur der in der Umgangssprache wesentlich enger ausgelegte Begriff der „Misshandlung" von dem Verbot erfasst wird, sondern auch solche körperlichen Bestrafungen, die nicht die Intensität der Misshandlung erreichen, da auch solche für das Kind eine Demütigung bedeuten;
- das **Zufügen seelischer Verletzungen**, womit vor allem kränkende und herabsetzende Verhaltensweisen von Eltern, etwa das Bloßstellen vor den Freunden oder in der Schulklasse, aber auch extreme Kälte im Umgang mit dem Kind gemeint sind. Für die Frage, ob eine verbotene Verletzung durch die Eltern in diesem Sinne vorliegt, ist nicht wie bei der Bestrafung an der Verletzungs*handlung*, sondern am Verletzungs*erfolg* anzusetzen;

---

775 OLG Köln FamRZ 2001, 1087; vgl auch BayObLG FamRZ 1993, 229.

776 *Schwab* Rn 667.

777 Zur „historischen" Entwicklung vgl ua *Huber/Scherer* FamRZ 2001, 797 f; *Maywald* FPR 2003, 299 ff.

778 Vgl ua *Benkert* S 289 ff.

779 OLG Jena FamRZ 2008, 806; vgl auch *Lack* S 54.

780 In diesem Sinne auch *Huber/Scherer* FamRZ 2001, 797, 799; *Kellner* NJW 2001, 796 f; *Peschel-Gutzeit* FPR 2000, 231; *Heger/Schomburg* Kind-Prax 2000, 171 f; Staudinger/*Coester* § 1666 Rn 96.

781 BT-Drucks 14/1247 S 4, 8.

- **andere entwürdigende Maßnahmen** und zwar unabhängig davon, ob diese zum Zwecke der Erziehung oder aus anderen Gründen eingesetzt werden, womit der Gesetzgeber auch solche Maßnahmen verboten hat, die bei Abstellen auf einen Verletzungserfolg bei einem besonders unsensiblen Kind oder bei hinter dem Rücken des Kindes erfolgten verächtlichen Äußerungen, von denen das Kind nichts erfährt, sonst nicht erfasst wären.
  Als entwürdigend in diesem Sinne sind solche Maßnahmen einzustufen, die das kindliche Selbstbewusstsein und Ehrgefühl verletzen oder gefährden. Beispielhaft werden hier genannt: Einsperren im Dunkeln,[782] Bisse in den Po sowie Fesseln und nackt ausziehen zum Zwecke der Bestrafung[783] und Festgurten des Kindes im Rahmen einer Festhaltetherapie[784] sowie alle quälenden auch das Schamgefühl verletzenden Maßnahmen, wie etwa die Kontrolle der Geschlechtsorgane einer 14-Jährigen durch die Eltern.[785]

Nicht von dem Verbot erfasst sind hingegen solche **körperlichen Einwirkungen** auf das Kind, mit denen **keine Strafabsicht** verfolgt wird, wie zB das Festhalten des Babys auf dem Wickeltisch, des Kindes an der roten Ampel[786] oder das Wegreißen des Kindes von einer viel befahrenen Straße. Unzulässig sind demnach nur solche körperlichen Einwirkungen, die als Sanktion gegen Fehlverhalten des Kindes vorgenommen werden, nicht aber solche, die präventiv der **Vermeidung von Gefahren** dienen, denn den Eltern muss selbstverständlich die Möglichkeit bleiben, korrigierend in Geschehnisabläufe einzugreifen. Von Letzteren wiederum ausgenommen sind nach Sinn und Zweck der Regelung aber solche Präventionsmaßnahmen, die das Kind von einem zukünftigen Tun durch aktive Gewaltanwendung zB in Form einer vorsorglich verabreichten Tracht Prügel abhalten sollen.[787] Daraus ergibt sich, dass Gewalt zur Durchsetzung von Sorgemaßnahmen zB zur Abwehr von Gefahren für das Kind oder Dritte **strikt verhältnismäßig** bleiben muss.[788] 359

Unstreitig ist überdies, dass den Eltern das Einschreiten gegen ein Fehlverhalten des Kindes durch andere, gewaltfreie Maßnahmen wie etwa Kürzung des Taschengeldes oder Verbot einer sonst gestatteten Fernsehsendung selbstverständlich nach wie vor unbenommen ist.

---

782 OLG Thüringen FamRZ 2005, 52.
783 OLG Thüringen FamRZ 2003, 1319.
784 Staudinger/*Salgo* § 1631 Rn 89.
785 BayObLG DAVorm 1983, 78.
786 BT-Drucks 14/1247 S 7.
787 Zutreffend *Huber/Scherer* FamRZ 2001, 797 f.
788 Staudinger/*Salgo* § 1631 Rn 85.

360 Ziel ist die **Ächtung der Gewalt in der Erziehung ohne Kriminalisierung der Familie**. Gleichwohl scheiden **Strafverfolgung** ebenso wenig aus wie **Maßnahmen nach § 1666 BGB. Vorrangig ist jedoch die Hilfegewährung durch die Jugendhilfe**. Bei Verstößen soll den Eltern daher in erster Linie Hilfe bei der Bewältigung von Konflikten und Krisensituationen angeboten werden.[789] In Ergänzung des schon bei Inkrafttreten der Neufassung des § 1631 Abs 2 BGB im SGB VIII bereitgehaltenen Instrumentariums wurde der Jugendhilfe die Aufgabe zugewiesen, Wege aufzuzeigen, wie Konfliktsituationen in der Familie gewaltfrei gelöst werden können, § 16 Abs 1 S 3 SGB VIII.[790]

361 Allgemeine zivilrechtliche Unterlassungs- oder Leistungsansprüche (in Form von pflichtgerechter Ausübung der Sorge) sollen dem Kind nach dem Willen des Gesetzgebers nicht zustehen, da solche von § 1666 BGB als lex specialis verdrängt werden,[791] bei deren Anwendung das Familiengericht freilich die in § 1631 Abs 2 BGB zum Ausdruck kommende Wertentscheidung zu berücksichtigen hat.[792] Der Wegfall der Rechtfertigung für elterliche Züchtigungen hat somit spätestens durch die geltende Fassung des § 1631 Abs 2 BGB auch Einfluss auf die Auslegung der in § 1666 BGB genannten Tatbestandsmerkmale genommen.[793]

362 Wie erwähnt scheidet bei körperlicher Misshandlung auch eine **Strafverfolgung** nach den §§ 223 ff StGB nicht aus. Der Gesetzgeber wollte den in Satz 1 der Norm verwendeten Begriff der gewaltfreien Erziehung nicht an den strafrechtlichen Gewaltbegriff anknüpfen, um die Strafbarkeit nicht zu erweitern.[794] Soweit erkennbar unstrittig ist zwar, dass körperliche Bestrafungen nicht dem Tatbestand des § 223 StGB unterfallen, wenn sie nicht die Intensität einer „Misshandlung" erreichen.[795] Keine Einigkeit besteht aber darüber, ob jede andere,

---

789 BT-Drucks 14/1247 S 5.

790 Die systematische Stellung der Regelung kritisierend *Baltz* ZfJ 2000, 210, 213; zur möglichen Umsetzung der Hilfe auf dem Weg zur gewaltfreien Erziehung ua *Salgo* RdJB 2001, 283, 289 ff.

791 BT-Drucks 14/1247 S 5; hierzu ausführlich *Huber/Scherer* FamRZ 2001, 797, 800 f; Staudinger/*Coester* § 1666 Rn 11; *Will* FPR 2004, 233; **aA** *Benkert* S 248 ff, der den Ausschluss solcher Ansprüche angesichts des Wortlauts der Norm für dogmatisch kaum haltbar erklärt.

792 So ua auch *Peschel-Gutzeit* FPR 2000, 231 f.

793 Auf die völlige Abschaffung des elterlichen Züchtigungsrechts schließen zu Recht ua *Roxin* JuS 2004, 177 f; *Hillenkamp* JuS 2001, 159, 166; *Kellner* NJW 2001, 796 f; *Heger/Schomburg* Kind-Prax 2000, 171 f; LG Berlin ZKJ 2006, 103 m zust Anm *Riemer;* vgl auch AG Burgwedel JAmt 2005, 50; *Otto* JURA 2001, 670 f; **aA** ua *Kargl* NJ 2003, 57 f, der weiterhin daran festhält, dass das elterliche Züchtigungsrecht nur insoweit als abgeschafft gelten könne, als es um körperliche Bestrafungen geht, die zugleich entwürdigende Maßnahmen darstellen.

794 BT-Drucks 14/1247 S 7; krit hierzu *Hoyer* FamRZ 2001, 521, 523 und *Benkert* S 252 ff.

795 *Roxin* JuS 2004, 177 mwN; näher auch LSG Baden-Württemberg – Urteil v 18.12.2014 – L 6 VG 2838/12 (juris).

die Geringfügigkeitsgrenze übersteigende Bestrafung als Körperverletzung strafbar ist.

Zuzugeben ist zudem, dass der in § 1631 Abs 2 S 1 BGB verwendete Begriff der Gewalt durch die Klarstellung in Satz 2 der Norm über den im Strafrecht verwendeten Gewaltbegriff hinausgeht, was auf den ersten Blick mit der mit dem Gesetz verbundenen Absicht, die Familie nicht zu kriminalisieren, im Widerspruch steht. Dieses Problem lässt sich indes nicht dadurch beseitigen, dass Gewaltanwendung im Sinne von § 1631 Abs 2 BGB nur als verboten betrachtet und damit nur dann für strafbar gehalten wird, wenn sie zu *Erziehungszwecken* ausgeübt wird,[796] also etwa dann nicht, wenn sie im Rahmen einer den Eltern ebenfalls obliegenden Beaufsichtigung vorgenommen wird. Nach zutreffender Auffassung widerspricht eine derartige künstliche Aufspaltung der ganzheitlichen Personensorge zur *Rettung* von Gewaltanwendung gegen Kinder dem Gesetzeszweck.[797]

Da eine Strafverfolgung aber nicht zuletzt im Kindesinteresse **Nachrang gegenüber der Annahme von Hilfsangeboten** hat, ist eine solche Aufspaltung auch nicht erforderlich. Auch den Strafverfolgungsbehörden steht die Kooperation mit freien und öffentlichen Trägern der Kinder- und Jugendhilfe offen, die im Rahmen einer Verfahrenseinstellung nach § 153a StPO zur Weiterentwicklung von Diversionsmodellen genutzt werden könnte.[798] Mit dem Begriff „**Diversion**" werden kriminalpolitische Versuche bezeichnet, eine Strafverfolgung des Täters bzw eine Strafvollstreckung zu verhindern, obwohl eine strafrechtliche Normverletzung festgestellt wurde,[799] sodass sich das Ziel des Gesetzgebers schließlich auch auf diesem Wege erreichen ließe.[800]

3. Gerichtliche Maßnahmen bei Kindeswohlgefährdung

3.1 Allgemeines

Wird das körperliche, geistige oder seelische Wohl des Kindes oder sein Vermögen gefährdet und sind die Eltern nicht gewillt oder in der Lage, die Gefahr ab- 363

---

796 So *Hoyer* FamRZ 2001, 521, 524 f.

797 Staudinger/*Salgo* § 1631 Rn 84; im Ergebnis ebenso *Peschel-Gutzeit* FPR 2012, 195 f.

798 Staudinger/*Salgo* § 1631 Rn 80; krit hierzu *Kargl* NJ 2003, 57, 63, 64, der ein solches Diversionsverfahren ua im Hinblick auf den Sinn eines Strafverfahrens und die vom Strafrecht ausgehende Signalwirkung für problematisch hält.

799 *Göbel* S 238 mwN.

800 In diesem Sinne zumindest im Ergebnis auch *Roxin* JuS 2004, 177, 179; näher dazu *Göbel* S 238 ff.

zuwenden, so hat das Familiengericht die Maßnahmen zu treffen, die zur Abwehr der Gefahr erforderlich sind, § 1666 Abs 1 BGB.

Die Vorschrift enthält in Konkretisierung des in Art 6 Abs 2 S 2 GG statuierten **Wächteramtes** die Ermächtigung für staatliche Eingriffe in die Personen- und/oder Vermögenssorge der Eltern im Interesse eines möglichst effektiven Kindesschutzes. Damit wird zugleich klargestellt, dass die den Eltern durch Art 6 Abs 2 S 1 GG zugewiesene **Interpretationsautonomie** bezüglich der Ausfüllung und der Wahrung des individuellen Kindeswohls zu beachten ist.

Auf eine objektive Bestimmung dessen, was dem Kindeswohl entspricht bzw dieses gefährdet kommt es folglich erst an, wenn das Kindeswohl wie im Rahmen von §§ 1666 ff BGB Eingriffs- und/oder Entscheidungsgrundlage wird,[801] wobei die Bestimmung den Elternprimat freilich einzubeziehen hat, sodass keine zu engen Grenzen gezogen werden dürfen.

364 § 1666 Abs 1 BGB wurde mit Wirkung vom 12.7.2008[802] neu gefasst. Vor dem Inkrafttreten der Neuregelung verlangte der Wortlaut der Norm ausdrücklich, dass das Kindeswohl oder -vermögen durch missbräuchliche Ausübung der elterlichen Sorge, durch Vernachlässigung, durch unverschuldetes Versagen der Eltern oder durch das Verhalten eines Dritten gefährdet war. Mit dem **Verzicht auf die Tatbestandsvoraussetzung des elterlichen Fehlverhaltens oder Erziehungsversagens** wollte der Gesetzgeber zum einen die in der Praxis auftretenden Schwierigkeiten bei Nachweis eines konkreten Fehlverhaltens und seine Kausalität für die Kindeswohlgefährdung beseitigen und zum anderen das Risiko minimieren, dass sich der Vorwurf eines elterlichen Versagens negativ auf die elterliche Kooperationsbereitschaft auswirkt.[803] Eine Herabsenkung der Eingriffsschwelle war jedoch nicht beabsichtigt.[804]

Zu Recht wurde in der Literatur festgestellt, dass das mit der Gesetzesänderung verfolgte Ziel eines effektiveren Kinderschutzes durch frühzeitige Prävention durch Streichung dieser Tatbestandshürden (allein) aber nicht erreicht werden kann.[805] Die Auffassungen, welche flankierenden Maßnahmen notwendig sind, um Kinder künftig früher, dh bevor sie Schaden nehmen, schützen zu können, gingen allerdings auseinander. Während *Röchling*[806] eine neue Definition des Begriffs der Kindeswohlgefährdung für erforderlich hielt, sprach sich

---

801 *Rauscher* Rn 958.

802 Durch das Gesetz zur Erleichterung familiengerichtlicher Maßnahmen bei Gefährdung des Kindeswohls v 4.7.2008, BGBl I 2008 S 1188.

803 BT-Drucks 16/6815 S 9, 14; zu den Motiven des Gesetzgebers ausführlich ua *Fellenberg* FPR 2008, 125 ff.

804 BT-Drucks 16/6815 S 14.

805 Vgl *Röchling* FamRZ 2007, 431 f; *ders* FamRZ 2007, 1775 ff; *Coester* JAmt 2008, 1, 5.

806 FamRZ 2007, 431 f; *ders* FamRZ 2007, 1775 ff; vgl auch *Röchling* FamRZ 2008, 1495 ff.

Coester[807] mit überzeugenden Argumenten gegen eine Absenkung der Eingriffsschwelle und für eine sowohl **qualitative als auch quantitative Stärkung der Kompetenz** der Normanwender aus. Gerade im Hinblick auf die Notwendigkeit der Kompetenzstärkung besteht seltenes Einvernehmen, denn zum einen wird eine Verbesserung des justiziellen Kindesschutzes ohne eine entsprechende Ausbildung von Richtern und Rechtspflegern auf dem Gebiet der Entwicklungspsychologie und anderen kindesbezogenen Fachwissenschaften nicht erreicht werden können. Zum anderen müssen sowohl im gerichtlichen als auch im sozialen Bereich für eine ausreichende Anzahl von qualifizierten Mitarbeitern und Mitarbeiterinnen gesorgt und auch die sachlichen Ressourcen so verstärkt werden, dass die Aufgabe auch bewältigt werden kann.

Das **Kindeswohl** ist als **unbestimmter Rechtsbegriff** unter Berücksichti- 365
gung der emotionalen Bindungen des Kindes, der Beachtung seines Willens[808] und der Bedeutung von Kontinuität und Stabilität, des Alters des Kindes sowie des Bedürfnisses nach Schutz seiner körperlichen, seelischen und geistigen Integrität jeweils **einzelfallbezogen** zu ermitteln.[809] Das in diesem Sinne objektiv zu bestimmende, an den Bedürfnissen des Kindes zu messende Kindeswohl, das den Interessen anderer, einschließlich denen der Eltern vorgeht, ist zugleich Legitimation für den Eingriff und Entscheidungsmaßstab für die vom Gericht zu treffenden Maßnahmen.

3.2 Gefährdung des Kindeswohls

Zum **Schutz des Kindes** muss der Staat in Ausübung des Wächteramtes gegen 366
Kindeswohlgefährdungen einschreiten.

Eine **Gefährdung, die das körperliche, geistige oder seelische Wohl des Kindes** betrifft, liegt vor, wenn die **begründete Besorgnis** besteht, dass bei Nichteingreifen des Gerichts das Wohl des Kindes beeinträchtigt wird oder eine in einem solchen Maße vorhandene Gefahr besteht, dass sich bei der weiteren Entwicklung des Kindes eine erhebliche Schädigung mit ziemlicher Sicherheit voraussehen lässt.[810] Da eine gerichtliche Intervention eine **hinreichend ge-**

---

807 JAmt 2008, 1ff; zur Debatte, wie Kinder besser geschützt werden können vgl auch die Anm des Bundesjugendkuratoriums in ZKJ 2008, 200ff.

808 Zur Bedeutung des kindlichen Willens bei der Ermittlung des Kindeswohls siehe *Peschel-Gutzeit* FPR 2003, 271, 274f (Anm zur Entscheidung des OLG Dresden FamRZ 2003, 397).

809 Vgl ua *Häfele* FPR 2003, 307, 310 mwN; OLG Hamm FamRZ 2007, 1677.

810 BVerfG FamRZ 2015, 112 = NJW 2015, 223 m Anm *Zimmermann*; siehe dazu auch die Besprechungsaufsätze von *Heilmann* FamRZ 2015, 92ff; *Lüblinghoff* DRiZ 2015, 52f; dass FamRZ 2014, 1772; dass FamRZ 2014, 1177; dass JAmt 2014, 223; vgl dazu die Aufsätze von *Heilmann* NJW 2014, 2904ff und *Riegner* NZFam 2014, 625ff; dass FamRZ 2012, 1127 m Anm *Coester* ZKJ

genwärtige Gefahr voraussetzt, reichen bloß latente Risiken nicht aus. Aus diesem Grund und weil nicht ohne entsprechende Gefährdungslage in die elterliche Lebensführung eingegriffen werden darf, kann auf § 1666 BGB zB auch kein **Rauchverbot gegen die Eltern** gestützt werden, es sei denn, das Kind neigt zu Asthma oder ähnlichen Erkrankungen.[811]

Die **Bandbreite sozialer und ökonomischer Lebensverhältnisse** von Eltern und Kindern ist hinzunehmen und bietet daher grundsätzlich ebenfalls keinen Anlass, gegen daraus resultierende wirkliche oder vermeintliche Nachteile einzuschreiten.[812] Das OLG Hamm[813] betont denn auch zu Recht, dass das Kind keinen Anspruch auf **„Idealeltern"** und **optimale Förderung und Erziehung** hat, sondern sich das staatliche Wächteramt im Rahmen von §§ 1666, 1666a BGB auf die Abwehr von Gefahren beschränkt. Für eine Trennung des Kindes von den Eltern oder einem Elternteil ist es deshalb in keinem Fall ausreichend, dass es andere Personen oder Einrichtungen gibt, die zur Erziehung und Förderung evtl besser geeignet wären.[814]

Auch aus vereinzelt gebliebenen Fehlhandlungen oder Erziehungsfehlern kann noch nicht auf eine gegenwärtige Kindeswohlgefährdung geschlossen werden. Aus solchen kann aber im Einzelfall etwa bei elterlicher Drogensucht[815] eine in diesem Sinne hinreichend konkrete Gefährdung abgeleitet werden, denn die begründete Besorgnis der Schädigung wird sich in aller Regel aus **Vorfällen der Vergangenheit** ergeben. Hierbei spielen auch Gewalttaten an anderen Kindern eine Rolle.[816]

2012, 182 f und *Ernst* FamFR 2012, 211 sowie *Clausius* FF 2012, 255 ff; dass FamRZ 2010, 713; zur Komplexität einer Prognose einer Kindeswohlgefährdung siehe *Reich/Wulf* ZKJ 2007, 266 ff, 343 ff.

811 BayObLG FamRZ 1993, 1350.

812 BVerfG FamRZ 2008, 492 m Anm *Luthin*; dass FamRZ 2006, 385 m Anm *Luthin*, vgl dazu auch den Besprechungsaufsatz von *Jaeger* FPR 2007, 101 ff; dass FamRZ 2002, 1021; BVerfGE 72, 122 = FamRZ 1986, 871; BVerfGE 60, 79 = FamRZ 1982, 567.

813 NZFam 2015, 526; dass FamRZ 2004, 1664; in diesem Sinne auch OLG Brandenburg FamRZ 2008, 1556; OLG Celle FamRZ 2003, 549.

814 BayObLG FamRZ 1985, 522; vgl auch BVerfG FamRZ 2010, 713; dass FamRZ 2008, 492 m Anm *Luthin*; dass FamRZ 2006, 1593; siehe auch OLG Köln FamRZ 2008, 1553.

815 Vgl LG Berlin ZfJ 1980, 188.

816 Vgl hierzu zB den vom KG (FamRZ 1981, 590) entschiedenen Fall, in dem den Eltern die Personensorge für das während der Strafhaft geborene Kind entzogen wurde, die die Eltern wegen Mordes an anderen ihnen anvertrauten Kindern zu verbüßen hatten.

3.3 Fehlende Gefahrenabwehr durch die Eltern

Weiter ist eine **Unwilligkeit oder Unfähigkeit der Eltern** zur Abwendung der Gefahr erforderlich, ohne dass es auf deren Verschulden ankäme. 367

Diese Eingriffsvoraussetzung verdeutlicht, dass die Abwendung der Gefahr primär Recht und Pflicht der Eltern ist. Nur wenn diese entweder nicht gewillt oder nicht in der Lage sind, das zum Schutz des Kindes(-vermögens) Erforderliche zu unternehmen, besteht daher das Recht, aber auch die Pflicht, gerichtlich einzugreifen.

Der **elterliche Abwendungsprimat** kommt schließlich auch im Verfahrensrecht zum Ausdruck, in dem § 157 Abs 1 FamFG bestimmt, dass das Gericht in Verfahren nach den §§ 1666, 1666a BGB mit den Eltern und in geeigneten Fällen auch mit dem Kind in einem nach § 155 Abs 1, 2 FamFG anzuberaumenden Termin zunächst erörtern soll, wie einer möglichen Gefährdung des Kindeswohls auf andere Weise als durch staatliche Eingriffe begegnet werden und welche Folgen die Nichtannahme notwendiger Hilfen haben kann. Diese Regelung dient zwar nicht (primär) dem Schutz des elterlichen Primats, gibt den Eltern aber die Möglichkeit, eine gerichtliche Intervention etwa dadurch abzuwenden, dass sie selbst notwendige Hilfen zur Erziehung annehmen und dadurch ihre Erziehungskompetenz (wieder) erlangen (näher dazu Rn 403 f).

Der Grundrechtsschutz der Eltern hat aber auch sonst Einfluss auf die Ausgestaltung des Verfahrens.[817] So wird namentlich regelmäßig ein Sachverständigengutachten mit im Hinblick auf eine **nachhaltige Gefährdung des Kindeswohls detailliert vorgegebener Fragestellung** einzuholen sein,[818] es sei denn, die Fachgerichte verfügen anderweit über eine möglichst zuverlässige Entscheidungsgrundlage.[819] Die Aufgabe des Gerichts erschöpft sich freilich nicht in der Einholung eines entsprechenden Gutachtens, dieses ist vielmehr auf seine Verwertbarkeit zu prüfen, dh, dass die darin getroffenen Feststellungen eigenständig tatsächlich eingeordnet und rechtlicher Würdigung unterzogen werden müssen.[820]

---

817 Vgl dazu ua BVerfG FamRZ 2014, 907 m Anm *Hammer* FamRZ 2014, 1005 ff; *Morawitz* FF 2014, 313 f sowie den Besprechungsaufsatz von *Heilmann* NJW 2014, 2904 ff.

818 BVerfG FamRZ 2015, 112 siehe dazu auch die Besprechungsaufsätze von *Heilmann* FamRZ 2015, 92 ff; *Lüblinghoff* DRiZ 2015, 52 f; *Zimmermann* NJW 2015, 228 f.

819 BVerfG FamRZ 2008, 492 m Anm *Luthin*.

820 BVerfG FamRZ 2015, 112 siehe dazu auch die Besprechungsaufsätze von *Heilmann* FamRZ 2015, 92 ff; *Lüblinghoff* DRiZ 2015, 52 f; *Zimmermann* NJW 2015, 228 f.

3.4 Gefährdungsursachen

3.4.1 Allgemeines

368 Die **Ursachen der Kindeswohlgefährdung** können mannigfaltig sein, auf sie kommt es nicht an. Eingriffsvoraussetzung ist vielmehr allein die Kindeswohlgefährdung, die die Eltern nicht abwenden wollen oder können.

Ein Nachweis dafür, dass die Gefährdung des Kindeswohls auf einem Fehlverhalten oder Erziehungsversagen der Eltern beruht, muss also nicht geführt werden. Zentraler Gesichtspunkt ist allein die Sicherung des Kindeswohls bzw des Kindesvermögens. Schließlich ist es aus Sicht des Kindes auch unerheblich, wer oder was die Ursache der Gefährdung ist.

3.4.2 Mögliche Erscheinungsformen von Kindeswohlgefährdung

369 Die Eltern können das Sorgerecht missbrauchen und dadurch das Kindeswohl gefährden. Der unbestimmte Begriff des „**Missbrauchs des Sorgerechts**" umfasst den falschen, rechts- und zweckwidrigen Gebrauch des elterlichen Sorgerechts durch ***positives*** **Handeln** in einer dem Wohl des Kindes objektiv zuwiderlaufenden, jedem besonnenen Elternteil erkennbaren Weise.[821] Bloß unzweckmäßige oder ungeschickte Erziehungsmaßnahmen gehören jedoch nicht dazu, weil § 1666 BGB nicht der Durchsetzung „*optimaler*" Erziehungsmethoden dient (wenn es denn solche überhaupt geben sollte), sondern der Abwehr von Kindeswohlgefährdungen.

370 Als **kindeswohlgefährdender Sorgerechtsmissbrauch** im Rahmen der Personensorge wurden im Einzelfall erachtet:

- Misshandlungen, wozu beispielsweise zu zählen sind
  - die Beschneidung von Mädchen im afrikanisch-islamischen Kulturkreis,[822]
  - (schwere) körperliche Misshandlungen,[823]
  - seelische Misshandlungen zB in Form von Ablehnung und/oder abwertender Behandlung durch die Eltern,[824]
  - sexueller Missbrauch,[825]

---

821 BayObLGZ 83, 231; OLG Zweibrücken FamRZ 1984, 931.

822 BGH FamRZ 2005, 344; OLG Dresden FamRZ 2003, 1862; ausführlich ua zu Sorgerechtseingriffen bei (befürchteter) Genitalverstümmelung *Wüstenberg* FamRZ 2007, 692 ff.

823 OLG Nürnberg, Beschluss v 11.6.2015 – 9 UF 1430/14 (juris); OLG Koblenz FamRZ 2009, 987; BayObLG FamRZ 1997, 572; dass FamRZ 1993, 229.

824 *Münder* FPR 2003, 280, 282.

825 OLG Thüringen FamRZ 2003, 1319; LG Köln FamRZ 1992, 712; vgl auch BayObLG NJW 1992, 1971.

  - Misshandlungen in Form eines Münchhausen-Stellvertreter-Syndroms;[826]
- fehlende Rücksichtnahme auf § 1631a BGB. Hierbei ist zu beachten, dass die Schwelle einer konkret bevorstehenden Kindeswohlgefährdung nicht erreicht sein muss. Dies ist der Tatsache geschuldet, dass der besondere Eingriffstatbestand des § 1631a Abs 2 BGB aF durch das KindRG ersatzlos gestrichen wurde. Dieser Eingriffstatbestand war bereits dann erfüllt, wenn durch die elterliche Fehleinschätzung bzw deren fehlende Rücksichtnahme auf Eignung und Neigungen des Kindes bei prognostischer Betrachtung eine nachhaltige und schwere Beeinträchtigung der beruflichen Zukunft zu besorgen war. Der Gesetzgeber begründete die Streichung damit, dass solchen Fehlentwicklungen im Rahmen von § 1666 BGB begegnet werden könnte,[827] ohne zu bedenken, dass ein Eingriff nach § 1666 BGB eine hinreichend konkrete gegenwärtige Gefahr voraussetzt (vgl auch Rn 366). Da eine sachliche Änderung mit der Streichung nicht beabsichtigt war, muss die Aufhebung von § 1631a Abs 2 BGB aF angesichts der in diesem Zusammenhang möglicherweise weit in die Zukunft reichenden Elternentscheidungen nunmehr durch § 1666 BGB dadurch aufgefangen werden, dass das Gericht bereits aufgrund einer genügend gesicherten Zukunftsprognose eingreifen kann;
- Ausbeuten der kindlichen Arbeitskraft;
- Anhalten zum Betteln und zu strafbaren Handlungen;
- positive Weigerung, in einen indizierten ärztlichen Eingriff oder eine ärztlich empfohlene Bluttransfusion einzuwilligen.[828] Hierunter fallen auch die Fälle, in denen der Eingriff oder die Bluttransfusion aus religiösen Gründen abgelehnt wird.[829] Darüber hinaus ist auch die Weigerung, in einen auf Grund erheblicher Gefahr für Gesundheit oder Leben der schwangeren Minderjährigen ärztlich indizierten Schwangerschaftsabbruch einzuwilligen und/oder den erforderlichen Behandlungsvertrag abzuschließen, hierunter zu subsumieren, wenn dem Kind die erforderliche Einwilligungsfähigkeit noch fehlt;
- Weigerung, in einen zwar rechtswidrigen, gem § 218a Abs 1 StGB aber straffreien Schwangerschaftsabbruch einzuwilligen, respektive den Behandlungsvertrag abzuschließen, wenn die Schwangere noch nicht einsichtsfähig ist bei gleichzeitigem Vorenthalten der notwendigen seelischen, materiellen

---

826 OLG Celle FamRZ 2006, 1478 (LS) m Anm *Luthin*.
827 Vgl BT-Drucks 13/4899 S 115.
828 BayObLG FamRZ 1976, 43; OLG Düsseldorf DAVorm 1992, 878.
829 Vgl OLG Celle NJW 1995, 792.

und organisatorischen Unterstützung bei der Bewältigung der mit der Schwangerschaft und künftigen Geburt einhergehenden Probleme;[830]

- beharrliche Weigerung der Eltern schulpflichtiger Kinder, die Kinder in die Schule zu schicken,[831] auch wenn die Weigerung auf religiösen Gründen beruht;[832]
- Versagen von Impfschutz bei Reisen in seuchengefährdete Gebiete. Es besteht indes insoweit Einigkeit, als die Eltern nicht zu einer bestimmten ärztlichen Behandlung und damit grundsätzlich auch nicht zu einer Zustimmung zur Impfung des Kindes verpflichtet sind;[833]
- dauerhafte Vereitelung des Umgangs mit dem anderen Elternteil,[834] anderen gem § 1685 BGB umgangsberechtigten Personen[835] oder solchen ohne eigenes Umgangsrecht, wenn diese ohne verständigen Grund erfolgt und das Kindeswohl dadurch gefährdet ist.[836] Im Rahmen der Umgangsgewährung für Eltern (§ 1684 BGB) oder andere Personen, die nach § 1685 BGB ein eigenes Umgangsrecht haben, sind aber **vorrangig** als „milderes Mittel" zunächst **gerichtliche Regelungen gem § 1684 Abs 3, 4 ggf iVm § 1685 Abs 3 BGB** zu erwägen.[837] Erst bei Erfolg- oder Aussichtslosigkeit kommen Maßnahmen gem § 1666 BGB in Betracht, wenn die Umgangsvereitelung das Kindeswohl gefährdet. Vorrang vor einer Entziehung des gesamten Aufenthaltsbestimmungsrechts hat als milderes Mittel die Einrichtung Umgangspflegschaft

---

830 OLG Hamburg FamRZ 2014, 1213 = NZFam 2014, 948 m zust Anm *Holzwarth*; Staudinger/*Coester* § 1666 Rn 112.

831 BGH FamRZ 2008, 45 m Anm *Helms* LMK 2008, I, 71 = FamRB 2008, 39 m zust Anm *Götsche*; vgl auch die Beiträge von *Giers* JAmt 2005, 338 ff; *Raack/Raack* FF 2006, 295 ff; *Raack* FPR 2007, 478 ff; OLG Brandenburg NJW 2006, 235 = FamRB 2006, 10 (LS) m zust Anm *Götsche*; BayObLGZ 83, 231; zu den Gründen der Schulverweigerung vgl ua *Lorenz* FPR 2007, 33 ff; *dies* FPR 2007, 482 ff.

832 BVerfG FamRZ 2006, 1094; OLG Brandenburg NJW 2006, 235 = FamRB 2006, 10 (LS) m Anm *Götsche*; OLG Hamm NJW 2006, 237.

833 Vgl OLG Hamm FamRZ 2002, 891 m Hinweis auf BGHZ 144, 1 = FamRZ 2000, 809.

834 BVerfG NJW-RR 2006, 1, nach dem die teilweise Sorgerechtsentziehung als Mittel zur Durchsetzung des Umgangsrechts in Einsatz gebracht werden kann; OLG Zweibrücken FamRZ 2007, 1678; OLG Bandenburg FamRZ 2007, 577; OLG Koblenz FamRZ 2006, 143 m Anm *Luthin*; OLG Rostock FamRZ 2004, 54; OLG München FamRZ 2003, 1955; dass FamRZ 2003, 1957; OLG Frankfurt FamRZ 2002, 1585; OLG Dresden FamRZ 2002, 1588 (LS); OLG Karlsruhe FamRZ 2002, 1210; AG Frankfurt FamRZ 2004, 1595.

835 Zur Kollision zwischen persönlichem Umgangsrecht der Großeltern und Sorgerecht vgl *Höflinger* ZfJ 2002, 131 ff.

836 BayObLG ZfJ 1981, 272; OLG Zweibrücken FamRZ 1999, 1161.

837 In diesem Sinne auch *Rauscher* Rn 1070 aE, der zutreffend ausführt, dass sich ein Eingriff nach § 1666 BGB seit der Schaffung von §§ 1684, 1685 BGB durch das KindRG weitgehend erledigt hat.

zum Zwecke der Durchsetzung des Umgangsrechts,[838] worin wegen der in § 1630 Abs 1 BGB bestimmten Wirkung der der Pflegschaftsanordnung nachfolgenden Pfleger*bestellung* aber ebenfalls ein – wenn auch geringfügigerer – Eingriff in die elterliche Sorge liegt;
- Absicht der Eltern, das Kind aus seinem bisherigen Lebenskreis bei den Pflegeeltern, wo es sich zu Hause und geborgen fühlt, herauszunehmen.[839] Zu prüfen ist aber, ob mildere Maßnahmen (hier Anordnung nach § 1632 Abs 4 BGB) zur Abwendung der Gefährdung des Kindeswohls ausreichen;[840]
- Absicht der Eltern, die noch minderjährige Tochter gegen ihren Willen zu verheiraten, auch wenn die Eltern später nicht mehr auf der Heirat bestehen;[841]
- liebloses Abschieben des Kindes in ein Internat;[842]
- Nichtbeachtung der Selbstständigkeitsinteressen des fast volljährigen Kindes (vgl § 1626 Abs 2 BGB);[843]
- schwere innerfamiliäre Konflikte aufgrund unterschiedlicher Wertvorstellungen zwischen den nach islamischer Moral und Sitte lebenden Eltern und ihrer sich verstärkt der westlichen Lebensweise zuwendenden Tochter;[844]
- Verletzung der Bedürfnisse des Kindes durch einen eine Eingliederung des Kindes in die Gesellschaft verhindernden Erziehungsstil.[845]

Auch durch Kindesvernachlässigung kann eine Kindeswohlgefährdung entstehen. Eine **Kindesvernachlässigung** liegt bei andauerndem oder wiederholtem Unterlassen fürsorglichen Handelns vor,[846] setzt also ***passives* Elternverhalten** voraus, obwohl Handeln geboten ist. 371

Als **kindeswohlgefährdende Vernachlässigung** des Kindes wurden im Einzelfall qualifiziert:

---

838 Näher zur Umgangspflegschaft und den Befugnissen des Umgangspflegers *Willutzki* ZKJ 2009, 281 ff.

839 KG FamRZ 2004, 483; BayObLG ZfJ 1985, 36.

840 BGH FamRZ 2014, 543 m Anm *Rauscher* LMK 2014, 357068; *Lack* NZFam 2014, 366 f und *Motzer* FamRB 2014, 170; siehe auch die Besprechungsaufsätze von *Clausius* jM 2015, 147 ff; *Gottschalk* ZKJ 2014, 234 ff und *Heilmann/Salgo* FamRZ 2014, 1 ff; zum Verhältnis von Maßnahmen nach § 1666 BGB zu einer Verbleibensanordnung nach § 1632 Abs 4 BGB vgl auch und OLG Brandenburg FamRZ 2008, 1557 und OLG Koblenz FamRZ 2005, 1923 sowie die grundsätzlichen Ausführungen von *Siedhoff* FamRZ 1995, 1254 ff.

841 OLG Köln FamRZ 2001, 1087.

842 AG München FamRZ 2002, 690.

843 Palandt/*Götz* § 1666 Rn 13.

844 AG Korbach FamRZ 2004, 1497.

845 OLG Koblenz FamRZ 2007, 1680 m Anm *Bienwald* = FamRB 2008, 10 (LS) m Anm *Giers*.

846 OLG Hamm JAmt 2015, 330; *Häfele* FPR 2003, 299, 302.

- Vernachlässigung bei Ernährung und/oder Pflege;[847]
- Interesselosigkeit und Duldung des Herumtreibens und/oder ungünstiger Einflüsse;
- mangelnde Beaufsichtigung;
- passive Unterlassung jeglicher ärztlicher Versorgung;
- Vernachlässigung der Wohnverhältnisse;[848]
- mangelnde Ernährung;[849]
- mangelnde Pflege, insbesondere wenn weitergehende Verwahrlosung droht;[850]
- Hinnahme häufigen Versäumens von Unterricht;[851]
- fehlende Sicherstellung rechtlicher Vertretung des in Deutschland lebenden Kindes durch die im Ausland lebenden Eltern.[852]
  Handelt es sich um ein unbegleitet nach **Deutschland einreisendes ausländisches Kind oder einen ausländischen Jugendlichen, dessen Personensorge- oder Erziehungsberechtigte sich nicht in Deutschland aufhalten**, ist das Jugendamt gem § 42 Abs 1 S 1 Nr 3, Abs 3 S 4 SGB VIII zur **Inobhutnahme** des Kindes oder Jugendlichen sowie zur unverzüglichen Veranlassung der Bestellung eines Vormunds oder Pflegers verpflichtet, ohne dass es dazu einer individuellen Kindeswohlfeststellung bedarf;[853]
- Vorenthaltung psychischer Zuwendung (Zuwendung, Förderung und Bereitstellung von Entfaltungsmöglichkeiten);[854]
- Hinnahme wiederholter Begehung von Straftaten durch das Kind,[855] wobei als Grund nicht nur Desinteresse, sondern auch unverschuldetes Elternversagen in Betracht kommt.

372 Zu berücksichtigen ist aber insbesondere in diesem Bereich das breite Spektrum tolerabler Lebensumstände und -vorstellungen sowie die grundsätzliche elterli-

---

847 BayObLG FamRZ 1988, 748.
848 BayObLG ZfJ 1983, 50.
849 BayObLG FamRZ 1988, 748.
850 OLG Hamm DAVorm 1986, 804.
851 OLG Koblenz FamRZ 2006, 57 = JuS 2006, 84 m Anm *Hohloch*; *Raack* Kind-Prax 2005, 5, 6; OLG Brandenburg NJW 2006, 235 = FamRB 2006, 10 (LS) m Anm *Götsche*; OLG Hamm NJW 2006, 237; vgl auch die Beiträge von *Giers* JAmt 2005, 338 ff; *Raack/Raack* FF 2006, 295 ff; *Raack* FPR 2007, 478 ff; zu den Gründen der Schulverweigerung vgl ua *Lorenz* FPR 2007, 33 ff; *dies* FPR 2007, 482 ff.
852 Vgl OLG Köln FamRZ 1992, 1093.
853 Näher dazu *Peter* JAmt 2006, 60 ff.
854 *Münder* FPR 2003, 280 f.
855 Näher dazu *Ostendorf/Hinghaus/Kasten* FamRZ 2005, 1514 ff.

che Entscheidungsautonomie. Zurückhaltung ist deshalb etwa geboten bei der **Durchsetzung allgemeiner hygienischer Prinzipien.**[856]

Bei dem Vorwurf der Vernachlässigung sind schließlich auch die Belange der Eltern wie etwa berufsbedingte längere Abwesenheitszeiten zu berücksichtigen.[857]

Darüber hinaus kann eine Kindeswohlgefährdung vorliegen bei: 373

- Drogen- und/oder Trunksucht der Eltern;[858]
- psychischer, in Schüben auftretender Erkrankung der Eltern[859] (zum Verhältnis zur Feststellung tatsächlicher Verhinderung nach § 1674 Abs 1 BGB vgl Rn 239);
- Unvermögen der Eltern, zu einem hochgradig gestörten, traumatisierten Kind einen befriedigenden Kontakt und eine sichere Bindung aufzubauen, gepaart mit einer starken Schwankung der elterlichen Einstellung zur Unterbringung des Kindes in einer Pflegefamilie;[860]
- Unvermögen eines Elternteils, das Kind vor der missbräuchlichen Ausübung der elterlichen Sorge durch den anderen Elternteil zu schützen;[861]
- Überforderung des Kindes durch unangemessenes, auffälliges Verhalten und krankheitsbedingte Unfähigkeit, die Interessen und Bedürfnisse des Kindes wahrzunehmen.[862]

Da es auf die Ursache der Kindeswohlgefährdung nicht ankommt, kann die Gefährdung auch durch Dritte hervorgerufen sein. 374

Von solchen Gefährdungen ist auszugehen bei:

- entwürdigenden Erziehungsmaßnahmen durch den Stiefvater, denen die sorgeberechtigte Mutter nicht entgegentritt,[863]
- Verdacht des sexuellen Missbrauchs durch den Lebensgefährten,[864]
- Partnerschaftsgewalt.[865]

---

856 OLG Hamm FamRZ 2002, 691.
857 BayObLG FamRZ 1985, 522.
858 OLG Frankfurt FamRZ 1983, 530; näher dazu *Berzewski* FPR 2003, 312 ff.
859 BayObLG FamRZ 1997, 956 mwN.
860 OLG Hamm FamRZ 2002, 692.
861 OLG Thüringen FamRZ 2003, 1319.
862 OLG München FamRZ 2004, 1597.
863 BayObLG FamRZ 1994, 1413 (LS).
864 OLG Düsseldorf NJW 1995, 1970 .
865 Näher *Kindler/Drechsel* JAmt 2003, 217 ff; *Weber-Hornig/Kohaupt* FPR 2003, 315 ff; *Kindler/Salzgeber/Fichtner/Werner* FamRZ 2004, 1241 ff.

Da ein elterliches Versagen im Hinblick auf die fehlende Abwehr der Gefährdung nicht erforderlich ist, ist es auch nicht Voraussetzung für ein gerichtliches Eingreifen nach § 1666 BGB. Daher können auch die Eltern das Gericht auch und gerade in pflichtgemäßer Ausübung der Sorge anrufen, damit dieses im Rahmen von §§ 1666, 1666a BGB Maßnahmen gegen den Dritten zum Schutz des Kindes trifft.[866] Ihnen bleibt es auf diese Weise erspart, in Personensorgeangelegenheiten gegen den das Kindeswohl gefährdenden Dritten auf dem Prozessweg (oder auch gem § 1632 Abs 3 BGB) vorgehen zu müssen.[867]

3.5 Gefährdung des Kindesvermögens

375 Gemäß § 1666 BGB hat das Familiengericht auch bei einer Vermögensgefährdung die zur Abwendung der Gefahr erforderlichen Maßnahmen zu ergreifen, wenn die Eltern nicht bereit oder in der Lage sind, diese selbst abzuwenden.

Eine **Gefährdung des Kindesvermögens** liegt vor, wenn ohne das Eingreifen des Gerichts konkret und gegenwärtig zu befürchten ist, dass sich das **Vermögen mindert oder durch den Ausfall von Erträgen** nicht vergrößert, obwohl dies bei pflichtgemäßem Handeln der Eltern vermeidbar wäre.[868]

Da das Gesetz bewusst auf eine Verknüpfung von Ursache und Gefährdung verzichtet (vgl dazu Rn 364, 368), kommt es auch bei Vermögensgefährdungen weder auf die konkrete Ursache noch auf ein elterliches **Verschulden** an.

376 Das Gesetz nennt in Abs 2 von § 1666 BGB Fälle, bei deren Vorliegen eine Gefährdung des Kindesvermögens „in der Regel" anzunehmen ist. Da es sich bei den hier aufgeführten Tatbeständen nur um Regelbeispiele handelt, ist die Bestimmung offen für weitere Formen der Vermögensgefährdung.[869]

Einvernehmen besteht auch darüber, dass die Regelbeispiele nur Indizwirkung haben und damit ein Tätigwerden des Gerichts auslösen, ohne dass ihnen jedoch bereits eine **prozessuale Vermutungswirkung** zukommt. Die Eltern trifft im Verfahren daher auch nicht die **Feststellungslast** dafür, dass keine Gefährdung vorliegt.

377 Die Regelfälle im Einzelnen:

- Verletzung der Unterhaltspflicht gegenüber dem Kind zB durch teilweise oder völlige Nichterfüllung des gesetzlichen Unterhaltsanspruchs;
- Verletzung der mit der Vermögenssorge verbundenen Elternpflichten, wie zB unwirtschaftlicher Umgang (vgl § 1642 BGB), worunter ua auch eine feh-

866 So auch Staudinger/*Coester* § 1666 Rn 14.

867 Vgl BT-Drucks 7/2788 S 59.

868 Palandt/*Götz* § 1666 Rn 23.

869 Palandt/*Götz* § 1666 Rn 22; vgl auch Staudinger/*Coester* § 1666 Rn 191 mwN.

lende Sicherstellung eines Vermächtnisanspruchs fallen kann,[870] und/oder ordnungswidriger Verbrauch des Kindesvermögens;[871]
- Nichtbefolgung gerichtlicher Anordnungen, die die Vermögenssorge betreffen wie § 1640 Abs 3 BGB und § 1667 Abs 1 bis 3 BGB.

Auch sonstige Vorkommnisse können der Anlass für eine amtswegige Ermittlung sein, ob eine Gefährdung des Kindesvermögens vorliegt, gegen die Maßnahmen geboten sind.

Beispielhaft ist hier der **Vermögensverfall der Eltern** zu nennen,[872] dem nach richtiger Auffassung für sich genommen aber noch keine in diese Richtung weisende Indizwirkung zukommt.[873]

3.6 Infrage kommende Maßnahmen

3.6.1 Maßnahmen im Bereich der Personen- und der Vermögenssorge

Der Staat hat nur dann und nur soweit einzugreifen, wie es das Kindeswohl erfordert. Das bedeutet, dass unter Berücksichtigung des **Grundsatzes der Verhältnismäßigkeit** immer dasjenige Mittel einzusetzen ist, das dem Wohl des Kindes am besten entspricht und dabei die Selbstverantwortung der Eltern nur soweit tangiert, wie es im Interesse des Kindes erforderlich ist.[874] Das Gebot der Verhältnismäßigkeit ist ausnahmslos zu beachten und nicht etwa nur in Verfahren, die auf Trennung des Kindes von der Familie oder auf Entziehung der gesamten Personensorge gerichtet sind. Auch im Verfahren vorläufiger Anordnung bei einer möglichen Kindeswohlgefährdung durch Dritte kommt diesem Gebot Bedeutung zu.[875] Dem **Verhältnismäßigkeitsgrundsatz entsprechend hat daher stets das mildeste, zur Abwendung der Gefahr genügende Mittel Vorrang**. Das Mittel genügt, wenn die Maßnahme geeignet und angemessen ist, also der Gefahrenabwendung dient, ohne dass Zweck und Schwere des Eingriffs zueinander in einem Missverhältnis stehen. 378

In Betracht kommen **Auflagen, Ermahnungen, Gebote, Verbote und/oder Vereinbarungen mit den Eltern**, wenn diese **geeignet** sind, das Kind in dem erforderlichen Maße zu schützen. Auch die **Weisung**, Hilfen zur Erziehung

870 BayObLG FamRZ 1982, 640.
871 BayObLG FamRZ 1994, 1191.
872 Dazu KG FamRZ 2009, 2102.
873 Palandt/*Götz* § 1666 Rn 27.
874 BVerfGE 60, 79 = FamRZ 1982, 567; vgl auch OLG Köln FamRZ 2006, 877 (LSe).
875 OLG Düsseldorf NJW 1995, 1970.

durch das Jugendamt anzunehmen oder zusammen mit einem sozial auffälligen Kind an einem Antiaggressionstraining teilzunehmen, kann erteilt werden.[876]

Diese Möglichkeiten wurden nicht erst durch das Gesetz zur Erleichterung familiengerichtlicher Maßnahmen bei Gefährdung des Kindeswohls[877] eröffnet. Angesichts des Ergebnisses von Untersuchungen der Praxis, nach dem das gesamte Spektrum möglicher Maßnahmen kaum ausgeschöpft, sondern vielmehr überwiegend die Sorge sogleich ganz oder teilweise entzogen wird,[878] wurde § 1666 Abs 3 BGB jedoch ausdrücklich insoweit um einen Katalog möglicher Maßnahmen ergänzt, um anhand dieser beispielhaften Aufzählung die ganze Bandbreite möglicher Schutzmaßnahmen zu verdeutlichen.[879] Soweit der Gesetzgeber allerdings mit dieser Konkretisierung mit Blick auf ein **frühzeitiges, präventives Eingreifen des Gerichts** die Hoffnung verbunden hat, dass die Gerichte früher angerufen werden und vor allem aber bereits im Vorfeld, dh also gegen künftige mögliche Kindeswohlgefährdungen mit weniger einschneidenden Maßnahmen iSv § 1666 Abs 3 Nr 1 bis 4 BGB einschreiten,[880] ist zweifelhaft, ob sich diese Erwartung erfüllen kann. Denn das geltende Recht gestattet auch nach Änderung des § 1666 BGB einen *Eingriff* in die elterliche Autonomie weiterhin nur bei konkreter Gefährdung des Kindeswohls oder -vermögens im oben dargelegten Sinne (vgl Rn 366ff, 375).[881] Die ***Eingriffs*schwelle** wollte der Gesetzgeber gerade nicht senken (vgl Rn 364), sodass es auch nicht auf die Frage ankommt, ob eine Herabsenkung der Eingriffsschwelle verfassungsrechtlich möglich wäre. Das schließt indes eine Vorverlagerung der ***Kontroll*schwelle** nicht aus,[882] sodass (auch) das Gericht im **Vorfeld einer konkreten Kindeswohlgefährdung und unabhängig von Maßnahmen gem § 1666 BGB** bereits in aufklärender, kontrollierender und warnender Funktion auftreten kann (vgl § 157 FamFG, dazu Rn 404), weil darin der Sache nach kein Eingriff in die elterliche Sorge liegt.

379 Zu den gerichtlichen Maßnahmen gem § 1666 Abs 1 BGB gehören nach § 1666 Abs 3 BGB insbesondere:

- **Nr 1: Gebote**, öffentliche Hilfen wie zum Beispiel Leistungen der Kinder- und Jugendhilfe und der Gesundheitsfürsorge in Anspruch zu nehmen. So kann das Familiengericht den Eltern beispielsweise die Weisung erteilen, Früh-

---

876 Dazu OLG Nürnberg JAmt 2015, 109.
877 BGBl I 2008 S 1188.
878 Vgl BT-Drucks 16/6815 S 9 mwN.
879 BT-Drucks 16/6815 S 11, 15.
880 BT-Drucks 16/6815 S 9, 15.
881 Vgl auch *Vogel* FF 2008, 231f.
882 Insoweit krit das Bundesjugendkuratorium in ZKJ 2008, 30f.

erkennungsuntersuchungen wahrzunehmen, um etwaigen körperlichen oder geistigen Fehlentwicklungen frühzeitig begegnen zu können. Auch eine Anweisung, Erziehungsberatung in Anspruch zu nehmen oder/und einen Kindergartenplatz anzunehmen, kommt zB dann in Betracht, wenn das Kind gegenüber gleichaltrigen Kindern deutliche Entwicklungsstörungen aufweist. Problematisch ist aber nach wie vor, dass das Gericht zwar die Eltern verpflichten kann, entsprechende Hilfen anzunehmen, nicht aber das Jugendamt, auf den jeweiligen Einzelfall bezogen auch geeignete Hilfen anzubieten und zeitnah zur Verfügung zu stellen.[883] Eine Weisung iSv § 1666 Abs 3 Nr 1 BGB kann daher nur den formalen Rahmen einer Hilfe schaffen, ohne dass damit sichergestellt ist, dass daraus auch tatsächlich eine wirksame Hilfe entsteht.[884] Auf der anderen Seite kann eine entsprechende Weisung des Gerichts nach den Erfahrungen der Praxis auch dann hilfreich sein, wenn die Eltern zunächst unmotiviert sind und daher deren Verpflichtung zur Annahme der Beratung als Leistung der Kinder- und Jugendhilfe nicht sogleich ein erfolgreiches Arbeitsbündnis erwarten lässt.[885]
Nicht angeordnet werden kann, dass ein Elternteil eine Analyse seines Haares zur Feststellung eigenen Drogenkonsums durchführen lassen muss;[886]

- **Nr 2: Gebote**, für die Einhaltung der Schulpflicht zu sorgen;[887]
- **Nr 3: Verbote**, vorübergehend oder auf unbestimmte Zeit die Familienwohnung oder eine andere Wohnung zu nutzen, sich in einem bestimmten Umkreis der Wohnung aufzuhalten oder zu bestimmende andere Orte aufzusuchen, an denen sich das Kind regelmäßig aufhält;
- **Nr 4: Verbote**, Verbindung zum Kind aufzunehmen oder ein Zusammentreffen mit dem Kind herbeizuführen.

Mit § 1666 Abs 3 Nr 3 und 4 BGB hat der Gesetzgeber die Rechtsfolgen aus dem Gewaltschutzgesetz[888] übernommen, das bei Gewalt gegenüber Kin-

---

883 Näher hierzu *Schmidt* FamRZ 2015, 1158 ff.

884 So zu Recht *Kohaupt* in seiner Stellungnahme vom 24.8.2007 zum Gesetzentwurf des BMJ; zu den Chancen und Problemen hinsichtlich der verstärkten Notwendigkeit der Kooperation von Jugendamt und Familiengericht aufgrund des neuen Rechts vgl auch *Willutzki* ZKJ 2008, 139, 141 f.

885 Vgl die Stellungnahme der Bundeskonferenz für Erziehungsberatung (bke) in ZKJ 2007, 361; in der Verantwortungs*gemeinschaft* von Jugendamt und Familiengericht und der Entwicklung von Strategien zur nahtlosen Verknüpfung der Kompetenzen des Jugendamtes mit denen des Gerichts, sieht *Wiesner* eine Chance (ZKJ 2008, 143, 145).

886 OLG Frankfurt NZFam 2015, 423.

887 Vgl dazu auch *Raack* FPR 2007, 478 ff.

888 Gesetz zur Verbesserung des zivilrechtlichen Schutzes bei Gewalttaten und Nachstellungen (Gewaltschutzgesetz – GewSchG), Art 1 des Gesetzes v 11.12.2001 (BGBl I S 3513).

dern und Jugendlichen im Verhältnis zu den Eltern und zu sorgeberechtigten Personen gem § 3 GewSchG keine Anwendung findet (vgl auch § 1666a Abs 1 S 2 und 3 BGB, dazu Rn 380);

- **Nr 5:** die **Ersetzung von Erklärungen** des Inhabers der elterlichen Sorge.[889] Eine solche Ersetzung bietet sich etwa an, wenn die Einwilligung des gesetzlichen Vertreters des Kindes zB für einen dringenden ärztlichen Eingriff oder eine notwendige Bluttransfusion erforderlich ist und dieser die Einwilligung in kindeswohlgefährdender Weise verweigert.[890] Auch die Zustimmung zur psychologischen Begutachtung des Kindes zur Abklärung notwendiger Schutzmaßnahmen kann bei Vorliegen der Voraussetzungen des § 1666 Abs 1 BGB, dh also nicht routinemäßig,[891] ersetzt werden.[892] Im **vermögensrechtlichen Bereich** kommt die Ersetzung zB für die Kündigung eines Mietverhältnisses in einem dem Kind gehörenden Haus in Betracht.[893] Durch die Ersetzung der elterlichen Erklärung wird im Einzelfall die **Pflegerbestellung entbehrlich**, wenn der Gefahr allein dadurch ausreichend begegnet werden kann;
- **Nr 6:** die **teilweise oder vollständige Entziehung** der elterlichen Sorge. Soweit solche einschneidenden Maßnahmen geboten sind, hat sich der Umfang der Entziehung ebenfalls nach dessen Erforderlichkeit zu richten (zB Aufenthaltsbestimmungsrecht anstelle der gesamten Personensorge). Zu beachten ist, dass ein Sorgerechtsentzug mit anschließender Bestellung eines Vormunds (bei Entziehung der gesamten elterlichen Sorge) oder eines Ergänzungspflegers (bei Entziehung von Teilen der elterlichen Sorge) aber nur dann erfolgen darf, wenn durch die Entziehung die Kindeswohlgefährdung abgewendet werden kann. Das ist nicht der Fall, wenn der Ergänzungspfleger oder Vormund keine geeignete Maßnahmen zur Verbesserung der Situation des Kindes einleiten oder wenigstens zur Beendigung des kindeswohlgefährdenden Zustandes beitragen kann.[894]

  Infolge der vollständigen Aufnahme des Tatbestands der Vermögensgefährdung in § 1666 BGB durch das KindRG ist auch die **Entziehung der ge-**

889 Näher dazu *Vogel* FPR 2008, 617 ff.

890 Vgl BT-Drucks 8/2788 S 58; OLG Bremen FamRZ 2014, 1376 (Einwilligung in die Durchführung einer Haaranalyse bei Drogenkonsum in der Umgebung des Kindes).

891 OLG Frankfurt FF 2000, 176.

892 OLG Hamm NZFam 2014, 810 (Zustimmung zur Beobachtung einer Interaktion); OLG Brandenburg FamRZ 2008, 2147; OLG Karlsruhe FamRZ 2002, 1210; OLG Zweibrücken FamRZ 1999, 521.

893 Palandt/*Götz* § 1666 Rn 37.

894 BVerfG FamRZ 2014, 1177.

samten elterlichen Sorge möglich.[895] Dafür müssen selbstverständlich die Voraussetzungen der Entziehung sowohl in Bezug auf die Personen- als auch auf die Vermögenssorge vorliegen und der Entzug muss in der Entscheidung jeweils bezogen auf die einzelnen Bestandteile eigenständig begründet werden.[896]

Bei **kindeswohlgefährdendem Verhalten Dritter in persönlichen Angelegenheiten** sind **vorrangig Maßnahmen unmittelbar gegen den Dritten** zu treffen, § 1666 Abs 4 BGB. In der Regel kommen hier **Umgangsverbote** zum Einsatz, mit denen der Einfluss des Dritten auf das Kind unterbunden wird. Es sind aber auch Eingriffe in die elterliche Sorge möglich, wenn die Eltern zur Gefahrenabwehr nicht gewillt oder nicht fähig sind *und* sich Maßnahmen gegen den Dritten als unzureichend erweisen.[897]

§ 1666a Abs 1 S 2, 3 BGB stellt klar, dass das Gericht zum Schutz des Kindes auch 380 ein vorübergehendes oder auf unbestimmte Zeit gerichtetes **Verbot der Nutzung der vom Kind mitbewohnten oder einer anderen Wohnung** gegen einen das Kind gefährdenden Elternteil oder Dritten (**go-order**) aussprechen kann.[898] Die Regelung erfasst somit neben den Eltern auch den Partner eines Elternteils, aber auch einen in der Nachbarschaft lebenden Dritten, der das Wohl des Kindes gefährdet.

Während **zeitliche Begrenzungen** für Maßnahmen gem § 1666 BGB in aller Regel nicht in Betracht kommen, weil das Ende der Kindeswohlgefährdung nur in seltenen Ausnahmefällen feststehen dürfte,[899] ist dem Verhältnismäßigkeitsgrundsatz entsprechend bei einem gegen einen Elternteil oder Dritten gerichteten Verbot regelmäßig dann eine zeitliche Befristung auszusprechen, wenn die betreffende Person ein Recht auf Wohnungsnutzung (als Mieter oder dinglich Berechtigter) hat.[900] Wird das Verbot auf unbestimmte Zeit ausgesprochen, hat das Gericht diese Maßnahme in angemessenen Zeitabständen zu überprüfen (§ 166 Abs 2 FamFG) und (wie in allen anderen Fällen auch) aufzuheben, wenn eine Gefahr für das Kindeswohl nicht mehr besteht oder die Erforderlichkeit der Maßnahme entfallen ist, § 1696 Abs 2 BGB.

---

895 Staudinger/*Coester* § 1666 Rn 207.

896 Vgl dazu BayObLG FamRZ 1999, 179.

897 OLG Düsseldorf NJW 1995, 1970.

898 Näher hierzu ua *Janzen* FamRZ 2002, 785, 788; *Knittel* JAmt 2002, 50, 53; *Peschel-Gutzeit* FPR 2002, 285, 287 f; *Roth* JZ 2002, 651, 654 sowie Schumacher/*Janzen* Rn 163, 196 ff; *Oberloskamp* ZfJ 2004, 267 ff (auch zu anderen gesetzlichen Schutzmöglichkeiten für Kinder bei häuslicher Gewalt).

899 OLG Karlsruhe FamRZ 2005, 1272.

900 BT-Drucks 14/8131 S 9.

381 Steht eine **Trennung des Kindes von seiner Familie** (ggf auch infolge eines gegen einen Elternteil gerichteten Verbots der Wohnungsnutzung) und/oder der **Entzug der gesamten Personensorge** im Raum, ist unter strikter Beachtung des Grundsatzes der Verhältnismäßigkeit wegen der Intensität und der nicht zuletzt besonders das Kind treffenden Auswirkungen einer solchen Entscheidung zudem zu prüfen, ob der Gefahr nicht anders als durch gerichtliche Intervention, namentlich durch **Inanspruchnahme zur Verfügung stehender öffentlicher Hilfen** begegnet werden kann, § 1666a Abs 1, 2 BGB.[901]

Insbesondere bei einer solchen Trennung des Kindes von seiner Familie durch Unterbringung des Kindes in einer Pflegefamilie ist völkerrechtlich neben der Verhältnismäßigkeit der Maßnahme auch das **Recht auf Achtung des Familienlebens** (Art 8 EMRK[902]) bedeutsam. Die Maßnahme ist deshalb so eng zu fassen wie möglich und zu beenden, sobald die Umstände dies erlauben,[903] was im Übrigen im Einklang mit den im BGB selbst verankerten Grundsätzen steht (vgl § 1696 Abs 2 BGB). Darüber hinaus haben sich nach Auffassung des EuGHMR[904] alle Durchführungsmaßnahmen an dem Ziel der Zusammenführung von Eltern und Kind zu orientieren.

3.6.2 Gefahrenabwehr durch das Jugendamt bei akuter Kindeswohlgefährdung

382 Bei **akuter Kindeswohlgefährdung** ist das **Jugendamt** gem § 8a Abs 2 S 2 SGB VIII verpflichtet, das Kind zu seinem Schutz nach § 42 Abs 1 S 1 Nr 2 SGB VIII zB in einem Kinderschutzzentrum oder in einer Bereitschaftspflegestelle in Obhut zu nehmen, wenn eine familiengerichtliche Entscheidung nicht rechtzeitig eingeholt werden kann. Nach zutreffender Ansicht ist, anders als bei einer **Inobhutnahme** nach § 42 SBG VIII, wonach das Jugendamt bei Widerspruch der Eltern des Kindes das Kind den Eltern unverzüglich übergeben (§ 42 Abs 3 S 2 Nr 1 SGB VIII) *oder* bei Kindeswohlgefährdung eine Entscheidung des Familiengerichts herbeiführen muss (§ 42 Abs 3 S 2 Nr 2 SGB VIII), ein etwaiger Widerspruch der Eltern unbeachtlich, weil § 8a Abs 2 S 2 SGB VIII ohnehin voraussetzt, dass das Jugendamt das Gericht bereits angerufen hat, dessen Entscheidung aber nicht

---

901 BVerfG FamRZ 2006, 1593; für den Vorrang sozialhilferechtlicher Leistungen und Angebote vor gerichtlicher Intervention auch außerhalb des Anwendungsbereichs von § 1666a BGB *Münder* FPR 2003, 280, 284.

902 Europäische Konvention zum Schutze der Menschenrechte und Grundfreiheiten vom 4.11.1950, BGBl 1952 II S 685 mit Berichtigung S 953.

903 EuGHMR FamRZ 2005, 585; ders FamRZ 2002, 1393; vgl auch OLG Hamm FamRZ 2004, 1664.

904 EuGHMR FamRZ 2005, 585; vgl auch EuGHMR FamRZ 2002, 305.

abgewartet werden kann.[905] Der Streit, ob das Jugendamt bei dringender Kindeswohlgefahr zur Wegnahme des Kindes auch von den Sorgeberechtigten berechtigt ist,[906] hat sich durch die mit Wirkung vom 1.10.2005 in Kraft getretene Neufassung des § 42 SBG VIII erledigt, da die Norm dem Jugendamt eine insoweit uneingeschränkte **eigenständige Handlungskompetenz einräumt.**[907] Dem Jugendamt selbst wurde jedoch keine Befugnis zur Anwendung von **unmittelbarem Zwang** bei der Inobhutnahme verliehen, vgl § 42 Abs 6 SGB VIII. Bei Gefahr im Verzug hat das Jugendamt deshalb gem § 8a Abs 3 S 2 SGB VIII andere zur Abwehr der Gefahr zuständige Stellen, namentlich die Polizei hinzuzuziehen.[908]

Aber auch außerhalb einer dringenden Gefahr hat das Jugendamt gem § 8a 383
Abs 1 SGB VIII seinem Schutzauftrag entsprechend **bei Anhaltspunkten für eine Kindeswohlgefährdung** tätig zu werden und das **Gefährdungsrisiko im Zusammenwirken mehrerer Fachkräfte einzuschätzen,**[909] um dann, soweit notwendig, die zur Abwendung der Gefährdung geeigneten Hilfen anzubieten. Hält es ein Tätigwerden des Familiengerichts für erforderlich, hat es das **Gericht anzurufen,** § 8a Abs 2 S 1 Hs 1 SGB VIII. Gleiches gilt, wenn die Personensorgeberechtigten oder Erziehungsberechtigten nicht bereit oder nicht in der Lage sind, bei der Abschätzung des Gefährdungsrisikos mitzuwirken, § 8a Abs 2 S 1 Hs 2 SGB VIII.

Von jedweder akuten **Kindeswohlgefährdung unabhängig,** besteht dar- 384
über hinaus die Verpflichtung des Jugendamtes zur Inobhutnahme eines unbegleitet nach Deutschland einreisenden ausländischen Kindes oder Jugendlichen, dessen Personensorge- oder Erziehungsberechtigte sich im Ausland aufhalten, § 42 Abs 1 S 1 Nr 3 SGB VIII.[910]

3.6.3 Maßnahmen speziell im Bereich der Vermögenssorge

Das Gesetz stellt für den Fall der Vermögensgefährdung in § 1667 BGB einen 385
Maßnahmenkatalog bereit, der aber weder eine zwingende **Rangfolge** enthält noch abschließenden Charakter hat. Zu beachten ist, dass **§ 1667** BGB **keine eigene Eingriffsermächtigungsgrundlage** enthält. Es handelt sich vielmehr um eine reine Rechtsfolgengestaltungsnorm; die Eingriffsermächtigung ergibt

905 *Wiesner* FPR 2007, 6, 11.
906 Dazu näher *Ollmann* FamRZ 2000, 261 ff.
907 Näher bei *Röchling* FamRZ 2006, 161, 163.
908 Näher dazu DIJuF-Rechtsgutachten JAmt 2006, 78 f.
909 Vgl hierzu näher ua *Wiesner* FPR 2007, 6, 9 ff.
910 Näher dazu *Peter* JAmt 2006, 60 ff.

sich allein aus § 1666 Abs 1 BGB. Das heißt, dass auch das Ergreifen von Maßnahmen nach § 1667 BGB voraussetzt, dass eine (Vermögens-)Gefährdung vorliegt, die abzuwenden die Eltern entweder nicht gewillt oder nicht in der Lage sind und dass die Maßnahme zur Abwendung der Gefahr erforderlich, verhältnismäßig und geeignet ist.

Die zur Gefahrenabwehr **geeignete Maßnahme** hat das Gericht nach **pflichtgemäßem Ermessen** zu bestimmen. Eine Maßnahme ist nicht geeignet, wenn sie von vornherein keinen Erfolg verspricht, was anhand des Einzelfalls zu beurteilen ist.

386 Absatz 1 der Vorschrift sieht die Anordnung der Einreichung eines **Vermögensverzeichnisses und die Rechnungslegung** (vgl §§ 1840 ff BGB) vor.

§ 1667 Absatz 2 BGB enthält Bestimmungen über die **Art der Anlegung des Vermögens** des Kindes sowie die Verpflichtung, das Geld so anzulegen, dass eine Verfügung ohne familiengerichtliche Genehmigung nicht möglich ist. Das Gericht kann also zB anordnen, dass die Eltern das Geld des Kindes „mündelsicher" (vgl § 1807 BGB) anzulegen und eine Sperrabrede (vgl § 1809 BGB) zu treffen haben.

Schließlich kann den Eltern nach Absatz 3 der Vorschrift das Erbringen **einer Sicherheitsleistung für das bedrohte Kindesvermögen** etwa durch Hinterlegung oder durch Einräumung von Pfandrechten auferlegt werden.

Bieten diese Maßnahmen keinen ausreichenden Schutz oder scheiden sie von vornherein als ungeeignet aus, kommt auch in Bezug auf die Vermögenssorge als ultima ratio deren **Entzug** mit anschließender Pflegerbestellung in Betracht.[911]

387 Wird das Vermögen des Kindes durch das Verhalten eines Dritten gefährdet, können Maßnahmen gegen den **Dritten** nicht getroffen werden, da solche nicht von § 1666 Abs 4 BGB erfasst sind. Der Gesetzgeber verwies stattdessen auf die Möglichkeit der Abwehr durch zivilrechtliche Schutzmaßnahmen,[912] sodass auch von einer planwidrigen Regelungslücke nicht ausgegangen werden kann.

3.7 Verhältnis von §§ 1666, 1666a BGB zu anderen Vorschriften

388 Die Höhe der in § 1666 BGB vorgegebenen Eingriffsschwelle, deren Bedeutung noch durch § 1666a BGB betont wird, und die Eingriffsintensität führen zu einem **Nachrang der Vorschrift** gegenüber anderen, deren Tatbestände eben-

---

911 Vgl auch OLG Frankfurt (NJW-RR 2005, 1382), wonach ein Entzug erst als letztes Mittel in Betracht kommt.

912 BT-Drucks 13/4899 S 97; zu Recht krit hierzu Staudinger/*Coester* § 1666 Rn 249.

falls erfüllt sind.[913] So ist zB bei einem erheblichen Interessenkonflikt zwischen den in § 1796 Abs 2 BGB genannten Personen die **Entziehung der Vertretungsmacht** (§§ 1629 Abs 2 S 3, 1796 Abs 1 BGB) für die in Rede stehende Angelegenheit bzw den Kreis von Angelegenheiten gegenüber Eingriffen gem §§ 1666, 1666a BGB vorzuziehen, wenn damit der konkreten Gefährdung der Kindesinteressen ausreichend entgegengewirkt werden kann. Auch Fälle, in denen die Eltern an der Ausübung der Sorge kraft Gesetzes rechtlich oder auch nur tatsächlich verhindert sind, werden von §§ 1666 ff BGB nicht erfasst, §§ 1673, 1674, 1674a, 1773, 1909 BGB sind demgegenüber Spezialvorschriften.

Bei längerfristiger tatsächlicher Verhinderung können sich zwar Konflikte mit § 1666 BGB ergeben, weil § 1666 BGB auch Fälle unverschuldeter Kindeswohlgefährdung erfasst (vgl dazu Rn 242, 366, 368). Eine Feststellung nach § 1674 Abs 1 BGB mit anschließender Bestellung eines Vormunds (§§ 1773, 1774 BGB) oder eines Ergänzungspflegers, § 1909 BGB (bei bloß tatsächlicher Verhinderung oder aufgrund partiellen Ruhens der elterlichen Sorge bei auf Teilbereiche der elterlichen Sorge beschränkter Feststellung nach § 1674 Abs 1 BGB), ist aber insoweit milder, weil weniger einschneidend, als sie nicht zum Verlust des Sorgerechts, sondern nur zu einem Ausübungshindernis führt (vgl § 1675 BGB und § 1630 Abs 1 BGB). Zu beachten ist aber, dass einer Gefährdung des Kindeswohls durch **unwillige Eltern**, die sich ihrer Verantwortung durch Untätigbleiben zu entziehen versuchen, durch Maßnahmen nach §§ 1666, 1666a BGB zu begegnen ist (Rn 242), weil § 1674 Abs 1 BGB nur den Fall der tatsächlichen Verhinderung erfasst, nicht aber den des *Nichtwollens*.

3.8 Auswirkung einer Sorgerechtsentziehung auf die Sorgeberechtigung des anderen Elternteils

Sind die **Eltern gemeinsam sorgeberechtigt**, führt der (Teil-)**Entzug der Sorge** eines Elternteils dazu, dass der andere insoweit ohne Weiteres allein sorge- und daher auch allein vertretungsberechtigt ist, §§ 1680 Abs 3, 1, 1629 Abs 1 S 3 Alt 1 BGB. Davon unabhängig wird zumindest bei in einem Haushalt mit dem Kind lebenden Eltern in aller Regel auch zu prüfen sein, ob zum Schutz des Kindes auch in dessen Sorgerecht eingegriffen werden muss. 389

Ist der Elternteil, dem die Sorge ggf zu entziehen wäre, infolge einer gerichtlichen Entscheidung nach § 1671 BGB allein sorgeberechtigt, hat das **Familiengericht im Zusammenhang mit möglichen Maßnahmen gem § 1666** BGB **von Amts wegen zu prüfen**, ob dem zu diesem Zeitpunkt nicht (mehr) sorge- 390

913 *Rauscher* Rn 1068.

berechtigten Elternteil die Sorge (ggf teilweise) wieder zurück zu übertragen ist, § 1680 Abs 3, 2 BGB.

Wird der nach **§ 1626a Abs 3** BGB **allein sorgeberechtigten Kindesmutter** die Sorge (teilweise) entzogen, hat das Familiengericht ebenfalls von Amts wegen zu prüfen, ob dem bislang nicht sorgeberechtigten Kindesvater die Sorge (erstmals) im Umfang der Entziehung zu übertragen ist.

Nach § 1680 Abs 3, 2 BGB **hat die Übertragung in beiden Fällen zu erfolgen, wenn dies dem Kindeswohl *nicht widerspricht*.**

391 Kommt eine Übertragung auf den nicht sorgeberechtigten Elternteil nicht in Betracht, ist bei Teilentzug Ergänzungspflegschaft anzuordnen (§§ 1915 Abs 1 S 1, 1774 BGB), eine Person auszuwählen (§§ 1915 Abs 1 S 1, 1779 BGB) und zu bestellen (§§ 1915 Abs 1 S 1, 1789 BGB). Dies gilt auch für den Fall, dass die gesamte Personensorge, nicht aber auch die (gesamte) Vermögenssorge entzogen wurde.[914]

Nur wenn die gesamte Sorge, dh die Personen- *und* die Vermögenssorge umfassend entzogen wurde, liegen die Voraussetzungen der Vormundschaft vor, § 1773 Abs 1 Alt 1 BGB.

392 VIII. Übersichtsskizze: Folgen des (Teil-)Entzuges elterlicher Sorge

Elternteil ist **nicht** allein sorgeberechtigt	Elternteil ist allein sorgeberechtigt gem § 1671 BGB/Mutter ist allein sorgeberechtigt gem § 1626a Abs 3 BGB
der andere ist im Umfang der Entziehung kraft Gesetzes allein sorgeberechtigt, § 1680 Abs 3 Alt 1, Abs 1 BGB	§ 1680 Abs 3, 2 BGB: Übertragung der Sorge auf den anderen Elternteil, wenn dies dem Kindeswohl nicht widerspricht (= *negative* Kindeswohlprüfung), andernfalls bei Entzug der gesamten elterlichen Sorge Vormundschaft (§ 1773 Abs 1 Alt 1 BGB), bei Teilentzug Ergänzungspflegschaft gem § 1909 BGB **Beachte:** **analoge Anwendung** von § 1680 Abs 3, 1 BGB bei nachfolgender Heirat der Kindeseltern (vgl § 1626a Abs 1 Nr 2 BGB) Folge: Vormundschaft endet kraft Gesetzes, § 1882 BGB; Pflegschaft ist aufzuheben, § 1919 BGB

914 BayObLG FamRZ 1997, 1553.

3.9 Überprüfung und Aufhebung der Maßnahmen, § 1696 Abs 2 BGB/ § 166 Abs 2, 3 FamFG

Maßnahmen mit Dauerwirkung sind in **angemessenen Zeitabständen von Amts wegen zu überprüfen** (§ 166 Abs 2 FamFG) und **nicht mehr erforderliche Anordnungen aufzuheben**, sobald die Umstände es erlauben (§ 1696 Abs 2 BGB). Dabei ist aber zu berücksichtigen, dass der Wegfall des Eingriffsgrundes, der zu der Maßnahme geführt hat, allein nicht genügt. Vielmehr hat das Gericht vor der Aufhebung zu prüfen, ob nunmehr Gesichtspunkte vorliegen, die den Fortbestand der Maßnahme gebieten.[915] 393

Nach § 166 Abs 3 FamFG soll das Gericht seine Entscheidung in angemessenem Zeitabstand, in der Regel nach 3 Monaten, aber auch dann überprüfen, wenn **es von Maßnahmen** nach § 1666 oder § 1667 BGB **abgesehen** hat. Diese im Gesetzgebungsverfahren heftig umstrittene Überprüfungspflicht wurde eingeführt, um mit einer (einmaligen[916]) Überprüfung der Gefahr entgegenzuwirken, dass es – entgegen der Annahme des Gerichts – nicht gelingt, die Gefährdung für das Kind abzuwenden und das Gericht hiervon nichts erfährt. 394

Gedacht wurde hierbei an die Fälle, in denen das Gericht auf Zusagen der Eltern das Verfahren ohne konkrete Maßnahme abgeschlossen hat oder aber die Schwelle der Kindeswohlgefährdung noch nicht erreicht war, eine Verschlechterung der Kindeswohlsituation aber nicht ausgeschlossen ist.

Der Überprüfungspflicht nach § 166 Abs 3 FamFG lässt sich bei genauer Betrachtung nur entgegenhalten, dass sich daraus eine Mehrbelastung der Gerichte ergibt, der durch Schaffung entsprechender personeller und sachlicher Gegebenheiten begegnet werden muss.

Zwar ließe sich das Ziel, die Eltern zu kontrollieren, zB in dem Fall, dass das Gericht im Hinblick auf die Zusage der Eltern, öffentliche Hilfen in Anspruch zu nehmen, von Maßnahmen nach § 1666 BGB abgesehen hat, auch dadurch erreichen, dass das Verfahren eben vorerst nicht abgeschlossen wird. Hat das Gericht von der Ergreifung von Maßnahmen gem §§ 1666, 1667 BGB abgesehen, weil die Eingriffsschranke „Kindeswohlgefährdung" (vgl dazu Rn 366f) nicht erreicht war, kann eine nochmalige Befassung des Gerichts mit der Sache aber tatsächlich präventiv wirken, ohne dass in dieser Kontrolle selbst ein Eingriff in die elterliche Autonomie liegt und die Eingriffsschranke des § 1666 BGB daher erreicht sein muss. Damit das Gericht ebenso wie das Jugendamt im Vorfeld tätig werden kann, ist nichts dagegen einzuwenden, wenn auch die **gerichtliche**

---

915 Staudinger/*Coester* § 1696 Rn 118.

916 Vgl BT-Drucks 16/8914 S 10, wonach keine Verpflichtung zu einer „Kettenüberprüfung" geschaffen werden sollte.

Kontrollschwelle hier ansetzt.[917] Da es sich bei der vorgesehenen Frist um eine **Regelfrist** handelt, kann im Einzelfall auch eine frühere oder spätere Überprüfung erfolgen.

Mit der Formulierung als „Soll-Vorschrift" wurde dem Gericht eine flexible Handhabung ermöglicht. Das Gericht kann daher von der **Überprüfung in offensichtlich unbegründeten Fällen auch gänzlich absehen**, insbesondere wenn auch das Jugendamt keine gerichtlichen Maßnahmen (mehr) für erforderlich hält.

3.10 Verfahrensrechtliche Regelungen im Überblick

395 Das Ergreifen von Maßnahmen gem §§ 1666, 1667 BGB einschließlich der Prüfung, ob solche erforderlich sind, obliegt dem **Familiengericht.** Es handelt sich um ein **Verfahren der freiwilligen Gerichtsbarkeit**, das **von Amts wegen** betrieben wird. Es gilt der Amtsermittlungsgrundsatz, § 26 FamFG. **Sachlich** und **örtlich** ist in erster Linie das Amtsgericht zuständig, in dessen Bereich das Kind seinen gewöhnlichen Aufenthalt hat, §§ 23a Abs 1 S 1 Nr 1, 23b Abs 1 GVG, §§ 111 Nr 2, 151 Nr 1, 152 Abs 2 FamFG.

Bei **dringendem Bedürfnis** für ein unverzügliches Einschreiten, das ein Abwarten bis zur Beendigung der erforderlichen Ermittlungen nicht gestattet und eine sofortige Maßnahme zur Abwendung der drohenden Gefahr erfordert, kann das Familiengericht auf der Grundlage bisheriger Ergebnisse bei Vorliegen der Voraussetzungen des § 1666 BGB eine **einstweilige Anordnung** treffen.[918] § 157 Abs 3 FamFG verpflichtet das Familiengericht, in Verfahren auf Gefährdung des Kindeswohls **unverzüglich den Erlass einer einstweiligen Anordnung zu prüfen.**[919] Diese Regelung betrifft alle Verfahren, die wegen einer Gefährdung des Kindeswohls eingeleitet werden können, dh auch zB Verfahren, die auf eine Verbleibensanordnung nach § 1632 Abs 4 BGB gerichtet sind.[920]

396 **Funktionell** ist der Richter zuständig, soweit es um Maßnahmen zur Abwendung der Gefahr für das körperliche, geistige oder seelische Wohl des Kindes geht, § 14 Abs 1 Nr 2 RPflG.

Für Maßnahmen zur Abwendung einer **Vermögensgefährdung** besteht kein Richtervorbehalt, sodass der Rechtspfleger zuständig ist, § 3 Nr 2a RPflG.

---

917 **AA** *Vogel* FF 2008, 231, 233.

918 BayObLG NJW 1992, 121; dass FamRZ 1999, 318.

919 Empört über diesen „gesetzlichen Rat" äußert sich *Lessing* (RpflStud 2008, 1, 8), da es sich hierbei um eine Selbstverständlichkeit handelt.

920 Vgl BT-Drucks 16/6815 S 17.

Das gilt, entgegen der in der Entscheidung des OLG Frankfurt vom 4.4.2005[921] anklingenden Auffassung, auch für den Entzug der Vermögenssorge als letztes Mittel, da sich der Richtervorbehalt in § 14 Abs 1 Nr 2 RPflG nicht auf die zur Abwendung einer Vermögensgefährdung erforderlichen Maßnahmen erstreckt.

Wird aufgrund der Entziehung die Anordnung einer Vormundschaft oder Pflegschaft erforderlich, so ist Vormundschaft oder Pflegschaft anzuordnen und die Person auszuwählen, die das Amt übernehmen soll. Funktionell ist insoweit mangels Richtervorbehalts der Rechtspfleger zuständig.

Als **Muss-Beteiligte des Verfahrens** hinzuziehen sind neben dem Kind[922] 397
und den Eltern als unmittelbar Betroffene (§ 7 Abs 2 Nr 1 FamFG) auch das Jugendamt (§ 162 Abs 2 S 1 FamFG) und – sofern bestellt – der Verfahrensbeistand, § 158 Abs 3 S 2 FamFG.

Gem § 155 Abs 1 FamFG sind Verfahren wegen Kindeswohlgefährdung **vor-** 398
rangig und beschleunigt durchzuführen. Um eine zügige und einvernehmliche Konfliktlösung zu fördern, begründet § 155 Abs 2 S 1 FamFG die Verpflichtung des Gerichts, die Sache in einem **Termin mündlich zu erörtern**, der gem S 2 **spätestens einen Monat nach Beginn des Verfahrens** stattfinden soll. Das Vorrang- und Beschleunigungsgebot soll dem Kindeswohl dienen und dem kindlichen Zeitempfinden Rechnung tragen.

Die **bevorzugte Erledigung** des Verfahrens hat im Notfall auf Kosten anderer anhängiger Sachen zu erfolgen. Das Vorranggebot gilt in jeder Lage des Verfahrens.

Gem § 158 Abs 1 FamFG ist dem Kind ein **Verfahrensbeistand** für **ein seine** 399
Person betreffendes Verfahren zu bestellen, soweit dies zu Wahrung seiner Interessen erforderlich ist. Wird die Erforderlichkeit bejaht, ist das Gericht zur Bestellung eines **Verfahrensbeistands** verpflichtet.[923] Unabhängig davon nennt § 158 Abs 2 FamFG **Regelfälle**, in denen die Bestellung eines Verfahrensbeistands zu erfolgen hat. Für Verfahren, in denen es um Entscheidungen nach § 1666 und § 1666a BGB geht, ist die Bestellung regelmäßig zwingend, wenn die teilweise oder vollständige Entziehung der Personensorge in Betracht kommt (§ 158 Abs 2 Nr 2 FamFG).[924] Gem § 158 Abs 2 Nr 3 FamFG ist eine **Verfahrensbeistandsbestellung** aber auch dann regelmäßig erforderlich, wenn die Trennung des Kindes von seiner Obhutsperson im Raum steht.

---

921 NJW-RR 2005, 1382.

922 BGH FamRZ 2011, 1788 m Anm *Stößer* FamRZ 2011, 1859 f; *Lack* FamFR 2011, 527 und *Rauscher* JR 2013, 213 f; OLG Koblenz NJW 2011, 236, 237; OLG Oldenburg FPR 2011, 342; OLG Oldenburg FamRZ 2010, 660, 661; OLG Stuttgart FamRZ 2010, 1166; *Schürmann* FamFR 2009, 153.

923 Bork/Jacoby/Schwab/*Zorn* § 158 Rn 6.

924 Bork/Jacoby/Schwab/*Zorn* § 158 Rn 9.

400 Vor der Entscheidung sind die sorgeberechtigten Eltern stets persönlich dh **mündlich zu hören**, § 160 Abs 1 S 2 FamFG.[925] Nicht sorgeberechtigte Eltern hört das Gericht ebenfalls an, es sei denn es handelt sich um ein Verfahren, das nur die Vermögenssorge betrifft. In diesem Fall ist die Anhörung von nicht sorgeberechtigten Eltern nur dann zwingend, wenn von der Anhörung eine Aufklärung erwartet werden kann, § 160 Abs 2 S 2 FamFG.[926]

Von der Anhörung darf nur aus schwerwiegenden Gründen abgesehen werden, § 160 Abs 3 FamFG. Wird ausnahmsweise wegen Gefahr im Verzug von einer vorherigen Anhörung abgesehen, hat sie das Gericht unverzüglich nachzuholen, § 160 Abs 3 S 2 FamFG.

Gem § 33 Abs 1 S 2 FamFG hört das Gericht einen Elternteil in **Abwesenheit des anderen Elternteils** an, wenn dies zum Schutz eines Elternteils oder aus anderen Gründen erforderlich ist. Letztere Regelung wurde zunächst in das FGG eingefügt durch das am 12.7.2008 in Kraft getretene Gesetz zur Erleichterung familiengerichtlicher Maßnahmen bei Gefährdung des Kindeswohls[927] und später durch das FGG-RG ohne inhaltliche Änderung in das FamFG übernommen. Sie soll der besseren Berücksichtigung von Fällen häuslicher Gewalt dienen. Angesprochen sind damit zum einen Konstellationen, in denen eine gemeinsame Anhörung im Hinblick auf im Vorfeld ausgeübte oder angedrohte Gewalthandlungen für einen Elternteil mit einem besonderen Gefährdungsrisiko verbunden wäre, das etwa durch gerichtsorganisatorische Maßnahmen nicht oder nicht ausreichend sicher ausgeschaltet werden kann oder angesichts sonstiger Umstände vermieden werden sollte. Zum anderen sind mit den anderen Gründen, die einer gemeinsamen Anhörung entgegenstehen könnten, solche erfasst, in denen die gemeinsame Anhörung aufgrund eines länger andauernden Auslandsaufenthalts oder einer schwerwiegenden, die Mobilität einschränkenden Erkrankung eines Elternteils erschwert wäre.[928]

401 Auch das **Kind ist persönlich anzuhören**, weil die Neigungen, Bindungen oder der Wille des Kindes zumindest in persönlichen Angelegenheiten grundsätzlich altersunabhängig für die Entscheidung von Bedeutung sind oder wenn eine persönliche Anhörung aus sonstigen Gründen angezeigt ist (§ 159 Abs 2 FamFG).[929] Ist das Kind 14 Jahre oder älter, ist es ebenfalls, auch bei **Vermögensgefährdungen**, grundsätzlich persönlich anzuhören, § 159 Abs 1 FamFG.[930]

---

925 Näher dazu Bork/Jacoby/Schwab/*Zorn* § 160 Rn 9.
926 Bork/Jacoby/Schwab/*Zorn* § 160 Rn 1, 3.
927 BGBl I 2008 S 1188.
928 BT-Drucks 16/8914 S 16.
929 Näher dazu Bork/Jacoby/Schwab/Zorn § 159 Rn 10 ff.
930 Näher dazu Bork/Jacoby/Schwab/*Zorn* § 159 Rn 7 ff.

Bei Kindeswohlgefährdung sind ferner zu hören das **Jugendamt** (§ 162 Abs 1 FamFG) sowie, soweit vorhanden, Pflegepersonen oder betreuende Bezugspersonen, bei denen das Kind seit längerer Zeit lebt (§ 161 Abs 2 FamFG). Von der Anhörung der **Pflege-** oder den betreuenden **Bezugspersonen** kann aber abgesehen werden, wenn davon eine Aufklärung nicht erwartet werden kann. 402

Das Jugendamt ist bereits in dem entsprechend dem **Vorrang- und Beschleunigungsgebot** nach § 155 Abs 1, 2 FamFG anzuberaumenden Termin persönlich zu hören.

Soll sich eine Maßnahme gegen einen **Dritten** richten, so ist auch der Dritte zu hören, § 34 Abs 1 Nr 1 FamFG.

Gem § 157 Abs 1 FamFG soll das Gericht in Verfahren nach §§ 1666, 1666a 403
BGB **mit den Eltern und in geeigneten Fällen auch mit dem Kind erörtern, wie einer *möglichen* Kindeswohlgefährdung begegnet werden kann**, insbesondere durch öffentliche Hilfen, und welche Folgen die Nichtannahme notwendiger Hilfen haben kann. Mit dieser Regelung hat der Gesetzgeber einen eigenen Verfahrensschritt vorgeschrieben, der neben die Pflicht zur persönlichen Anhörung gem §§ 159, 160 FamFG tritt.

In dem Termin, von dem auch das Jugendamt zu benachrichtigen ist (§ 162 Abs 3 S 1 Hs 1 FamFG), soll das Gericht den Eltern den Ernst der Lage vor Augen führen, auf mögliche Konsequenzen (zB den Entzug der elterlichen Sorge) hinweisen und darauf hinwirken, dass die Eltern notwendige Leistungen der Jugendhilfe annehmen und mit dem Jugendamt kooperieren.

Um das wesentliche Ziel der Regelung erreichen zu können, das darin liegt, die Beteiligten – Eltern, das Jugendamt und in geeigneten Fällen auch das Kind – an einen Tisch zu bringen, um die Eltern stärker in die Pflicht zu nehmen und auf sie und erforderlichenfalls auch auf das Kind einwirken zu können, hat das Gericht das **persönliche Erscheinen der Eltern** anzuordnen, § 157 Abs 2 S 1 FamFG, denn das Gespräch kann nur zu einem sinnvollen Ergebnis führen, wenn die Eltern persönlich anwesend sind, sodass sie sich nicht von einem Anwalt vertreten lassen können.

Im Falle eines unentschuldigten Ausbleibens findet § 33 Abs 3 FamFG Anwendung, sodass auch die Möglichkeit der **zwangsweisen Vorführung** besteht.[931]

Eine **gemeinsame Erörterung mit dem Kind** kann insbesondere notwendig sein, wenn die **Drogensucht oder wiederholte Straffälligkeit** des Kindes bzw Jugendlichen Anlass zu dem Verfahren gegeben hat, um auch auf das gefährdete Kind einzuwirken.

931 BT-Drucks 16/6815 S 18.

404 Unklar bleibt trotz der Erläuterung des Gesetzgebers das Verhältnis dieser Erörterungspflicht zu der **Anhörungspflicht nach § 160 FamFG**. Der Unterschied zwischen der Erörterungspflicht nach § 157 FamFG und einer solchen im Rahmen einer Anhörung kann aber trotz der Versicherung des Gesetzgebers, dass die Schwelle für Eingriffe in die elterliche Sorge durch das Gesetz zur Erleichterung familiengerichtlicher Maßnahmen bei Gefährdung des Kindeswohls nicht herabgesenkt werden sollte, nur darin liegen, dass ein gerichtliches Einwirken auf die Eltern bereits ohne konkrete Kindeswohlgefährdung erfolgen kann. Denn das Gespräch nach § 157 FamFG soll mit den Eltern bereits bei einer ***möglichen*** **Gefährdung des Kindeswohls,** dh **im Vorfeld und unabhängig von Maßnahmen nach § 1666 BGB** geführt werden, während eine Anhörung nach § 160 FamFG nach verbreitetem Verständnis eine *konkrete* Kindeswohlgefährdung voraussetzt.[932] Soll indes zB die Anrufung des Gerichts durch das Jugendamt gem § 8a Abs 2 S 1 Hs 2 SGB VIII auch dann seinen Zweck erfüllen, wenn die Eltern nicht bereit sind, bei der Abschätzung des Gefährdungsrisikos mitzuwirken, muss klar sein, dass das Gericht auch bei einer „nur" möglichen Schädigung des Kindeswohls oder -vermögens buchstäblich seinem **Wächteramt** nachkommen und die Eltern in die Pflicht nehmen kann.

Im Interesse des Kindes ist gegen diese Vorverlagerung gerichtlicher Intervention im Ergebnis aber auch sonst nichts einzuwenden, insbesondere liegt kein Grundrechtsverstoß vor, weil der Staat bei der Ausgestaltung der Schutzmechanismen nicht nur die Elternrechte zu beachten, sondern diese vielmehr auch in Ausgleich zu den Grundrechten des Kindes zu bringen hat. Im Übrigen ließe sich auch damit argumentieren, dass der Staat in der Sache nicht in die elterliche Sorge eingreift, die Gefährdungsgrenze für einen solchen Eingriff also auch nicht erreicht sein muss, wenn er im Vorfeld einer Kindeswohlgefährdung und unabhängig von Maßnahmen gem §§ 1666, 1666a BGB hier „nur" in **aufklärender, kontrollierender und warnender Funktion** auftritt.[933]

405 Die Entscheidung ergeht durch Beschluss (§§ 116 Abs 1, 111 Nr 2, 151 Nr 2, 38 FamFG). Der Beschlussinhalt wird von §§ 38, 39 FamFG vorgegeben. Dh er muss die in § 38 Abs 2 vorgegebenen Angaben und eine Begründung sowie eine **Rechtsbehelfsbelehrung** enthalten.[934]

406 **Wirksam** wird der Beschluss gem § 40 Abs 1 FamFG mit Bekanntgabe an den Beteiligten, für den er seinem wesentlichen Inhalt nach bestimmt ist. Das sind die Eltern.

---

932 Vgl etwa *Rosenboom/Rotax* ZRP 2008, 1 ff.

933 Näher dazu *Coester* JAmt 2008, 1 ff.

934 Näher dazu Bork/Jacoby/Schwab/*Zorn* Vor § 151 Rn 12 ff.

Gegen **Endentscheidungen** ist das **Rechtsmittel** der ***befristeten* Beschwerde** gem §§ 58ff FamFG gegeben. Dies gilt gem § 11 Abs 1 RPflG auch soweit der Rechtspfleger entschieden hat. 407

Die Beschwerde muss innerhalb eines Monats bei dem Familiengericht eingelegt werden, das die Entscheidung getroffen hat, § 64 FamFG. Beschwerdegericht ist das Oberlandesgericht § 119 Abs 1 Nr 1a GVG. Ein **Abhilferecht** besteht nicht, § 68 Abs 1 S 2 FamFG. Endentscheidungen sind die, durch die der Verfahrensgegenstand ganz oder teilweise erledigt wird, § 38 Abs 1 S 1 FamFG. **Zwischenentscheidungen**, das sind solche, die der Endentscheidung vorausgehen und sie vorbereiten, wie zB Beweisanordnungen zur Einholung eines Sachverständigengutachtens, sind grundsätzlich unanfechtbar, es sei denn, das Gesetz sieht die Anfechtbarkeit durch ***sofortige* Beschwerde entsprechend §§ 567–572 ZPO** ausdrücklich vor. Die Frist für die sofortige Beschwerde beträgt gem § 569 Abs 1 S 1 ZPO **zwei Wochen.**

Auch die Bestellung eines Verfahrensbeistands durch den Richter ist nicht selbstständig, sondern nur mit der Endentscheidung anfechtbar, § 158 Abs 3 S 4 FamFG.[935]

3.11 Weitergehende Überlegungen im Zusammenhang mit Kindeswohlgefährdungen

408 **Schwerwiegende Versäumnisse** im Bereich der Pflege und Ernährung des Kindes und andere spektakuläre Fälle von Verwahrlosung treten immer wieder zu Tage und waren nicht nur Anstoß zur Änderung des SGB VIII durch das am 1.10.2005 in Kraft getretene Gesetz zur Weiterentwicklung der Kinder- und Jugendhilfe[936] und für das Gesetz zur Erleichterung familiengerichtlicher Maßnahmen bei Gefährdung des Kindeswohls vom 4.7.2008[937], sondern boten Anlass für weitergehende Überlegungen, wie Kindeswohlgefährdungen zB auch durch landesrechtliche Regelungen besser, dh rechtzeitiger entgegengewirkt werden kann.

Unstrittig war, dass Prävention und Hilfsangebote gerade im Hinblick auf die häufig erst spät bekannt werdenden tragischen Fälle von Kindesvernachlässigung ausgebaut werden müssen. Die Länder haben hier unterschiedliche

935 Das ist anders, wenn der Rechtspfleger den Verfahrensbeistand bestellt hat. In diesem Fall findet die befristete Erinnerung nach § 11 Abs 2 RPflG statt, die innerhalb von 2 Wochen einzulegen ist.

936 (Kinder- und Jugendhilfeweiterentwicklungsgesetz – KICK) v 8.9.2005, BGBl I 2729, hierzu näher ua *Röchling* FamRZ 2006, 161ff.

937 BGBl I S 1188, in Kraft getreten am 12.7.2008.

Lösungen entwickelt, um eine Verbesserung der Situation zu erreichen,[938] vornehmlich durch Verknüpfung von Regelungen im Bereich des Gesundheitswesens mit den Aufgaben des Jugendamtes. Es wurde zwar zu Recht darauf hingewiesen, dass zB die bloße Nichtteilnahme an Früherkennungsuntersuchungen noch kein **gewichtiger Anhaltspunkt** für eine Kindeswohlgefährdung darstellt,[939] dem das Jugendamt gem § 8a SGB VIII nachzugehen hat, gleichwohl lassen die in den Ländern festgelegten Regelungen durch Kooperation zB zwischen der Gesundheitshilfe und dem Jugendamt einen verbesserten Kinderschutz erwarten. Durch das am 1.1.2012 in Kraft getretene BKiSchG[940] wurden schließlich auch bundesrechtliche Regelungen geschaffen, die dem Aufbau und der Stärkung der Netzwerkarbeit der in den Schutz von Kindern eingebundenen Akteure (Eltern, Jugendämter, Gesundheitsämter, Schwangerenberatungsstellen, Krankenhäuser, Ärzte und Polizei) dienen. Art 1 dieses Gesetzes enthält das KKG[941], das den unterschiedlichen, teilweise bundes-, teilweise landesrechtlichen Kinderschutzregelungen einen Rahmen gibt und gleichzeitig den Schwerpunkt auf die in § 1 Abs 4 KKG legal definierten „Frühen Hilfen" legt. Ua durch Information der (künftigen) Eltern über Leistungsangebote für Beratung und Hilfe in Fragen der Schwangerschaft, Geburt und der Entwicklung des Kindes in den ersten Lebensjahren soll deren Erziehungskompetenz von Anfang an gestärkt und Kindeswohlgefährdungen bereits im Vorfeld begegnet werden.[942]

4. Weitere Grenzen und Schranken der elterlichen Sorge

4.1 Verwaltungsausschluss durch Schenker oder Erblasser

409 § 1638 Abs 1 BGB gestattet es demjenigen, der dem Kind etwas unentgeltlich zuwendet, **einen oder beide Elternteile von der Verwaltung des Zugewendeten bei der Zuwendung auszuschließen.**

Auch ein **Erblasser** kann die Eltern **in einer Verfügung von Todes wegen** von der Verwaltung des vom Kind von Todes wegen erworbenen Vermögens ausschließen. Bei dem von Todes wegen erworbenen Vermögen kann es sich handeln um das, was dem Kind durch Testament oder Erbvertrag (Erbe oder

---

938 Ausführlich dazu *Lack* S 521 ff.

939 *Lack* S 531.

940 Gesetz zur Stärkung eines aktiven Schutzes von Kindern und Jugendlichen (Bundeskinderschutzgesetz – BKiSchG) v 22.12.2011, BGBl I S 2975.

941 Gesetz zur Kooperation und Information im Kinderschutz (KKG) v 22.12.2011, BGBl I S 2975.

942 Näher dazu *Meysen* FamRZ 2012, 405 ff.

Vermächtnis) zugewendet wurde oder auch das aufgrund gesetzlicher Erbfolge sowie das dem Kind infolge Pflichtteilsberechtigung Anfallende oder das zur Erfüllung dieses Anspruchs Geleistete.[943]

Zuwender oder Erblasser kann auch ein **Elternteil selbst** sein, der das dem Kind Zugewendete auf diesem Wege der Verwaltung durch den anderen Elternteil entzieht.[944] Die Bestimmung kann mit einer **Bedingung und/oder zeitlichen Bestimmung** verbunden werden.

Der Verwaltungsausschluss ist an verschiedene Tatbestände geknüpft: 410

- Das Kind muss das Vermögen tatsächlich erwerben. Der Verwaltungsausschluss kann sich daher nicht auf den Erwerb also den Schenkungs- bzw Erfüllungsvertrag selbst erstrecken. Auch sind die Eltern durch den Verwaltungsausschluss nicht gehindert, das dem **Kind von Todes wegen Angefallene auszuschlagen** (vgl §§ 1942, 2180 BGB), weil es sich bei Annahme und Ausschlagung nicht um einen Akt der Verwaltung handelt.[945]
- Der Vermögenserwerb muss **unentgeltlich oder von Todes wegen** erfolgen.
- Der Verwaltungsausschluss muss **bei der Zuwendung**[946] bzw in **einer letztwilligen Verfügung**, also in einem Testament oder durch einseitige Verfügung in einem Erbvertrag angeordnet sein.[947]

Der Ausschluss muss nicht ausdrücklich erfolgen, das Gewollte kann sich auch im Wege der individuellen Auslegung der Verfügung von Todes wegen ergeben.[948]

Der Ausschluss kann zB in der **Benennung einer Pflegerperson** liegen (vgl § 1917 BGB). Anhaltspunkte für den Willen des Erblassers, die Eltern von der Verwaltung des nachgelassenen Vermögens auszuschließen, können auch in der Enterbung der Eltern,[949] dem gewollten Ausschluss von der Nutznießung des überlebenden Elternteils oder auch in der Anordnung der Testamentsvollstreckung liegen, wobei aber aus der Testamentsvollstreckungsanordnung allein noch nicht zwingend auf einen gewollten Ausschluss nach § 1638 Abs 1 BGB

---

943 OLG Düsseldorf FamRZ 2007, 2091; OLG Hamm FamRZ 1969, 662.

944 BayObLG FamRZ 1989, 1342.

945 OLG Düsseldorf FamRZ 2007, 2091; OLG Karlsruhe FamRZ 1965, 573; *Damrau* ZEV 1998, 90; *Merkel* MDR 1964, 113.

946 Ein späterer Ausschluss ist unwirksam KG FamRZ 1962, 432.

947 Eine vertragsmäßige Verfügung in einem Erbvertrag scheidet schon deshalb aus, weil ein Verwaltungsausschluss nicht vertragsmäßig getroffen werden kann, vgl § 2278 Abs 2 BGB.

948 BayObLG FamRZ 2004, 1304; dass FamRZ 1989, 1342.

949 Vgl OLG Frankfurt FamRZ 1997, 1115.

zu schließen ist.[950] Es können sich vielmehr im Einzelfall Abgrenzungsschwierigkeiten und/oder Überschneidungen zu solchen Anordnungen eines Erblassers ergeben, da dieser die Eltern des minderjährigen Erben bereits durch die Ernennung einer anderen Person zum Testamentsvollstrecker (vgl §§ 2197 ff BGB) von der (aktiven) Verwaltung des Nachlasses ausschließen kann (§§ 2205, 2211 BGB). Ob darüber hinaus auch ein Verwaltungsausschluss nach § 1638 Abs 1 BGB gewollt ist, der dazu führt, dass die Eltern auch die dem Kindeserben gegenüber dem Testamentsvollstrecker zustehenden Rechte nicht wahrnehmen können,[951] ist im Einzelfall durch **individuelle Auslegung** zu ermitteln. Aufschluss über das Ziel des Erblassers kann die Frage geben, ob nur der Ausschluss des (minderjährigen) Erben, primär aber nicht der der Eltern von der Verwaltung des Nachlasses beabsichtigt war. Wird dies bejaht, ist nur Testamentsvollstreckung, nicht aber der Ausschluss gem § 1638 Abs 1 BGB gewollt. Lässt sich hingegen durch Auslegung nicht feststellen, dass der Erblasser ausschließlich Testamentsvollstreckung gewollt hat, kommt dessen Anordnung damit auch aus familienrechtlicher Sicht insoweit Bedeutung zu, als *neben* der Testamentsvollstreckung auch der Ausschluss der Eltern von der „Kontrolle" des Testamentsvollstreckers als gewollt angenommen werden kann. Für die **Geltendmachung der Rechte gegenüber dem TV** ist daher in einem solchen Fall ein Ergänzungspfleger zu bestellen,[952] wenn nicht nur einer von beiden vermögenssorgeberechtigten Elternteilen ausgeschlossen wurde.

411 Ein wirksamer Verwaltungsausschluss erstreckt sich gem § 1638 Abs 2 BGB auf das, was das Kind aufgrund eines zu einem solchen Vermögen gehörenden Rechts oder als Ersatz für Zerstörung, Beschädigung oder Entziehung erwirbt (Surrogationsprinzip). Gleiches gilt für das durch Rechtsgeschäft Erworbene, das sich auf dieses Vermögen bezieht. Der Zuwendende kann die Regelung des Abs 2 jedoch ausschließen.[953]

412 Die Rechtsfolge eines wirksamen Verwaltungsausschlusses nur eines Elternteils bei gemeinsamer elterlicher Vermögenssorge ist in Abs 3 der Vorschrift geregelt. Ist nur **einer von beiden vermögenssorgeberechtigten Elternteilen** ausgeschlossen, verwaltet der andere das Zugewendete allein mit der Folge, dass er insoweit das Kind auch allein vertritt.[954]

Sind **beide oder der allein vermögenssorgeberechtigte Elternteil** von der Verwaltung ausgeschlossen, ist § 1638 Abs 3 BGB hingegen nicht erfüllt. Da

---

950 BayObLG FamRZ 1989, 1342.
951 Vgl auch *Damrau* ZEV 1998, 90 f.
952 OLG Schleswig NJW-RR 2007, 1597.
953 Hoppenz/*van Els* A I § 1638 Rn 6 mwN.
954 OLG Karlsruhe FamRZ 2004, 968.

der Verwaltungsausschluss bereits mit Erwerb des zugewendeten Vermögens besteht, handelt es sich zunächst um **„verwaltungsfreies“ Vermögen**. Die Eltern sind insoweit weder zur Verwaltung dieses Vermögens noch zur Vertretung des Kindes berechtigt.[955] Es besteht daher die Notwendigkeit, eine **Ergänzungspflegschaft gem § 1909 Abs 1 S 2 BGB** anzuordnen. Das besondere Fürsorgebedürfnis, das grundsätzlich für die Anordnung einer Pflegschaft vorliegen muss, wird für den Fall eines wirksamen Verwaltungsausschlusses in § 1909 Abs 1 S 2 BGB bereits unterstellt, sodass es vom Gericht nicht gesondert zu prüfen ist.[956] Die Eltern sind gem § 1909 Abs 2 BGB verpflichtet, das Familiengericht von der Erforderlichkeit der Anordnung der Pflegschaft unverzüglich zu unterrichten, damit dieses entsprechend tätig werden kann. Diese Pflicht trifft selbstverständlich auch den von der Verwaltung ausgeschlossenen allein sorgeberechtigten Elternteil.

Haben die Eltern in der Zeit zwischen Anfall des Vermögens an das Kind und Bestellung des Pflegers durch das Familiengericht gehandelt, regeln §§ 177 ff BGB die Folgen im Außenverhältnis, während sich die Folgen im Innenverhältnis nach §§ 677 ff BGB bestimmen.

Sind die Eltern von der Verwaltung des vom Kind von Todes wegen erwor- 413
benen Vermögens ausgeschlossen, können die Eltern weder einen Erbschein beantragen,[957] noch können sie, sofern neben der Testamentsvollstreckungsanordnung auch ihre Verwaltung gem § 1638 Abs 1 BGB ausgeschlossen wurde, einen Antrag auf Entlassung des Testamentsvollstreckers stellen.[958]

Ist für die Verwaltung ein Ergänzungspfleger bestellt, können die Eltern auch keine Auskunftsansprüche gegen den bestellten Ergänzungspfleger geltend machen.[959]

Abweichend von § 1916 BGB, der eine **grundsätzlich bindende Benen-** 414
nung eines Pflegers ausschließt, gestattet §§ 1917 Abs 1, 1909 Abs 1 S 2 BGB Schenker und Erblasser eine solche ausdrücklich. Die Benennung setzt voraus, dass die speziellen Voraussetzungen des § 1909 Abs 1 S 2 BGB vorliegen. Es muss sich demnach um eine unentgeltliche Zuwendung oder um von Todes wegen erworbenes Vermögen handeln, von dessen Verwaltung die Eltern ausgeschlossen sind. Daraus ergibt sich gleichzeitig, dass ein Benennungsrecht etwa

---

955 BGHZ 106, 96 = FamRZ 1989, 269; OLG Frankfurt FamRZ 1997, 1115.
956 BayObLG FamRZ 1989, 1342.
957 OLG Frankfurt FamRZ 1997, 1115.
958 BGHZ 106, 96 = FamRZ 1989, 269.
959 LG Bonn FamRZ 1995, 1433.

für den Abschluss eines Vertrages, an dem die Eltern möglicherweise nicht mitwirken können oder wollen, nicht besteht.[960]

Die Benennung ist nur wirksam, wenn sie (wie ein ausdrücklicher Verwaltungsausschluss selbst) *bei* der Zuwendung bzw in einer wirksamen Verfügung von Todes wegen erfolgt.[961] In der Benennung selbst liegt konkludent auch der Verwaltungsausschluss.

Das Gericht ist an die Benennung gebunden (§§ 1917 Abs 1, 1778 BGB) und kann den zum Pfleger Berufenen daher nur unter den in § 1778 BGB aufgeführten Voraussetzungen übergehen, ohne dass es dafür der Zustimmung des Zuwenders (vgl § 1917 Abs 3 BGB) bedarf.[962]

Ein Übergehungsgrund iSv § 1778 Abs 1 Nr 4 BGB liegt beispielsweise bei einem Interessengegensatz zwischen dem Berufenen und dem Kind in einer für die Aufgabenerfüllung wesentlichen Frage vor.[963]

Darf der zum Pfleger Berufene übergangen werden, hat das Familiengericht die Person des Pflegers nach §§ 1915 Abs 1 S 1, 1779 BGB auszuwählen. Dies gilt auch, wenn der Benannte die Übernahme des Amtes ablehnt, was er ohne Weiteres tun kann, weil er als nicht vom Familiengericht ausgewählte Person zur Übernahme des Amtes nicht verpflichtet ist, arg §§ 1915 Abs 1 S 1, 1785 BGB. Aus der Anordnung des Erblassers kann sich aber auch ergeben, dass es ihm allein auf die Verwaltung durch den Benannten ankam, die aber nur über den Weg des Ausschlusses der Eltern erreicht werden konnte. Stellt sich heraus, dass der elterliche Ausschluss gleichsam nur in Kauf genommen, nicht aber das eigentliche Ziel des Erblassers war, hat das Familiengericht bei Ablehnung des Amtes durch den „Wunschverwalter" von der Pflegerauswahl und Bestellung abzusehen, weil der elterliche Ausschluss nach dem Erblasserwillen keine selbstständige Bedeutung hat.

415 Der Schenker kann **sich selbst benennen**. Auch die **Benennung der Eltern** ist möglich, um sie auf diesem Wege in ihrer Funktion als *Pfleger* einer weitergehenden gerichtlichen Kontrolle zu unterstellen, als sie sonst als Eltern unterworfen sind. Weil das **Jugendamt** nur dann zum Pfleger bestellt werden darf, wenn eine geeignete Person, die das Amt ehrenamtlich führt, nicht vorhanden ist (§§ 1915 Abs 1 S 1, 1791b Abs 1 S 1 BGB, kann es nicht mit bindender Wirkung benannt werden (vgl auch § 1791b Abs 1 S 2 BGB).[964]

---

960 *Sonnenfeld* Rn 468.
961 MünchKomm BGB/*Schwab* § 1917 Rn 2.
962 MünchKomm BGB/*Schwab* § 1917 Rn 9.
963 BayObLGZ 1997, 93 = FamRZ 1997, 1289.
964 OLG Frankfurt JAmt 2012, 426.

Streitig ist hingegen, ob der Schenker oder Erblasser auch jemanden ausschließen kann (vgl § 1782 BGB).[965]

Dem benannten Pfleger kann der Zuwender oder Erblasser auch ganz oder teilweise die in §§ 1852 bis 1854 BGB genannten Freiheiten einräumen, § 1917 Abs 2 S 1 BGB (zu den möglichen Befreiungen vgl auch Rn 300). Die **durch letztwillige Verfügung angeordneten Befreiungen** kann das Familiengericht aber außer Kraft setzen, wenn sie das Interesse des Kindes gefährden, § 1917 Abs 2 S 2 BGB. Handelt es sich **um durch den Schenker angeordnete Befreiungen**, ist zu einem Außerkraftsetzen zu dessen Lebzeiten seine Zustimmung erforderlich, § 1917 Abs 3 BGB, nach dessen Tode gilt § 1917 Abs 2 BGB.[966] Ist der Zuwender zur Abgabe der Erklärung dauernd außerstande oder ist sein Aufenthalt dauernd unbekannt, kann das Familiengericht die Zustimmung ersetzen. 416

Einen gegenüber dem Verwaltungsausschluss milderen Eingriff in das Elternrecht stellt die **Verwaltungsanordnung gem § 1639 BGB** dar. Schenker und Erblasser können anordnen, *wie* die Eltern das zugewendete Vermögen zu verwalten haben. Ihnen kann etwa eine bestimmte Anlage oder die Verwendung des Vermögens nur für bestimmte Zwecke vorgeschrieben werden. An die Verwaltungsanordnungen, die der Schenker bei der Zuwendung bzw der Erblasser in der Verfügung trifft, sind die Eltern grundsätzlich gebunden. **Abweichungen** sind nur unter den Voraussetzungen des § 1803 Abs 2, 3 BGB erlaubt, § 1639 Abs 2 BGB. Es bedarf demnach entweder der Zustimmung des Schenkers, oder, wenn es sich um eine Erblasseranordnung handelt oder der Schenker bereits verstorben ist, einer gerichtlichen Genehmigung. Die Zustimmung des Schenkers ist zwar ähnlich wie bei § 1917 Abs 3 BGB gem § 1803 Abs 3 S 2 BGB auch hier ersetzbar, eine solche Ersetzung kommt aber nur in Betracht, wenn der Zuwender zur Abgabe der Erklärung dauernd außerstande oder sein Aufenthalt dauernd unbekannt ist. Verweigert er die Abgabe „nur", ist das Gericht grundsätzlich nicht zur Entscheidung berufen. Etwas anderes muss aber gelten, wenn die Befolgung der Anordnungen das Vermögen des Kindes gefährdet. In diesem Fall muss das Gericht eine Abweichung genehmigen, um Situationen zu vermeiden, bei denen das Gericht nach § 1666 BGB eingreifen müsste.[967] 417

Zuständig für die gerichtliche Genehmigungsentscheidung und die Ersetzung gem § 1639 Abs 2 BGB ist das Familiengericht. **Handeln** die Eltern den Anordnungen ohne Mitwirkung des Schenkers oder des Gerichts **zuwider**, kommen Sanktionen nur unter den Voraussetzungen des § 1666 BGB in Betracht. 418

---

965 Für ein Ausschlussrecht ua Palandt/*Götz* § 1917 Rn 1; ablehnend hingegen ua Gernhuber/*Coester-Waltjen* § 75 Rn 47.

966 Gernhuber/*Coester-Waltjen* § 75 Rn 49.

967 *Rauscher* Rn 1028.

4.2 Das Schenkungsverbot

419 Gem § 1641 S 1 BGB können die Eltern in Vertretung des Kindes keine Schenkungen machen. Verboten sind damit in **Vertretung des Kindes vorgenommene Schenkungen aus dessen Vermögen**.

Gegen § 1641 S 1 BGB verstoßende Schenkungen sind **unheilbar nichtig**, § 134 BGB.[968]

Daran vermag auch eine etwaige Genehmigung des Familiengerichts nichts zu ändern,[969] die zudem auch ins Leere ginge. Auch ein volljährig gewordenes Kind kann eine von seinen Eltern als gesetzliche Vertreter vorgenommene Schenkung nicht genehmigen, weil ihnen nicht nur die Vertretungsmacht fehlte, sondern die Schenkung von Anfang an auch **substantiell unwirksam** war.[970]

Von dem Schenkungsverbot erfasst sind nach Sinn und Zweck der Norm auch Zustimmungen der Eltern zu einer vom beschränkt geschäftsfähigen Kind selbst vorgenommenen Schenkung (§ 108 BGB),[971] sowie durch Überlassung von Mitteln zu freien Verfügung generalisierend vorweggenommene Einwilligungen, sodass auch das **Kind selbst** im Rahmen von § 110 BGB keine Schenkungen vornehmen kann.[972]

Dem Schenkungsverbot des § 1641 BGB unterliegen alle unentgeltlichen Rechtsgeschäfte unter Lebenden iSv § 516 BGB. Hierzu gehört zB auch ein Rechtsgeschäft, das auf die (unentgeltliche) Zuwendung der **Bezugsberechtigung einer Lebensversicherung** des Kindes gerichtet ist.[973]

420 Von § 1641 BGB nicht erfasst ist hingegen die **Erfüllung wirksam eingegangener Schenkungsversprechen**. Ist der Minderjährige zB Erbe, dürfen und müssen die Eltern daher einen vom Erblasser wirksam geschlossenen (vgl § 518 BGB) Schenkungsvertrag erfüllen. Auch Erb- und Vermächtnisausschlagung sind gem § 517 Abs 2 BGB ebenso wenig Schenkungen iSv § 1641 BGB wie ein Pflichtteilsverzicht. Sie unterliegen gem § 1643 Abs 2 BGB aber einem Genehmigungserfordernis.

421 Von dem Schenkungsverbot **ausgenommen** sind gem § 1641 S 2 BGB Schenkungen, durch die einer **sittlichen Pflicht** oder einer **auf den Anstand zu nehmenden Rücksicht** entsprochen wird, wobei hinsichtlich beider Tatbe-

---

968 Palandt/*Götz* § 1804 Rn 1.

969 Vgl BayObLG Rpfleger 1988, 22 = FamRZ 1988, 210 (LS).

970 *Rauscher* Rn 1032.

971 OLG Stuttgart FamRZ 1969, 39.

972 Palandt/*Götz* § 1641 Rn 1; Staudinger/*Engler* § 1641 Rn 9.

973 OLG Hamm Rpfleger 1984, 414.

stände soweit erkennbar zumindest in Bezug auf Minderjährige übereinstimmend für eine **enge Auslegung** plädiert wird.

Der Begriff des Anstands knüpft an kulturelle und soziale Schenksitten an und verweist damit auf Jahresgaben zu allgemeinen und persönlichen Feiertagen sowie zu Lebenshöhepunkten wie zB einer Hochzeit.[974]

Auch eine Schenkung, durch die einer sittlichen Pflicht genügt wird, kann nur mit Vorsicht bejaht werden. Dafür ist darauf abzustellen, ob das Unterlassen der Schenkung dem Kind als Verletzung einer für es bestehenden sittlichen Pflicht zur Last zu legen wäre.[975] Eine solche das Kind selbst treffende Pflicht kann einzelfallabhängig angenommen werden, wenn die Schenkung der Unterstützung Not leidender Geschwister oder anderer nicht unterhaltsberechtigter Verwandter dient,[976] sowie dann, wenn die Schenkung im Interesse der Wahrung des Familienfriedens vorgenommen wird.[977] Auch eine unter Berücksichtigung der materiellen und immateriellen Belange der Wahrung des Familienzusammenhalts dienende und damit letztlich im Interesse des Kindes liegende Zuwendung wurde als wirksam, weil einer sittlichen Pflicht entsprechend, erachtet.[978]

Zu beachten ist, dass die Eltern das Kind bei einer nach § 1641 S 2 BGB wirksamen, weil zB einer sittlichen Pflicht entsprechenden Schenkung nicht vertreten können, wenn es sich bei dem Beschenkten um sie selbst, einen ebenfalls von ihnen vertretenen Dritten oder eine in § 1795 Abs 1 Nr 1 BGB aufgeführte Person handelt, da die Eltern von der Vertretung des Kindes bei Rechtsgeschäften zwischen dem Kind und dem genannten Personenkreis nach § 181 BGB bzw §§ 1629 Abs 2 S 1, 1795 BGB kraft Gesetzes ausgeschlossen sind (näher dazu Rn 424 ff).

4.3 Die Pflicht zur wirtschaftlichen Vermögensverwaltung

Gem § 1642 BGB trifft die Eltern die Pflicht, das Vermögen ihres Kindes nach den **Grundsätzen einer wirtschaftlichen Verwaltung** anzulegen, soweit es nicht zur Bestreitung von Ausgaben (zB für den Unterhalt) bereitzuhalten ist. 422

Anders als für Vormund und Pfleger werden den Eltern damit zwar **keine konkreten Anlageformen** nahe gelegt (vgl § 1807 BGB), gleichwohl muss auch

---

974 *Holzhauer* FamRZ 2000, 1063, 1064 mwN.
975 BGH FamRZ 1984, 580.
976 BGH FamRZ 1986, 1079.
977 OLG Köln OLGZ 1969, 263.
978 OLG Hamm FamRZ 1987, 751 = Rpfleger 1987, 200.

die durch die Eltern vorgenommene Geldanlage **wirtschaftlich und gewinnbringend** erfolgen. Darüber hinaus müssen auch die Eltern Kapitalanlagen wählen, die **nach den für die Anlageform geltenden Bewertungsgrundsätzen als sicher gelten.** Die Wirtschaftlichkeit ist hierbei nicht an den Maßstäben der eigenen Angelegenheiten (vgl § 1664 BGB), sondern an der Einschätzung einer günstigen und sicheren Anlage durch einen wirtschaftlich denkenden Privatmann zu messen.[979]

423 Eine **Haftung der Eltern** kommt nur bei Überschreitung der Grenze der eigenüblichen Sorgfalt in Betracht (§ 1664 BGB). Das Familiengericht kann aber bei **Gefährdung des Kindesvermögens** durch Verstoß gegen die Verpflichtung des § 1642 BGB auch unterhalb dieser Sorgfaltsgrenze gem § 1666 BGB einschreiten und den Eltern etwa bestimmte Anlageformen vorschreiben, § 1667 Abs 1 BGB.

4.4 Gesetzliche Vertretungsausschlüsse und ihre Ausnahmen

4.4.1 Die Tatbestandsmerkmale des § 181 BGB

424 Das Gesetz enthält noch weitere, auch im Außenverhältnis wirkende Grenzen. So sind der Vertretungsmacht der Eltern bei bestimmten Konstellationen von vornherein Grenzen gesetzt (§§ 181 und 1629 Abs 2 S 1, 1795 BGB), bei deren Verletzung dann je nach der Art des Rechtsgeschäfts endgültige Unwirksamkeit (§ 180 S 1 BGB) oder schwebende Unwirksamkeit (§ 177 BGB) die Folge ist.

Einige vom Gesetzgeber für besonders bedeutsam erachtete Rechtsgeschäfte unterliegen darüber hinaus auch bei wirksamer Vertretung des Kindes durch die Eltern einer gerichtlichen Kontrolle in Form einer Genehmigung (vgl zB § 1643 BGB, dazu Rn 485ff).

425 § 1629 Abs 2 S 1 BGB verweist auf § 1795 BGB, dieser in Abs 2 auf § 181 BGB, der seiner systematischen Stellung im Gesetz zufolge aber auch ohne die Verweisung in § 1795 Abs 2 BGB für die Vertretung durch die Eltern des Kindes anwendbar wäre, weil § 181 BGB (anders als § 1795 Abs 1 BGB!) für **alle Arten von Vertretern** gilt. § 1795 Abs 2 BGB bestätigt lediglich, dass § 181 BGB auch neben den besonderen Ausschlussgründen des Abs 1 BGB anwendbar ist.[980]

Nach § 181 BGB sind Vater und/oder Mutter bei Abschluss eines **Rechtsgeschäfts** kraft Gesetzes von der Vertretung des Kindes ausgeschlossen, wenn sie selbst (**Insichgeschäft oder Selbstkontrahieren** = Alt 1) oder ein ebenfalls von ihnen vertretener Dritter (**Mehrvertretung** = Alt 2) Vertragspartner des Kindes

---

979 *Rauscher* Rn 1043; LG Kassel FamRZ 2003, 626.

980 Palandt/*Götz* § 1795 Rn 7.

sind. Dabei kommt es nicht darauf an, ob der Vater und/oder die Mutter den Dritten als gewillkürte Vertreter (Bevollmächtigte) oder als gesetzliche Vertreter (zB Geschwisterkind) vertreten. Maßgeblich ist allein, dass Vater und/oder Mutter auf beiden Seiten des Rechtsgeschäfts auftreten.

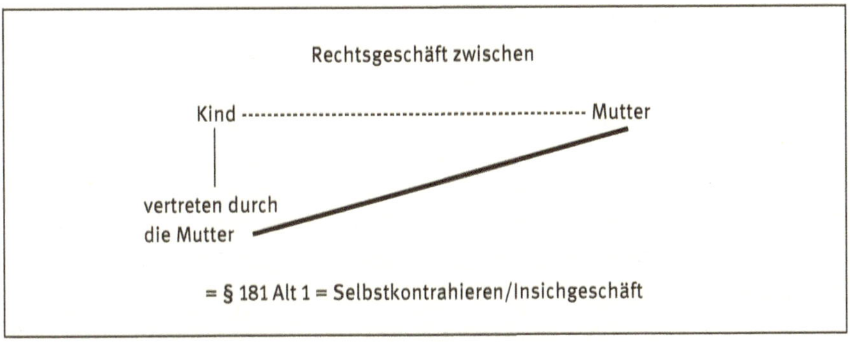

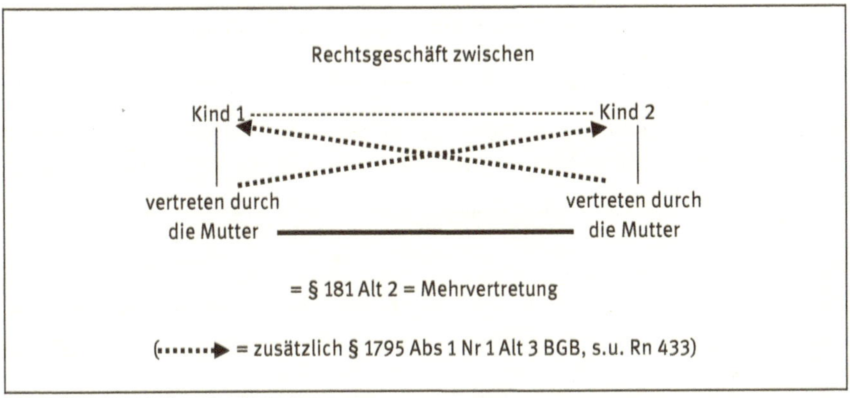

§ 181 BGB gilt (ebenso wie § 1795 Abs 1 Nr 1 BGB) grundsätzlich für alle **Rechtsgeschäfte** also auch für **einseitige** wie Kündigung, Widerruf und Bevollmächtigung. Der Vertretungsausschluss besteht daher auch dann, wenn das Kind oder der gesetzliche Vertreter oder Dritte „nur" Erklärungsempfänger ist. 426

Geschäftsähnliche Handlungen wie etwa die Inempfangnahme und Mitteilung einer gerichtlichen Genehmigung (§§ 1828, 1829 BGB) sind ebenfalls von § 181 (und § 1795 Abs 1 Nr 1) BGB erfasst.

Auf einen **Rechtsstreit** und auf **Vaterschaftsanfechtungsverfahren**, bei denen rechtlicher Vater und Kind einander mit grundsätzlich gegenläufigen Interessen gegenüberstehen, ist § 181 BGB analog anwendbar, sodass zB der die Vaterschaft anfechtende rechtliche Vater das Kind in einem Anfechtungsverfahren nicht vertreten kann.

Dagegen führt die *bloße Beteiligtenstellung* im Verfahren der freiwilligen Gerichtsbarkeit nicht zu einem gesetzlichen Vertretungsausschluss.[981]

427 § 181 BGB ist aber auf **gleichgerichtete Erklärungen** nicht anwendbar. Wenn die Eltern zB einen Vertrag zugleich im eigenen Namen oder als Vertreter eines Dritten und im Namen des Kindes auf der einen Seite mit einem Vertragspartner auf der anderen Seite schließen, sind sie folglich nicht von der Vertretung des Kindes ausgeschlossen. Solche **Parallelerklärungen** können die Eltern abgeben, weil von einer Interessenkollision zwischen den auf einer Seite stehenden Parteien nicht auszugehen ist. Vielmehr werden diese Parteien regelmäßig dieselben Interessen verfolgen. Motiv für die Schaffung des § 181 BGB war nämlich der Schutz des Vertretenen, weil bei Rechtsgeschäften, bei denen der Vertreter **gegenläufige Erklärungen** abgibt, ein bestehender Interessengegensatz zu einer **Verletzung der (Vermögens-)Interessen des Vertretenen** führen könnte.

Der gesetzliche **Vertretungsausschluss liegt dessen ungeachtet aber unabhängig davon vor**, ob im konkreten Fall tatsächlich ein Interessenkonflikt vorliegt, weil Letzterer nicht Tatbestandsmerkmal des § 181 BGB ist.

Beispiel:
Die allein sorgeberechtigte Kindesmutter möchte das ihrem zweijährigen Kind durch Erbschaft angefallene Motorrad kaufen. Der ihr vorschwebende Kaufpreis liegt über dem marktüblichen Wert des Gegenstands.

Die Kindesmutter ist wegen des Insichgeschäfts unabhängig von den konkreten Vertragskonditionen von der Vertretung des Kindes bei Abschluss des Kaufvertrages ausgeschlossen.

Beispiel:
Die allein sorgeberechtigte Kindesmutter möchte den von ihren minderjährigen, beschränkt geschäftsfähigen Kindern bezüglich zweier Briefmarken geschlossenen Tauschvertrag genehmigen.

Die Mutter ist an der Vertretung des einen wie des anderen Kindes infolge des Mehrvertretungsverbotes gehindert. Der Vertretungsausschluss gilt nicht nur, wenn der gesetzliche Vertreter das Rechtsgeschäft abschließt, sondern auch für die nach § 108 BGB zur Wirksamkeit des von den Kindern selbst vorgenommenen Rechtsgeschäfts erforderliche Genehmigung. Im Beispielsfall kommt zu

981 BGHZ 191, 48 = FamRZ 2011, 1788 m Anm *Stößer* FamRZ 2011, 1859 und *Lack* FamFR 2011, 527; BGH FamRZ 2012, 436 = Rpfleger 2012, 255.

dem aus § 181 BGB resultierenden Vertretungsausschluss noch der des § 1795 Abs 1 Nr 1 Alt 3 BGB hinzu, da sie mit dem jeweiligen Vertragspartner des einen wie des anderen Kindes in gerader Linie verwandt ist.

Beispiel:
Die allein sorgeberechtigte Kindesmutter vertritt ihre beiden Kinder bei Abschluss eines Grundstückskaufvertrages und bei der Auflassung. Die Kinder sollen das einem Dritten gehörende Grundstück als Bruchteilseigentümer zu je $^1/_2$ erwerben.

Die Kindesmutter kann die Kinder bei Abschluss des Kaufvertrages und bei der Auflassung vertreten. Ein Vertretungsausschluss besteht trotz der „Mehrvertretung" nicht, da die Kinder auf *einer* Vertragsseite stehen, also Parallelerklärungen abzugeben sind.

Streitig ist, ob dies auch dann gilt, wenn die Kinder und die Eltern oder ein 428
Elternteil als Miterbe(n) ein zum Nachlass gehörendes Grundstück veräußern wollen, um sodann den Erlös teilen zu können. Die Eltern könnten bei dem Verkauf als Vertreter der Miterben vorwiegend ihre eigenen Interessen verfolgen, sodass darüber nachgedacht wurde, ob in einem solchen Fall die innerhalb der **Erbengemeinschaft** zu treffende Entscheidung, ob überhaupt, zu welchen Konditionen sowie an wen verkauft wird, Teil der Erbauseinandersetzung ist, an deren Vornahme die Eltern sowohl als Mitglied der Erbengemeinschaft (Insichgeschäft) als auch als Vertreter zweier Kinder (verbotene Mehrvertretung) gem § 181 BGB, sowie wegen § 1795 Abs 1 Nr 1 Alt 1 und 3 BGB (dazu Rn 433) ausgeschlossen sind.[982] Die überwiegende Auffassung geht davon aus, dass ein Vertretungsausschluss für die Veräußerung an einen Dritten nicht vorliegt, weil insoweit lediglich Parallelerklärungen abzugeben sind.[983] Dem Kind sei erst für eine spätere Auseinandersetzung des Kaufpreises unter den Miterben ein Ergänzungspfleger, bei mehreren Kindern als Miterben für jedes Kind ein eigener,[984] zu bestellen.[985] Nach anderer Auffassung ist diese späte Intervention unabhängig von dem Motiv für die Veräußerung[986] in jedem Fall problematisch, weil ein erst dann bestellter Pfleger nur noch auf die rein rechnerische Ausei-

---

982 *Wesche* (Rpfleger 1996, 198, 199) in einer Anm zur Entscheidung des ThürOLG Jena FamRZ 1996, 185 = Rpfleger 1996, 26.

983 OLG Frankfurt NJW-RR 2007, 1308; OLG Stuttgart Rpfleger 2003, 501; ThürOLG Jena FamRZ 1996, 185 = Rpfleger 1996, 26 m Anm *Wesche* Rpfleger 1996, 198 f.

984 RGZ 93, 334; vgl auch BGHZ 21, 229.

985 ThürOLG Jena FamRZ 1996, 185 = Rpfleger 1996, 26 m Anm *Wesche* Rpfleger 1996, 198 f.

986 So aber *Wesche* (Rpfleger 1996, 198 f) in einer Anm zur Entscheidung des ThürOLG Jena (FamRZ 1996, 185 = Rpfleger 1996, 26), der die Notwendigkeit der Pflegerbestellung nur dann bejaht, wenn der Verkauf zum Zwecke der Aufteilung des Surrogates erfolgt.

nandersetzung Einfluss nehmen könnte, während die tatsächlich maßgeblichen Entscheidungen ohne Rücksicht auf möglicherweise gegenläufige Interessen allein vom gesetzlichen Vertreter getroffen würden.[987] Nach dieser Meinung ist der gesetzliche Vertreter stets von der Vertretung des Kindes/der Kinder bei der unter den Erben zwingend erforderlichen Einigung über die Veräußerung ausgeschlossen, während der anschließende Kaufvertragsschluss und die Auflassung dann aufgrund der in § 181 (und § 1795 Abs 1 Nr 1) BGB vorgesehenen Ausnahme der Erfüllung einer Verbindlichkeit von den Eltern vorgenommen werden kann (näher Rn 449).

429 Zweifelsfrei nicht erfasst sind den Rechtsgeschäften **vorgelagerte Überlegungen und Entscheidungen**, weil diese weder selbst Rechtsgeschäft noch Teil desselben oder geschäftsähnliche Handlung sind. Besteht in diesem Bereich eine erhebliche Interessenkollision, kann dem nur mit der Entziehung der Vertretungsmacht (§§ 1629 Abs 2 S 3, 1796 BGB) begegnet werden (dazu Rn 471ff).

Ebenfalls nicht ausgeschlossen sind die Eltern in nicht streitigen Verfahren der freiwilligen Gerichtsbarkeit. Sie sind daher nicht gehindert, **Registeranmeldungen** vorzunehmen und **Grundbuchberichtigungs**- und **Erbscheinsanträge** zu stellen, weil es sich dabei weder um Rechtsgeschäfte noch um einen Rechtsstreit iSv § 1795 Abs 1 Nr 3 BGB handelt.

430 Die Mutter oder der Vater des Kindes ist auch von der Abgabe einer Einwilligungserklärung zur Stiefkindadoption im Namen des Kindes (§ 1746 BGB) nicht nach § 181 BGB ausgeschlossen,[988] weil es sich dabei um eine verfahrensrechtliche Handlung im Rahmen der freiwilligen Gerichtsbarkeit handelt. Da auch kein Rechtsstreit im Sinne von § 1795 Abs 1 Nr 3 BGB vorliegt, ist ein gesetzlicher Vertretungsausschluss insgesamt zu verneinen.[989]

Die Eltern sind auch an der Abgabe der im Namen des Kindes gem § 1618 S 3 iVm § 1617c BGB zur **Einbenennung des Kindes** erforderlichen Einwilligung nicht gehindert.[990]

431 § 181 BGB sieht **Ausnahmen** von dem Vertretungsausschluss für die **Erfüllung einer Verbindlichkeit** vor (dazu näher Rn 449). Darüber hinaus ist auch die von der Rechtsprechung in Anlehnung an den Rechtsgedanken des § 107 BGB entwickelte Ausnahme anwendbar, nach der die Eltern das Kind bei einem

---

987 *Sonnenfeld* NotBZ 2001, 322, 325ff.

988 BeckOGK/*Sonnenfeld* § 1795 Rn 44f mwN auch zur gegenteiligen Auffassung.

989 BGH NJW 1980, 1746.

990 OLG München FamRZ 2015, 1039; AG Lübeck StAZ 2002, 3; BeckOGK/*Sonnenfeld* § 1795 Rn 41f mwN; **aA** AG Frankfurt StAZ 2001, 270.

für den Minderjähren **lediglich rechtlich vorteilhaften Rechtsgeschäft** vertreten können (dazu Rn 451ff).

IX. Übersichtsskizze: Der Anwendungsbereich des § 181 BGB 432

Rechtsgeschäft zwischen Vertretenem und

Vertreter
(= Insichgeschäft/Selbstkontrahieren)

anderen, ebenfalls durch den Vertreter vertretenen Personen, zB Geschwister des vertretenen Kindes (= Mehrvertretung)

(**analoge Anwendung** auf Rechtsstreit)

Gesetzliche Ausnahme: Erfüllung einer (glatten, dh fälligen und einredefreien) Verbindlichkeit (Gestattung für gesetzliche Vertreter nicht möglich! vgl Rn 441, 448)

Von der Rechtsprechung entwickelte Ausnahme: lediglich rechtlich vorteilhaftes Rechtsgeschäft

Anwendbar für gesetzliche Vertreter natürlicher Personen (Eltern, Vormund, Pfleger, Betreuer) und juristischer Personen (zB Geschäftsführer einer GmbH) und auch für gewillkürte Vertreter

4.4.2 Die Tatbestandsmerkmale des § 1795 Abs 1 BGB

§§ 1629 Abs 2 S 1, 1795 Abs 1 Nr 1 BGB schließt die Eltern ebenfalls kraft Gesetzes 433
von der Vertretung des Kindes aus bei einem Rechtsgeschäft zwischen dem Kind auf der einen Seite und

- dem **Ehegatten** (Alt 1) oder dem **eingetragenen Lebenspartner** (Alt 2) des (sonst) vertretungsberechtigten Elternteils oder
- einem mit dem vertretungsberechtigten Elternteil **in *gerader* Linie Verwandten** (Alt 3) auf der anderen Seite.

Die Ehe bzw eingetragene Lebenspartnerschaft mit dem sorgeberechtigten Elternteil muss im Zeitpunkt der Vornahme des Rechtsgeschäfts bestehen.

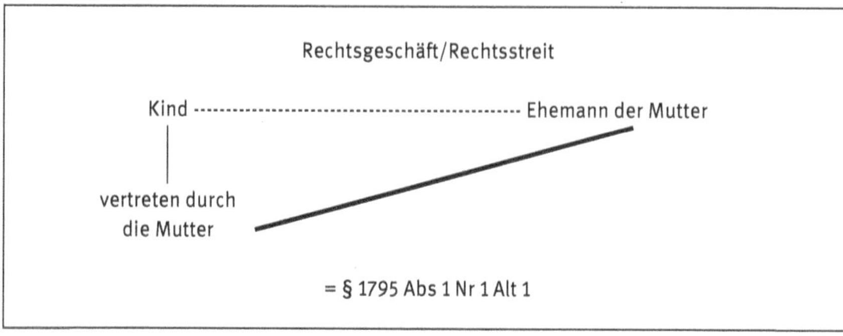

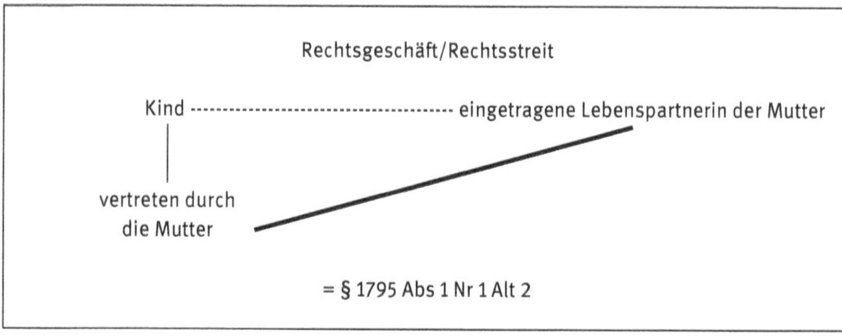

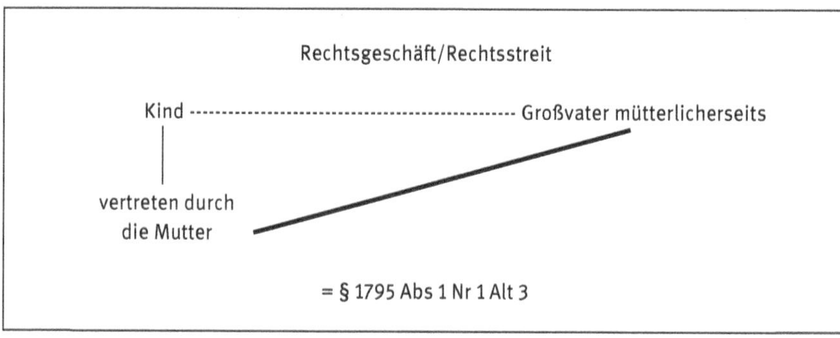

Beispiel:
Die allein sorgeberechtigte Kindesmutter will ihr Kind bei Abschluss eines Grundstückskaufvertrages und bei der Auflassung vertreten. Der Großvater mütterlicherseits will dem Kind das Grundstück zu besonders guten Konditionen verkaufen und übereignen. (Eine Schenkung ist nicht beabsichtigt.)

Die Mutter kann ihr Kind bei den Rechtsgeschäften nicht vertreten, da sie mit dem Vertragspartner in gerader Linie verwandt ist.

434 Bei den in der Norm genannten Tatbeständen liegt aufgrund eines unterstellten besonderen Näheverhältnisses zwischen dem Vertreter und dem Ver-

tragspartner des Kindes eine Interessenkollision und damit eine Verletzung der (Vermögens-)Interessen des Vertretenen besonders nahe. Gleichwohl ist eine **Interessenkollision auch für einen Vertretungsausschluss nach § 1795 BGB weder erforderlich noch ausreichend.**

Die Aufzählung des Personenkreises in § 1795 Abs 1 BGB ist abschließend. 435
Nicht anwendbar ist die Norm daher trotz möglicherweise bestehender Interessenkonflikte zB auf Rechtsgeschäfte zwischen dem Kind und einem **Lebensgefährten eines Elternteils**, einem **Verschwägerten** oder einem **in der Seitenlinie mit den Eltern Verwandten.**[991] Erheblichen Interessengegensätzen kann hier nur über §§ 1629 Abs 2 S 3, 1796 BGB durch Entziehung der Vertretungsmacht begegnet werden (dazu Rn 471 ff).

Auch § 1795 Abs 1 Nr 1 BGB sieht **Ausnahmen** von dem Vertretungsausschluss 436
für die **Erfüllung einer Verbindlichkeit** vor (dazu näher Rn 449). Darüber hinaus ist auch die von der Rechtsprechung entwickelte Ausnahme anwendbar, nach der die Eltern das Kind bei einem Rechtsgeschäft vertreten können, das für den Minderjährigen **lediglich rechtlich vorteilhaft** ist (Rn 451 ff).

Gem §§ 1629 Abs 2 S 1, 1795 Abs 1 Nr 2 BGB sind die Eltern kraft Gesetzes au- 437
ßerdem **ohne Rücksicht auf den Vertragspartner oder Erklärungsempfänger** von der Vornahme bestimmter Rechtsgeschäfte ausgeschlossen, wenn das **Kind Gläubiger einer gegen sie selbst gerichteten Forderung ist, für die dem Kind eine akzessorische Sicherheit eingeräumt ist.** Die Eltern können das Kind zwar ohne Weiteres bei der Tilgung der Schuld vertreten, weil es sich insoweit um die Erfüllung einer Verbindlichkeit handelt. Soweit es aber um die **Übertragung oder Belastung** einer durch Pfandrecht, Hypothek oder Bürgschaft **gesicherten Forderung** des Kindes gegen die Eltern respektive einen Elternteil oder die **Aufhebung oder Minderung dieser Sicherheit** geht, sind die Eltern bzw der betroffene Elternteil von der Vertretung des Kindes ausgeschlossen. Der Vertretungsausschluss erfasst nicht nur das Erfüllungs-, sondern auch das Verpflichtungsgeschäft und ist unabhängig davon, ob die Eltern selbst Eigentümer des mit der Hypothek belasteten Grundstücks sind. Die Eltern können das Kind deshalb zB nicht vertreten bei der Aufhebung der Hypothek (§ 875 BGB), wenn diese eine Forderung gegen sie sichert, auch wenn dieses Recht an dem Grundstück eines Dritten lastet.

Klassischer Fall der **Minderung einer Sicherheit** wegen Verschlechterung der Aussichten auf einen Anteil am Verwertungserlös im Zwangsversteigerungsverfahren ist der eines **Rangrücktritts** gem § 880 Abs 2 BGB. Auch hier besteht der Vertretungsausschluss ohne Rücksicht darauf, wer Gläubiger des

---

991 BayObLGZ 1997, 288 = FamRZ 1998, 512.

vortretenden Rechts und wer Eigentümer des Grundstücks ist, wenn das zurücktretende Recht des Kindes eine Forderung gegen die Eltern sichert.

Die hM geht davon aus, dass die Norm auch für Sicherungsgrundschulden dh also auch für nicht akzessorische Rechte gilt,[992] obwohl in § 1795 Abs 1 Nr 2 BGB (anders als in § 1822 Nr 13 BGB) ausschließlich forderungsabhängige Sicherheiten (einzeln) aufgeführt sind. Einvernehmen besteht hingegen insoweit, als forderungs*isolierte* Grundschulden nicht erfasst sind. Auch das Sicherungseigentum ist aus Schutzgründen von der Norm erfasst.[993]

438 Nach § 1795 Abs 1 Nr 3 BGB fehlt den Eltern die Vertretungsmacht auch für die Vertretung des Kindes bei einem **Rechtsstreit** zwischen dem Kind auf der einen und den in Abs 1 Nr 1 BGB genannten Personen auf der anderen Seite. Gleiches gilt, wenn ein Rechtsstreit über die in Nr 2 bezeichneten Angelegenheiten zu führen ist, ohne dass es dafür auf den Gegner ankäme.

439 Ausnahmen von etwaigen Vertretungsausschlüssen nach Nr 2 und Nr 3 sind im Gesetz nicht vorgesehen; die von der Rechtsprechung entwickelte Ausnahme ist hier nicht vorstellbar.

440 X. Übersichtsskizze: Der Anwendungsbereich des § 1795 Abs 1 BGB

Nr 1: Rechtsgeschäft zwischen gesetzlich Vertretenem und

Ehegatten des gesetzlichen Vertreters	e LP des gesetzlichen Vertreters	in gerader Linie Verwandtem des gesetzlichen Vertreters

Gesetzliche Ausnahme: Erfüllung einer (glatten, dh fälligen und einredefreien) Verbindlichkeit
Von der Rechtsprechung entwickelte Ausnahme: lediglich rechtlich vorteilhaftes Rechtsgeschäft

Nr 2: Rechtsgeschäft, das zum Gegenstand hat

die Übertragung oder Belastung einer durch ein akzessorisches Recht gesicherten, gegen den Vertreter gerichteten Forderung des Vertretenen (Verpflichtungs- und Erfüllungsgeschäft) (Gläubiger = Vertretener; Schuldner = Vertreter)	die Aufhebung oder Minderung eines die Forderung des Vertretenen gegen den Vertreter sichernden akzessorischen Rechts (Verpflichtungs- und Erfüllungsgeschäft)

Keine Ausnahme!

---

992 BeckOGK/*Sonnenfeld* § 1795 Rn 68 mwN.

993 BeckOGK/*Sonnenfeld* § 1795 Rn 68 mwN; **aA** Staudinger/*Veit* § 1795 Rn 47.

Nr 3: Rechtsstreit

zwischen den in Abs 1 Nr 1 genannten Personen

betreffend die in Nr 2 genannten Angelegenheiten

Keine Ausnahme!

Anwendbar nur bei gesetzlicher Vertretung natürlicher Personen = Vormund; Eltern gem § 1629 Abs 2 S 1 BGB; Pfleger gem § 1915 Abs 1 S 1 BGB; Betreuer gem § 1908i Abs 1 S 1 BGB

4.4.3 Keine Umgehung eines Vertretungsausschlusses durch Erteilung von Vollmachten

Ein nach § 181 BGB oder § 1795 BGB bestehender Vertretungsausschluss kann 441
vom Vertreter nicht dadurch umgangen werden, dass er für das von ihm vorzunehmende Rechtsgeschäft einen Vertreter bestellt,[994] weil der gesetzliche Vertreter nur so viel an Vertretungsmacht weitergeben kann, wie er selbst innehat. Deshalb kann auch der andere, selbst nicht nach § 181 BGB oder § 1795 BGB ausgeschlossene Elternteil nicht von demjenigen zur alleinigen Vertretung des Kindes ermächtigt werden, der aufgrund eines Ausschlusstatbestands von der Vertretung des Kindes bei diesem Rechtsgeschäft ausgeschlossen ist.

Es kommt also nicht darauf an, wer rein äußerlich betrachtet handelt, sondern ob der gesetzliche Vertreter das Kind bei dem in Rede stehenden Rechtsgeschäft selbst vertreten könnte.

Letzteres ist auch der Grund dafür, dass auch ein wegen eines Insichgeschäfts vorliegender Vertretungsausschluss nicht dadurch umgangen werden kann, dass sich der *gesetzliche Vertreter* als Vertragspartner oder Erklärungsempfänger des Kindes durch einen **Bevollmächtigten** vertreten lässt.

Beispiel:
Der allein sorgeberechtigte Kindesvater will von seinem Kind ein Grundstück kaufen. Um „Schwierigkeiten" zu vermeiden, erteilt er seinem Freund Vollmacht, das Kind bei Abschluss des Kaufvertrages zu vertreten.

Die erteilte Vollmacht ist unwirksam. Da der Vater das Kind bei Abschluss des Rechtsgeschäfts nicht vertreten kann (§ 181 Alt 1 BGB = Insichgeschäft/Selbst-

994 BGH Rpfleger 1991, 113; KG NJW-RR 1999, 168.

kontrahieren), kann er seinem Freund auch keine Rechtsmacht geben, die er selber nicht hat.

Beispiel:
Der allein sorgeberechtigte Kindesvater will von seinem Kind ein Grundstück kaufen. Um „Schwierigkeiten" zu vermeiden, erteilt er seinem Freund Vollmacht, ihn selbst zu vertreten, weil er meint, das Kind dadurch bei Abschluss des Kaufvertrages vertreten zu können.

Auch durch dieses Vorgehen lässt sich die notwendige Pflegerbestellung nicht vermeiden, weil der Vater das Kind bei dem Rechtsgeschäft nicht vertreten kann. Die Vollmacht ändert nichts daran, dass rechtlich dieselben Personen Vertragspartner sind.

4.4.4 Teleologische Extension von § 181 und/oder § 1795 BGB

442 Sowohl § 181 BGB als auch § 1795 Abs 1 Nr 1 BGB sind **Ordnungsvorschriften**, die grundsätzlich nicht über ihre Tatbestandsmerkmale hinaus anwendbar sind. Gleichwohl wurde aus dem Normzweck heraus vereinzelt eine über den Wortlaut hinausgehende Anwendung entwickelt, die sich für bestimmte Konstellationen auch durchgesetzt hat, während andere Fallgestaltungen umstritten sind.

Einstiegsbeispiel für die ausdehnende Anwendung der Normen soll zunächst folgende Ausgangssituation sein:

Der Ehemann setzt seine Ehefrau zur Alleinerbin ein. Einige Zeit später wird ein gemeinsames Kind geboren; kurz danach stirbt der Ehemann und nunmehrige Kindesvater, ohne sein Testament geändert zu haben. Die Kindesmutter will nun die zu ihren Gunsten errichtete Verfügung von Todes wegen als Vertreterin ihres Kindes wegen Übergehung eines Pflichtteilsberechtigten anfechten (§ 2079 BGB), mit dem Ziel, die Anordnung des Erblassers zu vernichten (§ 142 Abs 1 BGB), sodass gesetzliche Erbfolge eintritt. Die Anfechtung erfolgt damit zu dem Zweck, das Kind (neben der Mutter) zur Erbfolge gelangen zu lassen. Bei der Anfechtungserklärung handelt es sich um ein Rechtsgeschäft, sodass die Mutter das Kind bei der Anfechtung nicht vertreten könnte, wenn sie nach § 181 oder § 1795 BGB von der Vertretung ausgeschlossen wäre. Bei formaler Betrachtung der Vorschriften ist sie von der **Testamentsanfechtung** aber weder wegen eines Insichgeschäfts noch wegen Mehrvertretung (§ 181 BGB) ausgeschlossen, weil weder sie selbst, noch ein von ihr vertretener Dritter Erklärungsempfänger ist, noch ist die Erklärung gegenüber einer der in § 1795 Abs 1 Nr 1 BGB genannten Personen abzugeben. Die Anfechtung der hier in Rede stehenden Erbeinsetzung kann nach § 2081 Abs 1 BGB vielmehr nur gegenüber dem Nachlassgericht erklärt werden. Das RG führte einer Grundsatzentscheidung von 1934[995] hierzu aber aus, dass es für die Beurteilung des Vertretungsausschlusses nicht auf den **formellen Erklärungsempfänger**, sondern auf den von der Erklärung **materiell Betroffenen** ankommt. Obwohl allein das Nachlassgericht Erklärungsempfänger sein kann, wurde daher aus dem Umstand, dass die **gesetzliche Vertreterin selbst die Anfechtungsgegnerin** war, geschlossen, dass eine Anfechtung durch die gesetzliche Vertreterin gem § 181 Alt 1 BGB wegen eines Insichgeschäfts nicht hätte erfolgen können. Begründet wurde dies mit dem **Schutzzweck der Norm**, der es gebiete, die Vorschrift über ihren Wortlaut hinaus, auf Erklärungen anzuwenden, bei denen der eigentliche Empfänger der gesetzliche Vertreter selbst ist.

Weil jede Extension im Hinblick auf die mit den Normen zumindest auch verfolgte Rechtssicherheit in jedem Fall ein Schutzbedürfnis verlangt, stellt sich bezogen auf den hier entschiedenen aber die Frage, ob der Schutzzweck der Norm für solche Konstellationen überhaupt bemüht werden muss. Denn wenn der gesetzliche Vertreter die zu seinen Gunsten ausgefallene Verfügung von Todes wegen beseitigt, um dem Kind zu einem Recht zu verhelfen, das ihm ohne die Anfechtung nicht zusteht, könnte es an dem für jede teleologische Extension von § 181 BGB (und § 1795 Abs 1 BGB) unerlässlichen Schutzbedürfnis fehlen. Die unkritische Übernahme der Entscheidung verbietet sich insbesondere aber auch angesichts der verbreiteten Auffassung, dass ein mindestens 7 Jahre altes, nicht geschäftsunfähiges Kind selbst anfechten könne, weil die Anfechtung lediglich rechtlich vorteilhaft und die Mitwirkung des gesetzlichen Vertreters daher gem § 107 BGB entbehrlich sei.[996] Nach § 107 BGB kann das beschränkt geschäftsfähige Kind bei lediglich rechtlich vorteilhaften Rechtsgeschäften selbst wirksam handeln, weil es bei solchen Rechtsgeschäften nicht schutzbedürftig ist. Für eine extensive Auslegung der oben genannten Normen besteht daher in solchen Fällen kein Bedürfnis. Im Übrigen besteht Einvernehmen darüber, dass § 181 BGB und § 1795 Abs 1 Nr 1 BGB, selbst wenn sie ihrem Wortlaut nach gelten, auf lediglich rechtlich vorteilhafte Rechtsgeschäfte nicht anwendbar sind, eben weil das Kind keines Schutzes bedarf. Hält man die Anfechtung für lediglich rechtlich vorteilhaft, kann der Ausschluss der Eltern von der Vertretung des Kindes schließlich auch nicht mit Hinweis darauf gerechtfertigt werden, dass die Anfechtungsfrist des § 2082 BGB von den Eltern ungenutzt verstreichen und das Kind dadurch sein Anfechtungsrecht (= **Gestaltungsrecht**) verlieren könnte. Tatsächlich ist der Fristablauf gem § 210 BGB gehemmt, wenn das Kind nicht ordnungsgemäß vertreten ist, zB weil die Eltern das Kind

---

995 RGZ 143, 350.

996 *Joussen* ZEV 2003, 181, 183 f; *Damrau* Rn 81 mwN auch zur gegenteiligen Auffassung.

bei Vornahme eines Rechtsgeschäfts nicht vertreten könnten.[997] Aus dem Umstand, dass es dem Kind zum Nachteil gereichen würde, wenn die Eltern *kein* Rechtsgeschäft vornehmen dh untätig blieben, kann auch nicht darauf geschlossen werden, dass die Eltern von der *Vornahme* des Rechtsgeschäfts ausgeschlossen sind. Die Fristhemmnis setzt vielmehr voraus, dass die Eltern das Kind bei dem Geschäft nicht vertreten könnten. Ist ein Vertretungsausschluss wegen rechtlicher Vorteilhaftigkeit aber zu verneinen, liegt auch kein Fall des § 210 BGB vor.

Die Untätigkeit der Eltern und die Entscheidung darüber, ob angefochten wird, sind auch weder Rechtsgeschäfte noch Teile eines solchen (Rn 429), sodass die Eltern „davon" auch nicht nach §§ 1629 Abs 2 S 1, 1795 oder 181 BGB ausgeschlossen sein können. Die Auffassung, nach der die Eltern über die Anfechtung wegen der besagten Normen nicht „entscheiden" könnten,[998] ist daher unzutreffend. Dem bei Untätigkeit der Eltern wegen Interessenkollision vorliegenden Schutzbedürfnis kann vielmehr stets allein durch eine Entziehung der Vertretungsmacht nach §§ 1796, 1629 Abs 2 S 3 BGB entsprochen werden. Die Auffassung, nach der das Kind wegen des rechtlichen Vorteils zwar selbst anfechten könnte, die Eltern von der Vertretung des Kindes bei der Testamentsanfechtung aber gleichwohl ausgeschlossen wären,[999] kann nach alledem weder dogmatisch noch vom Normzweck her überzeugen.[1000]

444 Eine andere Frage ist, ob die **Anfechtung** tatsächlich **ausschließlich rechtlich vorteilhaft** ist, sodass das Kind und damit konsequenterweise auch die Eltern wirksam handeln könnten.

Dies scheint trotz der Definition in § 2080 Abs 1 BGB, wonach nur derjenige anfechtungsberechtigt ist, dem die Anfechtung *unmittelbar zustatten*kommt, zumindest zweifelhaft, denn dass die Anfechtung zu einem unmittelbaren rechtlichen Vorteil führt, bedeutet nicht, dass sie *ausschließlich* rechtlich vorteilhaft sein muss. Zudem ist die Anfechtungsberechtigung wegen Übergehung eines Pflichtteilsberechtigten in § 2080 Abs 3 BGB gesondert geregelt, ohne dass das Anfechtungsrecht ausdrücklich an einen unmittelbaren Vorteil geknüpft ist.

Auch dass der mit der Erbenstellung verbundene wirtschaftliche „Misserfolg" der Haftung des Erben für Nachlassverbindlichkeiten (vgl §§ 1967, 2058 BGB) bei der Beurteilung der *rechtlichen* Vorteilhaftigkeit außer Acht zu lassen sein soll, sodass der durch die Anfechtung ausgelöste Anfall der Erbschaft ohne

997 Palandt/*Ellenberger* § 210 Rn 3.
998 *Joussen* ZEV 2003, 181, 184.
999 *Joussen* ZEV 2003, 181, 183 f; *Damrau* Rn 81.
1000 So auch *Klühs* ZERb 2010, 316 ff.

Rücksicht auf die konkreten Verhältnisse stets rechtlich vorteilhaft wäre,[1001] überzeugt nicht, weil rechtliche Nachteile im Sinne von § 107 BGB auch dann vorliegen, wenn den Minderjährigen infolge des Rechtsgeschäfts kraft Gesetzes persönliche Haftungspflichten treffen, ohne dass das Rechtsgeschäft selbst unmittelbar auf diese Folge gerichtet sein müsste (näher dazu Rn 452, 459).[1002] Darüber hinaus verliert das Kind durch eine wegen Übergehung eines Pflichtteilsberechtigten erfolgende Anfechtung sowohl sein Anfechtungsrecht als auch seinen Pflichtteilsanspruch, weil es nicht (mehr) enterbt ist (vgl § 2303 Abs 1 BGB), was ebenfalls gegen den lediglich rechtlichen Vorteil spricht.

Im Ergebnis ist daher festzuhalten, dass von einem Vertretungsausschluss der Eltern bei der Anfechtung einer sie selbst oder einen weiteren, ebenfalls von ihnen vertretenen oder dem Personenkreis des § 1795 Abs 1 Nr 1 BGB angehörenden Dritten begünstigenden Verfügung von Todes wegen nur derjenige ausgehen kann, der die Anfechtung für rechtlich nachteilhaft hält, sodass auch das Kind nicht ohne Einwilligung seines gesetzlichen Vertreters anfechten könnte. Der rechtliche Nachteil ist damit Voraussetzung der dem **primären Normzweck Kindesschutz entsprechenden extensiven Auslegung** der Normen, hinter der der **sekundäre Normzweck der Rechtssicherheit** zurückzutreten hat.

Den Überlegungen, den der genannten reichsgerichtlichen Entscheidung[1003] 445
zugrunde liegenden Gedanken auf die **Ausschlagungserklärung** zu übertragen, durch die die Eltern selbst oder ein von ihnen vertretener Dritter oder eine der in § 1795 Abs 1 Nr 1 BGB genannten Personen zur Erbfolge gelangen, wurde hingegen eine Absage erteilt.[1004] Zwar kann auch diese Erklärung nur gegenüber dem Nachlassgericht abgegeben werden (§ 1945 Abs 1 Hs 1 BGB), anders als bei einer Anfechtungserklärung ist der durch die Ausschlagung Nächstberufene aber nicht der eigentliche materielle Erklärungsempfänger. Wem die Erbschaft durch die Ausschlagung anfällt, ist vielmehr in § 1953 BGB gesetzlich bestimmt. *Coing*[1005] sah auch in dem Erfordernis einer gerichtlichen Genehmigung für die Ausschlagung (§ 1643 Abs 2 BGB) ein ausreichendes Korrektiv, um Gefahren abzuwenden. Dem könnte trotz der damit verbundenen dogmatischen Probleme, die sich daraus ergeben, dass eine Genehmigung weder die Kraft noch den

---

1001 In diesem Sinne *Joussen* ZEV 2003, 181, 183, der davon ausgeht, dass es für die Beurteilung des rechtlichen Vorteils allein auf die rechtliche Wirkung, nicht aber den wirtschaftlichen Erfolg ankäme. Zu Recht wird der Erwerb eines Erbteils wegen der haftungsrechtlichen Folgen als rechtlich nachteilhaft qualifiziert OLG Frankfurt ZEV 2015, 242 mwN.

1002 In diesem Sinne auch *Klühs* ZErb 2010, 316, 318 f.

1003 RGZ 143, 350.

1004 Vgl ua BayObLG Rpfleger 1983, 482.

1005 NJW 1985, 6, 9 ff, insoweit zustimmend *Ivo* ZEV 2002, 309, 313.

Zweck hat, fehlende Vertretungsmacht zu heilen oder zu ersetzen,[1006] möglicherweise zugestimmt werden, denn jede ausdehnende Interpretation kann im Interesse der Klarheit und der Rechtssicherheit dort ihre Grenzen finden, wo das Gesetz anderweitige Schutzmechanismen durch ein Genehmigungserfordernis zur Verfügung stellt. Dort aber, wo das Kind allein durch die Ausschlagung des gesetzlichen Vertreters zur Erbfolge gelangt, könnte nach dem Wortlaut von § 1643 Abs 2 BGB eine gerichtliche Kontrolle in Form einer Genehmigungsentscheidung entbehrlich sein, sodass sich die Grenzen einer derartigen Betrachtung zeigen, wenn das Kind etwa infolge der Ausschlagung „zugunsten" von Geschwistern Nachteile erleidet. Die Entziehung der Vertretungsmacht gem §§ 1629 Abs 2 S 3, 1796 BGB käme in diesen Fällen zu spät, denn sie wirkt ex nunc, kann also eine bereits abgegebene Ausschlagungserklärung nicht mehr „verhindern". Ob eine Anfechtung durchgreift, ist ebenfalls zweifelhaft, denn dafür braucht es einen Grund iSv §§ 119 ff BGB. *Buchholz*[1007] plädierte daher für eine **extensive Anwendung** von § 181 BGB auf die Erbausschlagung.[1008]

Nach einer Auffassung bedarf die Ausschlagung aber im Wege der **teleologischen Reduktion** von § 1643 Abs 2 S 2 Hs 1 BGB auch dann der gerichtlichen Genehmigung, wenn ein Elternteil, an dessen Stelle mehrere Geschwister treten, die Erbschaft für sich und einen Teil der Kinder ausschlägt, für den anderen hingegen nicht.[1009] Nach Ansicht des KG[1010] findet § 1643 Abs 2 BGB bei selektiver Ausschlagung der Erbschaft, die dem Kind infolge Ausschlagung eines sorgeberechtigten Elternteils angefallen ist, zwar keine Anwendung, die Genehmigungsbedürftigkeit wird gleichwohl auf § 1822 Nr 2 BGB gestützt bejaht. Beide Auffassungen führen im Ergebnis dazu, dass das Bedürfnis für eine extensive Auslegung entfällt, weil der unterstellte Interessenkonflikt durch ein Genehmigungserfordernis kompensiert wird. Dieser Auffassung wurde für den Fall, dass das Kind als Ersatzerbe berufen ist, mit überzeugenden Argumenten entgegengetreten:[1011] Die Eltern könnten dasselbe Ziel, dh die Lenkung der Erbschaft an

1006 Worauf *Buchholz* (NJW 1993, 1161, 1164 f) zutreffend hinwies.
1007 NJW 1993, 1161 ff.
1008 Ebenso *Damrau* Rn 32.
1009 OLG Hamm Rpfleger 2014, 378 = DNotZ 2014, 860 m abl Anm *Baumann* = FGPrax 2014, 120 m abl Anm *Heinemann* = MittBayNot 2014, 352 m abl Anm *Sagmeister;* KG FamRZ 2012, 1167 = Rpfleger 2012, 533 = ZEV 2012, 332 m Anm *Litzenburger*; *Engler* FamRZ 1972, 7, 9; Palandt/*Götz* § 1643 Rn 2; Gernhuber/*Coester-Waltjen* § 60 Rn 95; MünchKomm BGB/*Huber* § 1643 Rn 25; einschränkend auf die Fälle, in denen die Motivation der Eltern für die Ausschlagung in einem objektiv überprüfbaren Verhalten zum Ausdruck kommt *Ivo* ZEV 2002, 309, 313.
1010 FamRZ 2012, 1167 = Rpfleger 2012, 533 = ZEV 2012, 332 m Anm *Litzenburger.*
1011 *Litzenburger* ZEV 2012, 333 (Anm zur Entscheidung des KG); *Sagmeister* ZEV 2012, 121, 125; *Baumann* DNotZ 2012, 803 ff.

eine bestimmte Person nämlich auch dadurch erreichen, dass sie selbst die Erbschaft annehmen und sie „direkt“ auf diese Person übertragen. Insoweit verfügen sie also auch nur über ihr eigenes Recht. Schließlich kommt es für die Genehmigungsbedürftigkeit auch nicht auf das Motiv der Ausschlagung, sondern auf die Tatbestände des § 1643 Abs 2 BGB an.[1012] Eine einschränkende Auslegung von § 1643 Abs 2 S 2 BGB – und die Anwendung von § 1822 Nr 2 BGB – auf die Ausschlagung der Ersatzerbschaft scheiden folglich aus.

Der BGH[1013] hat § 181 BGB in Fortführung der in der reichsgerichtlichen Entscheidung von 1934[1014] zum Ausdruck kommenden Gedanken (dazu Rn 443) auch auf solche Fälle ausgedehnt, in denen sachlicher Erklärungsempfänger der Vertreter selbst ist, die Erklärung daneben aber auch einer Behörde gegenüber abgegeben werden kann. Der gesetzliche Vertreter kann demnach einen Vertretungsausschluss, der ihn träfe, würde er die Erklärung sich selbst oder einem ebenfalls von ihm Vertretenen oder einer in § 1795 Abs 1 Nr 1 BGB aufgeführten Person gegenüber abgeben, nicht durch **zielgerichtetes Handeln umgehen.** Soweit erkennbar ist allgemein anerkannt, dass die Eltern ihr Kind etwa dann nicht vertreten können, wenn es um die Aufhebung eines dinglichen Rechts des Kindes geht (§ 875 BGB), das an ihrem eigenen Grundstück lastet, und zwar auch dann nicht, wenn sie die Aufgabeerklärung tatsächlich dem Grundbuchamt gegenüber abgeben, weil sie der Sache nach die eigentlichen Erklärungsempfänger sind. Gleiches gilt für Erklärungen nach § 1168 Abs 2 BGB, § 876 BGB sowie solche nach § 1183 BGB, weil diese jeweils entweder gegenüber dem Begünstigten bzw dem Eigentümer oder Gläubiger oder dem Grundbuchamt abgegeben werden können. 446

Beispiel für den Fall des § 875 BGB
(Aufhebung eines am Grundstück der Mutter lastenden Rechts des Kindes):
Mögliche Erklärungsempfänger

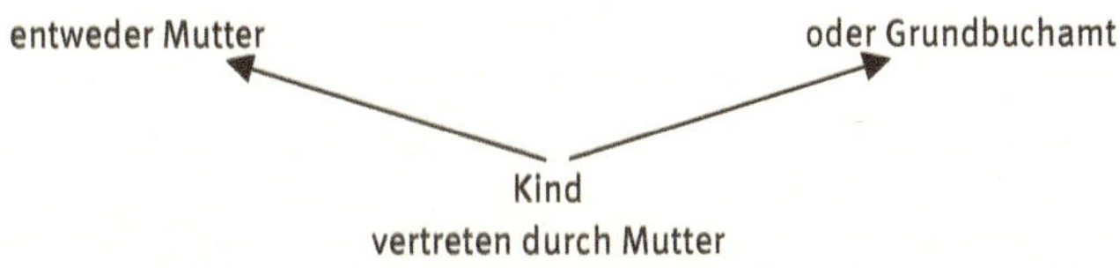

= Vertretungsausschluss auch dann, wenn die Mutter die Erklärung gegenüber dem Grundbuchamt abgibt

---

1012 OLG Köln MittBayNot 2013, 250 m zust Anm *Sagmeister*.
1013 BGHZ 77, 8 = Rpfleger 1980, 336.
1014 RGZ 143, 350.

Eine solche **teleologische Extension** wird hingegen unverständlicherweise vereinzelt abgelehnt, wenn die Erklärung auch anderen *privaten* Personen gegenüber abgegeben werden kann, wenn also nicht nur der gesetzliche Vertreter, ein ebenfalls von ihm vertretener Dritter oder eine in § 1795 Abs 1 Nr 1 BGB aufgeführte Person oder das Amt, sondern eine weitere *private* Person Erklärungsempfänger sein kann. Dies ist zB der Fall, wenn die endgültige Wirksamkeit eines Rechtsgeschäfts von der Zustimmung des Kindes abhängt. Zu denken ist hier zB daran, dass ein Elternteil Vorerbe und das Kind Nacherbe ist. Verfügt der (nicht befreite) Vorerbe über ein zum Nachlass gehörendes Grundstück, bedarf es zur endgültigen Wirksamkeit des **Verfügungsgeschäfts** der Zustimmung des Nacherben, arg § 2113 Abs 1 BGB. Die Zustimmung kann gem § 182 BGB[1015] entweder gegenüber dem Veräußerer, dh dem gesetzlichen Vertreter oder gegenüber dem Erwerber erklärt werden. Nach inzwischen verbreiteter Auffassung ist ein Vertretungsausschluss zu verneinen, wenn der Vertreter den Vertragspartner als Erklärungsempfänger auswählt.[1016] Damit hätte es der gesetzliche Vertreter in der Hand, einen ihn andernfalls treffenden Vertretungsausschluss durch zielgerichtetes Handeln zu umgehen. Für ein solches Verständnis von § 181 BGB (diese Auffassung lässt sich ohne Weiteres auf die Fälle übertragen, in denen eine der in § 1795 Abs 1 Nr 1 BGB genannte Personen Erklärungsempfänger sein könnte) wird die Rechtssicherheit hervorgehoben, welche bei teleologischer Auslegung weiterhin geboten sei. Bei näherer Betrachtung vermag das aber nicht zu überzeugen, denn § 181 BGB und § 1795 BGB verfolgen primär den **Schutz des Vertretenen vor durch Interessenkollisionen entstehende Vermögensschäden**. Hinter diesem muss der sekundäre Normzweck der Rechtssicherheit zurückstehen, wenn vergleichbare Sachverhalte zu im Ergebnis nicht zu rechtfertigenden Unterschieden führten. Schließlich könnte das Argument der Rechtssicherheit auch gegen die Anwendung der Vorschriften auf die Testamentsanfechtung (Rn 443f) ins Feld geführt werden, da deren Tatbestände bei rein formaler Betrachtung in den Fällen, in denen die Erklärung gem § 2081 BGB ausschließlich gegenüber dem Nachlassgericht abgegeben werden kann, in keinem Fall erfüllt sind. Nach hier vertretener Auffassung ist deshalb stets von einem (gesetzlichen) Vertretungsausschluss auszugehen, wenn die

---

1015 Zum Teil wird wegen § 2113 Abs 3 BGB der Weg über eine analoge Anwendung von § 185 BGB gewählt, ohne dass das an dem Ergebnis der Anwendbarkeit von § 182 BGB auf diese Zustimmungserklärung etwas ändert.

1016 Ua KG Rpfleger 2004, 281 mwN (für den vergleichbaren Fall, dass der WEG-Verwalter, der zugleich Erwerber ist, als Vertreter der WEG-Gemeinschaft die Zustimmung nach § 12 Abs 1 WEG gegenüber dem Veräußerer erklärt); OLG Hamm DNotZ 2003, 634; LG Berlin Rpfleger 1987, 457; offen noch BayObLG FamRZ 1995, 1297.

Erklärung auch dem gesetzlichen Vertreter (§ 181 Alt 1 BGB), einer weiteren von ihm vertretenen Person (§ 181 Alt 2) oder einer Person iSv § 1795 Abs Nr 1 BGB gegenüber abgegeben werden kann.[1017]

Beispiel für den Fall des § 182 BGB (Zustimmung des Kindes als Nacherben zur Verfügung der Mutter als Vorerbin über ein zum Nachlass gehörendes):

Mögliche Erklärungsempfänger

entweder Mutter — oder Vertragspartner der Mutter

Kind
vertreten durch Mutter
= Vertretungsausschluss auch dann, wenn die Mutter die Erklärung gegenüber dem Vertragspartner der Mutter abgibt

Eine teleologische Extension ist hingegen abzulehnen, wenn das Rechtsgeschäft ausschließlich zwischen dem Kind und einem Dritten stattfindet, der weder in § 181 noch in § 1795 Abs 1 Nr 1 BGB aufgeführt ist und wenn auch kein Fall von § 1795 Abs 1 Nr 2 vorliegt. Schließen die Eltern als Vertreter ihres Kindes etwa mit der Bank einen Vertrag, oder erteilen sie dieser Überweisungsaufträge, so liegt auch dann kein gesetzlicher Vertretungsausschluss vor, wenn sie Gelder des Kindes auf ihr eigenes Konto übertragen.[1018] 447

4.4.5 Gesetzliche Ausnahmen von einem Vertretungsausschluss nach § 181 und § 1795 Abs 1 Nr 1 BGB

§ 181 BGB selbst sieht **zwei Ausnahmen** vor, von der die erste auf die *gesetzlichen* Vertreter natürlicher Personen nicht anwendbar ist: Ein **Selbstkontrahieren oder eine verbotene Mehrvertretung kann den Eltern nicht gestattet werden**, weil es niemanden gibt, der eine solche Gestattung aussprechen könnte. Weder der Vertretene selbst noch das Gericht können einen Dispens von § 181 BGB erteilen.[1019] Diese Ausnahme ist der systematischen Stellung der Vorschrift geschuldet, denn dem gesetzlichen Vertreter einer juristischen Person 448

1017 So im Ergebnis auch BeckOGK/*Sonnenfeld* § 1795 Rn 35.

1018 BGH FamRZ 2004, 1349 m abl Anm *Rein/Pfeiffer* BKR 2005, 142 ff; OLG Schleswig NJW-RR 2014, 741.

1019 RGZ 71, 163; LG Frankfurt Rpfleger 1990, 207; *Klüsener* Rpfleger 1981, 258 f.

(zB der Geschäftsführer einer GmbH) und dem gewillkürten Vertreter kann das Selbstkontrahieren und/oder die Mehrvertretung durchaus gestattet werden.

Beispiel:
Das dem Minderjährigen gehörende Grundstück soll an Herrn X verkauft werden. Der allein sorgeberechtigte Kindesvater erteilt Herrn X (der weder ebenfalls von ihm vertreten wird, noch zu dem in § 1795 Abs 1 Nr 1 BGB genannten Personenkreis gehört) unter Befreiung von § 181 BGB Vollmacht, sein Kind bei Abschluss des Vertrages zu vertreten, da er an dem Tag der Beurkundung verhindert ist.

Herr X ist gewillkürter Vertreter des Kindes und kann zugleich für sich selbst als Käufer auftreten. Da der Kindesvater das Kind bei Abschluss des Vertrages vertreten kann, kann er Herrn X wirksam bevollmächtigen und ihn ausdrücklich (oder auch konkludent) von dem Selbstkontrahierungsverbot des § 181 Alt 1 BGB befreien. Der Vater als *gesetzlicher* Vertreter des Kindes kann also einem *gewillkürten* Vertreter Befreiung von § 181 BGB erteilen, denn was er selbst an Rechtsmacht hat, kann er auch weitergeben.

449 Die zweite in § 181 BGB ausdrücklich geregelte, mit § 1795 Abs 1 Nr 1 BGB übereinstimmende Ausnahme gilt auch für den gesetzlichen Vertreter. Danach liegt kein Vertretungsausschluss bei **Erfüllung einer Verbindlichkeit** vor. Von der Erfüllung einer Verbindlichkeit nach § 181 BGB ist, ebenso wie bei § 1795 Abs 1 Nr 1 BGB, im Interesse des Kindes indes nur auszugehen, wenn es sich um eine **vollwirksame und glatte**, dh fällige und einredefreie Verbindlichkeit handelt. Es kommt hingegen nicht darauf an, ob das Kind zur Erfüllung der Verbindlichkeit verpflichtet ist oder die Erfüllung einer solchen verlangen kann. Diese Ausnahme lässt sich damit rechtfertigen, dass der Vertretene auch durch neutrale Dritte nicht vor der Erfüllung seiner Verpflichtung geschützt werden kann bzw, soweit er der Anspruchsberechtigte ist, grundsätzlich auch nicht muss (vgl aber Rn 456). Eine Verletzung der (Vermögens-)Interessen des Vertretenen ist indes dort denkbar, wo der Anspruch noch nicht fällig oder etwa der Höhe nach noch verhandelbar ist. In einem solchen Fall ist dem Kind daher ein unbeteiligter Dritter als Ergänzungspfleger zur Seite zu stellen.

Beispiel:
Der Minderjährige ist Alleinerbe seines Vaters geworden. Der Erblasser hat der sorgeberechtigten Mutter des Kindes durch wirksame Verfügung von Todes wegen vermächtnisweise ein Grundstück zugewandt.
Die Mutter beabsichtigt, das Grundstück als Vertreterin des Kindes an sich aufzulassen.

Obwohl ein Insichgeschäft vorliegt, ist die Mutter nicht von der Vertretung des Kindes ausgeschlossen, weil es sich um die Erfüllung eines Vermächtnisanspruchs (§§ 2147, 2174 BGB) handelt. Ein Vertretungsausschluss läge aber auch dann nicht vor, wenn die Mutter die Erbin und das Kind „nur" Vermächtnisnehmer wäre und dessen Vermächtnisanspruch erfüllt werden soll (streitig, siehe Rn 456).[1020]

Beispiel:
Der Minderjährige ist durch die Einsetzung seiner Mutter zur Alleinerbin des Vaters still enterbt worden (vgl § 1937 BGB). Die Mutter des Kindes will den bisher der Höhe nach noch nicht feststehenden Pflichtteilsanspruch des Kindes (§ 2303 Abs 1 BGB) erfüllen.

Da es sich nicht um die Erfüllung einer *glatten* Verbindlichkeit handelt, kann die Mutter das Kind bei Abschluss des Rechtsgeschäfts nicht vertreten, weil ein verbotenes Insichgeschäft vorliegt.

4.4.6 Teleologische Reduktion von § 181 und/oder § 1795 Abs 1 Nr 1 BGB

Ist der gesetzliche Vertreter nach der einen oder anderen Alternative des § 181 **450** BGB oder nach § 1795 Abs 1 Nr 1 BGB von der Vertretung ausgeschlossen, ist daher grundsätzlich ein Ergänzungspfleger für das Kind zu bestellen, weil die Eltern an der Erledigung dieser Angelegenheit verhindert sind, § 1909 Abs 1 S 1 BGB.

Etwas anderes gilt aber dann, wenn die **von der Rechtsprechung entwickelte Ausnahme** eingreift. Danach besteht kein Vertretungsausschluss, wenn **451** das Rechtsgeschäft für den (gesetzlich) Vertretenen **rechtlich ausschließlich vorteilhaft** ist.

Die hierzu ergangene grundlegende Entscheidung des BGH[1021] fußt auf dem Rechtsgedanken des § 107 BGB und besagt, dass ein Vertretungsausschluss für die Eltern dann nicht gegeben ist, wenn eine **Gefährdung der Vermögensinteressen** durch das Rechtsgeschäft für den Vertretenen nicht nur im konkreten Einzelfall, sondern **abstrakt generell ausgeschlossen** ist. Der Schutzzweck der Norm trifft nach dieser Entscheidung damit nicht zu, wenn das Rechtsgeschäft für den Minderjährigen lediglich rechtlich vorteilhaft ist. Der Minderjährige könnte gem § 107 BGB in einem solchen Fall selbst wirksam handeln, es ist daher nicht einzusehen, warum dann die Eltern an der Vertretung gehindert sein sollten. § 107 BGB bildet damit ein Korrektiv gegenüber einer übertriebenen formalen

---

1020 Vgl BayObLG Rpfleger 2004, 564.
1021 BGHZ 59, 236 = FamRZ 1972, 630 = Rpfleger 1974, 105; fortgeführt BGH FamRZ 1975, 480 = JZ 1976, 66 m Anm *Stürner*.

Handhabung der §§ 181, 1795 BGB.[1022] Zu beachten ist jedoch, dass lediglich der dem § 107 BGB zugrunde liegende Rechtsgedanke, nicht aber die Vorschrift selbst heranzuziehen ist, sodass die Ausnahme auch dann gilt, wenn das Kind noch nicht 7 Jahre alt oder nach § 104 Nr 2 BGB geschäftsunfähig ist.[1023] § 181 BGB ist damit ebenso wie § 1795 Abs 1 BGB **teleologisch reduziert** anzuwenden.

452 Durchweg überzeugende **abstrakte Kriterien**, anhand derer die lediglich rechtlich vorteilhaften Rechtsgeschäfte in jedem Fall von solchen abgegrenzt werden können, die es nicht sind, wurden bisher nicht entwickelt. Einigkeit besteht jedoch insoweit, als auf die **Rechtsfolgen und nicht auf die wirtschaftlichen Auswirkungen des Rechtsgeschäfts** abzustellen ist.

Rechtsprechung und Literatur haben darüber hinaus vorwiegend im Zusammenhang mit den praktisch bedeutsamen **Grundstücksgeschäften** (Grundstücke, Wohnungs-, Teileigentum uä)[1024] weitere Hinweise zur Beurteilung des rechtlichen Vorteils geliefert.

Für den rechtlichen Vorteil kommt es danach entscheidend darauf an, dass der Vertretene aus seinem Vermögen, das er bei Abschluss des Vertrages besitzt, nichts aufgeben und dass er bei Abschluss des Vertrages keine neuen Belastungen auf sich nehmen muss, damit der Vertrag zustande kommt.[1025] Bei der Beurteilung, ob das Kind neue Belastungen auf sich nehmen oder etwas aus seinem bisherigen Besitz aufgeben muss, sind aber nicht nur die *unmittelbaren* aus dem Geschäft resultierenden Rechtsfolgen, sondern auch solche Rechtsnachteile zu berücksichtigen, die nur *mittelbar* durch das Rechtsgeschäft ausgelöst werden. Die Gefahr, etwas aus dem bisherigen Vermögen zu verlieren, besteht, wenn der Minderjährige durch das Rechtsgeschäft *unmittelbar* oder auch nur *mittelbar* Verpflichtungen eingeht, für die er nicht nur dinglich mit der erworbenen Sache, sondern auch **persönlich mit seinem sonstigen Vermögen haftet**. Ein entscheidendes Kriterium liegt daher in der **Haftung des Minderjährigen** und zwar unabhängig davon, ob eine solche von den Vertragsparteien gewollt oder nur gesetzliche Folge des Rechtsgeschäfts ist. Allerdings reicht die **bloße Möglichkeit des künftigen Entstehens** einer *persönlichen* Haftung nicht aus, die ausschließliche Lukrativität des Rechtsgeschäfts auszuschließen.

453 Streitig ist, ob ein schuldrechtliches Rechtsgeschäft, das den Minderjährigen zu keiner (Gegen-)Leistung verpflichtet (= Schenkung) auch dann **lediglich rechtlich vorteilhaft** ist, wenn der Schenker bei der Schenkung eine Anrech-

---

1022 *Rastätter* BWNotZ 2006, 1 f.

1023 Vgl ua BayObLG Rpfleger 1998, 425.

1024 Zur rechtlichen Vorteilhaftigkeit eines GmbH-Anteils-Erwerbs *Bürger* RNotZ 2006, 156, 162 f.

1025 BayObLGZ 1979, 49 = Rpfleger 1979, 197.

nungsbestimmung gem § 2050 Abs 3 BGB trifft, mit der Folge, dass **die Zuwendung nach Eintritt des Erbfalls bei der Auseinandersetzung zur Ausgleichung zu bringen ist.** Während der BGH[1026] von der rechtlichen Vorteilhaftigkeit ausgeht, ist ein solches Rechtsgeschäft nach anderer Ansicht wegen der pflichtteilsrechtlichen Fernwirkung der Ausgleichungspflicht nach § 2316 BGB rechtlich nachteilhaft,[1027] weil sich der Pflichtteil des Zuwendungsempfängers in diesem Fall nicht nach seinem quotalen Erbteil, sondern nach seinem – geringeren – Auseinandersetzungsguthaben berechnet.

Der rechtliche Vorteil wird auch für den Fall verneint, dass der Schenker bei der Schenkung durch einseitige Willenserklärung gem § 2315 Abs 1 BGB bestimmt, dass die Schenkung auf den **Pflichtteil** angerechnet werden soll, weil die Anrechnungspflicht eine einem beschränkten Pflichtteilsverzicht vergleichbare Wirkung hat.[1028]

Der Erwerb von Gesellschaftsanteilen einer **Personengesellschaft** soll je- 454
denfalls dann als **rechtlich nachteilhaft** zu qualifizieren sein, wenn das Kind als Gesellschafter auch mit seinem sonstigen Vermögen haftet,[1029] nach anderer Auffassung hingegen allein deshalb, weil mit der Zuwendung eines solchen Anteils an einen bisherigen Nichtgesellschafter der Übergang eines Bündels von Rechten und Pflichten verbunden ist.[1030]

Ebenfalls rechtlich nachteilhaft ist wegen der haftungsrechtlichen Folgen der unentgeltliche **Erwerb eines Erbteils**, und zwar selbst dann, wenn das Kind bereits Miterbe ist und einen weiteren Erbteil hinzuerwerben soll, weil sich dadurch auch seine Haftung erweitert.[1031]

BGH-Entscheidungen aus den Jahren 2004[1032] und 2005[1033] gaben Anlass, die 455
vom BGH in früherer Rechtsprechung entwickelte **Gesamtbetrachtungslehre** zu überdenken.

1026 BGHZ 15, 168.

1027 *Keim* MittBayNot 2008, 8, 12 mwN.

1028 MünchKomm BGB/*Lange* § 2315 Rn 17; **aA** *Everts* Rpfleger 2005, 180 ff.

1029 Staudinger/*Peschel-Gutzeit* § 1629 Rn 246 mwN; zur rechtlichen Vorteilhaftigkeit eines GmbH-Anteils-Erwerbs *Bürger* RNotZ 2006, 156, 162 f.

1030 BFH NJW-RR 2006, 78 = ZEV 2005, 530 m Anm *Everts*.

1031 OLG Frankfurt ZEV 2015, 342 mwN; *Pöting* MittBayNot 2007, 376, 379.

1032 BGHZ 161, 170 (Beschluss vom 25.11.2004) = FamRZ 2005, 359 = Rpfleger 2005, 189 = NotBZ 2005, 150 m Anm *Sonnenfeld* = ZEV 2005, 66 m Anm *Everts* = RNotZ 2005, 228 m Anm *Reiß* = JuS 2005, 457 m Anm *Emmerich* = ZfIR 2005, 288 m Anm *Joswig* und Anm *Lorenz* LMK 2005, 25 f = JZ 2006, 147 m Anm *Müßig*; vgl auch die Besprechungsaufsätze von *Wojcik* DNotZ 2005, 655 ff; *Schmitt* NJW 2005, 1090 ff; *Staudinger* JURA 2005, 547 ff und *Röthel*/*Krackhardt* JURA 2006, 161 ff.

1033 BGHZ 162, 137 (Beschluss vom 3.2.2005) = Rpfleger 2005, 355 = DNotZ 2005, 625 m krit Anm *Fembacher* = ZEV 2005, 209 m abl Anm *Everts* = MittBayNot 2005, 413 m zust Anm *Feller*;

Die Gesamtbetrachtungslehre geht auf eine Entscheidung des BGH[1034] zurück, in der der Senat die in älteren Entscheidungen hervorgehobene **isolierte Betrachtung von Kausal- und Erfüllungsgeschäft** aufgab,[1035] um auf diesem Wege den Anwendungsbereich des § 181 letzter Teilsatz BGB einzuschränken und somit dem Schutzzweck von § 107 BGB Geltung zu verschaffen. Dem im Jahre 1980 entschiedenen Fall lag eine Schenkung eines Wohnungseigentums vom Vater an seinen minderjährigen Sohn zugrunde. Mit Vollzug des Erfüllungsgeschäfts (Eigentumserwerb) hätten den Minderjährigen die von der Eigentümergemeinschaft in der Gemeinschaftsordnung gegenüber den gesetzlichen Bestimmungen erheblich verschärften Verpflichtungen getroffen. Der BGH hielt es entgegen seiner bisherigen Auffassung nicht mehr mit dem Minderjährigenschutz für vereinbar, dem **Abstraktionsprinzip** folgend die Beurteilung, ob die Schenkung dem Minderjährigen lediglich einen rechtlichen Vorteil bringt, getrennt einerseits für den schuldrechtlichen Vertrag (Schenkungsversprechen) und anderseits für das dingliche Erfüllungsgeschäft vorzunehmen, mit der Folge, dass bei lukrativem Charakter des Grundgeschäfts unbeschadet rechtlicher Nachteile, die mit der Übertragung des Eigentums verbunden sind, der gesetzliche Vertreter im Hinblick auf § 181 letzter Teilsatz BGB befugt ist, den Minderjährigen bei der Annahme der Auflassung zu vertreten oder die vom (mindestens 7 Jahre alten und nicht geschäftsunfähigen) Minderjährigen selbst erklärte Auflassung zu genehmigen.

Der Schutz, den der Minderjährige durch die Entscheidung erfuhr, wurde ausnahmslos begrüßt, allein der vom BGH dabei eingeschlagene Weg, namentlich die **Aufgabe des Abstraktionsprinzips**, stieß auf Ablehnung. Nach Ansicht der Kritiker ließ sich dieser Schutz des Minderjährigen auch durch **teleologische Reduktion** der in § 181 bzw § 1795 BGB gleich lautend geregelten Ausnahme „Erfüllung einer Verbindlichkeit" erreichen.[1036] Danach sollte auch das in Erfüllung einer Verbindlichkeit vorgenommene Rechtsgeschäft nur dann von dem Vertretungsverbot ausgenommen sein, wenn es ebenfalls lediglich rechtlich vorteilhaft ist.

---

vgl auch die (Besprechungs-)Aufsätze zu beiden Entscheidungen von *Führ/Menzel* FamRZ 2005, 1729 f; *Böttcher* Rpfleger 2006, 293 ff und *Wilhelm* NJW 2006, 2353 ff sowie *Rastätter* BWNotZ 2006, 1 ff.

1034 BGHZ 78, 28 = FamRZ 1981, 761 = Rpfleger 1980, 463 = JuS 1981, 292 m Anm *Emmerich* = JR 1981, 281 m Anm *Gitter* JZ 1981, 109; vgl auch die Besprechungsaufsätze von *Gitter/Schmitt* JuS 1982, 253 ff und *Jauernig* JuS 1982, 576.

1035 ZB BGHZ 15, 168.

1036 *Jauernig* JuS 1982, 576 f; *Feller* DNotZ 1989, 66, 73 ff; *Ultsch* JURA 1998, 524, 528; *Löhnig* JA 2002, 466, 469.

Weiter wurden gegen die Entscheidung dogmatische Gründe vorgebracht, weil der BGH keine klare Aussage getroffen hatte, wie sich die anzustellende Gesamtbetrachtung auf das bei isolierter Betrachtung rechtlich vorteilhafte Grundgeschäft auswirkt, ob also ein rechtlich nachteiliges Erfüllungsgeschäft auf das Verpflichtungsgeschäft zurückschlägt, sodass auch dieses nicht mehr rechtlich vorteilhaft ist, mit der Konsequenz, dass ein Vertretungshindernis bereits bei Abschluss des schuldrechtlichen Vertrages bestünde und dieser damit ebenfalls schwebend unwirksam wäre, weil die Eltern auch insoweit als Vertreter ohne Vertretungsmacht (§ 177 BGB) gehandelt hätten (vgl Rn 424). Letzteres aber würde die **Durchbrechung des Abstraktionsprinzips** überflüssig machen, weil die Erfüllung einer Verbindlichkeit in jedem Fall eine *vollwirksame* Verbindlichkeit, also einen vollwirksamen Verpflichtungsvertrag voraussetzt.[1037] Mit den erwähnten BGH-Entscheidungen von 2004 und 2005 war die Diskussion zunächst nur neu entbrannt, eine weitere Entscheidung des BGH[1038] dürfte den Streit zugunsten des Abstraktionsprinzips inzwischen entschieden haben. In der Entscheidung vom 25.11.2004 hatte der BGH[1039] festgestellt, dass es dann keiner Gesamtbetrachtung bedarf, wenn das Grundgeschäft nicht lediglich rechtlich vorteilhaft ist, weil die Ausnahme „Erfüllung einer Verbindlichkeit" für das Erfüllungsgeschäft nicht vorliegen kann, wenn das Grundgeschäft nicht vollwirksam ist. In einem solchen Fall sind schuldrechtliches Rechtsgeschäft (Schenkungsversprechen) und Erfüllungsgeschäft (Eigentumsübertragung) demnach stets getrennt voneinander auf ihre rechtliche Vorteilhaftigkeit zu untersuchen. Die rechtliche Vorteilhaftigkeit des Erfüllungsgeschäfts wird auch nicht dadurch berührt, dass den Vertretenen mit der Übereignung des Grundstücks eine bereicherungsrechtliche Verpflichtung zur Herausgabe des Eigentums trifft (§ 812 Abs 1 S 1 Alt 1 BGB), falls der zugrunde liegende, gem § 177 BGB schwebend unwirksame Schenkungsvertrag von dem Ergänzungspfleger nicht genehmigt werden sollte, weil die Verpflichtung ihrem Umfang nach auf den noch vorhandenen Wert der rechtsgrundlosen Leistung beschränkt (§ 818 Abs 3 BGB) ist.

Die Auflassung kann folglich ungeachtet eines (noch) schwebend unwirksamen Grundgeschäfts wirksam sein und die Eintragung im Grundbuch deshalb ohne Weiteres vollzogen werden, wenn das dingliche Rechtsgeschäft bei isolierter Betrachtung lediglich rechtlich vorteilhaft ist. Der BGH ließ in dieser Entscheidung aber ausdrücklich offen, ob er an der von ihm entwickelten Gesamt-

1037 *Feller* DNotZ 1989, 66, 73 f.

1038 BGHZ 187, 119 = FamRZ 2010, 2065 m Anm *Kölmel* FamRZ 2011, 206 = Rpfleger 2011, 203; vgl auch den Besprechungsaufsatz von *Stadler* JA 2011, 466 ff.

1039 BGHZ 161, 170 = FamRZ 2005, 359 = Rpfleger 2005, 189.

betrachtungstheorie für den umgekehrten Fall festhielt, also den, dass der schuldrechtliche Vertrag lediglich rechtlich vorteilhaft ist, das Erfüllungsgeschäft aber rechtliche Nachteile mit sich bringt.

In der weiteren Entscheidung des BGH vom 3.2.2005[1040], in der sich der 5. Senat mit der rechtlichen Vorteilhaftigkeit des Erwerbs von vermietetem Grundeigentum zu befassen hatte, klang indes bereits an, dass er sich der wohl überwiegenden Auffassung annäherte, nach der auch bei solchen Rechtsgeschäften, bei denen der schuldrechtliche Teil rechtlich vorteilhaft ist, die in § 181 und § 1795 BGB geregelte Ausnahme („Erfüllung einer Verbindlichkeit") dem Schutzzweck der Normen entsprechend auf das Erfüllungsgeschäft *unanwendbar* ist. Diese Entscheidung hob sich auch im Ergebnis von der aus dem Jahr 1980 insoweit ab, als der BGH ausdrücklich nur für die Auflassung eine Pflegerbestellung für erforderlich erklärte. Es wurde daher zu Recht bereits aus dieser Entscheidung geschlossen, dass sich (auch) der BGH von der Gesamtbetrachtung verabschiedet hatte.[1041]

Letzte Zweifel wurden schließlich durch die Entscheidung des BGH vom 30.9.2010[1042] ausgeräumt, denn in dieser Entscheidung hat der Senat seine frühere Rechtsprechung ausdrücklich aufgegeben und festgestellt, dass die Wirksamkeit des Erfüllungsgeschäfts nicht nach einer Gesamtbetrachtung des dinglichen und des schuldrechtlichen Teils des Rechtsgeschäfts, sondern nach einer isolierten Betrachtung allein des dinglichen Geschäfts zu beurteilen ist.

Praxis und Theorie haben demzufolge zwischen den aus dem **Kausal- und dem Erfüllungsgeschäft resultierenden Folgen zu trennen**, um zu ermitteln, ob und wenn ja, bei welchem Rechtsgeschäft die Eltern das Kind in Ausnahme eines grundsätzlich nach § 181 oder § 1795 BGB vorliegenden Ausschlusses vertreten können.

456 Die jüngere Rechtsprechung des BGH und die darin enthaltene Abkehr von der Gesamtbetrachtungslehre hat aber zu anderen Problemen geführt. So wurde zunächst vom OLG München[1043] aus der Rechtsprechung des BGH abgleitet, dass auch die gesetzliche Ausnahme „Erfüllung einer Verbindlichkeit" nur dann anwendbar sei, wenn das in Erfüllung vorgenommene Geschäft auch rechtlich vorteilhaft sei. Das würde bedeuten, dass zB bei Erfüllung eines vom Erblasser

---

1040 BGHZ 162, 137 = Rpfleger 2005, 355.

1041 *Führ/Menzel* FamRZ 2005, 1729 f; *Feller* (in einer Anm zur Entscheidung des BGH vom 3.2.2005) MittBayNot 2005, 415; *Böttcher* Rpfleger 2006, 293, 299.

1042 BGHZ 187, 119 = FamRZ 2010, 2065 m Anm *Kölmel* FamRZ 2011, 206 = Rpfleger 2011, 203; vgl auch den Besprechungsaufsatz von *Stadler* JA 2011, 466 ff.

1043 FamRZ 2011, 828; vgl dazu die Besprechungsaufsätze von *Zorn* FamRZ 2011, 776 ff; *Sonnenfeld* Rpfleger 2011, 475 f; *Röhl* MittBayNot 2012, 111 ff und *Keim* ZEV 2011, 563 ff.

angeordneten Vermächtnisses ein Vertretungsausschluss vorläge, wenn das Erfüllungsgeschäft nicht rechtlich vorteilhaft ist. MaW: Die gesetzliche Ausnahme wäre für sich genommen überhaupt nicht mehr anwendbar.

Die gesetzliche und die von der Rechtsprechung entwickelte Ausnahme von einem Vertretungsausschluss nach § 181 BGB oder/und § 1795 Abs 1 Nr 1 BGB wurden miteinander verquickt, um dem Schutzzweck der Norm Geltung zu verschaffen. Von dieser Auffassung hat sich das OLG München[1044] in zwei späteren Entscheidungen zu Recht ausdrücklich distanziert, was zum Teil sehr kritisch aufgenommen wurde. Den Kritikern ist zuzugestehen, dass sich Wertungswidersprüche daraus ergeben, dass dingliche Rechtsgeschäfte ohne Rücksicht auf rechtliche Nachteile wirksam vorgenommen werden können, wenn die diesem Geschäft zugrunde liegende Verpflichtung nicht durch den gesetzlichen Vertreter oder das Kind selbst eingegangen wurde.[1045] Kinder sind in dem einen wie dem anderen Fall schutzbedürftig und der Zweck von § 181 BGB und § 1795 BGB liegt gerade im Schutz. Die Verfechter der Auffassung, nach der auch in Erfüllung einer Verbindlichkeit vorgenommene Rechtsgeschäfte stets auf ihren rechtlichen Vorteil zu untersuchen sind, weil auch in diesem Fall von einem Interessenkonflikt auszugehen sei, verkennen aber, dass der Gesetzgeber die Ausnahme "Erfüllung einer Verbindlichkeit" nicht auf rechtlich vorteilhafte Geschäfte beschränkt hat. Auch die Rechtsprechung des BGH gibt für eine derart weite Ausdehnung der zur rechtlichen Vorteilhaftigkeit entwickelten Grundsätze nichts her.[1046] Die Entscheidungen des BGH waren nämlich ausschließlich auf Konstellationen bezogen, in denen entweder der Minderjährige selbst oder dessen gesetzlicher Vertreter sowohl das Verpflichtungs- als auch das Erfüllungsgeschäft vorgenommen hat: Auf dem Prüfstand stand die Frage, wie das Kind vor den Folgen geschützt werden kann, die sich aus dem Erfüllungsgeschäft ergeben, wenn das **vom Minderjährigen selbst oder von seinem Vertreter abgeschlossene Verpflichtungsgeschäft** rechtlich nur vorteilhaft ist. Soweit *Jänicke/Braun*[1047] darauf hinweisen, dass auch die Erfüllung eines Vermächtnisses auf ihren rechtlichen Vorteil hin zu prüfen wäre, weil der gesetzliche Vertreter mit der Erfüllung konkludent auch die Annahme des Vermächtnisses erklärt, sodass er letztlich auch beim Verpflichtungsgeschäft „mitwirkt",

1044 FamRZ 2012, 740 = ZEV 2011, 558 m krit Anm *Keim*; dass FamRZ 2013, 494 m Anm *Zimmermann* = DNotZ 2013, 205 m Anm *Müller* und *Rupp/Spieker* notar 2013, 55 f; vgl dazu die Besprechungsaufsätze von *Röhl* MittBayNot 2012, 111 ff; *ders* MittBayNot 2013, 189; *Kölmel* NotBZ 2013, 95 ff.

1045 Vgl *Lamberz* ZEV 2014, 197, 198; *Jänicke/Braun* NJW 2013, 2474, 2477.

1046 So auch *Röhl* MittBayNot 2012, 111, 113.

1047 NJW 2013, 2474, 2477.

ist dem entgegenzuhalten, dass der Rechtsgrund für das Behaltendürfen des vermachten Gegenstands nicht in der Annahme des Vermächtnisses liegt, sondern in dem ausgesetzten Vermächtnis selbst.[1048] Auch die übrigen für eine ausnahmslose Prüfung des rechtlichen Vorteils im Rahmen von § 181 und/oder § 1795 BGB vorgebrachten Argumente vermögen nicht zu überzeugen, denn das hieße, die im Gesetz geregelte Ausnahme durch die von der Rechtsprechung entwickelte zu ersetzen, was schwerlich mit den Grundsätzen deutschen Rechts vereinbar wäre.[1049] Überdies würde es bedeuten, dass auch in den Fällen, die der historische Gesetzgeber zweifelsfrei von Vertretungsausschlüssen ausnehmen wollte (etwa die Entnahme von Auslagen nach § 1835 BGB aus dem Mündelvermögen durch den Vormund[1050]) ein Ergänzungspfleger bestellt werden müsste.

Es ist mithin zwar zu konzedieren, dass Korrekturbedarf besteht, der muss aber durch den Gesetzgeber umgesetzt werden, weil er einer weiteren richterlichen Rechtsfortbildung nicht zugänglich ist.[1051]

457 Zur Abgrenzung rechtlich vorteilhafter von den nachteiligen Rechtsgeschäften wurden vom BGH in den genannten Entscheidungen über die bereits vorliegenden Überlegungen hinaus weitere an die Hand gegeben. Soweit erkennbar bestand schon vorher Einvernehmen darüber, dass etwa ein im Schenkungsvertrag für bestimmte Fälle **vorbehaltenes Rücktrittsrecht oder eine vereinbarte Rückübereignungspflicht** nicht lediglich rechtlich vorteilhaft ist, wenn diese nicht allein bereicherungsrechtlichen Vorschriften unterworfen ist, weil der Minderjährige im Fall der Rechtsausübung nicht nur das jeweilige Grundstück zurückzugewähren hätte, sondern darüber hinaus auch zum Wert- oder Schadensersatz, insbesondere wegen einer zwischenzeitlichen Verschlechterung des Grundstücks verpflichtet wäre, wofür er auch persönlich mit seinem bisherigen Vermögen haftet.[1052] Dies gilt auch dann, wenn der aufschiebend bedingte (Rück-)Übertragungsanspruch einem Dritten eingeräumt wird.[1053] Der **bedingte Rückforderungsvorbehalt** ist aber ohne Einfluss auf die Lukrativität des **Erfüllungs-**

1048 *Röhl* MittBayNot 2013, 189, 190 mwN.

1049 Das übersieht auch *Lamberz* ZEV 2014, 187, 190, der zwar gesetzgeberischen Handlungsbedarf sieht, eine Gesetzesänderung aber nur für wünschenswert hält, um den Minderjährigen insoweit umfassend zu schützen.

1050 Beispiel entnommen von BeckOGK/*Sonnenfeld* § 1795 Rn 53.

1051 Zutreffend BeckOGK/*Sonnenfeld* § 1795 Rn 53.

1052 Vgl zB *Klüsener* Rpfleger 1981, 258, 263ff; in diesem Sinne auch BGHZ 161, 170 = FamRZ 2005, 359 = Rpfleger 2005, 189.

1053 OLG Köln FamRZ 1998, 1326 = Rpfleger 1998, 159.

geschäfts, denn die sich daraus ergebende Haftungsfolge resultiert allein aus dem **Grundgeschäft.**[1054]

Es bedarf demnach einer **Pflegerbestellung für das schuldrechtliche Rechtsgeschäft**, wenn solche oder andere Verpflichtungen in dem Schenkungsvertrag begründet werden, für die das Kind auch **über den Vollzug der Schenkung hinaus** persönlich haftet. 458

In dieser Formulierung deutet sich bereits ein weiteres Kriterium an, das Bedeutung erlangt, wenn die Schenkung unter Vorbehalt einer dinglichen Belastung erfolgt. Soll das Recht im Zusammenhang mit der Eigentumsumschreibung eingetragen werden (vgl § 16 Abs 2 GBO), löst sich die durch den Schenkungsvertrag begründete Verpflichtung des Minderjährigen zur Rechtsbestellung in dem Moment auf, in dem sie entsteht (vgl § 525 Abs 1 BGB), nämlich mit Leistung der geschenkten Sache (Grundstück, Wohnungseigentum oä), sodass das Rechtsgeschäft nicht anders zu beurteilen ist, als wäre ein bereits mit diesem Recht belastetes Grundeigentum geschenkt worden. Der Schenkungsvertrag kann folglich in diesem Fall nicht allein wegen der dadurch begründeten Verpflichtung rechtlich nachteilhaft sein. Bringt das Recht selbst (persönliche) Haftungspflichten für das Kind mit sich, ist allerdings der Vollzug, dh das **Erfüllungsgeschäft rechtlich nachteilig**. Soll das Recht jedoch erst *später* bestellt werden, so bleibt das Kind über den Vollzug des Schenkungsversprechens hinaus zur Rechtsbestellung verpflichtet, wofür es auch persönlich haftet, sodass das **Kausalgeschäft** ohne Rücksicht auf die Art des Rechts, welches bestellt werden soll, als rechtlich nachteilhaft zu qualifizieren ist.

Infolge des **Erfüllungsgeschäfts** trifft das Kind die Pflicht, die **öffentlichen** 459
Lasten (Grundsteuern und Abgaben) zu tragen. Es besteht kein Zweifel daran, dass das Kind für die aus der Eigentümerstellung resultierenden, auf öffentlichem Recht beruhenden Abgabenverpflichtung auch persönlich haftet. Der BGH[1055] lehnte es zwar ab, allein deshalb davon auszugehen, dass diese Pflichten dem Rechtsgeschäft nicht den rechtlichen Vorteil nehmen, weil es sich um gesetzliche (Neben-)Folgen des Erfüllungsgeschäfts handelt, denn das Vermögen des Kindes ist nicht weniger gefährdet, wenn der Eintritt des Rechtsnachteils zwar von den Parteien nicht gewollt, vom Gesetz jedoch als dessen Folge angeordnet ist. Gleichwohl hielt er das Erfüllungsgeschäft in der ihm vorliegenden Sache für rechtlich vorteilhaft, mit der Begründung, dass der rechtliche Vorteil zwar nicht durch den wirtschaftlichen ersetzt werden könne, man aber solche Rechtsnachteile aus dem Anwendungsbereich des § 107 BGB heraus-

1054 BGHZ 161, 170 = FamRZ 2005, 359 = Rpfleger 2005, 189; OLG Brandenburg NJW-RR 2014, 1045; BFH NJW-RR 2006, 78.

1055 BGHZ 161, 170 = FamRZ 2005, 359 = Rpfleger 2005, 189.

nehmen könne, die **typischerweise ein ganz unerhebliches Gefahrenpotenzial** haben, weil es in einem solchen Fall reiner Formalismus sei, die Mitwirkung eines Pflegers zu verlangen.

Soweit der Senat dieses Ergebnis auch darauf stützte, dass sich die Steuern und Abgaben in der Regel aus den laufenden Erträgen aus dem Grundstück finanzieren ließen, überzeugt dieser Hinweis jedoch nicht, weil es keineswegs selbstverständlich ist, dass überhaupt Erträge erzielt werden.[1056]

Ausdrücklich offen gelassen hat der BGH, ob auch für den Fall, dass Erschließungs- und Anliegerbeiträge anfallen, von der rechtlichen Vorteilhaftigkeit des Erfüllungsgeschäfts auszugehen ist, weil der Sachverhalt für solche außergewöhnlichen Lasten keine Anhaltspunkte bot. Da solche Verpflichtungen aber *kein* unerhebliches Gefahrenpotential haben, dürften sie dem Rechtsgeschäft den rechtlichen Vorteil nehmen, sodass sich für die Praxis die Frage stellt, wie überprüft werden kann und soll, ob sich solche außergewöhnlichen Lasten bereits hinreichend konkret abzeichnen, die einen Einsatz des Minderjährigenvermögens und deshalb die Mitwirkung eines Pflegers bei Abschluss des Erfüllungsgeschäfts erfordern.

460 Die **Übernahme von Grundpfandrechten**, ohne dass zugleich auch die persönliche Schuld übernommen wird, nimmt dem Erfüllungsgeschäft nach ganz überwiegender Auffassung nicht den rechtlichen Vorteil, weil sich die Haftung des Minderjährigen auf das Grundstück beschränkt. Diese Haftung mindert zwar den im Eigentumserwerb liegenden Vorteil, beseitigt ihn jedoch nicht, weil der Minderjährige regelmäßig nur das verlieren kann, was ihm zugewendet wurde. Auch die Gefahr, dass der Minderjährige für die Kosten der Zwangsvollstreckung in das Grundstück mit seinem gesamten Vermögen einzustehen hätte, führt zumindest dann nicht zu einem rechtlichen Nachteil des Rechtsgeschäfts, wenn bereits ein Vollstreckungstitel gegen den jeweiligen Eigentümer der Immobilie vorliegt.[1057]

461 Bei der **Übernahme anderer dinglicher Rechte** ist zu prüfen, ob mit diesen eine persönliche Haftung des Minderjährigen verbunden ist. Dies ist zB bei der Übernahme einer **Reallast** zu bejahen, wenn die nach § 1108 Abs 1 BGB kraft Gesetzes entstehende persönliche Haftung des Eigentümers nicht wirksam abbedungen ist (vgl § 1108 Abs 2 BGB). Gleiches gilt bei Übernahme einer **Dienstbarkeit**, wenn als Inhalt der Dienstbarkeit dem Eigentümer die Unterhaltung einer Anlage obliegt, denn hierfür haftet er nach §§ 1108 Abs 1, 1021 Abs 2 BGB auch persönlich. Im Übrigen wird der Minderjährige durch Übernahme beschränkt persönlicher Dienstbarkeiten regelmäßig nicht persönlich belastet.

1056 Krit dazu auch *Röthel/Krackhardt* JURA 2006, 161, 165.

1057 BGHZ 161, 170 = FamRZ 2005, 359 = Rpfleger 2005, 189.

Namentlich Wohnungs- und Mitbenutzungsrechte belasten ausschließlich den Schenkungsgegenstand selbst, sodass das Erfüllungsgeschäft rechtlich vorteilhaft ist.

Auch die Übernahme (oder mit dem Erwerb verknüpfte Bestellung) eines **Nießbrauchs** nimmt dem Erfüllungsgeschäft jedenfalls dann nicht den rechtlichen Vorteil, wenn der *Nießbraucher* über §§ 1042 S 2, 1047 BGB hinaus, auch die Kosten außergewöhnlicher Ausbesserungen und Erneuerungen sowie die außergewöhnlichen Grundstückslasten zu tragen hat,[1058] weil der Eigentümer in diesem Fall nicht zum Aufwendungs- oder Verwendungsersatz verpflichtet ist.

Der rechtliche Vorteil wird aber auch dann nicht verneint, wenn der minderjährige Eigentümer gegenüber dem Nießbraucher für Verwendungen des Nießbrauchers auf das Grundstück haftet (§ 1049 Abs 1 BGB), weil sich diese Haftung nach Bereicherungsrecht richtet (§ 1049 Abs 1 iVm § 684 BGB).[1059]

Ist das **Grundstück** (Wohnungs-, Teileigentum, Erbbaurecht) **vermietet** 462
oder verpachtet, tritt der Minderjährige mit dem Eigentumsübergang gem §§ 566 Abs 1, 581 Abs 1, 593b BGB in sämtliche Rechte und Pflichten des bestehenden Miet- oder Pachtverhältnisses ein, wozu nicht nur die Verpflichtung zur Überlassung der Sache (§§ 535 Abs 1, 581 Abs 1, 585 Abs 2 BGB), sondern auch Schadens- oder Aufwendungsersatzpflichten (§§ 536a, 581 Abs 2, 586 Abs 2 BGB) sowie die Pflicht zur Rückgewähr einer von dem Mieter oder Pächter geleisteten Sicherheit (§§ 566a, 581 Abs 2 BGB) gehören. Für diese Pflichten haftet der Minderjährige, ohne dass er sich der persönlichen Haftung durch Verweis auf die geschenkte Sache entziehen kann, sodass das **Erfüllungsgeschäft** rechtlich nachteilhaft ist.[1060] Dies gilt selbst dann, wenn der Beschenkte bereits Miteigentümer des Grundstücks ist.[1061] Der Eintritt in einen Miet- oder Pachtvertrag wurde auch für den Fall als rechtlich nachteilhaft qualifiziert, dass die Schenkung unter **Nießbrauchsvorbehalt** erfolgt,[1062] obwohl den Beschenkten die aufgeführten Pflichten während der Dauer des Nießbrauchs nicht treffen. Da der Eintritt in den Miet- oder Pachtvertrag aber bei **zum Zeitpunkt der Auflassung bereits vermietetem oder verpachtetem Grundstück** nur von dem Erlöschen des Nießbrauchs abhängt, besteht in diesem Fall eine hinreichend konkrete

---

1058 So ua bereits BayObLG Rpfleger 1998, 425.

1059 *Rastätter* BWNotZ 2006, 1, 5; **aA** *Preuß* JuS 2006, 305, 308.

1060 **AA** *Jerschke* DNotZ 1982, 459 ff.

1061 BayObLG Rpfleger 2003, 579.

1062 BGHZ 162, 137 = Rpfleger 2005, 355 = DNotZ 2005, 625 m krit Anm *Fembacher* = ZEV 2005, 209 m abl Anm *Everts* = MittBayNot 2005, 413 m zust Anm *Feller*; OLG Karlsruhe FamRZ 2001, 181 (LS).

Möglichkeit, dass der Minderjährige mit Pflichten und Rechten aus dem Miet- oder Pachtvertrag belastet werden kann.

463 Auch der Erwerb von **Wohnungs- oder Teileigentum** kann wegen des damit verbundenen Eintritts in die Gemeinschaftsordnung auch dann nicht als rechtlich vorteilhaft angesehen werden, wenn die sich aus dem Wohnungseigentumsgesetz ergebenden Pflichten nicht (wesentlich) verschärft wurden. Denn auch wenn den Minderjährigen kraft Gesetzes Pflichten treffen, für die er persönlich haftet, muss er geschützt werden. So bewirkt schon der Eintritt in den Verwaltervertrag, dass das Erfüllungsgeschäft rechtlich nachteilhaft ist.[1063] Nach Auffassung des BGH[1064] ist der rechtliche Vorteil seit dem 1.7.2007 aber selbst dann zu verneinen, wenn ein Verwalter nicht bestellt ist, weil § 10 Abs 8 WEG in der an diesem Tag in Kraft getretenen Fassung des Gesetzes zur Änderung des Wohnungseigentumsgesetzes und anderer Gesetze vom 26.3.2007[1065] die Haftung ähnlich wie die einer Handelsgesellschaft nach §§ 128, 129 HGB ausgestaltet, sodass der Wohnungseigentümer persönlich und unbeschränkt, im Außenverhältnis unbeschränkbar, primär und akzessorisch in Höhe seines Miteigentumsanteils haftet.

464 Obwohl dogmatisch nicht zu beanstanden, ergeben sich aus der „Rückkehr zum Abstraktionsprinzip“ (vgl Rn 455) für Praxis und Theorie gleichwohl Probleme. So wies *Sonnenfeld*[1066] zutreffend darauf hin, dass es dem **Grundbuchamt** nicht möglich ist, die rechtliche Vorteilhaftigkeit des Erfüllungsgeschäfts und damit die ordnungsgemäße Vertretung des Kindes zu prüfen, denn die tatsächlich auf das Kind zukommenden öffentlichen Lasten wie Erschließungs- und Anliegerbeiträge (siehe Rn 495) sind aus der Auflassung nicht ersichtlich. Allein die Auflassung ist aber die Grundlage der Eintragung, die dem Grundbuchamt vorliegen muss, während das davon unabhängige Kausalgeschäft nicht **Prüfungsgegenstand** ist.

Auch **die notarielle Praxis** ist insoweit betroffen, als die grundsätzliche Pflicht des Notars besteht, die Eigentumsübertragung ungeachtet des ggf (noch schwebend) unwirksamen Grundgeschäfts zum Vollzug zu bringen (§ 53 BeurkG), mit dem Ergebnis, dass zwischenzeitlich bereits übergegangenes Eigentum bei verweigerter Zustimmung des Pflegers zurückzugewähren wäre, wodurch nicht zuletzt weitere Kosten anfielen.[1067]

1063 So auch *Rastätter* BWNotZ 2006, 1, 7 mwN.

1064 BGHZ 187, 119 = FamRZ 2010, 2065 m Anm *Kölmel* FamRZ 2011, 206 = Rpfleger 2011, 203; vgl auch den Besprechungsaufsatz von *Stadler* JA 2011, 466 ff; so bereits OLG München Rpfleger 2008, 416.

1065 BGBl I S 270.

1066 NotBZ 2005, 154 ff.

1067 *Reiß* RNotZ 2005, 224 ff; *Rastätter* BWNotZ 2006, 1, 6 f.

Darüber hinaus wird aber auch gegen die Aufgabe der Gesamtbetrachtungslehre an sich argumentiert, weil der Vertretene aufgrund eines wirksamen Kausalgeschäfts in Annahmeverzug gerät und damit der Kostenfolge des § 304 BGB ausgesetzt sei, wenn ein allein für das Erfüllungsgeschäft „benötigter" Pfleger die Genehmigung dafür verweigert, sodass bei einer solchen Konstellation daher von einer hinreichend konkreten Möglichkeit einer persönlichen Haftung auszugehen sei.[1068]

4.4.7 Auswirkungen der kraft Gesetzes fehlenden Vertretungsmacht eines Elternteils bei bestehender Gesamtvertretung

Gem § 1629 Abs 1 S 2 BGB vertreten die sorgeberechtigten Eltern das Kind grund- 465
sätzlich gemeinschaftlich. Bereits daraus könnte abgeleitet werden, dass der nach § 1795 Abs 1 oder § 181 BGB bestehende Ausschluss eines Elternteils auch gegen den anderen Elternteil wirkt, ohne dass dieser selbst nach einer der beiden Vorschriften ausgeschlossen sein müsste. Allerdings macht § 1629 Abs 1 S 3 BGB von diesem **Gesamtvertretungsgrundsatz** für bestimmte Fälle Ausnahmen, denn darin ist bestimmt, dass ein Elternteil auch und gerade bei gemeinsamer Sorge uU allein vertretungsberechtigt ist. Die Folgen des **gesetzlichen Ausschlusses** eines Elternteils auf die Vertretungsmacht des anderen Teils ergeben sich aber zwingend aus § 1629 Abs 2 S 1 BGB: Aus dem Wort „und" ist ersichtlich, dass der Elternteil, bei dem die Voraussetzungen für einen Ausschluss nach §§ 1795, 181 BGB selbst nicht vorliegen, gleichwohl ebenfalls von der Vertretung des Kindes ausgeschlossen ist. Dadurch wird ein Konflikt bei dem eigentlich nicht belasteten Elternteil zwischen den Interessen des Kindes und denen des anderen Elternteils von vornherein vermieden. Da aber auch dieses Motiv nicht Tatbestandsmerkmal der Norm ist, **erstreckt sich der ex lege eintretende Vertretungsausschluss eines Elternteils in jedem Fall auf den anderen Elternteil**, ohne dass die Eltern dafür (noch) verheiratet sein oder in näherer persönlicher Verbindung zueinander stehen müssten. **Voraussetzung des Ausschlusses auch des anderen ist allein die gemeinsame Sorgeberechtigung.**

§ 1678 Abs 1 Alt 1 BGB ändert an dieser Wirkung nichts, denn diese Variante betrifft nur die tatsächliche, nicht die rechtliche Verhinderung.[1069] Da der Vertretungsausschluss auch nicht dazu führt, dass die Sorge ruht, ist auch § 1678 Abs 1 Alt 2 BGB nicht anwendbar.

1068 *Führ/Menzel* FamRZ 2005, 1729 f; *dies* JA 2005, 859, 863; **aA** *Böttcher* Rpfleger 2006, 293, 299.

1069 *Klüsener* Rpfleger 1981, 258 f.

Ist ein Elternteil nach § 181 oder § 1795 Abs 1 BGB von der Vertretung des Kindes ausgeschlossen, ohne dass die gesetzliche oder die von der Rechtsprechung entwickelte Ausnahme vorliegt, ist somit ein **Ergänzungspfleger** zu bestellen (§ 1909 Abs 1 S 1 BGB), weil auch der andere Elternteil nicht zur Vertretung berechtigt ist.

466 Die Eltern sind gem § 1909 Abs 2 BGB verpflichtet, das Familiengericht von der Erforderlichkeit der Anordnung der Pflegschaft unverzüglich zu unterrichten, damit dieses entsprechend tätig werden kann. Diese Pflicht trifft selbstverständlich auch den von der Vertretung des Kindes ausgeschlossenen allein sorgeberechtigten Elternteil.

4.4.8 Die Bestellung mehrerer Pfleger für mehrere Kinder

467 Sind mehrere Kinder an dem Rechtsgeschäft beteiligt, muss jedem Kind **ein eigener Pfleger** bestellt werden, wenn die Kinder auf verschiedenen Seiten stehen, also keine Parallelerklärungen abzugeben sind, weil auch der Pfleger dem **Mehrvertretungsverbot** (§ 181 Alt 2 BGB) unterliegt. Praktisch relevant wird dies beispielsweise im Zusammenhang mit der Gründung einer Gesellschaft unter Beteiligung mehrerer Kinder. Hierbei ergibt sich der Vertretungsausschluss der Eltern aus §§ 1629 Abs 2 S 1, 1795 Abs 1 Nr 1 Alt 3 BGB, wenn sie auch mit dem jeweils anderen Kind in gerader Linie verwandt sind. Sind sie auch gesetzlicher Vertreter des anderen Kindes, liegt auch eine verbotene Mehrvertretung vor (§ 181 Alt 2 BGB). Hinzukommen können weitere Ausschlussgründe nach § 181 BGB und/oder nach § 1795 Abs 1 Nr 1 BGB, wenn die Eltern selbst, ein von ihnen ebenfalls vertretener Dritter, ihr Ehegatte oder eingetragener Lebenspartner und/oder in gerader Linie mit den Eltern verwandte Personen zB eine **Familiengesellschaft** gründen wollen.

Gleiches gilt für den Fall, dass mehrere Kinder einer bereits bestehenden **Personen-** oder **Personenhandelsgesellschaft** durch **originären Anteilserwerb** beitreten, weil die Kinder durch die Aufnahme in die Gesellschaft auch untereinander in wechselseitige gesellschaftliche Beziehungen treten.[1070] Dies muss auch dann gelten, wenn nur ein Kind einer bereits bestehenden Personengesellschaft beitreten will, an der schon ein anderes Kind der Eltern beteiligt ist, wenn die Aufnahme eines „neuen“ Gesellschafters durch (Änderung des) Gesellschaftsvertrag(es) erfolgt. Auch in diesem Fall bedarf es daher der Bestellung mehrerer Ergänzungspfleger.

1070 BayObLGZ 1958, 373, 377 = FamRZ 1959, 125; vgl auch *Maier-Reimer/Marx* NJW 2005, 3025, 3027.

Zum Teil wird das Erfordernis, jedem Kind einen eigenen Pfleger zu bestellen, aber für den Fall eines **derivativen Anteilserwerbs** durch Abtretung eines Gesellschaftsanteils an einer Personenhandelsgesellschaft oder einer GmbH mit Hinweis darauf bestritten, dass die Kinder den Vertrag nicht miteinander, sondern nur mit dem den Gesellschaftsanteil zur Verfügung stellenden Gesellschafter abschließen. Bei der in der Praxis häufiger vorkommenden Abtretung von KG-Anteilen tritt der Minderjährige im Wege der Sonderrechtsnachfolge in die Gesellschaft ein, ohne dass es dazu tatsächlich eines Vertragsschlusses mit den übrigen Gesellschaftern bedarf, wenn der Gesellschaftsvertrag die Abtretung an sich bereits gestattet oder die Gesellschafter der Abtretung gesondert zustimmen. Damit läge auch ein **zwischen den Kindern zu schließendes Rechtsgeschäft** nicht vor, sodass die Bestellung *eines* Pflegers für mehrere Kinder genüge, wenn die Eltern ansonsten gem § 181 und/oder § 1795 Abs 1 BGB von der Vertretung der Kinder ausgeschlossen wären. Der Pfleger hätte nur gleichgerichtete Erklärungen abzugeben, sodass er alle auf der Erwerberseite stehenden Kinder vertreten könne.[1071] In der Konsequenz würde dies bedeuten, dass sich der Schutz eines jeden Kindes durch sukzessives Vorgehen umgehen ließe, in dem zunächst die Gesellschaft gegründet und erst danach ein bereits vorhandener Anteil abgetreten wird. Schließlich könnte der Vertretungsausschluss durch geschicktes Taktieren gänzlich dadurch „beseitigt" werden, dass weder die Eltern noch ein von ihnen vertretener Dritter oder ihnen iSv § 1795 Abs 1 BGB Nahestehender, sondern ein zunächst eigens dafür in die Gesellschaft aufgenommener Mitgesellschafter den Anteil abtritt, was dem Schutzzweck der Norm eindeutig zuwiderläuft. Die Dogmatik allein vermag diese Auffassung daher kaum zu rechtfertigen, denn das Ergebnis ist für die Kinder bei einem derivativen Erwerb eines Gesellschaftsanteils kein anderes als bei einem originären. 468

4.5 Weitere gesetzliche Vertretungsausschlüsse

4.5.1 Gesetzlicher Vertretungsausschluss gem § 52 Abs 2 S 2 StPO

Die Eltern können das selbst nicht entscheidungsfähige Kind gem § 52 Abs 2 S 2 StPO auch bei der Entscheidung über die **Ausübung des Zeugnisverweigerungsrechts** nicht vertreten, wenn **sie selbst die Beschuldigten** sind. Auch der nicht beschuldigte Elternteil kann das Kind nicht (allein) vertreten, wenn er die Sorge gemeinsam mit dem beschuldigten Elternteil ausübt. Die Feststellung, ob das Kind die für eine Entscheidung über die Ausübung des Zeugnisverweige- 469

1071 OLG München Rpfleger 2010, 587 m abl Anm *Ries* RpflStud 2010, 201; *Ivo* ZEV 2005, 193, 195; in diesem Sinne wohl auch *Czeguhn/Dickmann* FamRZ 2004, 1534; zustimmend auch für den derivativen Erwerb von GmbH-Anteilen *Bürger* RNotZ 2006, 156, 163.

rungsrechts notwendige Verstandesreife hat, obliegt nicht dem Familiengericht, sondern den **zuständigen Strafverfolgungsbehörden.**[1072] Das Familiengericht ist an die Feststellung der Verstandesreife durch die Strafverfolgungsbehörden grundsätzlich gebunden. Fehlt dem Kind danach die Verstandesreife und damit die Entscheidungsfähigkeit, bedarf es der Bestellung eines Ergänzungspflegers durch das Familiengericht, der das Kind insoweit zu vertreten hat. Streitig ist, ob die Bestellung eines Ergänzungspflegers voraussetzt, dass das Kind zur **Aussage bereit** ist. Das OLG Koblenz[1073] geht davon aus, dass die Bestellung des Pflegers nur erfolgen darf, wenn das Kind zur Aussage bereit ist, weil auch ein gesetzlicher Vertreter der Aussage des Kindes, das wegen mangelnder Verstandesreife von der Bedeutung des Zeugnisverweigerungsrechts keine genügende Vorstellung hat, nur zustimmen kann, wenn das Kind selbst aussagebereit ist. Nach anderer Ansicht kommt es für die Bestellung des Ergänzungspflegers nicht auf die Aussagebereitschaft des Kindes an, weil diese Bereitschaft neben der Genehmigung der Aussage lediglich eine weitere, nicht aber vorrangige Voraussetzung für die Vernehmung des Kindes sei.[1074] Nach dieser Auffassung ist aus der Gesetzessystematik zu folgern, dass die Eltern gemäß § 52 Abs 2 S 2 StPO unabhängig von der Aussagebereitschaft ihres Kindes stets von der Erteilung der Genehmigung für die Aussage kraft Gesetzes ausgeschlossen sind, wenn die übrigen Voraussetzungen der Norm erfüllt sind. Diese Vertretungslücke müsse deshalb stets durch eine Pflegerbestellung geschlossen werden.

4.5.2 Gesetzlicher Vertretungsausschluss gem § 1629 Abs 2a BGB

470 Gem § 1629 Abs 2a BGB können die Eltern das Kind in einem **gerichtlichen Klärungsverfahren nach § 1598a Abs 2 BGB** (dazu Rn 124 ff) nicht vertreten. Dem unter elterlicher Sorge stehenden Minderjährigen ist daher in einem solchen Verfahren stets ein Ergänzungspfleger zu bestellen (vgl Rn 127).

4.6 Entziehung der Vertretungsmacht bei erheblichem Interessengegensatz, §§ 1629 Abs 2 S 3, 1796 BGB

4.6.1 Voraussetzungen der Entziehung

471 Sind die Eltern an der Vertretung des Kindes nicht bereits durch § 181 oder § 1795 BGB gehindert, kann das **Familiengericht** ihnen gem §§ 1629 Abs 2 S 3,

---

1072 OLG Hamburg FamRZ 2013, 1683 mwN = Rpfleger 2013, 572.

1073 FamRZ 2015, 1719.

1074 OLG Hamburg FamRZ 2013, 1683 = Rpfleger 2013, 572 mwN auch zum Streitstand insgesamt.

1796 Abs 1 BGB die Vertretungsmacht für **einzelne Angelegenheiten** (zB die Entscheidung, ob ein konkret im Raum stehendes Rechtsgeschäft vorgenommen oder ein Rechtsstreit geführt wird) oder für einen **Kreis von Angelegenheiten** (zB die Abwicklung des Nachlasses) entziehen.

Die Angelegenheit oder der Kreis von Angelegenheiten muss die **gesetzliche Vertretung** betreffen, weil die Vorschrift die Entziehung der Vertretungsmacht regelt, sodass sie **im Bereich der tatsächlichen Sorge nur in Bezug auf Vertretungshandlungen** anwendbar ist, was aber nicht bedeutet, dass es sich um *rechtsgeschäftliche* Vertretung handeln muss.[1075] Eine Entziehung kommt damit etwa in Bezug auf die Einwilligung in einen ärztlichen Eingriff in Betracht.

Angelegenheit iSd § 1796 BGB kann sowohl die **aktive Absicht** zum Abschluss eines Rechtsgeschäfts oder eine Einwilligung in einen ärztlichen Eingriff als auch die **Passivität** des sorgeberechtigten Elternteils bei Vornahme eines Rechtsgeschäfts oder in Bezug auf eine ärztliche Behandlung sein, das bzw die im Interesse des Kindes liegt.[1076]

Voraussetzung der Entziehung ist ein **erheblicher Interessengegensatz** 472
(§ 1796 Abs 2 BGB) zwischen den dort genannten bzw durch die Bezugnahme auf § 1795 Abs 1 Nr 1 BGB erfassten Personen. Der **erhebliche Interessenkonflikt** muss daher bestehen zwischen dem Kind auf der einen Seite und
- dem Vertreter (Vater und/oder Mutter) oder
- einem ebenfalls von Vater und/oder Mutter vertretenen Dritten oder
- dem Ehegatten oder eingetragenen Lebenspartner des Vertreters oder
- einem in gerader Linie mit Vater oder Mutter Verwandten

auf der anderen Seite.

Vom Wortlaut der Norm ist damit auf den ersten Blick ein zwischen dem von 473
Mutter und/oder Vater vertretenen Kind und etwa dem **Lebensgefährten von Mutter/oder Vater** bestehender erheblicher Interessengegensatz nicht erfasst. Der Schutz des Kindes(-vermögens) gebietet es aber, das Interesse des Lebensgefährten mit dem des betroffenen Elternteils gleichzusetzen, um der Gefahr zu begegnen, dass Letzterer die Interessen des Kindes aus Rücksichtnahme gegenüber dem Lebensgefährten verletzt.

Die Eltern sind bereits kraft Gesetzes von der Vertretung des Kindes ausgeschlossen, wenn es sich um **Rechtsgeschäfte** oder einen **Rechtsstreit** zwischen dem Kind und den in §§ 181, 1795 Abs 1 Nr 1 BGB aufgeführten Personen handelt, sodass die Anwendung von § 1796 BGB hauptsächlich in den Fällen in Be-

1075 Näher dazu BeckOGK/*Sonnenfeld* § 1796 Rn 18 f.
1076 MünchKomm BGB/*Wagenitz* § 1796 Rn 10.

tracht kommt, die nicht oder noch nicht so weit entwickelt sind, dass ein gesetzlicher Vertretungsausschluss greift, also solchen, in denen im Vorstadium der Geltendmachung eines Anspruchs zu überlegen oder zu prüfen ist, ob der Anspruch überhaupt geltend gemacht werden soll.[1077] Besteht der erhebliche Interessengegensatz aber zwischen dem Lebensgefährten des Elternteils und dem Kind, ist die Entziehung der Vertretungsmacht nicht nur hinsichtlich solcher Überlegungen oder Entscheidungen, ob das Rechtsgeschäft abgeschlossen oder der Rechtsstreit geführt wird, sondern auch für das Rechtsgeschäft oder den Rechtsstreit selbst zu prüfen, weil es auch insoweit an einem gesetzlichen Vertretungsausschluss nach § 181 oder § 1795 Abs 1 BGB fehlt (vgl Rn 435).

474 Ein **abstrakter Interessenwiderstreit** genügt für einen Eingriff nach § 1796 BGB in die elterliche Sorge nicht, vielmehr muss im **konkreten Fall ein erheblicher Interessengegensatz** festgestellt werden. Die bloße Möglichkeit eines Interessenkonflikts ist demnach kein ausreichender Grund für die Entziehung der Vertretungsmacht.[1078] Auch liegt darin keine tatsächliche oder rechtliche Verhinderung iSd § 1909 BGB, sodass auch kein **Ergänzungspfleger** bestellt und mit der Aufgabe betraut werden könnte, zu prüfen, ob die Eltern die Rechte des Kindes pflichtgemäß wahrnehmen oder ob es im Interesse des Kindes notwendig ist, gegen diese vorzugehen.[1079]

Es ist **Aufgabe des Gerichts**, festzustellen, ob ein erheblicher Interessenwiderstreit besteht, denn nur dann darf in die elterliche Sorge eingriffen werden. Schließlich entfaltet selbst eine ungerechtfertigte Pflegerbestellung die Wirkung des § 1630 Abs 1 BGB (dazu Rn 543).

475 Ein erheblicher Gegensatz im genannten Sinne liegt vor, wenn sich die Interessenlagen auf beiden Seiten in einer Weise gegenüberstehen, dass das **Interesse des einen nur auf Kosten des anderen zu fördern** ist.[1080]

Der **Elternprimat** verlangt aber darüber hinaus, dass mit hoher Wahrscheinlichkeit damit zu rechnen ist, dass die Eltern (der Elternteil) nicht in der Lage sein werden, das Kind interessengerecht zu vertreten.[1081] Der Elternteil darf also im konkreten Fall entweder nicht in der Lage oder nicht gewillt sein, seine eigenen bzw die Interessen des Dritten hinter die seines Kindes zurücktreten zu lassen. Eine solchermaßen konkrete Gefährdung ist deshalb erforderlich, weil der Gesetzgeber die Eltern als die natürlichen Verwalter des Kindesvermögens ihrer Kinder betrachtet und einen deren Wohl gefährdenden Widerstreit nicht

1077 Bengsohn/*Ostheimer* Rpfleger 1990, 189, 193.
1078 BGHZ 65, 93, 101.
1079 LG Braunschweig FamRZ 2000, 1184 = Rpfleger 2000, 69.
1080 Staudinger/*Peschel-Gutzeit* § 1629 Rn 288 mwN.
1081 OLG Karlsruhe FamRZ 2004, 51.

als die Regel ansieht.[1082] Ein Entzug dieser natürlichen Elternrechte kann (wie bei § 1666 BGB) daher nur die Ausnahme sein und zwar dann, wenn konkrete Gefahren festgestellt werden. Zu berücksichtigen ist aber auch dann, dass dem Kind aus der familiären Bindung zu seinen Eltern ideelle und wirtschaftliche Vorteile erwachsen, die häufig nicht geringer sind, als die, die durch einen gerichtlichen Eingriff gewahrt werden sollen. Der Eingriff muss folglich **verhältnismäßig** sein. In die Überlegungen sind daher auch die Folgen für den **Familienfrieden** einzubeziehen.[1083] Diesem Kriterium kommt zB im Rahmen der Geltendmachung von gegen die Eltern gerichteten **Pflichtteilsansprüchen** des Kindes Bedeutung zu. So hält *Ostheimer*[1084] zutreffend fest, dass solche Ansprüche in intakten Familien in aller Regel nicht geltend gemacht werden. Da auch eine Verjährung eines zB gegen einen Elternteil gerichteten Pflichtteilsanspruchs des Kindes nach § 2332 Abs 1 BGB wegen § 207 Abs 1 S 2 Nr 2a BGB nicht droht, kann das Kind nach Volljährigkeit selbst entscheiden, ob es diesen geltend machen will. Eine Entziehung der Vertretungsmacht zur Geltendmachung und Durchsetzung des Pflichtteilsanpruchs ohne oder gar gegen den Willen des pflichtteilsberechtigten Kindes, um diese Aufgabe einem Pfleger zu übertragen, kommt daher nicht in Betracht. Im Interesse des Kindes geboten sein könnte allenfalls die **Sicherstellung** des andernfalls gefährdeten Pflichtteilsanspruchs. Dies setzt aber ebenfalls konkrete Anhaltspunkte für die Gefährdung (zB elterlichen Vermögensverfall) voraus.[1085]

In den Fällen, in denen der Minderjährige Erbe ist und der Erblasser dessen Vater oder Mutter zum **Testamentsvollstrecker** (TV) bestimmt hat, ging vor allem die obergerichtliche Rechtsprechung zum Teil davon aus, dass allein die **Doppelstellung des sorgeberechtigten Elternteils** Grund genug ist, ihm die Vertretungsmacht zu entziehen. Dies wurde damit begründet, dass der Elternteil, der zugleich TV ist, die Rechte des minderjährigen Erben nicht gegen sich selbst als TV geltend machen kann. Die Überwachung des TV (vgl § 2216 BGB) und die Geltendmachung der den TV treffenden Pflichten wie zB die zur Erstellung eines Nachlassverzeichnisses und die Auskunfts- und Rechenschaftspflicht (§§ 2215, 2218 BGB) obliegt sonst ohne Weiteres den vermögenssorgeberechtigten Eltern, die aber nicht ihr eigener Aufseher sein können. Dies galt nach dieser Auffassung selbst dann, wenn der Erblasser den TV von dem Verbot des Selbstkontrahierens befreit und damit seinem besonderen Vertrauen in die 476

1082 BGHZ 65, 93, 101.
1083 BayObLG FamRZ 1989, 450.
1084 Rpfleger 1990, 189, 194.
1085 LG Braunschweig FamRZ 2000, 1184 = Rpfleger 2000, 69; LG Bochum Rpfleger 1994, 418; BayObLG FamRZ 1989, 450.

„Redlichkeit" des Elternteils Ausdruck verliehen hat. Denn der Erblasser kann nur dem TV, nicht aber dem *gesetzlichen* Vertreter das Selbstkontrahieren oder die Mehrvertretung gestatten (vgl dazu Rn 448).[1086] Da die Interessenwahrnehmung aber weder Rechtsgeschäft noch geschäftsähnliche Handlung ist und daher nicht in den Anwendungsbereich von § 181 BGB fällt, kommt zum Schutz des Kindes nur die Entziehung der Vertretungsmacht in Betracht,[1087] wobei in dem Erfordernis der Wahrnehmung der Überwachungsaufgaben durch einen objektiven Dritten von der erwähnten Rechtsprechung nicht nur die bloße Möglichkeit, sondern bereits ein aktuelles Bedürfnis für eine Pflegerbestellung gesehen wurde,[1088] während in der Literatur überwiegend eine andere Auffassung vertreten wurde.[1089] Letzterer Ansicht hat sich zu Recht auch der BGH[1090] angeschlossen, denn die Entziehung der Vertretungsmacht verlangt auch bei dieser Konstellation wie in allen anderen Fällen einen erheblichen Interessenkonflikt im konkreten Einzelfall, der nicht allein darin liegt, dass einem (sorgeberechtigten) Elternteil das Amt des Testamentsvollstreckers übertragen wurde.

477 Sofern die Anwendung von § 181 oder § 1795 BGB auf die Dritte im Sinne der genannten Vorschriften begünstigende **Erbausschlagung** verneint wird (vgl Rn 445), kommt die Entziehung der Vertretungsmacht in Betracht, wenn die Eltern die dem Kind angefallene Erbschaft ausschlagen wollen und die Erbschaft dadurch dem anderen Elternteil oder einer von ihnen ebenfalls vertretenen oder in § 1795 Abs 1 Nr 1 BGB genannten Person anfallen würde.[1091]

478 Die Entziehung der elterlichen Vertretungsmacht kann auch für die Entscheidung, ob die **Vaterschaft angefochten** wird, erfolgen, wenn die aufgrund eigener Interessen von den Eltern einvernehmlich getroffene Entscheidung das Kindeswohl gefährdet.

Auch der allein sorgeberechtigten Kindesmutter kann die Vertretungsmacht für das Anfechtungsverfahren bei Vorliegen der Voraussetzungen des § 1796 Abs 2 BGB im Einzelfall ausnahmsweise entzogen werden (näher dazu Rn 89).

479 Eine Entziehung der Vertretungsmacht wegen erheblicher Interessenkollision bei außergerichtlicher Uneinigkeit, ob die **Klärung der Abstammung gem § 1598a BGB** verlangt wird (ausführlich dazu Rn 124ff), dürfte nur ausnahms-

1086 BayObLG Rpfleger 1977, 440; vgl auch OLG Schleswig NJW-RR 2007, 1597.

1087 AA *Bonefeld* ZErb 2007, 2f, der § 1796 BGB nur auf Rechtsgeschäfte angewendet wissen will.

1088 LG Frankfurt Rpfleger 1990, 207; OLG Hamm FamRZ 1993, 1122 = Rpfleger 1993, 340; ähnlich OLG Zweibrücken (Rpfleger 2004, 162) für den Fall, dass der gesetzliche Vertreter zugleich TV und Vorerbe und der Vertretene Nacherbe ist.

1089 Zum Streitstand vgl *Bonefeld* ZErb 2007, 2f.

1090 FamRZ 2008, 1156 m abl Anm *Zimmermann* = Rpfleger 2008, 421.

1091 BayObLG Rpfleger 1983, 482.

weise in Betracht kommen, weil durch die anschließende Pflegerbestellung für das Kind allein nichts gewonnen wäre. Denn der Klärungsanspruch richtet sich gegen beide Elternteile, die aber nicht nur als Vertreter des Kindes in der Pflicht stünden, sondern auch aus eigenem Recht in die Untersuchung einwilligen und die Probeentnahme dulden müssten. Es liefe also in jedem Fall auf ein gerichtliches Verfahren nach § 1598a Abs 2 BGB hinaus, das das Kind aber auch dann noch betreiben kann, wenn es bereits volljährig ist. Damit liegt in aller Regel auch dann kein die Entziehung rechtfertigender Grund vor, wenn etwa die alleinsorgeberechtigte Kindesmutter die Aufdeckung der genetischen Vaterschaft aus persönlichen Gründen verhindern will, weil dem Kind diese Möglichkeit nicht auf Dauer vorenthalten werden kann und auch das Zuwarten bis zur Volljährigkeit regelmäßig nicht zu (rechtlichen) Nachteilen führen wird. Auch die Entziehung der Vertretungsmacht beider Elternteile bei Verweigerung der Zustimmung als Vertreter des Kindes und aus eigenem Recht zum Zwecke der Antragstellung durch das Kind dürfte aus diesem Grund nur ausnahmsweise in Betracht kommen. Der Eingriff in die elterliche Sorge durch Entziehung der Vertretungsmacht etwa für die Entscheidung, ob der Klärungsanspruch geltend gemacht wird und den ggf sich anschließenden Antrag gem § 1598a Abs 2 BGB setzt auch für diesen Fall voraus, dass das Kind ein unaufschiebbares Interesse an der isolierten Klärung der Abstammung hat.

Da auch die Bestellung eines **Verfahrensbeistands** nach § 158 Abs 1 Nr 2 **480**
FamFG einen erheblichen Interessengegensatz verlangt, ist die Abgrenzung zwischen der materiell-rechtlichen Möglichkeit der Entziehung der Vertretungsmacht und der Bestellung eines Verfahrensbeistands in einem gerichtlichen Verfahren bedeutsam. In gerichtlichen Verfahren der freiwilligen Gerichtsbarkeit führt die Verfahrensbeteiligung von Eltern und Kind insbesondere dann zu der Frage, ob die Beteiligtenstellung allein einen Vertretungsausschluss der Eltern bewirkt, wenn das Kind selbst nicht nach § 9 Abs 1 FamFG verfahrensfähig ist, da es in einem solchen Fall (auch) im Verfahren von seinen Eltern vertreten wird (vgl § 9 Abs 2 FamFG).

Soweit im Einzelfall in gerichtlichen Verfahren ein Interessengegensatz vorliegt, scheidet eine Entziehung der Vertretungsmacht nach § 1796 BGB grundsätzlich aus, da nach den Vorstellungen des Gesetzgebers zunächst die Möglichkeit der Verfahrensbeistandschaft auszuschöpfen ist.[1092] In diesem Sinne hat auch der BGH[1093] entschieden und ausdrücklich festgestellt, dass auch im Fall eines erheblichen Interessengegensatzes zwischen Eltern und Kind den Eltern

---

1092 *Salgo* FPR 2011, 314, 316; *Keuter* NJW 2010, 1851 f.

1093 BGHZ 191, 48 = FamRZ 2011, 1788 m Anm *Stößer* FamRZ 2011, 1859 und *Lack* FamFR 2011, 527; BGH FamRZ 2012, 436 = Rpfleger 2012, 255.

die Vertretungsmacht dann nicht entzogen werden darf, wenn bereits durch die Bestellung eines Verfahrensbeistands für eine wirksame Interessenvertretung des Kindes Sorge getragen werden kann. Dem steht nicht entgegen, dass der Verfahrensbeistand gem § 158 Abs 4 S 6 FamFG nicht gesetzlicher Vertreter des Kindes ist. Im Ergebnis scheidet die Entziehung der Vertretungsmacht nach bürgerlichem Recht (§ 1796 BGB) aus, wenn durch die Bestellung eines Verfahrensbeistands für eine interessengerechte Vertretung des Kindes gesorgt werden kann (zur Bestellung eines besonderen Vertreters im gerichtlichen Genehmigungsverfahren Rn 541).

481 Die Entziehung wirkt ex nunc; **die Vertretungsmacht endet demnach erst mit Bekanntgabe der Entscheidung an den betroffenen Elternteil**, § 40 Abs 1 FamFG. Bis zu diesem Zeitpunkt vorgenommene Handlungen werden durch die (nachfolgende) Entziehung in ihrer Wirksamkeit nicht berührt.

Erst mit Bekanntgabe der Entscheidung an den betroffenen Elternteil sind die Voraussetzungen einer Pflegschaftsanordnung erfüllt.[1094] Pflegschaftsanordnung scheidet aber aus, wenn nicht beide sorgeberechtigten Elternteile von der Vertretung des Kindes ausgeschlossen sind.

4.6.2 Wirkung der Entziehung der Vertretungsmacht eines Elternteils bei bestehender Gesamtvertretung

482 Es besteht inzwischen Einvernehmen darüber, dass die Entziehung der Vertretungsmacht nur eines Elternteils bei bestehender Gesamtvertretung nicht dazu führt, dass auch der andere Elternteil das Kind nicht vertreten kann. Auch wenn zum Teil wegen der der Regelung des § 1629 Abs 2 S 1 BGB zugrunde liegenden Wertung dagegen Bedenken geäußert wurden, dass sich die Entziehung, anders als bei einem gesetzlichen Vertretungsausschluss nach § 181 oder § 1795 Abs 1 BGB, nicht ohne Weiteres auch auf die Vertretungsmacht des anderen Elternteils erstreckt,[1095] ist eine formale Betrachtung nicht gerechtfertigt, weil eine Entziehung nach § 1796 BGB einen erheblichen Interessengegensatz im konkreten Fall voraussetzt.

Zuzugeben ist zwar, dass ein bei einem Elternteil vorliegender Interessengegensatz bei dem anderen Elternteil zu einem gleich gelagerten Interesse führen kann.[1096] Diese Erkenntnis kann aber nur dazu führen, dass das Gericht die Voraussetzungen einer Entziehung auch in Bezug auf den anderen Elternteil zu prüfen hat. Schließlich verlangt aber auch ein Eingriff nach § 1796 BGB in die

---

1094 So auch Bengsohn/*Ostheimer* Rpfleger 1990, 189, 195.
1095 *Rauscher* Rn 1057 aE.
1096 OLG Karlsruhe FamRZ 2004, 51.

Sorge des anderen Elternteils, dass die Voraussetzungen für einen Eingriff in dessen Elternrecht vorliegen. Die bloße Vermutung, ein Elternteil könne das Kind nicht interessengerecht vertreten, weil bei dem anderen Elternteil ein Interessenwiderstreit festgestellt worden ist, reicht dafür nicht aus.

Es wäre auch nicht sachgerecht, der Entziehung nach § 1796 BGB eine stärkere Wirkung beizumessen, als sie ein Teilentzug der Sorge nach § 1666 BGB hat. Ein solcher führt auch „nur" dazu, dass der andere bisher „nur" mitsorgeberechtigte Elternteil ohne Weiteres allein vertretungs-, weil insoweit allein sorgeberechtigt ist, §§ 1680 Abs 3, 1, 1629 Abs 1 S 3 BGB. Die Entziehung der Vertretungsmacht nur eines Elternteils führt daher ebenfalls dazu, dass der andere in analoger Anwendung von § 1680 Abs 3 BGB insoweit allein vertretungsberechtigt ist.[1097] Die **Bestellung eines Pflegers hat in diesem Falle zu unterbleiben.**[1098]

4.6.3 Verfahrensrechtliche Regelungen im Überblick

Die Entscheidung über die Entziehung und die Entziehung der elterlichen Vertretungsmacht selbst obliegt dem **Familiengericht in einem von Amts wegen durchzuführenden Verfahren**, §§ 1629 Abs 2 S 3, 1796 BGB. Die aufgrund einer Entziehung erforderlich gewordene Pflegschaftsanordnung, die Auswahl der Person und deren Bestellung zum Pfleger ist ebenfalls Aufgabe des Familiengerichts, §§ 1915 Abs 1 S 1, 1774, 1779, 1789 BGB. 483

Es handelt sich um **Kindschaftssachen**, die Familiensachen sind (§§ 151 Nr 1, Nr 5, 111 Nr 2 FamFG). 484

Sachlich und **örtlich** ist in erster Linie das Amtsgericht zuständig, in dessen Bezirk das Kind seinen gewöhnlichen Aufenthalt hat (§§ 23a Abs 1 S 1 Nr 1, 23b Abs 1 GVG, § 152 Abs 2 FamFG).

Funktionell zuständig ist der Rechtspfleger gem § 3 Nr 2c RPflG, da sich aus § 14 RPflG kein Richtervorbehalt ergibt.

Vor der Entscheidung hat das Familiengericht von Amts wegen die entscheidungserheblichen Tatsachen zu ermitteln (§ 26 FamFG). Ferner sind die Eltern (§ 160 FamFG) und nach Maßgabe des § 159 FamFG auch das Kind persönlich, dh **mündlich zu hören**. In der Regel ist dem Kind nach § 158 FamFG ein Verfahrensbeistand zu bestellen (§ 158 Abs 2 Nr 1 FamFG).

Die Entscheidung ist **Endentscheidung** gem § 38 FamFG und muss daher den dort genannten Inhalt haben, dh auch eine **Begründung** enthalten, weil

---

1097 Staudinger/*Peschel-Gutzeit* § 1629 Rn 319 mwN; *Sonnenfeld* Rn 412; MünchKomm BGB/*Huber* § 1629 Rn 59.

1098 OLG Köln FamRZ 2001, 430.

die Ausnahmen des § 38 Abs 4 FamFG im Regelfall nicht greifen werden. Darüber hinaus ist gem § 39 FamFG eine Rechtsbehelfsbelehrung in den Beschluss aufzunehmen.

Gegen die Endentscheidung ist gem § 11 Abs 1 RPflG, §§ 58 ff FamFG die **befristete Beschwerde** gegeben, die binnen eines Monats bei dem Gericht einzulegen ist, dessen Entscheidung angefochten wird. Die Einlegung der Beschwerde setzt **Beschwerdeberechtigung** iSv § 59 Abs 1 FamFG voraus. Regt die Staatsanwaltschaft in einem Ermittlungsverfahren die Entziehung der Vertretungsmacht an, fehlt ihr mangels Beeinträchtigung eigener Rechte die Beschwerdeberechtigung.[1099]

Beschwerdegericht ist das Oberlandesgericht, § 119 Abs 1 Nr 1a GVG. Ein Abhilferecht besteht nicht, § 68 Abs 1 S 2 FamFG.

4.7 Gerichtliche Genehmigungserfordernisse

4.7.1 Allgemeines

485 Die elterliche Sorge wird auch durch **verschiedene gerichtliche Genehmigungserfordernisse** eingeschränkt. Das ist in Bezug auf solche Rechtsgeschäfte der Fall, deren Wirksamkeit von der gerichtlichen Genehmigung abhängt. Hier wird von **„Außengenehmigungen“** gesprochen.

Handelt es sich dagegen um „Innengenehmigungen“, ist das Rechtsgeschäft ungeachtet einer evtl fehlenden gerichtlichen Genehmigung wirksam; den vom Gesetz verlangten Genehmigungen kommt in solchen Fällen nur Ordnungsfunktion zu (Beispiele §§ 1645, 1810, 1811, 1823 BGB, wovon allerdings nur § 1645 BGB für Eltern gilt). Solche Ordnungs- oder Sollvorschriften schränken die Vertretungsmacht des gesetzlichen Vertreters im Außenverhältnis nicht ein, Verstöße können aber zu Maßnahmen nach § 1666 BGB führen. Die folgenden Überlegungen beziehen sich nur auf Außengenehmigungen, von denen hier zur Verdeutlichung der auch mit den Genehmigungserfordernissen verknüpften Probleme nur ein Teil vorgestellt wird.

486 Die für elterliches Handeln praktisch wohl bedeutsamsten Genehmigungstatbestände sind in **§ 1643 Abs 1, 2 BGB** aufgezählt bzw für entsprechend anwendbar erklärt.

Dabei handelt es sich ua um die in **§ 1821 BGB und § 1822 Nr 1, 3, 5 und 8 bis 11 BGB** aufgeführten Rechtsgeschäfte, für die der Vormund einer gerichtlichen Genehmigung bedarf. Die Eltern sind **freier als Vormund oder Pfleger**, denn die in § 1822 Nr 2, 4, 6, 7, 12 und 13 BGB enthaltenen Tatbestände finden

---

1099 BGH FamRZ 2015, 42 m Anm *Müther*.

auf elterliches Handeln ebenso wenig Anwendung, wie die im Vormundschafts- und Betreuungsrecht praktisch außerordentlich bedeutsamen Genehmigungserfordernisse des § 1812 BGB. Die **Privilegierung der Eltern** ist auf ihr **grundrechtlich garantiertes Elternrecht** zurückzuführen. Als in erster Linie zum Schutz des Kindes und zum Bewahrer der Kindesrechte Berufene unterliegen sie nicht in dem Maße staatlicher Kontrolle wie andere gesetzliche Vertreter natürlicher Personen.

Steht den Eltern für das in Rede stehende Rechtsgeschäft die **Vertretungs-** 487
macht zu, findet staatliche Kontrolle nur statt, wenn einer der erwähnten Genehmigungstatbestände vorliegt. Ein und dasselbe Rechtsgeschäft kann auch **mehreren Genehmigungspflichten** unterliegen wie zB der Erwerb eines Grundstücks auf Rentenbasis. Hierbei kann es sich sowohl um einen entgeltlichen Erwerb (§ 1821 Abs 1 Nr 5 BGB) als auch um einen Vertrag handeln, durch den der Minderjährige über den 19. Geburtstag hinaus zu wiederkehrenden Leistungen verpflichtet wird (§ 1822 Nr 5 BGB).

Bei „Durchsicht" der von §§ 1821, 1822 BGB erfassten Rechtsgeschäfte fällt auf, dass keineswegs jedes mögliche riskante Rechtsgeschäft genehmigungspflichtig ist. Der Gesetzgeber hat vielmehr im Rahmen der Vermögensverwaltung nur **eine Reihe besonders bezeichneter Geschäfte als genehmigungsbedürftig herausgegriffen**, wobei entweder die Wichtigkeit des Vermögensgegenstandes oder die gefährliche oder sonst bedenkliche Natur des Rechtsgeschäfts maßgeblich gewesen ist, sodass nicht davon gesprochen werden kann, dass damit alle besonders wichtigen und über die Grenzen gewöhnlicher Verwaltung hinausgehenden Geschäfte als genehmigungspflichtig angesehen werden müssten.[1100]

Eine Genehmigungspflicht kann auch nicht auf nicht vom Gesetz vorgesehene Tatbestände ausgedehnt werden, nur weil eine staatliche Kontrolle für zweckmäßig gehalten wird. Nach ständiger Rechtsprechung des BGH[1101] ist der **Kreis der genehmigungspflichtigen Rechtsgeschäfte um der Rechtssicherheit willen** vielmehr **formal und nicht nach den Umständen des jeweiligen Einzelfalls zu bestimmen**, was aber eine am Normzweck orientierte Auslegung nicht ausschließt.[1102]

Da die Einwilligung der Eltern in eine **ärztliche Behandlung** ebenso wenig einem Genehmigungserfordernis unterstellt ist, wie die in den **Abbruch le-**

1100 BGHZ 17, 160 = FamRZ 1955, 209.
1101 BGHZ 52, 316 = Rpfleger 1969, 422.
1102 Zutreffend *Klüsener* Rpfleger 1990, 321 f mwN; vgl auch Gernhuber/*Coester-Waltjen* § 60 Rn 94, wonach in zweifelhaften Fällen der Normzweck die Interpretation zu leiten hat.

benserhaltender Maßnahmen,[1103] hängt die Wirksamkeit der elterlichen Erklärung auch nicht von einer gerichtlichen Genehmigung ab. Der daraus gezogene Schluss, dass den möglicherweise in dieser Frage ***Hilfe* suchenden Eltern** auch keine Genehmigung erteilt werden *kann,*[1104] scheint hingegen auch unter dem Gesichtspunkt, dass eine Erweiterung des Kreises der im Minderjährigenrecht genehmigungsbedürftigen Rechtsgeschäfte im Wege der Analogie ausgeschlossen ist,[1105] nicht zwingend. Dies macht insbesondere die Entscheidung des BVerfG vom 6.6.2007[1106] deutlich, nach der der Abbruch lebenserhaltender medizinischer Maßnahmen auf Wunsch der (sorgeberechtigten) Eltern aufzuschieben ist, bis das BVerfG endgültig darüber entscheidet, ob dieser Wunsch der Eltern einen Sorgerechtsmissbrauch darstellt. *Spickhoff*[1107] hebt zu Recht hervor, dass den Eltern zu ihrer eigenen juristischen Sicherheit (andernfalls) der Rat gegeben werden müsste, einen gewissermaßen künstlichen Dissens zB mit dem Jugendamt herbeizuführen, um auf diese Weise eine gerichtliche Entscheidung über die Zulässigkeit des Abbruchs lebenserhaltender Maßnahmen herbeizuführen. Unter diesem Aspekt scheint es auch angesichts der strafrechtlichen Relevanz eines ggf „unzulässigen" Abbruchs lebenserhaltender Maßnahmen kaum nachvollziehbar, wenn die von den Eltern erbetene gerichtliche *Hilfe* mangels ausdrücklichen Genehmigungstatbestands verweigert würde und zwar obwohl sie neben strafrechtlichen Folgen auch zivilrechtliche Sanktionen gem § 1666 BGB zu befürchten haben.

4.7.2 Nicht genehmigungspflichtige Rechtsgeschäfte

488 Einem Genehmigungserfordernis unterliegen **nur die aufgrund gesetzlicher Vertretung vorgenommenen Rechtsgeschäfte**. Handeln die Eltern nicht in ihrer Eigenschaft als gesetzliche Vertreter des Kindes, sondern zB als **Testamentsvollstrecker**[1108] oder als vom Erblasser über den Tod hinaus Bevollmächtige, untersteht ihr Handeln daher keiner (familien-)gerichtlichen Kontrolle.[1109]

489 Nach einhelliger Auffassung unterliegt das Handeln der Eltern (oder Dritter) auch dann nicht der gerichtlichen Kontrolle, wenn sie als **geschäftsführende**

1103 Vgl OLG Hamm FamRZ 2007, 2098 = NJW 2007, 2704 m krit Anm *Balloff*; OLG Brandenburg FamRZ 2000, 1033 und OLG Karlsruhe FamRZ 2002, 1127; siehe aber auch BVerfG FamRZ 2007, 2046 m Anm *Spickhoff*.

1104 So aber OLG Brandenburg FamRZ 2000, 1033.

1105 BGH FamRZ 1983, 371 = Rpfleger 1983, 148.

1106 BVerfG FamRZ 2007, 2046 m Anm *Spickhoff*.

1107 In Anm zu der Entscheidung des BVerfG FamRZ 2007, 2047 f.

1108 BGH ZEV 2006, 262; OLG Karlsruhe BWNotZ 2015, 86.

1109 RGZ 106, 184.

Gesellschafter einer OHG oder KG tätig werden, an der das Kind als Gesellschafter beteiligt ist.[1110] Dies wurde damit begründet, dass es sich um die der Gesellschaft und nicht um die dem Minderjährigen gehörenden (beweglichen und unbeweglichen) Gegenstände handelt, über die der Gesellschafter verfügt oder zu verfügen verpflichtet. Diese auf der Rechtsfähigkeit der Personenhandelsgesellschaft fußende Argumentation ergänzte der BGH in einer Entscheidung aus dem Jahre 1970[1111] mit dem Hinweis, dass die von der Gesellschaft vorgenommenen Rechtsgeschäfte auch deshalb keiner gerichtlichen Kontrolle unterstehen könnten, weil andernfalls dem Gericht in weitem Umfang die Entscheidung kaufmännischer Zweckmäßigkeitsfragen bei der Führung des Gesellschaftsunternehmens aufgebürdet würde, was praktisch untragbar sei.

Umstritten ist, ob die von den Gesellschaftern **einer am Rechtsverkehr teilnehmenden Gesellschaft bürgerlichen Rechts (= Außen-GbR)** vorgenommenen Rechtsgeschäfte ebenfalls (ausnahmslos) von der gerichtlichen Kontrolle in Form gerichtlicher Genehmigungsentscheidungen ausgenommen sind. Die Frage stellt sich aufgrund der Entscheidung des BGH vom 29.1.2001[1112], durch die der BGB-Außengesellschaft Rechtsfähigkeit ähnlich der KG und OHG zuerkannt wurde. Dabei stehen sich im Wesentlichen zwei Meinungen gegenüber:

Nach der ersten Auffassung kann Genehmigungsfreiheit nur bestehen, wenn die Beteiligung des Minderjährigen an der Gesellschaft einer Eingangskontrolle gem § 1822 Nr 3 BGB (dazu Rn 506) unterlag[1113] *und* das nunmehr vorgenommene, grundsätzlich genehmigungspflichtige Rechtsgeschäft im Rahmen des von der Genehmigung erfassten Gesellschaftszwecks liegt.[1114] Die gegenteilige Meinung schließt daraus, dass Außen-Gesellschaften nicht nur solche sind, die ein Erwerbsgeschäft betreiben, sondern alle, die etwa über das bloße Halten von Immobilien und gesellschaftsinterne Geschäfte (zB Vermietung eines Grundstücks an einen Gesellschafter) hinaus, Rechtsgeschäfte mit Dritten abschließen und die angeführte BGH-Entscheidung keineswegs auf Erwerbsgesellschaften beschränkt ist, dass alle für eine Außen-GbR vorgenommenen Rechtsgeschäfte unabhängig davon, ob die Beteiligung des Minderjährigen einer gerichtlichen Genehmigung unterlag oder ob diese von dem genehmigten Gesellschaftszweck gedeckt sind, genehmigungsfrei sind. Der erforderliche Schutz des Vermögens des Minderjährigen wird nach dieser Auffassung allein durch § 1629a BGB gewährleistet, der dem gesetzlich Vertretenen nach Erreichen der Volljährigkeit

1110 RGZ 54, 278.
1111 NJW 1971, 375.
1112 BGHZ 146, 341 = Rpfleger 2001, 246.
1113 OLG Naumburg FamRZ 2003, 57.
1114 OLG Nürnberg FamRZ 2013, 1055; OLG Koblenz FamRZ 2003, 249.

grundsätzlich die Möglichkeit gibt,[1115] die Haftung für die durch den gesetzlichen oder einen anderen Vertreter des Kindes begründeten Verbindlichkeiten auf das zu diesem Zeitpunkt vorhandene Vermögen zu beschränken.[1116]

Zu folgen ist aber der Ansicht, wonach es zu für die Gesellschaft vorgenommenen Rechtsgeschäften nur dann keiner gerichtlichen Genehmigung bedarf, wenn die Gründung der Gesellschaft unter Beteiligung des Minderjährigen respektive dessen Beitritt einer gerichtlichen Kontrolle unterlag.[1117] Dabei kann es sich nach richtiger Auffassung sowohl um eine Genehmigung nach § 1822 Nr 3 BGB gehandelt haben, wonach die Gründung der **Erwerbsgesellschaft** unter Beteiligung des Minderjährigen und der Beitritt des Kindes zu einer solchen der Genehmigung bedarf, als auch um eine solche nach § 1822 Nr 10 BGB, wonach die Beteiligung des Minderjährigen unabhängig von dem Zweck der Gesellschaft genehmigungspflichtig ist, wenn eine fremde Verbindlichkeit übernommen wird (dazu Rn 514).[1118] Das lässt sich vor allem mit dem von den Genehmigungstatbeständen bezweckten Minderjährigenschutz begründen, weil der Minderjährige auf diese Weise zumindest vor unkontrolliertem, mit erheblichen Risiken belastetem Erwerb einer Gesellschafterstellung geschützt wird.

Diesen Schutz kann die Haftungsbeschränkungsmöglichkeit des § 1629a BGB nicht ersetzen,[1119] weil der Minderjährige mit seinem gesamten im Zeitpunkt des Eintritts der Volljährigkeit vorhanden Vermögen einzustehen hat, ohne Rücksicht darauf, woher es stammt und wann es erworben wurde. Im Übrigen geht die Haftungsbeschränkungsmöglichkeit auch dann nicht verloren, wenn das Rechtsgeschäft genehmigt wurde, § 1629a Abs 1 S 1 Hs 2 BGB. § 1629a BGB bietet demnach neben der gerichtlichen Kontrolle in Form eines Genehmigungserfordernisses eine zusätzliche Sicherheit, ersetzt sie also auch in keinem anderen Fall.

490 Obwohl zwischen der Vertretungsmacht und der Genehmigungsbedürftigkeit zu trennen ist, sodass keineswegs jedes Rechtsgeschäft, von deren Vornahme die Eltern kraft Gesetzes gem § 181 oder §§ 1629 Abs 2 S 1, 1795 BGB ausgeschlossen sind, auch einer gerichtlichen Genehmigung bedarf, hat der rechtliche Vorteil

---

1115 Krit zu der im Gesetz vorgesehenen Ausnahme, nach der die Haftung nicht beschränkt werden kann für Verbindlichkeiten, die zur Befriedigung persönlicher Bedürfnisse eingegangen wurden *Coester* JURA 2002, 88, 89.

1116 *Dümig* FamRZ 2003, 1, 2.

1117 *Lautner* MittBayNot 2002, 256, 259; *Schreiber* (NotBZ 2002, 109 f) in einer Anm zu OLG Schleswig FamRZ 2003, 55.

1118 *Czeguhn/Dickmann* FamRZ 2004, 1534, 1536.

1119 Anders wohl *Röhl* MittBayNot 2012, 111, 113; näher zum Überschuldungsschutz für junge Volljährige durch das Minderjährigenhaftungsbeschränkungsgesetz ua *Coester* JURA 2002, 88 ff.

eines Rechtsgeschäfts (vgl dazu Rn 451ff) auch Einfluss auf die Genehmigungsbedürftigkeit. **Lediglich rechtlich vorteilhafte Rechtsgeschäfte** sind nämlich **nicht genehmigungsbedürftig,**[1120] da das Kind in diesem Fall keines Schutzes bedarf, die Genehmigungstatbestände aber ebenfalls allein den Schutz des Vertretenen bezwecken. Das ergibt sich auch daraus, dass ein beschränkt geschäftsfähiges Kind mangels Schutzbedürfnisses sogar ohne jede Kontrolle des gesetzlichen Vertreters selbst wirksam handeln könnte (§ 107 BGB), es ließe sich daher kaum rechtfertigen, die das Kind vertretenden Eltern einer gerichtlichen Kontrolle zu unterstellen.

4.7.3 Die Genehmigungserfordernisse gem §§ 1643 Abs 1, 1821 BGB im Überblick

§ 1821 BGB unterstellt Grundstücksgeschäfte und die eingetragene Schiffe bzw Schiffsbauwerke betreffenden Rechtsgeschäfte einer gerichtlichen Kontrolle in Form von Genehmigungsvorbehalten.[1121] 491

§ 1821 Abs 1 Nr 1 BGB **schützt nur bereits vorhandenes Grundvermögen** des Minderjährigen. **Anwartschaftsrechte** an Grundvermögen werden dem Vollrecht aber gleichgestellt. Auch die **Zustimmung durch den Vertreter des Minderjährigen zu einer Verfügung** eines Dritten wird zum Schutz des Minderjährigen genehmigungsrechtlich so behandelt, wie die Verfügung selbst.

Genehmigungsbedürftig ist nach Abs 1 Nr 1 Alt 1 die **Verfügung über ein Grundstück**, wozu auch Wohnungs- und Teileigentum sowie das Erbbaurecht als grundstücksgleiches Recht gehören. Die erste Variante der Norm setzt voraus, dass der Minderjährige (Mit-)**Eigentümer** des Grundstücks, Wohnungs-, Teileigentums oder Erbbaurechts ist. Allerdings unterliegt die Verfügung über ein einer Personenhandelsgesellschaft gehörendes Grundstück auch dann nicht der gerichtlichen Genehmigung, wenn ein Minderjähriger Mitgesellschafter ist (hierzu sowie zu den Einschränkungen bei einer GbR siehe Rn 489).

Verfügungen sind alle Rechtsgeschäfte, die unmittelbar darauf gerichtet sind, auf das Recht des Minderjährigen einzuwirken, es zu verändern, zu übertragen oder aufzuheben.[1122] Dazu gehören ua die **Übertragung** (§§ 873, 925 BGB) und die **Belastung** des Grundstücks mit einem dinglichen Recht. Zu beachten ist, dass auch die Bestellung eines Grundpfandrechts nach § 1821 Abs 1 Nr 1 Alt 1 492

1120 Vgl ua BGHZ 161, 170 = FamRZ 2005, 359 = Rpfleger 2005, 189; *Stutz* MittRhNotK1993, 205, 213.

1121 Näher dazu ua *Klüsener* Rpfleger 1981, 461ff; *Böttcher/Spanl* RpflJB 1990, 193ff; *Stutz* MittRhNotK 1993, 205, 213ff und *Brüggemann* FamRZ 1990, 5ff, 124ff.

1122 Näher zu dem Verfügungsbegriff des § 1821 BGB *Brüggemann* FamRZ 1990, 5, 10f.

BGB genehmigungsbedürftig ist, denn die in Abs 2 der Vorschrift geregelte Ausnahme bezieht sich nicht auf Verfügungen über das Grundstück selbst. Die Genehmigungspflicht besteht auch dann, wenn das tatbestandlich von § 1821 BGB erfasste Rechtsgeschäft in **Erfüllung einer Verbindlichkeit** vorgenommen wird. Ist der Minderjährige zB durch Erbfolge Grundstückseigentümer geworden und wird nun das Grundstück in Erfüllung eines Vermächtnisses an den Vermächtnisnehmer aufgelassen, hat dies keinen Einfluss auf die Genehmigungs-*bedürftigkeit*. Allerdings ist die Verbindlichkeit zwingend bei der Beurteilung der Genehmigungs*fähigkeit* zu berücksichtigen, denn eine Verweigerung der Genehmigung scheidet in diesem Fall aus, weil der Anspruch andernfalls im Klageweg durchgesetzt werden könnte. Die Tätigkeit des Gerichts wird sich hier auf die Prüfung beschränken, ob die behauptete Verbindlichkeit tatsächlich besteht.

493 Steht die Belastung des Grundstücks im Zusammenhang mit dem Erwerb des Grundstücks wird sie als **Erwerbsmodalität** und daher genehmigungsfrei qualifiziert,[1123] weil auch die Übertragung eines bereits belasteten Grundstücks nicht nach § 1821 Abs 1 Nr 1 Alt 1 BGB genehmigungsbedürftig ist. Nach Auffassung des BGH[1124] kommt es bei einer Grundschuldbestellung, die im Zusammenhang mit dem Grundstückserwerb geschieht, jedenfalls dann, wenn die Grundschuld den Erwerbspreis nicht übersteigt, nicht einmal darauf an, ob dadurch Mittel für die Kaufpreisfinanzierung oder für andere Zwecke beschafft werden sollen.

Davon zu trennen ist die Frage, ob der Erwerb des Grundstücks selbst entgeltlich und daher nach § 1821 Abs 1 Nr 5 BGB genehmigungsbedürftig ist.

494 Verfügungsgeschäft iSv § 1821 Abs 1 Nr 1 BGB ist auch die **Umwandlung von Gesamthands- in Bruchteilseigentum** (etwa im Rahmen einer Erbauseinandersetzung).

495 Die **Zuschreibung eines Grundstücks** zu einem anderen ist wegen §§ 890 Abs 2, 1131 BGB dann Verfügung über das zugeschriebene Grundstück (§ 1821 Abs 1 Nr 1 Alt 1 BGB), wenn das Hauptgrundstück mit einem Grundpfandrecht belastet ist, weil sich diese Belastung kraft Gesetzes auf das zugeschriebene Grundstück erstreckt. Die Zuschreibung kann daher genehmigungsrechtlich nicht anders behandelt werden, als würde dieses Grundstück ohne Zuschreibung belastet.

496 Umstritten ist, ob die **Bestellung einer Eigentümergrundschuld** der gerichtlichen Genehmigung bedarf. Die Bestellung eines Fremdrechts bedarf zweifelsfrei einer gerichtlichen Genehmigung nach § 1821 Abs 1 Nr 1 Alt 1 BGB, denn

1123 RGZ 108, 356; vgl auch *Klüsener* Rpfleger 1981, 461, 466.

1124 FamRZ 1998, 24 = Rpfleger 1998, 110.

es handelt sich um eine Verfügung über das Grundstück. Mit der Bestellung eines Eigentümergrundpfandrechts ist aber keine (wirtschaftliche) Belastung verbunden, denn diese schmälert das Eigentümerrecht des Kindes nicht. Da die spätere Abtretung des Rechts des Minderjährigen an dem eigenen Grundstück (§ 1821 Abs 1 Nr 1 Alt 2 BGB!) durch die Eltern wegen § 1821 Abs 2 BGB jedoch keiner gerichtlichen Kontrolle unterliegt, könnten die Eltern die für die Bestellung eines Fremdrechts erforderliche Genehmigungspflicht durch sukzessives Vorgehen umgehen, indem sie zunächst ein Eigentümerrecht bestellen und dieses erst dann abtreten. Die Abtretung des Rechts als Verfügung über das Grundstück zu behandeln, kommt aus dogmatischen Gründen nicht in Betracht,[1125] weil es sich bei der Abtretung eben nicht um eine Verfügung über das Grundstück (§ 1821 Abs 1 Nr 1 Alt 1 BGB), sondern um eine solche über das Recht handelt, für diese gilt aber die 2. Variante des § 1821 Abs 1 Nr 1 BGB mit der in Abs 2 der Vorschrift genannten Ausnahme. Nach richtiger Ansicht muss daher bereits die **Bestellung des Eigentümerrechts** durch die Eltern **als Verfügung über das Grundstück** behandelt und damit genehmigt werden.[1126]

Obwohl es sich bei einer **Auflassungsvormerkung** (§ 883 BGB) nicht um 497
ein dingliches Recht handelt, bedarf die Eintragung der Vormerkung nach einhelliger Auffassung der gerichtlichen Genehmigung nach § 1821 Abs 1 Nr 1 Alt 1 BGB, die neben der für den schuldrechtlichen Vertrag nach § 1821 Abs 1 Nr 4 BGB erforderlich sein soll.[1127] Dies wird vornehmlich damit begründet, dass die Vormerkung dem geschützten schuldrechtlichen Anspruch in gewissem Umfang dingliche Wirkung verleihe und die Vormerkung die Veräußerbarkeit des Grundstücks beeinträchtige.[1128] Mit dieser Auffassung wird gleichzeitig das praktische Problem gelöst, das sich daraus ergibt, dass die Vormerkung vollkommen von dem Bestand des zu sichernden schuldrechtlichen Anspruchs abhängt. Durch Eintragung der Vormerkung würde das Grundbuch unrichtig, wenn der zu sichernde Anspruch mangels rechtskräftiger gerichtlicher Genehmigung des schuldrechtlichen Rechtsgeschäfts (§ 1821 Abs 1 Nr 4 BGB) und Bekanntgabe derselben an den gesetzlichen Vertreter (§ 1828 BGB) sowie ggf Mitteilung an den Vertragspartner (§ 1829 BGB) nicht wirksam geworden ist. Die Wirksamkeit des schuldrechtlichen Vertrages kann das Grundbuchamt aber nicht prüfen. **Prüfungsgegenstand** sind dort stets allein die nach der GBO zum Grundbuchvollzug erforderlichen Erklärungen, im Falle der Eintragung einer Auflassungsvormerkung also nur die **verfahrensrechtliche Bewilligung nach § 19 GBO.**

1125 AA *Lamberz* FamRZ 2012, 162, 165 ff.
1126 *Böttcher/Spanl* RpflJB 1990, 193, 213.
1127 OLG Frankfurt FamRZ 1997, 1342 = Rpfleger 1997, 255.
1128 *Böttcher/Spanl* RpflJB 1990, 193, 209 f.

Wird die Eintragung der Vormerkung als „verfügungsähnlich" und daher genehmigungsbedürftig nach § 1821 Abs 1 Nr 1 Alt 1 BGB behandelt, kommt es im Ergebnis nicht darauf an, ob das zugrunde liegende schuldrechtliche Rechtsgeschäft ausdrücklich genehmigt wurde, weil davon ausgegangen werden kann, dass mit der Genehmigung der „Vormerkung" konkludent auch die nach § 1821 Abs 1 Nr 4 BGB für den schuldrechtlichen Vertrag erforderliche erteilt wurde (vgl Rn 501). Aus familiengerichtlicher Sicht kommt eine isolierte Genehmigung der Vormerkung freilich nicht in Betracht, sodass stets das schuldrechtliche Rechtsgeschäft zu prüfen ist.

498 Die 2. Variante von § 1821 Abs 1 Nr 1 BGB unterstellt die **Verfügung über ein (dingliches) Recht des Minderjährigen** an einem Grundstück, Wohnungs-, Teileigentum oder Erbbaurecht einem Genehmigungserfordernis. Der Minderjährige muss demnach **Gläubiger eines bereits bestehenden Rechts** sein.

499 Die Verweisung in § 1643 Abs 1 BGB umfasst auch § 1821 Abs 2 BGB, sodass **Verfügungen über Grundpfandrechte und die darauf gerichteten schuldrechtlichen Verträge nicht genehmigungsbedürftig** sind. Da weder § 1822 Nr 13 BGB noch § 1812 BGB für elterliches Handeln gilt, können die Eltern folglich über ein Grundpfandrecht des Kindes ohne gerichtliche Genehmigung verfügen. Etwas anderes gilt freilich dann, wenn das Recht eine gegen die Eltern gerichtete Forderung sichert, weil sie dann kraft Gesetzes von der Vertretung des Kindes ausgeschlossen sind, §§ 1629 Abs 2 S 1, 1795 Abs 1 Nr 2 BGB, sodass es einer Pflegerbestellung und dieser wiederum nach §§ 1915 Abs 1 S 1, 1822 Nr 13 der familiengerichtlichen Genehmigung bedarf.[1129]

500 Von § 1821 Abs 1 Nr 1 BGB sind nur die Verfügungsgeschäfte erfasst. Daneben ist aber auch die Eingehung einer **Verpflichtung** zur Verfügung nach **§ 1821 Abs 1 Nr 4** BGB genehmigungsbedürftig. Genehmigungspflichtig nach § 1821 Abs 1 Nr 4 BGB ist auch eine in einem Grundstücksschenkungsvertrag enthaltene **Rückforderungsklausel** (dazu Rn 457), weil das Kind hierdurch (aufschiebend bedingt) zur Verfügung über ein Grundstück verpflichtet wird.[1130] Dies gilt auch, wenn einem Dritten ein aufschiebend bedingter Übertragungsanspruch eingeräumt wird.[1131]

1129 AA *Servatius* NJW 2006, 334 ff, der irrig davon ausgeht, dass der anstelle der Eltern wegen eines Vertretungsausschlusses tätige Pfleger nur den Genehmigungserfordernissen unterliegt, denen auch die Eltern unterliegen. Er übersieht, dass sich die Rechtsmacht des Pflegers aus dem Gesetz und nicht von den Eltern ableitet; dieser vertritt das Kind und gerade nicht die grundrechtlich tatsächlich privilegierten Eltern.

1130 OLG München FamRZ 2008, 820; OLG Köln Rpfleger 2003, 571 m Anm *Bestelmeyer* Rpfleger 2004, 162.

1131 OLG Köln FamRZ 1998, 1326 = Rpfleger 1998, 159.

Betreffen Verpflichtungs- und Erfüllungsgeschäft ein und dasselbe Objekt, enthält die für das Verpflichtungsgeschäft erteilte Genehmigung in der Regel zugleich die für das Erfüllungsgeschäft erforderliche, es sei denn, bei diesem wird zum Nachteil des Minderjährigen vom Inhalt des Verpflichtungsgeschäfts abgewichen. 501

Nach § 1821 Abs 1 Nr 2 bedarf auch die Verfügung über eine Forderung iSd Norm der gerichtlichen Genehmigung. Nach Sinn und Zweck sind aber nur solche Verfügungen erfasst, die zu einem Rechtsverlust (zB durch Verpfändung oder Abtretung) führen, der den Grundstückserwerb erschwert oder vereitelt, nicht also solche, durch die der Anspruch des Minderjährigen lediglich erfüllt wird (= Entgegennahme der Auflassung).[1132] 502

In § 1821 Abs 1 Nr 3 werden die Verfügung über Schiffe und Schiffsbauwerke sowie über die auf den Erwerb solcher gerichteten Forderungen einem Genehmigungserfordernis unterstellt. 503

Steht der Minderjährige auf Erwerberseite bedarf der auf den **entgeltlichen Erwerb** gerichtete schuldrechtliche Vertrag nach § 1821 Abs 1 Nr 5 BGB einer gerichtlichen Genehmigung. Entgeltlichkeit iSv § 1821 Abs 1 Nr 5 BGB liegt auch vor bei **Teilentgeltlichkeit** (gemischte Schenkung), also in den Fällen, in denen das von dem Minderjährigen zu leistende Entgelt (erheblich) unter dem Wert des zugewendeten Grundstücks liegt, und auch dann, wenn die **Leistungspflicht bedingt** ist sowie ferner in den Fällen, in denen das **Entgelt an einen Dritten** zu leisten ist. 504

4.7.4 Die für Eltern geltenden Genehmigungserfordernisse des § 1822 BGB im Überblick

Gem §§ 1643 Abs 1, **1822 Nr 1** BGB bedürfen die Eltern der gerichtlichen Genehmigung zu einem Rechtsgeschäft, durch das der Minderjährige zur Verfügung über sein Vermögen im Ganzen (vgl § 311b Abs 3 BGB) oder über eine ihm angefallene Erbschaft (vgl § 2371 BGB) oder über einen künftigen gesetzlichen Erb- oder Pflichtteil (vgl § 311b Abs 5 BGB) **verpflichtet** wird. Genehmigungsbedürftig ist darüber hinaus auch die **Verfügung** über einen Erbteil des Minderjährigen (vgl § 2033 Abs 1 BGB).[1133] 505

Streitig ist, ob eine genehmigungsbedürftige Verpflichtung zur Verfügung über das Vermögen im Ganzen auch vorliegt, wenn sich das Vermögen des Kindes in dem Gegenstand erschöpft, über den zu verfügen er verpflichtet wird (**Einzeltheorie**). Wegen der andernfalls nicht zu rechtfertigenden Unsicherheit

1132 RGZ 108, 356.

1133 Näher dazu *Klüsener* Rpfleger 1993, 133.

des Rechtsverkehrs ist dies aber abzulehnen und der **Gesamttheorie** zu folgen,[1134] weil der Vertragspartner im Einzelfall nicht einschätzen kann, ob die Wirksamkeit des Kaufvertrags etwa über ein dem Minderjährigen gehörendes Schmuckstück der gerichtlichen Genehmigung bedarf.

506 Nach **§ 1822 Nr 3** BGB sind Verträge genehmigungspflichtig, die auf den **entgeltlichen Erwerb** (Alt 1) oder auf die **Veräußerung** (Alt 2) eines **Erwerbsgeschäfts** gerichtet sind. Schließlich bedarf auch ein **Gesellschaftsvertrag**, der zum Betrieb eines **Erwerbsgeschäfts** (Alt 3) eingegangen wird, einer gerichtlichen Genehmigung. Da der rechtsgeschäftliche Erwerb bzw ein Vertragsschluss verlangt wird, unterliegt ein sich **kraft Gesetzes durch Erbfolge** vollziehender Anfall keiner gerichtlichen Kontrolle.

Alle drei Alternativen setzen voraus, dass es sich um ein **Erwerbsgeschäft** handelt. Der Begriff des Erwerbsgeschäfts umfasst jede regelmäßige, auf selbstständigen Erwerb gerichtete Tätigkeit, die selbstständig, im eigenen Namen, auf eigene Rechnung und mit dem Willen der Gewinnerzielung ausgeübt wird und auf eine gewisse Dauer angelegt ist.[1135] Aus dem letzten Kriterium wird abgeleitet, dass die Genehmigungspflicht auch zu bejahen ist, wenn die Gesellschaft zunächst „nur“ vermögensverwaltend tätig sein soll, aber eine gewerbliche Tätigkeit für die Zukunft nicht ausgeschlossen ist.[1136]

Die erste Variante von § 1822 Nr 3 BGB umfasst auch den **entgeltlichen Erwerb eines Anteils an einem Erwerbsgeschäft**. Gleiches gilt für die Veräußerung eines Erwerbsgeschäfts (= 2. Variante). Genehmigungsbedürftig sind daher grundsätzlich auch der entgeltliche Erwerb bzw die Veräußerung eines Gesellschaftsanteils an einem Erwerbsgeschäft. Eine **unentgeltliche Veräußerung** scheidet wegen § 1641 BGB aus.

Wertenbruch[1137] will § 1822 Nr 3 BGB auf alle Rechtsgeschäfte anwenden, durch die der Vertretene Gesellschafter einer Außen-GbR wird, da den Minderjährigen analog § 128 bzw § 130 HGB ein generelles Haftungsrisiko trifft (dazu näher Rn 514). Ihm zufolge kommt es für die Anwendung der Norm nicht auf den Gesellschaftszweck, also darauf an, ob ein Erwerbsgeschäft im oben beschriebenen Sinne betrieben wird, wenn die Gesellschaft im Rechtsverkehr auftritt. Dem wurde zu Recht entgegen gehalten, dass das Haftungsrisiko kein Argument für die Erweiterung der Genehmigungs*bedürftigkeit*, sondern im Rah-

---

1134 Vgl BGH FamRZ 1957, 121; *Klüsener* Rpfleger 1993, 133; **aA** *Kurz* NJW 1992, 1798 f.

1135 BayObLG FamRZ 1996, 119 = Rpfleger 1996, 67.

1136 *Reimann* DNotZ 1999, 179, 185 f unter Hinweis auf BayObLGZ 1997, 113 = FamRZ 1997, 842 = DNotZ 1998, 495 m Anm *Spiegelberger*.

1137 FamRZ 2003, 1714, 1715.

men der Genehmigungs*fähigkeit* zu berücksichtigen ist,[1138] was freilich voraussetzt, dass ein Genehmigungserfordernis besteht.

Im Übrigen herrscht Streit über die Frage, welcher Art die (künftige) Beteiligung des Minderjährigen sein bzw welchen Umfang diese haben muss, um die Genehmigungspflicht nach § 1822 Nr 3 BGB für Erwerb und Veräußerung auszulösen. Nach wohl überwiegender Auffassung hängt die Genehmigungspflicht davon ab, dass der Minderjährige eine unternehmerische Beteiligung erwirbt bzw veräußert, ihn muss daher über eine bloße Kapitalbeteiligung hinaus das Unternehmensrisiko treffen.[1139] Der Erwerb oder die Veräußerung von **Aktien** ist als bloße Kapitalbeteiligung genehmigungsfrei. Der Erwerb eines **Kommanditanteils** hingegen ist ebenso genehmigungspflichtig wie die rechtsgeschäftlich erworbene Beteiligung als Komplementär, weil der Minderjährige rechtlich Mitinhaber des Unternehmens ist und das Erwerbsgeschäft selbst mit betreibt.[1140] Problematischer ist dagegen der Erwerb oder die Veräußerung von **GmbH-Geschäftsanteilen.**[1141] Wohl überwiegend geht die Meinung dahin, dass bei Erwerb von Anteilen einer erwerbswirtschaftlich tätigen GmbH eine Genehmigung nach § 1822 Nr 3 Alt 1 BGB nur erforderlich ist, wenn der Minderjährige dadurch Alleingesellschafter wird[1142] bzw der Alleingesellschafterstellung wirtschaftlich gesehen nahe kommt (= 50% + x[1143]).[1144] Dies gilt spiegelbildlich auch für den umgekehrten Fall, dass der Minderjährige seine Allein- oder im og Sinne beherrschende Gesellschafterstellung durch die Veräußerung von Anteilen (§ 1822 Nr 3 Alt 2 BGB) aufgibt.[1145]

Da die erste Alt voraussetzt, dass es sich um einen **entgeltlichen Erwerb** 507 handelt, lässt sich der **schenkweise Erwerb eines Geschäftsanteils** dieser Variante nicht zuordnen. Allerdings kann ein solcher Anteilserwerb nach der letzten Alt des § 1822 Nr 3 BGB genehmigungsbedürftig sein. Dies ist dann der Fall, wenn es sich um den Erwerb eines Anteils an einer **Personen- oder Personenhandelsgesellschaft** (KG, OHG) handelt, die ein **Erwerbsgeschäft** betreibt, denn dieser ist regelmäßig mit dem Abschluss eines Gesellschaftsvertrages verbunden. Genehmigungsrechtlich ist aber auch der Fall des Eintritts des Minderjährigen in die Gesellschaft mit (ggf im bereits vorhandenen Gesellschaftsvertrag enthaltener) Zustimmung bzw dem Einverständnis der bisheri-

1138 *Czeguhn/Dickmann* FamRZ 2004, 1534 f.
1139 Palandt/*Götz* § 1822 Rn 9 mwN.
1140 *Reimann* DNotZ 1999, 179, 184 f mwN.
1141 Ausführlich dazu ua *Oelers* MittRhNotK 1992, 69, 71 ff; *Pluskat* FamRZ 2004, 677 ff.
1142 *Gerken* Rpfleger 1989, 270, 273.
1143 BGH DNotZ 2004, 152 = ZEV 2003, 375 m krit Anm *Damrau.*
1144 Näher dazu *Bürger* RNotZ 2006, 156, 165 f.
1145 AG Ilmenau MittBayNot 2000, 461; *Bürger* RNotZ 2006, 156, 178.

gen Gesellschafter dh ohne Vertragsschluss mit dem neu eintretenden Gesellschafter gleich zu behandeln.[1146] Die Genehmigungsbedürftigkeit wird aus Gründen der Rechtssicherheit auch bei „nur" derivativem Anteilserwerb bejaht (zu dem Begriff vgl Rn 468).[1147]

508 Nicht nach § 1822 Nr 3 BGB genehmigungsbedürftig ist die **unentgeltliche Übertragung** eines GmbH-Geschäftsanteils, weil der Erwerb weder von der 1. Alt erfasst noch mit dem Abschluss eines auf den Betrieb eines Erwerbsgeschäfts gerichteten Gesellschaftsvertrages (3. Alt) verbunden ist.[1148] Es kann aber eine Genehmigung nach § 1822 Nr 10 BGB erforderlich sein.[1149] Das ist dann der Fall, wenn zum Zeitpunkt des Anteilserwerbs Nachschusspflichten (§ 26 GmbHG) oder eine Ausfallhaftung nach §§ 24, 31 Abs 3 GmbHG bestehen (streitig),[1150] für die auch der in die Gesellschaft eintretende Minderjährige einzustehen hat, ohne dass zugleich der Rechtsvorgänger und/oder die Mitgesellschafter aus der Haftung entlassen sind.

509 Gem §§ 1643 Abs 1, **1822 Nr 5** BGB bedürfen die Eltern auch für den Abschluss eines Vertrages, durch den der Minderjährige zu **wiederkehrenden Leistungen** verpflichtet wird, einer gerichtlichen Genehmigung, wenn der (noch) Minderjährige dadurch über den 19. Geburtstag hinaus gebunden ist.

Hinsichtlich der erwähnten **Dauer** ist grundsätzlich auf die **Möglichkeit der Kündigung** abzustellen: Kann der Minderjährige binnen eines Jahres kündigen, kann er die **fremdbestimmte Bindung** beseitigen und das Rechtsgeschäft ist regelmäßig genehmigungsfrei.

Der Unmöglichkeit der „rechtzeitigen" Lösung von der Verpflichtung steht es aber gleich, wenn sich der Minderjährige zwar fristgerecht, aber nur unter Inkaufnahme **erheblicher Vermögenseinbußen** von dem Vertrag lösen kann. Schließen die Eltern für den Minderjährigen etwa einen **Lebensversicherungsvertrag** mit einer über den 19. Geburtstag des Minderjährigen fortdauernden Bindung ab, ist der Vertrag deshalb auch dann genehmigungsbedürftig, wenn der Minderjährige den Vertrag binnen eines Jahres kündigen kann.[1151]

Welcher *Art* die von dem Minderjährigen zu erbringenden wiederkehrenden Leistungen sind, ist unerheblich. Die Aufzählung in der Norm „... Miet- und

---

1146 **AA** (bei schenkweisem Erwerb) *Damrau* ZEV 2000, 209 f.

1147 *Ivo* ZEV 2005, 193, 195 f mwN zur hM.

1148 BGHZ 107, 23 = FamRZ 1989, 605 = Rpfleger 1989, 281 m Besprechungsaufsätzen von *Gerken* Rpfleger 1989, 270 ff und *Winkler* ZGR 1990, 131 ff.

1149 *Bürger* RNotZ 2006, 156, 164; a**A** *Pluskat* FamRZ 2004, 677, 682 ua mit der Begründung, dass die Tatbestände der gesellschaftsvertraglichen Gründung, des Erwerbs und der Veräußerung von Erwerbsgeschäften abschließend in § 1822 Nr 3 BGB geregelt seien.

1150 Zum Streitstand vgl *Fastrich* in Baumbach/Hueck GmbHG § 15 Rn 5.

1151 BGHZ 28, 78 = FamRZ 1958, 318; OLG Hamm NJW-RR 1992, 1186 = FamRZ 1993, 591 (LS).

Pachtverträge" ist nur beispielhaft wie aus der folgenden Alternative („... oder einem anderen Vertrag ...") ersichtlich ist.

Unter § 1822 Nr 5 BGB fällt auch die Verpflichtung, eine einheitliche Verbindlichkeit in fortlaufenden Teilleistungen zu erbringen.[1152]

Von § 1822 Nr 5 BGB werden wie erwähnt nicht nur solche Verträge erfasst, durch die der Minderjährige zu Zahlungen verpflichtet wird. Auch die Verpflichtung zur dauernden Bereitstellung von beweglichen oder unbeweglichen Gegenständen kann demnach einem Genehmigungserfordernis nach § 1822 Nr 5 BGB unterliegen. So ist auch der Abschluss eines Miet- oder Pachtvertrages mit dem Minderjährigen als *Ver*mieter oder -pächter genehmigungspflichtig, wenn das Vertragsverhältnis länger als 1 Jahr über die Volljährigkeit hinaus andauern soll, ohne dass das Miet- oder Pachtverhältnis von dem Minderjährigen gekündigt werden kann. Daraus ergibt sich zugleich, dass der Abschluss eines unbefristeten Mietvertrages über ***Wohn*raum des Minderjährigen** stets der Genehmigung bedarf, wenn der Minderjährige ***Ver*mieter** werden soll, weil dem Vermieter die Kündigung nur sehr eingeschränkt möglich ist.[1153]

Der mit dem Erwerb einer Immobilie verbundene **Eintritt in ein Mietverhältnis** (vgl § 566 BGB) unterliegt indes nicht der Genehmigungspflicht des § 1822 Nr 5 BGB, weil der Eintritt gesetzliche Folge des Erwerbs ist, § 1822 Nr 5 BGB aber nur die rechtsgeschäftliche Begründung des Mietverhältnisses erfasst.[1154]

Weil § 1822 Nr 5 auch auf Pachtverträge anzuwenden ist, bedürfen auch El- 510
tern trotz der fehlenden Erwähnung von **§ 1822 Nr 4** BGB in § 1643 Abs 1 BGB für den Abschluss eines **Pachtvertrages über ein Landgut oder einen gewerblichen Betrieb** einer familiengerichtlichen Genehmigung, wenn das Pachtverhältnis über das 19. Lebensjahr des Kindes hinaus fortdauern soll.[1155]

Umstritten ist, ob von § 1822 Nr 5 BGB auch solche Verträge erfasst werden, 511
die den Minderjährigen zu **fortlaufenden persönlichen Leistungen** im Rahmen eines Arbeits- oder Dienstvertrages verpflichten, ohne dass er sich vor Ablauf eines Jahres nach Erreichen der Volljährigkeit daraus (ohne Vermögenseinbußen) lösen kann. Dies wird zum Teil verneint mit der Begründung, dass **§ 1822 Nr 6 und Nr 7** BGB gegenüber Nr 5 spezieller sind und diesen deshalb verdrängen.[1156] Gegen die Anwendung von § 1822 Nr 5 BGB wird weiter ange-

---

1152 OLG Stuttgart FamRZ 1997, 101.
1153 So überzeugend LG Wuppertal FamRZ 2007, 1269 (bezogen auf die Vermietung von Wohnraum eines Betreuten).
1154 BGH FamRZ 1983, 371 = Rpfleger 1983, 148; Palandt/*Götz* § 1822 Rn 14.
1155 Staudinger/*Veit* § 1822 Rn 112.
1156 *Kurz* NJW 1992, 1798, 180 f; *Schlachter* FamRZ 2006, 155 ff.

führt, dass § 1822 Nr 6 und Nr 7 BGB – anders als Nr 5 – nicht für Eltern gilt und die Einbeziehung von Lehr-, Dienst- oder Arbeitsverträgen in den Geltungsbereich der Nr 5 dazu führte, dass der Eingriff in die elterliche Sorge in unzulässiger Weise erweitert würde.[1157] Nach anderer Ansicht steht auch die Qualifizierung von § 1822 Nr 6 und Nr 7 als Spezialregelungen der Anwendung von § 1822 Nr 5 BGB wegen des damit verfolgten Schutzzwecks nicht (ausnahmslos) entgegen.[1158]

512 Gem §§ 1643 Abs 1, **1822 Nr 8** BGB ist die **Aufnahme von Geld auf den Kredit des Kindes** durch die Eltern genehmigungspflichtig. Für die Genehmigungspflicht des schuldrechtlichen Vertrages ist entscheidend, ob das Geschäft der **Beschaffung von Geld** dient, für dessen Rückzahlung der Minderjährige einzustehen hat.[1159] Genehmigungsbedürftig ist jede Art Darlehensaufnahme auch im Rahmen von Kontokorrentverkehr einschließlich nicht vereinbarter Überziehungskredite [1160] sowie Schuldversprechen und Schuldanerkenntnis (§§ 780, 781 BGB), die zum Zwecke der Kreditaufnahme erfolgen.

Im Gegensatz zur Darlehensaufnahme im Rahmen einer Kaufpreisfinanzierung gehören **gewöhnliche Abzahlungskäufe** hingegen nicht zu den nach § 1822 Nr 8 BGB genehmigungspflichtigen Rechtsgeschäften.[1161]

513 Nach **§ 1822 Nr 9** BGB bedarf auch die **Ausstellung einer Schuldverschreibung** auf den Inhaber (§§ 793 ff BGB) durch die Eltern der Genehmigung. Ferner ist auch die **Eingehung einer Verbindlichkeit aus einem Wechsel oder einem durch Indossament übertragbaren Papier** genehmigungspflichtig. Die Ausstellung eines Wechsels an eigene Order ist von der Genehmigungspflicht noch nicht erfasst, vielmehr unterliegt erst die Begebung des Wechsels der gerichtlichen Kontrolle in Form einer Genehmigung, weil erst dadurch die Wechselverbindlichkeit begründet wird.[1162]

514 Die Eltern brauchen auch zur **Übernahme einer fremden Verbindlichkeit** insbesondere zur Eingehung einer Bürgschaft eine gerichtliche Genehmigung, §§ 1643 Abs 1, **1822 Nr 10** BGB. Zu beachten ist, dass dieser Genehmigungstatbestand nur erfüllt ist, wenn es eine **wirtschaftlich fremde Verbindlichkeit bleibt**.[1163] Dem Minderjährigen muss nach eigener Inanspruchnahme ein **Re-**

1157 *Schlachter* FamRZ 2006, 155, 157.
1158 *Fomferek* NJW 2004, 410 ff mwN; Gernhuber/*Coester-Waltjen* § 60 Rn 111 mwN zum Streitstand.
1159 Palandt/*Götz* § 1822 Rn 17.
1160 KG FamRZ 2010, 402 = Rpfleger 2010, 76 (eine Betreuung betreffend); *Kunkel* Rpfleger 1997, 1 f.
1161 *Kurz* NJW 1992, 1798, 1802.
1162 *Kurz* NJW 1992, 1798, 1802.
1163 LG Coburg MittBayNot 2008, 224; RGZ 133, 7; *Kölmel* RNotZ 2010, 1, 22 mwN.

gressanspruch zustehen, denn nur dann kann von der Haftung für eine fremde Verbindlichkeit gesprochen werden.[1164] Andernfalls ist die Verbindlichkeit wie eine wirtschaftlich eigene anzusehen. Diesem Genehmigungserfordernis liegt der Gedanke zugrunde, dass allzu leicht ein Risiko übernommen wird, in der Erwartung entweder nicht (sofort) in Anspruch genommen zu werden oder bei Inanspruchnahme Rückgriff nehmen zu können.[1165] Gedacht ist also an Fälle, in denen der Minderjährige für die Verbindlichkeit nur neben oder hinter einem Dritten haftet oder dass er zwar allein haften soll, jedoch mit Vorbehalt des Regresses gegen den Dritten.[1166]

Die Übernahme einer fremden Verbindlichkeit liegt demnach beispielsweise vor bei Eingehung einer Gesamtverbindlichkeit, denn hier besteht die Gefahr der Inanspruchnahme auf das Ganze, während im Innenverhältnis die Hoffnung auf einen Regress (§ 426 BGB) gegeben ist. Übernimmt der Minderjährige also zB in einem Grundstückskaufvertrag, durch den er und ein Dritter sich zum Ankauf je eines Miteigentumsanteils verpflichten, gesamtschuldnerisch die Haftung für die Kaufpreisschuld des Dritten, so bedarf der Vertrag gem §§ 1643 Abs 1, 1822 Nr 10 BGB der familiengerichtlichen Genehmigung.[1167]

Außer der ausdrücklich erwähnten Eingehung einer Bürgschaft sind die Sicherungsübereignung und die Sicherungsabtretung[1168] sowie die Verpfändung einer eigenen Sache oder Hypothek[1169] für eine fremde Schuld nach § 1822 Nr 10 BGB genehmigungsbedürftig.

Anders als bei § 1822 Nr 5 BGB besteht die Genehmigungspflicht auch dann, wenn die Sekundärhaftung des Minderjährigen nicht durch eigens darauf gerichtetes Rechtsgeschäft eintritt, sondern lediglich **gesetzliche Nebenfolge** der Erklärung ist.[1170] Das Genehmigungsbedürfnis des § 1822 Nr 10 BGB ist deshalb auch zu bejahen, wenn der Minderjährige an einer am Rechtsverkehr teilnehmenden (= Außen-)**Gesellschaft bürgerlichen Rechts** beteiligt wird,[1171] weil die Verbindlichkeiten der GbR nach der neuen BGH-Rechtsprechung[1172] analog § 128 HGB primär Gesellschaftsschulden sind, sodass der Minderjährige bei Inanspruchnahme durch Gesellschaftsgläubiger einen Regressanspruch gegen die Gesellschaft hat. Tritt er in eine bereits bestehende Gesellschaft ein, haftet er

1164 AA *Pluskat* FamRZ 2004, 677, 682.
1165 *Brüggemann* FamRZ 1990, 5, 124 f.
1166 RGZ 133, 7.
1167 BGHZ 60, 385.
1168 RGZ 76, 89.
1169 RGZ 63, 76.
1170 AA *Winkler* ZGR 1990, 131, 138; *Pluskat* FamRZ 2004, 677, 682.
1171 *Wertenbruch* FamRZ 2003, 1714, 1716; *Czeguhn/Dickmann* FamRZ 2004, 1534 ff.
1172 BGHZ 146, 341 = Rpfleger 2001, 246.

zudem auch für zu diesem Zeitpunkt bestehende Gesellschaftsverbindlichkeiten nach § 130 HGB analog,[1173] sodass der Beitritt in die GbR auch deshalb nach § 1822 Nr 10 BGB genehmigungspflichtig ist.

Der Erwerb eines **GmbH-Anteils** unterliegt ebenfalls dann der Genehmigungspflicht, wenn zum Zeitpunkt des Erwerbs Nachschusspflichten (§ 26 GmbHG) oder eine Ausfallhaftung nach §§ 24, 31 Abs 3 GmbHG bestehen (vgl Rn 508), die der Minderjährige nicht in Anrechnung auf den Kaufpreis als eigene Verbindlichkeit übernommen hat.[1174]

Wegen der haftungsrechtlichen Folgen (§§ 2382, 2058 ff BGB) wird auch der **Erbteilserwerb** (§§ 2033, 2371 BGB) als genehmigungsbedürftig gem § 1822 Nr 10 BGB qualifiziert, da der Erwerber für Nachlassverbindlichkeiten neben dem Veräußerer als Gesamtschuldner (§§ 421 ff) haftet.[1175]

Auch der **Erwerb einer Eigentumswohnung** bedarf der Genehmigung nach § 1822 Nr 10 BGB, wenn der Minderjährige die Eigentumswohnung **zusammen mit anderen** erwirbt und für die Verbindlichkeiten gem §§ 10 Abs 8, 16 Abs 2 WEG mit den anderen Bruchteilseigentümern dieser Wohnung gesamtschuldnerisch für den vollen Betrag dieses Wohnungseigentums haftet.[1176] Die Entscheidung des BGH vom 30.9.2010[1177] steht dem nicht entgegen, weil sich der Senat nicht zum Erwerb eines **Bruchteils eines Wohnungseigentums** geäußert hat.

515 Schließlich unterliegt auch die **Erteilung einer Prokura** (vgl §§ 48 ff HGB) durch die Eltern der Genehmigungspflicht (§§ 1643 Abs 1, **1822 Nr 11** BGB), wenn der Minderjährige Inhaber des Handelsgeschäfts also **Einzelkaufmann** ist. Dies gilt auch dann, **wenn die Eltern den Minderjährigen mit gerichtlicher Genehmigung bereits zum selbstständigen Betrieb des Handelsgeschäfts ermächtigt haben, § 112 Abs 1 BGB**. Die dadurch erreichte unbeschränkte Geschäftsfähigkeit des Minderjährigen erstreckt sich nämlich nicht auf Rechtsgeschäfte, die der gesetzliche Vertreter nur mit gerichtlicher Genehmigung vornehmen könnte, sodass die Prokura nur von dem gesetzlichen Vertreter mit gerichtlicher Genehmigung, nicht aber vom Minderjährigen selbst erteilt werden kann.

Eine Kontrolle durch das Gericht ist aber nicht vorgesehen, wenn nicht der Minderjährige, sondern die Gesellschaft selbst das Handelsgewerbe betreibt.

1173 BGHZ 154, 370 = Rpfleger 2003, 442.

1174 *Bürger* RNotZ 2006, 156, 164 mwN; **aA** *Pluskat* FamRZ 2004, 677, 682 ua mit der Begründung, dass die Tatbestände der gesellschaftsvertraglichen Gründung, des Erwerbs und der Veräußerung von Erwerbsgeschäften abschließend in § 1822 Nr 3 BGB geregelt wären.

1175 OLG Frankfurt ZEV 2015, 342 mwN; *Pöting* MittBayNot 2007, 376, 379.

1176 OLG Köln FamRZ 2015, 1410; OLG München FamRZ 2013, 494 m abl Anm *Zimmermann*; KG ZWE 2011, 41.

1177 FamRZ 2010, 2065.

Keiner gerichtlichen Genehmigung untersteht daher die Erteilung der Prokura für eine GmbH oder eine Personenhandelsgesellschaft (OHG, KG), an der der Minderjährige beteiligt ist.[1178]

Diese Genehmigungspflicht wurde mit Rücksicht auf den weitgehenden Umfang der mit der Prokura verbundenen Rechtsmacht geschaffen,[1179] denn der Prokurist bedarf für die von ihm vorgenommenen Rechtsgeschäfte selbst dann nicht der gerichtlichen Genehmigung, wenn die Eltern sie bräuchten, würden sie selbst handeln. Der Umfang der Vertretungsmacht des Prokuristen bestimmt sich ausschließlich nach § 49 HGB und ist nicht durch ein Genehmigungserfordernis beschränkt.

4.7.5 Die Genehmigungserfordernisse nach § 1643 Abs 2 BGB

Zu beachten sind auch die aus § 1643 Abs 2 S 1 BGB zu entnehmenden Genehmi- 516
gungserfordernisse. Danach bedarf es für die **Ausschlagung einer Erbschaft** oder eines Vermächtnisses sowie den **Verzicht auf einen Pflichtteil** der gerichtlichen Genehmigung. Von dieser Genehmigungspflicht macht S 2 für den Fall eine Ausnahme, dass dem Kind die **Erbschaft oder das Vermächtnis erst und allein infolge der Ausschlagung eines zumindest mitvertretungsberechtigten Elternteils angefallen** ist.[1180] Dass der Anfall an das Kind allein infolge der Ausschlagung erfolgt sein muss, ergibt sich daraus, dass das Gesetz eine **Ausnahme von der Ausnahme** vorsieht, in der die Ausschlagung trotz des Umstands, dass der Anfall an das Kind erst infolge der Ausschlagung des sorgeberechtigten Elternteils erfolgt ist, dann **nicht genehmigungsfrei** ist, wenn das Kind schon vor der Ausschlagung *neben* dem Elternteil berufen war.

Beispiel:
Der mitsorgeberechtigte Kindesvater ist gesetzlicher Erbe seines Vaters geworden. Er schlägt für sich und gemeinsam mit der Mutter seines Sohnes auch für seinen Sohn die Erbschaft nach dem Erblasser aus.

Die Ausschlagung ist genehmigungsfrei, weil der Anfall an das Kind allein durch Ausschlagung des sorgeberechtigten Vaters erfolgte (vgl §§ 1953 Abs 1, 2, 1924 Abs 3 BGB).

1178 Staudinger/*Veit* § 1822 Rn 192; *Kölmel* RNotZ 2010, 1, 23; MünchKomm BGB/*Wagenitz* § 1822 Rn 68.
1179 RGZ 127, 153.
1180 Ausführlich hierzu *Ivo* ZEV 2002, 309 ff.

Beispiel:
Der mitsorgeberechtigte Kindesvater ist testamentarischer Erbe seines Vaters geworden. Als Ersatzerben hat der Erblasser den Sohn des Kindesvaters (= Enkel) bestimmt. Der Kindesvater schlägt für sich und gemeinsam mit der Mutter seines Sohnes auch für seinen Sohn die Erbschaft nach dem Erblasser aus.

Die Ausschlagung ist genehmigungsfrei, denn auch in diesem Fall fällt dem Kind die Erbschaft infolge der Ausschlagung eines sorgeberechtigten Elternteils an.

Es kommt also nicht darauf an, ob das Kind gesetzlicher oder gewillkürter Erbe ist.

Allerdings ist die Genehmigung nach teilweise vertretener Auffassung auch dann erforderlich, wenn der vor dem Kind erbberechtigte Elternteil durch seine Ausschlagung nicht **endgültig als Erbe ausscheidet**.[1181] Schlägt der Vater also nur die Erbschaft als gewillkürter Erbe, nicht aber auch als gesetzlicher Erbe aus (vgl § 1948 Abs 1 BGB), bedarf die Ausschlagung für das Kind nach dieser Meinung der gerichtlichen Genehmigung, obwohl der Anfall der Erbschaft an das Kind als Ersatzerben allein durch die Ausschlagung des sorgeberechtigten Kindesvaters eintritt. Denn durch diese aufeinander folgenden Ausschlagungen wird allein die Stellung des Kindes beseitigt, ohne dass zugleich die Anwendung der Ausnahme von dem Genehmigungserfordernis gerechtfertigt wäre. Der Gesetzgeber wollte die Eltern nämlich nur dann keiner gerichtlichen Kontrolle unterstellen, wenn die Eltern die Erbschaft für sich selbst nicht wollen, weil sie belastend und unwirtschaftlich ist. Nur für diesen Fall könne davon ausgegangen werden, dass die Annahme des Gesetzgebers zutrifft, nach der die Ausschlagung (auch) im Interesse des Kindes ist. Da das Motiv der Ausschlagung aber nicht Tatbestandselement der Norm ist, drängen sich insoweit jedoch Zweifel an dieser Beurteilung auf.

Beispiel:
Der Kindesvater ist gesetzlicher Erbe seines Vaters geworden. Er schlägt für sich die Erbschaft aus. Anschließend schlägt die nach § 1626a Abs 3 BGB allein sorgeberechtigte Kindesmutter die Erbschaft für den gemeinsamen Sohn aus.

Die Genehmigung ist erforderlich, weil der Anfall an das Kind nicht durch Ausschlagung eines *sorgeberechtigten* Elternteils erfolgte.[1182]

1181 OLG Frankfurt FamRZ 1969, 658 = Rpfleger 1969, 386.
1182 Vgl auch OLG Naumburg FamRZ 2007, 1047.

Beispiel:
Der sorgeberechtigte Kindesvater ist gesetzlicher Erbe (zu ½) seiner Ehefrau geworden. Weiterer gesetzlicher Erbe ist der aus der Ehe mit der Erblasserin hervorgegangene Sohn. Der Vater schlägt die Erbschaft für sich und für seinen Sohn aus.

Die Ausschlagung durch den sorgeberechtigten Kindesvater bedarf der gerichtlichen Genehmigung, da der Anfall der Erbschaft an das Kind nur zum Teil durch Ausschlagung des Kindesvaters eintrat. Das Kind war bereits vorher (zu ½) *neben* dem ausschlagenden Vater zur Erbfolge berufen, § 1643 Abs 2 S 2 Hs 2 BGB.

Beispiel:
Die gemeinsam sorgeberechtigte Kindesmutter ist gesetzliche Erbin ihres Vaters geworden. Sie schlägt für sich die Erbschaft aus. Anschließend schlägt sie mit dem Kindesvater die Erbschaft nur für eines ihrer beiden minderjährigen Kinder aus.

Nach einer Auffassung ist die Ausschlagung der Erbschaft auch in diesem Fall genehmigungspflichtig,[1183] denn in einem solchen Fall spräche einiges dafür, dass die Eltern die Erbschaft nicht als belastend oder unwirtschaftlich ansehen, weil sie sie andernfalls für beide Kinder ausschlagen würden. Dem Schutzbedürfnis des Kindes wird nach dieser Ansicht durch **teleologische Reduktion von § 1643 Abs 2 S 2 Hs 1 BGB** genügt, weil die Norm die Freistellung der Eltern von dem Genehmigungserfordernis nur für die Fälle im Auge hat, in denen die Annahme der Erbschaft nachteilig wäre, nicht aber wenn sie in eine bestimmte Richtung gelenkt wird.

Nach zutreffender Auffassung kommt es darauf aber nicht an, weil das Motiv der Ausschlagung nicht über die Genehmigungsbedürftigkeit entscheidet, sondern die im Gesetz genannten Voraussetzungen[1184] (näher dazu Rn 445).

1183 OLG Hamm Rpfleger 2014, 378 = DNotZ 2014, 860 m abl Anm *Baumann* = FGPrax 2014, 120 m abl Anm *Heinemann* = MittBayNot 2014, 352 m abl Anm *Sagmeister*; KG FamRZ 2012, 1167 = Rpfleger 2012, 533 = ZEV 2012, 332 m Anm *Litzenburger; Engler* FamRZ 1972, 7, 9; Palandt/*Götz* § 1643 Rn 3; Gernhuber/*Coester-Waltjen* § 60 Rn 95; MünchKomm BGB/*Huber* § 1643 Rn 25; vgl auch *Ivo* ZEV 2002, 309, 313, der dieses Genehmigungserfordernis aber davon abhängig macht, dass die für die Ausschlagung maßgebliche Motivation der Begünstigung des anderen Kindes in einem objektiv nachprüfbaren Verhalten (zB Annahme der Erbschaft für das andere Kind) zum Ausdruck kommt.
1184 OLG Köln DNotZ 2012, 855 = MittBayNot 2013, 250 m zust Anm *Sagmeister*; vgl auch den Besprechungsaufsatz von *Baumann* DNotZ 2012, 803 ff.

517 Der Ausschlagung der Erbschaft steht die **Anfechtung der Erbschaftsannahme** gleich, weil die Anfechtung gem § 1957 BGB als Erbschaftsausschlagung gilt. Sie ist daher ebenfalls genehmigungspflichtig.

518 Zweifelsfrei nicht genehmigungsbedürftig ist die **Annahme der Erbschaft**, gleichgültig ob sie durch entsprechende Erklärung, konkludentes Verhalten oder das Verstreichenlassen der Anfechtungsfrist erfolgt.[1185]

519 Schließlich sieht das Gesetz auch außerhalb des Anwendungsbereichs von §§ 1643, 1821, 1822 BGB an verschiedenen Stellen **weitere Genehmigungserfordernisse** vor. So bedürfen die Eltern zB zu einem **Erbverzichtsvertrag**, den sie als gesetzliche Vertreter des verzichtenden Kindes abschließen, einer gerichtlichen Genehmigung, es sei denn, Vertragspartner sind das verzichtende Kind und dessen Ehegatte oder Verlobter als Erblasser, § 2347 Abs 1 S 1 Hs 2 BGB. Weiteres Beispiel für ein Genehmigungserfordernis außerhalb des Anwendungsbereichs der erwähnten Vorschriften ist § 112 Abs 1 BGB, nach dem die Ermächtigung des Kindes durch den gesetzlichen Vertreter zum selbstständigen Betrieb eines Erwerbsgeschäfts einer gerichtlichen Genehmigung bedarf, was auch für die Eltern gilt.

4.7.6 Gegenstand der gerichtlichen Genehmigung

520 **Gegenstand der Genehmigung ist stets das Rechtsgeschäft**, nicht (allein) die Erklärung des gesetzlichen Vertreters. Auch wenn es sich aus Gründen der Praktikabilität möglicherweise auch im Interesse des Grundbuchamts anbieten mag, die nach § 19 GBO zur Eintragung erforderliche Bewilligung zu genehmigen, darf nicht aus den Augen verloren werden, dass nicht diese, sondern stets das ihr zugrunde liegende, materielle Rechtsgeschäft Genehmigungsgegenstand ist. Die Frage, ob ein einseitiges Rechtsgeschäft vorliegt, das grundsätzlich nur vorab genehmigt werden kann (vgl §§ 1643 Abs 3, 1831 BGB), oder ein Vertrag, der auch der nachträglichen Genehmigung zugänglich ist (§§ 1643 Abs 3, 1829 BGB), ist also allein durch Blick in das materielle Recht zu klären.

521 Genehmigt werden kann nur ein **mit Vertretungsmacht vorgenommenes Rechtsgeschäft**, denn die Genehmigung hat nicht die Kraft, Fehlendes zu ersetzen oder Unwirksames zu heilen.

Fehlt den Eltern die Vertretungsmacht bezogen auf das genehmigungsbedürftige Rechtsgeschäft zB wegen eines Vertretungsausschlusses nach §§ 181 oder 1795 BGB, kommt eine Genehmigungserteilung folglich nicht in Betracht, weil die Eltern als Vertreter ohne Vertretungsmacht gehandelt haben. Das

---

1185 Vgl ua OLG Koblenz FamRZ 2008, 1031.

Schicksal der von den Eltern vorgenommenen Rechtsgeschäfte wird von § 180 BGB und § 177 BGB bestimmt. Es muss daher zunächst ein Ergänzungspfleger bestellt werden (§§ 1909 Abs 1, 1915 Abs 1 S 1, 1774, 1779, 1789 BGB), ehe das *von ihm* in Aussicht genommene (wenn die Eltern eine einseitige und daher gem § 180 S 1 BGB unwirksame Erklärung abgegeben haben) oder genehmigte Rechtsgeschäft (wenn die Eltern einen gem § 177 BGB schwebend wirksamen Vertrag geschlossen haben) vom Gericht genehmigt werden könnte.

Entfiel die elterliche Vertretungsmacht erst nach Vornahme des Rechtsgeschäfts (zB durch Tod der Eltern) **aber vor Genehmigungsentscheidung**, hat dies keinen Einfluss auf die Wirksamkeit einer zuvor *mit* Vertretungsmacht abgegebenen Erklärung. Dem nunmehr zu bestellenden gesetzlichen Vertreter obliegt damit nur die Entgegennahme der Genehmigungsentscheidung (§ 1828 BGB) sowie, bei nachträglicher Genehmigung eines mehrseitigen Rechtsgeschäfts, die Mitteilung derselben an den Vertragspartner (§ 1829 BGB), einschließlich der Entscheidung darüber, ob das schwebend unwirksame Rechtsgeschäft durch Gebrauchmachen von der Genehmigung vollwirksam werden soll. 522

Gegenstand der gerichtlichen Kontrolle ist auch dann das Rechtsgeschäft, nicht aber etwa nur die Zustimmung der Eltern (§ 108 BGB), wenn der Minderjährige selbst den Vertrag geschlossen oder die einseitige Erklärung abgegeben hat.[1186] Gleiches gilt, wenn die Eltern einem Dritten Vollmacht zur Vornahme des Rechtsgeschäfts erteilt haben. Zwar bedarf die Erteilung einer (widerruflichen) Vollmacht zum Abschluss eines Rechtsgeschäfts mangels Genehmigungstatbestandes selbst keiner gerichtlichen Genehmigung.[1187] Das später in Ausnutzung der Vollmacht durch den Bevollmächtigten abgeschlossene Rechtsgeschäft ist hingegen genehmigungsbedürftig, wenn das vom Bevollmächtigten vorgenommene Rechtsgeschäft, hätten es die Eltern selbst vorgenommen, genehmigungspflichtig wäre.[1188] Denn die Eltern können nicht mehr an Rechtsmacht übertragen, als ihnen selbst zusteht. Ist ihre Vertretungsmacht durch ein Genehmigungserfordernis eingeschränkt, können sie sie auch nur so weitergeben. 523

4.7.7 Genehmigungsfähigkeit

Ist das Rechtsgeschäft genehmigungspflichtig, muss sich das Gericht mit der **Genehmigungsfähigkeit** befassen. Maßgeblich für die Beurteilung der Ge- 524

1186 *Sonnenfeld/Zorn* Rpfleger 2004, 533.

1187 Näher dazu *Schreiber* NotBZ 2002, 128 ff.

1188 Pfälz OLG Zweibrücken Rpfleger 2005, 193; LG Berlin Rpfleger 1994, 335; LG Saarbrücken Rpfleger 1982, 25 (= keine Genehmigungsbedürftigkeit für die Erteilung einer widerruflichen Belastungsvollmacht, aber für deren spätere Ausnutzung).

nehmigungsfähigkeit ist, ob das zu genehmigende Rechtsgeschäft unter Berücksichtigung aller Umstände im **Interesse des Kindes** ist.[1189] In die Entscheidung einzubeziehen sind auch Zweckmäßigkeits- und Nützlichkeitsüberlegungen.[1190] Die **Belange Dritter** sind hingegen ohne Bedeutung.[1191]

Bei der Beurteilung der Genehmigungsfähigkeit, die die Abwägung aller möglichen Vor- und Nachteile sowie der Risiken verlangt, hat sich das Gericht auf den Standpunkt eines verständigen, die Tragweite der Entscheidung überblickenden Volljährigen zu stellen.[1192] Die Prüfung wird sich hierbei regelmäßig auf materielle also finanzielle Aspekte beziehen. Jedoch sind diese nicht ausschließlich entscheidend. Das Gericht hat im Einzelfall durchaus auch ideelle Gesichtspunkte zu beachten, wenn diese Einfluss auf das Kindesinteresse haben.

Das OLG Zweibrücken[1193] hält die Verweigerung einer von den Eltern benötigten gerichtlichen Genehmigung nur dann für möglich, wenn das in Aussicht genommene Rechtsgeschäft nach den im Zeitpunkt der Entscheidung zu beurteilenden Gesamtumständen nicht dem Interesse des Kindes entspricht, wobei es davon ausgeht, dass den Eltern bei der Abwägung dieser Umstände eine Dispositionsbefugnis bliebe, die nur beschränkt zur Überprüfung des Familiengerichts stünde. Eine andere Beurteilung ist nach Auffassung des Senats mit dem Grundsatz der elterlichen Autonomie, welche die ungeschmälerte Vertretungsmacht beinhalte, unvereinbar. Diese Auffassung ist aber nicht konsensfähig, weil das Erfordernis einer gerichtlichen Genehmigung die Vertretungsmacht des gesetzlichen Vertreters, also auch der Eltern (!), im Interesse des Vertretenen gerade einschränkt. Auch das verfassungsrechtlich geschützte Elternrecht (Art 6 Abs 2 S 1 GG), durch das sich die Stellung der Eltern von der anderer gesetzlicher Vertreter natürlicher Personen unterscheidet, rechtfertigt eine „großzügigere" Beurteilung der Genehmigungs*fähigkeit* nicht, weil der Gesetzgeber der elterlichen Privilegierung bereits dadurch entsprochen hat, dass die Eltern nicht in dem Umfang der gerichtlichen Kontrolle durch Genehmigungserfordernisse unterstellt sind, wie das bei anderen gesetzlichen Vertretern natürlicher Personen der Fall ist (vgl Rn 486). Beizupflichten ist dem Senat allerdings insoweit, als (nochmals) deutlich gemacht wird, dass die Genehmigung nicht das **Fernhalten jeglichen Risikos vom Vertretenen** zum Ziel hat.

1189 OLG Bremen NJW-RR 1999, 876.
1190 BayObLG FamRZ 1996, 119 = Rpfleger 1996, 67; dass Rpfleger 1989, 455.
1191 Ua OLG Hamm FamRZ 2001, 53.
1192 BayObLG FamRZ 1996, 119 = Rpfleger 1996, 67.
1193 FamRZ 2001, 1236; dass FamRZ 2001, 181; ihm folgend ua OLG Jena FamRZ 2014, 140.

Bei Abschluss eines **Gesellschaftsvertrages** hat das Gericht außer der vertraglichen Stellung des Kindes in der Gesellschaft und neben vermögensrechtlichen Aspekten auch die Mitgesellschafter hinsichtlich ihrer Vermögensverhältnisse sowie ihrer charakterlichen und fachlichen Eignung zu beurteilen, weil die Verantwortung für die Vermögenslage des Kindes vorwiegend bei den geschäftsführenden Gesellschaftern liegt.[1194] Diesem Aspekt kommt insbesondere seit der Entscheidung des BGH vom 29.1.2001[1195] Bedeutung zu, durch die der am Rechtsverkehr teilnehmenden (= Außen-)GbR ähnlich der KG und OHG Rechtsfähigkeit zuerkannt wurde, sodass die von den geschäftsführenden Gesellschaftern vorgenommenen Rechtsgeschäfte keiner (weiteren) gerichtlichen Kontrolle in Form eines Genehmigungsvorbehalts unterstellt sein sollen (vgl Rn 489).[1196] 525

Auch anlässlich einer für eine **Prokuraerteilung** zu treffenden Genehmigungsentscheidung müssen „Redlichkeit" und fachliche Eignung des ins Auge gefassten Prokuristen in die Entscheidung mit einbezogen werden, weil auch in diesem Fall die vermögensrechtlichen Belange vorwiegend bei dem keiner weiteren gerichtlichen Kontrolle unterliegenden Prokuristen liegen.

Kein tragfähiges, per se für die Genehmigungsfähigkeit streitendes Argument liegt in dem Hinweis auf § 1629a BGB, der dem volljährig Gewordenen grundsätzlich die Möglichkeit eröffnet, die Haftung für die aus den vom gesetzlichen Vertreter oder von anderen Vertretern geschlossenen Rechtsgeschäften resultierenden Verbindlichkeiten auf das zum Zeitpunkt der Volljährigkeit vorhandene Vermögen zu beschränken, womit der Gefahr, den Minderjährigen überschuldet in die Volljährigkeit zu entlassen, in ausreichendem Maße entgegengewirkt wäre.[1197] Denn das Kind hat mit all dem, was es zum Zeitpunkt der Vornahme des genehmigungspflichtigen Rechtsgeschäfts bereits hat und bis zur Volljährigkeit noch erwirbt, für die Verbindlichkeiten einzustehen, egal ob der Erwerb im Zusammenhang mit dem genehmigten Rechtsgeschäft steht oder nicht. Mit Rücksicht auf den durch die Genehmigungserfordernisse verfolgten Schutz des Kindesvermögens kann § 1629a BGB deshalb allenfalls dann als für die Genehmigungsfähigkeit sprechend in die Entscheidung einbezogen werden, 526

1194 BayObLG FamRZ 1996, 119 = Rpfleger 1996, 67.

1195 BGHZ 146, 341 = Rpfleger 2001, 246.

1196 OLG Schleswig NotBZ 2002, 108 m Anm *Schreiber* = FamRZ 2003, 55 m Besprechungsaufsatz *Dümig* FamRZ 2003, 1; dass FamRZ 2003, 55 m Besprechungsaufsatz *Lautner* MittBayNot 2002, 256; differenzierend OLG Koblenz (FamRZ 2003, 249), wonach eine gerichtliche Genehmigung nur entbehrlich sein soll, wenn die Beteiligung des Minderjährigen an der GbR der „Eingangskontrolle" des § 1822 Nr 3 BGB unterlag, was nur bei einer ein Erwerbsgeschäft betreibenden GbR der Fall ist.

1197 Vgl OLG Bremen NJW-RR 1999, 876; krit hierzu auch OLG Zweibrücken FamRZ 2001, 181.

wenn das Kind zum Zeitpunkt der Vornahme des Rechtsgeschäfts fast volljährig ist und kein nennenswertes Vermögen hat, mit dem es ggf zu haften hätte.

4.7.8 Wirksamwerden des genehmigungsbedürftigen Rechtsgeschäfts[1198]

527 Die Genehmigungsentscheidung ist zwingend gegenüber **dem gesetzlichen Vertreter zu erklären**, der das Kind bei Vornahme des Rechtsgeschäfts vertritt §§ 1643 Abs 3, 1828 BGB. Dieser Vertreter kann sich freilich bei der Entgegennahme auch vertreten lassen. Der gesetzliche Vertreter muss im Zeitpunkt des Zugangs der gerichtlichen Entscheidung (noch) vertretungsberechtigt sein. Findet zwischen der Vornahme des Rechtsgeschäfts und der Erteilung (oder Versagung) der Genehmigung ein Wechsel in der Person des gesetzlichen Vertreters statt, ist sie dem „aktuellen" Vertreter mitzuteilen. Eine zur Entgegennahme der Genehmigung berechtigende Vollmacht, die zu einem Zeitpunkt erteilt wurde, in dem das Vertretungsrecht (noch) bestand, wirkt aber bis zu deren Widerruf durch den neuen gesetzlichen Vertreter fort.

528 Gem § 40 Abs 2 S 1 FamFG wird eine Entscheidung, die die Genehmigung eines Rechtsgeschäfts zum Gegenstand hat, **erst mit Rechtskraft wirksam.** Dies betrifft allerdings nur **Außengenehmigungsentscheidungen**, also solche, die Wirksamkeitsvoraussetzung für das Rechtsgeschäft sind (vgl Rn 485). Da § 40 Abs 2 S 1 FamFG keine Beschränkung auf die Fälle der Erteilung der Genehmigung enthält, sondern vielmehr jeden Beschluss betrifft, der die Genehmigung eines Rechtsgeschäfts *zum Gegenstand* hat, sind sowohl die Erteilung als auch die Ablehnung der gerichtlichen Genehmigung in ihrer Wirksamkeit von der Rechtskraft abhängig. (Zur verfahrensrechtlichen Behandlung Rn 533 ff.)

529 **Einseitige Rechtsgeschäfte** wie zB die Prokuraerteilung bedürfen nach §§ 1643 Abs 3, 1831 BGB der vorherigen Genehmigung. Ein ohne die erforderliche **rechtskräftige Vorgenehmigung** vorgenommenes Rechtsgeschäft ist daher grundsätzlich unwirksam und auch nicht durch eine nachträglich erteilte Genehmigung „heilbar". Etwas anderes gilt aber für **amtsempfangsbedürftige Erklärungen** wie zB die Erbausschlagungserklärung (§ 1945 Abs 1 BGB). Solche Erklärungen sind nach einhelliger Auffassung auch einer nachträglichen Genehmigung zugänglich, freilich ohne dass sie deshalb zu mehrseitigen Rechtsgeschäften würden. Die für eine Erbausschlagungserklärung erforderliche rechtskräftige Genehmigung kann innerhalb der Ausschlagungsfrist des § 1944 BGB nachgeholt werden, wobei die Frist nach hM bis zum Zugang der Genehmigungsentscheidung beim gesetzlichen Vertreter entsprechend § 206 BGB ge-

1198 Ausführlich dazu *Sonnenfeld/Zorn* Rpfleger 2004, 533 ff.

hemmt ist, wenn die Erklärung selbst dem Nachlassgericht gegenüber abgegeben *und* die für die Wirksamkeit erforderliche gerichtliche Genehmigung beim Familiengericht innerhalb der Ausschlagungsfrist „*beantragt*" (dazu Rn 534) wurden.

Wurde dem gesetzlichen Vertreter eine **wirksame, dh rechtskräftige *Vor-*** 530
genehmigung erteilt, wird das Rechtsgeschäft ohne Weiteres mit Vornahme wirksam, denn die Genehmigung hat die durch das Genehmigungserfordernis eingeschränkte Vertretungsmacht des gesetzlichen Vertreters vervollständigt. Bei **einseitigen Rechtsgeschäften** kann der private Erklärungsempfänger, dem die Vorgenehmigung nicht mit der Erklärung vorgelegt wurde, das wirksame Rechtsgeschäft aber vernichten, in dem er von der Möglichkeit des § 1831 S 2 BGB Gebrauch macht und das Rechtsgeschäft wegen der Nichtvorlage der (schriftlichen) Genehmigung unverzüglich zurückweist. Ein solches **Zurückweisungsrecht steht Behörden jedoch nicht** zu.

Wurde dem gesetzlichen Vertreter eine nachträgliche Genehmigung zu einem einseitigen Rechtsgeschäft erteilt, wird das Rechtsgeschäft mit Bekanntgabe der rechtskräftigen Genehmigung an den gesetzlichen Vertreter (§§ 1643 Abs 3, 1828 BGB) wirksam, *wenn* die Erklärung einer nachträglichen Genehmigung zugänglich war (= amtsempfangsbedürftige Erklärungen).[1199]

Mehrseitige Rechtsgeschäfte können sowohl vorab als auch nachträglich 531
genehmigt werden (vgl §§ 1643 Abs 3, 1829 BGB). Das mit rechtskräftiger Vorgenehmigung vorgenommene Rechtsgeschäft ist sofort wirksam, ohne dass von der Genehmigung Gebrauch gemacht werden müsste, weil § 1829 Abs 1 BGB das Gebrauchmachen nur für die nachträgliche Genehmigung verlangt.

Das ohne gerichtliche Genehmigung vorgenommene Rechtsgeschäft ist schwebend unwirksam. Wird die Genehmigung zu einem mehrseitigen Rechtsgeschäft nachträglich erteilt, bedarf es zur Wirksamkeit des Rechtsgeschäfts neben der Erteilung der Genehmigung an den gesetzlichen Vertreter (§ 1828 BGB) der Mitteilung der Genehmigung an den Vertragspartner **durch den gesetzlichen Vertreter**, § 1829 Abs 1 BGB. Mit dieser Mitteilung wird die Genehmigung gegenüber dem Vertragspartner (§ 1829 Abs 1 S 2 BGB) und damit zugleich das Rechtsgeschäft (§ 1829 Abs 1 S 1 BGB) vollwirksam. Diese Wirkung tritt nach zutreffender Auffassung aber nur ein, wenn von einer **rechtswirksamen, dh formell rechtskräftigen Genehmigung Gebrauch** gemacht wird.[1200] Die Eltern haben es damit nach Vornahme des mehrseitigen Rechtsgeschäfts

1199 LG Berlin, Beschluss vom 11.7.2006 – AZ: 83 T 572/05 – (juris); jurisPK-BGB/*Hönninger* § 1945 Rn 14.

1200 *Wesche* Rpfleger 2010, 403 f; *Kölmel* NotBZ 2010, 2, 4; Staudinger/*Veit* § 1828 Rn 41, § 1829 Rn 20; **aA** *Litzenburger* RNotZ 2009, 380 ff.

und nachfolgender Erteilung der Genehmigung noch immer in der Hand, das bisher schwebend unwirksame Rechtsgeschäft nicht wirksam werden zu lassen, in dem sie von der ihnen erteilten rechtskräftigen Genehmigung keinen Gebrauch machen. Das Gebrauchmachen von der Genehmigung erfordert aber wie die Entgegennahme derselben Vertretungsmacht im Zeitpunkt des Gebrauchmachens, wobei auch insoweit Stellvertretung möglich ist (vgl Rn 527). Findet **zwischenzeitlich ein Wechsel in der Person des gesetzlichen Vertreters** statt, obliegt die Entscheidung über die Mitteilung an den Vertragspartner und die Mitteilung selbst dem aktuellen gesetzlichen Vertreter. Eine zu „Vertretungszeiten" zur Mitteilung der Genehmigung an den Vertragspartner wirksam erteilte Vollmacht wirkt aber auch hier bis zum Widerruf durch den neuen gesetzlichen Vertreter fort (vgl Rn 527).

Wird die Genehmigung verweigert, wird das Rechtsgeschäft mit Mitteilung der Verweigerung durch den (aktuellen) gesetzlichen Vertreter an den Vertragspartner endgültig unwirksam, vgl § 1829 Abs 1 S 2, 1 BGB.

532 Wird das Kind zwischen der Vornahme des Rechtsgeschäfts und der Genehmigungsentscheidung volljährig, so tritt seine Genehmigung an die Stelle der Genehmigung des Familiengerichts, §§ 1643 Abs 3, 1, 1829 Abs 3 BGB. Eine Genehmigungserteilung kommt nicht mehr in Betracht.

4.7.9 Verfahrensrechtliche Regelungen im Überblick

a) Zuständigkeiten

533 Zuständig für die Entscheidung ist das **Familiengericht**, § 1643 Abs 1 BGB. **Sachlich** und **örtlich** ist in erster Linie das Amtsgericht zuständig, in dessen Bezirk das Kind seinen gewöhnlichen Aufenthalt hat, §§ 23a Abs 1 S 1 Nr 1, 23b Abs 1 GVG, 111 Nr 2, 151 Nr 1, 152 Abs 2 FamFG.

Funktionell ist der Rechtspfleger zuständig (§ 3 Nr 2a RPflG), da sich aus § 14 RPflG kein Richtervorbehalt ergibt.

b) Amtsverfahren

534 Die Erteilung der Genehmigung setzt **keinen förmlichen Antrag** voraus, das Verfahren ist von Amts wegen durchzuführen.[1201] Allerdings scheidet die Erteilung einer **Genehmigung ohne oder gar gegen den Willen des gesetzlichen Vertreters** aus.[1202]

1201 Gernhuber/*Coester-Waltjen* § 60 Rn 58; **aA** jurisPK-BGB/*Lafontaine* § 1828 Rn 8 f.

1202 BayObLG FamRZ 1977, 141; MünchKomm BGB/*Wagenitz* § 1828 Rn 33; Erman/*Saar* § 1828 Rn 11a; jurisPK-BGB/*Lafontaine* § 1828 Rn 8.

Die **entscheidungserheblichen Tatsachen sind von Amts wegen zu ermitteln**, § 26 FamFG. Dem steht aber nicht entgegen, dass die Eltern bei der Beschaffung bestimmter Unterlagen wie zB eines Verkehrswertgutachtens, anhand dessen die Angemessenheit des Grundstückskaufpreises beurteilt werden kann, oder von Gesellschaftsverträgen mitzuwirken haben (vgl insoweit auch § 27 FamFG).[1203]

c) Beteiligte des Verfahrens

Die vertretenen Kinder sind Muss-**Beteiligte** und als solche zum Verfahren hinzuziehen (§ 7 Abs 2 Nr 1 FamFG), weil sie von der Entscheidung unmittelbar in ihren Rechten betroffen sind. 535

Beteiligte des Verfahrens sind auch die Eltern, § 7 Abs 2 Nr 1 FamFG, weil ihre Vertretungsmacht für das in Rede stehende Geschäft von der Genehmigungsentscheidung abhängt.

d) Anhörungen

Vor der Entscheidung sind die Eltern nach Maßgabe des § 160 Abs 2 FamFG zu hören, dh sorgeberechtigte **Eltern** sind zwingend **anzuhören**, die Art der Anhörung ist aber nicht vorgeschrieben (§ 160 Abs 2 S 1 FamFG). Ein nicht sorgeberechtigter Elternteil muss nur dann angehört werden, wenn von der Anhörung eine Sachverhaltsaufklärung zu erwarten ist (§ 160 Abs 2 S 2 FamFG). 536

Die **Anhörung des Kindes** richtet sich nach § 159 FamFG. Danach sind Kinder ab dem vollendeten 14. Lebensjahr zwingend anzuhören. Da es sich um eine vermögensrechtliche Angelegenheit handelt, ist nur die Art der Anhörung nicht vorgeschrieben, § 159 Abs 1 S 2 FamFG. In der Praxis dürfte sich gleichwohl eine persönliche, dh mündliche Anhörung unbedingt empfehlen, auch um einen Eindruck davon zu erlangen, ob das Kind den Anhörungsgegenstand erfasst. Die Anhörung von Kindern, die jünger sind, ist dagegen verfahrensrechtlich nicht vorgeschrieben (vgl § 160 Abs 2 FamFG).

e) Verfahrensfähigkeit des Kindes und Vertretung verfahrensunfähiger Kinder im Verfahren

Dass das Kind Verfahrensbeteiligter ist (Rn 535), steht fest. Eine andere Frage ist, ob alle Kinder im Genehmigungsverfahren **verfahrensfähig**, dh in der Lage 537

1203 *Klüsener* Rpfleger 1993, 133, 140.

sind, selbst oder durch einen selbst gewählten Vertreter wirksame Erklärungen im Verfahren abzugeben. Da § 9 Abs 1 Nr 4 FamFG Verfahrensfähigkeit denjenigen zubilligt, die aufgrund dieses (oder eines anderen) Gesetzes dazu bestimmt werden, sind mindestens 14 Jahre alte, nicht geschäftsunfähige Kinder im Genehmigungsverfahren verfahrensfähig. Nach § 60 FamFG können sie nämlich in allen Verfahren, in denen sie vor der Entscheidung des Gerichts gehört werden sollen (§ 159 Abs 1 FamFG), ihr Beschwerderecht selbstständig ausüben. Ist das Kind verfahrensfähig, hat es grundsätzlich alle verfahrensrechtlichen Befugnisse und Handlungsmöglichkeiten und die Genehmigungsentscheidung ist dem Kind selbst bekanntzugeben (siehe § 164 FamFG).

Ist das Kind selbst nicht verfahrensfähig, weil es jünger ist als 14 Jahre oder geschäftsunfähig, handelt es im Verfahren durch seinen nach bürgerlichem Recht dazu befugten gesetzlichen Vertreter (§ 9 Abs 2 FamFG). Im Genehmigungsverfahren wirft diese Regelung allerdings verschiedene Probleme auf, die sich zum einen aus der Entscheidung des BVerfG vom 18.1.2000[1204] (ausführlich dazu Voraufl Rn 464, 466 f) und zum anderen aus der vom Gesetzgeber mit Wirkung vom 1.9.2009 durch das FGG-RG eingeführten Rechtskraftlösung ergeben (näher Rn 528).

f) Entscheidungsform und -inhalt

538 Die Entscheidung ergeht durch **Beschluss**, § 38 Abs 1 FamFG. Der Inhalt des Beschlusses wird in § 38 Abs 2, 3 FamFG und §§ 39, 40 Abs 2 S 2 FamFG vorgegeben. Danach hat der Beschluss die Bezeichnung der Beteiligten, ihrer gesetzlichen Vertreter und der Bevollmächtigten ebenso zu enthalten wie die Bezeichnung des Gerichts und die Beschlussformel, § 38 Abs 2 FamFG. Ferner ist der Beschluss grundsätzlich zu begründen (§ 38 Abs 3 FamFG). Eine Begründung ist nur dann entbehrlich, wenn der Beschluss in Gegenwart aller Beteiligten mündlich bekannt gegeben wurde und alle Beteiligten – also auch das Kind – auf **Rechtsmittel verzichtet** haben (§ 38 Abs 4 Nr 3 FamFG). Ein solcher Rechtsmittelverzicht durch das Kind setzt aber voraus, dass das Kind selbst verfahrensfähig ist. Zudem kann ein Verzicht erst **nach Bekanntgabe des Beschlusses** erklärt werden, § 67 Abs 1 FamFG.

1204 BVerfGE 101, 397 = (BGBl I 2000 S 444) = FamRZ 2000, 731 = Rpfleger 2000, 205 m Anm *Eickmann/Sonnenfeld/Dümig* Rpfleger 2000, 245 ff = JZ 2000, 783 m Anm *Heß/Vollkommer* = BWNotZ 2000, 91 m Anm *Kraiß*; *Bühler* BWNotZ 2001, 17 ff und *Langenfeld* ZEV 2000, 195 = CR 2000, 725 m Anm *Wollweber*; vgl dazu auch die (Besprechungs-)Aufsätze von *Gottwald* FamRZ 2000, 1477 ff; *Dörndorfer* FamRZ 2001, 1117 ff; *Pawlowski* JZ 2000, 913 ff; *Habscheid* Rpfleger 2001, 209 ff; *Reiß* MittBayNot 2000, 373 ff; *Bork* FamRZ 2002, 65 ff und *Zorn* Rpfleger 2002, 241 ff.

Zusätzlich muss in jeder Außengenehmigungsentscheidung, die ein Rechtsgeschäft betrifft, gemäß § 40 Abs 2 S 2 FamFG ausgesprochen werden, dass die Entscheidung (abweichend von der Regelung des § 40 Abs 1 FamFG) erst mit **Rechtskraft** wirksam wird.

Der Beschluss ist außerdem mit einer **Belehrung über** das statthafte **Rechtsmittel** oder die Erinnerung und das Gericht zu versehen, bei dem das Rechtsmittel oder die Erinnerung einzulegen ist, sowie über die Form und die Frist, die dabei einzuhalten sind, § 39 FamFG.

g) Eintritt der Rechtskraft/Rechtskraftvermerk

Der Beschluss wird erst mit Rechtskraft wirksam, soweit es Rechtsgeschäfte be- 539
trifft, deren Wirksamkeit von der gerichtlichen Genehmigung abhängt (= Außengenehmigungen, Rn 485, 528). Formelle **Rechtskraft** tritt ein, wenn die Frist für die Einlegung des zulässigen Rechtsmittels abgelaufen ist (§ 45 S 1 FamFG). Der Eintritt der Rechtskraft wird gehemmt, wenn ein Rechtsbehelf rechtzeitig eingelegt wird, § 45 S 2 FamFG.

Da der gesetzliche Vertreter nur mit einer rechtswirksamen also formell rechtskräftigen Entscheidungen wirksam agieren kann (Rn 531), und dies im Rechtsverkehr zB gegenüber dem Grundbuchamt auch nachweisen können muss, ist ihm nach hier vertretener Ansicht nach Eintritt der Rechtskraft ohne Weiteres eine mit einem Rechtskraftzeugnis versehene Beschlussausfertigung zu übersenden. Eines gesonderten Antrags bedarf es dazu nicht, weil in dem Begehren des gesetzlichen Vertreters auf Erteilung einer gerichtlichen Genehmigung auch der für Erteilung eines Rechtskraftzeugnisses grundsätzlich erforderliche Antrag iSv § 46 FamFG gesehen werden kann.

Diese Beschlussausfertigung sollte indes **keine Begründung** enthalten, weil die Gründe, die das Gericht zu der Entscheidung geführt haben, nicht für den Rechtsverkehr gedacht und für die Wirksamkeit des Rechtsgeschäfts auch nicht von Belang sind.

h) Bekanntgabe der Entscheidung

Der **Beschluss** ist gem § 41 Abs 1 FamFG den Beteiligten also auch dem Kind – 540
ggf vertreten durch seinen „sonstigen" gesetzlichen Vertreter – **bekannt zu geben**. Hinsichtlich der **Form der Bekanntgabe** kann das Gericht gem § 15 Abs 2 S 1 FamFG grundsätzlich nach freiem Ermessen zwischen förmlicher Zustellung nach der ZPO und der Aufgabe zur Post wählen. Dieses Ermessen besteht aber nicht, wenn der anfechtbare Beschluss dem erklärten Willen eines Beteiligten widerspricht, denn in diesem Fall muss der Beschluss gem § 41 Abs 1

S 2 FamFG diesem Beteiligten nach den Vorschriften der ZPO zugestellt werden.[1205]

§ 41 Abs 3 FamFG ordnet zusätzlich an, dass ein Beschluss, der die Genehmigung eines Rechtsgeschäfts zum Gegenstand hat, auch demjenigen, für den das Rechtsgeschäft *genehmigt* wird, bekannt zu geben ist. Die Entscheidung ist deshalb auch dem **Kind selbst bekannt zu geben**. Dies gilt gleichermaßen für den Fall, dass die Genehmigung erteilt wurde wie für den, dass die Genehmigung versagt wurde, weil dem Vertretenen der Rechtsbehelf auch dann eröffnet ist, wenn die Genehmigung verweigert wird.

i) Bestellung eines besonderen Verfahrensvertreters für das verfahrensunfähige Kind

541 Da die Entscheidung bereits nach § 41 Abs 1 FamFG den Beteiligten, dh auch dem Kind bekannt zu machen ist, stellt sich die Frage nach dem Sinn und Zweck der speziellen Regelung des § 41 Abs 3 FamFG. Dieser Sinn erschließt sich erst durch einen Blick in die Gesetzesmaterialien: Im Unterschied zu § 41 Abs 1 FamFG **scheidet der gesetzliche Vertreter des Kindes, der das Kind bei dem materiellen Rechtsgeschäft vertritt, als Adressat der Bekanntgabe nach Abs 3 nämlich stets aus (streitig!),**[1206] weil derjenige, dessen Handeln im Genehmigungsverfahren überprüft wird, die diesbezüglichen Verfahrensrechte des Kindes nicht ausüben kann. Durch diese Regelung wollte der Gesetzgeber vor dem Hintergrund der Entscheidung des BVerfG vom 18.1.2000[1207] gewährleisten, dass der Vertretene *selbst* von der Entscheidung frühzeitig Kenntnis erlangt.[1208] Anders als in den Gesetzesmaterialien zu lesen, ergibt sich die Notwendigkeit für die besondere Regelung des § 41 Abs 3 FamFG aber nicht primär daraus, dass das rechtliche Gehör nicht durch den gesetzlichen Vertreter ver-

---

1205 BGH MDR 2015, 849: Das Unterbleiben einer gemäß § 41 Abs 1 S 2 FamFG erforderlichen Zustellung führt zur Unwirksamkeit der Bekanntgabe.

1206 KG Rpfleger 2010, 425 m Anm *Zorn*; OLG Celle Rpfleger 2011, 436 m Anm *Zorn*; so auch *Heinemann* DNotZ 2009, 6, 17; *Zorn* Rpfleger 2009, 421, 424, 431; *Sonnenfeld* ZKJ 2010, 271; *Müller* RpflStud 2010, 140; OLG Köln FamRZ 2012, 579; dass FamRZ 2012, 42; OLG Brandenburg (2. Familiensenat) FamRZ 2012, 1069 m Anm *Zorn*; **aA** (für den Fall einer genehmigungsbedürftigen Erbausschlagung) BGH FamRZ 2014, 640 m abl Anm *Zorn*; ebenfalls ablehnend *Weissinger* RpflStud 2014, 83ff; OLG Brandenburg, Beschuss vom 13.4.2015 – 9 WF 53/15 (unveröffentlicht); OLG Brandenburg (1. Familiensenat) MittBayNot 2011, 240 = FamRZ 2011, 1305 (LS); Keidel/*Meyer-Holz* § 41 Rn 4a.

1207 BVerfGE 101, 397.

1208 BT-Drucks 16/6308 S 197.

mittelt werden kann, dessen Handeln im Genehmigungsverfahren überprüft wird, denn das rechtliche Gehör ist *vor* der Entscheidung, dh vor Erlass des Beschlusses, zu gewähren. Die Bekanntgabe an den Vertretenen selbst sichert diesem aber die Möglichkeit, ohne Mitwirkung seines „sonstigen“ gesetzlichen Vertreters, ggf auch gegen dessen Willen selbst Beschwerde einzulegen, was nach §§ 9 Abs 1 Nr 4, 60 FamFG iVm §§ 159, 164 FamFG allerdings voraussetzt, dass das Kind weder geschäftsunfähig ist, noch bei Erlass der Entscheidung das 14. Lebensjahr noch nicht vollendet hatte. Ist der Minderjährige selbst dagegen nicht verfahrensfähig, etwa, weil er noch nicht 14 Jahre alt ist, muss ein **anderer Vertreter nach bürgerlichem Recht** bestellt werden (vgl § 9 Abs 2 FamFG), weil auch in diesem Fall die Bekanntgabe an den „sonstigen“ gesetzlichen Vertreter des Kindes ausscheidet. Dem nicht verfahrensfähigen Kind ist deshalb wegen der sich aus der Regelung des § 41 Abs 3 FamFG ergebenden **gesetzlichen Verhinderung** der Eltern für das Genehmigungsverfahren ein **Ergänzungspfleger** zu bestellen, der das Kind im Genehmigungsverfahren vertritt. Aufgrund der ausdrücklichen Regelung des § 158 Abs 4 S 6 FamFG genügt die Bestellung eines Verfahrensbeistands schon deshalb nicht, weil dieser nicht gesetzlicher Vertreter ist, die Rechte und Pflichten des Minderjährigen im Genehmigungsverfahren aber nur durch einen gesetzlichen Vertreter ausgeübt werden können. Im Übrigen setzt die Bestellung eines Verfahrensbeistands voraus, dass es sich um eine personensorgerechtliche Angelegenheit handelt.[1209] Auch die Bestellung eines Prozesspflegers nach § 9 Abs 5 FamFG iVm § 57 ZPO kommt nicht in Betracht, da die Voraussetzungen des § 57 ZPO nicht vorliegen. § 57 ZPO verfolgt zudem ein anderes Ziel, nämlich das, einer selbst nicht verfahrensfähigen Person einen Vertreter zu bestellen, der seine Interessen bis zur Bestellung eines gesetzlichen Vertreters nach bürgerlichem Recht vertritt. Da das Familiengericht dem selbst nicht verfahrensfähigen Minderjährigen aber sogleich einen Vertreter nach bürgerlichem Recht bestellen kann, ist für die Bestellung eines Verfahrensvertreters nach § 9 Abs 5 FamFG iVm § 57 ZPO kein Raum.

Nach **anderer Auffassung** setzt die Bestellung eines besonderen Verfahrensvertreters im Genehmigungsverfahren einen Interessengegensatz im konkreten Fall voraus, der eine Entziehung nach §§ 1796 Abs 2, 1629 Abs 2 S 3 BGB rechtfertigt, was der BGH[1210] für den Fall der gerichtlichen Genehmigung einer Erbausschlagung (§ 1643 Abs 2 BGB) verneint hat. Soweit das OLG Brandenburg[1211] dem gefolgt ist mit der Begründung, dass es sich um eine „*Klarstellung*“

1209 Bork/Jacoby/Schwab/*Zorn* § 158 Rn 3; **aA** ua *Kölmel* MittBayNot 2011, 190, 194 f.
1210 BGH FamRZ 2014, 640 m abl Anm *Zorn*; ablehnend auch *Weissinger* RpflStud 2014, 83 ff.
1211 Beschluss v 13.4.2015 – 9 WF 53/15 (unveröffentlicht).

handle, ist dem zu widersprechen, denn die BGH-Entscheidung ist nicht konsensfähig, weil die Ausführungen des Senats nicht überzeugen. Neben der unzureichenden Begründung führt die BGH-Entscheidung zudem insoweit zu weiteren Unsicherheiten, als der Senat andeutet, dass zwischen Genehmigungsverfahren, in denen es um die Genehmigung mehrseitiger Rechtsgeschäfte geht, und solchen, in denen einseitige Rechtsgeschäfte genehmigt werden sollen, in Bezug auf die grundsätzliche Problematik ein Unterschied bestehen könnte. Das ist aber nicht der Fall: In dem einen wie in dem anderen Fall geht es um die Entscheidung über ein von dem gesetzlichen Vertreter gewolltes Rechtsgeschäft und damit um eine von der Entscheidung des BVerfG vom 18.1.2000 erfasste Konstellation, die ausweislich der Gesetzesbegründung zur Schaffung von § 41 Abs 3 FamFG geführt hat.[1212]

Der Argumentation des Senats könnte zudem entnommen werden, dass der BGH für den Fall der Genehmigung eines Vertrages oder bei einseitigen Erklärungen, die gegenüber einem Dritten abgegeben werden, eher von einem Vertretungsausschluss des gesetzlichen Vertreters ausgeht als bei amtsempfangsbedürftigen Erklärungen. Eine vor dem Hintergrund der erwähnten verfassungsgerichtlichen Entscheidung verständliche Begründung findet sich allerdings nicht. Auch die übrigen Ausführungen tragen das Ergebnis nicht. Der Senat geht nämlich davon aus, dass im Genehmigungsverfahren nur eine Entziehung der Vertretungsmacht nach § 1796 BGB die für eine Pflegschaftsanordnung notwendige Lücke schaffen könnte und stellt insoweit konsequent auf die Feststellung eines erheblichen Interessenkonflikts im Einzelfall ab. Dem wurde zu Recht entgegengehalten, dass sich der Vertretungsausschluss aus dem Verfahrensrecht selbst ergibt.[1213] Der BGH lehnt diese Auffassung ohne Begründung oder zumindest eine Auseinandersetzung mit den dafür vorgetragenen Gründen ab. Noch weniger überzeugend ist schließlich das Argument, dass für die Bestellung eines Ergänzungspflegers zum Zwecke der Wahrnehmung der Verfahrens-

1212 Inkonsequent *Mensch* (MittBayNot 2015, 277, 279), der zwar zutreffend ausführt, aus der verfassungsgerichtlichen Entscheidung ergäbe sich, dass die Eltern das rechtliche Gehör im Genehmigungsverfahren nicht vermitteln könnten, das aber in Bezug auf eine Erbausschlagung offenbar für unproblematisch hält, weil den Eltern mit Rechtskraft der Genehmigung kein Handlungsspielraum mehr bliebe („*Vor dem Hintergrund der Überlegung einer im Falle der Erbausschlagung fehlenden aktiven Mitwirkung kann diese Rechtsprechung als zutreffend angesehen werden*") mehr bliebe. Dass diese Begründung nicht überzeugen kann, liegt auf der Hand, denn auch diese Rechtsfolge ändert nichts daran, dass dem Kind selbst die Möglichkeit verwehrt wird, sich gegen die von den Eltern mit Billigung des Gerichts getroffene Entscheidung zu wehren.

1213 *Kölmel* MittBayNot 2011, 190, 193; *Zorn* Rpfleger 2010, 424 in Anm zur Entscheidung des KG (FamRZ 2010, 1171 = Rpfleger 2010, 422); *Weissinger* RpflStud 2014, 83ff.

rechte des Kindes im Genehmigungsverfahren auch kein Bedürfnis bestünde, weil das Gericht den gesetzlichen Vertreter kontrolliert und bei einem etwaigen Interessenkonflikt eingreifen könnte. Dass die Kontrolle des Gerichts nicht die Wahrnehmung der Rechte des Vertretenen im Genehmigungsverfahren ersetzen kann, ist nicht zuletzt der erwähnten verfassungsgerichtlichen Entscheidung zu entnehmen. Auch die vom Senat angeführten Bedürfnisse der Praxis taugen nicht als Argument gegen eine verfassungsgemäße Behandlung dieser sowohl materiell- als auch verfahrensrechtlich bedeutsamen Frage.

Der Praxis wird die Entscheidung freilich insoweit entgegenkommen, als das Verfahren deutlich verschlankt wird, denn mit der Bestellung eines Ergänzungspflegers zur Vertretung des Kindes im Genehmigungsverfahren wird das Verfahren nicht zuletzt verlängert, es wird noch schwerfälliger und schließlich ist den Beteiligten das Erfordernis einer besonderen Verfahrensvertretung auch nicht leicht zu vermitteln. Das aber lässt sich nur durch eine Überarbeitung der gesetzlichen Regelung ändern, Rechtsprechung vermag dies selbstverständlich nicht.

Dieser nur für die Wahrnehmung der Verfahrensrechte des Kindes bestellte Vertreter („Verfahrensergänzungspfleger") verdrängt die Eltern in Bezug auf die **Vornahme des materiellen Rechtsgeschäfts** freilich nicht, dh den Eltern obliegt es nach wie vor, das Rechtsgeschäft mit rechtswirksamer Genehmigung wirksam werden zu lassen (Rn 530 ff) oder eben nicht.

Das bedeutet auch, dass der Vertragspartner eine Aufforderung nach § 1629 Abs 2 BGB an die Eltern und nicht an den Verfahrensergänzungspfleger richten muss, wenn er die 4-wöchige Frist in Gang setzen will.[1214]

j) Rechtsbehelf gegen die Entscheidung

Gegen die Entscheidung des Familiengerichts ist die **befristete Beschwerde** 542
nach § 11 Abs 1 RPflG, §§ 58 ff FamFG statthaft, da es sich um eine Endentscheidung gemäß § 38 FamFG handelt. Die Beschwerde muss **binnen zwei Wochen** (§ 63 Abs 2 Nr 2 FamFG) bei dem Gericht eingelegt werden, dessen Entscheidung angefochten wird (§ 64 Abs 1 FamFG). Die Beschwerdefrist beginnt für jeden Beschwerdeberechtigten mit Bekanntgabe der Entscheidung an ihn, § 63 Abs 3 FamFG.

Ein Abhilferecht besteht nicht, § 68 Abs 1 S 2 FamFG. Die Beschwerde ist deshalb sogleich an das Beschwerdegericht weiterzuleiten. Beschwerdegericht ist das Oberlandesgericht, § 119 Abs 1 Nr 1a GVG.

1214 OLG Köln FamRZ 2015, 1410.

Die Beschwerde ist aber in ausschließlich **vermögensrechtlichen Angelegenheiten** nur gegeben, wenn der Wert des **Beschwerdegegenstandes** 600,– Euro übersteigt (§ 61 Abs 1 FamFG). In gerichtlichen Genehmigungsverfahren, die Rechtsgeschäfte betreffen, wird es sich regelmäßig um rein vermögensrechtliche Angelegenheiten handeln, sodass dieser Wert überstiegen sein muss.

Alternativ ist die Beschwerde (bei geringerem Wert) nur zulässig, wenn das Gericht des ersten Rechtszuges die Beschwerde zugelassen hat (§ 61 Abs 2 FamFG).

Ist der **Beschwerdewert** (> 600,– Euro) nicht erreicht (§ 61 Abs 1 FamFG) und wurde die Beschwerde auch nicht zugelassen (§ 61 Abs 2 FamFG), ist ein Fall des § 11 Abs 2 RPflG gegeben, wenn die Entscheidung vom Rechtspfleger getroffen wurde.[1215] Damit unterliegt eine solche Rechtspflegerentscheidung der **befristeten Erinnerung**, die binnen einer **Frist von zwei Wochen** ab Bekanntgabe des Beschlusses einzulegen ist, § 11 Abs 2 S 1 RPflG. Ist der Beschwerdewert nicht erreicht, hat der Rechtspfleger die eingelegte Beschwerde deshalb als Erinnerung auszulegen und sie bei Nichtabhilfe dem Richter zur abschließenden Entscheidung vorzulegen.[1216]

Entscheidet der Rechtspfleger bei Nichterreichen des Beschwerdewerts des § 61 Abs 1 FamFG über die Nichtzulassung der Beschwerde gem § 61 Abs 2, 3 FamFG, ist ebenfalls die Erinnerung nach § 11 Abs 2 RPflG gegeben und es kann im Wege der Abhilfe auf Zulassung der Beschwerde erkannt werden (§ 63 Abs 3 S 1 FamFG).[1217]

5. Einschränkung der elterlichen Sorge durch Pflegerbestellung

543 Vom Zeitpunkt der ***Bestellung* eines Ergänzungspflegers** bis zur Beendigung der Pflegschaft kraft Gesetzes oder durch Aufhebung (vgl §§ 1918, 1919 BGB) ist die elterliche Sorge im Umfang des Wirkungskreises des Pflegers eingeschränkt und zwar auch dann, wenn die Pflegschaft zu Unrecht angeordnet wurde,[1218] denn die elterliche Sorge erstreckt sich gem § 1630 Abs 1 BGB nicht auf Angelegenheiten des Kindes, für die ein Pfleger *bestellt* ist. Sind die Eltern nicht tatsächlich oder rechtlich an der Besorgung das Kind betreffender Angelegenhei-

1215 Vgl BVerfG FamRZ 2001, 828; OLG Naumburg FamRZ 2012, 574; OLG Hamm FamRZ 2011, 307.

1216 BGH Rpfleger 2012, 681.

1217 OLG Stuttgart FamRZ 2010, 1003 = Rpfleger 2010, 325.

1218 Staudinger/*Peschel-Gutzeit* § 1630 Rn 2.

ten verhindert oder besteht kein Fürsorgebedürfnis für die Anordnung einer Pflegschaft, führt eine Pflegerbestellung wegen § 1630 Abs 1 BGB zu einem Eingriff in die elterliche Sorge, der aber nur aufgrund gesetzlich vorgesehener Eingriffstatbestände erfolgen darf.

Um einen **unberechtigten Eingriff in das Elternrecht** von vornherein zu verhindern, ist daher stets zu prüfen, ob die Voraussetzungen für eine Pflegerbestellung nach § 1909 BGB vorliegen.[1219] Liegt keine tatsächliche oder rechtliche Verhinderung beider sorgeberechtigter Eltern oder des allein sorgeberechtigten Elternteils etwa wegen eines gesetzlichen Vertretungsausschlusses vor, darf die Pfleger*bestellung* (vgl §§ 1915 Abs 1 S 1, 1789 BGB) nur bzw erst erfolgen, wenn die Voraussetzungen zB durch Teilentzug der elterlichen Sorge oder durch Entziehung der Vertretungsmacht des allein sorgeberechtigten Elternteils bei Vorliegen der dafür nach § 1666 BGB bzw § 1796 BGB erforderlichen Voraussetzungen durch das Gericht herbeigeführt wurden.

Da sowohl die Entziehung der Sorge und der Vertretungsmacht als auch die Bestellung des Pflegers dem Familiengericht obliegen, kann die Entziehung freilich auch mit der Pflegschaftsanordnung verknüpft werden. Beides hat durch Beschluss zu erfolgen und aus den Gründen des Beschlusses muss sich die Notwendigkeit der Pflegschaftsanordnung aufgrund der Entziehung ergeben. Wird ein Verein oder das Jugendamt zum Pfleger bestellt, kann sich die Entziehung auch aus der Bestellung ergeben, weil die Bestellung des Vereins und die des Jugendamts zum Pfleger – anders als bei natürlichen Personen! – nicht durch Handschlag (§§ 1915 Abs 1 S 1, 1789 BGB), sondern durch Beschluss erfolgt (§§ 1915 Abs 1 S 1, 1791a Abs 2, 1791b Abs 2 BGB).

Weil eine zu **Unrecht angeordnete Pflegschaft** gleichwohl wirksam ist, ist 544
sie von Amts wegen aufzuheben, womit ohne Weiteres auch die Wirkung des § 1630 Abs 1 BGB entfällt, weil es ohne Pflegschaft keinen Pfleger geben kann. Grundlage für die Aufhebung der Pflegschaft ist § 1919 BGB, der auch dann anwendbar ist, wenn die Voraussetzungen der Pflegschaft von vornherein nicht vorlagen[1220] oder wenn sich die Rechtsauffassung des Gerichts zu den Voraussetzungen der Pflegschaft geändert hat.[1221]

1219 Ausführlich zu den Voraussetzungen der Bestellung eines Ergänzungspflegers *Sonnenfeld* Rn 402 ff.

1220 BayObLG Rpfleger 1990, 119; MünchKomm BGB/*Schwab* § 1919 Rn 7.

1221 OLG Frankfurt FamRZ 2014, 1127 = Rpfleger 2014, 83.

6. Einfluss der Heirat eines minderjährigen Kindes auf die elterliche Sorge

545 Gem § 1303 Abs 1 BGB soll eine **Ehe nicht vor Eintritt der Volljährigkeit** geschlossen werden. Nach § 1303 Abs 2 BGB kann das Familiengericht von dem **Erfordernis der Volljährigkeit** aber auf Antrag des mindestens 16 Jahre alten minderjährigen Verlobten befreien, wenn sein künftiger Ehegatte volljährig ist.

Der Zustimmung der personensorgeberechtigten Eltern zur Heirat bedarf es seit dem 1.7.1998 nicht mehr (vgl § 1303 Abs 4 BGB); diese haben nur noch ein, allerdings überwindbares, Widerspruchsrecht.[1222] Das Familiengericht darf die Befreiung gegen den Widerspruch der Personensorgeberechtigten nämlich nur erteilen, wenn der Widerspruch nicht auf triftigen Gründen beruht, § 1303 Abs 3 BGB. § 1303 Abs 3 BGB hat wegen der mit der Heirat verbundenen Wirkungen auf die elterliche Sorge die Qualität einer besonderen Norm, da die auch dem mindestens 16 Jahre alten Minderjährigen zustehende Eheschließungsfreiheit einen Eingriff in die elterliche Sorge unterhalb der Gefährdungsgrenze rechtfertigt.[1223]

Widerspruchsberechtigt sind die Eltern jeder für sich, wenn sie beide die tatsächliche Personensorge innehaben.

Das Widerspruchsrecht ist Ausfluss der tatsächlichen Personensorge, es ist also *nicht* daran geknüpft, dass die Eltern das Kind in persönlichen Angelegenheiten auch vertreten könnten.[1224]

546 Die **Heirat führt nicht zur Mündigkeit des minderjährigen Ehegatten**, die Eltern verlieren aber die tatsächliche Personensorge, § 1633 BGB. Diese geht auch nicht etwa auf den volljährigen Ehegatten über; der Minderjährige ist in diesem Umfang vielmehr **einem Volljährigen gleichgestellt**.

Der **Verlust der tatsächlichen Personensorge**, zu der neben dem Erziehungsrecht[1225] (vgl § 1631 Abs 1 BGB) auch das Aufenthalts- und das Umgangsbestimmungsrecht gehören,[1226] dient dem Schutz der Ehe. Die Eltern verlieren die tatsächliche Personensorge für ihr Kind durch dessen Heirat **endgültig**, sie steht den Eltern also auch dann nicht mehr zu, wenn die Ehe vorzeitig, dh vor Volljährigkeit des Kindes endet.[1227]

1222 Gernhuber/*Coester-Waltjen* § 57 Fn 161.
1223 Gernhuber/*Coester-Waltjen* § 9 Rn 18.
1224 Palandt/*Brudermüller* § 1303 Rn 7.
1225 LG Darmstadt NJW 1965, 1235.
1226 So auch *Schwab* Rn 660 f.
1227 Staudinger/*Peschel-Gutzeit* § 1633 Rn 7 mwN.

Von der Heirat unberührt bleibt die gesetzliche Vertretung in persönlichen Angelegenheiten und die gesamte Vermögenssorge.

Die (gesetzliche) Vertretung des minderjährigen Ehegatten obliegt also grundsätzlich vollumfänglich weiterhin den Eltern, während das Kind die einer Vertretungshandlung vorgelagerte Entscheidung in persönlichen Angelegenheiten selbstständig trifft. Das verheiratete Kind kann zB selbstständig darüber entscheiden, ob es sich einer ärztlichen Behandlung unterziehen will. Auch die Begründung und die Aufhebung eines Wohnsitzes obliegt dem verheirateten Kind allein, § 8 Abs 2 BGB. Die Heirat ist aber auch sonst nicht gänzlich ohne Einfluss auf die Fähigkeit des Kindes, im Außenverhältnis selbstständig wirksam zu handeln. So ist der minderjährige Ehegatte zB gem § 125 Abs 1 FamFG in Ehesachen selbst verfahrensfähig.

Im **Verhältnis der Ehegatten untereinander** gelten §§ 1353ff BGB. Leben 547
diese im gesetzlichen Güterstand der Zugewinngemeinschaft, so wirkt die von der Heirat nicht berührte elterliche Vermögenssorge auch hier, weil der volljährige Ehegatte zu einem in den Anwendungsbereich der §§ 1365, 1369 BGB fallenden Rechtsgeschäft die Zustimmung der Eltern des minderjährigen Ehegatten benötigt.[1228]

Einen Ehevertrag kann das minderjährige Kind nur selbst abschließen, es benötigt gem § 1411 Abs 1 S 1 BGB hierzu aber die Zustimmung seines gesetzlichen Vertreters.

Da das Kind bezogen auf die tatsächliche Personensorge einem Volljährigen 548
gleichsteht, können die Eltern insoweit keine Entscheidungen als Vertreter des Kindes treffen. **Maßnahmen gem § 1666 BGB** scheiden bezogen auf diesen Bereich daher aus.

Soweit das „Kind" infolge einer der in § 1896 Abs 1 BGB genannten Krank- 549
heiten oder Behinderungen seine der tatsächlichen Personensorge zuzuordnenden Angelegenheiten nicht (mehr) selbst besorgen kann, kommt in analoger Anwendung von § 1896 BGB die Einrichtung einer **Betreuung für den noch Minderjährigen** in Betracht, da das insoweit nicht mehr unter elterlicher Sorge stehende Kind sonst nicht geschützt werden könnte.[1229]

Bei **Meinungsverschiedenheiten** zwischen Eltern und verheiratetem Kind 550
in Angelegenheiten, die sowohl die (tatsächliche) Personensorge als auch die Vermögenssorge betreffen, ist § 1630 Abs 2 BGB analog anwendbar.[1230] Das Familiengericht hat aber auch einen Streit in anderen „gemischten" Angelegenheiten in analoger Anwendung dieser Norm zu entscheiden, nämlich solche, in

---

1228 *Ziege* NJW 1957, 1579, 1581; *ders* NJW 1958, 131f.
1229 *Sonnenfeld* RpflStud 1996, 10ff.
1230 Gernhuber/*Coester-Waltjen* § 57 Fn 159 mwN.

denen es um die Durchsetzung einer vom minderjährigen, verheirateten Kind getroffenen Entscheidung in einer persönlichen Angelegenheit geht, die einen Vertretungsakt erfordert, deren Vornahme die Eltern aber verweigern.

551 Wird in der Ehe ein **Kind** geboren, hat der minderjährige Elternteil die elterliche Sorge zwar inne, kann sie aber gem §§ 1673 Abs 2, 1675 BGB bis auf die tatsächliche Personensorge nicht ausüben. Der andere Elternteil übt die elterliche Sorge kraft Gesetzes bis zur Volljährigkeit des verheirateten Elternteils insoweit gem § 1678 Abs 1 Hs 1 Alt 2 BGB allein aus (vgl Rn 197, 267, 269, 272).

Den Eltern des verheirateten minderjährigen Kindes steht die Sorge für ihr Enkelkind nicht zu.

VI. Ausübung der elterlichen Sorge bei gemeinsamer Inhaberschaft und Ausübungsberechtigung

1. Grundsätzliche Ausübungsbindung bei gemeinsamer Elternsorge

552 Sind **beide Eltern sorge- und ausübungsberechtigt und auch nicht tatsächlich verhindert**, besteht grundsätzlich gem § 1627 S 1 BGB die Verpflichtung der Eltern, die Sorge **eigenverantwortlich und im gegenseitigen Einvernehmen** zum Wohl des Kindes auszuüben. Bei **Meinungsverschiedenheiten** müssen die Eltern versuchen, sich zu einigen (§ 1627 S 2 BGB).

Mit der Regelung soll im Interesse des Kindes eine gegensätzliche Wahrnehmung der elterlichen Sorge vermieden werden. Diese **Ausübungsbindung**, die den Eltern gleichrangige Rechte einräumt und Pflichten auferlegt, schließt freilich eine (einvernehmliche) Teilung hinsichtlich der von den Eltern wahrzunehmenden Aufgaben nicht aus.

553 Neben der Wahrnehmung der tatsächlichen Sorge sind **Entscheidungsfindungsprozesse** ebenso von der Gemeinschaftspflicht erfasst, wie die **gesetzliche Vertretung**. Letzteres kommt in § 1629 Abs 1 S 2 Hs 1 BGB zum Ausdruck, worin das der Gemeinschaftlichkeit der Ausübung der elterlichen Sorge durch beide Eltern entsprechende **Gesamtvertretungsprinzip** geregelt ist. Der Gesamtvertretungsgrundsatz soll das Kind ebenfalls vor Schäden aus gegensätzlichem Elternhandeln bewahren. Gleichzeitig wird durch das Erfordernis der gemeinschaftlichen Vertretung und die damit einhergehende **gegenseitige Kontrolle** erreicht, dass das Kind vor treuwidriger Ausübung der Vertretungsmacht durch einen von beiden Elternteilen geschützt ist.[1231]

1231 Staudinger/*Peschel-Gutzeit* § 1629 Rn 30.

Die Eltern müssen das Kind daher im Umfang ihrer elterlichen Sorge bei Aktivhandlungen gemeinsam vertreten. Dies gilt nicht nur zB hinsichtlich des Abschlusses von Rechtsgeschäften, sondern auch für die Einwilligung in ärztliche Maßnahmen, in Verfassungsbeschwerdeverfahren[1232] und sonstige Verfahrens- und Prozesshandlungen der Eltern[1233] sowie für Sozialhilfeanträge.[1234]

Gemeinschaftliche Vertretung bedeutet aber nicht, dass beide Eltern (gleich- 554
zeitig) handeln müssten. Dem Gesamtvertretungsgrundsatz genügt auch die **Zustimmung** des nicht nach außen auftretenden Gesamtvertreters gegenüber dem anderen Elternteil in Form einer (vorherigen) Einwilligung (§ 183 BGB) oder einer (nachträglich erteilten) Genehmigung (§ 184 BGB). Es besteht auch Einvernehmen darüber, dass ein Elternteil den anderen wie auch sonst im Rechtsverkehr ausdrücklich oder durch schlüssige Handlung autorisieren kann, im Einzelfall oder in bestimmten abgegrenzten Bereichen für ihn mitzuhandeln.[1235] Die Meinungen weichen lediglich insoweit voneinander ab, als unterschiedlich beurteilt wird, ob das Vertretungsrecht durch **Ermächtigung**[1236] analog § 125 Abs 2 S 2 HGB oder durch **Bevollmächtigung**[1237] verliehen wird. Der Unterschied besteht darin, dass der Ermächtigte ausschließlich im *eigenen* Namen auftritt und die Ermächtigung gegenstandsbezogen sein soll, während die Bevollmächtigung zum Handeln im Namen des Vollmachtgebers also im Namen eines Dritten berechtigt und personenbezogen sein soll.[1238] Praktisch wird ein Elternteil regelmäßig aber nicht nach außen erkennbar im eigenen Namen als Vertreter des Kindes *und* als Vertreter des anderen gesamtvertretungsberechtigten Elternteils auftreten, sodass von der Ermächtigung auszugehen ist, deren Wirkung im Unterschied zur Vollmachtserteilung gerade darin besteht, dass sie die Handlungsbefugnis eines Elternteils dergestalt erweitert, dass dieser das Kind im Umfang der Ermächtigung **allein vertreten** kann, was mit der Autorisierung in aller Regel auch beabsichtigt sein dürfte. Ein Verstoß gegen §§ 1627, 1629 Abs 1 S 2 BGB liegt darin nicht, weil auch die Ermächtigung auf der Grundlage gemeinsamer sorgerechtlicher Entscheidungen entsteht, die Einvernehmen voraussetzt.

1232 BVerfG FamRZ 2005, 429.

1233 BGH NJW 1987, 1947.

1234 OVG Lüneburg FamRZ 2004, 653.

1235 OLG Saarbrücken FamRZ 2008, 2030.

1236 Von Ermächtigung gehen aus ua *Rauscher* Rn 1048; Staudinger/*Peschel-Gutzeit* § 1629 Rn 44 mwN.

1237 Von Vollmacht geht ua aus Palandt/*Götz* § 1629 Rn 5, allerdings ohne die Unterschiede aufzuzeigen.

1238 Staudinger/*Peschel-Gutzeit* § 1629 Rn 42.

Ob sich der Erklärungsempfänger allerdings ungefragt auf das Vorliegen einer solchen Ermächtigung (oder Bevollmächtigung) verlassen kann, ist eine andere Frage. Der BGH hat dies zB bei ärztlichen Maßnahmen nur für Routinebehandlungen[1239] und -impfungen[1240] bejaht.

Geht es dagegen um ärztliche Maßnahmen schwerer Art mit nicht unbedeutenden Risiken, muss sich der Arzt vergewissern, ob der allein auftretende Elternteil die Ermächtigung des anderen Elternteils hat. Bei derartigen schwierigen oder risikoträchtigen Eingriffen liegt eine solche Alleinvertretungsmacht nicht von vornherein nahe, weil sie weder aus einer üblichen Funktionsteilung zwischen den Eltern folgt, noch kann sich der Arzt, auch wenn er keinen Anhalt für Differenzen zwischen den Eltern des Kindes über die anzustrebende Behandlung hat, darauf verlassen, dass der ihm gegenüber auftretende Elternteil freie Hand hat, solche schwierigen Entscheidungen allein zu treffen.[1241]

Ebenfalls nicht ohne Weiteres von einer Ermächtigung oder Bevollmächtigung durfte der Vertragspartner nach einer Entscheidung des AG Nürtingen[1242] bei Abschluss eines Fitnessstudiovertrages ausgehen.

555 Bei **Empfangnahme von Erklärungen (= Passivvertretung)** genügt es, wenn die Erklärung gegenüber einem Elternteil abgegeben wird, § 1629 Abs 1 S 2 Hs 2 BGB. Die Empfangszuständigkeit eines Elternteils ist aber wegen § 1629 Abs 2 S 1 BGB nur gegeben, wenn auch der andere Elternteil das Kind bei Entgegennahme der Erklärung vertreten könnte. MaW: Ist ein gesamtvertretungsberechtigter Elternteil von der Vertretung des Kindes bei Empfangnahme der Erklärung gem §§ 181, 1795 BGB ausgeschlossen, kann auch der andere das Kind dabei nicht (allein) vertreten, § 1629 Abs 2 S 1 BGB.

2. Ausnahmen von der gemeinschaftlichen Ausübung

2.1 Das Notvertretungsrecht gem § 1629 Abs 1 S 4 BGB

556 Ein **Alleinvertretungsrecht des allein erreichbaren Elternteils** besteht gem § 1629 Abs 1 S 4 BGB bei Gefahr im Verzug im Interesse des Kindes hinsichtlich solcher Rechtshandlungen, die zum Wohl des Kindes notwendig sind. Dass es

1239 BGHZ 105, 45 = FamRZ 1988, 1142 = JZ 1989, 93 m zust Anm *Giesen*; vgl dazu auch den Besprechungsaufsatz von *Pawlowski* MDR 1989, 775 ff; ihm folgend OLG München FamRZ 2009, 2099.

1240 BGH FamRZ 2000, 809; dem folgend OLG Koblenz MDR 2013, 1344 = FamRZ 1156 (LS); OLG Stuttgart NJW-RR 2011, 747; OLG München FamRZ 2009, 2099.

1241 BGHZ 105, 45 = FamRZ 1988, 1142 = JZ 1989, 93 m Anm *Giesen*.

1242 FamRZ 2004, 50.

sich dabei um den allein erreichbaren Elternteil handeln muss, ergibt sich neben dem Umstand, dass das **Notvertretungsrecht** eine **Ausnahme von dem Gesamtvertretungsgrundsatz** bei Gefahr im Verzug, also bei plötzlich und unerwartet eintretenden Notlagen bildet, auch daraus, dass das Gesetz für diesen Fall die **unverzügliche Unterrichtung des anderen** (sorgeberechtigten, nicht erreichbaren) **Elternteils** vorsieht, § 1629 Abs 1 S 4 Hs 2 BGB. Daraus ergibt sich ferner, dass das Notvertretungsrecht kein Instrument ist, um einen Elternstreit über zu treffende Maßnahmen zugunsten eines Elternteils zu entscheiden. Auch darf es nicht dazu benutzt werden, um die Mitentscheidung eines Elternteils zu hintertreiben.[1243]

Die Regelung mit **Ausnahmecharakter** erfordert vielmehr **besondere Situationen**, die ein **unverzügliches Eingreifen der Eltern** verlangen, um Schaden von dem Kind abzuwenden, ohne dass der andere Elternteil ggf unter Ausschöpfung der heute erleichterten Kommunikationsmöglichkeiten rechtzeitig beteiligt werden kann.

Es sind daher auch nur solche Rechtshandlungen von dem Notvertretungsrecht gedeckt, die zum Wohl des Kindes notwendig sind. Dem Kind müssen andernfalls erhebliche, insbesondere gesundheitliche, ggf auch wirtschaftliche Nachteile drohen, deren Abwendung sofortiges elterliches Handeln erfordern.

Bedeutung erlangt das Notvertretungsrecht damit insbesondere bei Unfällen, Krankheiten oder bei Urlaub des Kindes.

Die Regelung ist aber nicht nur bei gemeinsamer Elternsorge bedeutsam. 557
Vielmehr steht auch dem nicht sorgeberechtigten und damit an sich auch nicht vertretungsberechtigten Elternteil, bei dem sich das Kind rechtmäßig aufhält, gem §§ 1687a, 1687 Abs 1 S 5, 1629 Abs 1 S 4 BGB ein Notvertretungsrecht zu.

Inhaltlich Vergleichbares gilt für den Ehegatten eines allein sorgeberechtigten Elternteils, der nicht Elternteil des Kindes ist (§ 1687b Abs 2 BGB) und den eingetragenen Lebenspartner des allein sorgeberechtigten Elternteils (§ 9 Abs 2 LPartG).[1244]

2.2 Das gespaltene Sorgerecht bei dauerhafter Trennung der gemeinsam sorgeberechtigten Eltern

Das Sorgerecht wandelt **bei dauerhaftem Getrenntleben der Eltern** seine 558
Struktur. Dies entspricht faktischen Gegebenheiten, die der Gesetzgeber mit Schaffung des § 1687 BGB durch das KindRG gesetzlich ausgestaltet hat: Der Elternteil, bei dem sich das Kind mit Einwilligung des anderen Elternteils oder

1243 So zutreffend Palandt/*Götz* § 1629 Rn 12.
1244 Vgl ua *Schwab* FamRZ 2001, 385, 394; *Schomburg* Kind-Prax 2001, 103, 105.

auf Grund einer gerichtlichen Entscheidung (= **rechtmäßig**) gewöhnlich aufhält, hat gem § 1687 Abs 1 S 2 BGB die **alleinige Entscheidungsbefugnis in Angelegenheiten des täglichen Lebens**.

Maßgebend für die Beurteilung, wann die Eltern nicht nur vorübergehend getrennt leben, ist der Begriff des § 1567 BGB.[1245]

Obwohl im Gesetz nicht ausdrücklich geregelt, besteht Einigkeit darüber, dass die alleinige Entscheidungsbefugnis **alleinige Vertretungsbefugnis** mit sich bringt.[1246]

559 Ausgangspunkt für die gesetzliche Kompetenzzuweisung ist der **rechtmäßige gewöhnliche Aufenthalt des Kindes bei einem Elternteil**, welcher das Kind allein oder überwiegend betreut, dem auf diese Weise in Angelegenheiten des täglichen Lebens (**Alltags- oder Tagessorge**[1247]) der Zwang zur ständigen Kommunikation mit dem anderen Elternteil erspart werden sollte.[1248]

Problematisch sind die verschiedenen Kindesbetreuungsmodelle, auf die sich die Eltern verständigen können. Während der Gesetzgeber bei Schaffung der Regelung vom **Residenzmodell** ausgegangen ist, wonach sich das Kind gewöhnlich bei einem Elternteil aufhält, von dem es auch betreut wird, kann ein gewöhnlicher Aufenthalt des Kindes iSd Vorschrift auch bei einem **Wechsel- oder Pendelmodell**, also dann vorliegen, wenn sich das Kind infolge Elternvereinbarung abwechselnd in dem jeweiligen Haushalt eines Elternteils aufhält.[1249] Die gleich gelagerte Interessenlage spricht auch bei einem solchen Modell dafür, dass die Alltagssorge gem § 1687 Abs 1 S 2 BGB jedenfalls dann bei dem Elternteil liegt, bei dem sich das Kind rechtmäßig aufhält, wenn sich die Phasen in den unterschiedlichen Haushalten über mehrere Monate erstrecken. Nach anderer Ansicht weist das Gesetz für den Fall eines **strikten Wechselmodells** mit gleichen Anteilen an der Betreuung eine planwidrige Regelungslücke auf, die durch analoge Anwendung von § 1687 Abs 1 S 1 BGB zu schließen sei, sodass sich die Eltern auch in Alltagssorgeangelegenheiten einigen müssten und bei Nichteinigung auch insoweit eine gerichtliche Entscheidungszuweisung gem § 1628 BGB (dazu näher Rn 566 ff) beantragen könnten.[1250]

1245 *Schwab* Rn 787.

1246 *Schwab* FamRZ 1998, 457, 470; *ders* DNotZ 1998, 437, 442; *Zimmermann* DNotZ 1998, 404, 418; Palandt/*Götz* § 1687 Rn 6; Staudinger/*Salgo* § 1687 Rn 50.

1247 Vgl ua *Willutzki* Rpfleger 1997, 335 f (= Alltagssorge); *Coester-Waltjen* JURA 2005, 97 (= Tagessorge).

1248 BT-Drucks 13/4899 S 107.

1249 Staudinger/*Salgo* § 1687 Rn 15; *Schilling* NJW 2007, 3233, 3236 f; zum „Wechselmodell" vgl auch OLG Dresden FamRZ 2005, 125 sowie ausführlich *Kaiser* FPR 2008, 143 ff.

1250 *Kaiser* FPR 2008, 143, 145.

Hält sich das Kind zeitweise rechtmäßig bei dem anderen mitsorgeberechtigten Elternteil, dh bei dem auf, bei dem es *nicht* lebt, steht diesem Elternteil alleinige Entscheidungsbefugnis in **Angelegenheiten der tatsächlichen Betreuung** zu, § 1687 Abs 1 S 4 BGB. Der Kreis dieser Angelegenheiten ist sehr eng geschnitten; gedacht ist hier an Entscheidungen wie zB solche, was das Kind zu essen bekommt und wann es schlafen geht,[1251] welche Freizeitaktivitäten unternommen werden, welches Fernsehprogramm das Kind wie lange sehen darf und mit wem es während des Aufenthalts Umgang haben darf. Mit diesem Alleinentscheidungsrecht ist grundsätzlich kein Allein*vertretungsrecht* verknüpft.[1252] Nach anderer Meinung kann der mitsorgeberechtigte Elternteil, bei dem das Kind nicht lebt, während der Dauer des (rechtmäßigen) Aufenthalts bei ihm aber auch über sachdienliche gewöhnliche ärztliche Behandlungen allein bestimmen, ohne dass ein Notfall iSv § 1629 Abs 1 S 4 BGB vorliegen muss.[1253] Dies müsste konsequenterweise auch ein Alleinvertretungsrecht hinsichtlich solcher Entscheidungen mit sich bringen, weil andernfalls das Alleinentscheidungsrecht leer liefe. 560

Die **Konflikt vermeidende Alleinentscheidungsbefugnis** ist auf die Alltagssorge beschränkt, geht also nicht soweit, dass die gemeinsame elterliche Sorge zur leeren Hülle wird.[1254] Das gemeinsame Sorgerecht ist folglich „gespalten".[1255] 561

In den Angelegenheiten, in denen keine Alleinentscheidungsbefugnis nach § 1687 Abs 1 S 2 BGB besteht, sind die Eltern trotz dauerhafter Trennung (weiterhin) verpflichtet, die Sorge gemeinsam auszuüben. In diesem Bereich müssen sie also Einvernehmen herstellen und das Kind auch gemeinsam vertreten, §§ 1687 Abs 1 S 1, 1629 Abs 1 S 2 BGB. Es gibt demnach Angelegenheiten, in denen elterlicher Konsens erforderlich ist und solche, in denen ein Elternteil allein ausübungsberechtigt ist.

Zur **Abgrenzung der beiden Bereiche** ist § 1687 Abs 1 S 3 BGB heranzuziehen: Kommen die Angelegenheiten häufiger vor und haben keine schwer abzuändernden Auswirkungen auf die Entwicklung des Kindes, ist in der Regel von der Alltagssorge zuzuordnenden Angelegenheiten des täglichen Lebens auszugehen. 562

1251 BT-Drucks 13/4899 S 108.

1252 Wie hier *Kaiser* FPR 2008, 143 f.

1253 Staudinger/*Salgo* § 1687 Rn 52 unter Hinweis auf OLG Zweibrücken FamRZ 2001, 639; MünchKomm BGB/*Hennemann* § 1687 Rn 15.

1254 BT-Drucks 13/8511 S 67.

1255 *Schwab* FamRZ 1998, 457, 468.

§ 1687 Abs 1 S 3 BGB kann aber allenfalls als grobe Orientierungshilfe dienen. Klare Abgrenzungskriterien bietet die Regel nicht, weil es Entscheidungen gibt, die häufiger vorkommen und gerade deshalb im Ergebnis schwer abzuändernde Auswirkungen auf die Entwicklung des Kindes haben. Andererseits sind auch selten vorkommende Einzelentscheidungen nicht zwingend von übergeordneter Bedeutung für das Kind.[1256] Konkret bedeutet das, dass neben objektiven Anhaltspunkten, die für die Zuordnung der Entscheidung zu dem Bereich der Alltagssorge bzw andererseits dem Bereich, in dem keine Alleinentscheidungsbefugnis besteht, auch die individuellen Verhältnisse wie zB das Alter des Kindes, die Familienverhältnisse und die soziale Bedeutung des Entscheidungsgegenstandes zu berücksichtigen sind.[1257] Zur **Alltagssorge im Bereich der Personensorge** gehört demnach alles, was im täglichen Leben anfällt wie zB Maßnahmen für Ernährung, Kleidung und Hygiene, die Bestimmung der Schlafenszeit und des Fernsehkonsums, ärztliche Routineuntersuchungen und Behandlungen häufig vorkommender Krankheiten (Husten, Grippe, gewöhnliche Kinderkrankheiten),[1258] Entscheidungen im Schulalltag, die Routineerlaubnis zur Freizeitgestaltung und die Beantragung von Personalpapieren für Auslandsferienreisen.[1259]

Im **Bereich der Vermögenssorge** gehört zB die Verwaltung kleinerer Geldbeträge zur Alltagssorge.

563 Zu den **Angelegenheiten von erheblicher Bedeutung**, in denen *keine* Alleinentscheidungsbefugnis besteht, gehören ua

- Bestimmung des gewöhnlichen Aufenthalts des Kindes;[1260]
- Entscheidung über die Teilnahme eines 3-jährigen Kindes an einer zweiwöchigen Ferienreise in ein afrikanisches Land;[1261]
- Auslandsreise mit einem noch nicht 2 Jahre alten Kind mit mehrstündigem Flug;[1262]

1256 Näher dazu *Schwab* FamRZ 1998, 457, 468 f.

1257 Vgl OLG Karlsruhe FamRZ 2005, 1004, dem zufolge selbst eine Urlaubsreise des Kindes nach China mit dem sorgeberechtigten Kindesvater nach den individuellen Familienverhältnissen eine Angelegenheit des täglichen Lebens sein kann.

1258 OLG Bamberg FamRZ 2003, 1403.

1259 OLG Bremen FamRZ 2008, 810 = FamRB 2008, 75 (LS) m Anm *Giers*; *Koritz* FPR 2000, 243; **aA** OLG Karlsruhe FamRZ 2005, 1187; weitere Beispiele führt *Schilling* auf (NJW 2007, 3233, 3236).

1260 OLG Zweibrücken FamRZ 2000, 1042.

1261 OLG Köln FamRZ 2005, 644 (Entscheidung über Reisen mit kleineren Kindern in einen nicht vertrauten Kulturkreis); OLG Köln FamRZ 1999, 249.

1262 OLG Naumburg FuR 2000, 235.

- Bestimmung über den Umgang mit dem jeweils anderen Elternteil und Bezugspersonen wie den Großeltern;[1263]
- Entscheidung über Schulart und Schule,[1264] Schulwechsel des Kindes[1265] sowie die erforderlichen Entscheidungen, wenn ein Kind das Klassenziel nicht erreicht hat;[1266]
- Entscheidung über das Verbringen in den Kinderhort[1267] und die An- und Abmeldung in einer Kindertageseinrichtung;[1268]
- Entscheidung, ob und wogegen das Kind geimpft werden soll;[1269] nach anderer Ansicht handelt es sich bei Routineimpfungen (Tetanus, Masern, Diphterie, Pneumokokken) nur dann nicht um eine Alltagsangelegenheit, wenn die Impfung unterbleiben soll;[1270]
- Entscheidung, ob und welche schwerwiegenden medizinischen Maßnahmen erforderlich sind;[1271]
- Entscheidungen über und Einwilligung in eine Beschneidung des männlichen Kindes (§ 1631d BGB);[1272]
- Entscheidung über psychiatrisch-psychotherapeutische Behandlungen;[1273]
- Antrag auf Gewährung von Hilfe zur Erziehung;[1274]
- namensrechtliche[1275] und Status verändernde Angelegenheiten;
- Handlungen, die das Persönlichkeitsrecht des Kindes berühren (zB Veröffentlichung von Fotos des Kindes in Zeitschriften/Magazinen oder anderen Medien – „facebook");[1276]
- alle Geschäfte, zu denen eine gerichtliche Genehmigung erforderlich ist.[1277]

In diesen Angelegenheiten kann bei Uneinigkeit der Eltern eine Entscheidung nach § 1628 BGB beantragt werden (dazu Rn 566).

1263 OLG Dresden FamRZ 2005, 1275.
1264 OLG Dresden FamRZ 2003, 1489; OLG Nürnberg FamRZ 1999, 1160.
1265 OLG München FamRZ 1999, 111.
1266 OLG Nürnberg FamRZ 1999, 673.
1267 OLG Brandenburg JAmt 2005, 47.
1268 VG Köln FamRZ 2014, 55 (LS).
1269 KG FamRZ 2006, 142.
1270 AG Darmstadt NJW-Spezial 2015, 485.
1271 OLG Bamberg FamRZ 2003, 1403.
1272 BeckOGK/*Kerscher* § 1631d Rn 13; BeckOK/*Veit* § 1631d Rn 2.
1273 *Reichmann*/*Ufer* JR 2009, 485, 489.
1274 OVG Koblenz FamFR 2012, 573.
1275 OLG Dresden OLGR 2004, 380.
1276 KG FamRZ 2011, 1659.
1277 Weitere Beispiele führt *Schilling* auf (NJW 2007, 3233 f).

In **Zweifelsfällen** ist davon auszugehen, dass die Angelegenheit von erheblicher Bedeutung für das Kind ist,[1278] sodass die Sorge gemäß dem Grundsatz des § 1627 S 1 BGB im gegenseitigen Einvernehmen gemeinsam auszuüben ist.

564 Die geschilderte Alleinentscheidungsbefugnis kann durch **familiengerichtliche Entscheidung** eingeschränkt oder gänzlich ausgeschlossen werden, soweit dies zum Wohl des Kindes erforderlich ist, § 1687 Abs 2 BGB. Funktionell zuständig für die Entscheidung ist gem § 14 Abs 1 Nr 7 RPflG der Richter.

565 Die Alleinentscheidungsbefugnis endet ohne Weiteres, wenn die **Eltern ihr Zusammenleben wieder aufnehmen.**

2.3 Übertragung der Alleinentscheidungsbefugnis gem § 1628 BGB

566 Können sich die Eltern in einer einzelnen Angelegenheit oder in einer bestimmten Art von Angelegenheit der elterlichen Sorge, **deren Regelung für das Kind von erheblicher Bedeutung** ist, nicht einigen, so kann das **Familiengericht auf Antrag eines Elternteils** die Entscheidung einem Elternteil übertragen, § 1628 S 1 BGB.

Der Konflikt kann eine einzelne **konkrete Angelegenheit** (zB Anmeldung in einer bestimmten Schule, Durchführung einer mit besonderen Risiken verbundenen ärztlichen Maßnahme) oder eine bestimmte Art von Angelegenheit der elterlichen Sorge (zB ärztliche Betreuung des Kindes[1279]) betreffen, deren Regelung für das Kind von erheblicher Bedeutung ist.

Die Übertragung setzt **gemeinsame Sorge und Ausübungsberechtigung** voraus, ohne dass es darauf ankäme, ob diese kraft Ehe oder durch Sorgeerklärung oder gerichtliche Entscheidung besteht oder ob die Eltern getrennt- oder zusammenleben. Weitere Voraussetzung einer Sachentscheidung ist ein **Antrag eines (oder beider) gemeinsam sorgeberechtigten Elternteils bzw Elternteile.** Eine amtswegige Entscheidung auf der Grundlage der Vorschrift scheidet ebenso aus wie eine auf Antrag des Kindes. Darüber hinaus muss eine **mangelnde Einigung** der Eltern in der konkreten, für das Kind bedeutsamen (Art von) Angelegenheit vorliegen.

567 § 1628 BGB ist restriktiv auszulegen. Der **Anwendungsbereich der Vorschrift** ist daher auf situative Entscheidungen beschränkt, er **betrifft nur Einzelfälle,**[1280] in denen die Eltern konkrete Meinungsdifferenzen nicht allein zu überwinden vermögen.[1281] Ferner scheidet ein Antrag nach § 1628 BGB aus, wenn

---

1278 So auch *Schilling* NJW 2007, 3233 f.

1279 Vgl OLG Bamberg FamRZ 2003, 1403

1280 Dazu auch *Götz* FF 2015, 146, 148.

1281 OLG München FamRZ 2008, 1103; OLG Zweibrücken FamRZ 2001, 186.

spezielle Regelungen vorhanden sind, nach denen das Gericht einem Elternteil das alleinige Bestimmungsrecht überträgt (§ 7 RKEG[1282] und § 1617 Abs 2 S 1 BGB). Andererseits erlaubt § 1628 BGB auch die Übertragung des Aufenthaltsbestimmungsrechts bei Trennungsabsicht.[1283] Besteht ein grundsätzlicher Dissens zB über den Aufenthalt des Kindes, kommt bei dauerhaft getrennt lebenden Eltern aber auch eine Teilübertragung der Sorge gem § 1671 Abs 1 BGB in Betracht, sodass trotz der mit einer Übertragungsentscheidung nach § 1671 Abs 1 Nr 2 BGB verbundenen hohen Anforderungen eine Konkurrenz zur Übertragungsentscheidung nach § 1628 BGB bestehen kann,[1284] wenn die Eltern ihren Antrag nicht explizit entweder auf eine Entscheidung nach § 1628 BGB oder auf eine nach § 1671 Abs 1 BGB gerichtet haben. Die Voraussetzungen einer Entscheidung nach § 1671 Abs 1 BGB und einer solchen nach § 1628 BGB sind aber nicht identisch.[1285] Eine Sorgerechtsübertragung nach § 1671 Abs 1 BGB setzt anders als eine Übertragung des Bestimmungsrechts nach § 1628 BGB ein dauerhaftes Getrenntleben der Eltern voraus. Ferner kann nach § 1671 Abs 1 BGB die Sorge nicht dem Antragsgegner, sondern nur dem Antragsteller übertragen werden, wohingegen das Gericht nach § 1628 BGB auch dem Antragsgegner das alleinige Entscheidungsrecht übertragen kann.

Treffen aber sowohl die Tatbestandsmerkmale von § 1628 BGB als auch die des § 1671 Abs 1 BGB zu, ist bei der Auflösung der angesprochenen Konkurrenz zu berücksichtigen, dass eine Übertragungsentscheidung nach § 1628 BGB die elterliche Sorge des in dem Streit „unterliegenden“ Elternteils in ihrer Substanz nicht berührt, während eine gem § 1671 Abs 1 BGB erfolgende Teilübertragung der Sorge auf den anderen Elternteil insoweit zu einem Sorgerechtsverlust führt, der nur durch eine Änderungsentscheidung gem § 1696 BGB rückgängig gemacht werden kann.

Handelt es sich nur um einen situativen und sachbezogenen Elternkonflikt, sprechen daher schon die unterschiedlichen Folgen der Entscheidungen für den Vorrang von § 1628 BGB.

Das **Gericht kann die Entscheidung in der streitigen Angelegenheit nicht** 568
selbst treffen, sondern nur einem Elternteil die alleinige Entscheidungskompetenz zuweisen.[1286] Es hat dabei die Entscheidung zu treffen, die unter Berücksichtigung der tatsächlichen Gegebenheiten und Möglichkeiten sowie der berechtig-

1282 Gesetz über die religiöse Kindererziehung v 15.7.1921 in der im BGBl III, 404-9, veröffentlichten bereinigten Fassung, zuletzt geändert durch Art 63 FGG-RG (BGBl I 2008 S 2586).

1283 BT-Drucks 13/4899 S 95.

1284 Näher dazu Staudinger/*Coester* § 1671 Rn 55 f.

1285 Instruktiv zur Abgrenzung von § 1628 von § 1671 BGB OLG München FamRZ 2008, 1103.

1286 BVerfG FamRZ 2003, 511.

ten Interessen der Beteiligten dem Wohl des Kindes am besten entspricht.[1287] Umfassend zu prüfen ist, welcher Elternteil am ehesten geeignet ist, eine am Kindeswohl ausgerichtete Entscheidung zu treffen, wobei auch die Vorstellungen der Eltern über den Streitgegenstand an diesem Maßstab zu messen sind.[1288]

569 Der Kreis der für das Kind iSv § 1628 BGB **bedeutsamen Angelegenheiten**, in denen eine Übertragungsentscheidung auf Antrag eines Elternteils ergehen kann, stimmt mit dem überein, in dem nach § 1687 Abs 1 S 1 BGB Einvernehmen bestehen muss (dazu Rn 563). Außer den oben aufgeführten Angelegenheiten wurden im Zusammenhang mit Übertragungsentscheidungen nach § 1628 BGB ua als besonders bedeutsam qualifiziert:

- Entscheidung über den Vornamen[1289] und eine Änderung des Familiennamens[1290] des Kindes;
- Entscheidung über die Ausbildungs- und Berufswahl des Kindes;
- Entscheidung über die Anlegung größeren Kindesvermögens und die Ausschlagung einer Erbschaft;[1291]
- Entscheidung über die Beschneidung des männlichen Kindes;[1292]
- Auswahl des Kindergartens;[1293]
- Entscheidung über die Umschulung des Kindes in die Waldorfschule;[1294]
- Entscheidung über den Urlaub des Kindes auf den Philippinen;[1295]
- Entscheidung über eine Sprachreise des Kindes;[1296]
- Entscheidung über die Kindstaufe[1297](nicht jedoch die Entscheidung über den *Zeitpunkt* der Taufe[1298]); allerdings kommt diesbezüglich nur eine **Entscheidung nach § 7 REKG** durch das Familiengericht in Betracht, weil diese Vorschrift gegenüber § 1628 BGB spezieller ist;[1299]

1287 KG FamRZ 2006, 142; OLG Dresden OLGR 2004, 380.

1288 BVerfG FamRZ 2003, 511.

1289 OLG Dresden FPR 2005, 219.

1290 OLG Brandenburg, Beschluss v 20.4.2015 – 10 UF 120/14 (juris); OLG Karlsruhe FamRZ 2015, 1723; OLG Stuttgart FamRZ 2011, 305 (LS).

1291 Vgl OLG Hamm FamRZ 2003, 172 m Anm *van Els.*

1292 AG Düsseldorf FamRZ 2014, 1209.

1293 OLG Frankfurt FamRZ 2009, 894.

1294 AG Lemgo FamRZ 2004, 49.

1295 AG Rosenheim FamRZ 2004, 49.

1296 AG Heidenheim FamRZ 2003, 1404.

1297 BGH FamRZ 2005, 1167 m Anm *Luthin* und abl Anm *Weychardt* FamRZ 2005, 1534 sowie Besprechungsaufsatz *Ehinger* FPR 2005, 367f; vgl OLG Schleswig FamRZ 2003, 1948 = FPR 2004, 510 m Anm *Britz* und *Ewers* FamRZ 2004, 394.

1298 AG Lübeck FamRZ 2003, 549 m Anm *Söpper* FamRZ 2003, 1035.

1299 Staudinger/*Salgo* Anh zu § 1631: Vorbem 8b zum RKEG; siehe auch AG Weilburg FamRZ 2003, 1308, das eine Entscheidung über den Hauptstreit der Religionszugehörigkeit des Kindes

- Entscheidung über den Umzug des Kindes;[1300]
- Entscheidung über die Anfechtung der Vaterschaft.[1301]

Die **Beschränkung der Übertragungsmöglichkeit** auf Angelegenheiten von für das Kind erheblicher Bedeutung soll verhindern, dass die Eltern auch wegen Nebensächlichkeiten ihre Verantwortung auf das Gericht abzuwälzen versuchen.[1302] Eine Stellungnahme des Gerichts in dem Elternstreit ist daher abzulehnen, wenn das Gericht zu dem Schluss kommt, dass es sich um einen Dissens der Eltern in einer für das Kind unerheblichen Angelegenheit handelt[1303] oder wenn keiner der beiden Elternvorschläge mit dem Kindeswohl vereinbar ist.[1304] 570

Die Übertragungsentscheidung kann mit **Beschränkungen** in Form zeitlicher Befristung oder gegenüber dem Antrag eingeschränkter Übertragung der alleinigen Entscheidungskompetenz oder **Auflagen** verbunden werden, § 1628 S 2 BGB. 571

Auflagen können etwa darin bestehen, dass dem Elternteil, dem die Entscheidungsbefugnis übertragen wird, die Verpflichtung auferlegt wird, dem Gericht von der Durchführung der ins Auge gefassten Maßnahme Meldung zu machen. Solche Auflagen sind angezeigt, wenn der Elternvorschlag der Kontrolle bedarf. Beschränkung und Auflage dürfen aber nicht dazu führen, dass das Gericht durch „Veränderung" des Elternvorschlags ohne deren Einverständnis im Ergebnis anstelle der Eltern entscheidet und damit in den verfassungsrechtlich geschützten Elternprimat eingreift.

Die Entscheidungsbefugnis kann auch dem Elternteil übertragen werden, der den Antrag nicht gestellt hat. Bei gleich guten Elternvorschlägen kann eine Übertragung allein zwecks Beendigung des Streits angebracht sein.[1305] In diesem Fall ist die alleinige Entscheidungsbefugnis dem Elternteil zu übertragen, der das Kind intensiver betreut und daher stärker von den Folgen der Entscheidung betroffen wäre.[1306]

---

nach § 1628 BGB ablehnte, weil dafür nach dem bis zum 1.9.2009 geltenden Recht gem § 7 RKEG das Vormundschaftsgericht zuständig war, während über Anträge nach § 1628 BGB schon 2003 das Familiengericht zu befinden hatte.

1300 *Haußleiter* NJW Spezial 2004, 151.

1301 BGH FamRZ 2009, 861; OLG Celle FamRZ 2013, 230; OLG Dresden FamRZ 2009, 1330; OLG Brandenburg FamRZ 2008, 1270 (LS).

1302 OLG Köln FamRZ 1967, 293 (LS); Palandt/*Götz* § 1628 Rn 3 mwN („Übermaßverbot").

1303 AG Lübeck FamRZ 2003, 549 m Anm *Söpper* FamRZ 2003, 1035.

1304 AG Lemgo FamRZ 2004, 49.

1305 AG Holzminden FamRZ 2002, 560.

1306 AG Lemgo FamRZ 2004, 49.

Ist keiner der Elternvorschläge mit dem Kindeswohl vereinbar, ist das Gericht freilich nicht an die von den Eltern vorgetragenen Lösungsmodelle gebunden; vielmehr hat es von Amts wegen zu prüfen, ob Maßnahmen gem § 1666 BGB zur Abwendung einer Gefahr für das Kindeswohl oder das Vermögen des Kindes zu treffen sind.

572 Die Übertragungsentscheidung wird gem § 40 Abs 1 FamFG **wirksam mit Bekanntgabe an den Elternteil**, dem die Entscheidungskompetenz übertragen wurde.[1307] Mit ihr erlangt der allein entscheidungsbefugte Elternteil im Umfang der Übertragung zugleich die **alleinige Vertretungsbefugnis**, § 1629 Abs 1 S 3 Alt 2 BGB. Damit wird er in die Lage versetzt, die von ihm allein getroffene Entscheidung auch im Außenverhältnis durchzusetzen. **§ 1629 Abs 1 S 3 BGB gilt analog** für den Fall, dass die Entscheidungsbefugnis in einer die tatsächliche Personensorge betreffenden, für das Kind bedeutsamen Angelegenheit auf den **minderjährigen, an sich nicht vertretungsberechtigten Elternteil** übertragen wird (§§ 1673 Abs 2 S 3 Hs 2, 1628 BGB),[1308] wenn die Durchsetzung der von diesem Elternteil getroffenen Entscheidung eine Vertretungshandlung erfordert, weil die Übertragung andernfalls ins Leere liefe.

573 Funktionell **zuständig** für die Übertragungsentscheidung ist gem § 1628 BGB das **Familiengericht. Sachlich** und **örtlich** ist in erster Linie das Amtsgericht zuständig, in dessen Bezirk das Kind seinen gewöhnlichen Aufenthalt hat (§ 23a Abs 1 S 1 Nr 1, 23b Abs 1 GVG, §§ 111 Nr 2, 151 Nr 1, 152 Abs 2 FamFG.

Gem § 14 Abs 1 Nr 5 RPflG ist die Angelegenheit dem **Richter** vorbehalten.

Vor der Entscheidung sind die Eltern (§ 160 FamFG) und nach Maßgabe des § 159 FamFG auch das Kind anzuhören.[1309]

Betrifft der Elternstreit zumindest auch die Person des Kindes, kommt nach § 158 FamFG auch die Bestellung eines **Verfahrensbeistands** für das Kind in Betracht.[1310]

574 Gegen die Entscheidung des Familiengerichts ist die **befristete Beschwerde** nach §§ 58 ff FamFG statthaft, da es sich um eine Endentscheidung gemäß § 38 FamFG handelt. Die Beschwerde muss binnen eines Monats (§ 63 Abs 1 FamFG) bei dem Gericht eingelegt werden, dessen Entscheidung angefochten wird (§ 64 Abs 1 FamFG). Ein Abhilferecht besteht nicht, § 68 Abs 1 S 2 FamFG. Die Beschwerde ist deshalb sogleich an das Beschwerdegericht weiterzuleiten. Beschwerdegericht ist das Oberlandesgericht, § 119 Abs 1 Nr 1a GVG.

1307 OLG Hamm FamRZ 2003, 172 m Anm *van Els*.

1308 *Coester* geht dagegen davon aus, dass der Minderjährigen Vertretungshandlungen (nur) erzwingen könne (in Staudinger § 1673 Rn 27).

1309 Vgl auch BVerfG FamRZ 2003, 511.

1310 Bork/Jacoby/Schwab/*Zorn*, § 158 Rn 3.

2.4 Geltendmachung von Unterhaltsansprüchen gem § 1629 Abs 2 S 2 und Abs 3 BGB

Haben beide Eltern die Sorge inne, sind sie beide ausübungsberechtigt und auch nicht tatsächlich verhindert, haben sie die Sorge grundsätzlich auch gemeinsam auszuüben (§ 1627 S 1 BGB) und das Kind gemeinsam zu vertreten, § 1629 Abs 1 S 2 BGB. 575

Von dem **Gesamtvertretungsgrundsatz** macht § 1629 Abs 2 S 2 BGB aber eine gewichtige **Ausnahme**: Die Vorschrift sieht das alleinige Vertretungsrecht trotz gemeinsamer Sorge für die Geltendmachung von gegen den anderen Elternteil gerichteten Unterhaltsansprüchen durch den Elternteil vor, in dessen **Obhut** sich das Kind befindet.

Obhut iS der Vorschrift bedeutet die **tatsächliche Fürsorge** für das Kind, 576
dh die Befriedigung der elementaren Bedürfnisse des Kindes wie Pflege, Verköstigung, Gestaltung des Tagesablaufs, Erreichbarkeit bei Problemen und emotionale Zuwendung.[1311]

Das Kind befindet sich in der Obhut desjenigen Elternteils, bei welchem es den **tatsächlichen Schwerpunkt seiner Lebensverhältnisse** hat. Obhut eines Elternteils im Sinne von § 1629 Abs 2 S 2 BGB kann auch vorliegen, wenn die Eltern im selben Haus getrennt leben und/oder sich beide Eltern um das Kind kümmern. Für die Anwendung des § 1629 Abs 2 S 2 BGB kommt es allein darauf an, ob ein Elternteil das Kind **überwiegend betreut und versorgt**.[1312] § 1629 Abs 2 S 2 BGB gilt auch bei einem Betreuungsvorsprung von $1/3$,[1313] nicht aber, wenn die Eltern ein **striktes Wechselmodell** mit gleichen Anteilen an der Betreuung praktizieren[1314] oder wenn sie sich erst um die Obhut des Kindes bemühen.[1315]

Da Obhut keine Wohngemeinschaft zwischen Kind und sorgeberechtigtem Elternteil verlangt, kann sich das Kind auch in der Obhut eines Elternteils befinden, wenn es bei Verwandten, in Familienpflege, im Internat oder in einem Heim untergebracht ist.

Der Elternteil, der unter Berufung auf die eigene Obhut Kindesunterhalt verlangt, muss diese ggf beweisen.[1316]

1311 BGH FamRZ 2006, 1015 m Anm Luthin; Palandt/*Götz* § 1629 Rn 25.

1312 OLG Düsseldorf FamRZ 1988, 1092; OLG Frankfurt FamRZ 1992, 575; OLG Stuttgart NJW-RR 1996, 67 = FamRZ 1995, 1168 (LS); *Büttner* FamRZ 1998, 585, 593.

1313 BGH FamRZ 2006, 1015 m Anm *Luthin*; vgl auch OLG Düsseldorf NJW 2001, 3344; *Vogel* (FamRZ 2003, 1316) in Anm zu OLG München FamRZ 2003, 248; Palandt/*Götz* § 1629 Rn 26; **aA** OLG München FamRZ 2003, 248; KG FamRZ 2003, 53.

1314 Ausführlich dazu *Götz* FF 2015, 146 f.

1315 OLG Zweibrücken FamRZ 2001, 290; AG Groß-Gerau FamRZ 1991, 1466; ausführlich dazu *Hennemann* FPR 2006, 295 ff.

1316 OLG Hamburg FamRZ 2001, 1235.

577 Der obhütende Elternteil ist berechtigt, die gegen den anderen Elternteil gerichteten Unterhaltsansprüche des Kindes geltend zu machen, sodass es keiner Pflegerbestellung bedarf. Mit dem gesetzlich vorgesehenen Alleinvertretungsrecht erübrigt sich folglich trotz des zwischen den Eltern bestehenden Interessengegensatzes in vielen Fällen die Anordnung einer Ergänzungspflegschaft, womit einem praktischen Bedürfnis Rechnung getragen wird. Der Elternteil, in dessen Obhut sich das Kind befindet, ist auf diesem Wege nicht gezwungen, die (Teil-)Übertragung der Sorge auf sich[1317] und, soweit die Eltern miteinander verheiratet sind, die Scheidung zu verlangen.

578 Die Alleinvertretungsmacht erstreckt sich nur auf die Geltendmachung des Unterhalts. Dazu gehören aber auch einstweilige Verfügungs- und Anordnungsverfahren, Abänderungs- und negative Feststellungsanträge, sowie außergerichtliche Vereinbarungen über den gesetzlichen Unterhaltsanspruch des Kindes (streitig).[1318]

Für andere nicht den gesetzlichen Unterhaltsanspruch des Kindes betreffende Rechtsakte bleibt es hingegen, mit Ausnahme der sich aus § 1687 Abs 1 BGB ergebenden Besonderheiten, bei der gemeinsamen Vertretung durch beide Eltern.[1319]

579 Der obhütende Elternteil kann gem § 1713 Abs 1 S 2 BGB auch eine **Beistandschaft** für die Geltendmachung des Unterhaltsanspruchs (§ 1712 Abs 1 Nr 2 BGB) beantragen. Die **Beistandschaft** nach §§ 1712ff BGB kann der obhütende Elternteil auch dann beantragen, wenn die Voraussetzungen des § 1629 Abs 3 S 1 BGB vorliegen und er selbst die Ansprüche des Kindes nur im eigenen Namen geltend machen könnte (dazu Rn 582), da die gesetzliche Verfahrensstandschaft nur bei Geltendmachung des Unterhaltsanspruchs *durch den Elternteil* eintritt.[1320] Die andere Auffassung[1321] ist mit dem Zweck der Öffnung der Beistandschaft für den Obhütenden trotz gemeinsamer Sorge durch das am 12.4.2002 in Kraft getretene KindRVerbG[1322] nicht vereinbar, weil damit allen verheirateten Eltern die benötigte Unterstützung ohne triftigen Grund vorenthalten würde.

1317 BT-Drucks 13/4899 S 96.

1318 Staudinger/*Peschel-Gutzeit* § 1629 Rn 341 mwN auch zur gegenteiligen Auffassung.

1319 Vgl auch AG Lüdenscheid FamRZ 2002, 1207 (= Abtretungsvereinbarung mit dem Sozialhilfeträger).

1320 BGH FamRZ 2015, 130 m zust Anm *Zorn*; OLG Stuttgart JAmt 2007, 40 m zust Anm *Knittel; Schomburg* Kind-Prax 2002, 75, 78 f.

1321 AG Regensburg JAmt 2003, 366; Staudinger/*Rauscher* § 1713 Rn 6c.

1322 Gesetz zur weiteren Verbesserung von Kinderrechten (Kinderrechteverbesserungsgesetz – KindRVerbG) v 9.4.2002, BGBl I S 1239.

Die **Aufgabe des Beistands** erstreckt sich auch auf die Vertretung des Kindes in einem **Passivverfahren.**[1323] Der Begriff „*Geltendmachung* von Unterhaltsansprüchen" in § 1712 Abs 1 Nr 2 BGB erfasst nämlich ebenso wie der in § 1629 Abs 2 S 2 BGB auch die Verteidigung des Kindes bei einem gegenüber einem Feststellungs- oder Erhöhungsbegehren gestellten Antrag auf negative Feststellung oder Herabsetzung des Unterhalts.

Führt der Beistand ein gerichtliches Verfahren, ist der obhütende Elternteil insoweit von der Vertretung des Kindes im Verfahren ausgeschlossen, § 234 FamFG.

Das **alleinige Vertretungsrecht endet**, wenn eine der in § 1629 Abs 2 S 2 580
BGB genannten Voraussetzungen zB die Obhut über das Kind oder die elterliche Sorge wegfällt.[1324]

Befindet sich das Kind dagegen in der **Obhut eines Dritten oder in gemeinsamer Obhut der Eltern**, ist ihm für die Geltendmachung der gegen die Eltern gerichteten Unterhaltsansprüche ein Pfleger zu bestellen.[1325] 581

Dies gilt auch, soweit nur gegen einen Elternteil vorgegangen werden soll, weil der Elternteil, gegen den sich die Ansprüche richten, von der Vertretung des Kindes bei Geltendmachung der Ansprüche kraft Gesetzes ausgeschlossen ist, § 181 BGB analog. Dieser Ausschluss erstreckt sich wegen des Gesamtvertretungsgrundsatzes gem § 1629 Abs 1 S 2, 2 S 1 BGB in jedem Fall auch auf den anderen mitsorgeberechtigten Elternteil (dazu Rn 465). Sind die Eltern miteinander verheiratet, ergibt sich der Vertretungsausschluss des anderen Elternteils darüber hinaus auch aus §§ 1629 Abs 2 S 1, 1795 Abs 1 Nr 1 Alt 1, bei gerichtlicher Geltendmachung iVm § 1795 Abs 1 Nr 3 BGB.

§ 1629 Abs 3 BGB knüpft zwar an das alleinige Vertretungsrecht eines Elternteils nach **§ 1629 Abs 2 S 2** BGB an, stellt demgegenüber aber auch eine Spezialregelung dar. 582

Der **Unterhaltsanspruch des Kindes** kann gem § 1629 Abs 3 S 1 BGB von dem obhütenden Elternteil *nur* im eigenen Namen gegen den anderen Elternteil, im gerichtlichen Verfahren also als Beteiligten in **gesetzlicher Verfahrensstandschaft** geltend gemacht werden, **solange die Eltern miteinander verheiratet sind, dauerhaft getrennt leben** oder eine **Ehesache** zwischen ihnen **anhängig** ist.[1326]

1323 *Knittel* (JAmt 2003, 364 ff) in einer Anm zu der Entscheidung des OLG Naumburg JAmt 2003, 364.

1324 Zum Obhutswechsel im laufenden Unterhaltsverfahren vgl *Norpoth* FamRZ 2007, 514 ff.

1325 OLG Stuttgart NJW-RR 2005, 1382 = JAmt 2005, 309.

1326 Krit zu dem Erfordernis des Getrenntlebens *Norpoth* FamRZ 2007, 514, 518.

Mit dem Begriff der **Verfahrensstandschaft** werden solche Fälle beschrieben, in denen jemand ein Verfahren in eigenem Namen über ein ihm nicht zustehendes (= fremdes) Recht führt. Wenn die Befugnis zur Verfahrensführung im eigenen Namen wie hier auf dem Gesetz beruht, wird von gesetzlicher Verfahrensstandschaft gesprochen.

Die Regelung des § 1629 Abs 3 S 1 BGB wurde für erforderlich gehalten, weil bei verheirateten Eltern Kindesunterhaltsverfahren mit Verfahren der Eltern in Ehesachen zusammentreffen können. Die Verfahrensstandschaft sorgt dafür, dass das Kind aus dem Streit der Eltern herausgehalten und nicht formell Beteiligter des Scheidungsverfahrens wird. § 1629 Abs 3 S 1 BGB gilt gleichwohl aber auch dann, wenn der Unterhaltsanspruch des Kindes nicht im **Verbundverfahren** mit einer Ehesache geltend gemacht wird.[1327]

Über den reinen Wortlaut erfasst § 1629 Abs 3 S 1 BGB seinem Normzweck entsprechend bis zur Rechtskraft einer etwaigen Ehescheidung auch die gerichtliche Vertretung des Kindes als Verfahrensstandschafter auf der Passivseite gegenüber dem seine Unterhaltspflicht leugnenden Elternteil.[1328] Der **negative Feststellungsantrag** ist daher bei Vorliegen der Voraussetzungen des § 1629 Abs 3 S 1 BGB gegen den anderen Elternteil als Beteiligten zu richten.

Die **gesetzliche Verfahrensstandschaft gilt nur im gerichtlichen Verfahren,**[1329] dabei aber wie erwähnt nicht nur für Aktiv-, sondern auch für Passivverfahren.

Für das Kind bedeutet die Verfahrensstandschaft den Verlust der Verfahrensführungsbefugnis; die Geltendmachung seiner Ansprüche im eigenen Namen scheidet während der Dauer der Verfahrensstandschaft aus.[1330]

583 Eine von einem Elternteil erwirkte gerichtliche Entscheidung und ein zwischen den Eltern geschlossener gerichtlicher Vergleich wirken auch für und gegen das Kind, § 1629 Abs 3 S 2 BGB.

Die Norm erfasst **Beschlüsse**, **einstweilige Anordnungen** nach § 246 FamFG und **gerichtliche Vergleiche**, nicht aber außergerichtliche Vergleiche.

Aus einem in Verfahrensstandschaft ergangenen Titel kann der Elternteil, der ihn erwirkt hat, auch **vollstrecken**, sodass ihm auch eine **Vollstreckungsklausel** (§ 86 Abs 1 Nr 1, Nr 3, Abs 3 FamFG) erteilt werden kann. Auch nach

1327 Göppinger/Wax/*van Els* Rn 2013.

1328 OLG Naumburg FamRZ 2007, 1334 (ein Abänderungsverfahren betreffend); dass FamRZ 2003, 111.

1329 Staudinger/*Peschel-Gutzeit* § 1629 Rn 344; Hoppenz/*van Els* A I § 1629 Rn 20.

1330 AG Backnang FamRZ 2000, 975.

Beendigung der Verfahrensstandschaft kann dem Verfahrensstandschafter die Klausel noch erteilt werden.[1331]

Nach Beendigung der Verfahrenstandschaft kann der Titel jedenfalls dann in Anwendung von § 95 Abs 1 Nr 1 FamFG iVm § 727 ZPO auch auf das materiell berechtigte Kind umgeschrieben werden, wenn der Verfahrensstandschafter nicht seinerseits eine vollstreckbare Ausfertigung beantragt und der Schuldner nicht der Gefahr der Doppelvollstreckung ausgesetzt ist.[1332] Will das Kind aus dem in Verfahrensstandschaft von einem Elternteil erstrittenen Titel vollstrecken, ist eine Titelumschreibung erforderlich.[1333] Der Verfahrensstandschafter bleibt vollstreckungsbefugt, solange nicht die Klausel auf das Kind als materiellen Anspruchsinhaber umgeschrieben worden ist.[1334]

Einen zwischenzeitlich eingetretenen Wegfall der Verfahrensstandschaft kann der zahlungspflichtige Elternteil durch einen Vollstreckungsabwehrantrag (§ 95 Abs 1 Nr 1 FamFG iVm § 767 ZPO) geltend machen.[1335]

Die **Verfahrensstandschaft endet mit dem Wegfall ihrer Voraussetzun- 584
gen**, dh zB mit Übertragung der elterlichen Sorge auf den anderen Elternteil,[1336] Obhutswechsel,[1337] (Wieder-)Aufnahme des Zusammenlebens der Eltern oder rechtskräftigem Abschluss der anhängigen Ehesache.[1338] Dies gilt allerdings nur **für neu einzuleitende Verfahren**; für die erlangt das Kind seine Verfahrensführungsbefugnis zurück. Das Kind wird Beteiligter und muss bei der Geltendmachung von Unterhaltsansprüchen, soweit es noch nicht volljährig ist, von seinem gesetzlichen Vertreter vertreten werden. Unterhaltsverfahren, die in Verfahrensstandschaft in zulässiger Weise eingeleitet wurden, können hingegen in dieser Form abgeschlossen werden, denn die Verfahrensstandschaft dauert über die Rechtskraft des Scheidungsbeschlusses bis zum Abschluss des Unterhaltsverfahrens fort, solange der den Antrag stellende Elternteil die elterliche Sorge hat.[1339] Ein Beteiligtenwechsel im laufenden Verfahren ist also nicht erforderlich.[1340]

Die gesetzliche Verfahrensstandschaft endet außerdem mit Volljährigkeit des Kindes. In diesem Fall wird das während eines Unterhaltsverfahrens voll-

---

1331 Vgl LG Konstanz FamRZ 2014, 1122 m Anm *Romeyko*.
1332 Staudinger/*Peschel-Gutzeit* § 1629 Rn 379 mwN.
1333 OLG Koblenz JAmt 2014, 228 = FamRZ 2014, 1657 (LS).
1334 BGHZ 113, 90 = FamRZ 1991, 295.
1335 Ua OLG Hamm FamRZ 2000, 235 mwN; näher dazu *Hochgräber* FamRZ 1996, 272.
1336 BGHZ 109, 211= FamRZ 1990, 283 = Rpfleger 1990, 115.
1337 OLG Frankfurt OLGR 2008, 106; OLG München FamRZ 1997, 1493.
1338 Staudinger/*Peschel-Gutzeit* § 1629 Rn 354.
1339 BGH FamRZ 2013, 1378.
1340 Göppinger/Wax/*van Els* Rn 2014 mwN.

jährig werdende Kind durch **Beteiligtenwechsel ex lege** also ohne besondere Verfahrenserklärung Beteiligter.[1341]

3. Einzelvertretung aufgrund einer Entziehung von Vertretungsmacht gem § 1796 BGB

585 Wird nur einem der gemeinsam sorgeberechtigten Elternteile gem § 1796 BGB die Vertretungsmacht entzogen, ist der andere in analoger Anwendung von § 1680 Abs 3, 1 BGB insoweit allein sorge- und daher allein vertretungsberechtigt, § 1629 Abs 1 S 3 BGB (vgl Rn 482).

VII. Die sorgerechtlichen Befugnisse des nicht sorgeberechtigten Elternteils nach § 1687a BGB

586 Hält sich das Kind **rechtmäßig**, dh mit Einwilligung des allein sorgeberechtigten Elternteils oder eines sonstigen Inhabers der Sorge oder auf Grund einer gerichtlichen Entscheidung bei dem **nicht sorgeberechtigten Elternteil** auf, hat dieser gem §§ 1687a, 1687 Abs 1 S 4 BGB die Befugnis zur alleinigen Entscheidung in **Angelegenheiten der tatsächlichen Betreuung**. Unerheblich ist, worauf die Nichtsorgeberechtigung beruht. Ob sich das Kind also etwa bei dem nicht mit der Mutter verheirateten Kindesvater aufhält, der mangels Abgabe von Sorgeerklärungen oder gerichtlicher Übertragungsentscheidung (vgl § 1626a Abs 1 Nr 1 und Nr 3 BGB) nicht sorgeberechtigt ist oder bei dem Elternteil, dem die Sorge gem § 1666 BGB entzogen wurde, macht im Hinblick auf die Rechtsfolge des § 1687b BGB keinen Unterschied, wenn der Aufenthalt rechtmäßig ist.

587 Der Kreis der Angelegenheiten, in denen das Alleinentscheidungsrecht besteht, ist sehr eng geschnitten (Einzelheiten dazu bei Rn 560); auch ist keine Vertretungsmacht mit diesen Befugnissen verbunden.[1342] Nach Auffassung des OLG Zweibrücken[1343] soll aber auch dem nicht sorgeberechtigten Elternteil, bei dem sich das Kind rechtmäßig aufhält, die Befugnis zustehen, über gewöhnliche ärztliche Behandlungen zu bestimmen, die sachdienlich sind, ohne dass dafür die Grenze des §§ 1687a, 1687 Abs 1 S 5, 1629 Abs 1 S 4 BGB erreicht sein müsste (vgl Rn 560), sodass nach dieser Ansicht selbst dem sonst nicht sorge- und daher nicht vertretungsberechtigten Elternteil bezogen auf solche Angele-

---

1341 *Gießler* FamRZ 1994, 800, 802.

1342 So auch MünchKomm BGB/*Hennemann* § 1687a Rn 2.

1343 FamRZ 2001, 639; dem folgend ua Staudinger/*Salgo* § 1687a Rn 4.

genheiten ein (Allein!-)Vertretungsrecht zustehen müsste, weil seine Entscheidung andernfalls nicht durchsetzbar wäre.

Die Alltagssorge, dh die Befugnis zur Entscheidung in Angelegenheiten des täglichen Lebens steht ihm nicht zu (§ 1687a BGB verweist nicht auf § 1687 Abs 1 S 2 BGB).

Dagegen hat auch der nicht sorgeberechtigte Elternteil gem §§ 1687a, 1687 Abs 1 S 5 iVm 1629 Abs 1 S 4 BGB das **Notvertretungsrecht bei Gefahr im Verzug.**

Das Familiengericht kann die Alleinentscheidungsbefugnisse des §§ 1687a, 588
1687 Abs 1 S 4 BGB einschränken oder ausschließen (§§ 1687a, 1687 Abs 2 BGB), eine Einschränkung oder ein Ausschluss des Notvertretungsrechts kommt hingegen nicht in Betracht.[1344]

VIII. Das kleine Sorgerecht der Stiefeltern gem § 1687b BGB, § 9 LPartG

Der **Ehegatte eines allein sorgeberechtigten Elternteils**, der nicht Eltern- 589
teil des Kindes ist, hat gem § 1687b Abs 1 BGB im **Einvernehmen mit dem sorgeberechtigten Elternteil die Befugnis zur Mitentscheidung in Angelegenheiten des täglichen Lebens des Kindes**. Gleiches gilt gem § 9 Abs 1 LPartG für den **eingetragenen Lebenspartner eines allein sorgeberechtigten Elternteils.** Mit der Einführung dieses **kleinen Sorgerechts** durch das LPartG[1345] hat der Gesetzgeber zumindest partiell der bereits seit Langem erhobenen Forderung nach Anerkennung einer personensorgerechtlichen Beziehung zwischen Stiefkind und Stiefelternteil entsprochen.[1346] Die faktische Übernahme von Aufgaben der Pflege und Erziehung durch den mit dem sorgeberechtigten Elternteil zusammenlebenden Ehegatten oder eingetragenen Lebenspartner **(= Stiefelternteil)** geht auf diese Weise mit einer auch rechtlich anerkannten und abgesicherten Teilhabe des ehelichen oder lebenspartnerschaftlichen Stiefelternteils einher,[1347] ohne dass dieser dadurch (Mit-)*Inhaber* des elterlichen Sorgerechts würde.[1348]

1344 Zweifelnd *Schwab* FamRZ 1998, 457, 470.

1345 Gesetz über die Eingetragene Lebenspartnerschaft (Lebenspartnerschaftsgesetz – LPartG) v 16.12.2001 (= Art 1 LPartG-Mantelgesetz), BGBl I S 266.

1346 Staudinger/*Salgo* § 1687b Rn 1 mwN.

1347 Vgl BT-Drucks 14/3751 S 39, 45.

1348 So auch *Löhnig* FPR 2008, 157.

590 Voraussetzung der gesetzlichen Mitausübungsbefugnis des Ehegatten oder eingetragenen Lebenspartners ist, dass der **Elternteil alleiniger Inhaber der elterlichen Sorge** ist. Der Gesetzgeber begründete dies damit, dass das Entstehen einer neuen sozialen Familie zu erwarten sei, ohne dass die sorgerechtlichen Befugnisse des nicht mit dem Kind zusammenlebenden anderen Elternteils zu den Befugnissen des Stiefelternteils in Konkurrenz stünden.[1349] Zutreffend wird in der Literatur[1350] hervorgehoben, dass die Befugnisse des nicht sorgeberechtigten *Elternteils* damit eindeutig schwächer sind, als die des Ehegatten oder eingetragenen Lebenspartners, der nicht Elternteil des Kindes ist. Denn der nicht sorgeberechtigte Elternteil hat bei rechtmäßigem Aufenthalt des Kindes bei ihm nur die Entscheidungsbefugnis in Angelegenheiten der *tatsächlichen Betreuung*, während der Stiefelternteil ein Mitentscheidungsrecht in *Angelegenheiten des täglichen Lebens* (Alltagssorge) hat. Gerügt wird darüber hinaus auch die Beschränkung der Regelung auf allein sorgeberechtigte Eltern, weil auch der „nur" gemeinsam sorgeberechtigte Elternteil eine (neue) soziale Familie gründen und der Ehegatte oder eingetragene Lebenspartner für das Kind faktisch Verantwortung übernehmen kann.[1351] Außerdem wurde in Bezug auf die Regelung auch zu bedenken gegeben, dass ggf zwischen dem Kind und dem Stiefelternteil bestehende Probleme dadurch verschärft werden könnten, dass dem Stiefelternteil kraft Gesetzes und damit ohne jede Beteiligung des Kindes rechtliche Befugnisse eingeräumt sind.[1352] Das „kleine Sorgerecht" der § 1687b BGB, § 9 LPartG ist rechtspolitisch daher insgesamt nicht ganz unproblematisch.

591 Der Begriff der **Angelegenheiten des täglichen Lebens** des Kindes ist § 1687 Abs 1 BGB entnommen. Die Mitentscheidungsbefugnis erstreckt sich daher auf die Angelegenheiten des Kindes, die häufig vorkommen und keine schwer abzuändernden Auswirkungen auf die Entwicklung des Kindes haben (vgl Rn 562ff).

592 Die Mitentscheidungsbefugnis des von dem allein sorgeberechtigten Elternteil nicht dauerhaft getrennt lebenden Partners **entsteht kraft Gesetzes mit Heirat bzw Begründung der eingetragenen Lebenspartnerschaft**, ohne dass dadurch das alleinige Sorgerecht des Elternteils in Angelegenheiten des täglichen Lebens eingeschränkt wird.[1353] Die Mitentscheidungsbefugnis des Stief-

---

1349 BT-Drucks 14/3751 S 39, 45; krit zu diesem Argument nicht jedoch zu dem Ergebnis *Kaiser* FPR 2008, 143ff.

1350 *Schwab* FamRZ 2001, 385, 394.

1351 Staudinger/*Salgo* § 1687b Rn 8 mwN.

1352 Vgl Staudinger/*Salgo* § 1687b Rn 9.

1353 Gernhuber/*Coester-Waltjen* § 60 Rn 2f, die zu Recht davon ausgeht, dass eine andere Interpretation im Widerspruch zu dem verfassungsrechtlich geschützten Elternrecht stünde.

elternteils führt auch nicht zu einer Begrenzung der Entscheidungsbefugnis des sorgeberechtigten Elternteils. Mit § 1687b Abs 1 S 1 BGB bzw § 9 Abs 1 S 1 LPartG wird vielmehr **nur dem Stiefelternteil die Herstellung eines Einvernehmens** mit dem Sorgerechtsinhaber auferlegt, weil die Norm *ihm* die Mitentscheidungsbefugnis (nur) im Einvernehmen mit dem Sorgerechtsinhaber einräumt. An das Einvernehmen des sorgeberechtigten Elternteils ist daher nur der Stiefelternteil gebunden (streitig).[1354] Er selbst ist nicht sorgeberechtigt. Seine Befugnis ist akzessorisch zu dem (alleinigen) Sorgerecht des Elternteils, sodass er diese auch nicht gegen den Willen des sorgeberechtigten Elternteils ausüben kann.[1355] Gelingt dem Stiefelternteil die Herstellung des erforderlichen Einvernehmens nicht, entscheidet der sorgeberechtigte Elternteil daher auch weiterhin allein.[1356] Das *Einvernehmen* kann folglich auch jederzeit von dem sorgeberechtigten Elternteil (einseitig) aufgekündigt werden. Diese Interpretation steht auch nicht im Widerspruch zu § 1687b Abs 3 BGB, § 9 Abs 3 LPartG, nach der das Gericht die Mitentscheidungsbefugnis einschränken oder ausschließen kann, weil hier an Fälle gedacht wurde, in denen der Stiefelternteil seine Befugnisse zum Schaden des Kindes ausübt, ohne dass der sorgeberechtigte Elternteil dies selbst verhindert.

Die gesetzliche Mitentscheidungsbefugnis des Stiefelternteils erstreckt sich 593
auch auf die **Vertretung des Kindes** und wirkt sich im Bereich der Alltagssorge damit auch im Außenverhältnis aus. Um in solchen Angelegenheiten Interessenkollisionen zu vermeiden, ordnen § 1687b Abs 1 S 2 BGB und § 9 Abs 1 S 2 LPartG die entsprechende Anwendung von § 1629 Abs 2 S 1 BGB an. Aus der Bezugnahme in § 1687b Abs 1 S 2 BGB bzw § 9 Abs 1 S 2 LPartG auf § 1629 Abs 2 S 1 BGB wird gefolgert, dass auch die gemeinsam ausübungsberechtigten Eheleute respektive eingetragenen Lebenspartner das Kind in Alltagssorgeangelegenheiten grundsätzlich gemeinschaftlich vertreten müssen.[1357] Im Außenverhältnis bleibt es aber ebenfalls dabei, dass der allein sorgeberechtigte Elternteil das Kind auch allein vertreten kann, sodass nur der Stiefelternteil an die Mitvertretung des sorgeberechtigten Elternteils gebunden ist.[1358] Ein nach §§ 1687b, 1629

1354 Zum Streitstand vgl Gernhuber/*Coester-Waltjen* § 60 Rn 2f.

1355 So ua auch *Battes* FuR 2002, 113, 116f; **aA** Staudinger/*Salgo* § 1687b Rn 11.

1356 *Veit* FPR 2004, 67, 71; Gernhuber/*Coester-Waltjen* § 67 Rn 7; Palandt/*Brudermüller* § 9 LPartG Rn 2; sowie (allerdings einschränkend) *Löhnig* FPR 2008, 157f; **aA** Staudinger/*Salgo* § 1687b Rn 11.

1357 Vgl *Schomburg* Kind-Prax 2001, 103, 105; *Veit* FPR 2004, 67, 72; Staudinger/*Salgo* § 1687b Rn 12; *Motzer* FamRZ 2001, 1034, 1039.

1358 So auch Gernhuber/*Coester-Waltjen* (§ 60 Rn 4, 67 Rn 6), mit Hinweis darauf, dass es sich nur um eine *halbseitige* Gesamtvertretung handelt.

Abs 2 S 1 BGB, § 9 LPartG den Stiefelternteil treffender Vertretungsausschluss führt daher nicht dazu, dass auch der (allein) sorgeberechtigte Elternteil an der Vertretung des Kindes gehindert ist. Umgekehrt führt aber ein Vertretungsausschluss des allein sorgeberechtigten Elternteils zur Notwendigkeit der Anordnung einer Ergänzungspflegschaft.

594 Neben dieser Mitentscheidungsbefugnis steht dem ehelichen oder lebenspartnerschaftlichen Stiefelternteil das Notvertretungsrecht bei Gefahr im Verzug zu, § 1687b Abs 2 BGB, § 9 Abs 2 LPartG.

595 Dem Zweck des kleinen Sorgerechts entsprechend, die tatsächliche Übernahme von Aufgaben von Pflege und Erziehung rechtlich zu schützen und abzusichern, bestehen die Befugnisse nicht bzw nicht mehr, wenn der sorgeberechtigte Elternteil und sein Ehegatte oder eingetragener Lebenspartner nicht nur vorübergehend getrennt leben, § 1687b Abs 4 BGB bzw § 9 Abs 4 LPartG. Das *Mit*ausübungsrecht des Stiefelternteils endet auch mit Beendigung der (alleinigen) elterlichen Sorge des Elternteils und wenn dessen Sorge ruht, weil das stiefelterliche Ausübungsrecht auch die (alleinige) Ausübungsberechtigung des Elternteils voraussetzt.

596 Das Familiengericht kann die **Mitentscheidungsbefugnis** nach § 1687b Abs 1 BGB bzw § 9 Abs 1 LPartG **einschränken oder ausschließen**, wenn dies zum Wohl des Kindes erforderlich ist, § 1687b Abs 3 BGB, § 9 Abs 3 LPartG. Mit dieser Norm wurde dem Gericht eine Eingriffsbefugnis unterhalb der Schwelle des § 1666 BGB eingeräumt, von der es etwa bei fortwährenden Streitigkeiten der Eheleute oder eingetragenen Lebenspartner über Angelegenheiten des Kindes, die nachteilige Auswirkungen auf das Wohl des Kindes haben, Gebrauch machen kann.

Das Notvertretungsrecht kann hingegen nicht ausgeschlossen werden.

597 Es handelt sich um eine Kindschaftssache, die Familiensache ist § 111 Nr 2, 151 Nr 1 FamFG. **Sachlich** und **örtlich** ist in erster Linie das Amtsgericht zuständig, in dessen Bezirk das Kind seinen gewöhnlichen Aufenthalt hat, §§ 23a Abs 1 S 1 Nr 1, 23b Abs 1 GVG, § 152 Abs 2 FamFG.

Funktionell zuständig für die Entscheidung ist gem § 3 Nr 2a RPflG der Rechtspfleger des **Familiengerichts**, da weder § 1687b Abs 3 BGB noch § 9 Abs 3 LPartG in § 14 (Abs 1 Nr 7) RPflG genannt sind.[1359]

598 Gegen die Entscheidung des Familiengerichts ist die **befristete Beschwerde** nach § 11 Abs 1 RPflG, §§ 58 ff FamFG statthaft, da es sich um eine Endentscheidung gemäß § 38 FamFG handelt. Die Beschwerde muss eines Monats (§ 63

1359 *Rellermeyer* Rpfleger 2001, 381, 383; Arnold/Meyer-Stolte/*Rellermeyer* § 14 Rn 26; **aA** Staudinger/*Salgo* § 1687b Rn 22.

Abs 1 FamFG) bei dem Gericht eingelegt werden, dessen Entscheidung angefochten wird (§ 64 Abs 1 FamFG). Das Familiengericht, dessen Entscheidung angefochten wird, ist zur Abhilfe nicht berechtigt (§ 68 Abs 1 S 2 FamFG), sodass die Beschwerde sogleich dem Beschwerdegericht zuzuleiten ist. Beschwerdegericht ist gem § 119 Abs 1a GVG das Oberlandesgericht.

Sachregister

Die Zahlen verweisen auf die Randnummern

www.ingramcontent.com/pod-product-compliance
Lightning Source LLC
LaVergne TN
LVHW092153300926
849161LV00002B/259
* 9 7 8 3 1 1 0 3 7 1 2 1 5 *